거시경제학

피나는 노력과 열정으로 세계 에어쇼를 제패한 **블랙이글스**처럼 대한민국을 1등 국가로 만들겠다는 당찬 포부로 **차세대 리더**를 꿈꾸는 젊은이들에게 이 책을 바친다.

Ⅰ. 이 책의 각 장 속표지에는 블랙이글스의 비행장면을 넣었습니다. 그 이유는 수험생 여러분들이 블랙이글스처럼 실력 있고 주위 사람들에게 기쁨과 행복을 줄 수 있는 멋진 존재가 되었으면 하는 바람 때문입니다.

Ⅱ. 이 책의 공부방법을 안내해 드리면 다음과 같습니다.

1. 대학원, CPA, 행정(입법, 외무)고시, 7급 공무원, 공기업, 태셋, 기타 시험 준비생들은 이 책의 모든 부분을 꼼꼼하게 읽으셔야 합니다.
2. 단, 사범대학 사회교육과에 재학 중이면서 임용고시를 준비하는 학생들은 이 책의 〈보론〉 부분은 건너뛰어도 무방할 것으로 봅니다. 전체를 잘 읽고 내용 파악을 한다면 금상첨화겠지만 지금까지의 출제 경향을 살펴볼 때, 〈보론〉 내용은 시험에 출제될 확률이 매우 낮다고 생각합니다. 그 점을 참작하면서 이 책을 읽어주시면 감사하겠습니다.

Ⅲ. 참고문헌

〈한국어판〉

1. 김대기 · 노영기 · 안국신 · 이종철 공저, 『현대 경제학원론(7판)』, 박영사, 2018.
2. 김신행 · 김태기 공저, 『국제경제론(7판)』, 법문사, 2020.
3. 김준영 저, 『거시경제론(4판)』, 법문사, 2011.
4. 이종화 · 신관호 공저, 『거시경제학(3판)』, 박영사, 2019.
5. 정운찬 · 김영식 공저, 『거시경제론(12판)』, 율곡출판사, 2018.
6. 홍승기 저, 『7급 경제학(2판)』, 박영사, 2009.

〈외국어판〉

1. Mankiw. N, Gregory, *Principle of Macroeconomics*(8th ED), South Western Educational Pub., 2017.
2. ____________________, *Macroeconomics*(7th ED), PALGRAVE MACMILLAN, 2009.
3. Paul Krugman, *Macroeconomics*(5th ED), MACMILLAN, 2018.
4. Randall Wray, L. Randall Wray, Martin Watts, *Macroeconomics : A Modern Money Theory Approach*, Red Glove Press, 2019.
5. Roger A. Arnold, *Principle of Economics*(10th ED), CENGAGE Learning, 2012.
6. Van Den Berg, Hendrick, *International Finance and Open-Economy Macroeconomics* (2th ED), World Scientific Publishing Company, 2016.

MACROECONOMICS

출제전문가가 수험준비용 전문도서로 특화시킨 책

(대학원, 5급 고시, CPA, 7급 공무원, 임용고시, 공기업, 태셋 수험준비용)

거시경제학

김덕수 지음

율곡출판사

들어가는 글

대학에서 경제학을 가르치며 살아온 지도 어언 25년이 흘렀다. 60의 나이를 한 해 앞둔 지난해 6월 중순부터 새벽 3시만 되면 어김없이 일어나서 그동안 한글파일로 정리해 놓았던 강의노트를 원고로 엮는 작업을 시작했다. 적어도 정년퇴임을 하기 전에, 내가 평생 동안 깊은 애정과 열정을 쏟으며 가르쳤던 미시경제와 거시경제 분야의 책만큼은 후학들에게 남겨주고 싶은 강렬한 욕망 때문이었다.

지난해 6월 초, 나는 시장조사 차원에서 교보문고의 온라인 서점에 들러 2018년 이후에 출간된 거시경제학 책을 검색해 보았다. 그때 나는 내 두 눈을 의심해야 했다. 2018년 이후에 출간된 거시경제학(개정판 포함) 책은 2 ~ 3권이 전부였다. 2015년까지 범위를 넓혀 보았지만 결과는 큰 차이가 없었다. 다만 여러 종류의 경제원론 책들만 눈에 띄었다. 충격이었다. 적어도 내가 학부생이나 대학원생으로 공부했을 때인 1970 ~ 1980년대만 해도 해마다 10여 권이 넘는 거시경제학 책이 출간되어 골라 읽는 재미가 쏠쏠했다. 저자들을 서로 비교 · 평가하면서 말이다. 그런데 지금은 『거시경제학』 책의 신간이 빈사 상태에 놓여 있다. 더욱 심각한 것은 그동안 거시경제이론이 눈부실 정도로 엄청나게 변화했다는 점이다. 따라서 출간된 지 5 ~ 6년만 지나도 급변하는 경제계의 이론과 현실을 반영하지 못하기 때문에 자칫 그런 책으로 공부를 했다가는 시험에서 낭패를 볼 가능성마저 있다.

어쩌다가 경제학 책의 출판시장이 이 지경에 이르렀는지 안타깝기 그지없다. 가장 큰 원인은 독자들이 경제학 책을 구입하지 않았다는 데 있다. 즉 책 수요가 없으니까 교수들도 좋은 책을 만들기 위해 그렇게 많은 시간을 투자할 필요가 없었던 것이다. 문제는 그로 인한 피해가 원서로 공부할 처지가 못 되는 독자들에게 고스란히 전가될 수밖에 없다는 점이다. 과거 내가 그런 유형의 독자였기에 그 한계와 아픔을 누구보다 잘 안다. 게다가 원서라는 책이 경제시험에 절대적으로 유리하다는 보장도 없다. 이것은 누구보다 수험생인 독자 자신들이 더 잘 알 것이다. 그 밖에도 경제학 책 수요가 급감(急減)한 이유는 여럿 존재할 수 있다. 특히 경제학 교수들이 집필한 책이 시험 대비라는 실용적 측면에서 유명 학원강사들의 강의 교재에 밀렸기 때문일 수도 있다. 그러나 한 가지 분명한 사실은 경제학 책의 신간이 빈곤하다는 것은 경제학의 학문적 발전이나 국가의 장래를 위해서도 결코 바람직스럽지 않다는 점이다.

한편 거시경제 분야의 책에 대한 시장조사를 마친 다음, 나는 한동안 어떤 유형의 책을 써야 할까 고민했다. 해답은 간단명료했다. 내가 가장 잘할 수 있고 가장 많이 아는 분야의 책, 또 경제지식으로 좋은 직장을 구하려고 노력하는 젊은이들의 지적(知的) 고통을 덜어주고 그들이 치열한 전투 현장에서 살아남을 수 있도록 도와주는 실전교범(實戰敎範)과도 같은 책을 쓰는 것이었다. 시험 대비라는 실용적 측면과 기본 경제지식을 함께 전달해줄 수 있는『거시경제학』책을 집필하기로 방향을 설정하고 지금까지 열정적인 작업을 벌여왔음을 솔직하게 고백한다.

지난 25년 동안 나는 각종 시험에서 20여 차례의 출제위원직을 역임했다. 대학수학능력시험부터 중등교사 임용 시험, 공무원 시험, 지방자치단체의 승진 시험 및 비정규직의 정규직 전환 시험, 공기업 입사 시험, 대기업의 면접위원까지 다양하게 활동했다. 출제위원으로 통고받고 비밀 합숙소로 향하는 내 여행가방에는 언제나 거시 및 미시 경제 강의 노트, 경제원론 책 2 ~ 3권, 미시경제학 책 2 ~ 3권, 거시경제학 책 2 ~ 3권, 국제경제학 책 2 ~ 3권, 평소에 준비해 놓았던 주관식 및 객관식 문제 100제(題) 정도가 들려 있었다.

나는 평소 시험문제에 깊은 관심을 갖고 항상 100여 개가 넘는 주관식과 객관식 예비 문항을 반숙(半熟) 형태로 만들어 두곤 했다. 그러다가 출제위원으로 위촉받으면 그것을 갖고 들어가서 동료 출제위원들과 협의를 거친 후 정제된 문제로 출제하곤 했다. 또 출제를 못하고 고민하는 동료 출제위원이 있으면 내가 준비해 간 예비문항을 임대해(?)준 적도 여러 번이다.

이번에 출간된 『거시경제학』은 전적으로 경제시험을 준비하는 독자들을 위해 출제전문가가 특화시켜 만든 책이다. 오로지 대한민국 영토 안에서 치러지는 각종 경제시험에서 좋은 성적을 거둘 수 있도록 하는 데 주안점을 두고 독자들의 입장에서 최대한 이해하기 쉽고 간단명료하게 집필한 책이 바로 『거시경제학』이다.

시중에는 좋은 경제학원론 책이 널려 있을 정도로 많다. 하지만 그런 책만 읽고 경제시험을 치른다면 낙방할 확률이 무척 높다. 왜냐하면 그런 책은 경제학의 기초 개념과 경제적 통찰을 충실하게 소개하는 교재일 뿐, 경제시험용으로 제작한 책이 아니기 때문이다. 또 경제시험을 치르기에는 그 내용이 제한적인 것도 사실이다. 그렇다고 대학원 수준의 고급 미시경학이나 고급 거시경제학까지 모조리 다 섭렵할 필요가 있냐고 묻는다면 내 대답은 한마디로 "NO!" 다.

하긴 요즘 들어 행정고시를 비롯한 5급 입법 사무관의 공채시험이나 한국은행 입사 시험문제를 보면 꽤 높은 수준의 문제들이 출제되고 있다. 하지만 그런 부문의 시험을 준비하는 독자들에게도 이 책은 유용할 것이다. 기본 이론과 경제 개념을 다지는 데 좋은 정보와 지식을 제공해줄 것이기 때문이다. 7급 공무원, 공인회계사(CPA), 공기업 입사, 테샛, 기타 경제시험을 준비하려는 학생들은 이 책 하나로 거시경제는 물론 국제경제까지도 충분히 커버할 수 있을 것이다. 이들과 관련된 경제시험은 대부분 객관식 문제인 데다 경제의 기본 개념과 기초 이론에 충실한가를 묻는 문제들이 대부분이기 때문이다. 또 고시(考試)급 시험이라고 알려진 중등사회과 교사를 뽑는 임용고사도 주관식으로 출제되지만 아직까지 그 수준은 그다지 높은 편이 아니다. 경제의 기본 이론과 개념을 잘 이해하고 있으면 얼마든지 만점을 맞을 수 있다. 문제는 경제의 기본 이론과 지식을 얼마만큼 정확하게 이해하고 있느냐가 최대 관건일 따름이다.

"공부해서 남 주냐!" 라는 다부진 각오로 석사과정 수준의 고급 미시경제학과 고급 거시경제학, 심지어 고급 국제금융론까지 섭렵하겠다는 독자들이 있다면 나는 굳이 그런 독자들의 자세에 태클을 걸 생각은 조금도 없다. 하지만 내가 수험생이라면 나는 그렇게 공부하지 않을 것이다. 그런 책에 쏟을 시간과 에너지가 있다면 오히려 경제의 기본 이론을 한 번 더 다지고 관련 실전문항들을 많이 풀어보면서 문제 푸는 감각을 고도화시켜 나가는 데 주력할 것 같다. 그것이 시간이란 한정된 자원을 효율적으로 배분하는 합리적 행위라고 판단하기 때문이다. 이 책은 국내의 어떤 경제학원론보다도 훨씬 깊이 있는 책이다. 또 최소한 경제학부 4학년 학생 정도가 갖추어야 할 최신의 거시경제 지식을 담았다고 자부한다. 독자들은 내가 정성껏 작성한 보론과 각주까지 열심히 읽고 메모해주길 바란다. 그곳에는 의외로 좋은 내용, 시험문제를 잘 풀 수 있는 기지(機智)와 지혜가 많이 담겨 있다고 생각하기 때문이다. 원하건대 마치 초등학교 시절 소풍을 갔을 때 보물찾기를 하던 설레는 심정으로 보론과 각주를 열심히 읽어주었으면 한다.

이 책에서는 다른 경제학 책들이 각 장 말미에 제공하는 연습문제를 생략했다. 왜냐하면 나는 계속해서 『미시경제학』, 『실전 객관식 경제학』, 『실전 주관식 경제학』을 계속해서 출간할 계획을 갖고 있기 때문이다. 이미 2020년 2월 초부터 『미시경제학』의 집필을 시작했다. 미시경제는 내 전공 분야이기 때문에 누구보다도 이해하기 쉽고 문제를 잘 풀 수 있는 비법이 가득 담긴 책을 만들 수 있을 것이다. 나는 그때까지 또 다른 열정과 노력으로 긴긴밤을 소쩍새의 울음 소리와 함께할 것이다. 내가 비록 바쁜 일정 속에 지내고 있지만 이 책의 내용과 관련해서 독자들이 궁금한 사항을 질문해준다면 언제든지 답변해줄 용의가 있다. 혹시 나와 커뮤니케이션이 필요한 독자들은 이메일 deogsoo261@naver.com을 활용해주길 바란다.

끝으로 어려운 출판 여건임에도 불구하고 『거시경제학』의 출간을 선뜻 허락해주시고 좋은 책으로 만들어주기 위해 노력해주신 율곡출판사의 박기남 사장님과 박정헌 상무님의 관심과 배려에 깊은 감사를 드린다. 또 이 책의 편집 과정에서 많이 수고해준 차은지님께도 고마운 마음을 전한다. 특히 대학수학능력시험에서 만점을 획득하고 국내 최고의 대학원에서 경제학 석사과정을 이수하고 있는 큰아들에게도 고마운 마음을 전한다. 아빠의 원고를 꼼꼼하게 읽으면서 수식적 증명의 오류 여부를 일일이 점검해주고, 책의 내용 전반에 대해 냉철한 조언과 비판을 아끼지 않았다. 학문적 재능과 성실을 겸비한 큰아들의 노고가 보태졌기에 책의 내용이 한결 충실해질 수 있었다. 그 밖에도 이 책에 수록된 귀한 사진을 이용할 수 있도록 허락해준 대한민국 공군에게도 감사드린다.

그럼에도 불구하고 혹시라도 이 책의 내용에 오류가 있다면 그것은 전적으로 저자인 내 책임이며, 발견되는 즉시 수정해 나갈 것을 약속드린다. 또한 거시경제이론의 발전 과정을 예의 주시하면서 책의 수정 · 보완 작업도 발빠르게 진행할 것을 약속드린다. 정년퇴임 이후에도 건강이 허락된다면 나는 경제시험을 준비하는 독자들 곁에서 노련한 경제 길라잡이로서 토론과 대화를 즐기며 제2의 인생을 멋지게 엮어가고 싶다. 그러면서 내 60년 인생에서 열심히 터득하고 배운 각종 노하우와 삶을 향한 도전정신을 독자 여러분들과 공유하고 싶은 마음이 간절하다. 수험생 독자들의 대성공과 경제적 지식의 비약적 발전을 기원한다.

2020. 8. 31

저자 김 덕 수 識

차 례

들어가는 글/iv

제 1 장 거시경제이론의 기초

1. 거시경제이론에 대한 기초 개념___2

1.1 거시경제의 주요 변수/2 1.2 총수요(*AD*)와 총공급(*AS*)/3

[보론 1-1] *AD*곡선과 *AS*곡선의 이동 방향에 대해 생각해보자!/4

[보론 1-2] 고용 없는 성장(jobless growth)/5

요약 및 복습/5

제 2 장 거시경제의 주요 측정값

1. 물가, 인플레이션과 GDP, 실업___8

1.1 물가지수를 통한 물가의 측정/8

1.2 인플레이션, 인플레이션율, 명목 GDP와 실질 GDP/9

1.3 라스파이레스 물가지수(LPI)와 파쉐 물가지수(PPI)/10

[보론 2-1] 물가지수의 과대평가와 과소평가 문제/11

1.4 소비자물가지수와 GDP 디플레이터의 상호 비교/12

1.5 지수(指數) 개념과 후생수준의 평가/13 1.6 실업, 실업률에 대한 기초 개념/16

2. 한 나라의 GDP는 어떻게 산출되는가?___17

2.1 GDP를 추계(推計)하는 데 활용되는 생산접근법/17

2.2 GDP를 추계하는 데 활용되는 소득접근법/18

2.3 GDP를 추계하는 데 활용되는 지출접근법/19

2.4 국민총소득(GNI)에 대한 고찰/20

[보론 2-2] GNI, GDP, GNP의 상호연관 관계 정리/22

2.5 기타 국민소득에 대한 개념/24

2.6 경제성장과 경기순환에 대한 개념/26

2.7 국내총생산의 개념에 내재된 한계점/27

2.8 새로운 총량지표/28

요약 및 복습/30

제 3 장 실질 GDP 결정의 기초 이론

1. 고전학파 모형과 실질 GDP의 결정____34

1.1 고전학파 학자들과 그들의 기본 철학/34

1.2 고전학파의 실질 GDP 결정이론/34

[보론 3-1] 고전학파의 생각 따라잡기!/35

2. 케인즈의 단순모형과 실질 GDP의 결정____36

2.1 케인즈의 기본 철학/36

2.2 케인즈의 단순모형 : 유효수요의 구성요소/37

[보론 3-2] 소비에 영향을 미치는 주요 변수/39

2.3 케인즈의 단순모형에서 실질 GDP의 결정 /41

[보론 3-3] 케인즈 단순모형 : I와 S를 이용한 균형 실질 GDP 결정/43

2.4 케인즈의 단순모형과 재정정책/47

요약 및 복습/49

제 4 장 재정과 재정정책

1. 재정의 의의와 재정정책____52

1.1 재정의 의의 및 기능/52
1.2 예산의 종류와 내용/54
1.3 재정정책에 대한 개념/54

2. 케인즈의 단순모형과 재정정책____55

2.1 정부의 재량적 재정정책/55
2.2 케인즈 단순모형에 비례세를 도입하면 승수효과는 어떻게 달라질까?/58
[보론 4-1] 이전지출에 대한 승수효과는 어떻게 구할까?/60

3. 고전학파 모형과 재정정책____61

3.1 고전학파 모형의 기본 가정/61
3.2 구축효과(驅逐效果, crowding-out effect)/62
[보론 4-2] 구입효과(crowding-in effect)를 아시나요?/64
3.3 고전학파 모형의 한계점/64
[보론 4-3] 리카도의 등가성 정리/65
[보론 4-4] 조세에 대한 짧은 상식/66

4. 경기변동과 재정의 경제안정화 기능____70

4.1 재정의 자동안정화장치에 대한 개념과 의의/70
4.2 재정적 견인(fiscal drag)/72
4.3 균형재정과 정책함정(policy trap)/73

요약 및 복습/74

제 5 장 금융제도와 화폐공급

1. 화폐의 기능과 측정____78

1.1 화폐의 기능 및 정의/78 1.2 화폐의 형태와 발달 과정/78

1.3 통화량의 측정 : 4개의 통화지표/79

2. 금융, 금융시장, 금융제도____81

2.1 금융에 대한 개요/81

2.2 한국의 금융시장 구조와 금융시장의 기능/82

2.3 금융제도에 대한 정의 및 개요/86

[보론 5-1] 금융제도의 변화 추세에 대한 요약/88

[보론 5-2] 레버리지 효과(leverage effect)를 아시나요? /89

요약 및 복습/91

제 6 장 화폐공급과 통화정책

1. 본원통화와 현금통화공급____94

1.1 본원통화에 대한 정의 및 구성요소/94 1.2 본원통화의 공급경로/95

2. 신용창조와 예금통화의 공급____97

2.1 예금은행조직의 신용창조를 설명하기 위한 기본 가정/97

2.2 예금은행조직에 의한 신용창조/97

3. 화폐공급함수의 도출과 정책적 시사점____99

3.1 화폐공급함수에 대한 개요/99 3.2 화폐공급함수의 도출/100

4. 통화정책의 의의와 정책수단___103

4.1 통화정책의 정의, 최종목표, 운영체계/103 4.2 통화당국의 주요 정책수단/104

[보론 6-1] 재할인율 정책과 선별적 정책수단/106

4.3 통화정책의 운용목표와 명목기준지표에 대한 개요/108

[보론 6-2] 정보변수에 대한 개요/109

4.4 우리나라의 물가안정목표제/110 4.5 정책금리의 산정방식 : 테일러 준칙/111

4.6 통화정책의 새로운 대안 : 물가수준목표제, 명목소득목표제/112

4.7 실물경제에 대한 통화정책의 파급 경로/114

요약 및 복습/117

제 7 장 화폐수요와 이자율 결정

1. 화폐수요이론에 대한 개요___120

1.1 고전학파의 화폐수요이론 : 화폐수량설/120

1.2 케인즈의 화폐수요이론 : 유동성선호설/122

1.3 프리드만의 화폐수요이론 : 신화폐수량설/125

1.4 화폐수량설, 유동성선호설, 신화폐수량설의 상호 비교/126

[보론 7-1] 보몰과 토빈의 화폐수요이론/127

2. 이자율결정이론___132

2.1 케인즈의 화폐적 이자율결정이론/132 2.2 고전학파의 실물적 이자율결정이론/134

요약 및 복습/137

제 8 장 *IS–LM* 모형

1. *IS–LM* 모형의 의의와 학습의 필요성____140

1.1 *IS–LM* 모형을 반드시 학습해야 하는 이유/140

1.2 *IS–LM* 모형의 경제이론적 의의/141　　1.3 *IS–LM* 모형의 전제조건/142

2. *IS*곡선의 도출, 어떻게 하지?____142

2.1 *IS*곡선의 궤적 : 생산물시장의 균형조건($Y^D = Y = Y^S$) / 142

2.2 *IS*곡선의 기울기와 *IS*곡선의 이동/145　　2.3 특수한 형태의 *IS*곡선/147

3. *LM*곡선의 도출, 어떻게 하지?____148

3.1 *LM* 곡선의 궤적 : 화폐시장의 균형조건($\frac{M^d}{P} = \frac{M^S}{P}$) / 148

3.2 *LM* 곡선의 기울기와 *LM* 곡선의 이동/151　3.3 특수한 형태의 *LM* 곡선/153

4. 생산물시장과 화폐시장의 동시균형____154

4.1 생산물시장과 화폐시장의 균형 및 불균형/154

4.2 불균형에서 균형으로의 조정 과정/155

5. 케인지언의 재정정책과 통화정책____157

5.1 케인지인의 재량직 재정정책/157　　5.2 케인지언의 재량적 통화정책/158

5.3 *IS–LM* 모형을 활용한 특수상황 분석/159

[보론 8-1] 새로운 *IS–LM* 곡선과 유동성 함정의 문제/161

요약 및 복습/165

제 9 장 총수요(*AD*)곡선과 총공급(*AS*)곡선의 도출

1. 총수요(*AD*)곡선의 도출 ___ 169

1.1 *AD*곡선이 우하향하는 이유 / 169
1.2 *AD*곡선의 이동요인에 대한 탐구 / 171
1.3 특수한 형태의 *AD*곡선 / 172
[보론 9-1] 실질잔고효과(real balance effect)와 *AD*곡선 간의 관계 / 173
1.4 케인지언, 통화주의학파, 새고전학파, 새케인지언의 *AD*곡선 / 175

2. 총공급(*AS*)곡선의 도출 ___ 175

2.1 *AS*곡선에 대한 개요 / 175
2.2 고전학파 모형과 *AS*곡선의 형태 / 176
2.3 케인즈 단순모형과 *AS*곡선의 형태 / 178
2.4 케인지언, 통화주의학파 모형과 *AS*곡선의 형태 / 179
2.5 새고전학파 모형과 *AS*곡선의 형태 / 186
2.6 새케인지언 모형과 *AS*곡선의 형태 / 187

요약 및 복습 / 190

제 10 장 소비이론과 투자이론

1. 소비이론 ___ 194

1.1 케인즈의 절대소득가설(absolute income hypothesis) / 194
[보론 10-1] 케인즈의 절대소득가설에 대한 쿠즈네츠의 이의 제기 / 195
1.2 안도와 모딜리아니의 생애주기가설 / 197
1.3 프리드만의 항상소득가설 / 200
1.4 홀의 임의보행가설 / 202
1.5 듀젠베리의 상대소득가설 / 203
1.6 소비함수론에 대한 요약 및 정리 / 205
[보론 10-2] 소비함수의 미시적 기초 : 피셔의 기간간 선택이론 / 206

2. 투자이론___210

2.1 미래의 기대수익과 투자의 결정/211 2.2 가속도원리와 투자의 결정/214

2.3 신고전학파와 투자의 결정/216 2.4 q이론과 투자의 결정/219

요약 및 복습/220

제 11 장 거시경제학의 두 조류와 상호 비교

1. 고전학파와 케인즈의 상호 비교___227

1.1 기본 가정의 차이/227

1.2 경제모형에 나타난 두 학파의 경제 인식 차이/228

1.3 $IS-LM$ 곡선과 $AD-AS$곡선의 차이/230 1.4 정책효과에 대한 입장 차이/232

2. 케인지언과 통화주의학파의 상호 비교___234

2.1 두 학파의 탄생 배경과 대표 경제학자/234

2.2 경제모형에 나타난 두 학파의 경제 인식 차이/235

[보론 11-1] 적응적 기대가설에 대한 요약/238

2.3 단기 재정정책과 통화정책의 상대적 유효성 평가/239

[보론 11-2] 투자수요의 이자율 탄력도와 IS곡선의 형태/242

[보론 11-3] 화폐수요의 이자율 탄력도와 LM곡선의 형태/243

2.4 경제정책에 내재된 시차 문제/244

2.5 AD곡선의 기울기에 대한 케인지언과 통화주의학파의 견해 차이/246

2.6 케인지언과 통화주의학파의 장기모형/247

3. 새고전학파와 새케인지언의 상호 비교___249
3.1 학파의 등장 배경과 대표 경제학자/249
3.2 현실경제에 대한 두 학파의 경제 인식 차이/250
3.3 합리적 기대가설에 대한 개요/252
3.4 새고전학파의 경제이론과 정책적 함의/254
[보론 11-4] 동태적 비일관성의 문제/258
3.5 새케인지언의 경제이론과 정책적 함의/260
3.6 공급중시경제학에 대한 개요 및 이론적 평가/264
요약 및 복습/268

제 12 장 인플레이션과 실업

1. 인플레이션___274
1.1 인플레이션에 대한 정의 및 경제적 의미/274
[보론 12-1] 주요 물가지수의 작성기관과 대상 품목의 상호 비교/275
1.2 인플레이션의 원인과 대책/276
1.3 인플레이션의 폐해와 경제적 파급효과/281
[보론 12-2] 미국의 '신경제'가 무엇인가요?/284
[보론 12-3] 디플레이션의 폐해는 없나요?/285
2. 실업___286
2.1 실업에 대한 정의와 형태, 실업률의 측정/286
2.2 학파별 실업이론과 실업 대책/290
[보론 12-4] 통화주의학파와 새고전학파의 탐색적 실업이론/294

3. 필립스곡선과 스태그플레이션____295

3.1 최초의 필립스곡선/295

3.2 스태그플레이션과 새로운 필립스곡선/298 3.3 오쿤의 법칙(Okun's law)/302

[보론 12-5] 인플레이션의 감축과 희생 비율/303

요약 및 복습/304

제 13 장 경기변동이론

1. 경기변동____308

1.1 경기변동의 정의, 특징, 종류/308 1.2 경기변동을 알려주는 주요 지표/310

2. 경기변동을 바라보는 두 개의 시각____312

2.1 경기변동에 대한 두 조류/312 2.2 케인지언의 경기변동이론/314

2.3 새고전학파의 균형경기변동이론/319 2.4 새케인지언의 불균형경기변동이론/322

요약 및 복습/325

제 14 장 국제무역이론

1. 국제무역의 이익____330

1.1 국제무역의 상호 의존성/330

[보론 14-1] 폐쇄경제는 국가와 국민을 가난하게 만든다!/332

1.2 절대우위와 비교우위의 결정/332 1.3 비교우위와 무역이익의 산출/335

[보론 14-2] 절대우위와 비교우위의 또 다른 사례 분석/338

1.4 일반적인 비교우위이론에 대한 탐색/339

[보론 14-3] 비교우위와 경쟁우위의 개념 차이/345
1.5 헥셔-오린의 정리(Heckscher-Ohlin Theorem)/346
1.6 레온티에프의 역설과 헥셔-오린 정리의 재발견/347
[보론 14-4] 헥셔-오린 정리의 확장이론들에 대한 탐색/348
1.7 교역조건(terms of trade)/350
[보론 14-5] 자그디시 바그와티(J. Bhagwati)의 궁핍화성장론/356
1.8 기타 무역이론에 대한 요약/357

2. 국제무역의 결정과 소득분배 ___361

2.1 국제무역이 존재하지 않는 폐쇄경제에서의 국내시장균형/361
2.2 개방경제에서 수출국과 수입국의 이득과 손실/362
2.3 관세부과의 경제적 효과 분석/365

3. 무역정책론 ___375

3.1 자유무역론에 대한 개요/375
3.2 보호무역론에 대한 개요/376
3.3 보호무역을 위한 각국 정부의 정책수단/379
[보론 14-6] 전통적 보호무역주의와 신보호무역주의의 차이/382
3.4 경제통합에 대한 기본 내용/383
3.5 자유무역과 공정무역을 위한 국제기구/386
[보론 14-7] GATT 체제의 3가지 기본 원칙에 대한 예외 조항/389
3.6 우루과이라운드(UR)의 타결과 WTO 체제의 출범/390
[보론 14-8] 신국제경제질서(New International Economic Order ; NIEO) /392

요약 및 복습/393

제 15 장 국제수지론

1. 국제수지의 개념____398

1.1 국제수지(國際收支)와 국제대차(國際貸借)/398

1.2 국제수지표(國際收支表)/399

1.3 경상수지, 저축과 투자와의 관계 (1)/402

[보론 15-1] 협의의 경상수지(=순수출), 저축과 투자와의 관계 (2)/404

요약 및 복습/405

제 16 장 외환론

1. 외환, 환율, 환율제도____408

1.1 외환과 환율에 대한 개념/408

[보론 16-1] 환율 인상이 언제나 경상수지 개선을 보장하는 특효약일까?/411

[보론 16-2] J-커브 효과/413

1.2 환율제도에 대한 고찰/414

[보론 16-3] 고정환율제도와 자유변동환율제도의 상호 비교/416

1.3 국제통화제도의 변천 과정/417

2. 균형환율의 결정과 환율의 변동____422

2.1 균형환율의 결정/422

2.2 환율변동과 그 원인 분석/424

[보론 16-4] 구매력평가설과 이자율평가설에 대한 심화학습/427

[보론 16-5] 스타벅스 라떼 지수(Starbucks Latte Index)를 아시나요?/433

3. 환율의 결정모형 탐구 ___ 434

3.1 유량접근방법 / 434

3.2 자산시장접근방법 (1) : 자산시장 비최적화 모형 / 437

3.3 자산시장접근방법 (2) : 자산시장 최적화 모형 / 442

3.4 기타 접근방법 / 442

4. 환율제도와 국제수지의 조정 ___ 444

4.1 금본위제도에서 국제수지의 조정 : 고전학파 / 444

4.2 국민소득을 통한 국제수지의 조정 (1) : 케인지언 / 446

[보론 16-6] 국민소득을 통한 국제수지의 조정 (2) : 비례세가 존재하는 경우 / 448

4.3 물가변동을 통한 국제수지의 조정 : 통화주의학파 / 449

4.4 변동환율제도에서 국제수지의 조정 / 450

요약 및 복습 / 451

제 17 장 개방경제와 경제정책의 효과

1. 개방경제와 *IS*–*LM* 모형 ___ 456

1.1 생산물시장의 균형과 *IS*곡선 / 456

1.2 화폐시장의 균형과 *LM*곡선 / 460

1.3 대외균형과 *BP*곡선의 도출, 그리고 *BP*곡선의 이동 / 461

1.4 개방경제에서 대내균형과 대외균형 / 465

[보론 17-1] 환율과 *IS*–*LM*곡선의 이동 / 466

[보론 17-2] 개방소국(開放小國)경제에서의 *IS*–*LM* 모형 분석 / 467

2. 개방소국(開放小國)경제에서의 장기균형 분석 ___ 470

2.1 경상수지에 대한 3가지의 기본 인식 / 470

2.2 개방소국(開放小國)경제에서의 장기균형 검토 / 474

3. 고정환율제도에서 경제정책의 효과 분석____478
3.1 고정환율제도에서 확대재정정책의 효과/478
3.2 고정환율제도에서 확대통화정책의 효과/479
4. 변동환율제도에서 경제정책의 효과 분석____481
4.1 변동환율제도에서 확대재정정책의 효과/481
4.2 변동환율제도에서 확대통화정책의 효과/482
[보론 17-3] 자본이동이 완전한 경우 : 확대재정정책과 확대통화정책의 효과/483
[보론 17-4] 자본이동이 불가능한 경우 : 확대재정정책과 확대통화정책의 효과/485
요약 및 복습/487

제 18 장 경제성장이론

1. 경제성장의 요인과 정형화된 사실____492
1.1 경제성장의 개념과 의의/492
[보론 18-1] 기술진보와 등량곡선의 이동/493
1.2 경제성장의 요인 분석/494
1.3 경제성장의 정형화(定型化)된 사실과 경제성장이론의 과제/495
1.4 경제성장의 비용과 대책/496
2. 고전학파의 경제성장이론____497
2.1 이론의 특징과 기본 가정/497
2.2 고전학파의 경제성장이론/498
2.3 고전학파의 경제성장이론에 대한 평가/499

3. 해로드와 도마의 경제성장이론____500

3.1 이론의 특징과 기본 가정/500
3.2 해로드와 도마의 경제성장이론/503
3.3 해로드와 도마의 경제성장이론에 대한 평가/504

4. 솔로우의 경제성장이론____505

4.1 이론의 특징과 기본 가정/505
4.2 노동의 완전고용, 자본의 완전가동을 보장하기 위한 조건/506
[보론 18-2] 솔로우와 해로드-도마의 경제성장이론과 균형조건식/508
4.3 솔로우의 경제성장이론/509
4.4 솔로우의 경제성장이론과 기술진보/510
4.5 솔로우의 경제성장이론과 장기적 생활 수준의 향상/512
4.6 솔로우의 경제성장이론에 대한 평가/515

5. 최적 성장이론____516

5.1 등장 배경 및 의의/ 516
5.2 경제성장의 황금률(일명, 자본축적의 황금률)/516
[보론 18-3] 기술진보가 발생했을 경우의 경제성장의 황금률/519
5.3 인구증가율과 경제성장의 황금률/519
5.4 사무엘슨의 턴파이크 정리/520

6. 내생적 경제성장이론____522

6.1 등장 배경/522
6.2 내생적 경제성장이론의 본질/523
6.3 내생적 경제성장이론의 주요 모형 요약/524
6.4 내생적 경제성장이론의 정책적 시사점/533
[보론 18-4] 솔로우 경제성장이론과 내생적 경제성장이론의 차이점/534

요약 및 복습/535

제 19 장 경제발전이론

1. 경제성장과 경제발전, 경제발전의 제(諸)단계 ___ 540

1.1 경제성장/540

1.2 경제발전/540

1.3 경제발전 단계에 대한 여러 경제학자들의 주장/541

2. 후진국의 경제발전전략 ___ 543

2.1 경제체제의 선택/543

2.2 산업정책 : 균형성장론과 불균형성장론/545

2.3 경제개방전략 : 대외지향적 전략과 대내지향적 전략/547

3. 후진국의 자본축적과 경제발전 ___ 548

3.1 개요/548

3.2 해외로부터 외자 도입을 통한 자본축적/549

3.3 잠재 실업인구이 생산인구화를 통한 자본축적/552

4. 후진국의 무역전략과 경제발전 ___ 553

4.1 개요/553

4.2 수출지향적 공업화 전략/554

4.3 수입대체적 공업화 전략/555

요약 및 복습/556

찾아보기/559

제 1 장 거시경제이론의 기초

1. 거시경제이론에 대한 기초 개념

출처 : 공군 블랙이글스

2012. 7. 4. 영국 페어포드 공군기지에서 개최된 국제 에어쇼(와딩턴, 리아트)에서 블랙이글스가 세계 최강의 에어쇼팀들을 제치고 최우수상, 인기상을 독차지했다. 그 자리에 있던 미국, 영국, 프랑스, 이태리, 러시아 공군참모총장들로부터 블랙이글스에 대한 극찬과 부러움을 한 몸에 받은 성일환 참모총장이 세계를 깜짝 놀라게 만든 후배 조종사들을 끌어안고 기쁨을 나누고 있다. 이날 성일환 참모총장은 수상식을 마치고 돌아온 블랙이글스의 모든 팀원들에게 격려사를 하던 도중 복받쳐 오르는 감정을 억누르지 못하고 기쁨의 눈물을 흘린 일화는 지금도 공군에서 널리 회자되고 있다. **수험생 여러분들도 피나는 노력으로 가족과 주변 사람들을 깜짝 놀라게 해주길 기대합니다!**

① 거시경제이론에 대한 기초 개념

1.1 거시경제의 주요 변수

1) 국민소득의 주요 개념으로는 국내총생산(GDP), 국내총소득(GDI), 국민총소득(GNI) 등이 있다. 자세한 것은 다음 장에서 논의하기로 한다.

2) 주요 거시변수에 대한 개요

① 경제성장은 실질 국내총생산(= 실질 GDP)이 양적으로 증가하는 것을 말한다. 또 경제성장의 속도를 측정하기 위해서는 '**72의 법칙**(rule of 72)'을 선행적으로 이해할 필요가 있다. 즉, 어떤 경제변수 값이 매년 x%의 비율로 증가한다고 할 경우, 그 값이 2배로 증가하는 데 소요되는 년 수를 y라고 하면 다음과 같은 관계식이 성립한다.

$$y = 72 \div x$$

② 경기변동이란 실질 GDP가 장기적 추세치(일명, 잠재 GDP)보다 높거나 낮은 일이 반복되는 현상을 말한다. 실질 GDP가 잠재 GDP보다 큰 경우는 호황기, 그 반대는 불황기라고 말한다.[1] 또 공행성(co-movement)이란, 경기변동 과정에서 여러 경제변수가 일정한 관련을 맺으며 함께 움직이는 현상을 말한다. 가령 불황기에는 실질 GDP가 잠재 GDP보다 작고 생산 부진, 고용 감소, 물가 하락, 임금 하락, 소비와 투자 감소, 주가 하락 등을 동반한다.

③ 물가수준(price level)은 모든 재화와 서비스의 가격을 가중평균한 값[2]으로 정의되며 일반적으로 물가라고 부른다. 반면 가격은 아이스크림 가격, 핸드폰 가격처럼 단일 재화의 가격을 말한다. 그런 의미에서 물가와 가격은 서로 다른 개념이다. 한편, 인플레이션은 물가 또는 물가수준이 지속적으로 상승하는 현상을 지칭한다.

---

1. 경기변동은 경기순환과 다른 개념이 아니다. 본서(本書)에서는 동의어로 간주해서 함께 사용하기로 한다. 또 호황기는 호경기, 불황기는 불경기와 동의어다. 그러므로 독자들은 그런 용어의 개념 차이에 대해 고민하지 않기를 바란다.
2. 한 경제 내에 3개의 재화(핸드폰, 노트북, 양복)만 존재한다고 가정하자. 또 핸드폰 가격은 100만원, 노트북 가격 150만원, 양복 가격은 80만원이고 그들이 경제에서 차지하는 중요도가 각각 40%, 30%, 30%라고 하자. 이때 그 나라의 물가수준(P)을 산출하면 $P = (100 \times 0.4) + (150 \times 0.3) + (80 \times 0.3) = 109$만원으로 정의된다.

④ 국제수지란, 1년 동안 한 나라가 외국과의 국제거래를 통해 주고받은 화폐의 흐름을 정리한 것을 말한다. 환율은 한 나라의 화폐와 다른 나라 화폐 간의 교환비율을 의미한다. 또 대외의존도는 무역액(수출액+수입액)이 국내총생산(GDP)에서 차지하는 비율로서 일반적으로 미 달러($)를 기준으로 집계된다.

1.2 총수요(*AD*)와 총공급(*AS*)

1) 거시경제이론의 분석을 위해서는 총수요곡선(= *AD*곡선)과 총공급곡선(= *AS*곡선)을 정확하게 이해해야 한다. *AD*곡선과 *AS*곡선은 미시경제이론에서 배운 수요곡선이나 공급곡선과는 차원이 다른 개념이다. [그림 1-1]의 왼쪽 그래프에서 보는 것처럼 미시경제이론에서는 개별 재화(예 : 아이스크림)의 수요곡선과 공급곡선이 만나는 균형점 *e*에서 균형가격과 균형거래량이 결정된다. 반면 거시경제이론에서는 *AD*곡선과 *AS*곡선이 만나는 균형점 *E*에서 균형물가와 균형 실질 GDP가 결정된다. 여러분들은 거시경제이론을 본격적으로 배우기 전에 미시경제이론의 균형점과 거시경제이론의 균형점, 또 그것을 둘러싼 경제변수들이 어떻게 다른지 개략적으로 학습해보길 바란다.

[그림 1-1] 미시경제이론과 거시경제이론의 차이

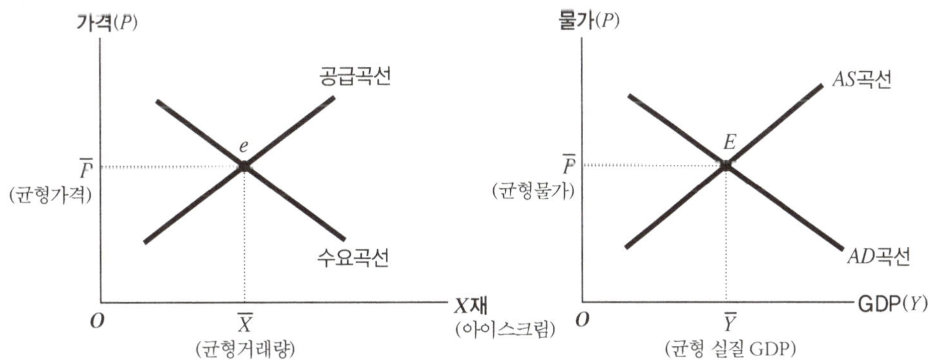

(a) 미시경제 : 아이스크림 시장의 균형 **(b) 거시경제 : 균형 실질 GDP의 결정**

2) *AD*곡선과 *AS*곡선의 도출에 대해서는 제9 장에서 자세히 논의할 것이다. 우선 *AD*곡선은 *IS-LM*곡신의 이동과 물가의 변화를 상정해서 도출하고, *AS*곡선은 노동시장의 균형과 총체적 생산함수를 활용해서 도출한다는 점을 미리 밝혀둔다.

3) 균형분석의 사례 : 총수요의 증가와 총공급의 감소

[그림 1-2] 총수요의 증가와 총공급의 감소

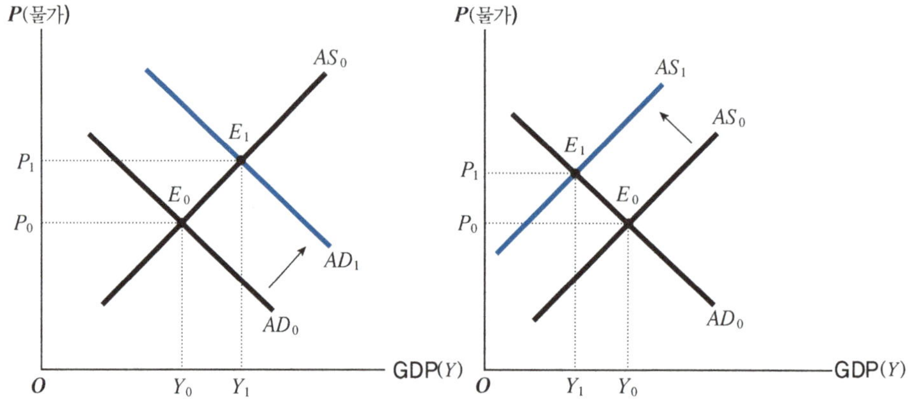

(a) 총수요의 증가 **(b) 총공급의 감소**

① 다른 조건이 일정한 상황에서 총수요만 증가($AD_0 \Rightarrow AD_1$)하면, [그림 1-2]의 (a)에서 보는 바와 같이 물가와 균형 실질 GDP가 함께 증가한다.

② 다른 조건이 일정한 상황에서 총공급만 감소($AS_0 \Rightarrow AS_1$)하면 [그림 1-2]의 (b)에서 보는 것처럼 물가는 상승하고, 균형 실질 GDP는 감소한다. 경제학에서는 이런 현상을 스태그플레이션이라고 말한다. 이에 대해서는 제12장에서 자세하게 다룰 것이다.

③ *AD*곡선과 *AS*곡선의 이동요인에 대해서는 제9장에서 자세하게 언급할 것이다.

보론 1-1 *AD*곡선과 *AS*곡선의 이동 방향에 대해 생각해보자!

㉮ 총수요가 증가할 경우, *AD*곡선은 왜 우상방(右上方)으로 이동할까? 또 총수요가 감소할 경우, *AD*곡선은 왜 좌하방(左下方)으로 이동하는 걸까?

㉯ 총공급이 증가할 경우, *AS*곡선은 왜 우하방(右下方)으로 이동할까? 또 총공급이 감소할 경우, *AS*곡선은 왜 좌상방(左上方)으로 이동하는 걸까?

보론 1-2 고용 없는 성장(jobless growth)

'고용 없는 성장'이란 한마디로 국가 경제는 경제성장이 이루어지는데도 고용은 답보 상태에 머무는 현상을 의미한다. 경제학자들은 그에 대한 원인으로 ㉠ FA(공장 자동화)나 IT산업의 발달과 같은 산업구조의 질적 고도화와 그에 따른 노동절약적 생산구조, ㉡ 전통 업종인 노동집약형 기업들의 해외 이전, ㉢ 높은 임금상승률, ㉣ 노동시장의 경직성, ㉤ 투쟁 일변도의 과격한 노조(勞組)의 존재 등을 꼽는다.

이를 해결하기 위해서는 무엇보다도 국내 투자의 확대가 선행되어야 한다는 것이 경제 전문가들의 공통된 견해이다. 세부적으로는 투자 확대를 가로막는 각종 정책의 불확실성을 해소하면서 노동시장의 유연성을 제고시키는 것이 급선무다. 참고로 '고용 없는 성장'은 제12장에서 학습할 '오쿤의 법칙(Okun's law)'과 상치되는 개념임에 유의하길 바란다.

요약 및 복습

01 국민소득의 주요 개념으로는 국내총생산(GDP), 국내총소득(GDI), 국민총소득(GNI) 등이 존재한다.

02 본서(本書)에서 취급하는 주요 거시변수로는 경제성장, 경기변동, 물가, 국제수지 등이 있다. 경제성장은 실질 GDP가 증가하는 것을 말하고, 경기변동은 실질 GDP가 잠재 GDP보다 높거나 낮은 일이 반복되는 현상을 지칭한다. 또 물가는 모든 재화와 서비스의 가격을 가중평균한 값으로 정의되며 국제수지는 한 나라(一國)가 외국과의 국제거래를 통해 주고받은 화폐의 흐름을 정리한 것이다.

03 거시경제이론을 분석하기 위해서는 총수요(*AD*)곡선과 총공급(*AS*)곡선에 대해 자세하게 알아야 한다. *AD*곡선은 *IS–LM*곡선과 물가의 변화를 상정해서 도출하고, *AS*곡선은 노동시장의 균형과 총생산함수를 통해 도출된다.

04 총수요의 증가는 *AD*곡선의 우상방 이동을 의미한다. 또 총공급의 감소는 *AS*곡선의 좌상방 이동을 뜻한다. 총수요의 감소와 총공급의 증가는 이와 반대로 생각하면 된다.

05 고용 없는 성장(jobless growth)은 국가 경제 차원에서는 실질 GDP가 늘어나고 있음에도 불구하고 고용은 답보상태에 머무는 현상을 의미한다. 고용 없는 성장이 일어나는 원인으로는 크게 ① 공장 자

동화나 IT산업의 발달과 같은 산업구조의 질적 고도화와 그에 따른 노동절약적 생산구조, ② 노동집약형 기업들의 해외 이전, ③ 높은 임금상승률, ④ 노동시장의 경직성, ⑤ 투쟁 일변도의 과격한 노조(勞組)의 존재 등을 꼽을 수 있다.

제 2 장 거시경제의 주요 측정값

1. 물가, 인플레이션과 GDP, 실업
2. 한 나라의 GDP는 어떻게 산출되는가?

출처 : 공군 블랙이글스

2019. 3. 1. 3.1운동 100주년 기념식 축하비행을 앞두고 블랙이글스 팀원들이 원주기지 제239 특수비행대대 건물 앞에서 멋진 비행을 다짐하고 있다. **수험생 여러분들도 블랙이글스처럼 매일 아침 하루를 시작하며 자신에게 힘찬 파이팅을 주문해보시기 바랍니다!**

1 물가, 인플레이션과 GDP, 실업

1.1 물가지수를 통한 물가의 측정

1) 물가를 측정하기 위해서는 물가지수부터 작성해야 한다. 소비자들의 생계비 수준을 측정하는 대표적인 물가지수가 소비자물가지수(Consumer Price Index ; CPI)[1]이다. 또 그것의 작성기관은 통계청이며 매월마다 작성된다.

① CPI는 가계가 구입한 재화와 서비스의 묶음을 토대로 작성된다. 물론 **고정상품 묶음**이다. 재화와 서비스는 식품 및 음료, 주택, 교통, 의료, 의복, 오락, 교육 및 통신, 기타 서비스로 구성된다. 생산자물가지수의 대상 품목에 포함되는 **원재료, 중간재, 최종자본재 등은 포함되지 않고 소비재와 각종 서비스만 포함**된다. 수입 소비재는 당연히 포함시켜야 한다.

② CPI는 도시 가계가 소비하는 대표적인 재화와 서비스의 가격변화를 나타내는 지표이다. CPI는 2015년을 기준으로 서울을 비롯한 37개 주요 도시에서 거주하는 가계가 일상생활에서 사용하는 481개 소비재 상품(재화, 서비스)의 가격을 직접 조사해서 측정한다.

③ 도시소비자의 체감물가를 좀 더 반영하기 위해 **생활물가지수**가 보조지수로 활용된다. 생활물가지수란 소비자물가 조사대상 품목 중에서 소비자들이 자주 구입하는 기본 생활필수품 152개를 선정해서 이들의 평균적인 가격변동을 나타낸 것이다.

④ CPI를 계산하기 위해서는 현재연도와 기준연도에 대한 사전 정보가 필요하다. 가령 2021년도의 CPI를 계산하기 위해서는 비교연도인 2021년의 가격, 또 기준연도인 2020년의 가격과 2020년도의 수량을 알아야 한다. 참고로 기준연도는 매년 5년 단위로 갱신되며 기준연도의 CPI는 100이 된다는 점에 유의해야 한다. 비교연도의 i상품에 대한 가격을 P_{it}, 기준연도의 i상품에 대한 가격을 P_{i0}, 기준연도의 i상품에 대한 수량을 Q_{i0}라고 한다면 CPI는 다음의 공식에 의해 도출한다.

---

1. 소비자물가지수는 화폐의 구매력 변동을 측정할 수 있는 물가지표로서 노사(勞使)가 임금협상을 할 때, 또 정부가 재정정책이나 통화정책을 수립할 때, 최저임금, 국민연금, 실업급여 수준을 책정할 때 참고자료로 널리 활용된다. 그밖에도 경제의 활동 상태인 경기(景氣)의 상황을 판단할 때에도 기초자료로 중요하게 사용한다.

$$\text{소비자물가지수(CPI)} = \frac{\Sigma P_{it} Q_{i0}}{\Sigma P_{i0} Q_{i0}} \times 100$$

단, i는 i상품, t는 비교연도, 0는 기준연도를 의미함.

1.2 인플레이션, 인플레이션율, 명목 GDP와 실질 GDP

1) 인플레이션은 물가 또는 물가수준이 전반적으로 상승하는 현상을 말한다. 앞에서 언급한 것처럼 물가는 여러 재화나 서비스의 가격을 가중 평균한 수치다. 따라서 인플레이션은 재화나 서비스의 전체 평균가격이 상승하는 것을 의미한다.

2) 다른 연도에 대한 CPI 정보가 제공되면, 인플레이션율도 계산할 수 있다. 인플레이션율은 물가의 백분율 변화로서 물가의 상승률인 동시에 화폐 가치의 하락율을 의미한다. 인플레이션율을 구하는 공식은 다음과 같다.

① **인플레이션율** = 물가의 백분율 변화 = $\frac{\text{현재연도의 CPI} - \text{이전연도의 CPI}}{\text{이전연도의 CPI}} \times 100$

3) t년도의 **명목 GDP**는 t년도의 상품생산량(Q_{it})에다 t년도의 상품가격(P_{it})을 각각 곱한 다음, 이를 모두 합계한 총시장가치($\Sigma P_{it} Q_{it}$)를 의미한다. 이를 **경상 GDP**라고도 부른다. 또 t년도의 **실질 GDP**는 t년도의 상품생산량(Q_{it})에다 기준연도의 상품가격(P_{i0})을 곱한 다음, 이를 모두 합계한 총시장가치($\Sigma P_{i0} Q_{it}$)를 말한다. 이는 **불변 GDP**라고도 부른다. 여기서 P_{it} = t년도 i상품의 가격, P_{i0} = 기준연도 i상품의 가격, Q_{it} = t년도 i상품의 생산량을 의미한다.

① **GDP 디플레이터**(deflator) = $\frac{\text{명목 GDP}(= \Sigma P_{it} Q_{it})}{\text{실질 GDP}(= \Sigma P_{i0} Q_{it})} \times 100$

② GDP 디플레이터는 CPI와 함께 자주 인용되는 물가지수다. 참고로, GDP 디플레이터는 CPI보다 광의의 물가지수로서 GDP라는 상품의 가격수준을 나타낸다. 그 이유는 CPI는 일국(一國) 경제에서 생산되어 소비되는 재화와 서비스(고정상품 묶음)를 샘플링해서 측정한 지수인 반면, GDP 디플레이터는 한 나라의 경제가 생산하는 모든 재화와 서비스(변동상품 묶음)에 기초해서 추정한 물가지수이기 때문이다.

1.3 라스파이레스 물가지수(LPI)와 파쉐 물가지수(PPI)

1) 라스파이레스 물가지수(Laspeyres Price Index)는 앞서 언급한 소비자물가지수와 같이 **기준연도의 거래량**을 기준으로 물가지수를 산출하며 다음의 공식으로 정의된다.

$$\text{라스파이레스 물가지수(Laspeyres Price Index)} = \frac{\sum P_{it} Q_{i0}}{\sum P_{i0} Q_{i0}} \times 100 = \text{LPI}$$

① LPI의 특성과 장점을 요약하면 아래와 같다.

㉠ 소비자물가지수는 라스파이레스 물가지수이다!

㉡ '**기준연도의 거래량**을 사용하기에 계산이 용이하다' 는 장점이 있다.

㉢ 하지만 기준연도와 비교연도 사이에 거래되는 상품들의 품목상에 큰 변화가 있는 경우에는 비교연도의 물가변동을 파악하는 데 한계가 있다.

② LPI의 단점은 실제 물가상승률을 **과대평가**한다는 점이다!

2) 파쉐 물가지수(Paasche Pricc Indcx)는 GDP 디플레이터(deflator)와 같이 **비교연도의 거래량**을 기준으로 물가지수를 산출하며 다음의 공식으로 정의된다.

$$\text{파쉐 물가지수(Paasche Price Index)} = \frac{\sum P_{it} Q_{it}}{\sum P_{i0} Q_{it}} \times 100 = \text{PPI}$$

① PPI의 특성과 장점을 소개하면 다음과 같다.

㉠ GDP 디플레이터(deflator)는 파쉐 물가지수이다!

㉡ '**비교연도의 거래량**을 기준으로 하기 때문에 비교연도의 물가동향을 잘 설명해준다' 는 장점이 있다.

㉢ 그러나 매년마다 비교연도에 거래되는 상품들의 품목과 가중치를 계산해야 하는 불편함이 존재한다.

② PPI의 단점은 실제 물가상승률을 **과소평가**한다는 점이다!

보론 2-1 물가지수의 과대평가와 과소평가 문제(※)

라스파이레스 물가지수와 파쉐 물가지수가 물가상승률을 과대평가하거나 과소평가한다는 것은 각종 경제시험에서 단골 메뉴로 등장한다. 내가 지난 25년간 이 문제를 학생들에게 질문해봤지만 지금까지 그것을 정확하게 설명한 학생을 만난 적이 없다. 또 맨큐의 『거시경제학』을 비롯한 국내외 경제 교재들을 살펴봤지만, 그것을 알기 쉽게 설명한 책을 접해 본 적도 없다. 최근 어느 학원 강사가 쓴 교재에서 그 내용의 일부를 접했을 따름이다. 그것도 수식적인 증명이라서 수학 개념이 취약한 독자들에겐 그림의 떡이었을 것이다. 그러다 보니 독자들은 이 개념을 정확하게 이해하지 못한 채, 무조건 암기해서 시험에 대처했을 가능성이 크다. 그리고 시험이 끝나고 며칠만 지나면 모든 걸 잊어버리고 또다시 외워야 하는 …… ! 그런 악순환을 반복했을 것으로 짐작된다. 그렇지만 나는 그런 학원 교재의 등장만으로도 반가웠다. 그렇게라도 증명해준 사람이 있으니까 말이다. 경제를 가르치는 사람으로서 정말로 미안하기 그지없다.

그래서 이번 기회에 **『거시경제학』**을 통해 수학 개념이 부족한 독자들도 그것을 이해할 수 있도록 알기 쉽게 설명하고자 한다. 독자들은 이 내용을 정독하고, 향후 이와 관련된 문항이 출제되면 멋지게 풀어주길 기대한다. 이 문제는 간단한 숫자적 사례를 통해 설명하고자 한다. 수학을 활용한 증명은 내가 집필 계획을 갖고 있는 『고급 거시경제학』 책에서 명쾌하게 설명할 것을 약속한다.

㉮ 라스파이레스 물가지수와 과대평가* 문제

소비자물가지수가 라스파이레스 물가지수란 것은 이미 앞에서 언급한 바 있다. 그런데 소비자물가지수는 물가상승률을 **과대평가**한다는 문제를 안고 있다. 간단한 숫자적 사례를 통해 그 문제를 고찰해보자.

모든 국민이 스포츠를 좋아하는 A국에서 기준연도(2020년)에 소비자물가지수를 구성하는 상품 묶음이 농구공 2개와 축구공 1개였고, 2020년에 그것의 가격이 각각 10,000원과 15,000원이었다고 가정하자. 그러면 2020년에 A국 경제주체들은 농구공 2개와 축구공 1개를 구입하기 위해서 총 35,000원[= (10,000 × 2) + (15,000 × 1)]을 지불해야 한다. 다시 말해 $\sum P_{i0} Q_{i0} = 35{,}000$원이다.

---

* 소비자물가지수는 라스파이레스 물가지수로서 물가상승률을 과대평가한다는 문제를 내재하고 있다. 그 이유를 살펴보자. 물가가 상승하면 그에 따라 상대가격도 변하기 마련이다. 소비자들은 더 싸게 파는 곳을 찾은 다음, 상대적으로 더 저렴한 재화와 서비스를 소비(대체효과)함으로써 생계비용을 줄일 수 있다. 하지만 소비자물가지수는 그런 효과를 무시함으로써 생계비용의 상승을 과대평가한다. 또 소비자물가지수는 제품이나 서비스의 질적 향상을 고려하지 않고 오로지 가격 상승만을 물가 상승이라고 여김으로써 생계비용의 상승을 과대평가한다. 그 밖에도 소비자물가지수는 고정상품 묶음으로서 신제품이나 서비스의 새로운 등장을 고려하지 않는다. 신제품이나 서비스의 등장은 소비자 선택 폭을 넓히고 동일한 비용으로 더 큰 만족을 느끼게 해주지만 소비자물가지수는 그런 가능성을 배제한다. 그 결과, 소비자물가지수는 생계비용을 과대평가할 수밖에 없다.

그런데 2021년 A국에서 농구붐이 일면서 농구공 가격만 2배로 뛰고, 축구공 가격은 변하지 않았다고 가정하자. 그러면 2021년도에 A국 경제주체들이 지불해야 할 $\Sigma P_{it} Q_{i0}$는 55,000원이 된다. 그 이유는 $\Sigma P_{it} Q_{i0}$ = 55,000원[= (20,000원 × 2) + (15,000원 × 1)]이기 때문이다. 이제 2021년의 라스파이레스 물가지수(LPI)를 구하면 다음과 같다. 2021년의 LPI = $\frac{\Sigma P_{it} Q_{i0}}{\Sigma P_{i0} Q_{i0}} = \frac{55{,}000\text{원}}{35{,}000\text{원}}$이다. 이때 LPI에 따른 물가상승률을 구하면 57.1%[= (55,000원 − 35,000원)/35,000원]이다.

한편, 2021년에 A국 경제주체들은 소비 패턴을 바꿀 가능성이 크다. 즉 과거보다 상대적으로 비싸진 농구공은 1개만 구입하고 상대적으로 저렴해진 축구공을 2개 구입해서 여가를 즐기려고 할 것이다. 즉 Q_{it} = (농구공 1, 축구공 2)로 변한다는 뜻이다. 그렇게 되면 2021년에 A국 경제주체들이 실제로 지불한 금액은 50,000원[= (20,000원 × 1) + (15,000원 × 2)]이 된다. 현실적으로 A국 경제주체들이 체감하는 물가지수(P)는 $P = \frac{50{,}000\text{원}}{35{,}000\text{원}}$이다. 이때의 물가상승률을 구하면 42.9%[= (50,000원 − 35,000원)/35,000원]가 된다. 따라서 라스파이레스 물가지수에 입각한 물가상승률(= 57.1%)은 2021년도에 A국 경제주체들이 체감하는 물가상승률(= 42.9%)보다 과대평가하고 있음을 알 수 있다.

㉯ 파쉐 물가지수와 과소평가 문제

GDP 디플레이터는 파쉐 물가지수다. 위의 사례를 그대로 활용해서 GDP 디플레이터인 파쉐 물가지수를 도출해보자. 파쉐 물가지수(PPI)는 $\frac{\Sigma P_{it} Q_{it}}{\Sigma P_{i0} Q_{it}}$로 정의된다. 그런데 위 사례에서 $\Sigma P_{it} Q_{it}$ = 50,000원[= (20,000원 × 1) + (15,000원 × 2)]이고, $\Sigma P_{i0} Q_{it}$ = 40,000원[= (10,000원 × 1) + (15,000원 × 2)]이다. 따라서 PPI = $\frac{50{,}000\text{원}}{40{,}000\text{원}}$이다. 파쉐 물가지수에 따른 물가상승률을 구하면 25%[= (50,000원 − 40,000원) /40,000원]이다. 그런데 2021년에 A국 경제주체들이 체감하는 현실 물가상승률은 42.9%이다. 따라서 파쉐 물가지수에 입각한 물가상승률(= 25%)은 2021년도에 A국 경제주체들이 체감하는 현실 물가상승률(= 42.9%)보다 과소평가되고 있음을 확인할 수 있다.

1.4 소비자물가지수와 GDP 디플레이터의 상호 비교

라스파이레스 물가지수인 소비자물가지수와 파쉐 물가지수인 GDP 디플레이터를 상호 비교해보자. 이 부분도 시험문제로 출제될 가능성이 있다. 출제양식은 라스파이레스 물가지수와 파쉐 물가지수, 소비자물가지수와 GDP 디플레이터를 비교하는 문항, 가격과 수량 관련 데이터를 제시하고 라스파이레스 물가지수와 파쉐 물가지수를 도출하게 하고 그에 대한 경제적 의미를 묻는 문항, 경제 개념에 대한 여러 개의 기술사항 중에 이들 개념을 포함시키고 틀린 문항 선택하기 등 매우 다양하게 출제될 수 있다. 따라서 독자들은 아래의 상호 비교표를 다양한 각도에서 검토해주길 바란다.

표 2-1 소비자물가지수와 GDP 디플레이터의 상호 비교

관련 항목 \ 종류		소비자물가지수(CPI)	GDP 디플레이터
1	통계작성의 주체	통계청	한국은행
2	국산 자본재의 포함 여부	비포함	포함
3	수입 생필품의 포함 여부	포함	비포함
4	물가지수의 종류	라스파이레스 물가지수 (고정상품 묶음)	파쉐 물가지수 (변동상품 묶음)
5	물가상승률에 대한 평가	과대 평가	과소 평가

1.5 지수(指數) 개념과 후생수준의 평가

두 시점 사이에 가격, 소득, 상품[2] 묶음이 변화하는 경우, 소비자 균형점의 변화를 분석해서 소비자의 후생수준(=생활수준)이 개선(改善)되었는지, 아니면 악화(惡化)되었는지를 판단하기 위해 도입된 개념이 지수(index)이다. 지수는 상품의 수량이나 가격 측면에서 평균 변화를 하나의 수치로 나타내기 위해 고안된 것으로서 수량지수와 가격지수로 구분된다. 수량지수는 상품 묶음의 양이 평균적으로 증가했는지를 판별하기 위해서, 또 가격지수는 상품가격의 변화 방향을 판별하기 위해서 사용된다. 이것도 시험문제로 출제될 가능성이 있기 때문에 독자들의 치열한 학습 자세가 요망된다. 수식적 표현 때문에 심리적 부담이 없지는 않겠지만 그래도 개념 파악에 집중해 나가면 그리 어렵지 않게 이해할 수 있을 것이다. 최대한 알기 쉽게 설명하고자 한다.

1) 수량지수

라스파이레스 수량지수(Laspeyres Quantity Index ; LQI)는 아래의 ㉠식과 같이 **기준연도의 가격**을 가중치로 사용해서 산출한다. 논의의 단순화를 위해 $\sum P_{i0}Q_{it}$는 P_0Q_1으로, $\sum P_{io}Q_{io}$는 P_0Q_0로 표시한다. 참고로 P_0, Q_0는 기준연도의 가격과 수량, P_1, Q_1은 비교연도의 가격과 수량을 나타낸다.

2. 상품은 재화와 서비스를 포괄하는 개념이다. 본서(本書)에서는 상품, 제품, 재화와 서비스를 동의어로 사용하고자 한다.

$$LQI = \frac{P_0 Q_1}{P_0 Q_0} \quad \cdots\cdots\cdots \quad ㉠$$

한편, 파쉐 수량지수(Paasche Quantity Index ; PQI)는 ㉡식에서 보는 것처럼 **비교연도의 가격**을 가중치로 사용해서 산출한다.

$$PQI = \frac{P_1 Q_1}{P_1 Q_0} \quad \cdots\cdots\cdots \quad ㉡$$

① LQI≦1이면, ㉠식으로부터 $P_0 Q_1 \leqq P_0 Q_0$임을 알 수 있다. 이는 소비자의 후생수준이 하락(=악화)했음을 의미한다. 즉 비교연도의 평균 상품소비량(Q_1)이 기준연도의 평균 상품소비량(Q_0)보다 줄어들었기 때문이다.

② PQI≧1이면, ㉡식으로부터 $P_1 Q_1 \geqq P_1 Q_0$임을 알 수 있다. 이는 소비자의 후생수준이 개선(= 향상)되었음을 시사해준다. 즉 비교연도의 평균 상품소비량(Q_1)이 기준연도의 평균 상품소비량(Q_0)보다 많아졌기 때문이다.

2) 가격지수

가격지수는 크게 라스파이레스 물가지수(Laspeyres Price Index ; LPI)와 파쉐 물가지수(Paasche Price Index ; PPI)로 구분된다. **라스파이레스 물가지수는 기준연도의 상품량, 파쉐 물가지수는 비교연도의 상품량을 가중치로 사용한다.** 논의의 단순화를 위해 $\sum P_{it} Q_{i0}$는 $P_1 Q_0$, $\sum P_{i0} Q_{i0}$는 $P_0 Q_0$, $\sum P_{it} Q_{it}$는 $P_1 Q_1$, $\sum P_{i0} Q_{it}$는 $P_0 Q_1$으로 표시한다. 이제 라스파이레스 물가지수와 파쉐 물가지수를 나타내면 ㉢식과 ㉣식이 된다.

$$LPI = \frac{P_1 Q_0}{P_0 Q_0} \quad \cdots\cdots\cdots \quad ㉢$$

$$PPI = \frac{P_1 Q_1}{P_0 Q_1} \quad \cdots\cdots\cdots \quad ㉣$$

㉢식과 ㉣식은 상품소비량이 각각 Q_0와 Q_1으로 똑같기 때문에 가격변수만 갖고서는 소비자의 후생수준 변화를 파악할 수 없다. 따라서 ㉤식과 같은 **명목소득변화지수**(N)를 도입해서 공통분모를 가진 분모와 분자의 수량을 비교할 필요가 있다. ㉤식에서 분모는 기준연도의 명목소득, 분자는 비교연도의 명목소득을 나타낸다.

$$N = \frac{P_1 Q_1}{P_0 Q_0} \quad \cdots\cdots\cdots \quad ㉤$$

앞의 ①에서 언급했듯이 파쉐 수량지수(PQI)를 나타내는 ㉡식의 크기가 1보다 크거나 같다면 소비자의 후생수준이 개선된다고 평가할 수 있다.

$$\frac{P_1 Q_1}{P_1 Q_0} \geqq 1 \Rightarrow P_1 Q_1 \geqq P_1 Q_0 \quad \cdots\cdots ㉥$$

㉥식의 양변을 $P_0 Q_0$로 나누면 다음의 ㉦식을 구할 수 있다.

$$\frac{P_1 Q_1}{P_0 Q_0} \geqq \frac{P_1 Q_0}{P_0 Q_0} \quad \cdots\cdots ㉦$$

㉦식의 좌변은 명목소득변화지수인 N, 우변은 라스파이레스 물가지수인 LPI를 말한다. 따라서 ***N* ≧ LPI**라면, 즉 명목소득변화지수(N)가 라스파이레스 물가지수(LPI)보다 크거나 같으면 소비자의 후생수준이 개선되었다고 평가할 수 있다. 이를 좀더 쉽게 설명한다면 '기준연도보다 비교연도에 더 많은 재화와 서비스를 소비할 수 있다' 는 것을 시사한다.
한편, PPI가 N보다 크거나 같다면, 즉 **PPI ≧ *N***이라면 소비자의 후생수준은 악화될 수밖에 없다. 이에 대해 증명해보자.
앞의 ①에서 언급했듯이 라스파이레스 수량지수(LQI)를 나타내는 ㉠식의 크기가 1보다 작거나 같다면 소비자의 후생수준이 악화된다고 평가할 수 있다.

$$\frac{P_0 Q_1}{P_0 Q_0} \leqq 1 \Rightarrow P_0 Q_1 \leqq P_0 Q_0 \quad \cdots\cdots ㉧$$

㉧식의 양변은 다음과 같이 바꿀 수 있다.

$$P_0 Q_1 \leqq P_0 Q_0 \Rightarrow \frac{1}{P_0 Q_1} \geqq \frac{1}{P_0 Q_0} \quad \cdots\cdots ㉨$$

㉦식의 양변에다 $P_1 Q_1$을 곱해주면 다음의 ㉨식이 도출된다.

$$\frac{P_1 Q_1}{P_0 Q_1} \geqq \frac{P_1 Q_1}{P_0 Q_0} \Rightarrow PPI \geqq N \quad \cdots\cdots ㉩$$

즉 ㉩식의 좌변은 파쉐 물가지수인 PPI를 말하고, 우변은 명목소득변화지수인 N이다. 따라서 **PPI ≧ *N***이면, 즉 파쉐 물가지수(PPI)가 명목소득변화지수(N)보다 크거나 같으면 소비자의 후생수준이 악화되었다고 평가할 수 있다. 지금까지의 논의를 통해 우리는 수량지수와 가격지수 간의 상호 연관 관계를 이해할 수 있게 되었다.

1.6 실업, 실업률에 대한 기초 개념

1) 경제 개념이 부족한 사람들은 실업자를 '일하고 있지 않은 사람'으로 이해한다. 하지만 경제학에서는 실업자를 그렇게 정의하지 않는다. 실업자에 대한 경제학적 정의는 **'일을 하고 싶은 의사가 있음에도 불구하고 일자리를 얻지 못한 사람'** 이다. 그런 의미에서 학생이나 전업주부처럼 일자리를 구할 의사가 없는 사람들은 취업을 하고 있지 않더라도 실업자가 아니다. 또 한 가지 특기할 만한 사항은 **실업률 및 실업자 수의 조사대상 기간 동안 구직활동을 단념하거나 포기한 사람(예 : 취업준비생, 진학준비생, 군입대 대기자, 구직단념자, 실망실업자 등)도 실업자로 보지 않고 비경제활동인구로 간주한다**는 점이다.

2) 정부는 실업과 실업률에 대해 많은 관심을 갖는다. 일자리를 얻지 못한 사람들이 많을수록 사회에 불만을 가진 사람들이 늘어나게 되고, 그로 인해 사회가 지불해야 할 제반(諸般) 비용(예 : 강도, 강간, 빈부격차, 가정해체, 고독, 우울증, 가정 폭력, 지하경제 등)도 덩달아 증가할 수밖에 없다. 결국 그런 사회적 비용은 고스란히 국민들의 부담으로 남겨지게 된다. 한편, 정부는 실업 대책을 올바로 수립하기 위해 고용 및 실업통계를 작성한다. 그런데 실제로 실업자 수를 모두 조사하는 데는 엄청난 비용과 인력이 소요된다. 따라서 고용 및 실업통계는 주로 표본조사를 통해 작성된다. 우리나라는 통계청이 매월 34,000가구의 표본에 대해 면접조사 방법을 통해 통계를 작성하고 있다.

3) 실업과 실업률에 대한 경제이론 및 학파별 실업 원인과 대책은 후술할 제12장의 '인플레이션과 실업' 편에서 자세히 다룰 예정이다. 독자들은 거기에서 많은 것을 학습하게 될 것이다.

2 한 나라의 GDP는 어떻게 산출되는가?

2.1 GDP를 추계(推計)하는 데 활용되는 생산접근법

1) GDP는 크게 3가지 측면에서 측정할 수 있다. 즉 생산 과정, 분배 과정, 지출 과정에서 측정된다.[3] 또 국민경제는 '생산 ⇒ 분배(생산 과정에 기여한 대가로 받은 소득) ⇒ 지출(받은 소득으로 재화와 서비스를 구입) ⇒ 생산' 으로 이어지는 순환체계로 운영된다. 이런 과정에서 GDP는 생산한 후, 기여한 몫으로 나누고(분배), 소비하는(지출) 양이 모두 같게 된다. 따라서 'GDP(국내총생산) = GDI(국내총소득) = GDE(국내총지출)' 의 조건이 충족되는 삼면등가의 법칙이 성립하게 된다.[4]

2) 생산 GDP의 구성요소

[그림 2-1] 생산 측면에서 바라본 GDP의 구성요소

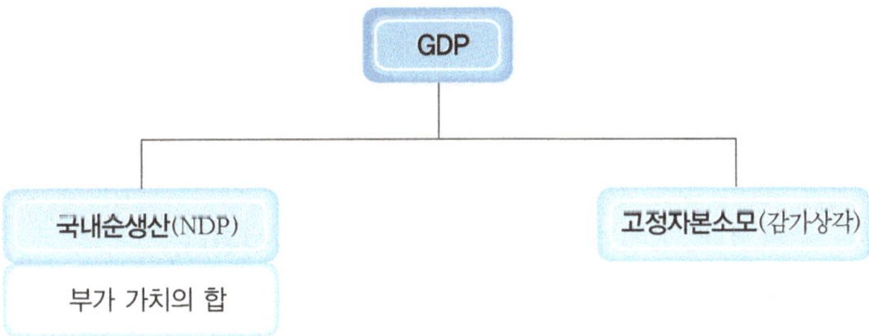

① 생산 GDP는 모든 기업들이 매년 1월 1일부터 12월 31일까지 생산한 최종생산물의 시장 가치를 합계해서 구한다.

② 생산 GDP는 [그림 2-1]에서 보는 것처럼 각 생산 과정에서 새롭게 창출된 부가 가치의 합인 국내순생산(Net Domestic Products ; NDP)과 고정자본소모(= 감가상각)의 합으로 정의된다.

③ **생산 GDP = 국내순생산**(=부가 가치의 합) **+ 고정자본소모**(=감가상각)

---

3. GDP를 추계하는 생산, 소득, 지출 접근법을 그림으로 설명하면 독자들이 쉽게 이해할 수 있다. 본서(本書)는 Roger A. Arnold, *Principle of Economics*(10th ed.), CENGAGE Learning, 2012의 설명방식을 참조해서 기술했음을 밝힌다.

4. 국내총생산을 의미하는 GDP는 Gross Domestic Product, 국내총소득인 GDI는 Gross Domestic Income, 국내총지출인 GDE는 Gross Domestic Expenditure의 첫 자를 따서 만든 경제 용어이다.

2.2 GDP를 추계하는 데 활용되는 소득접근법

1) 소득접근법은 가계, 기업, 정부, 외국이 당해연도에 생산된 재화와 서비스를 구매한 대가(= 총지출액)는 그것을 만들어 판매한 기업들의 판매수입이 된다는 점에 착안한 것이다. 또 기업들은 판매수입으로 벌어들인 돈을 해당 재화와 서비스를 생산하는 데 기여한 사람들에게 나눠주는데 이때 발생한 것이 **국내총소득**이다.

[그림 2-2] 분배 측면에서 바라본 GDP의 구성요소

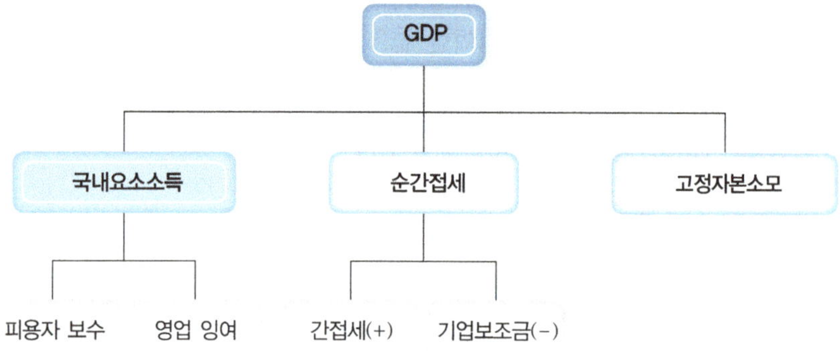

2) 소득접근법을 활용해서 GDP를 추계하기 위해서는 반드시 두 단계를 거쳐야만 한다. 이때의 **GDP는 국내총소득(GDI)과 같다**. 소득 측면에서 바라본 분배 GDP는 크게 국내요소소득, 순간접세, 고정자본소모 등 3부분으로 구성된다.

① 국내요소소득은 생산요소(노동, 토지, 자본, 경영능력 등)의 소유자들이 생산 과정에 기여한 대가로 받는 임금, 지대, 이자, 이윤을 의미한다. 그런데 현실에서는 각 요소소득을 두부모 자르듯이 정확하게 구분 짓기가 쉽지 않다. 가령, 영세 자영업자, 변호사, 동네 병원 의사, 공인회계사 등의 소득에는 앞에서 말한 4가지 종류의 소득이 한데 뒤섞여 있는 경우가 대부분이다. 따라서 우리나라는 국내요소소득을 크게 피용자 보수와 영업 잉여로 구분해서 추계한다.[5]

② GDP는 일반적으로 국내요소소득보다 크다. 순간접세와 고정자본소모를 고려해야 하기 때문이다. [그림 2-2]에서 확인할 수 있듯이 분배 국민소득(분배 GDP)은 국내요

5. 여기서 피용자보수는 가계가 법인기업에 노동을 제공한 대가로 받는 임금소득을 의미한다. 영업잉여는 기업이 생산활동에 참여한 대가로 받는 지대, 이자, 이윤 등을 의미한다.

소소득에다 순간접세(= 간접세 – 정부의 對기업보조금)와 고정자본소모(= 감가상각)를 합해준 값으로 정의된다. 순간접세를 더해주어야만 하는 이유는 간단하다. GDP는 최종생산물의 시장 가치를 합산해서 도출하는데 정부가 간접세를 부과하면 이는 재화나 서비스의 가격 인상으로 이어진다. 따라서 GDP에 간접세가 포함되게 된다. 반면, 정부가 대외경쟁력 향상이나 산업 진흥을 목적으로 기업들에게 제공하는 보조금은 최종생산물의 시장 가치를 인하시켜 GDP를 감소시키는 요소로 작용한다. 따라서 GDP의 올바른 산출을 위해서는 간접세에서 정부가 기업들에게 제공해준 보조금을 뺀 순간접세를 반드시 고려해주어야 한다.

③ **감가상각**, 자본재는 그것이 무엇이든 마모되거나 노후화되는 과정을 겪는다. 이처럼 자본재의 마모된 부분을 보충해주는 데 필요한 비용이 고정자본소모 또는 감가상각이다. 국내요소소득에는 이러한 비용이 포함되어 있지 않다. 따라서 GDP를 추계할 때는 그것을 반드시 포함시켜야 한다.

2.3 GDP를 추계하는 데 활용되는 지출접근법

1) 개방경제에서 지출접근법은 소비자, 기업, 정부, 외국이 당해연도에 생산된 제품과 서비스를 구입하기 위해 지출한 금액을 토대로 GDP를 산출하는 것을 의미한다.

[그림 2-3] 지출 측면에서 바라본 GDP의 구성요소

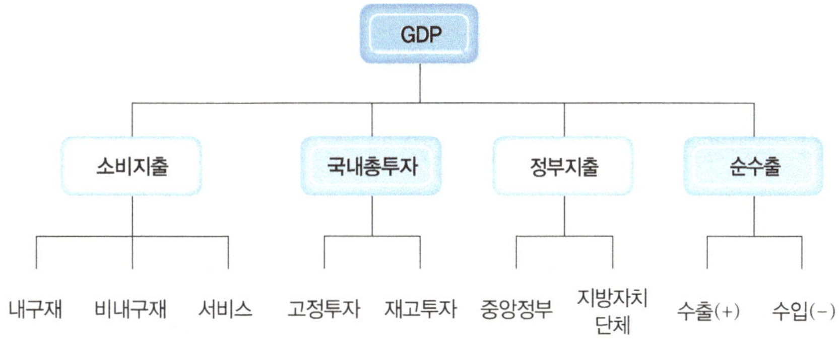

2) 개방경제에서 지출접근법은 [그림 2-3]에서 보는 것처럼 소비자, 기업, 정부, 외국이 당해연도에 생산된 제품과 서비스를 구입하기 위해 지출한 소비지출, 국내총투자, 정부지출, 순수출로 구성된다.

① **소비지출**은 소비자가 내구재, 비내구재, 서비스를 구입한 금액을 의미한다. 여기서 내구재는 자동차, TV, 냉장고, 컴퓨터 등을 말하고 비내구재는 식료품, 노트, 신발, 옷 등을 말한다. 서비스는 연극 및 영화 감상, 미용, 학원 강의 등을 뜻한다.

② **국내총투자**는 일명 총투자(gross investment), 총자본형성(total capital formation)이라고도 말한다. 국내총투자는 고정투자(일명, 총고정자본형성)와 재고투자(일명, 재고증감)의 합으로 정의된다. 또 고정투자는 설비투자(공장, 기계 등에 대한 투자)와 건설투자(사무실 등 건물에 대한 기업지출, 신규 주택에 대한 가계지출)로 구분되며, 신규투자와 대체투자의 합으로도 정의된다. 참고로 신규투자는 자본설비를 새롭게 확충하는 것이고, 대체투자는 생산 과정에서 마모되는 자본재를 충당하기 위한 감가상각(일명, 고정자본소모)을 의미한다. 또 재고투자는 기말(期末) 재고에서 기초(期初) 재고를 빼준 값으로 정의된다.

③ **정부지출**은 중앙정부와 지방자치단체가 당해연도에 생산된 재화와 서비스를 구입하기 위해 지출한 금액을 의미한다. 한 가지 유의할 사항은 정부가 제공한 **이전지출**(예 : 실업수당, 재해보상금, 사회보장연금, 복지수당 등)은 당해연도 생산과 무관하게 이루어진 것이기 때문에 정부지출에 포함시키지 않는다는 점이다.[6]

④ **순수출**은 수출액에서 수입액을 빼준 값으로 정의된다. 수출액은 외국 소비자, 외국 기업, 외국 정부가 국산 재화나 서비스를 구입한 금액이고 수입액은 한국 소비자, 한국 기업, 한국 정부가 외국산 재화나 서비스를 구입한 금액이다. 순수출의 크기가 양(+)이면 그만큼 우리나라의 GDP가 커지게 된다. 우리가 수출입의 변화에 대해 관심을 갖는 것도 그 때문이다.

2.4 국민총소득(GNI)에 대한 고찰

1) 국민총소득(GNI)의 개념

국민총소득(Gross National Income ; GNI)은 '**일정 기간 동안에 한 나라(一國)의 국민들이 소유한 생산요소에 의해 획득된 소득**'으로서 GNP의 개념과 똑같다.

6. 정부지출과 유사한 개념으로 **재정지출**이 있다. 재정지출은 정부지출 외에 정부의 이전지출까지 포함하는 개념이다. 따라서 재정지출은 정부지출보다 크다. 즉 '재정지출 > 정부지출'의 관계가 성립한다.

2) 국민총소득(GNI)과 국민총생산(GNP)의 관계

① GNI와 GNP는 앞에서 언급한 정의 1)에서 보듯이 동일한 개념이다.

② 1993년에 UN이 제시한 국민계정체계(System of National Accounts ; SNA)[7]는 소득을 나타내는 GNI를 작성함으로써 실질 GNP를 대체하도록 권장했다. 우리나라도 그 권고를 받아들여 1995년 기준 국민소득통계부터 GNI를 작성해오고 있다. 참고로 그것의 작성 주체는 한국은행이다.

③ 하지만 실제로 측정하는 방법에 있어서 GNI와 GNP는 같을 수도 있고 다를 수도 있다. 즉 '**명목 개념에서는 같고, 실질 개념에서는 고려할 변수가 존재하기 때문에 다르다**' 고 보는 게 옳다. 즉 다음과 같은 관계가 성립한다.

㉠ 명목 GNI = 명목 GNP

㉡ **실질 GNI ≠ 실질 GNP**

3) 명목 GNI의 측정

① 당해연도 시장가격으로 추정하는 명목 GNI는 기존의 명목 GNP와 동일하다. 그 이유는 명목 GNP는 생산량의 변화는 물론 임금, 기술수준, 기업의 채산성, 교역조건의 변화를 반영한 무역 손익(損益)까지 모두 다 포함된 소득 지표이기 때문이다. 따라서 명목 GNP는 그 용어만 명목 GNI로 바뀐 셈이다.

② 명목 GNI를 추정하는 방식을 정리하면 다음과 같다.

명목 GNI = 명목 GNP = 명목 GDP + 명목 대외순수취요소소득(= 본원소득수지)

명목 GDI = 명목 GDP(※ 교역조건의 변화에 따른 조정은 실질변수에만 해당됨에 유의할 것)

명목 GNI = 명목 GNP = 명목 GDI + 명목 대외순수취요소소득

4) 실질 GNI의 측정

① 실질 GNI는 명목 GNI와는 다른 방식으로 측정해야 한다. '**교역조건의 변화에 따른 실질 무역 손익**' 을 감안해야 하기 때문이다. 실질 GDP는 생산 활동의 수준을 나타내는 생산지표이고, 실질 GNI나 GDI는 생산 활동을 통해 얻은 소득의 실질 구매력을 나타내는 소득지표이다.

② 과거 소득지표로 사용되었던 실질 GNP는 실질 GDP와 실질 대외순수취요소소득의

7. 국민계정체계에는 **국민소득통계, 산업연관표, 자금순환표, 국제수지표, 국민대차대조표** 등 다섯 가지가 존재한다.

합으로 정의된다. 그런데 문제는 실질 GNP가 생산지표인 실질 GDP와 소득지표인 실질 대외순수취요소소득이 혼합된 것이어서 과연 그것을 소득지표로 사용해도 괜찮은가? 하는 이의가 제기된 후, 소득지표를 위한 신개념의 GNI가 도입된 것이다.

③ 실질 GNI는 다음과 같은 방식으로 추계된다. 자세한 것은 [보론 2-2]를 참조하기 바란다.

실질 GNP = 실질 GDP + 실질 대외순수취요소소득

실질 GDI = 실질 GDP + 교역조건의 변화에 따른 실질 무역 손익

실질 GNI = 실질 GDI + 실질 대외순수취요소소득

실질 GNI = 실질 GDP + 교역조건의 변화에 따른 실질 무역 손익 + 실질 대외순수취요소소득

실질 GNI ≠ 실질 GNP[8]

보론 2-2 GNI, GDP, GNP의 상호연관 관계 정리

㉮ 국내에서 생산된 최종생산물의 총시장가치인 국내총생산은 생산, 분배, 지출 측면에서 측정되고 설명된다. 또 이들 간에는 항등관계(항상 일치하는 관계)가 성립하는데 경제학에서는 이것을 삼면등가의 법칙이라고 정의한다. 한편 국민총생산(GNP)은 국적을 기준으로 일정 기간 동안 자국민이 생산한 최종생산물의 총시장가치로 정의된다. 따라서 국민총생산과 국내총생산 사이에는 ㉠ 식과 같은 관계가 성립한다.

국민총생산(GNP) = 국내총생산(GDP) + 대외순수취요소소득 ································ ㉠

여기서 대외순수취요소소득이란, 자국민이 해외에서 벌어들인 소득에서 외국인이 자국에서 벌어서 본국(외국)으로 가지고 나간 소득을 빼준 값으로 정의된다. 대외순수취요소소득은 현행 국제수지표에서 본원소득수지와 같다.

㉯ 이제 국내총소득(GDI)과 국민총소득(GNI) 간의 관계에 대해 알아보자. 국내총생산을 소득지표로 활용하는 데는 상당한 문제가 있다. 국제교역이 활발해짐에 따라 수출품 가격과 수입품 가격

---

8. 실질 GNI는 정의에 의해 '실질 GNI = 실질 GDP + 실질 대외순수취요소소득 + 교역조건의 변화에 따른 실질 무역손익'이다. 반면 실질 GNP는 정의에 의해 '실질 GNP = 실질 GDP + 실질 대외순수취요소소득'이다. 따라서 실질 개념으로서 실질 GNI와 실질 GNP는 같지 않다. 즉 '실질 GNI = 실질 GNP + 교역조건의 변화에 따른 실질 무역 손익'의 조건이 성립하기 때문이다.

간의 상대비율인 교역조건(= 수출단가지수/수입단가지수)에 변화가 생기면 그 나라 국민의 실질 구매력에도 변화가 일어나기 때문이다.

독자들의 이해를 돕기 위해 하나의 사례를 통해 그 의미를 알기 쉽게 설명해보고자 한다. 가령, 폐쇄경제일 경우에는 국내총생산과 국내총소득이 똑같다. 하지만 개방경제가 되면 사정이 달라진다. 가령 2개의 교역당사국(A국, B국)과 2개의 재화(빵, 노트)만 존재하는 경제를 상정해보자. A국은 빵을 생산하고 B국은 노트를 생산해서 1 : 1로 교환한다고 가정하자. 그런데 양국 사이에 교역조건의 변화로 인해 빵과 노트가 1 : 2의 비율로 교환된다면 어느 국가가 상대적으로 이익을 볼까? 당연히 빵을 생산하는 A국이다. 과거엔 A국이 빵 1단위를 B국에 제공하면 노트 1단위를 얻을 수 있었다. 하지만 교역조건의 변화로 A국은 노트 2단위를 얻음으로써 노트 1단위를 추가적으로 더 소비할 수 있게 된다. 이는 A국의 실질소득이 늘어났다는 의미다. 생산은 변한 것이 없음에도 불구하고 교역조건의 변화로 실질 구매력이 달라질 수 있는 것이다. 따라서 **실질 국내총소득(GNI)를 얻기 위해서는 교역조건의 변화에 따른 실질 무역 손익을 반드시 고려해야 한다.**

이런 문제를 인식한 UN은 '1993년 개정 SNA'를 통해 해결책을 제시했다. 그것에 따르면 GDP는 생산지표로만 사용하고, 소득 지표로는 GDI를 사용하자는 것이었다. 즉 GDI는 한 나라(一國)의 총실질구매력을 나타내는 지표로 볼 수 있다. 따라서 ㉡식이 성립된다.

국내총소득(GDI) = 국내총생산(GDP) + 교역조건의 변화에 따른 실질 무역 손익……… ㉡

㉰ GDP에서 GDI의 개념을 도출했다면, GNP에서 GNI 개념도 도출이 가능하다. 즉 자국민이 생산한 최종생산물의 총시장가치가 GNP라면, 자국민의 총실질구매력을 나타내는 지표로서 GNI를 도출할 수 있다.

국민총소득(GNI) = 국내총소득(GDI) + 대외순수취요소소득 ………………………………… ㉢

㉡식을 ㉢식에 대입하면 아래와 같은 GNI와 GDP에 대한 관계식을 최종적으로 얻을 수 있다.

GNI = GDP + 교역조건의 변화에 따른 실질 무역 손익 + 대외순수취요소소득

2.5 기타 국민소득에 대한 개념

거시경제이론은 그밖에도 몇몇 소득개념에 대해 깊은 관심을 갖는다. 그것은 국민총처분가능소득(Gross National Disposable Income ; GNDI), 국민순소득(Net National Income ; NNI), 국민처분가능소득(National Disposable Income ; NDI), 국민소득(National Income ; NI), 개인본원소득(Personal Primary Income ; PPI), 개인처분가능소득(Personal Disposable Income ; PDI) 등이다. 이들 개념은 모두 실질변수로 정의되며 그것을 일목요연하게 정리하면 [그림 2-4]와 같다.

[그림 2-4] GNI와 관련된 여러 가지 국민소득 개념

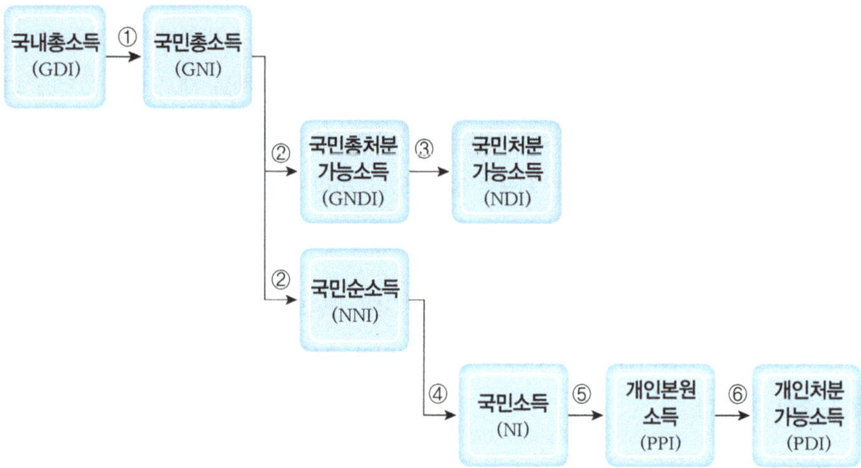

1) GDP는 'GDI = GDP + 교역조건의 변화에 따른 실질 무역 손익' 으로 정의된다. GNI와 GDI의 관계는 'GNI = GDI + 대외순수취요소소득' 과 같다. 또 GNI로부터 두 가지 소득개념이 파생되는데 그것은 GNDI와 NNI이다.

2) GNDI는 국민총처분가능소득으로서 국민경제 전체가 총소비나 총저축으로 자유롭게 처분할 수 있는 소득이다. GNDI는 'GNDI = GNI + 대외순수취경상이전(= 외국으로부터 받아들인 경상이전 - 외국에 지급한 경상이전)' 으로 정의된다. 외국으로부터 받아들인 경상이전의 사례로는 해외 교포들이 국내로 보낸 송금액, 외국으로부터 받은 원조금액, 국내 종교기관에 대한 외국인의 기부금 등이 있고 외국에 지급한 경상이전으로는 우리나라 국민들의 해외 기부금, 해외 이주비, 해외 원조금액 등을 들 수 있다.

한편, NNI는 국민순소득으로서 'NNI = GNI − 고정자본소모(= 감가상각)' 으로 정의된다. NNP(국민순생산)과 국민총생산(GNP)의 관계가 'NNP = GNP − 고정자본소모' 임을 이해하는 독자들은 NNI와 GNI에서도 그대로 적용된다는 사실을 잘 알고 있을 것이다. 따라서 그에 대한 추가적 설명은 생략한다.

3) NDI는 국민처분가능소득으로서 'NDI = GNDI − 고정자본소모(= 감가상각)' 로 정의된다. 이는 또 'NDI = GNDI − **고정자본소모 = 총소비 + 총저축 − 고정자본소모 = 총소비 + 순저축**(= 총저축 − 고정자본소모)' 으로 정의될 수 있다.

4) NI는 국민소득으로서 'NI = NNI − 순간접세(= 간접세 − 정부의 對기업보조금)' 로 정의된다. 최종생산물의 시장 가치에는 정부가 거둬들인 간접세와 기업에 대해 보조금을 준 것이 합산되어 있기에 NI를 계산하기 위해서는 순간접세를 빼주어야만 한다.

5) PPI는 개인본원소득으로서 'PPI = NI − 사회보장부담금 − 법인세 − 사내유보이윤 − 정부의 재산소득' 으로 정의된다. NI의 명칭은 국민소득이지만 실제로 국민 개인의 몫으로 돌아가는 소득은 아니다. PPI를 얻기 위해서는 NI에서 사회보장부담금, 법인세, 사내유보이윤, 정부의 재산소득(이자, 임대료 등)을 공제해야 한다.

사회보장부담금은 근로자가 퇴직 후 국민연금(공무원연금, 사학연금, 군인연금 포함)을 받을 수 있도록 고용자가 사회보장부담금으로 정부(국민연금관리공단, 공무원연금관리공단, 사학연금관리공단, 군인연금 등)에 납부하는 돈이다. 또 기업 이윤의 일부는 법인세나 사내유보이윤으로 정부나 기업의 수중에 남겨지고, 기업의 생산과정에서 정부 재산을 활용한 대가로서 일부 이자소득이나 임대료 등은 정부로 귀속된다. 이 모든 것을 공제해야만 순수한 의미에서의 PPI가 도출된다.

6) PDI는 개인처분가능소득으로서 'PDI = PPI − 개인소득세 + 순이전소득(= 이전소득 − 이전지급)' 으로 정의된다. 여기서 이전소득은 개인이 생산 활동과는 무관하게 정부, 기업, 외국으로부터 받은 소득을 말하고 이전지급은 그 반대의 개념이다. 각 경제주체는 PDI에 기초해서 민간소비지출을 하거나 가계저축을 할 수 있다.

2.6 경제성장과 경기순환에 대한 개념

우리는 앞에서 명목 GDP와 실질 GDP의 개념에 대해 학습한 바 있다. t년도의 **명목** GDP는 t년도의 상품생산량(Q_{it})에다 t년도의 상품가격(P_{it})을 곱한 다음, $i = 1, 2, \cdots n$까지 모두 합계한 총시장가치($\sum P_{it} Q_{it}$)이다. 또 t년도의 **실질** GDP는 t년도의 상품생산량(Q_{it})에다 기준연도의 상품가격(P_{i0})을 곱한 다음, $i = 1, 2, \cdots n$까지 모두 합계한 총시장가치($\sum P_{i0} Q_{it}$)이다.

1) 경제성장은 실질 GDP가 증가하는 것을 의미한다. 이것이 시사하는 것은 경제성장이 이루어지기 위해서는 반드시 생산량이 증가해야만 한다는 것이다. 단순히 상품가격만 인상된 결과로 GDP가 증가했다면 그것은 경제성장이 이루어졌다고 볼 수 없다.

2) 경제의 건전성을 판단하는 데는 명목 GDP 대신 실질 GDP를 활용한다. 그 이유는 뭘까?

① 아주 단순한 예로 Y재화가 1개만 존재하는 경제의 GDP를 계산해보자. 2020년도에 Y재가 1,000개 생산되었고 Y재화의 개당 가격이 10,000원이라고 가정하자. 이런 가정하에 2020년의 명목 GDP를 구하면 1천만원(= 10,000원 × 1,000개)이 된다. 그런데 2021년에는 명목 GDP가 2천만원으로 증가했다고 하자. 우리는 그렇게 된 이유로 3가지 경우를 상정해 볼 수 있다. 첫째는 2021년에 Y재 생산량은 1,000개로 변함없고 Y재 가격만 10,000원에서 20,000원으로 인상한 경우다. 둘째는 Y재 생산량은 1,250개 생산하고 Y재 가격도 16,000원으로 인상한 경우다. 셋째는 Y재 생산량은 2,000개 생산하고 Y재 가격은 10,000원으로 고정된 경우다.

② 위의 사례에서 첫째 사례는 생산량은 변함없고 가격만 두 배로 오른 상태이기 때문에 비록 GDP가 2배로 증가했지만 해당 경제는 경제성장이 이루어졌다고 말할 수 없다. 생산량이 1,250개와 2,000개로 늘어난 둘째와 셋째 사례만이 경제성장을 이룬 것으로 볼 수 있다.

③ 따라서 경제성장을 측정할 때에는 명목 GDP가 아닌 실질 GDP 자료를 사용해야 한다. 생산량은 불변인 상태에서 단순히 가격만 인상한 경우의 명목 GDP의 자료를 갖고 경제성장률을 계산할 경우, 데이터의 왜곡 문제가 필연적으로 발생할 수밖에 없기 때문이다. 따라서 경제성장률을 계산하기 위해서는 반드시 기준연도의 가격을 적용한 실질 GDP 자료를 활용해야 한다.

3) **경제성장** : 경제성장은 실질 GDP가 증가하는 것으로서 경제성장률은 다음의 공식을 통

해 구할 수 있다.

$$t\text{년도의 경제성장률} = \frac{t\text{년도의 실질 GDP} - (t-1)\text{년도의 실질 GDP}}{(t-1)\text{년도의 실질 GDP}} \times 100$$

4) **경기순환** : 경기순환(= 경기변동)은 실질 GDP가 상승했다가 하락하고 다시 상승했다가 하락하는 현상이 주기적으로 반복되는 현상을 지칭한다. 여기서 경기(景氣)란 경제의 활동 상태를 의미한다. 경기순환에 대한 구체적 논의는 제13장의 경기변동이론에서 상세하게 다룰 것이다.

2.7 국내총생산의 개념에 내재된 한계점

1) 국내총생산은 시장에서 거래된 최종생산물의 시장 가치만을 고려한다. 따라서 가정주부의 가사노동은 시장에서 거래된 것이 아니기 때문에 GDP의 추계에 포함되지 않는다. 그러나 가사도우미의 노동은 시장에서 거래된 것으로 GDP의 추계에 포함시킨다. 만약 어느 집 가장이 아내와 사별 후에 그의 집에서 일하는 가사도우미와 재혼한다면 그 나라의 GDP는 감소한다. 물론 시장에서 거래되지는 않았지만 GDP 추계에 포함시키는 예외 조항도 존재한다. 그것은 **농부가 직접 생산해서 소비한 식료품의 시장 가치**(= 농산물의 농가자체소비분), **주택소유에 따른 귀속임대료, 국방 및 치안 서비스**[9] 등은 GDP의 추계에 포함시킨다는 점에 유의하길 바란다.

2) 주식, 채권과 같은 금융거래는 신규 자산의 생산을 의미하지 않기 때문에 GDP의 추계에 포함되지 않는다. 즉 **수식싼매대금**은 GDP의 추계에 포함시키지 않는다는 뜻이다. 하지만 **주식거래에 따른 수수료, 회사채의 이자소득**은 서비스의 대가로 봐야 하기 때문에 GDP의 추계에 포함시킨다.

3) 중고재화의 거래도 GDP의 추계에서 제외된다. 일례로 중고자동차 매매시장에서 거래된 자동차의 시장 가치는 GDP의 추계에 포함되지 않는다. 그 이유는 중고자동차가 처음 신차로 생산되었을 때, 그 차의 시장 가치가 GDP의 추계에 포함되었기 때문이다.

9. 정부가 제공하는 서비스는 누구도 시장에서 구입하지 않는다. 하지만 정부서비스를 제공하기 위해서 사용된 비용이 시장 가치와 똑같다는 가정하에 그 비용을 GDP에 포함시킨다. 공무원(군인, 경찰 포함)들의 월급도 GDP 계산의 주요 항목이다.

4) 지하경제활동도 GDP의 추계에서 제외된다. 일반적으로 지하경제란 불법적인 거래(예 : 범죄, 마약판매, 도박, 성매매, 밀수, 부동산 투기 등)와 합법적이지만 탈세, 조세 회피 등을 목적으로 공식적인 통계에 잡히지 않는 거래까지 포함한다. 또한 지하경제는 금전거래와 비금전거래로 구분하기도 한다. GDP의 추계에서 지하경제활동을 제외시키는 것은 그것이 시장에서 정상적으로 이루어진 거래가 아니라고 간주하기 때문이다.

5) 여가에 대한 가치도 GDP의 추계에 포함되지 않는다. 여가는 옷, 여행, 신발, 여행처럼 사람들의 삶의 질을 높여주는 경제재의 속성을 띠지만 그 가치를 수량화시키기가 어렵다는 이유로 GDP의 추계에서 제외된다.

6) 정부의 이전지출도 GDP 추계에서 제외된다. **음(−)의 조세인 이전지출**은 기초생활비와 같은 사회보장지출, 실업수당, 재해보상금, 각종 보조금 등과 같이 정부가 당해연도의 재화나 서비스의 생산과는 무관하게 지급하는 것을 말한다. 이전지출이 GDP 추계에서 제외되는 것은 당해연도의 재화나 서비스 생산에 기여한 대가로 지급한 것이 아니기 때문이다.

2.8 새로운 총량지표

1) 경제후생지표(MEW)

① 경제후생지표(Measure of Economic Welfare ; MEW)는 GDP의 한계를 보완하기 위해서 고안된 지표이다. 이것을 제안했던 사람은 미국의 경제학자이자 1981년에 노벨경제학상을 수상하고 예일대 교수를 역임한 제임스 토빈(J. Tobin)과 윌리엄 노드하우스(W. Nordhaus)였다. 노드하우스 역시 2018년도에 노벨경제학상을 수상했다. 이들이 고안한 MEW는 다음과 같이 정의된다.

MEW = GDP − 공해비용 + 가정주부의 가사서비스 + 여가의 가치
　　= 그린 GDP(= GDP − 공해비용)[10] + 가정주부의 가사서비스 + 여가의 가치

② 1970년에 노벨경제학상을 수상한 미국의 경제학자이자 MIT대학 교수를 역임한 폴 사뮤엘슨(P.A. Samuelson)은 MEW를 순경제후생(Net Economic Welfare ; NEW)이

10. 그린 GDP를 녹색 GDP라고 일컫는 경제학자들도 있다. 같은 개념임에 유의하기 바란다.

라고 불렀다. 명칭이야 어찌 되었든 MEW와 NEW의 문제점은 공해비용, 가정주부의 가사서비스, 여가의 가치를 객관적 수치로 계량화시킨다는 것이 쉽지 않다는 사실이다.

2) 그린(Green) GDP

① 등장 배경 : GDP가 1년 동안 국내에서 생산한 최종생산물의 시장 가치를 합한 금액임은 앞에서 언급했다. 그렇지만 기업이 재화와 서비스를 생산하면 GDP 규모는 커지지만 공해(公害)라는 부작용이 발생할 개연성이 크다. 그러면 사람들은 환경오염으로 질병에 걸리기도 하고 자연경관이 훼손될 수도 있다. 또 그것을 정화시키기 위해서는 천문학적 숫자의 사회적 비용이 소요된다. 그런데 문제는 GDP를 추계할 때, 이런 공해 관련 비용을 계산하지 않고, 최종생산물의 가치만을 계산하기 때문에 인간의 삶이 과대평가될 가능성이 크다. 이런 문제를 극복하기 위해 '그린 GDP' 라는 개념이 탄생한 것이다.

② 그린 GDP는 GDP에서 환경정화를 위해 투입된 공해 제거 비용을 빼준 값으로 정의된다. 따라서 그린 GDP 자료는 국민의 삶과 보건 후생이 진실로 개선되었는지 여부를 판단하고 산업부분별 환경투자의 효율성을 증진시키는 데 유용한 자료로 활용될 수 있다. 다만, 그린 GDP는 국민계정상의 공식 개념이 아님에 주의해야 한다. 참고로 1993년에 UN의 권고에 따라 '환경 및 경제통합계정' 에 의거해서 추계하는 '**환경요인조정 국내순생산**' 이 그린 GDP의 성격을 갖는다.

3) 기타 지표 : 인간개발지수(HDI), 국민총행복(GNH)[11], 행복지수(HPI)

① 인간개발지수(Human Development Index ; HDI)

유엔개발계획(UNDP)은 매년마다 인간개발지수를 발표한다. 그것은 구매력으로 평가한 국민소득(PPP GDP), 평균 수명, 교육수준 등의 3가지 지표를 활용해서 각 국가의 선진화 정도를 평가한다.

② 국민총행복(Gross National Happiness ; GNH)

'국민총행복' 은 1972년 지그메 씽예 왕추크(Jigme singye wangchuck) 부탄 국왕이 제시한 지표로 알려져 있다. 그는 '진정한 발전은 사회에 행복과 복지(well-being)를

---

11. 이종화 · 신관호 공저, 『거시경제학(3판)』, 박영사, 2019, p.52 참조.

보장하는 것' 이라고 정의하고 행복과 복지를 발전의 척도로 간주하는 국민총행복(GNH)을 주장한 바 있다.

③ 행복지수(Happy Planet Index ; HPI)

영국의 신경제재단(New Economics Foundation)은 각국 국민들의 기대수명, 생활만족도, 생태 발자국(ecological footprint) 등 3가지 부분지표로 구성된 행복지수(HPI)를 발표해오고 있다. 참고로 생태 발자국이란 매일 소비하는 자원을 생산하는 과정에서 배출되는 쓰레기(산업폐기물 포함)를 처리하기 위해 필요한 토지와 물의 양을 말한다.

요약 및 복습

01 물가지수에는 크게 3종류가 있다. 소비지물기지수, 생산지물기지수, GDP 디플레이더가 그것이다. 소비자물가지수와 생산자물가지수는 기준연도의 거래량을 기준으로 하는 라스파이레스 물가지수이고, GDP 디플레이터는 비교연도의 거래량을 기준으로 하는 파쉐 물가지수로 정의된다.

02 라스파이레스 물가지수와 파쉐 물가지수는 아래와 같이 정의된다.

라스파이레스 물가지수(Laspeyres Price Index) = $\frac{\sum P_{it} Q_{i0}}{\sum P_{i0} Q_{i0}} \times 100 = \text{LPI}$

파쉐 물가지수(Paasche Price Index) = $\frac{\sum P_{it} Q_{it}}{\sum P_{i0} Q_{it}} \times 100 = \text{PPI}$

참고로 라스파이레스 물가지수는 실제 물가상승률을 과대평가하고, 파쉐 물가지수는 실제 물가상승률을 과소평가하는 문제가 있다.

03 t년도의 명목 GDP는 t년도의 상품생산량(Q_{it})에다 t년도의 상품가격(P_{it})을 각각 곱한 다음, $i = 1, 2, \cdots n$까지 모두 합계한 총시장가치($\sum P_{it} Q_{it}$)를 의미한다. 이는 경상 GDP라고도 부른다. 또 t년도의 실질 GDP는 t년도의 상품생산량(Q_{it})에다 기준연도의 상품가격(P_{i0})을 곱한 다음, $i = 1, 2, \cdots n$까지 모두 합계한 총시장가치($\sum P_{i0} Q_{it}$)를 말한다. 이는 불변 GDP라고도 부른다. 여기서 P_{it} = t년도 i상품의 가격, P_{i0} = 기준연도 i상품의 가격, Q_{it} = t년도 i상품의 생산량을 의미한다.

04 라스파이레스 수량지수(LQI)를 $\frac{P_0 Q_1}{P_0 Q_0}$, 파쉐 수량지수(PQI)를 $\frac{P_1 Q_1}{P_1 Q_0}$, 명목소득변화지수(N)를 $\frac{P_1 Q_1}{P_o Q_o}$ 이라고 정의할 때 다음과 같은 후생수준의 평가가 가능하다.

1) LQI ≦ 1이면 소비자 후생수준은 기준연도에 비해 하락(악화)한다.

2) PQI ≧ 1이면 소비자 후생수준은 기준연도에 비해 향상(개선)된다.

3) N ≧ LPI이면 소비자의 후생수준은 기준연도에 비해 향상(개선)된다.

4) PPI ≧ N이라면 소비자의 후생수준은 기준연도에 비해 하락(악화)한다.

05 경제학은 '일을 하고 싶은 의사가 있음에도 불구하고 일자리를 얻지 못한 사람'을 실업자라고 정의한다. 따라서 전업주부나 학생들처럼 일자리를 구할 의사가 없는 사람들은 취업을 하고 있지 않더라도 실업자가 아니다.

06 GDP는 생산, 분배, 지출 측면에서 추계(推計)되며 삼면등가의 법칙, 즉 'GDP(국내총생산) = GDI(국내총소득) = GDE(국내총지출)'의 조건이 충족된다.

1) 생산 측면에서 GDP는 국내순생산(NDP)와 고정자본소모(= 감가상각)의 합으로 정의된다.

2) 분배 측면에서 GDP는 GDI로서 국내요소소득(= 피용자보수 + 영업잉여), 순간접세, 고정자본소모(= 감가상각)의 합으로 정의된다.

3) 지출 측면에서 GDP는 GDE로서 소비지출, 국내총투자(= 고정투자 + 재고투자), 정부지출, 순수출의 합으로 정의된다.

07 국민총소득(GNI)은 '일정 기간 동안에 한 나라의 국민들이 소유한 생산요소에 의해 획득한 소득'으로서 GNP의 개념과 똑같다. 한 가지 유념할 것은 명목 GNI와 명목 GNP는 같지만 실질 GNI와 실질 GNP는 서로 다르다는 사실이다. 즉 명목 GNI = 명목 GNP이고, 실질 GNI ≠ 실질 GNP이다.

1) 명목 GNI = 명목 GNP인 이유는 간단하다. 명목 GNP는 생산량의 변화는 물론 임금, 기술수준, 기업의 채산성, 교역조건의 변화에 따른 무역 손익까지 모두 다 포함된 소득지표이기 때문이다.

2) 실질 GNI는 다음과 같은 방식으로 추계된다. 실질 GNP = 실질 GDP + 실질 대외순수취요소소득, 실질 GDI = 실질 GDP + 교역조건의 변화에 따른 실질 무역 손익, 실질 GNI = 실질 GDI + 실질 대외순수취요소소득으로 정의된다. 따라서 실질 GNI는 실질 GNP와 다르다.

08 거시경제학은 GNI와 GDP 이외의 국민소득에 대해서도 깊은 관심을 갖는다. 국민총처분가능소득(Gross National Disposable Income ; GNDI), 국민순소득(Net National Income ; NNI), 국민처분가능소득(National Disposable Income ; NDI), 국민소득(National Income ; NI), 개인본원소득(Personal Primary Income ; PPI), 개인처분가능소득(Personal Disposable Income ; PDI) 등이 그것이다. 그들은 다음과 같이 정의된다.

1) 국민총처분가능소득(GNDI) = GNI + 대외순수취경상이전 = 총소비 + 총저축

2) 국민순소득(NNI) = GNI − 고정자본소모(= 감가상각)

3) 국민처분가능소득(NDI) = GNDI − 고정자본소모 = 총소비 + 총저축 − 고정자본소모 = 총소비 +

순저축

4) 국민소득(NI) = NNI − 순간접세(간접세 − 정부의 對기업보조금)

5) 개인본원소득(PPI) = NI − 사회보장부담금 − 법인세 − 사내유보이윤 − 정부의 재산소득

6) 개인처분가능소득(PDI) = PPI − 개인소득세 + 순이전소득

09 경제성장은 실질 GDP가 증가(1인당 GNI의 증가 포함)하는 것을 말하며 경제성장률은 다음과 같은 공식을 통해 구할 수 있다.

$$t\text{년도의 경제성장률} = \frac{t\text{년도의 실질 GDP} - (t-1)\text{년도의 실질 GDP}}{(t-1)\text{년도의 실질 GDP}} \times 100$$

10 국내총생산(GDP)의 추계 시에 포함되는 것과 제외시켜야 할 항목들에 대해 정리하면 다음과 같이 요약된다.

1) 시장에서 거래된 것이 아니지만 GDP의 추계에 포함되는 대표적인 항목으로는 3가지가 존재한다. 농부가 직접 생산해서 소비한 식료품의 가치(= 농산물의 농가자체소비분), 주택 소유에 따른 귀속임대료, 국방 및 치안서비스 등이다.

2) GDP의 추계 시 제외시켜야 할 주요 항목은 주식이나 채권과 같은 금융거래, 중고 재화의 거래, 지하경제활동(마약, 밀수, 성매매, 도박 등), 여가의 가치, 정부의 이전지출 등이다. 이와 관련해서 한 가지 유의할 사항은 주식판매대금은 GDP의 추계 시 제외시켜야 하지만 주식거래에 따른 수수료, 회사채의 이자소득 등은 서비스의 대가로 봐야 하기 때문에 GDP의 추계에 포함시킨다는 점이다.

11 GDP와 인간 삶의 질 향상과 관련해서 몇 가지 새로운 개념이 제시된 바 있다. 경제후생지표(MEW), 순경제후생(NEW), 그린 GDP, 인간개발지수, 국민총행복, 행복지수 등이 그것이다. 이 가운데 중요하다고 판단되는 MEW와 NEW에 대해 정리하면 다음과 같다.

1) 경제후생지표(MEW)는 노벨경제학상 수상자인 제임스 토빈과 윌리엄 노드하우스에 의해 제시된 개념으로 다음과 같이 정의된다.

경제후생지표(MEW) = GDP − 공해비용 + 가정주부의 가사서비스 + 여가의 가치

2) 노벨경제학상을 수상한 폴 사무엘슨은 위에서 언급한 경제후생지표(MEW)를 순경제후생(NEW)이라고 명명했다. 명칭이야 어찌되었든 MEW와 NEW의 문제점은 공해비용, 가정주부의 가사서비스, 여가의 가치를 객관적 수치로 계량화시킨다는 것이 매우 어렵기 때문에 현실 경제에서 이들 지표를 정확하게 산출해낸다는 것이 쉽지 않다.

3) 참고로 그린 GDP는 '그린 GDP = GDP − 공해비용'으로 정의되며 녹색 GDP라고도 불린다.

제 3 장 실질 GDP 결정의 기초 이론

1. 고전학파 모형과 실질 GDP의 결정

2. 케인즈의 단순모형과 실질 GDP의 결정

출처 : 공군 블랙이글스

2019. 3. 22. 서해수호의 날은 북한이 자행한 연평도 포격도발, 제2연평해전, 천안함 침몰로 안타깝게 산화한 국군 용사와 민간인 희생자의 넋을 위로하고 조국 수호의 결연한 의지를 다지는 날이다. 이날 블랙이글스는 대전 국립현충원 상공에다 태극문양을 새기는 퍼포먼스로 참석자들의 우레와 같은 박수를 받았다. 영국, 싱가포르, 인도네시아, 말레이시아의 에어쇼에 참가한 블랙이글스는 아리랑이 울려 퍼지는 가운데 태극문양을 하늘에 새김으로써 해외동포들의 애국심을 고취하고 선진국민으로서의 자부심을 심어준 바 있다. **수험생 여러분들도 타인에게 활회산 같은 긍정의 에너지를 제공해주는 귀한 존재가 되었으면 좋겠습니다!**

1 고전학파 모형과 실질 GDP의 결정

1.1 고전학파 학자들과 그들의 기본 철학

1) 고전학파(classical school)란 용어는 존 메이너드 케인즈(J.M. Keynes)가 1936년에 출간한 『고용, 이자 및 화폐의 일반이론』에서 애덤 스미스(A. Smith), 데이비드 리카도(D. Ricardo), 존 스튜어트 밀(J.S. Mill), 알프레드 마셜(A. Marshall), 아서 세실 피구(A.C. Pigou) 등을 고전학파라고 부른 데서 비롯되었다.

2) 고전학파는 자유시장기구(일명, 가격기구)의 자율적인 조정능력을 신봉하며 '보이지 않는 손(invisible hand)'에 의해 개인의 이익이 증진되며, 국가의 이익과도 조화를 이룬다는 경제 인식을 갖고 있었다.

3) 따라서 정부의 역할은 국방, 법률, 치안 정도로 국한하고 나머지 부문에 대해서는 정부가 개입하거나 간섭하지 않는 것이 바람직하다고 생각했다.

1.2 고전학파의 실질 GDP 결정이론

1) 고전학파는 실질 GDP가 노동, 자본, 생산기술과 같이 공급에 영향을 미치는 제(諸)요인들에 의해서 결정된다고 가정했다. 그러나 이들의 생각은 1929년 10월 미국 증시(證市)의 폭락으로부터 촉발된 대공황 때 처절하게 붕괴되었다. 1934년까지 약 5년 동안 지속된 대공황 앞에서 고전학파의 주장과 논리는 한없이 무력했다. 그때 날쌘돌이처럼 홀연히 나타나서 그들이 풀지 못했던 난제(難題)를 단칼에 해결한 사람이 케인즈였다. 그는 '**유효수요의 원리**'에 기초한 경제 논리로 대공황의 문제를 깔끔하게 해결했다. 그가 현대 거시경제학의 아버지라고 평가받는 이유도 그것과 무관하지 않다.

2) 고전학파는 실질 GDP가 노동시장과 총생산함수를 통해서만 결정된다고 보았다. 그들은 실질 GDP의 결정을 설명하기 위해 다음과 같은 가정을 했다.

① 세이의 법칙이 성립한다. 즉 공급이 수요를 창출하며 '생산 ⇒ 소득 ⇒ 지출 ⇒ 생산'으로 이어지는 경제순환이 공급과잉을 초래하지 않고 원활하게 이루어진다.

보론 3-1 고전학파의 생각 따라잡기!

[그림 3-1] 고전학파의 실질 GDP 결정이론

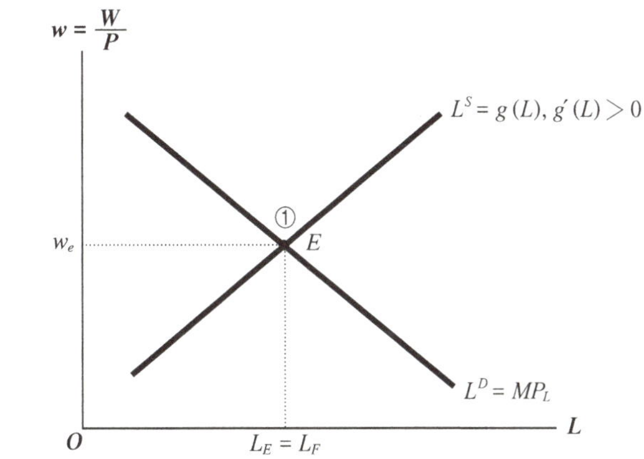

(a) 노동시장의 균형

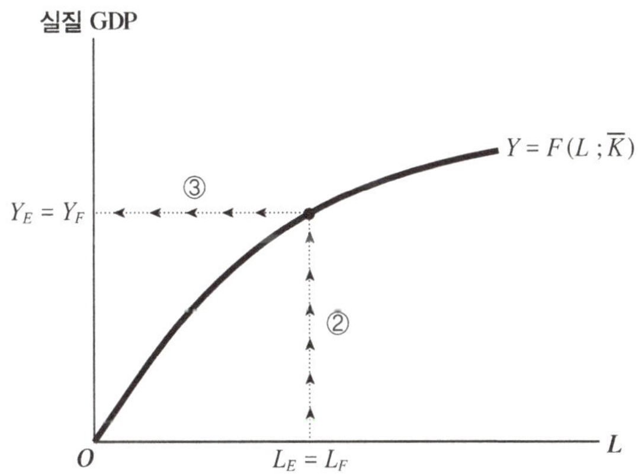

(b) 총생산함수

㉮ [그림 3-1]의 (a) 그래프는 노동시장을 나타낸다. 노동수요곡선과 노동공급곡선이 E점에서 교차(①)해서 균형임금과 균형고용량이 각각 w_e와 L_E 수준으로 결정된다. 그런데 L_E는 완전고용수준인 L_F와 똑같다. 여기서 첨자 E는 균형(equilibrium)을, 또 F는 완전고용(full employment)을 의미한다. 고전학파 모형에서 완전고용이 달성되는 이유는 노동시장이 완전경쟁인 데다 물가(P)와 명목임금(W)이 상 · 하로 신축적인 이동을 한다고 가정했기 때문이다.

㉯ [그림 3-1]의 (b) 그래프는 총생산함수를 보여준다. (a) 그래프의 ①에서 고용수준이 $L_E = L_F$로 결정되면(②) 단기 총생산함수인 $Y = F(L\,;\bar{K})$에 의해 실질 GDP는 $Y_E = Y_F$로 결정된다.(③) 이것이 고전학파가 주장하는 실질 GDP 결정이론의 핵심이다.

② 물가와 명목임금과 같은 거시경제변수들이 상 · 하로 완전하게 신축적이다.

③ 노동의 수요와 공급은 실질임금의 함수이며, 노동시장은 완전경쟁시장이다.

④ 노동시장에서 노동의 초과수요와 초과공급은 신축적인 명목임금에 의해 이주 신속하게 조정된다. 따라서 노동시장에서 수요와 공급의 불일치는 존재하지 않는다.

3) 미시경제이론의 생산요소시장 편에서 우리는 노동수요곡선과 노동공급곡선의 궤적에 대해 학습한 바 있다. 그것을 요약하면 다음과 같다. 여기서 W는 명목임금, P는 물가를 의미한다. 그리고 $\frac{W}{P}$는 실질임금 w를 의미한다.

① **노동수요곡선** $= L^D = F\left(\frac{W}{P}\right) = MP_L$, **노동공급곡선** $= L^S = F\left(\frac{W}{P}\right) = g(L)$, (단, $g' > 0$)

② **노동시장의 균형조건** : $L^D = F\left(\frac{W}{P}\right) = MP_L = L^S = g(L)$, (단, $g' > 0$)

2 케인즈의 단순모형과 실질 GDP의 결정

2.1 케인즈의 기본 철학

1) 케인즈는 실질 GDP가 총공급이 아니라 유효수요의 크기에 의해서 결정된다고 생각했다. 이것은 고전학파가 상정했던 세이의 법칙을 정면으로 부정하는 것이다. 케인즈의 등장 배경은 대공황이었다. 고전학파는 대공황에서 비롯된 대량의 실업 문제를 제대로 해명하지 못했을 뿐만 아니라 대책 마련에도 실패했다.

2) 그에 반해 케인즈는 1929년부터 1934년까지 세상 사람들을 괴롭혔던 대공황과 그에 따른 대량의 실업 사태는 유효수요(= 생산물수요)의 부족에서 비롯된 것이라고 진단했다. 또 노동시장에서도 '보이지 않는 손' 이 제대로 작동하지 않는다고 보았다. 따라서 대공황을 타개하기 위해서는 가격기구의 작동만 믿고 무작정 기다릴 것이 아니라 정부의 적극적인 개입을 통해 유효수요 부족의 문제를 해결해야 한다고 주장했다.

3) 케인즈는 대공황의 발생으로 인해 경제 내에서 잉여생산능력이 크게 존재하기 때문에 생산물에 대한 수요가 증가하더라도 공급은 그에 상응해서 얼마든지 늘릴 수 있다고 생각했다. 즉 잉여생산능력이 완전하게 소진될 때까지, 물가는 일정한 수준을 유지할 수 있다고

보았던 것이다.

2.2 케인즈의 단순모형 : 유효수요의 구성요소

1) 케인즈는 실질 GDP의 결정 과정을 설명하기 위해 다음과 같은 가정을 설정했다.

① 국민경제는 가계, 기업, 정부, 외국으로 구성된다. 또 가계와 기업만 있는 경우는 민간경제, 거기에다 정부를 포함시키면 폐쇄경제, 외국까지 추가하면 개방경제가 된다.

② 감가상각이나 사내유보이윤과 같은 기업저축은 존재하지 않는다.

③ 소비(Consumption ; C)는 소득의 증가함수이며, 소득(Y)의 증가분에 대한 소비의 증가분$\left(=\frac{\Delta C}{\Delta Y}\right)$은 한계소비성향(Marginal Propensity to Consumption ; MPC)이라고 정의한다. 또 한계소비성향은 0과 1 사이의 값을 갖는다. 즉, $0 < MPC < 1$이다.

④ 투자(Investment ; I)는 이자율이나 소득과 무관한 독립투자만 존재하고, 정부지출과 순수출($X-M$; 단, X : 수출, M : 수입)의 크기도 일정하다. 물론 현실경제에서는 유발투자도 존재하지만 여기서는 그것이 없다고 가정한다.

⑤ 케인즈가 생각한 **유효수요**(Effective Demand ; ED)**의 크기는** $ED=C$(소비수요) + I(투자수요) + G(정부지출수요) + ($X-M$: 순수출수요)**으로 정의[1]된다**. 이하에서는 이들 각각의 항목에 대해 살펴보도록 한다.

2) 소비수요(C)

① 소비수요(C)는 사전적으로 계획된 소비를 지칭한다. 반면 소비지출은 사후적으로 실현된 소비를 의미한다. 여기서는 소비수요가 소비지출과 같다고 보고 C라고 명명한다. 왜냐하면 일반적으로 소비자들은 계획된 대로 소비지출을 실행한다고 보기 때문이다.

② 소비함수란 소비에 영향을 미치는 요인들과 소비 사이에 존재하는 함수관계를 의미한다. 소비함수는 $C=F$(소득, 물가, 이자율, 부(富), 장래의 경기전망, 미래소득, 소비자 선

---

1. 케인즈는 $C+I+G+(X-M)$을 유효수요라고 명명했다. 요즘 거시경제학 책들은 유효수요란 용어를 사용하지 않고 총수요로 통일해서 사용하고 있다. 그렇지만 유효수요와 총수요는 엄연히 다른 개념이다. 엄밀한 의미에서 **물가변화를 고려하지 않는 경우의 $C+I+G+(X-M)$는 유효수요이고, 물가변화를 고려한 $C+I+G+(X-M)$는 총수요다**. 그러나 유효수요와 총수요를 굳이 구분하지 않고 사용해도 전체 맥락에선 별다른 문제가 없다고 생각한다.

호 등)로 정의된다. 여기서 소득은 가처분소득(Y_d)[2]으로서 앞의 국민소득개념에서 학습한 개인처분가능소득(*PDI*)을 말한다. 즉, $C = F(Y_d) = a + bY_d$, 단, $a > 0$, $0 < b < 1$이다. 즉 a는 절대 소비로서 0보다 크고, b는 한계소비성향(*MPC*)으로서 0과 1 사이에 있음을 의미한다. 이와 같은 소비함수를 그래프로 나타내면 아래의 [그림 3-2]와 같다.

[그림 3-2] 케인즈의 소비함수

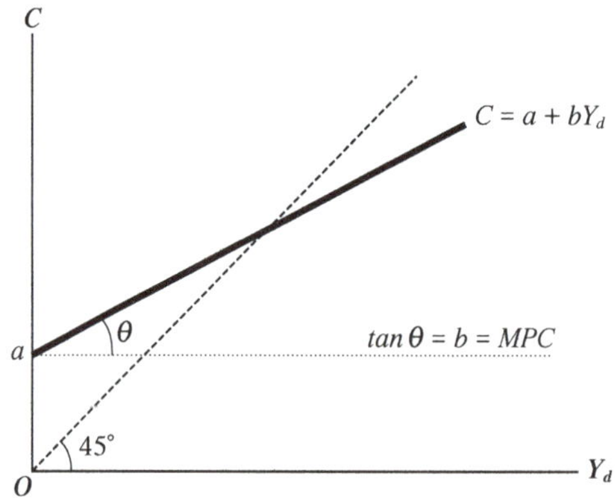

③ 한계소비성향 b는 가처분소득을 1단위 증가시킬 때, 소비가 몇 단위 변하는가를 나타내주는 경제 개념으로 나중에 여러 승수 개념을 도출하는 데 매우 중요한 정보를 제공해준다. [그림 3-2]에서 소비함수 $C = a + bY_d$가 점선으로 표시된 45도 선을 위에서 아래로 가로지르는 것은 b의 크기가 1보다 작다는 것을 시사해준다.

3) 투자수요(I^D)

① 투자수요(I^D)는 사전적으로 계획된 투자이고, 투자지출(or 투자 ; I)은 사후적으로 실현된 투자를 의미하며 다음과 같이 정의된다.

㉠ 투자수요 = 계획된 총고정자본형성 + 계획된 재고 증가

㉡ 투자지출 = 실현된 투자 = 실현된 총고정자본형성 + 실현된 재고 증가

㉢ 기업은 통상 계획된 총고정자본형성을 계획한 대로 추진하려는 성향이 강하다. 따라서 경제학에서는 '계획된 총고정자본형성 = 실현된 총고정자본형성' 이라고 간주한다. 그러나 계획된 재고 증가는 실현된 재고 증가와 다를 개연성이 높다. 시장

2. 가처분소득이란, 소비자 소득에서 개인소득세를 공제하고 순이전소득을 합해준 금액으로 정의된다. 즉 소비자가 마음대로 처분할 수 있는 소득이라는 뜻에서 가처분소득이란 이름을 붙인 것이다.

보론 3-2 소비에 영향을 미치는 주요 변수

우리는 앞에서 언급한 소비함수를 통해 소비에 영향을 미치는 여러 경제변수들을 언급한 바 있다. 여기에서는 그들 각각의 변수와 소비 사이의 관계를 구체적으로 살펴보고자 한다. 이들 사항은 각종 경제 관련 수험에 출제되는 빈도가 높기 때문에 독자들은 이 부분에 대해서 충분히 학습해주길 기대한다.

㉮ **물가** : 물가 상승 ⇒ 명목 자산 가치의 하락 ⇒ 소비 감소, 이는 **실질잔고효과**(real balance effect)이다.

㉯ **부**(富) : **(富 = 순자산 : 자산 – 부채)** 증가 ⇒ 소비 증가, 이는 **부의 효과**(wealth effect)이다.

㉰ **이자율** : 이자율 상승 ⇒ 소비에 따른 기회비용 증가 ⇒ 소비 감소

㉱ **미래소득** : 미래소득 증가 예상 ⇒ 현재 소비 증가

㉲ **소비자 선호** : 선호의 긍정적 변화 ⇒ 해당 재화나 서비스에 대한 소비 증가

상황에 따라 재고 변화가 언제든지 일어날 수 있기 때문이다.

② 투자수요는 소비 수요보다 그 크기가 훨씬 더 적은데도 불구하고 우리가 투자수요에 관심을 갖는 이유는 그것이 경기변동에 따라 큰 폭으로 변화하는 특성을 보이기 때문이다.

③ 거시경제이론에서 말하는 투자는 주식투자, 채권투자, 부동산투자를 의미하지 않는다. 여기서 말하는 **투자는 '한 해 동안 생산된 최종생산물 가운데 기업이 구입한 자본재**(capital goods)**의 총시장가치'를 의미한다**. 또 고정자본형성은 기계, 공구, 자동차 등의 설비를 구입하거나 공장, 도로, 항만 등을 건설하는 형태로 이루어진다.

④ 투자수요는 독립투자수요와 유발투자수요가 있다. 전자(前者)는 실질 GDP와 무관한 투자를 말하고 후자(後者)는 이자율이나 실질 GDP의 영향을 받는 투자를 지칭한다. 케인즈는 단순모형에서 독립투자만을 가정했다. [그림 3－3]은 독립투자의 형태를 보여준다. 투자 곡선이 수평인 것은 실질 GDP인 Y와 무관함을 나타낸다.

[그림 3-3] 케인즈가 상정한 독립투자의 형태

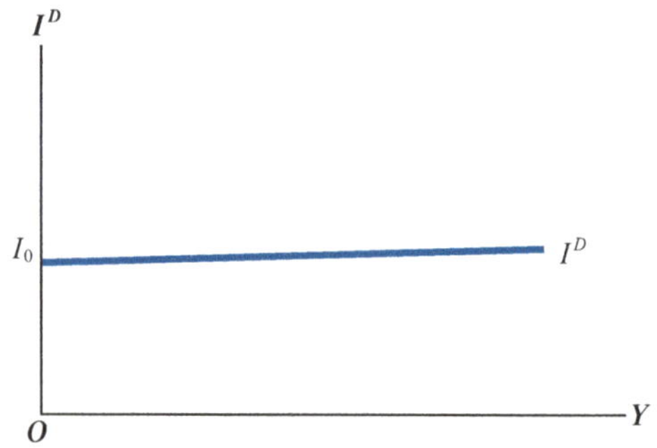

4) 정부지출수요(G)

① 정부지출수요란 정부가 국방, 치안, 일반 행정, 사회복지의 확충은 물론 경제성장이나 경제안정화정책을 수행하는 과정에서 정부가 구입한 재화와 서비스의 총시장가치를 의미한다. 줄여서 정부지출이라고 명명한다.

② 한 가지 유의할 점은 정부지출수요와 재정지출이 다르다는 점이다. 정부지출수요는 당해연도에 생산된 최종생산물에 대해 정부가 지출(구입)한 총시장가치를 뜻한다. 그러나 재정지출은 정부지출수요 이외에도 당해연도의 생산과 무관하게 지급한 이전지출(예 : 실업수당, 각종 정부보조금 등)까지 포함하는 개념이다. 그런 이유로 재정지출은 일반적으로 정부지출수요보다 크다.

③ 정부도 계획된 것을 그대로 실행하는 조직이다. 따라서 거시경제학에서는 정부지출수요를 정부지출과 동일하다고 본다. 또 케인즈의 단순모형에서도 정부지출수요가 '$G = G_0$' 로서 일정하다고 간주한다.

5) 순수출수요($X_n : X - M$) ⇒ 경상수지의 구성항목인 **'상품 및 서비스수지'** 와 동일하다!

① 순수출수요란 당해연도의 수출액에서 수입액을 빼준 값으로 정의한다. GDP는 국내에서 생산된 재화나 서비스의 총시장가치를 의미한다. 따라서 국내의 가계, 기업, 정부가 구매한 재화나 서비스의 총시장가치 중에서 외국으로부터 수입된 재화나 서비스의 시장 가치를 빼주어야만 한다.

② 순수출수요의 결정요인으로는 우리 국민들의 소득, 외국인 소득, 국산상품 가격, 외국산 상품 가격, 환율 등이 있다. 이들 각각에 대해 살펴보면 다음과 같이 요약된다.

㉠ 우리 국민들의 소득 증가 ⇒ 수입 증가 ⇒ 순수출수요 감소

㉡ 외국인의 소득 증가 ⇒ 수출 증가 ⇒ 순수출수요 증가

㉢ 국산상품 or 서비스 가격 인상 ⇒ 수출가격 인상 ⇒ 수출 감소 ⇒ 순수출수요 감소

㉣ 외국산 상품 · 서비스 가격 인상 ⇒ 수입가격 인상 ⇒ 수입 감소 ⇒ 순수출수요 증가

㉤ 환율 인상 ⇒ 국산상품, 서비스 수출가격 인하[3] ⇒ 수출 증가 ⇒ 순수출수요 증가

㉥ 환율 인하 ⇒ 국산상품, 서비스 수출가격 인상 ⇒ 수출 감소 ⇒ 순수출수요 감소

2.3 케인즈의 단순모형에서 실질 GDP의 결정

1) 민간경제에서 실질 GDP의 결정

① 민간경제는 가계와 기업만이 존재하는 경제를 말한다. 이런 경제에서 실질 GDP가 도출되려면 다음과 같은 4개의 방정식을 풀어야 한다. ㉠식은 유효수요가 소비와 투자수요의 합으로 정의됨을 보여준다. ㉡식은 소비함수다. 여기서 Y는 실질 GDP를 의미한다. 아직 가처분소득(Y_d)은 도입할 단계가 아니다. 왜냐하면 민간경제의 범주에는 정부가 포함되지 않은 관계로 개인소득세가 존재하지 않기 때문이다. ㉢식은 민간경제에서는 독립투자수요만 존재함을 보여준다. ㉣식은 케인즈 단순모형의 균형조건을 나타낸다. 즉 균형 실질 GDP에서는 항상 삼면등가의 법칙(생산국민소득 = 분배국민소득 = 지출국민소득)이 충족되어야 한다.

$Y^D = C + I^D$ ······ ㉠

$C = a + bY$ ······ ㉡

$I = I_0$ ······ ㉢

$Y = Y^D = Y^S$ ······ ㉣

② ㉠, ㉡, ㉢식을 ㉣식에 대입한 후, Y로 정리해주면 ㉤식과 [그림 3-4]가 도출된다. 이때의 Y가 균형 실질 GDP$(= Y_E)$이다.

---

3. 환율 인상은 일례로 환율(e) = 1,000원/1$에서 2,000원/1$로 변한 것을 의미한다. 이는 원화 가치가 하락했다는 뜻이다. 이제 국산 노트 1권의 가격이 1,000원이라고 가정하자. 민약 환율(e)이 e = 1,000원/1$라면 국산 노트 1권의 미국 내 판매가격은 1$가 된다. 하지만 환율이 e = 2,000원/1$로 인상되면 1,000원짜리 국산 노트 1권의 미국 내 판매가격은 0.5$로 하락한다. 환율이 상승하면 이처럼 국산 노트의 수출가격이 하락해서 수출이 잘 된다. 참고로 0.5$는 다음 식 '1$: 2,000원 = $X$$: 1,000원'에서 X값을 풀면 곧바로 도출된다.

$$Y = \frac{1}{1-b}(a + I_0) \quad \cdots\cdots \text{ⓔ}$$

[그림 3-4] 민간경제에서 균형 실질 GDP의 결정

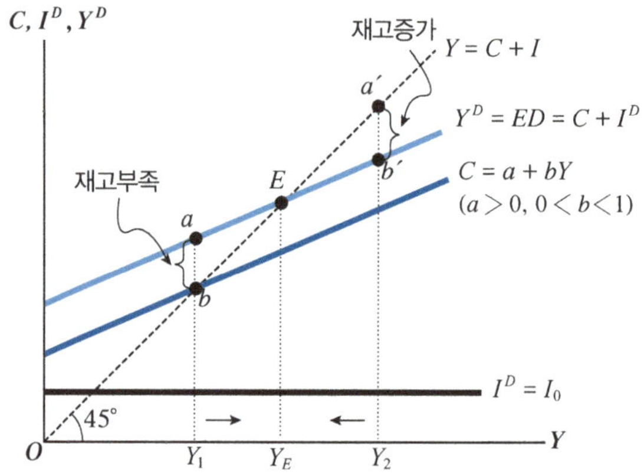

③ 케인즈 단순모형에서 생산국민소득은 소비와 투자로 지출된다. 즉 $Y = C + I$가 그것을 나타내준다. 그런데 I^D와 I는 서로 다른 개념이다. 전자가 계획된 투자수요라면 후자는 사후적으로 실행된 투자지출을 의미한다. I^D와 I가 같은 경우는 오로지 균형 실질 GDP 수준인 Y_E에서다. 만약 위 그림에서 실질 GDP가 Y_2라면 어떤 일이 벌어질까? 이때는 유효수요($Y^D = ED = C + I^D$)가 45° 선이 의미하는 생산국민소득(Y) = 지출국민소득(= $C + I$)보다 $a'b'$만큼 적다. 즉 $I^D < I$의 관계가 성립한다. 이는 계획된 재고보다 실현된 재고가 많기 때문에 재고가 증가했음을 시사해준다. 이런 경우 기업은 재고가 적정 수준으로 줄어들 때까지 생산 활동을 단축한다. 그 과정에서 실질 GDP는 Y_E로 하락한다. 한편 실질 GDP가 Y_1인 경우에는 Y_2일 때와는 반대로 ab만큼의 재고 부족 현상이 나타난다. 이런 경우 기업은 재고 부족을 극복하기 위해 생산 활동을 늘리는데 그 과정에서 실질 GDP는 Y_E로 상승한다. [그림 3-4]를 통해 알 수 있듯이 케인즈의 단순모형에서 균형 실질 GDP는 케인즈가 명명한 유효수요($Y^D = ED = C + I^D$)의 크기에 의해 전적으로 결정된다. 케인즈는 이것을 '**유효수요의 원리**' 라고 규정했다.

보론 3-3 케인즈 단순모형 : I와 S를 이용한 균형 실질 GDP 결정

우리는 케인즈가 언급한 유효수요의 원리를 이용해서 균형 실질 GDP가 어떻게 결정되는지 살펴보았다. 그런데 균형 실질 GDP는 다른 방법으로도 도출할 수 있다. 투자지출(I), 투자수요(I^D), 저축(S) 간의 상관관계를 통해서도 균형 실질 GDP의 도출이 가능하다. 지금부터는 그것에 대해 설명하고자 한다. 민간경제에서는 사후적으로 3면등가의 법칙, 즉 생산국민소득(Y) = 지출국민소득($C+I$) = 분배국민소득($C+S$)이 반드시 성립한다.

$$Y = C + I = C + S \quad \cdots\cdots ㉠$$

$$C = a + bY \ (\text{단 } a > 0,\ 0 < b < 1) \quad \cdots\cdots ㉡$$

㉡식을 ㉠식에 대입하고 S로 정리하면 ㉢식을 얻을 수 있다.

$$S = -a + (1-b)Y \quad \cdots\cdots ㉢$$

$$I^D = I_0 \quad \cdots\cdots ㉣$$

$$Y = Y^D = C + I^D \quad \cdots\cdots ㉤$$

$$S = I^D \quad \cdots\cdots ㉥$$

㉢, ㉣, ㉥식을 그래프로 나타내면 [그림 3-5]와 같다.

[그림 3-5] 저축(S)과 투자(I)를 활용한 균형 실질 GDP의 결정

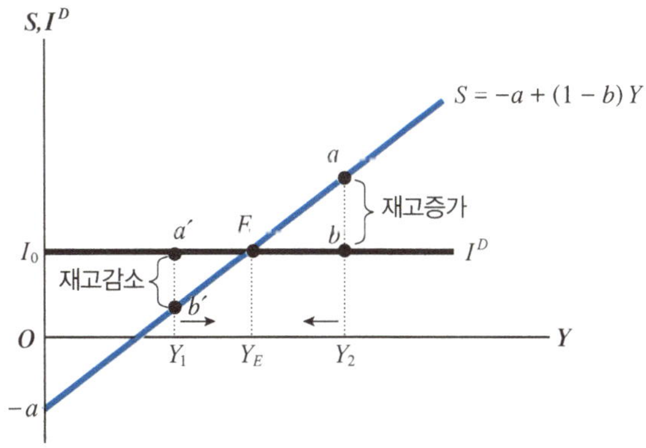

[그림 3-5]에서 보듯이 균형 실질 GDP는 $S = I^D$인 E점에서 이루어진다. 그런데 만약 실질 GDP가 Y_2라면 저축(S)이 투자수요(I^D)보다 크다. 즉 Y_2에서는 ab만큼 재고가 증가한다. 그러면 기업은 재고를 적정 수준으로 낮추기 위해 생산 활동을 단축시키고 그 과정에서 실질 GDP는 Y_E로 하락한다. 또 실질 GDP가 Y_1이라면 저축(S)이 투자수요(I^D)보다 작다. 그러면 Y_1에서 $a'b'$만큼의 재고 부족 현상이 나타난다. 그러면 기업은 생산 활동을 늘리게 되며, 그 과정에서 실질 GDP는 Y_E로 증가한다.

2) 민간경제 측면에서 바라본 절약의 역설(paradox of thrift)

① 절약의 역설이란 개개인이 근검절약해서 저축을 늘리려고 노력하면 유효수요와 실질 GDP가 감소해서 총저축이 늘어나지 않거나 오히려 감소하는 현상을 말한다. **즉 독립투자만 존재하는 경우, 총저축의 크기는 불변이지만 독립투자와 유발투자가 함께 존재하는 경우에는 총저축의 크기가 감소한다.**[4]

② 고전학파는 저축이 사회의 미덕이라고 생각한 반면, 케인즈의 단순모형에서는 저축이 사회의 악덕이 된다. 이렇게 된 데는 그들이 다음과 같은 생각을 갖고 있었기 때문이다.

㉠ 고전학파 : 저축 증가 ⇒ 투자 증가 ⇒ 생산 증가 ⇒ 실질 GDP 증가

㉡ 케인즈 : 저축 증가 ⇒ 소비 감소 ⇒ 유효수요 감소 ⇒ 실질 GDP 하락

③ 대공황과 같은 극도의 불황기가 도래하면 각 개인들은 불확실한 미래에 대응하기 위해서 저축을 늘리려고 하지만 국민경제의 관점에서는 오히려 소비를 늘리고 저축을 줄이는 게 합리적인 자세다. 따라서 절약의 역설은 '**구성의 오류**'[5]에 대한 하나의 사례라고 볼 수 있다.

④ 절약의 역설은 대공황기나 투자기회가 이미 충족되어 새로운 투자기회의 발견이 쉽지 않은 상황에서는 여전히 유효하다. 그런 경우에는 저축된 돈이 투자처를 찾는 데 많은 시간이 걸리기 때문이다. 하지만 호황기나 투자기회가 많은 경우에는 총저축의 증가가 곧바로 총투자로 이어지기 때문에 절약의 역설은 더 이상 성립하지 않는다.

---

4. 아래 그림은 절약의 역설에 대한 두 사례를 잘 보여준다. 왼쪽 그림은 독립투자만 존재하는 경우이고 오른쪽 그림은 독립투자와 유발투자가 함께 존재하는 상황을 나타낸다. 뒤에서 설명하겠지만 유발투자는 실질 GDP의 증가함수다. 실질 GDP가 증가하면 유발투자도 증가한다.

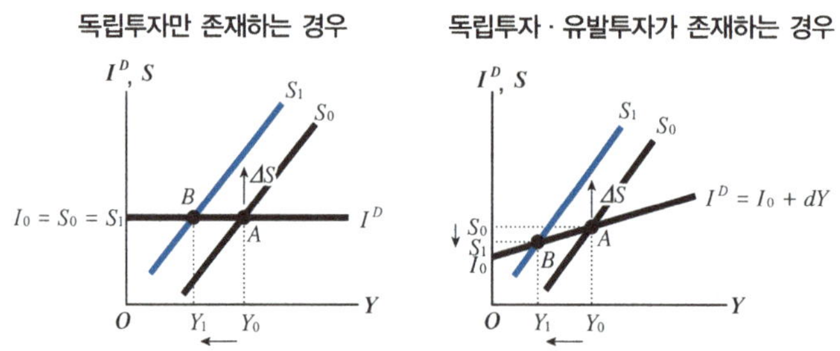

▶ 독립투자만 존재할 경우, 최초의 실질 GDP 수준인 Y_0에서 저축을 늘리면($S_0 \Rightarrow S_1$) 실질 GDP는 Y_1으로 감소하지만 총저축의 크기는 불변이다. 즉 저축액 $S_0(=AY_0)$와 $S_1(=BY_1)$은 똑같다.

▶ 독립투자와 유발투자가 공존하는 경우, 최초의 실질 GDP 수준인 Y_0에서 저축을 늘리면($S_0 \Rightarrow S_1$) 실질 GDP는 Y_1으로 감소하고 총저축의 크기도 AY_0에서 BY_1으로 감소한다.

5. 구성의 오류는 개별적으로 옳은 얘기가 전체적으로는 맞지 않는 현상을 일컫는다. 이는 부분적으로 성립된 원리를 전체적으로 확대 적용시킬 때에 발생하는 치명적인 오류라고 볼 수 있다.

이때는 오히려 저축이 사회적 미덕이 된다.

3) 폐쇄경제에서 균형 실질 GDP의 결정

폐쇄경제는 가계, 기업, 정부만이 존재하는 경제를 말한다. 앞에서 언급한 케인즈의 단순모형에다 정부부문을 포함시킨 것이다. 이때 정부는 가계에 정액세를 부과하고 정부지출을 통해 경제안정화정책을 시도하는 경우를 상정한다. 폐쇄경제에서 균형 실질 GDP의 결정 과정을 살펴보기 위해서는 6개 방정식이 필요하다.

$$Y^D = C + I^D + G \cdots\cdots ㉠$$

$$C = a + b(Y - T),\ (a > 0,\ 0 < b < 1) \cdots\cdots ㉡$$

$$I^D = I_0 \cdots\cdots ㉢$$

$$G = G_0 \cdots\cdots ㉣$$

$$T = T_0 \cdots\cdots ㉤$$

$$Y = Y^D \cdots\cdots ㉥$$

① 위의 6개 방정식에 대해 개략적으로 설명하면 아래와 같다. ㉠식은 케인즈가 말한 유효수요가 소비, 투자수요, 정부지출수요로 구성됨을 보여준다. ㉡식은 소비함수로서 소비가 가처분소득(= 소득 – 정액세)[6]의 함수임을 나타낸다. ㉢, ㉣, ㉤식은 투자가 독립투자로서 일정하고, 정부지출과 조세도 정액세로 일정함을 시사한다. ㉥식은 균형 실질 GDP는 총공급인 생산국민소득(Y)과 유효수요(Y^D)가 같은 점에서 결정됨을 의미한다. 이제 ㉥식에다 ㉠, ㉡, ㉢, ㉣, ㉤식을 대입한 후, Y로 정리하면 균형 실질 GDP가 다음과 같이 도출된다.

$$Y = Y_E = \frac{1}{1-b}[a - bT_0 + I_0 + G_0] \cdots\cdots ㉦$$

6 세금은 정액세만 존재하는 게 아니다. 만약 정부가 비례세를 부과하는 경우를 묻는 시험문제도 얼마든지 출제될 수 있다. 그때는 정액세의 경우보다 조금 더 복잡한 수식이 도출된다. 하지만 내용은 그다지 어렵지 않다. 비례세(tY : t는 세율, Y는 실질 GDP)가 도입된 경우에는 위의 ㉠, ㉡, ㉢, ㉣, ㉥식의 조건은 그대로이고 ㉤식만 $T = tY$로 바꿔주면 된다. 그리고 ㉥식에다 ㉠, ㉡, ㉢, ㉣식과 $T = tY$만 대입해서 Y로 정리해주면 아래와 같은 ㉧식을 얻을 수 있다. 이때 투자승수와 정부지출승수의 크기는 $\frac{\Delta Y}{\Delta I} = \frac{\Delta Y}{\Delta G} = \frac{1}{1-b(1-t)}$로 똑같음에 주의를 요한다. 그것에 대해서는 독자들의 자율학습에 맡기고자 한다.

$$Y = \frac{1}{1-b(1-t)}[a + I_0 + G_0] \cdots\cdots ㉧$$

② ㉦식에서 결정된 균형 실질 GDP는 [그림 3-6]의 Y_E에 해당하는 실질 GDP이다. 만약 실질 GDP가 Y_2라면 그때는 생산국민소득인 총공급(Y)이 유효수요($=Y^D$)보다 $a'b'$만큼 크다. 이는 재고가 당초 계획했던 것보다 $a'b'$만큼 늘어났다는 것을 말한다. 그러면 기업은 생산 활동을 단축함으로써 실질 GDP는 Y_E로 감소한다. 한편 실질 GDP가 Y_1이라면 그때는 총공급(Y)이 유효수요($=Y^D$)보다 ab만큼 적다. 이는 재고가 당초 계획했던 것보다 ab만큼 부족하다는 것을 뜻한다. 그러면 기업은 생산 활동을 늘림으로써 실질 GDP는 Y_E로 상승한다.

[그림 3-6] 폐쇄경제에서 균형 실질 GDP의 결정

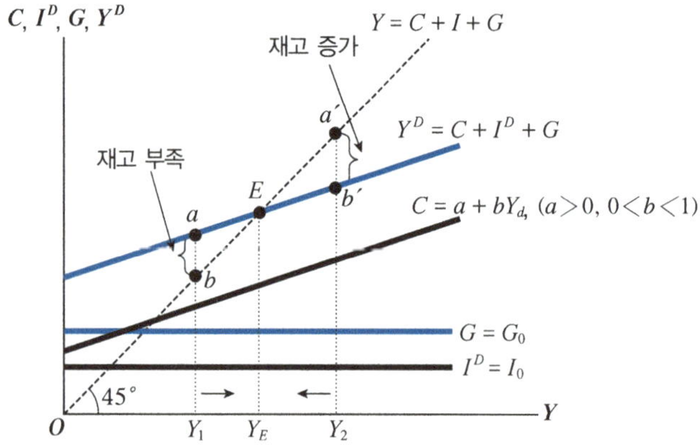

4) 승수효과

승수효과란, 해당 변수를 제외한 나머지 다른 모든 변수(∀ = all variable)의 변동분이 0이라는, 즉 $\Delta\forall = 0$이라는 전제하에 해당 변수가 1단위 변화할 때 실질 GDP가 몇 단위 증가할 것인가를 나타내는 지표를 의미한다. 우선 각 변수별 승수효과를 살펴보기 위해서는 ㉦식의 모든 변수에다 변화분(Δ)를 적용시키면 다음과 같은 식이 도출된다.

$$\Delta Y = \frac{1}{1-b}[\Delta a - b\Delta T + \Delta I + \Delta G] \quad \cdots\cdots ⓞ$$

① 정부지출승수는 정부지출의 변동분만 0이 아니고($\Delta G \neq 0$) 다른 변수들의 변동분이 0일 때($\Delta\forall = 0$), 정부지출이 1단위 증가하면 실질 GDP가 몇 단위 변할 것인가를 나타낸다. 그것은 다음 식으로 정의된다.

▶ 정부지출승수 | $\frac{\Delta Y}{\Delta G} = \frac{1}{1-b}$, $\Delta G \neq 0,\ \Delta\forall = 0$

② 정액세승수는 정액세의 변동분만 0이 아니고($\Delta T \neq 0$) 다른 변수들의 변동분이 0일 때($\Delta \forall = 0$), 정액세가 1단위 증가하면 실질 GDP가 몇 단위 변할 것인가를 나타낸다. 그것은 아래와 같이 정의된다.

▶ 정액세승수 | $\dfrac{\Delta Y}{\Delta T} = \dfrac{-b}{1-b}$, $\Delta T \neq 0,\ \Delta \forall = 0$

③ 투자승수는 투자의 변동분만 0이 아니고($\Delta I \neq 0$) 다른 변수들의 변동분이 0일 때($\Delta \forall = 0$), 투자가 1단위 증가하면 실질 GDP가 몇 단위 변할 것인가를 나타낸다. 그것은 다음 식으로 정의된다.

▶ 투자승수 | $\dfrac{\Delta Y}{\Delta I} = \dfrac{1}{1-b}$, $\Delta I \neq 0,\ \Delta \forall = 0$

④ 균형재정승수는 정부지출과 정액세의 변동분이 '$\Delta G = \Delta T \neq 0$' 이고, 다른 변수들의 변동분이 0일 때($\Delta \forall = 0$), ΔG와 ΔT가 1단위 증가할 때 실질 GDP가 몇 단위 변할 것인가를 나타낸다. **참고로 균형재정승수는 '정부지출승수 + 조세승수' 로 정의된다.**

▶ 균형재정승수 | $\dfrac{\Delta Y}{\Delta G} = \dfrac{\Delta Y}{\Delta T} = 1$, $\Delta G = \Delta T \neq 0,\ \Delta \forall = 0$

2.4 케인즈의 단순모형과 재정정책

1) 인플레이션 갭과 디플레이션 갭

[그림 3-7] 인플레이션 갭과 디플레이션 갭

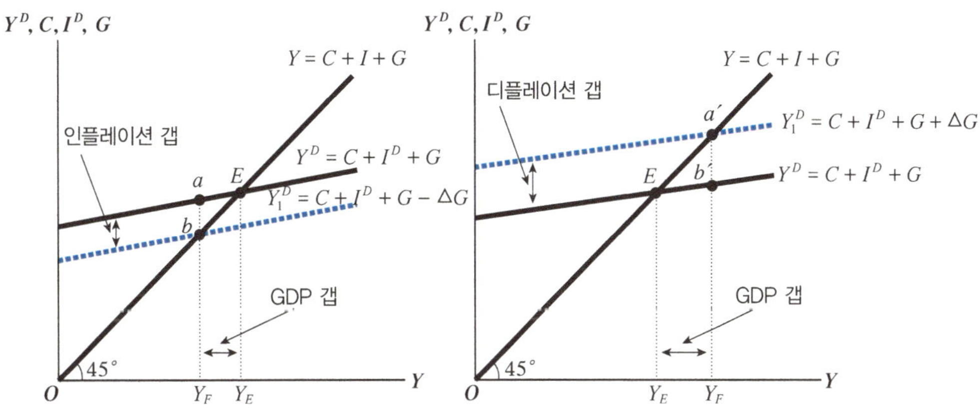

(a) 인플레이션 갭　　(b) 디플레이션 갭

① [그림 3-7]의 (a) 그래프는 인플레이션 갭을 보여준다. 완전고용국민소득(Y_F)에서 총공급(Y)과 일치하는 유효수요는 bY_F이다. 이때 만약 유효수요곡선이 Y^D라면 Y_F에서 ab만큼 초과수요가 발생한다. 이런 경우 ab를 '인플레이션 갭' 이라고 정의한다. 인플레이션 갭이 발생하면 생산은 증가하지 않고 물가만 상승한다.

② [그림 3-7]의 (b) 그래프는 디플레이션 갭을 보여준다. 완전고용국민소득(Y_F)에서 총공급(Y)과 일치하는 유효수요는 $a'Y_F$이다. 이때 만약 유효수요곡선이 Y^D라면 Y_F에서 $a'b'$만큼 초과공급(재고 증가)가 발생한다. 이런 경우 $a'b'$를 '디플레이션 갭' 이라고 정의한다.

2) 케인즈와 케인지언들은 유효수요를 효율적으로 관리하기 위해서는 정부의 적극적인 개입과 자유재량적 재정정책(discretionary fiscal policy)을 실행해야 한다고 주장했다. 그들의 논리를 뒷받침해준 이론적 근거는 우리가 앞에서 학습한 각종 승수효과에 기초한다. 위의 [그림 3-7]에서 유효수요의 변동(ab or $a'b'$)은 정부지출의 변화(ΔG), 투자의 변화(ΔI), 정액세의 변화(ΔT), 비례세의 세율 변화(Δt), 균형재정의 변화($\Delta T = \Delta G$) 등으로 설명할 수 있다. 이와 관련해서 자세한 내용은 다음 장에서 논의하기로 하고 여기서는 인플레이션 갭과 디플레이션 갭을 치유하기 위한 개략적인 정부 당국의 정책 방향에 대해서만 언급하고자 한다.

① 우선 디플레이션 갭이 발생했을 경우, 그것을 치유하기 위해서는 유효수요를 늘려주어야 한다. 그를 위해서는 정부지출 증가, 투자 확대, 정액세 감소, 비례세의 세율 인하 등의 조치가 필요하다.

② 인플레이션 갭을 치유하기 위해서는 유효수요를 감소시켜야 한다. 그를 위해서는 정부지출 감소, 투자 축소, 정액세 증대, 비례세의 세율 인상 등의 조치가 필요하다.

③ 이들 거시경제변수를 구체적으로 얼마만큼 줄이고 늘릴 것인가에 대한 정보는 우리가 앞에서 학습한 정부지출승수, 투자승수, 조세승수, 균형재정승수 효과의 공식을 역이용하면 된다.

㉠ **디플레이션 갭** : GDP 갭 = 디플레이션 갭 × (정부지출, 조세, 투자, 균형재정) 승수
⇒ 이때는 정부지출 및 투자의 확대, 조세의 감면, 균형재정(정부지출과 조세의 동일 규모 증가)

㉡ **인플레이션 갭** : GDP 갭 = 인플레이션 갭 × (정부지출, 조세, 투자, 균형재정) 승수

⇒ 이때는 정부지출 및 투자의 감소, 조세의 증가, 균형재정(정부지출과 조세의 동일 규모 감소)

요약 및 복습

01 고전학파의 유래는 케인즈가 1936년에 출간한 자신의 책 『고용, 이자 및 화폐의 일반이론』에서 애덤 스미스, 데이비드 리카도, 존 스튜어트 밀, 알프레드 마셜, 아서 세실 피구 등을 그렇게 부른 데서 비롯되었다. 고전학파는 시장에서 '보이지 않는 손'의 원리를 믿으며 정부의 무분별한 경제개입을 반대하는 사람들이다.

02 고전학파의 실질 GDP 결정이론은 노동시장의 균형과 총생산함수로 구성된다. 즉 고전학파는 실질 GDP가 공급에 영향을 미치는 요인들에 의해서만 결정된다는 입장을 견지한다.

1) 노동시장은 완전경쟁이며 노동의 수요와 공급은 실질임금($w=\frac{W}{P}$)의 함수라고 가정한다. 또 물가(P)와 명목임금(W)은 상 · 하 신축적이며 노동시장에서 초과수요나 초과공급은 물가와 명목임금이 신속하게 조정해줌으로써 노동시장의 균형이 즉각적으로 달성된다.

2) 이때 노동시장에서는 완전고용(L_F)이 항상 달성된다. 한편, 노동시장에서 완전고용이 달성되면 실질 GDP는 총생산함수에 의해서 완전고용국민소득(Y_F)이 결정된다.

03 케인즈는 실질 GDP가 총공급이 아니라 유효수요의 크기에 의해서 결정된다고 생각했다. 또 케인즈는 세이의 법칙을 부정하고 '보이지 않는 손'의 역할을 신뢰하지 않았다. 대공황이란 경제 쓰나미 앞에서 고전학파의 논리가 무력했기 때문이다. 케인즈는 대공황의 발생으로 잉여생산능력이 크게 존재하기 때문에 생산물의 수요가 늘더라도 공급은 그에 상응해서 얼마든지 늘릴 수 있으며 이때 물가수준은 일정하게 유지될 수 있다고 주장했다.

04 케이즈는 삼면등가의 법칙으로 언급되는 $Y^D=Y=Y^S$(45°선)와 유효수요를 나타내는 $ED(=Y^D)$선이 만나는 곳에서 실질 GDP가 결정된다고 주장했다. 또 이때의 균형 실질 GDP는 고전학파가 상정했던 것처럼 완전고용국민소득을 보장하지 않는다.

1) 유효수요(effective demand ; ED)의 구성요소는 소비수요(C), 투자수요(I^D), 정부지출수요(G), 순수출수요($X-M$)로 구성된다. 따라서 유효수요를 나타내는 ED선은 '$ED=C+I^D+G+(X-M)$'로 정의된다.

2) 소비함수는 $C = a + bY_d$(a : 절대소비, $a > 0$, b : 한계소비성향, $0 < b < 1$, Y_d : 가처분소득)로 정의된다.

3) 투자수요는 독립투자만 존재하고, 정부지출은 일정한 크기를 갖는다고 가정한다.

4) 순수출의 경우 수출(X)는 외국인의 소득(Y^f)과 환율(e)의 영향을 받고, 수입(M)은 자국민들의 소득(Y)과 환율(e)의 영향을 받는다고 가정한다.

05 절약의 역설(paradox of thrift)이란 경제주체 개개인이 근검절약해서 저축을 늘리려고 노력하면 유효수요와 실질 GDP가 감소해서 총저축이 늘어나지 않거나 오히려 감소하는 현상을 지칭한다. 고전학파는 저축을 '사회적 미덕'으로 본 반면, 케인즈는 저축을 '사회적 악덕'으로 간주했다. 이는 누구 말이 언제나 옳고 그른 게 아니다. 경제 상황에 따라 맞는 말일 수도 있고 틀린 얘기가 될 수도 있다.

1) 경제가 호황기에 진입했거나 투자기회가 많은 경우에는 저축이 사회적 미덕이 된다. 이때는 저축 증대가 곧바로 투자의 증대로 이어져서 총수요 확대와 실질 GDP의 증가로 이어지기 때문이다.

2) 하지만 대공황기나 투자의 기회가 충족되어 새로운 투자처를 발견하기가 쉽지 않는 경우에는 저축이 사회적 악덕이 될 수 있다. 이때는 저축 증대가 소비 감소, 유효수요 감소를 거쳐 실질 GDP의 하락으로 이어지기 때문이다.

06 가계, 기업, 정부만 존재하는 폐쇄경제에서 균형 실질 GDP의 결정 과정에서 우리는 여러 가지 개념의 승수를 도출할 수 있다. 단 정부가 정액세만 징수하는 경우, 정부지출승수와 투자승수는 $\frac{1}{1-b}$, 정액세승수는 $\frac{-b}{1-b}$, 균형재정승수는 1로 정의된다. 그러나 정부가 비례세를 징수할 경우에는 정부지출승수와 투자승수가 $\frac{1}{1-b(1-t)}$로 변하게 된다. 참고로 여기서 b는 한계소비성향을 의미한다.

07 인플레이션 갭이란 완전고용국민소득(Y_F) 수준에서 유효수요(ED)의 크기가 삼면등가의 성립으로 정의되는 총공급($Y = Y^S$)보다 큰 경우를 지칭한다. 반면, 디플레이션 갭은 완전고용국민소득(Y_F) 수준에서 유효수요(ED)의 크기가 총공급($Y = Y^S$)보다 작은 경우를 말한다. 케인즈는 인플레이션 갭이 발생할 경우는 유효수요를 감소시키고 디플레이션 갭이 존재하는 경우에는 유효수요를 확대해야 한다고 주장했다.

제 4 장 재정과 재정정책

1. 재정의 의의와 재정정책
2. 케인즈의 단순모형과 재정정책
3. 고전학파 모형과 재정정책
4. 경기변동과 재정의 경제안정화 기능

출처 : 공군 블랙이글스

2016. 9. 24. 오산 에어파워데이 축제에서 블랙이글스가 고난도 특수기동인 디징 브레이크 기동을 선보이고 있다. 4대의 T-50B가 한곳으로 모여들어 교차 비행을 한 다음, 네 방향으로 신속하게 빠져나가는 특수기동이다. 최고의 조종 기량을 갖추지 않으면 시도할 수 없는 기동으로서 블랙이글스 조종사들은 1초 동안도 눈을 깜빡거릴 수 없다. 수많은 관람객들은 이 비행장면을 지켜보며 환호와 탄성을 지르게 된다. 디징 브레이크 기동은 비행이 아니라 예술이다! **수험생 여러분들도 공부할 때, 정신집중을 잘해서 하루빨리 합격의 영광을 차지했으면 좋겠습니다!**

1 재정의 의의와 재정정책

1.1 재정의 의의 및 기능

[그림 4-1] 정부의 재정에 대한 종합

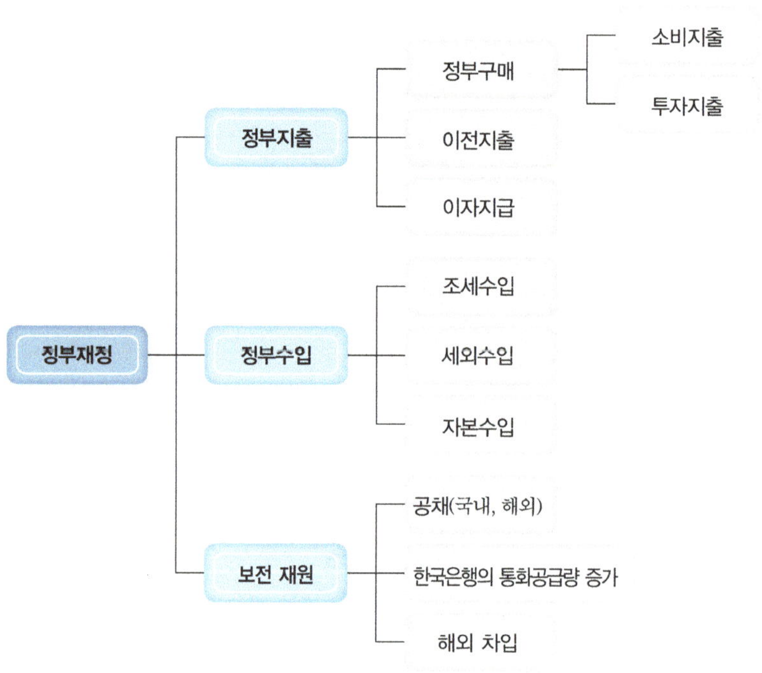

1) 한 나라의 살림살이인 정부재정은 [그림 4-1]에서 보는 것처럼 정부지출, 정부수입, 보전 재원으로 구분된다. 보전 재원이란 정부지출과 정부수입 간에 괴리가 발생할 때 그 차이를 메워줄 수 있는 여러 재원(財源)들을 나타낸다.

2) 정부지출은 정부구매, 이전지출, 이자 지급으로 세분된다.

① 정부구매는 또 경상지출인 소비지출과 투자지출로 나누는데 소비지출은 일상적인 정부 활동을 위한 지출로서 공무원의 봉급을 비롯한 일련의 지출을 뜻한다. 투자지출은 정부가 건물, 토지, 자본재 등의 구입에 따른 비용으로서 자본지출이라고도 말한다. 참고로 정부지출 가운데 가장 큰 비중을 차지하는 것은 정부의 소비지출이다.

② 이전지출은 연금, 사회복지 및 실업수당 등과 같이 구매력이 정부로부터 민간부문으로 이전되는 것을 의미한다.

③ 이자 지급은 정부가 국공채 발행이나 해외 차입에 따른 이자비용을 부담하는 것을 말한다.

3) 정부수입 역시 크게 조세수입, 세외(稅外)수입, 자본수입으로 구분된다.

① 정부수입은 경상수입과 자본수입으로 구분된다. 또 경상수입은 조세수입과 세외수입으로 나뉘는데 조세수입은 납세자인 국민들로부터 조세를 통해 얻은 정부수입을 말한다. 또 세외수입은 조세와는 별도로 벌과금, 수수료, 입장료 등을 통해 얻은 정부수입을 지칭한다. 참고로 정부수입에서 가장 큰 비중을 차지하는 것은 조세수입이다.

② 자본수입은 정부가 소유한 건물, 토지, 자본재 등을 매각해서 얻은 수입을 말한다.

4) 정부재정의 특성을 정확하게 이해하기 위해서는 재정수지와 보전 재원 간의 관계에 대한 사전지식을 구비할 필요가 있다.

① 재정수지는 정부의 총수입과 총지출의 차이를 말한다. 정부의 총수입이 총지출보다 크면 흑자재정, 총수입이 총지출보다 적으면 적자재정, 총수입과 총지출이 같으면 균형재정이라고 말한다. 그런데 우리나라는 1997년 말에 발생한 IMF 구제금융위기를 계기로 IMF의 재정통계 작성기준에 기초한 **통합재정수지** 개념을 도입해서 사용하고 있다.

② 통합재정수지는 정부수입에서 정부지출을 공제한 수치로 정의되는데, 이때 정부지출은 정부구매와 이전지출만 포함하고 이자지급은 제외시킨다. 이는 당해연도 정부의 재정 활동에 대한 올바른 정보를 제공하기 위함으로 풀이된다. 하지만 정부 부채 규모가 커서 이자지급 비용이 많은 경우에는 설령 통합재정수지는 균형재정을 유지한다 해도 실제로는 재정적자일 가능성이 크다.

③ 보전 재원은 정부지출과 정부수입이 같지 않을 경우, 그 차이를 메워주는(보전해주는) 항목을 말한다. 정부는 재정수지가 적자일 경우, 그 부족분을 국공채 발행, 한국은행으로부터의 차입, 해외 차입을 통해 보전한다. 또 정부의 재정수지가 흑자일 때는 주로 기존의 차입금을 상환하는 데 사용한다. 이를 식으로 나타내면 다음과 같다.

정부지출 − 조세수입 = 국공채 발행 증가 + 한국은행의 통화공급 증가 + 해외 차입 증가

④ 위 식은 일명 '**정부의 예산제약식**'이라고도 부른다. 재정정책 편에서 자세히 언급하겠지만 한국은행의 통화공급 증가나 해외 차입은 필연적으로 국내 통화량(= 화폐공급

량)에 영향을 미치기 때문에 순수한 의미의 재정정책이라고 볼 수 없다. 따라서 순수한 의미의 재정정책은 재정적자가 국공채 발행으로 보전되는 경우로 한정된다.

5) 재정은 효율적인 자원배분, 소득의 공평분배, 경제안정화 기능을 수행한다. 우선 정부는 효율적인 자원배분을 위해 시장실패를 보정하고 공공재를 공급한다. 또 누진세나 이전지출을 비롯한 다양한 정책수단을 통해 부(富)의 불균형 문제를 개선하고 급격한 경기변동을 완화시킴으로써 국민경제의 안정적 성장을 도모한다.

1.2 예산의 종류와 내용

1) 예산, 본예산, 추가경정예산, 결산에 대해서 살펴보자.

① 예산에는 본예산과 추가경정예산이 존재한다. 본예산은 정부가 재정을 꾸려 나갈 목적으로 한 해(회계연도) 동안의 세입과 세출에 관해 계획을 세운 것을 말한다.

② 추가경정예산은 회계연도가 진행되는 도중에 국내외 경제정세의 변화나 천재지변과 같은 돌발사태 등으로 본예산을 변경할 필요가 있을 경우, 추가적으로 편성한 예산을 의미한다.

③ 결산은 예산을 집행한 결과다. 결산은 예산에 준하지만 그것이 반드시 일치하는 것은 아니다. 일례로 예산에 편성해 있지만 정부 사업의 진척 속도가 계획했던 것처럼 이루어지지 못할 수도 있고, 경기 상황(호황기, 불황기)에 따라 조세수입의 크기도 달라질 수 있기 때문이다.

1.3 재정정책에 대한 개념

1) 광의의 재정정책은 정부의 세입이나 세출을 변화시켜 국민경제의 안정적 성장을 도모하는 일련의 정부 정책을 말한다. 반면, 협의의 재정정책은 정부지출이나 조세를 변화시켜 총수요를 조절하는 총수요관리정책을 의미한다.

2) 재정정책에 대한 고전학파와 케인즈의 견해

① 애덤 스미스를 비롯한 일련의 고전학파들은 재정정책이 총수요와 실질 GDP에 아무런 영향을 미치지 못한다고 생각했다. 따라서 그들은 작은 정부와 균형재정이 바람직

하다고 보았다. 그 이유에 대해서는 다음 절에서 자세하게 설명할 것이다.

② 반면, 케인즈는 재정정책이 유효수요와 실질 GDP에 커다란 영향을 미칠 수 있다고 확신했다. 특히 대공황기와 같은 불황기는 고전학파들이 금과옥조로 믿고 있는 '보이지 않는 손'의 원리가 제대로 작동하지 않기 때문에 정부가 정부지출 증가나 조세 감면과 같은 확대재정정책을 통해 경제에 적극 개입할 필요가 있다고 주장했다. 즉 케인즈는 정부가 균형재정에 연연할 필요가 없으며 필요하다면 언제든지 정부의 적자재정도 가능하다고 강조했다. 이와 같은 케인즈의 경제 인식은 1930년대 초의 대공황을 극복하는 데 크게 기여했다.

2 케인즈의 단순모형과 재정정책

2.1 정부의 재량적 재정정책

1) 디플레이션 갭과 정부의 확대재정정책

[그림 4-2] 디플레이션 갭과 정부의 확대재정정책

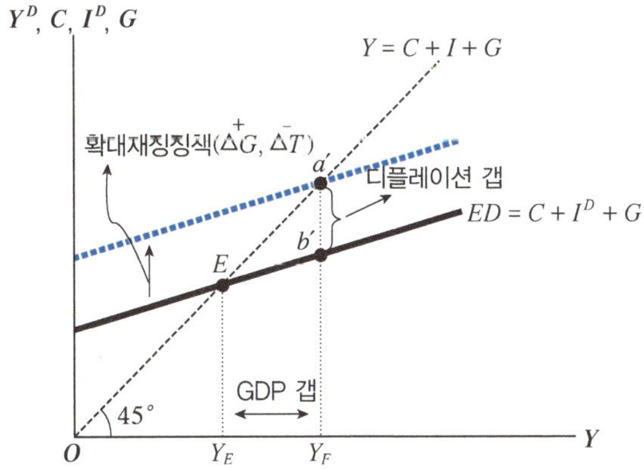

① 앞에서 우리는 완전고용국민소득(Y_F)에서 생산국민소득인 총공급(Y)보다 유효수요(ED)의 크기가 작을 때 나타나는 현상이 디플레이션 갭이라고 배웠다. 디플레이션 갭이 발생하면 경기침체이기 때문에 일부 경제학자들은 디플레이션 갭을 '경기침체 갭'

이라고도 말한다. [그림 4－2]에서 $a'b'$가 디플레이션 갭이다. 이때는 정부가 경기를 부양하기 위한 확대재정정책을 실행해야 한다.

② 정부가 사용할 확대재정정책의 수단으로는 정부지출(G) 확대, 정액세(T) 감소, 균형재정 등이 있다. 이제 [그림 4－2]에 구체적인 사례를 적용해서 정부가 확대재정정책을 어떻게 활용해야 디플레이션 갭을 극복할 수 있는지 살펴보자. 우리는 앞에서 승수효과를 학습하면서 정부지출승수, 정액세승수, 균형재정승수를 언급한 바 있다. [그림 4－2]에서 GDP 갭이 1,000억원이고, 한계소비성향 b가 0.6이라고 가정하자.

③ 이제 우리는 3가지 경우에 대해 솔루션을 제시해야 한다. 즉 정부가 디플레이션 갭을 치유하기 위해 경기부양책을 실행한다면 정부는 정부지출 규모를 어느 정도로 확대해야 하는가, 정액세만 감면한다면 얼마만큼 감소시켜야 하는가, 균형재정 수단을 활용한다면 정부지출과 조세를 각각 얼마만큼 확대할 것인가에 대해 해결책을 제시해야 한다.

④ 그들 제(諸)정책수단의 확대 또는 감면 조치에 대한 결과는 다음과 같다.

디플레이션 갭을 해결하기 위한 정부의 확대재정정책의 방향을 언급하면 다음과 같이 요약된다.

㉠ **정부지출(G)의 확대** : 400억원을 증가시켜야 한다.

$$\left.\frac{\Delta Y}{\Delta G}\right| \begin{array}{l} = \dfrac{1}{1-b} \\ \Delta G \doteq 0,\ \Delta \forall = 0 \end{array} \Rightarrow \frac{1{,}000\text{억원}}{\Delta G} = \frac{1}{1-0.6} \Rightarrow \Delta G = 400\text{억원}$$

㉡ **정액세(T)의 감면** : 667억원의 정액세를 감소시켜야 한다.

$$\left.\frac{\Delta Y}{\Delta T}\right| \begin{array}{l} = \dfrac{-b}{1-b} \\ \Delta T \neq 0,\ \Delta \forall = 0 \end{array} \Rightarrow \frac{1{,}000\text{억원}}{\Delta T} = \frac{-0.6}{1-0.6} \Rightarrow \Delta T = (-)\,667\text{억원}$$

여기서 (－)는 감면해야 함을 의미한다.

㉢ **균형재정($T = G$)** : 정부지출을 1,000억원 확대하고, 정액세를 1,000억원 확대해야 한다.

$$\left.\frac{\Delta Y}{\Delta G} = \frac{\Delta Y}{\Delta T}\right| \begin{array}{l} = 1 \\ \Delta G = \Delta T \neq 0,\ \Delta \forall = 0 \end{array} \Rightarrow \Delta G = 1{,}000\text{억원 확대},\ \Delta T = 1{,}000\text{억원 확대}$$

2) 인플레이션 갭과 정부의 긴축재정정책

[그림 4-3] 인플레이션 갭과 정부의 긴축재정정책

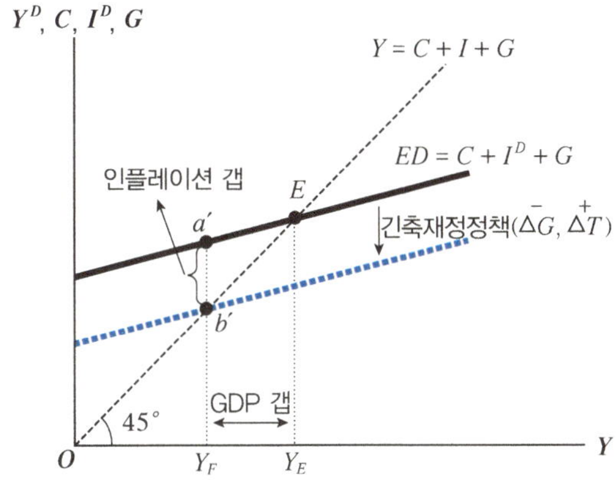

① 앞에서 우리는 완전고용국민소득(Y_F)에서 생산국민소득인 총공급(Y)보다 유효수요(ED)의 크기가 클 때 나타나는 현상이 인플레이션 갭이라고 배웠다. 그런데 인플레이션 갭이 발생했다는 것은 경기호황을 의미한다. [그림 4-3]에서는 $a'b'$가 인플레이션 갭이다. 이때는 정부가 경기를 진정시키기 위해 긴축재정정책을 실행해야 한다.

② 정부가 사용할 긴축재정정책의 수단으로는 정부지출(G) 축소, 정액세(T) 증가, 균형재정 등이 있다. [그림 4-3]에다 구체적 사례를 적용해서 정부가 긴축재정정책을 어떻게 실행해야 인플레이션 갭을 극복할 수 있는지 살펴보자. 이와 관련해서 우리가 참조할 사항은 정부지출승수, 정액세승수, 균형재정승수다. 위의 [그림 4-3]에서 GDP 갭이 1,000억 원이고, 한계소비성향 b가 0.6이라고 가정하자.

③ 이때도 우리는 3가지 경우를 살펴봐야 한다. 만약 정부가 경기를 진정시킬 목적으로 정부지출만 축소한다면 얼마만큼 축소할 것인가, 정액세만 늘린다면 얼마만큼 늘릴 것인가, 또 균형재정승수를 활용한다면 정부지출과 정액세를 얼마만큼 줄일 것인가에 대한 해결책을 제시해야 한다.

④ 그들 제(諸)재정정책 수단의 방향과 규모를 요약하면 아래와 같다.

인플레이션 갭을 해결하기 위한 정부의 재량적 재정정책의 방향을 언급하면 다음과 같이 요약된다.

㉠ 정부지출(G)의 축소 : 400억원을 축소시켜야 한다.

$$\frac{\Delta Y}{\Delta G}\Bigg|_{\Delta G \neq 0,\ \Delta \forall = 0} = \frac{1}{1-b} \Rightarrow \frac{1,000\text{억원}}{\Delta G} = \frac{1}{1-0.6} \Rightarrow \Delta G = 400\text{억원 축소!}$$

㉡ 정액세(T)의 증가 : 667억원을 증가시켜야 한다.

$$\left.\frac{\Delta Y}{\Delta T}\right| \begin{array}{l} = \dfrac{-b}{1-b} \\ \Delta T \neq 0, \Delta \forall = 0 \end{array} \Rightarrow \frac{1,000\text{억원}}{\Delta T} = \frac{-0.6}{1-0.6} \Rightarrow \Delta T = 667\text{억원 증가!}$$

㉢ 균형재정 : 정부지출을 1,000억원 축소하고 정액세 1,000억원을 축소시켜야 한다.

$$\left.\frac{\Delta Y}{\Delta G} = \frac{\Delta Y}{\Delta T}\right| \begin{array}{l} = 1 \\ \Delta G = \Delta T \neq 0, \Delta \forall = 0 \end{array} \quad \begin{array}{l} \Rightarrow \text{정부지출}(G) = 1,000\text{억원 축소} \\ \text{정액세} \quad (T) = 1,000\text{억원 축소} \end{array}$$

3) 위의 케인즈 단순모형에서 활용한 정부의 긴축재정정책 가운데 정부의 예산 절감에 가장 적합한 정책수단은 어떤 것인지 생각해보자.

① 디플레이션 갭을 치유하기 위한 정부의 확대재정정책은 정부지출 확대, 정액세 감소, 균형재정이었다. 1,000억원의 GDP 갭을 메우기 위해서는 정부지출 400억원 확대, 정액세 667억원 감소, 1,000억원의 정부지출 확대와 1,000억원의 정액세 증세가 그것이다. 이들 가운데 정책 당국의 입장에서 정부 예산을 최소화시킬 수 있는 최적의 재정정책수단은 균형재정이라고 말할 수 있다.

② 인플레이션 갭을 해결하기 위한 정부의 긴축재정정책은 정부지출 축소, 정액세 증세, 균형재정을 들 수 있다. 1,000억원의 GDP 갭을 메우기 위해서는 정부지출 400억원 축소, 정액세 667억원 증가, 1,000억원의 정부지출 축소와 1,000억원 정액세 감면 등이 그것이다. 정책 당국의 입장에서 어떤 것이 최선일지 독자들이 직접 고민해보길 바란다.

2.2 케인즈 단순모형에 비례세를 도입하면 승수효과는 어떻게 달라질까?

1) 우리는 케인즈의 단순모형에서 조세를 정액세로 설정하고 승수효과를 분석했다. 그런데 만약 조세가 비례세라고 가정한다면 기존의 승수효과가 어떻게 달라질지 한 번 검토해보자. 조세(T)가 비례세인 경우, 케인즈 단순모형의 조세(T)는 $T = T_0$에서 $T = tY$ (t: 세율, Y: 실질 GDP)로 변하게 된다. 이를 재정리하면 다음과 같다.

$$Y^D = C + I^D + G \cdots\cdots ㉠$$

$$C = a + b(Y - T), (a > 0, 0 < b < 1) \cdots\cdots ㉡$$

$$I^D = I_0 \cdots\cdots ㉢$$

$$G = G_0 \quad \cdots\cdots \text{㉣}$$

$$T = tY, \quad (t > 0) \quad \cdots\cdots \text{㉤}$$

$$Y = Y^D \quad \cdots\cdots \text{㉥}$$

㉠, ㉡, ㉢, ㉣, ㉤식을 ㉥식에 대입한 후, Y로 정리하면 균형 실질 GDP가 ㉦과 같이 도출된다.

$$Y = Y_E = \frac{1}{1-b(1-t)} = [a + I_o + G_0] \quad \cdots\cdots \text{㉦}$$

㉦식의 각 변수에다 Δ을 적용한 후 재정리해주면 ㉧식을 도출할 수 있다.

$$\Delta Y_E = \Delta Y = \frac{1}{1-b(1-t)} = [\Delta a + \Delta I + \Delta G] \quad \cdots\cdots \text{㉧}$$

① ㉧식에서 정부지출승수는 정부지출의 변동분만 0이 아니고($\Delta G \neq 0$) 다른 변수들의 변동분이 0일 때($\Delta\forall = 0$), 정부지출이 1단위 증가할 때 실질 GDP가 몇 단위 변할 것인가를 나타낸다. 그것은 ㉨식으로 정의된다.

정부지출승수 $\left| \begin{array}{l} \dfrac{\Delta Y}{\Delta G} = \dfrac{1}{1-b(1-t)} \\ \Delta G \neq 0, \Delta\forall = 0 \end{array} \right.$ ……… ㉨

② ㉧식에서 투자승수는 투자의 변동분만 0이 아니고($\Delta I \neq 0$) 다른 변수들의 변동분이 0일 때($\Delta\forall = 0$), 투자가 1단위 증가할 때, 실질 GDP가 몇 단위 변할 것인가를 나타낸다. 그것은 ㉩식으로 정의된다.

투자승수 $\left| \begin{array}{l} \dfrac{\Delta Y}{\Delta I} = \dfrac{1}{1-b(1-t)} \\ \Delta I \neq 0, \Delta\forall = 0 \end{array} \right.$ ……… ㉩

③ 참고로 케인즈의 단순모형에서 조세가 정액세만 존재할 경우, 정부지출승수와 투자승수는 앞에서 학습한 것처럼 다음과 같은 식으로 요약된다.

▶ 정부지출승수 $\left| \begin{array}{l} \dfrac{\Delta Y}{\Delta G} = \dfrac{1}{1-b} \\ \Delta G \neq 0, \Delta\forall = 0 \end{array} \right.$ ▶ 투자승수 $\left| \begin{array}{l} \dfrac{\Delta Y}{\Delta I} = \dfrac{1}{1-b} \\ \Delta I \neq 0, \Delta\forall = 0 \end{array} \right.$

④ 케인즈의 단순모형에다 정액세 대신 비례세가 도입될 경우, 정부지출승수와 투자승수가 어떻게 달라지는지 살펴보자.

㉠ **정부지출승수의 경우** : 정액세일 경우는 분모 값이 $1-b$로 정의된다. 그러나 비례세가 도입되면 분모 값은 $1-b(1-t)$로 변한다. 만약 한계소비성향(b)이 0.5이고 비례세율이 0.1이라고 가정하면 정액세의 경우 분모 값은 0.5(= 1 − 0.5)가 되지만 비례세의 경우에는 분모 값이 0.55(= 1 − 0.5(1 − 0.1))가 된다. 따라서 정액세인 경우의 정부지출승수가 비례세인 경우보다 더 크다.

㉡ 투자승수도 정부지출승수와 똑같다. 정액세인 경우는 분모 값은 $(1-b)$이고 비례세가 도입되면 분모 값이 $1-b(1-t)$로 정의된다. 만약 한계소비성향(b)가 0.5이고 비례세율이 0.1이라고 가정하면 정액세인 경우 투자승수의 분모 값은 0.5(= 1 − 0.5)가 되고, 비례세인 경우 투자승수의 분모 값은 0.55(= 1 − 0.5(1 − 0.1))가 된다. 당연히 정액세일 때의 투자승수가 비례세인 경우보다 더 크다.

보론 4-1 이전지출에 대한 승수효과는 어떻게 구할까?

이전지출(transfer payments)은 정부가 생산 활동과 무관하게 경제주체들에게 제공하는 돈(구매력)으로서 연금, 실업수당, 재해보상금, 사회보장기부금 등이 있다. 이와 같은 이전지출이 증가할 때, 과연 그것이 실질 GDP의 증가에 보탬이 될까, 아무런 영향이 없을까, 아니면 음(−)의 영향을 미칠까? 고민해보자. 정답은 이전지출이 실질 GDP의 증가에 영향을 미친다는 사실이다. 그렇다면 그것을 어떻게 증명해야 할까? 이것도 조세가 정액세냐, 아니면 비례세냐에 따라서 모형식 자체가 달라진다. 또 이전지출승수는 시험문제로 출제될 빈도는 낮지만 만약 출제가 된다면 많은 독자들이 멘붕에 빠질 가능성이 크다. 이 내용을 다룬 책들이 거의 없기 때문이다. 과거 나도 출제위원으로서 이 문제를 출제하고 싶은 충동에 사로잡힌 적이 몇 번 있다. 언젠가 나와 비슷한 생각을 가진 젊은 교수가 출제위원으로 선정된다면 이 문제는 언제든지 시험문제로 출제될 수도 있을 것이다. 따라서 독자들은 이것에 대해서도 깊은 관심을 갖고 정독해주기를 바란다.

조세가 정액세인 경우는 제3장 2절 2.3의 3) '폐쇄경제에서 균형 실질 GDP의 결정모형'에 등장하는 ㉡식만 변형시켜주면 된다. 이전지출이 없는 경우의 소비함수는 $C=a+b(Y-T)$(단, $T=T_0$로 일정)이었다. 그런데 이전지출이 존재하면 다른 변수들은 불변이고 소비함수의 형태만 달라진다. 즉 기존의 소비함수가 $C=a+b(Y-T+T_r)$(단, $T=T_0$로 일정, T_r은 이전지출액을 의미)로 변한다.

제3장 2절 2.3의 3)의 모형식에 소비함수 C만 달리해서 균형조건식에 대입한 후, 승수개념에 입각해서 이전지출승수를 구하면 $\frac{\Delta Y}{\Delta T_r}=\frac{b}{(1-b)}$로 정의됨을 확인할 수 있다. 또 조세가 비례세인 경우의 이전지출승수는 제4장 2절 2.2의 모형식에서 기존의 소비함수(C)인 $C=a+b(Y-T)$(단, $T=tY$)만, $C=a+b(Y-tY+T_r)$로 변경시킨 후, 균형 조건식에 대입하고 승수 개념에 입각해서 이

전지출승수를 도출하면 된다. 이렇게 해서 이전지출승수(= $\frac{\Delta Y}{\Delta T_r}$)를 구하면 $\frac{\Delta Y}{\Delta T_r} = \frac{b}{[1-b(1-t)]}$가 된다. 이는 그리 어려운 사항이 아니다. 따라서 독자들은 지금까지 배운 사항을 토대로 저자의 얘기가 과연 맞는 것인지 직접 확인해보길 바란다.

3 고전학파 모형과 재정정책

3.1 고전학파 모형의 기본 가정

1) 세이의 법칙(Say' s Law)과 이자율(r)의 상 · 하 신축성이 보장된다.

① 세이의 법칙은 '공급(생산)이 스스로 수요를 창출한다' 는 것으로, 경제 전체의 총공급이 필연적으로 총수요와 일치한다는 뜻이다. 사람들은 세이의 법칙을 '특정 상품의 시장별로 공급이 동일한 양의 수요를 창출한다' 는 식으로 오해하는 경우가 있다. '공급이 스스로 수요를 창출한다(Supply creates its own demand)' 는 말은 경제 전반에 걸쳐 그런 인과관계가 성립한다는 것을 뜻한다. 즉 세이는 어느 한 상품 시장에서 초과공급이 나타나면, 반드시 다른 상품 시장에서 초과수요가 발생할 수밖에 없다고 강조했다. 즉 개별 시장에서는 초과공급이 발생할 수 있어도 경제 전체적으로는 초과공급이 존재할 수 없다는 것이다. 한 시장의 초과공급은 다른 시장의 초과수요에 의해 상쇄된다고 보았기 때문이다.

② 상품이나 생산요소시장에서 '보이지 않는 손' 의 원리가 완벽하게 작동되기 때문에 언제나 완전고용이 보장되며 GDP 또한 완전고용국민소득(Y_F)이 항상 보장된다. 특히 자본시장의 균형가격인 이자율(r)이 상 · 하 신축적으로 변하기 때문에 총수요와 총공급은 완전고용국민소득(Y_F) 수준에서 언제나 똑같다. 따라서 정부가 재량적 재정정책과 같은 인위적인 정책수단을 사용할 필요가 없다.

2) 재정정책은 무력(無力)하다!

① 고전학파는 케인즈의 재량적 재정정책이 총수요관리정책으로 무력하다는 입장이다. 즉 정부의 재량적 재정정책이 총수요, 고용, 실질 GDP에 아무런 영향을 미치지 못한다고 생각한다.

② 설령 정부가 재량적 재정정책을 사용한다 해도 구축효과로 인해 이자율만 상승시킬 뿐, 총수요, 고용, 실질 GDP는 변하지 않는다고 본다.

3.2 구축효과(驅逐效果, crowding-out effect)

1) 구축효과에 대한 정의

① 구축효과란 '정부지출의 증대($\Delta G\uparrow$)와 같은 확대재정정책이 이자율의 상승을 통해 민간소비(C)와 투자(I) 활동을 위축시킴으로써 총수요[1]가 불변(不變)인 현상' 을 의미한다. 즉 $AD = C + I^D + G$에서 늘어난 ΔG의 크기와 이자율의 상승에 따른 ΔC와 ΔI의 감소분이 정확하게 일치됨으로써 총수요의 변동이 제로, 즉 '$\Delta AD = 0$' 라는 얘기다. 그런데 총수요가 불변이면 고용(실업)과 실질 GDP는 변하지 않고 일정하게 된다. 따라서 확대재정정책의 효과는 제로(0)가 된다.

② 구축효과가 일어나는 메커니즘을 부연 설명하면 다음과 같다. 정부가 국공채 발행을 통해 정부지출에 필요한 재원을 조달한다고 가정하자. 정부가 국공채 발행을 늘리면 시중에 국공채 공급이 증가하고, 이는 국공채가격의 하락으로 이어진다. 여기서 **'국공채가격과 이자율은 반비례한다'** [2]는 기본 지식이 필요하다. 국공채가격의 하락은 필연

---

1 지금까지는 유효수요를 $ED = C + I^D + G$로 정의하고 설명하다가 갑자기 이 대목에서 총수요(AD)를 $AD = C + I^D + G$로 언급하는 것에 대해 혼란스러워할 독자가 있을지 모른다. 유효수요는 물가수준이 일정하다는 전제하에 $C + I^D + G$로 정의되는 개념이고, 총수요는 물가수준이 변한다는 전제하에 $C + I^D + G$로 정의되는 개념이다. 최근의 거시경제학에서는 유효수요보다는 총수요란 용어를 일반적으로 사용한다. 저자는 독자들에게 유효수요와 총수요의 미묘한 개념 차이를 알려주기 위해 지금까지 유효수요란 용어를 사용했음을 밝힌다. 독자들은 유효수요라는 용어 대신 총수요를 사용해도 문제의 본질에서 벗어나는 것이 아님을 이해해주었으면 한다.

2 이 원리는 간단하게 입증된다. 정부가 국공채 발행을 하면 국공채 공급은 증가하고 국공채가격은 하락한다. 그러면 경제주체들은 저축 대신 국공채 구입을 늘린다. 이는 저축 부진에 따른 시중의 돈 가뭄으로 이어짐으로써 이자율은 상승할 수밖에 없다. 이와 함께 독자들이 유념할 사항이 몇 개 더 있다. 그를 간략하게 소개하면 다음과 같다. ㉠ 국공채의 기대수익률이 균형수익률보다 낮으면 국공채가격은 하락한다. ㉡ **국공채의 만기 수익률은 국공채를 구입하는 시점에서 결정되기 때문에 이자율과 무관하다.** ㉢ 국공채의 시장가격이 높을수록 국공채의 수익률은 낮아진다.

적으로 이자율의 상승을 초래해서 정부지출이 늘어난 만큼 소비와 투자 활동을 위축시킴으로써 총수요의 변동 폭이 제로(0)가 된다. 즉 '국공채 발행을 통한 정부지출 증대 ⇒국공채 공급 증가⇒국공채가격 하락⇒이자율 상승⇒소비와 투자 활동 위축⇒총수요 불변($\Delta AD = 0$)⇒확대재정정책의 효과 제로(0)' 가 성립한다는 것이다.

2) 그래프를 통한 구축효과의 이해

[그림 4-4] 고전학파가 주장하는 구축효과

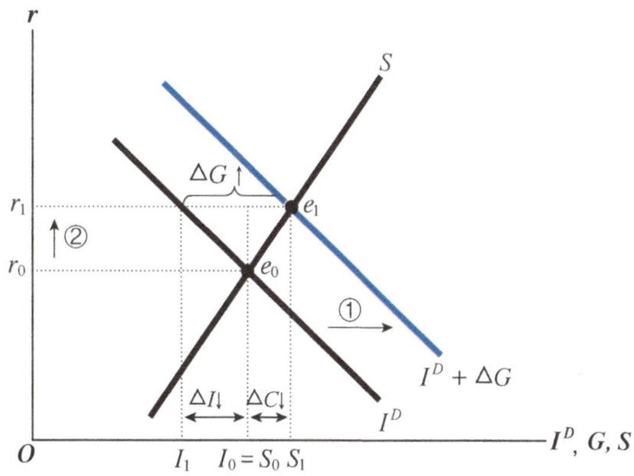

① 정부가 균형재정($G = T$)을 이루고 있고, 생산물시장이 $I^D = S$ 조건을 충족시키는 e_0점에서 최초의 균형이 성립하고 그때의 이자율이 r_0라고 가정하자. 이제 정부가 국공채를 발행해서 민간부문에 매각한 자금으로 정부지출을 ΔG만큼 확대시키면 I^D곡선은 $I^D + \Delta G$로 이동(①)한다. 그 결과 이자율은 r_0에서 r_1으로 상승(②)한다.

② 이자율의 상승이 조래한 경제적 효과를 살펴보자. [그림 4-4]에서 보는 바와 같이 저축은 이자율의 상승으로 S_0에서 S_1으로 늘어났다. 저축이 늘어났다는 것은 그만큼 소비가 줄어들었다($\Delta C\downarrow$)는 얘기다. 또 투자는 이자율의 상승으로 말미암아 I_0에서 I_1으로 감소($\Delta I\downarrow$)했다. 이제 이자율의 상승효과를 종합해보면 소비는 S_0S_1만큼 줄었고 투자는 I_0I_1만큼 감소했다. 그런데 이 크기가 정부지출을 증대시킨 ΔG의 크기와 똑같다. 이로써 정부지출의 확대가 총수요 증가에는 아무런 영향도 미치지 못한다는 것이 입증된 셈이다.

3) 구축효과에 대한 케인즈의 입장

① 케인즈는 재정정책에 따른 구축효과가 무시해도 좋을 만큼 아주 적다고 보았다. 특히 케인즈는 1929년부터 1934년까지 계속된 대공황기에는 '보이지 않는 손' 이 제대로

작동되지 않은 데다 유효수요의 부족이 매우 컸기 때문에 정부가 무작정 손을 놓고 기다릴 수만은 없다고 생각했다.

② 따라서 그는 정부의 적극적인 시장개입을 통한 정책전환을 역설했다. 즉 과감한 확대재정정책을 통한 유효수요의 증대를 도모했고 결국 그의 거시적 통찰에 따른 정부의 재량적 개입으로 말미암아 대공황의 위기를 극복할 수 있었다. 케인즈가 위대한 경제학자로 추앙받을 수 있었던 비결은 경제문제는 공급 측면이 아닌 수요 측면에서 풀어야 한다는 남다른 발상으로 현실의 경제문제를 냉철하게 바라보고 그것을 해결해준 데 있다.

보론 4-2 구입효과(crowding-in effect)를 아시나요?

정부가 총수요를 증대시킬 목적에서 정부지출을 확대하거나 조세를 인하시키는 정책을 확대재정정책이라고 한다. 또 정부지출의 증가를 통한 확대재정정책이 이자율을 상승시켜 소비자의 소비와 기업의 투자를 감소시킴으로써 정부 당국의 정책효과가 제로(0)인 상태를 구축효과라고 함은 앞에서 언급했다. 이런 구축효과와 정반대의 개념이 구입효과다. 이것은 확대재정정책을 옹호하는 케인지언들에 의해서 제기되었다. 구입효과는 정부 당국의 확대재정정책이 민간의 소비와 투자를 축소시키는 것이 아니라 오히려 그것들을 증가시키는 효과를 일컫는 말이다. 즉 '정부지출(G) 증가 ⇒ 총수요($AD = C + I^D + G$) 증가 ⇒ 실질 GDP 증가 ⇒ 소비 증가 ⇒ (가속도원리에 따른) 유발투자 증가 ⇒ 큰 폭의 실질 GDP 증가'로 이어지는 효과를 의미한다.

3.3 고전학파 모형의 한계점

1) 1929년부터 1934년에 이르는 대공황기에 고전학파 모형은 한없이 무력했다!

① 세이의 법칙은 완전무결하지 않았다. 세이의 법칙은 특정 상품, 이를테면 X재의 공급자는 X재의 판매를 통해 벌어들인 돈을 Y재(Y재는 다른 재화 통칭)의 구입을 위해 모두 지출한다는 암묵적 가정을 전제로 한 것이다. 그런데 실제로 경제주체들은 그렇게 행동하지 않았다. 미래를 준비하기 위해서 저축하는 경우가 다반사였기 때문이다. 현실경제에서 저축이 작동하는 순간, 세이의 법칙은 더 이상 성립하기 어렵다.

② 1929년부터 1934년까지, 미국의 대공황은 현실에서 세이의 법칙이 얼마나 무기력한 것인지를 여실히 보여주었다. 당시 미국의 실업률은 25%에 육박했고 실업자 수는 1,500만 명에 달했다. 또 시장에서 상품의 가격과 임금은 하락했지만, 소비와 생산은 늘지 않았다. 그 이유는 '보이지 않는 손'의 원리가 제대로 작동하지 않았기 때문이다.

2) 케인즈에 의해 고전학파 모형의 한계가 깨졌다!

① 케인즈는 대공황기에 한없이 무기력한 고전학파 모형을 직시하면서 세이의 법칙에 감춰진 함정을 예리하게 간파한 경제학자였다. 그는 총공급보다 유효수요가 경제 상황을 주도하는 핵심변수라고 판단했다. 또 유효수요는 경기순환의 주기에 따라 수시로 변화하는 경제주체의 소비성향과 투자성향에 많은 영향을 받는다고 생각했다.

② 따라서 대공황기에는 소비와 투자심리가 크게 위축되기 때문에 유효수요가 총공급에 미치지 못해 재고가 늘어날 수밖에 없다. 또 재고가 남아도는 상황에서는 '보이지 않는 손'이 작동한다 해도 완전고용을 기대할 수 없다고 확신했다. 따라서 케인즈는 대공황을 극복하기 위해서는 유효수요의 증대를 위한 확대재정정책이 최선책이라고 판단하고 그것의 실행을 강력하게 주장했다. 그리고 현실은 케인즈의 판단이 옳았음을 입증해주었다.

보론 4-3 리카도의 등가성 정리

새고전학파의 주요 멤버 중 하나인 로버트 배로(R. Barro)는 고전학파 경제학자인 데이비드 리카도(D. Ricardo)의 국공채이론을 현대화시킨 '리카도의 등가성 정리(Ricardian equivalence theorem)'를 제시하였다. 그 핵심 내용은 다음과 같다. 특히 이 부분도 시험문제로 출제되는 빈도가 높기 때문에 독자들의 철저한 공부가 필요하다.

㉮ 정부지출의 확대를 위한 필요 재원은 그것이 어떻게 조달되는가에 상관없이 확대재정정책의 효과는 제로(0)라는 얘기다. 즉 국공채 발행을 통해 정부지출을 실행하든, 증세를 통한 조세수입으로 정부지출을 실행하든 총수요나 실질 GDP의 증대에는 아무런 영향을 미치지 못한다는 주장이다. 이는 고전학파의 구축효과를 재확인해주는 주장으로 간주할 수 있다.

㉯ 이를 부연 설명하면 다음과 같다. 국공채 발행은 결국 정부의 채무(債務)일 수밖에 없다. 국공채의 만기시점이 도달하면 정부는 증세를 통해 그 빚을 청산해야 한다. 그런 의미에서 국공채 발행은 증세를 현시점에서 미래의 상환시점까지 연기시킨 것에 불과하다. 합리적인 경제주체들은 국

공채가 발행될 경우, 미래시점에서의 증세와 가처소득의 감소를 예상해서 현재소비를 줄이고 저축을 늘린다. 따라서 정부의 국공채 발행도 증세와 마찬가지로 소비의 감소를 유발해서 정부지출의 확대효과를 잠식시킨다는 것이다. 만약 **리카도의 등가성 정리가 성립한다면 국공채 발행에 따른 경제적 부담이 미래 세대들에게 전가되지 않는다**고 볼 수 있다.

㉰ 리카도의 등가성 정리가 성립하기 위해서는 최소한 다음과 같은 전제조건들이 충족되어야 한다. 첫째, 경제주체들이 합리적이고 미래지향적이어야 한다. 만약 소비자가 근시안적인 자세로 소비수준을 결정한다면 리카도의 등가성 정리는 성립하지 않는다. 둘째, 조세 부담을 떠맡는 경제활동인구가 일정해야 한다. 즉 경제활동인구의 증가율이 0%이어야 한다.* 셋째, 정부지출의 크기도 일정해야 한다. 넷째, 자본시장이 완전해야 한다. 다섯째, 유동성의 제약이 없어야 한다.** 그런데 이런 가정은 매우 엄격한 것으로서 현실경제에서 실현되기가 쉽지 않다.

㉱ 리카도의 등가성 정리에는 또 다른 한계점이 내재되어 있다. 일례로 **'국공채 발행이 민간저축의 증가를 유발한다'**는 배로의 주장은 현실과 부합하지 않을 뿐만 아니라 객관적 근거마저 부족하다. 현실경제에서는 국공채 발행과 정부의 재정적자가 민간저축의 감소를 야기하는 경우가 적지 않기 때문이다.

---

* 리카도의 등가성 정리가 성립하기 위해서는 국공채 발행으로 인한 현재의 조세감면액과 미래에 부담해야 할 증세액의 현재 가치가 똑같아야 한다. 그러려면 경제활동인구의 증가율은 0%이어야 한다. 만약 경제활동인구의 증가율이 0%보다 크다면 각 개인이 부담해야 할 증세액의 현재 가치가 현재의 조세감면액보다 작아지기 때문이다. 만약 각 경제주체들이 생각하기에 미래에 부담하게 될 증세액의 크기가 적어진다고 느끼면 그들은 실질소득이 증가했다고 판단하고 현재 소비를 늘리려고 할 것이다.

** 유동성의 제약이 있는 경우, 소비자는 최적 소비가 현재소득 수준보다 커야 함에도 불구하고 민간금융시장의 불완전성에 의해 차입이 쉽지 않다면 현재소비는 자신의 현재소득에만 의존할 수밖에 없다. 그런데 정부가 현재조세를 감면하고 미래의 조세를 증가시킨다면 이는 정부가 신용을 제공한 셈이 되므로 소비자는 현재소비를 늘릴 수 있기 때문이다.

보론 4-4 조세에 대한 짧은 상식

조세는 세금과 동의어다. 조세는 국가나 지방자치단체가 국민을 위한 공적 서비스를 제공하는데 필요한 자금을 조달하기 위해 강제로 거둬들이는 경제적 부담을 말한다. 과세권자인 국가와 지방자치단체는 납세자들이 정당한 사유 없이 납세를 거부하거나 기피할 때는 법적 절차에 따라 처벌할 수 있다. 이때 납세자가 국가와 지방자치단체의 조세부과처분에 불복하려면 일반 소원절차가 아닌 국세기본법에 정해진 이의신청, 심사청구, 심판청구 등의 절차를 밟아야 한다.

㉮ 조세의 기능

ⓐ 국가와 지방자치단체가 공적 서비스를 제공하기 위해 필요한 자금을 조달하는 것은 조세의 일차적 기능이다.

ⓑ 둘째, 조세는 소득재분배를 통해 사회의 빈익빈 부익부 문제를 해소하는 데 일조한다. 고소득자의 소득에는 고율의 누진세를 적용하고 저소득자에게는 소득세 감면이나 면세를 해 줄 경우, 납세 후의 소득 격차는 납세 전과 비교해서 개선될 수 있다.

ⓒ 셋째, 효율적인 자원배분에도 일익을 담당한다. 사치품에는 고율(高率)의 세금을 부과하고 생활필수품에 대해서는 저율(低率)의 세금을 부과하면 사치품 생산에 투입되는 자원을 생활필수품 생산으로 전환시킴으로써 자원의 낭비를 막을 수 있다.

ⓓ 넷째, 시장실패를 개선하는 데도 일조한다. 가령 환경오염세를 부과하거나 공공성이 강한 산림조성사업에 대해 조세 감면을 해주는 경우가 그 대표적인 사례다.

ⓔ 다섯째, 경제안정화정책의 수단으로 활용되기도 한다. 호황기일 때는 증세(增稅)와 그에 따른 가처분소득의 감소로 경기를 진정시키고 불황기일 경우에는 감세(減稅)와 그에 따른 가처분소득 증대를 통해 불황 극복에 긍정적인 영향을 미칠 수 있다.

㉯ 조세의 분류 : 국세, 지방세

ⓐ [그림 4-5]는 과세권자를 기준으로 분류한 것이다. 국세는 중앙정부가 징수하는 조세이고, 지방세는 지방자치단체가 징수하는 조세를 말한다. 조세의 분류와 세부 항목은 시험문제로 출제될 가능성이 있다. 따라서 독자들의 주의 깊은 학습을 주문한다.

ⓑ 내국세와 관세는 과세장소를 기준으로 분류한 것이다. 내국세는 국내에서 국세청과 관할 세무서가 징수하는 조세를 말하고, 관세는 외국과의 교역을 위해 물품이 국경을 통과할 때 부과하는 세금으로서 **간접세**의 범주에 속한다. 관세가 간접세인 이유는 그것은 외국의 생산자에게 부과되지 않고 국내 소비자에게 부과되기 때문이다. 또 관세의 부과주체는 관세청과 세관이다.

ⓒ 직접세와 간접세는 과세대상을 기준으로 분류한 것이다. 직접세는 조세전가가 이루어지지 않아 납세자와 담세자가 똑같은 인세(人稅)를 지칭한다. 반면 간접세는 조세전가가 이루어져서 납세자와 담세자가 다른 물세(物稅)를 의미한다. 이를테면 소득세, 법인세, 상속세, 증여세, 종합부동산세는 직접세이고 부가가치세, 개별소비세, 주세, 인지세, 증권거래세는 간접세다.

ⓓ 국세 중에서 보통세와 목적세는 과세목적을 기준으로 분류한 것이다. 보통세는 특정 목적과 결부되지 않은 조세를 말하고, 목적세는 특정한 경비에 충당될 것을 목적으로 부과하는 조세를 지칭한다. 목적세의 대표적 사례를 들면 교육세, 농어촌특별세, 교통 · 에너지 · 환경세가 있다.

[그림 4-5] 조세의 분류

- **국세(14개)**: 중앙정부가 국가 전체의 살림살이에 필요한 비용을 마련하기 위해 부과 · 징수하는 세금
  - **내국세**
    - **보통세**: 일반적인 나라 살림을 위해 내는 세금
      - 직접세
        - 소득세: 소득에 대한 세금
        - 법인세: 주식회사 같은 회사의 소득에 대한 세금
        - 상속세: 돌아가신 분께 재산을 물려받았을 때 내는 세금
        - 증여세: 부모 · 친척 등에게 큰돈의 선물을 받았을 때 내는 세금
        - 종합부동산세: 일정한 기준을 넘는 토지 · 주택 소유자에게 부과하는 세금
      - 간접세
        - 부가가치세: 상품을 사고팔 때 내는 세금
        - 개별소비세: 보석, 승용차 등을 살 때 내는 세금
        - 주세: 술값에 포함되어 있는 세금
        - 인지세: 재산의 권리를 증명하는 문서를 작성할 때 내는 세금
        - 증권거래세: 증권을 팔 때 내는 세금
    - **목적세**: 특별한 목적을 위해 내는 세금
      - 교육세: 교육 발전을 위한 세금
      - 농어촌특별세: 농어촌 발전을 위한 세금
      - 교통 · 에너지 · 환경세: 교통시설 건설, 환경보전 등을 위한 세금
  - **관세**

- **지방세(11개)**: 지방자치단체의 재정수요에 충당하기 위해 부과 · 징수하는 세금
  - **도세**
    - 보통세
      - 취득세: 일정한 자산을 취득할 때 내는 세금
      - 등록면허세: 각종 면허를 받은 사람에게 부과하는 세금
      - 레저세: 경륜 · 경정 · 경마 등에 대해 부과하는 세금
      - 지방소비세: 국세인 부가가치세의 일부가 지방세로 전환된 세금
    - 목적세
      - 지방교육세: 지방교육 재정을 위해 내는 세금
      - 지역자원시설세: 지역발전에 필요한 재원을 확보하기 위해 부과하는 세금
  - **시 · 군세**
    - 담배소비세: 담배를 소비할 때 내는 세금
    - 주민세: 지방자치단체의 주민에게 부과하는 세금
    - 지방소득세: 지방자치단체의 주민이 소득의 크기에 따라 달리 내는 세금
    - 재산세: 재산의 보유에 대한 세금
    - 자동차세: 자동차의 소유자에게 부과하는 세금

출처 : 2018년 조세연구원

ⓔ 지방세는 도세와 시 · 군세로 구분된다. 도세는 보통세와 목적세로 세분된다. 보통세로는 취득세, 등록면허세, 레저세, 지방소비세가 있고, 목적세로는 지방교육세, 지역자원시설세가 있다. 시 · 군세는 담배소비세, 주민세, 지방소득세, 재산세, 자동차세 등이다.

ⓕ 종량세와 종가세는 과세표준(수량, 금액)을 기준으로 분류한 것이다. 종량세는 수량이나 중량을 기준으로 상품 1단위당 일정액의 금액을 징수하는 조세를 말한다.

ⓖ 정액세, 비례세, 누진세, 역진세는 세율을 기준으로 분류한 것이다. 정액세는 주민세처럼 소득의 크기에 관계없이 일정한 금액을 징수하는 조세이고, 비례세는 주세나 전화세처럼 과세대상 금액에 일정한 세율이 적용되는 조세다. 또 누진세는 소득세나 법인세처럼 과세대상 금액이 높을수록 높은 세율이 적용되는 조세를 말하고, 역진세는 과세대상 금액이나 수량이 클수록 낮은 세율이 적용되는 조세를 말한다. 다만 우리나라 조세체계에서 역진세는 존재하지 않는다.

㈐ 조세 부담의 원칙

바람직한 조세제도가 갖추어야 할 원칙에 대해서는 여러 학자들이 다양한 의견을 피력한 바 있다. 애덤 스미스, 아돌프 바그너(A. Wagner), 리처드 머스그레이브(R. Musgrave)가 주장한 내용을 간략하게 언급하고자 한다.

ⓐ 스미스가 언급한 조세의 4원칙으로는 공평의 원칙, 확실의 원칙, 편의의 원칙, 징세비 최소의 원칙이 있다.

ⓑ 바그너는 사회정책이론을 재정학에 도입한 인물이다. 그는 스미스의 4가지 조세원칙을 포함한 9가지의 조세원칙을 주장했다. 그가 제시한 4가지의 큰 원칙은 재정정책상의 원칙(충분성의 원칙, 탄력성의 원칙), 국민경제상의 원칙(세원(稅源)선택의 원칙, 세종(稅種)선택의 원칙), 공정의 원칙(보편성의 원칙, 평등성의 원칙), 세무행정상의 원칙(확실성의 원칙, 편의성의 원칙, 최소징세비의 원칙)으로 구성된다. ( )안의 항목은 9개의 세부 원칙을 의미한다.

ⓒ 근대 재정학의 창시자로 평가받는 머스그레이브는 6가지의 조세원칙을 주장했다. 조세 부담의 공정성 원칙, 조세의 중립성 원칙, 조세정책의 공평성 원칙, 조세구조의 재정정책 탄력성 원칙*, 세무행정상의 원칙, 최소징세비의 원칙이 그것이다.

ⓓ 우리나라의 조세원칙은 크게 4가지로 구분된다. ㉠ **실질과세의 원칙**, ㉡ **신의성실의 원칙**, ㉢ **근거과세의 원칙**, ㉣ **조세 감면의 사후관리 원칙**이 그것이다. 실질과세의 원칙이란, 과세대상이 되는 거래의 귀속(歸屬)이 사실상 귀속되는 자가 따로 있는 경우에는 그 사람을

---

* 세금은 경제안정과 성장을 위한 재정정책의 수단으로도 이용되므로 조세구조는 이러한 재정정책을 적용하는 데 용이하게 대응할 수 있도록 해야 한다는 원칙이다.

납세의무자로 한다는 원칙이다. 신의성실의 원칙은 납세자는 납세의무를 신의에 따라 성실하게 이행해야 한다는 것을 의미한다. 근거과세의 원칙은 납세의무자가 세법에 따라 장부에 기록하는 경우, 해당 과세표준의 조사와 결정은 그 장부와 관계되는 증거자료에 의존해야 한다는 원칙이다. 조세 감면의 사후관리 원칙이란 정부가 국세를 감면한 경우 그 취지를 성취하거나 국가정책을 수행하기 위해 필요하다고 인정되면 세법에 따라 감면한 세액에 상당하는 자금 또는 자산의 운용 범위를 정할 수 있도록 하는 원칙이다.

4 경기변동과 재정의 경제안정화 기능

4.1 재정의 자동안정화장치에 대한 개념과 의의

1) 재정의 자동안정화장치(built-in stabilizers)란 경기침체나 경기호황 시, 정부 당국이 의도적으로 정부지출과 세율을 변경시키지 않더라도 경기침체나 경기호황의 강도를 스스로 완화시켜 주는 재정제도를 말한다.

① 재정의 자동안정화장치에 대한 대표적 사례로는 비례세, 소득세, 법인세, 실업보험, 사회보장이전지출, **농산물가격지지제도** 등이 있다.

② 자동안정화장치의 효과는 비례세율이 높을수록, 누진세의 한계세율이 높을수록, 실업보험이나 사회보장이전지출, 그리고 농산물가격지지제도 등이 잘 정비되어 있을수록 강력하게 나타난다.

③ 재정의 자동안정화장치는 케인즈의 재량적 재정정책과는 대립되는 개념이다. 고전학파는 재정의 자동안정화장치가 경제의 자율적인 조정기구의 역할을 수행한다고 생각한다.

2) 재정의 자동안정화장치에 대한 그래프적 이해

[그림 4-6] 재정의 자동안정화장치

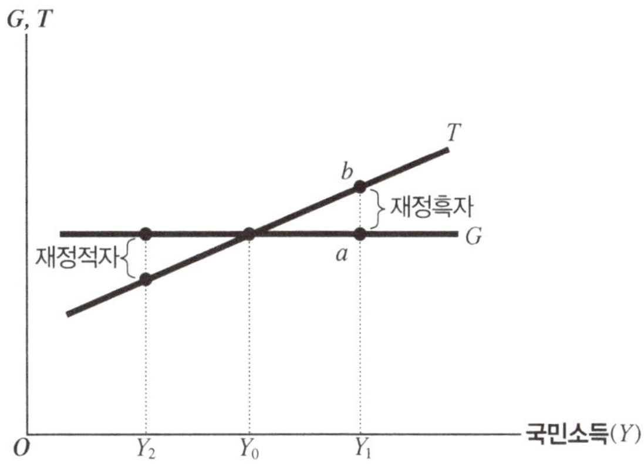

① [그림 4-6]에서 조세(T)는 비례세이고 정부지출(G)은 소득수준과 무관하다고 가정한다. 따라서 조세(T)는 $T = tY$가 되고 정부지출(G)은 수평선의 형태를 띤다. 또 실질 GDP가 Y_0인 경우는 조세와 정부지출이 일치하기 때문에 균형재정이 달성되고 있다.

② 이때 실질 GDP가 Y_0에서 Y_1으로 증가하면 조세수입만 증가해서 Y_1에서는 ab만큼의 재정흑자 현상이 나타난다. 이때 정부당국의 조세수입 증가는 경제주체의 가처분소득을 낮춰줌으로써 소비억제와 총수요 감소로 이어진다. 이로써 경기과열이 상당 부분 진정될 수 있다.

③ 또 실질 GDP가 Y_0에서 Y_2로 감소하면 [그림 4-6]에서 보듯이 정부재정은 조세 수입 감소로 재정적자 상태가 된다. 이때 정부의 재정적자는 가처분소득의 증대와 소비 증대를 유발하고, 이는 총수요 증가로 이어진다. 이로써 경기침체가 상당 부분 완화될 수 있다.

3) 재정의 자동안정화장치에 대한 고전학파와 케인즈의 견해 비교

① 고전학파는 재정의 자동안정화장치가 경제의 자율적인 조정기구로서 그 일익을 담당한다고 생각한다. 또 재정의 자동안정화장치로도 조정되지 않는 총수요는 이자율의 상·하 신축적인 조정으로 총공급과 일치시킬 수 있다고 생각했다.

② 하지만 케인즈는 이자율에 의한 총수요의 조절기능에 대해 매우 부정적인 입장이다. 더욱이 재정의 자동안정화장치만으로는 단기적인 경기문제를 해결할 수 없다고 생각했다. 즉 재정의 자동안정화장치가 갖는 경기조절 능력에 대해 회의적인 입장을 견지

했던 것이다. 따라서 그는 경기변동에 따른 폐해를 극복하기 위해서는 정부의 재량적 재정정책이 매우 중요하다고 보았다.

4.2 재정적 견인(fiscal drag)

1) 정의 및 의의

① 재정적 견인이란 완전고용국민소득(Y_F)에 도달하기 위해 필요한 총수요의 증가가 조세 부담의 증가로 저지되는 현상을 의미한다.

② 재정적 견인은 재정의 자동안정화장치에 내재된 한계를 나타낸다. 그런 의미에서 재정적 견인은 고전학파의 논리를 비판하는 개념이다.

2) 재정적 견인의 내용 검토

[그림 4-7] 재정적 견인과 재정의 자동안정화 장치

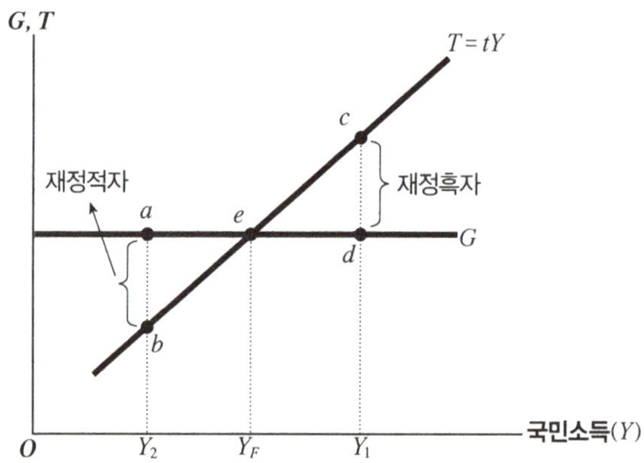

① 정부지출(G)은 실질 GDP와 무관하기 때문에 수평선의 형태를 띤다. 반면 조세(T)는 비례세($T=tY$)이기 때문에 실질 GDP의 증가함수로서 우상향한다. 이제 단기에 경기가 침체해서 실질 GDP가 완전고용국민소득(Y_F)에 크게 못 미치는 Y_2에 있다고 가정하자. 이때, 정부 당국이 확대재정정책을 실행하면 실질 GDP가 증가한다. 이는 비례세($T=tY$)의 증가 ⇒ 개인 가처분소득 감소 ⇒ 소비 감소 ⇒ 총수요 감소 ⇒ 실질 GDP 감소로 이어져서 완전고용국민소득(Y_F)에 이를 수 없게 된다.

② 이제 장기적으로 완전고용국민소득(Y_F)이 Y_1 수준으로 증가한다고 하자. 실질 GDP가 증가하면 비례세도 따라서 증가한다. 그 결과 개인 가처분소득 감소 ⇒ 소비 감소

⇒ 총수요 감소 ⇒ 실질 GDP 감소로 이어져서 완전고용국민소득(Y_F)인 Y_1에 도달하기 힘들다.

③ 고전학파는 이자율이 상 · 하 신축적으로 변화하기 때문에 재정적 견인 현상이 나타나지 않는다고 주장했다. 반면 케인지언들은 재정의 자동안정화장치가 재정적 견인 현상을 유발할 가능성이 크다고 보았다. 따라서 **케인지언들은 재정적 견인 현상을 방지하기 위해서는 정부지출의 증가와 조세 감면을 병행해야 한다**고 주장했다.

4.3 균형재정과 정책함정(policy trap)

1) 정책함정의 개념 및 의의

① 정책함정은 **'경제가 불황기에 놓여 있을 때 정부가 균형재정을 고수하면 경제는 더욱더 침체 상태에 빠지게 되는 현상'** 을 말한다. 이를테면 해당 경제가 불황기에 놓이면 실질 GDP와 조세수입이 동시에 감소한다. 정부지출이 일정한 상황에서 조세수입이 감소하면 정부재정은 재정적자에 빠지게 된다.

② 이때 만약 정부가 균형재정을 고집한다면, 정부지출은 자연히 축소하기 마련이다. 그런데 정부지출의 축소는 총수요 감소와 실질 GDP 감소로 이어진다. 또 실질 GDP의 감소는 조세수입의 감소로 이어져 재정적자는 해소되지 않고 경기는 침체의 늪에 점점 더 빠져들게 된다.

2) 정책적 함축성

① 정부지출과 조세정책의 궁극적인 목적은 완전고용과 물가안정, 경제성장 등의 목표를 달성하려는 것이지 정부 예산의 균형을 도모하는 데 있지 않다. 또 균형예산이 항상 바람직한 것도 아니다. 오히려 경기가 불황기에 빠져 있는 경우에는 적자재정을 통한 확대재정정책이 보다 더 효과적일 수 있다.

② 하지만 정부가 '빚 얻어 빚 갚는 식' 으로 정부지출을 방만하게 운영해서 재정적자의 규모가 누적되면, 정부재정의 경직화가 가속될 뿐만 아니라 국가재정의 파탄까지 초래할 위험성도 있다는 점을 명심해야 한다.

요약 및 복습

01 정부재정은 정부지출, 정부수입, 보전 재원으로 구성된다. 또 정부지출은 정부구매, 이전지출, 이자 지급으로 세분된다. 정부수입은 조세수입, 세외수입, 자본수입으로 세분된다. 한편 보전 재원은 국공채 발행, 한국은행의 통화공급량 증가, 해외 차입으로 구성된다.

02 정부재정은 효율적인 자원배분, 소득의 공평분배, 경제안정화 기능을 수행한다. 정부는 효율적인 자원배분을 위해 시장실패를 보정하고 공공재를 공급한다. 또 누진세나 이전지출을 비롯한 다양한 정책수단을 통해 부(富)의 불균형 문제를 조정하며 급격한 경기변동을 완화시킴으로써 국민경제의 안정적 성장을 도모한다.

03 정부 예산은 크게 본예산, 추가경정예산, 결산으로 구분된다.

04 케인즈는 디플레이션 갭이 발생할 경우, 재량적인 정부의 확대재정정책을 통해 그것을 해결해야 한다고 주장했다. 그가 제시한 솔루션은 크게 3가지다. 디플레이션 갭만큼 정부지출의 확대, 투자의 확대, 세금 감면의 조치를 실행하는 것이다. 이때 GDP 갭 = 디플레이션 갭 × (정부지출승수, 투자승수, 정액세, 비례세승수)의 관계가 성립한다.

05 케인즈는 인플레이션 갭이 발생할 경우, 재량적인 정부의 긴축재정정책을 통해 그것을 해결해야 한다고 주장했다. 그가 제시한 솔루션은 크게 3가지다. 인플레이션 갭만큼 정부지출의 축소, 투자의 억제, 세금 증액 조치를 실행하는 것이다. 이때 GDP 갭 = 인플레이션 갭 × (정부지출승수, 투자승수, 정액세, 비례세승수)의 관계가 성립한다.

06 케인즈 단순모형에 비례세($T = tY$)를 도입할 경우, 정부지출승수와 투자승수는 $\frac{1}{[1-b(1-t)]}$로 정의된다. 또 같은 모형에다 이전지출이라는 경제변수를 도입한 후, 이전지출승수를 구하면 $\frac{b}{[1-b(1-t)]}$가 된다.

07 고전학파는 물가와 명목임금의 상·하 신축성과 세이의 법칙을 가정한다. 따라서 언제나 완전고용과 완전고용국민소득(Y_F)이 보장된다. 시장에서 '보이지 않는 손'이 완벽하게 작동되기 때문에 정부가 경제에 개입할 필요가 없으며 정부의 재량적 재정정책의 효과는 항상 제로(0)가 된다는 입장을 고수한다.

1) 고전학파가 주장하는 구축효과(crowding-out effect)가 그들의 입장을 재확인해준다. 구축효과란 정부지출의 증가($\Delta G \uparrow$)는 이자율을 상승하게 만들고 이는 소비와 투자를 감소($\Delta C \downarrow$, $\Delta I \downarrow$)시킨다. 그런데 총수요는 정부지출의 증가폭과 소비 및 투자의 감소폭이 일치함으로써 그것의 변동폭(ΔAD)은 제로(0)가 된다. 결국 정부의 확대재정정책은 실질 GDP나 고용 등에 아무런 영향을 미치지 못한다.

2) 한편, 케인지언들은 이러한 구축효과에 대해 구입효과(crowding-in effect)로 맞섰다. 구입효과란 정부의 확대재정정책이 총수요를 증가시킴으로써 실질 GDP의 증가, 소비 증가, 가속도원리에 따른 투자의 증가 등을 통해 더 큰 실질 GDP의 증대를 가능하게 한다는 것이다.

08 새고전학파의 주요 멤버 중 한 사람인 로버트 배로는 데이비드 리카도의 국공채이론을 현대화시킨 '리카도의 등가성 정리'를 발표했다. 리카도의 등가성 정리는 고전학파의 구축효과를 재확인해주는 주장으로 간주할 수 있다.

1) 리카도의 등가성 정리는 정부지출을 증대하기 위한 필요 재원은 그것이 어떻게 조달되는가에 상관없이 확대재정정책의 효과가 제로(0)임을 시사해준다. 일례로 국공채를 발행해서 정부지출을 증가하는 경우를 생각해보자. 어차피 국공채 발행은 정부의 채무일 수밖에 없다. 국공채의 만기시점에 도달하면 정부는 증세를 통해 그 빚을 청산해야 한다. 따라서 합리적인 경제주체들은 국공채가 발행될 경우, 미래시점에서의 증세와 가처분소득의 감소를 예상해서 현재의 소비를 줄이고 저축을 늘린다는 것이다. 결국 국공채 발행도 증세와 마찬가지로 소비의 감소를 유발해서 정부지출의 확대효과를 잠식시킨다는 것이다.

2) 하지만 리카도의 등가성 정리가 성립하기 위해서는 최소한 다음과 같은 전제조건들이 충족되어야 한다. 첫째, 경제주체들이 합리적이고 미래지향적이어야 한다. 둘째, 조세 부담을 떠맡는 경제활동인구가 일정해야 한다. 셋째, 정부지출의 크기도 일정해야 한다. 넷째, 자본시장이 완전하고 유동성의 제약이 없어야 한다.

09 조세의 기능은 크게 공적 서비스를 제공하기 위한 필요재원의 조달, 효율적인 자원배분, 소득재분배, 시장실패의 치유, 경제안정화를 도모하는 데 있다. 또 조세는 국세, 지방세, 관세로 구분된다. 국세는 보통세와 목적세로 세분되고, 지방세는 도세와 시·군세로 구분된다. 참고로 우리나라의 조세원칙으로는 실질과세의 원칙, 신의성실의 원칙, 근거과세의 원칙, 조세 감면의 사후관리 원칙 등이 있다.

10 재정의 자동안정화장치란 경기침체나 경기호황 시 정부 당국이 의도적으로 정부지출과 세율을 변경시키지 않더라도 경기침체나 경기호황의 강도를 스스로 완화시켜 주는 재정제도를 의미한다. 재정의 자동안정화장치에 대한 대표적 사례로는 누진적 소득세, 법인세, 비례세, 실업보험, 사회보장이전지출, 농산물가격지지제도 등이 있다.

11 재정적 견인(fiscal drag)이란 완전고용국민소득(Y_F)에 도달하기 위해 필요한 총수요의 증가가 조세 부담의 증가로 저지되는 현상을 일컫는다. 재정적 견인은 재정의 자동안정화장치에 내재된 한계를 나타낸다.

12 균형재정과 정책함정(policy trap)은 경기가 불황기에 놓여 있을 때 정부가 균형재정을 고수하면 경제는 더욱더 침체의 블랙홀에 빠지게 되는 현상을 지칭한다.

제 5 장 금융제도와 화폐공급

1. 화폐의 기능과 측정

2. 금융, 금융시장, 금융제도

출처 : 공군 블랙이글스

2020. 6. 8. 블랙이글스 팀원들이 원주기지 상공에서 아찔한 초근접 비행훈련을 하는 장면이다. 이 비행은 트위스트 롤 기동을 위한 준비 과정으로 T-50B 간 거리는 고작 1.5m 내외로서 블랙이글스 조종사들의 상호 신뢰와 팀워크가 절대적으로 요구되는 고난도 기동이다. **수험생 여러분들도 타의 추종을 불허하는 고도의 핵심 역량을 키워나가길 기대합니다!**

1 화폐의 기능과 측정

1.1 화폐의 기능 및 정의

1) **교환의 매개수단 : 화폐로 인해 거래비용이 크게 절감될 수 있다!**

① 화폐의 본원적 기능(가장 중요한 기능)은 **교환의 매개수단**이다!

② 화폐란 상품을 매매하고 채권 및 채무를 청산하는 일상 거래에서 일반적으로 통용되는 지불수단을 의미한다.

2) **회계의 단위 또는 가치의 척도** : 모든 상품의 가치는 화폐를 통해 비교 측정되며, 상품거래의 표준이자 회계의 단위가 될 수 있다.

3) **장래 지불의 표준** : 상품을 외상으로 구입하거나 돈을 빌리는 경우, 장래에 지불하거나 상환할 대가(代價) 역시 화폐로 해야 한다는 의미다.

4) **가치의 저장수단** : 특정상품을 판매한 대가를 화폐로 받은 후, 다른 상품을 구입할 때까지 보유한 화폐에는 그 상품의 가치가 저장되어 있는 것으로 간주한다.

1.2 화폐의 형태와 발달 과정

1) **화폐는 '물품화폐 ⇒ 금속화폐 ⇒ 지폐 ⇒ 예금화폐 ⇒ 전자화폐' 순으로 발전해왔다.**

① 물품화폐는 세계에서 가장 먼저 등장한 화폐로서 소금, 곡물, 모피, 담배 등이 대표적 사례다. 하지만 물품화폐는 운반, 저장, 분할, 동질성 등에서 많은 문제를 노출시켰다.

② 금속화폐는 물품화폐가 지닌 그러한 한계점을 극복하기 위해 탄생한 화폐이다. 화폐로서 분할이 가능하고 내구성, 동질성, 휴대의 편리성을 두루 갖춘 금, 은, 동과 같은 금속을 화폐로 사용했다. 참고로 금속화폐는 상품으로서의 가치(= 소재 가치)와 화폐로서의 가치(= 명목 가치)가 비슷하다는 공통점이 있다.

③ 지폐는 각국의 정부 기관인 중앙은행이 법적으로 부여받은 발권력을 바탕으로 찍어내는 종이 화폐를 의미한다. 지폐는 소재 가치보다 명목 가치가 훨씬 더 크다. 그런데도

지폐가 시중에서 널리 통용되는 것은 국가가 지폐에다 강제통용력을 부여했기 때문이다. 그런 의미에서 지폐를 법화(法貨, legal tender)라고도 말한다. 우리가 사용하는 모든 한국은행권은 법화로서 대한민국의 영토 안에서는 어떤 거래에서도 지불수단으로 이용할 수 있다.

④ 예금화폐는 금융기관에 저축한 예금을 기초로 발행되는 수표(check)를 의미한다. 그런데 **예금화폐는 편리성을 추구하는 상거래의 관습에 의해서 등장한 관습화폐지 법화가 아니다**. 따라서 수표는 지불수단으로 거절을 당할 수도 있고 경우에 따라서는 통용지역이 한정될 수도 있다. 또 법화가 아니기 때문에 부도 시, 국가에게 책임을 물을 수도 없다.

⑤ 전자화폐(electronic money)는 현금, 수표, 신용카드 등 기존의 화폐와 동일한 가치를 갖는 디지털 형태의 정보로서 디스크와 IC칩과 같은 컴퓨터 기록 매체에 저장이 가능함은 물론 네트워크를 통한 전송도 가능한 전자적 유가증권을 말한다. 대표적인 전자화폐로는 T-머니, 하이패스 플러스 카드, E-캐시, 사이버 코인 등이 있다.

1.3 통화량의 측정 : 4개의 통화지표

1) 통화지표란?

① 시중에서 널리 통용되고 있는 화폐를 어느 한 시점에서 측정한 총액을 통화, 또는 통화량(= 화폐공급량)이라고 정의한다. 또 그 크기와 변동을 측정할 수 있는 지표를 통화지표라고 말한다.

② 현재 한국은행은 통화를 협의(狹義)의 통화(M_1), 광의(廣義)의 통화(M_2), 금융기관유동성(L_f), 광의(廣義)의 유동성(L)으로 편제하고 있다. 한국은행은 1951년부터 통화(舊 M_1), 총통화(舊 M_2)지표를 공식적으로 편제한 이래 총유동성(M_3), MCT지표를 추가로 편제해왔다. MCT는 언제든지 큰 불편 없이 현금화할 수 있는 금융자산까지 통화개념에 포함시킨 것이다. MCT는 그것의 구성항목인 '총통화(M_2) + 양도성예금증서(CD) + 은행금전신탁(Trust)'의 첫 자를 따서 만든 용어다.

한국은행은 2002년부터 국제통화기금(IMF)의 통화금융통계매뉴얼(2000년) 기준에 부합하도록 새로운 통화지표인 협의의 통화(M_1), 광의의 통화(M_2)를 개발해서 공표했고, 2003년에 통화(舊 M_1), 총통화(舊 M_2), MCT지표의 편제를 중단시켰다.

2006년에는 총유동성(M_3)지표를 유동성지표로서의 적합성 등을 고려하여 금융기관유동성(Liquidity aggregates of financial Institution ; L_f)으로 변경했다. 또 시중 자금의 흐름을 보다 정확하게 파악하고 국민경제 전체의 유동성을 측정하기 위해 광의의 유동성(L)을 개발하고 정식통화지표로 도입하였다.

③ 협의의 통화(M_1), 광의의 통화(M_2), 금융기관유동성(L_f), 광의의 유동성(L)의 세부 구성항목을 정리하면 다음과 같다.

표 5-1 한국의 통화지표(M_1, M_2, L_f, L)에 대한 개요

	통화지표		유동성지표	
	M_1(협의통화)	M_2(광의통화)	L_f(금융기관유동성)	L(광의유동성)
현금통화	●	●	●	●
요구불예금	●	●	●	●
수시입출식 저축성 예금	●	●	●	●
MMF		●	●	●
2년 미만 정기예적금		●	●	●
수익증권		●	●	●
시장형 상품[1]		●	●	●
2년 미만 금융채		●	●	●
2년 미만 금전신탁		●	●	●
기타 통화성 금융상품[2]		●	●	●
2년 이상 장기금융상품			●	●
생명보험계약 준비금 등[3]			●	●
기타 금융기관 상품[4]				●
국채, 지방채				●
회사채, CP[5]				●

주 : 1) CD, RP, 표지어음
2) CMA, 2년 미만 외화예수금, 종합금융회사 발행어음, 신탁형 증권저축
3) 증권금융 예수금 포함
4) 손해보험회사 장기저축성 보험계약 준비금, 증권사 RP, 예금보험공사채, 여신전문기관 발행채 등
5) 전자단기사채 포함

출처 : 한국은행

㉠ 협의의 통화(M_1) = 현금통화 + 요구불예금 + 수시입출식 저축성예금

㉡ 광의의 통화(M_2) = 협의의 통화(M_1) + MMF + 2년 미만 정기 예적금 + 수익증권 +

시장형상품 + 2년 미만 금융채 + 2년 미만 금전신탁 + 기타 통화성 금융상품
(여기서 MMF는 money market funds의 약자로서 투자신탁회사가 고객의 돈을 끌어모아 단기금융상품에 투자해서 수익을 얻는 초단기금융상품을 말한다.)

㉢ 금융기관유동성(L_f) = 광의의 통화(M_2) + 2년 이상 장기금융상품 + 생명보험계약준비금 등

㉣ 광의의 유동성(L) = 금융기관유동성(L_f) + 기타 금융기관상품 + 국채와 지방채 + 회사채와 CP

2 금융, 금융시장, 금융제도[1]

2.1 금융에 대한 개요

1) 금융에 대한 정의

① 금융(finance)이란 자금을 빌려주거나 빌려 쓰는 자금의 융통이나 거래를 일컫는 말이다. 금융거래가 성립하기 위해서는 이를 매개하는 수단이 필요한데 우리는 이것을 금융상품 또는 금융자산이라고 말한다. 금융상품은 현재 또는 미래의 현금흐름에 대한 청구권을 나타내는 증서를 말한다. 대표적인 금융상품으로는 증권(securities)을 들 수 있다. 또 증권은 약속한 내용에 따라 채권과 주식으로 구분된다.

② 채권은 채권발행자가 채권 구입자에게 원금과 확정 이자를 지급할 것을 약속한 증서이다. 원금과 이자를 모두 지급하기까지 걸리는 시간을 만기라고 한다. 만기가 1년 미만인 경우는 단기채권, 1년 이상인 경우는 장기채권이라고 부른다. 반면 주식은 주식회사인 기업이 발행하는 것으로서 해당 기업의 이윤을 배당받을 권한을 부여한 증서다. 주식은 배당금과 시세차익이란 이익을 누릴 수 있는 금융상품이지만 기업이 파산할 경우엔 주식 가치가 제로(0)가 되는 손실도 감수해야 한다. 그런 의미에서 주식은 채권보다 위험성이 큰 금융자산이라고 말할 수 있다.

1. 한국은행이 발간한 『한국의 금융시장』, 2016, pp. 2 ~ 21을 참조해서 저자의 버전으로 새롭게 각색했음을 밝힌다.

2) 금융거래의 종류 : 직접금융거래, 간접금융거래

① 직접금융거래는 [그림 5-1]에서 보는 것처럼 직접금융시장을 통해 자금수요자(예 : 기업)가 자기 명의로 증권을 발행하고 자금공급자가 이를 매입함으로써 자금이 직접 거래되는 것을 의미한다. 직접금융거래의 수단으로는 채권, 주식 등이 있다.

② 간접금융거래는 [그림 5-1]에서 보는 것처럼 간접금융시장에서 은행을 비롯한 금융중개기관을 통해 자금공급자로부터 자금수요자로 자금이 이전되는 거래를 말한다. 간접금융거래의 수단으로는 대출이나 예금 등이 있다.

[그림 5-1] 직접금융시장과 간접금융시장

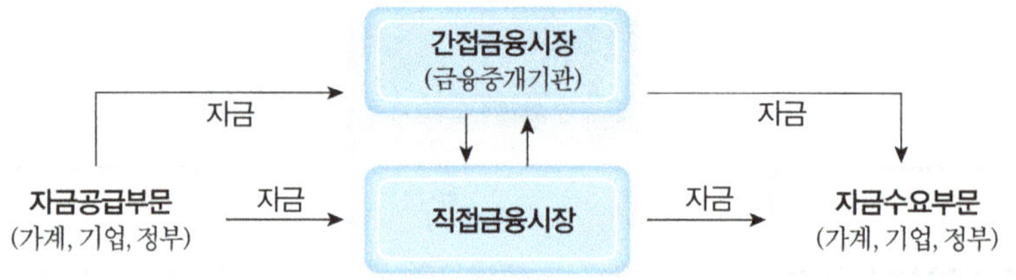

출처 : 한국은행, 『한국의 금융시장』, 2016, p.3

2.2 한국의 금융시장 구조와 금융시장의 기능

1) 금융시장에 대한 정의

① 금융시장이란 자금의 수요자와 공급자 간에 금융거래가 체계적으로 이루어지는 장소를 말한다. 여기서 말하는 장소는 구체적인 공간만을 의미하지는 않는다. 금융정보시스템에 의해 금융거래가 이루어지는 추상적인 공간까지를 포함하는 광의의 개념이다.

② 2020년 8월 말 현재, 우리나라 금융시장의 기본 구조는 [그림 5-2]와 같다. 우선 금융시장은 직접금융시장과 간접금융시장으로 구분된다. 또 직접금융시장은 단기 금융시장(자금시장), 장기금융시장인 자본시장, 외환시장, 파생금융상품시장으로 세분된다. 간접금융시장은 예대(예금과 대출)시장, 집합투자시장(일명, 펀드시장), 신탁업시장, 보험시장으로 세분된다.

[그림 5-2] 한국의 금융시장 구조

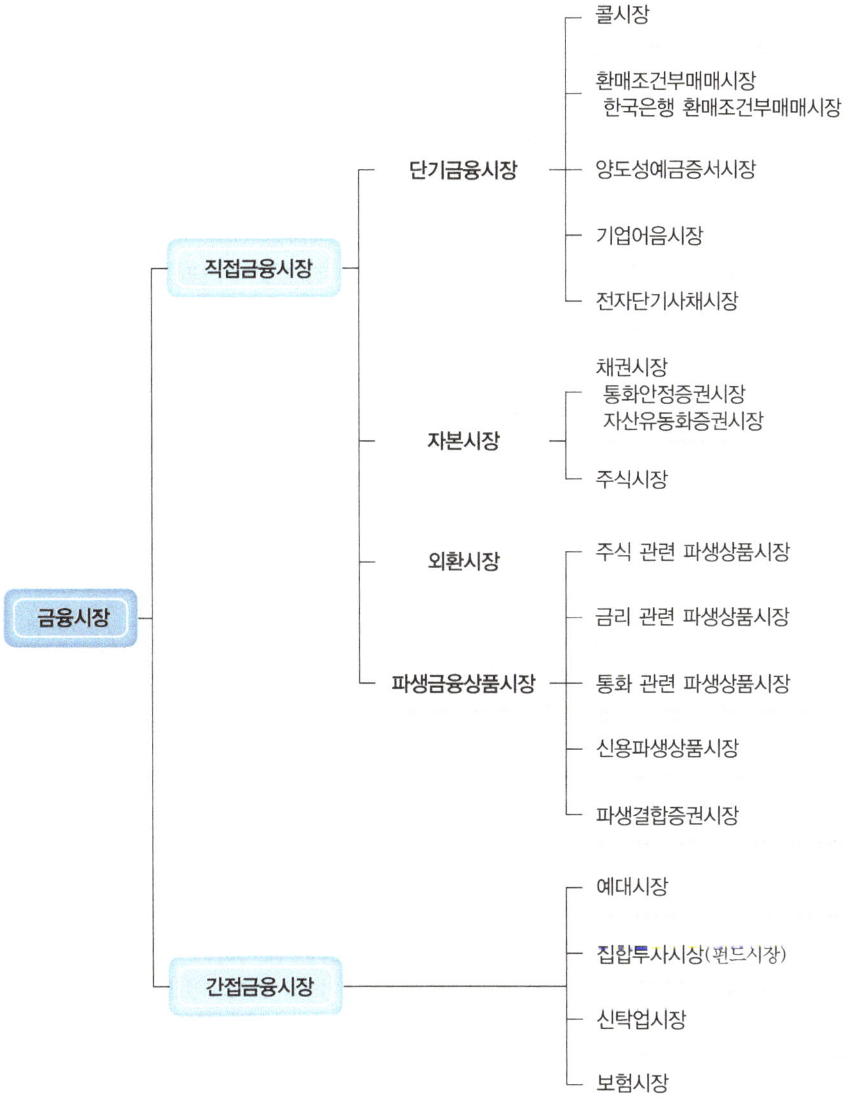

출처 : 한국은행, 『한국의 금융시장』, 2016, p.6

㉠ 단기금융시장은 통상 만기 1년 이내의 금융상품이 거래되는 시장으로서 시장 참가자들이 일시적인 자금수급의 불균형을 조정하는 시장이다. 콜시장[2], 환매조건

2. 콜시장(call market)은 만기가 1일 ~ 2주일 정도의 최단기금융시장으로서 주로 금융기관 상호 간에 일시적인 유휴자금이 거래되는 시장이다. 콜시장은 전화 1통화로 자금거래가 이루어진다는 의미에서 붙여진 이름이다. 콜시장에서 거래되는 자금을 수요자 측에서는 콜머니(call money), 공급자 측에서는 콜론(call loan)이라고 부르고, 그들 사이에서 결정되는 금리를 콜레이트(call rate)라고 정의한다.

부매매시장[3], 양도성예금증서시장[4], 기업어음시장[5], 전자단기사채시장[6] 등이 여기에 해당된다.

㉡ 자본시장은 장기금융시장으로서 통상 만기가 1년 이상인 장기자금을 조달하는 시장이다. 자본시장은 채권시장[7]과 주식시장으로 구분된다. 채권시장에는 통화안정증권시장[8]과 자산유동화증권시장[9]이 있다. 또 주식시장[10]은 장기자금조달수단인 주식이 거래되는 시장이다.

㉢ 외환시장은 각국의 화폐가 거래되는 시장으로서 거래 당사자에 따라 둘로 구분된다. 하나는 외국환은행들 간에 외환매매가 이루어지는 은행간 시장이고, 다른 하나는 은행과 비은행 고객 간에 외환매매가 이루어지는 대(對)고객시장이다. 그러나 외환시장은 일반적으로 전자(前者)인 외국환은행들 간의 시장을 지칭한다.

㉣ 파생금융상품시장은 파생금융상품(예 : 외환파생상품, 선물 · 선도계약[11], 옵션[12], 스

3. 환매조건부매매시장은 환매조건부 채권이나 증권이 매매되는 시장이다. 여기서 환매(repurchase)란 다시 사들인다는 의미다. RP라고 명명되는 환매조건부채권은 한국은행이 통화량을 조절하거나 시중은행이 유동성의 과부족을 조절하기 위해 발행하는 채권이다. 이것은 한국은행이나 시중은행이 채권을 고객에게 판매한 후, 고객이 원할 때는 언제든지 일정한 수익을 얹어 다시 사들일 수 있는 채권을 말한다. 환매채라고도 불린다.

4. 양도성예금증서는 정기예금을 무기명으로 발행해서 타인에게 판매할 수 있도록 한 것을 지칭한다. 일명 CD(certificate of deposit)라고 말한다. 한때 우리나라에서는 부정부패를 자행했던 사악한 정치인과 재벌들이 돈세탁을 목적으로 그 것을 악용하는 바람에 국민들의 원성을 사기도 했던 어두운 과거가 있었다.

5. 기업어음은 기업이 필요로 하는 자금을 융통할 목적에서 발행되는 어음으로서 CP(Commercial Paper), 또는 융통어음이라고 한다. 우리나라의 경우 금융시장에서 거래되는 대부분의 어음이 기업어음이라고 해도 과언이 아니다.

6. 전자단기사채시장은 전자단기사채가 융통되는 시장이다. 전자단기사채는 2013년 1월에 처음으로 도입되었다. 이것은 CP와 그 성격이 비슷하다. 하지만 실물의 거래 없이 중앙등록기관의 전자장부에만 등록되는 방식으로 발행되고 융통된다는 점에서 CP와 차별된다.

7. 채권은 국가, 지자체, 기업, 금융기관 등이 자금조달이나 정책목표의 달성을 위해 필요한 자금을 조달할 목적으로 발행하는 채무증서를 말한다. 이런 채권이 융통되는 시장이 다름 아닌 채권시장이다. 채권시장 역시 주식시장처럼 발행시장과 유통시장으로 구분되며 그 내용과 방법 면에서는 주식시장과 동일하다.

8. 통화안정증권(MSB)은 한국은행이 통화량을 조절할 목적에서 발행하는 증권을 말한다. 참고로 통화안정증권은 중 · 장기 유동성 조절을 목표로 발행되고, 금융시장의 단기 유동성 조절을 위해서는 환매조건부채권이 주로 활용되고 있다.

9. 자산유동화증권(ABS)은 기업이나 금융기관이 부동산, 유가증권, 주택담보대출 등과 같이 유동성이 낮은 자산을 유동화(= 현금화)하기 위해 대출자산, 부동산, 어음 등 보유자산을 담보로 발행하는 증권을 지칭한다. 일명 자산담보부증권이라고도 말한다. 이런 자산유동화증권이 유통되는 시장을 자산유동화증권시장이라고 말한다.

10. 주식시장은 증권시장이라고 부른다. 증권시장은 증권발행시장과 증권유통시장으로 구분된다. 증권발행시장은 기업이 자금조달을 목적으로 주식을 발행하는 시장을 말한다. 물론 그 발행주체는 증권회사이다. 한편, 증권유통시장은 말 그대로 발행된 증권을 유통시키는 시장으로서 한국거래소(KRX)가 그 중심에 있다.

11. 선물 및 선도계약은 거래당사자들이 특정상품이나 증권을 미래의 특정 시점에 특정가격으로 거래할 것을 현재 시점에서 약속하는 계약을 말한다. 선물과 선도의 차이점은 그것이 한국거래소를 통해 거래되는가, 아니면 거래당사자 간의

왑[13] 등)들이 거래되는 시장이다. **파생금융상품은 미래수익이 주식, 채권, 외환, 예금 등 기초금융자산의 미래수익 변동에 따라 결정되는 금융계약을 말한다.** 또 이들 상품은 가격변동위험과 신용위험 등 리스크(risk) 관리를 목적으로 고안되었다. 파생금융상품시장으로는 주식·금리·통화 관련 파생상품시장, 신용파생상품시장, 파생결합증권시장이 있으며 1990년 중반 이후, 그 거래 규모가 큰 폭의 성장세를 보이고 있다. 우리나라 초기의 파생금융상품은 외환 관련 파생상품이었다.

2) 금융시장의 기능

① 금융시장은 자금의 수요부문과 공급부문을 직·간접적으로 연결시킴으로써 기업의 생산 활동을 지원할 뿐만 아니라 효율적인 자원 배분을 통해 경제주체들의 후생 증진에 기여한다.

② 금융시장은 소비주체인 가계에 적절한 자산운용과 차입기회를 제공함으로써 가계가 최적의 소비 시기를 선택할 수 있도록 도와준다. 이는 소비자의 효용 증진에도 긍정적인 영향을 미친다.

③ 금융시장은 시장 참가자들에게 투자위험을 분산시킬 수 있는 환경을 제공한다. 특히 투자자들은 금융시장에 존재하는 다양한 금융상품에 분산 투자를 하거나 파생금융상품과 같은 위험헤지수단[14]을 활용함으로써 투자위험을 줄여 나갈 수 있다.

④ 금융시장은 금융거래에 필요한 정보를 수집하는 데 필요한 비용과 시간을 절감시켜준다. 투자자가 직접 거래 상대방의 재무 상황이나 신용도 등에 관한 정보를 파악하기 위해서는 엄청난 거래비용을 지불해야 한다. 하지만 금융시장은 투자자들에게 주가, 회사채 금리와 같은 정보를 끊임없이 제공해준다. 따라서 투자자들은 이런 정보를 최

합의에 따라 이루어지는가에 달려 있다. 전자(前者)가 선물계약이라면 후자(後者)는 선도계약이다.

12. 옵션은 미래의 특정 시점 또는 특정 기간 동안에 미리 정해진 가격으로 어떤 상품을 사거나 팔 수 있는 권리를 부여하는 계약을 말한다. 기업경영에 있어서 전문 CEO들의 모럴 해저드를 막고 기업경영에 헌신하도록 고안된 스톡옵션도 마찬가지 개념이다. 옵션에는 콜옵션(call option)과 풋옵션(put option)이 있는데, 전자(前者)는 어떤 상품을 살 수 있는 권리, 후자(後者)는 어떤 상품을 팔 수 있는 권리를 지칭한다.

13. 스왑은 거래당사자들이 미리 약정한 방식에 따라 미래의 특정 시점에 현금흐름을 교환하기로 하는 계약을 의미한다. 통화스왑과 금리스왑이 대표적인 스왑거래이다. 스왑거래는 선물이나 옵션거래에 비해 계약이 자유롭고 유연성이 높다는 장점이 있다.

14. 금융자산의 가격은 그것을 발행한 기업의 영업, 현금흐름의 변동성뿐만 아니라 이자율, 환율변동 등에 의해서도 변할 수 있다. **위험헤지**란 **금융자산의 이러한 가격 변동의 위험을 제거하거나 줄이기 위한 대비책**을 뜻한다. 대표적인 위험헤지수단으로는 선물, 옵션 계약이나 선물환거래를 들 수 있다.(출처 : 매일경제용어사전 참조)

대한 활용해서 적은 거래비용으로 합리적인 의사결정을 할 수 있다는 이점이 있다. 또한 금융시장이 발달하면 할수록 금융자산의 환금성이 높아지게 됨으로써 유동성 프리미엄(liquidity premium)이 낮아지게 된다. 이는 결국 자금수요자의 자금차입비용을 절감시켜 주는 데 긍정적으로 기여한다.

⑤ 금융시장은 시장규율(market discipline)의 기능까지 수행한다. 시장규율은 한마디로 투자자들이 채권이나 주식가격에 나타난 시장 신호(market signal)를 활용해서 거래 상대방의 건전성에 대한 감시기능을 수행하는 것을 의미한다. 가령, 어느 한 기업이 신규 사업을 추진하기 위해 인수 · 합병계획을 발표했다고 가정하자. 그런데 그런 계획이 투자자들에게 해당 기업의 재무건전성을 악화시킬 가능성이 있다는 인상을 주면 금융시장에서 해당 기업의 주식이나 회사채 가격은 폭락한다. 그러면 해당 기업은 자금조달에 대한 비용부담이 커지기 때문에 인수 · 합병을 통한 무리한 사업확장을 포기할 수밖에 없다.

2.3 금융제도에 대한 정의 및 개요

1) 금융제도에 대한 정의

① 금융제도(financial system)는 금융거래에서 흔히 발생할 수 있는 모럴 해저드와 정보의 비대칭 문제를 완화시킴으로써 금융거래에 따른 비용 절감과 보다 안전한 금융거래를 보장하기 위한 일련의 제도적 장치를 의미한다.

② 금융제도는 금융거래의 방식과 제반(諸般) 규칙 등과 관련해서 크게 3가지로 구분할 수 있다. 금융거래가 이루어지는 금융시장, 금융거래를 중개하는 금융기관, 금융거래를 지원하고 감시하는 금융 하부구조가 그것이다. 이들 가운데서 가장 중요한 것이 금융 하부구조다. 여기서 금융 하부구조란 금융시장이나 금융기관을 뒷받침하거나 감시하는 법률체계와 각종 제도를 말하며 관련 기관으로는 한국은행[15], 금융감독원, 예금보험관련기구, 법원 등이 있다.

---

15. 한국은행의 기능은 크게 5가지로 요약된다. 한국은행은 한국의 중앙은행으로서 ㉠ 동전과 지폐를 발행하는 발권은행 ㉡ 은행의 은행으로서 일반 및 특수은행에 대한 여신과 수신기능 담당, ㉢ 통화당국으로서 통화정책의 수립 및 집행기관, ㉣ 정부의 은행으로서 국고금 출납대행 및 정부에 대한 여신과 수신기능 담당, ㉤ 국제수지 불균형을 조절하고 환율 안정을 유지하기 위해 외환보유는 물론 외환시장에 개입하는 등의 역할을 수행한다.

③ 한국은행은 지급결제제도를 이용해서 물가안정, 금융 안전, 자금거래의 원활화가 이루어질 수 있도록 도와주는 역할을 담당한다. 금융감독원은 금융거래의 당사자나 중개자들의 모럴 해저드와 비대칭적 정보에 따르는 금융거래의 불공정행위를 금지시키고 금융기관의 과도한 위험추구행위를 제한하는 법규 제정과 준수 여부를 관리 · 감독한다. 예금보험관련기구는 금융기관이 도산(倒産)할 때 일정 한도 내에서 예금자에게 원리금 지급을 보장함으로써 금융 안전을 도모한다. 법원은 제반 법규의 시행에 대한 최종 판결을 내림으로써 범법행위에 대한 심판 및 법적 제재를 가한다.

2) 금융제도의 2가지 유형 : 시장중심금융제도, 은행중심금융제도

① 시장중심금융제도(market-based financial system)는 **직접금융 위주의 금융제도**로서 주식과 채권이 거래되는 자본시장이 금융거래의 핵심역할을 담당하도록 하는 제도를 말한다. 주로 미국과 영국 등이 채택해온 제도이다.

㉠ 금융기관과 기업이 소유 및 지배 관계를 갖지 않고 독립적 관계를 유지하는 형태로 운영된다.

㉡ 금융기관과 기업의 관계가 매우 공식적이고 거래 지향적인 특성을 띤다. 그렇기 때문에 기업의 구조조정도 자연스럽게 수행할 수 있는 장점이 있다.

㉢ 최근 들어 직접금융의 비중이 증가하는 '금융의 증권화' 현상을 통해 은행중심금융제도가 시장중심금융제도로 그 중심축이 옮겨가는 추세에 있다.

② 은행중심금융제도(bank-based financial system)는 **간접금융 위주의 금융제도**로서 은행이 금융거래의 핵심역할을 담당하도록 하는 제도이다. 주로 독일이나 일본이 채택해온 제도이다.

㉠ 은행과 기업이 상호 주식을 보유하거나 거래 관계를 장기적으로 유지함으로써 운명공동체적 성격을 지닌다.

㉡ 은행중심금융제도는 은행과 기업 간에 존재하는 정보의 비대칭성 문제를 크게 완화시킬 수 있다는 장점이 있다.

보론 5-1 금융제도의 변화 추세에 대한 요약

㉮ 금융거래실명제의 도입

ⓐ **도입시점** : 우리나라에서 금융거래실명제는 1993년 8월부터 본격적으로 실행되었다.

ⓑ 금융거래실명제는 금융소득의 정확한 포착을 통해 지하경제를 근절시키는 동시에 조세부담의 형평성을 높이는 데 크게 기여하였다.

㉯ 금융규제 완화가 시대적인 대세다.

ⓐ 1980년대부터 금융부문의 규제에 따른 비효율을 제거하기 위해 금융규제를 완화시키기 시작했다. 금융규제의 완화로 새로운 금융상품과 새로운 형태의 금융시장이 대두되었을 뿐만 아니라 금융부문의 혁신과 금융 겸업화까지 진전되었다.

ⓑ 최근 들어 미국을 비롯한 금융선진국들은 금융기관의 전업주의(專業主義)*를 지양하고 한 금융기관이 예금, 대출, 보험, 증권 등의 금융 관련 서비스를 모두 제공할 수 있는 겸업주의로 터닝하고 있는 추세이다. 참고로 한국은 지난 2003년 9월 1일부터 방카슈랑스(bancassurance : 은행이 보험상품까지 판매하는 것)를 시작했다.

㉰ BIS 자기자본비율의 적용

ⓐ 국제결제은행(Bank for International Settlement ; BIS)은 1988년 은행의 자기자본비율(A)을 8% 이상으로 유지해야 한다는 은행 건전성 기준을 마련했다. 여기서 BIS 자기자본비율(A)은 다음과 같이 정의된다.

$$\text{BIS 자기자본비율(A)} = \frac{\text{자기자본}}{\text{위험가중자산}} \times 100$$

ⓑ 한국은 1997년 12월에 발발한 IMF 구제금융위기를 극복한 이후 BIS 자기자본비율을 적용해서 은행경영의 건전성을 평가하고 금융구조조정의 기준으로 삼고 있다.

㉱ 리디노미네이션(redenomination)의 정의 및 개요

ⓐ 리디노미네이션은 통화의 단위명을 변경하는 것을 말한다. 이를테면 화폐의 액면가를 10대 1 또는 100대 1의 비율로 일괄적으로 낮추는 것을 지칭한다.

ⓑ 리디노미네이션을 행하면 우리나라의 원화에 대한 심리적 가치가 상승하고 10만원권 등

---

* 전업주의란 한 금융기관이 은행, 증권, 보험 등 여러 금융서비스를 함께 취급할 수 없으며, 각 금융서비스는 해당 전문금융기관에 의해서만 제공되는 게 마땅하다는 것을 말한다. 그동안 미국, 일본, 한국은 전업주의를 채택해왔다. 반면 겸업주의는 한 금융기관이 은행, 증권, 보험업무를 함께 취급할 수 있다는 것을 의미한다. 겸업주의를 채택해 온 대표적인 나라는 독일이다.

의 고액권 발행의 필요성도 자연스럽게 해결될 수 있다. 하지만 신규 화폐의 발행비용, 구권과 신권의 교환비용, 구권의 폐기 처분에 소요되는 비용, 현금지급기 및 자판기 등의 교체비용이 소요된다.

㉮ **달러라이제이션**(Dollarrization)

달러라이제이션은 자국 통화 대신에 미국 달러를 자국 화폐로 사용하자는 것이다. 달러라이제이션을 실시하면 외환위기 같은 문제가 발생하지 않는 장점이 있지만 통화 주권을 상실함으로써 독자적인 통화정책을 실행할 수 없다는 문제가 있다.

㉯ **금융심화**(financial deepening)

ⓐ 경제발전으로 실물자산액에 대한 금융자산액의 비율이 상승하는 현상을 지칭한다.

ⓑ **금융심화의 측정지표** : 금융연관비율(Financial Interrelation Ratio ; FIR)이며, 그것은 다음과 같은 공식으로 정의되고 측정된다.

$$금융연관비율 = FIR = \frac{금융자산잔액}{명목\ GDP}$$

보론 5-2 레버리지 효과(leverage effect)를 아시나요?

㉮ **레버리지 효과에 대한 정의**

레버리지(leverage)는 지레 장치, 또는 지렛대를 의미한다. 또 레버리지 효과는 타인으로부터 차입한 자본을 지렛대로 삼아 자기자본의 수익률을 높이는 것을 말한다. 일례로 500억원의 자기자본으로 50억원의 순수익을 창출했다면 자기자본에 대한 수익률은 10%이다. 그러나 자기자본 250억원에 타인의 자본 250억원을 합한 500억원으로 50억원의 순수익을 창출했다면 자기자본의 수익률은 20%로 급상승한다. 투자기회가 많은 호경기 때는 투자에 따른 수익률이 이자비용보다 크기 때문에 타인의 자본을 적극 활용하는 게 유리하다. 하지만 불경기에는 투자에 따른 수익률이 이자비용보다 작기 때문에 파산의 위험성이 커질 수 있다.

㉯ **경제주체들이 빚을 내서 주택을 구매하는 이유는 뭘까?**

우리 주위에서 100% 자기 돈으로 주택을 구매하는 사람을 찾아보기 힘들다. 대부분의 사람들은 은행의 융자를 끼고 주택을 구매한다. 가령 경제주체 K씨가 10억원짜리 아파트를 구매한다고 상정하자. 그동안 K씨는 전세보증금이 5억원인 아파트에서 살고 있었다. K씨는 은행의 대출금리가 낮아지자 주택 구매를 결정하고 은행으로부터 5억원을 대출받았다. 물론 이것이 가능했던 것은 곧 자기 소유가 될 10억원짜리 아파트를 은행에 근저당설정을 해주었기 때문이다. 그리고 1년 후 K씨가 구매한 아파트의 집값이 12억 원으로 상승했다고 가정하자. K씨가 아파트를 구입하기 위해 투자한 자기자본은 5억 원이고, 1년 만에 2억원을 벌은 셈이다. 따라서 K씨의 자기자본에 대한 수익률을 계산하면 40%($=\frac{2억}{5억}$)가 된다. 만약 K씨가 은행으로부터 대출을 받지 않고 자기자본으로 10억원짜리 아파트를 구입했다면 그가 투입한 자본의 수익률은 20%로 하락하게 된다. K씨가 했던 것처럼 은행으로부터의 차입을 지렛대로 삼아 주택, 증권, 부동산 등에서 투입자본의 수익률을 높이는 것을 레버리지 효과라고 말한다. 그런데 레버리지 효과의 전제조건은 아파트를 비롯한 자산의 가격이 반드시 상승해야 한다는 것이다.

㉰ 미국발 금융위기의 단초인 서브프라임 사태와 레버리지 효과 간의 연관관계는 뭘까?

앞에서는 아파트 가격이 상승한 경우를 살펴보았다. 이제 10억원짜리 아파트를 구입하고 1년이 지난 후, 그 가격이 2억원 하락하는 경우를 분석해 보자. 만약 K씨가 10억원 전체를 자기자본으로 충당했다면 그가 투입한 자본의 손실률은 20%에 그친다. 그러나 레버리지 효과를 노리고 5억 원의 은행대출로 아파트를 구입했다면 그가 투입한 자본의 손실률은 40%로 크게 상승한다.

이런 상황에서 은행이 부실채권을 막고 유동성을 확보하기 위해 대출금을 회수하기 시작하면 각 경제주체들은 은행 빚을 갚기 위해 앞을 다투어 자신들의 아파트를 매물로 내놓게 된다. 그 결과 아파트 가격은 폭락하게 된다. 극단적으로 10억원짜리 아파트가 6억원대까지 급락했다고 가정하자. 은행의 원금상환 독촉에 몰린 K씨는 아파트를 처분한 6억원으로 은행의 대출원금과 밀린 이자를 갚고 나면 남는 게 없는 빈털터리 신세로 전락하게 된다. 물론 K씨가 아파트를 100% 자기자본으로 구입했다면 아무리 불경기가 닥쳐온다 해도 아파트 자체는 자기 소유로 남게 된다. 지금까지 언급한 K씨의 가상적인 사례에서 빚을 내서 아파트와 같은 부동산이나 금융자산(주식, 채권 등)에 투자하는 것이 무척 위험하다는 것을 느꼈을 것이다.

2007년에 미국에서 발생한 서브프라임 사태도 레버리지 효과에 기인한 것이었다. 사태의 발단은 2000년대 초반부터 시작되었다. 2000년대 초, 미국경제가 IT버블 붕괴, 911 테러, 아프간 · 이라크 전쟁 등으로 악화되자 조지 워커 부시 행정부는 경기부양을 위해 초저금리 정책을 펼쳤다. 그에 따라 주택융자금리가 하락하자 부동산가격이 상승하기 시작했다. 그러자 평소 주택담보대출 심사를 통과하지 못했던 신용불량자들에게도 주택담보대출을 해주게 되었다. 우리는 이것을 서브프라임모기지론이라고 말한다. 하지만 2004년 미국이 저금리 정책을 종료하자 미국 부동산의 버블이 꺼지기 시작했다. 결국 서브프라임모기지론의 금리가 인상되면서 저소득층 대출자들은 원리금은 물론 대출이자까지 제대로 갚지 못하는 상황에 직면하고 말았다. 결국 금융기관들은 대출금의 회수불능 사태에 빠져 거대한 손실을 입었고 그 과정에서 여러 금융기업들이 파산하기에 이르게 되었다. 이는 세계적인 신용경색과 함께 실물경제에 엄청난 충격을 주면서 2008년의 세계금융위기로 이어지게 되었다.

요약 및 복습

01 화폐의 기능은 크게 교환의 매개수단, 회계의 단위 및 가치의 척도, 장래지불의 표준, 가치의 저장수단으로 구분된다. 이 가운데 화폐의 본원적 기능은 교환의 매개수단이다.

02 화폐는 물품화폐, 금속화폐, 지폐, 예금화폐, 전자화폐 순으로 발전해왔다. 금속화폐는 소재 가치와 명목 가치가 대략적으로 일치하지만 지폐의 경우는 명목 가치가 소재 가치보다 월등히 높다. 그럼에도 불구하고 지폐가 통용되는 것은 국가가 지폐를 법화로서 인정해주기 때문이다. 참고로 수표는 예금화폐의 사례이고 T-머니, E-캐시, 하이패스 플러스 카드, 사이버 코인은 전자화폐의 사례다.

03 통화량(= 화폐공급량)은 시중에서 널리 통용되고 있는 화폐를 어느 한 시점에서 측정한 총액을 의미한다. 또 그 크기와 변동을 측정할 수 있는 지표를 통화지표라고 정의한다. 현재 한국은행은 통화를 협의의 통화(M_1), 광의의 통화(M_2), 금융기관유동성(L_f), 광의의 유동성(L)으로 편제하고 있다.

04 금융은 자금을 빌려주거나 빌려 쓰는 자금의 융통이나 거래를 지칭한다. 금융상품이나 금융자산은 금융거래를 매개하는 수단을 의미하며 대표적인 금융자산으로는 증권을 들 수 있다. 참고로 증권은 약속한 내용에 따라 채권과 주식으로 세분된다.

1) 금융거래는 직접금융거래와 간접금융거래로 구분된다. 전자는 자금수요자가 자기 명의로 증권을 발행하고 자금공급자가 그것을 매입함으로써 이해당사자 간에 자금이 직접 거래되는 것을 말한다. 직접금융거래의 수단으로는 채권과 주식이 있다. 한편, 간접금융거래는 은행을 비롯한 금융중개기관을 통해 자금공급자로부터 자금수요자로 자금이 이전되는 거래를 말한다. 간접금융거래의 사례로는 예금이나 대출을 들 수 있다.

2) 우리나라의 금융시장은 직접금융시장과 간접금융시장으로 크게 구분된다. 직접금융시장은 단기금융시장인 자금시장과 장기금융시장인 자본시장, 외환시장, 파생금융상품시장으로 세분된다. 또 간접금융시장으로는 예대(예금과 대출)시장, 집합투자시장(펀드시장), 신탁업시장, 보험시장으로 세분된다.

05 금융시장의 기능은 자금의 수요부문과 공급부문을 연결시켜 줌으로써 기업의 생산활동을 지원하고, 소비주체인 가계에 대해서도 적절한 자산운용과 차입기회를 제공해준다. 또 시장 참가자들에게 투자 위험을 분산시킬 수 있는 환경을 제공하고, 금융거래에 필요한 정보의 수집비용을 절감시켜준다. 그 밖에도 금융시장은 시장규율을 통해 거래 상대방의 건전성에 대한 감시기능까지 수행한다.

06 금융제도는 금융거래의 방식이나 규칙과 관련해서 금융시장, 금융기관, 금융의 하부구조로 세분된다. 금융의 하부구조는 금융시장이나 금융기관을 뒷받침하거나 감시하는 법률체계와 각종 제도를 말하며 관련기관으로는 한국은행, 금융감독원, 예금보험관련기구, 법원 등이 있다. 또 금융제도의 유형으로는 시장중심금융제도와 은행중심금융제도가 존재한다. 다만, 최근 들어 직접금융의 비중이 증가하는 금융의 증권화 현상을 통해 그 중심축이 은행중심금융제도에서 시장중심금융제도로 옮겨가는 추세다.

제 6 장 화폐공급과 통화정책

1. 본원통화와 현금통화공급
2. 신용창조와 예금통화의 공급
3. 화폐공급함수의 도출과 정책적 시사점
4. 통화정책의 의의와 정책수단

출처 : 공군 블랙이글스

2019. 6. 1. 강릉 스페이스 챌린지 대회에서 축하비행을 마친 블랙이글스 팀원들이 원주기지로 복귀하는 장면이다. 8명의 블랙이글스 조종사들은 T-50B를 타고 부대로 복귀한다. 하지만 블랙이글스의 정비사와 진행요원들은 선명한 T-50B가 그려진 리무진 버스를 이용해서 부대로 향한다. 하늘과 땅을 배경으로 자신의 소속부대를 향해 떠나는 블랙이글스의 T-50B와 리무진 버스가 묘한 대조를 이룬다. 세계 에어쇼를 제패한 절대 강자의 포스가 느껴진다! **수험생 여러분들은 오늘의 현실이 비록 힘들더라도 블랙이글스처럼 당당함만은 잃지 않았으면 좋겠습니다!**

시중에 유통되는 화폐의 총량을 화폐공급량이라고 정의한다. 이때의 화폐공급량은 통화공급량이나 통화량과 동의어다. 화폐공급량은 발권은행으로서 한국은행이 독점 공급하는 본원통화와 예금은행조직의 신용창조로 구성된다. 이제 한국은행의 본원통화공급과 예금은행조직의 신용창조에 대해 자세히 알아보자.

① 본원통화와 현금통화공급

1.1 본원통화에 대한 정의 및 구성요소

1) **본원통화**(reserve base)란, 한국은행 창구를 통해 시중에 나온 따끈따끈한 현금을 말한다. 한국은행은 발권은행으로서 지폐와 동전을 독점 발행한다. 한국조폐공사가 인쇄작업을 마친 후, 한국은행 금고에 보관 중인 지폐와 동전은 아직 통화가 아니다. 통화가 되려면 지폐와 동전이 일단 한국은행 창구를 통해 시중으로 나와야 한다.

① 본원통화는 한국은행의 통화성 부채로서 예금은행조직이 실행하는 신용창조의 토대가 된다. 한국은행의 창구를 통해 시중에 나온 본원통화는 그 몇 배에 해당되는 통화량을 창출한다. 그런 이유에서 경제학에서는 본원통화를 '고성능화폐(high-powered money)' 라고도 부른다.

2) 본원통화의 구성

표 6-1 본원통화의 구성요소와 세부 항목

<table>
<tr><th colspan="3">본원통화</th></tr>
<tr><td>현금통화</td><td colspan="2">예금은행 지급준비금</td></tr>
<tr><td>현금통화</td><td>예금은행 시재금</td><td>한국은행 지급준비예치금</td></tr>
<tr><td colspan="2">화폐발행액</td><td>한국은행 지급준비예치금</td></tr>
</table>

① 한국은행 창구를 통해 시중에 나온 본원통화는 민간의 수중으로 들어가기도 하고 예금은행의 창구로 들어가기도 한다. 〈표 6-1〉에서 보듯이 민간의 호주머니 속으로 들어간 본원통화는 '현금통화' 라고 말한다. 또 예금은행 창구로 들어간 본원통화는 '예

금은행지급준비금' 이 된다. 또 그것은 예금은행이 현금의 형태로 보유하는 '예금은행시재금' 과 한국은행에 예치시킨 '한국은행지급준비예치금' 의 합으로 구성된다.

② 또 〈표 6-1〉에서 보듯이 현금통화에다 예금은행시재금을 합한 금액은 '화폐발행액' 이다. 그 이유는 본원통화 가운데 '한국은행지급준비예치금' 은 다시 한국은행으로 되돌아왔기 때문에 실제로 화폐를 발행한 액수는 민간이 보유한 '현금통화' 와 예금은행이 보유한 '예금은행시재금' 의 합과 같기 때문이다.

③ 참고로 총지급준비금은 법정지급준비금과 초과지급준비금의 합이고 총지급준비율은 법정지급준비율과 초과지급준비율의 합으로 정의된다. 총지급준비율은 총지급준비금을 예금총액으로 나눈 값이고 법정지급준비율은 법정지급준비금을 예금총액으로 나눈 값이다. 또 초과지급준비율은 초과지급준비금을 예금총액으로 나눈 값으로 정의된다. 따라서 다음과 같은 식이 성립한다.

㉠ 총지급준비금 = 법정지급준비금 + 초과지급준비금 = **실제지급준비금**

㉡ 총지급준비율 = 법정지급준비율 + 초과지급준비율

④ 2020년 8월 말 현재, 우리나라 예금은행의 법정지급준비율을 보면 요구불예금은 7%, 저축성예금은 2%대를 유지하고 있다.

⑤ 초과지급준비금은 은행이 실제로 보유하고 있는 총지급준비금과 법정지급준비금의 차이를 의미한다. 일반적으로 초과지급준비금은 0보다 크다. 이는 총지급준비금이 법정지급준비금보다 크다는 것을 의미한다.

⑥ 한국은행은 일반은행이 보유해야 할 지급준비금의 최저 수준을 법적으로 규정하는 법정지급준비금제도를 운용하고 자금 부족에 처한 일반은행에게 긴급자금을 차입해준다. 이는 **뱅크런**(bank run)에 따른 은행의 파산을 막기 위함이다. **뱅크런이란 예금주들이 은행의 파산을 예상하여 자신들의 예금을 동시에 인출해가는 현상을 지칭한다.**

1.2 본원통화의 공급경로

1) 한국은행이 공급하는 본원통화는 한국은행의 대차대조표를 통해서도 쉽게 파악할 수 있다. 본원통화는 한국은행의 부채(負債)이다. 한국은행이 외부로부터 자산을 구입하는 대가로 현금이나 수표를 지급하면 본원통화가 증가한다. 참고로 한국은행의 자산은 차변란

에, 부채는 대변란에 기입한다.

표 6-2 한국은행의 대차대조표

차변(자산)	대변(부채)
대(對)정부대출금 ←	정부예금
대(對)예금은행대출금	본원통화
	화폐발행액
	한국은행지급준비예치금
국외자산 ←	국외부채
기타자산 ←	기타부채

차변(자산)	대변(부채)
순대(純對)정부대출금	본원통화
대(對)예금은행대출금	화폐발행액
순(純)국외자산	한국은행지급준비예치금
순(純)기타자산	

2) 한국은행의 자산에는 대(對)정부대출금, 대(對)예금은행대출금, 한국은행 보유의 국외(해외)자산, 기타자산(유가증권, 건물 등)이 있다. 한국은행의 부채로는 정부예금, 본원통화(= 화폐발행액 + 한국은행지급준비예치금), 국외(해외)부채, 기타부채가 있다.

3) 대차대조표에서는 차변의 합계가 대변의 합계와 일치해야 한다. 따라서 대변의 부채항목 가운데 정부예금, 국외부채, 기타부채 항목을 차변항으로 이동시키면 〈표 6-2〉와 같다.

① 순대(純對)정부대출금은 대(對)정부대출금에서 정부예금을 뺀 금액이다. 이 금액이 커질수록 본원통화는 증가한다. 순대(純對)정부대출금이 증가하면 정부의 재정적자가 커진다. 따라서 정부의 재정적자가 커질수록 본원통화는 증가한다.

② 대(對)예금은행대출금도 본원통화에 영향을 미친다. 예금은행이 한국은행으로부터 대출을 많이 받으면 받을수록 본원통화도 그만큼 증가하게 된다.

③ 순(純)국외(= 해외)자산은 국외자산에서 국외부채를 뺀 금액이다. 수출 증가나 외자도입 시, 한국은행이 외환을 매입하고 그 대금을 원화로 지불하는 과정에서 본원통화가 증가한다. 또 수입 증가나 외채 상환 시, 한국은행은 원화를 지급받고 필요한 외환을 매각하는 과정에서 본원통화는 감소한다. 따라서 한국은행의 매입 외환이 매각 외환보다 클 때, 본원통화는 증가한다.

④ 순(純)기타자산은 기타자산에서 기타부채를 공제한 금액이다. 한국은행이 보유한 순(純)기타자산이 늘어날수록 본원통화는 증가한다. 즉 한국은행이 국공채와 같은 유가증권이나 부동산과 같은 자산을 취득하면 할수록 본원통화는 증가한다.

2 신용창조와 예금통화의 공급

2.1 예금은행조직의 신용창조를 설명하기 위한 기본 가정

1) 예금은행조직 밖으로의 현금누출(cash drain)은 없다.

2) 요구불예금만 존재하며 저축성예금은 없다.

3) 예금은행은 대출의 형태로만 자금을 운용하며 유가증권에 대한 투자는 하지 않는다.

4) 예금은행은 법정지급준비금만 보유하며 초과지급준비금은 없다.

2.2 예금은행조직에 의한 신용창조

1) 위의 4가지 가정 하에 예금은행조직이 요구불예금의 형태로 어떻게 예금통화를 창조하는지 살펴보자.

① 철수가 지갑 속에 들어 있던 현금 10만원을 A은행에 요구불예금으로 예치했다고 가정하자. 경제학에서는 이러한 예금은 **본원적예금**(primary deposits)이라고 말한다. 이때 법정지급준비율이 20%라고 가정하자. 그러면 A은행은 본원적예금 10만원 가운데 20%에 해당되는 2만원만 법정지급준비금으로 남겨놓고 8만원을 영희에게 대출해줄 수 있다. 또 영희가 8만원을 B은행에 요구불예금으로 예치하면 B은행은 8만원의 20%에 해당되는 16,000원만 법정지급준비금으로 남겨두고 64,000원을 동녘에게 대출해줄 수 있다. 이처럼 예금 ⇒ 대출 ⇒ 예금 ⇒ 대출의 경로를 따라 발생하는 예금통화의 창출 과정을 정리하면 〈표 6-3〉과 같이 요약된다.

표 6-3 예금은행조직의 신용창조 과정

예금은행	요구불예금	대출	법정지급준비금
A	100,000	80,000	20,000
B	80,000	64,000	16,000
C	64,000	51,200	12,800
D	51,200	40,960	10,240
E	⋮	⋮	⋮
⋮	⋮	⋮	⋮
총계	500,000 (총예금참조액)	400,000 (순예금참조액)	100,000 (본원적예금)

② 총예금창조액(D_G)은 초항이 10만원, 공비가 0.8인 무한등비급수의 합으로 정의된다.

$$
\begin{aligned}
\text{총예금창조액}(D_G) &= 100{,}000\text{원} + 80{,}000\text{원} + 64{,}000\text{원} + \cdots\cdots \\
&= 100{,}000\text{원} + (100{,}000\text{원} \times 0.8) + (100{,}000\text{원} \times 0.8^2) + \cdots\cdots \\
&= 100{,}000\text{원} \times (1 + 0.8 + 0.8^2 + \cdots\cdots) \\
&= 100{,}000\text{원} \times \frac{1}{1-0.8} \\
&= 500{,}000\text{원}
\end{aligned}
$$

③ 순예금창조액(D_N)은 본원적예금에 기인해서 추가로 창출된 파생적 예금(derivative deposits)을 의미하며 다음과 같이 산출된다.

$$
\begin{aligned}
\text{순예금창조액}(D_N) &= \text{총예금창조액}(D_G) - \text{본원적예금}(S) \\
&= 500{,}000\text{원} - 100{,}000\text{원} \\
&= 400{,}000\text{원}
\end{aligned}
$$

④ 이제 총신용승수와 순신용승수를 도출할 차례가 되었다. 총신용승수와 순신용승수의 도출 과정을 언급하면 아래와 같다.

㉠ 총신용승수란 본원적예금(S)이 1단위 증가할 때, 총예금창조액(D_G)이 얼마만큼 늘어날 것인가를 알려주는 지표로서 다음과 같이 정의된다.

$$\text{총예금창조액}(D_G) = \text{본원적예금}(S) \times \frac{1}{\text{법정지급준비율}(r_l)}$$

한편, 총신용승수는 $\frac{\Delta D_G}{\Delta S}$로 정의되기 때문에 위의 식에서 S로 D_G를 미분하면 $\frac{1}{r_l}$이 도출된다. 따라서 $\frac{1}{r_l}$이 총신용승수가 된다.

㉡ 순신용승수란 본원적예금(S)이 1단위 증가할 때, 순예금창조액(D_N)이 얼마만큼

늘어날 것인가를 알려주는 지표로서 아래와 같다.

$$순예금창조액(D_N) = 총예금창조액(D_G) - 본원적예금(S)$$
$$= \frac{S}{r_l} - S = S\left[\frac{1}{r_l} - 1\right]$$

한편, 순신용승수는 $\frac{\Delta D_N}{\Delta S}$ 로 정의되기 때문에 위의 식에서 S로 D_N을 미분해주면 $\left(\frac{1}{r_l}\right) - 1$이 도출된다. 따라서 $\left(\frac{1}{r_l}\right) - 1$이 순신용승수가 된다.

2) 신용창조의 한계

① **신용창조는 〈표 6-3〉에서 보는 바와 같이 모든 예금은행조직의 법정지급준비금 합계가 본원적예금(S)의 크기와 같아질 때까지 계속된다.**

② 신용창조는 법정지급준비율이 100%보다 적어서 각 예금은행들이 대출을 해주었기 때문에 가능했다. 현재에도 예금은행조직은 법정지급준비율이 100%보다 적다. 이러한 부분지급준비제도로 인해 신용창조가 가능한 것이다.

③ 하지만 현실에서는 예금은행조직 밖으로 현금누출이 비일비재하게 발생하고, 초과지급준비금도 존재하며 은행들은 대출 이외에도 유가증권이나 부동산 등에 대한 투자를 하고 있다. 따라서 각 예금은행의 대출액도 〈표 6-3〉에 제시된 것보다 훨씬 더 적다. 따라서 총예금창조액, 순예금창조액, 총신용승수, 순신용승수도 자연히 작을 수밖에 없다.

④ 따라서 위에서 언급한 총신용승수와 순신용승수의 크기는 이론적으로 달성 가능한 신용창조의 최대한도를 나타낸다고 볼 수 있다.

3 화폐공급함수의 도출과 정책적 시사점

3.1 화폐공급함수에 대한 개요

1) 화폐공급함수(= 통화공급함수)란 한국은행이 독점적으로 공급하는 본원통화와 협의의 통화[M_1 = 현금통화 + 예금통화(수시입출식 저축성예금 포함)] 간의 관계를 일컫는다.

2) 화폐공급함수는 예금은행조직 밖으로의 현금누출과 예금은행조직의 초과지급준비금이 존재한다는 가정하에 화폐공급함수를 도출한다.

3) 한국은행이 독점적으로 공급한 본원통화는 예금은행조직으로 흘러 들어가 그 몇 배에 해당하는 통화량(= 화폐공급량)을 증가시키게 된다.

4) 화폐공급함수에서 가장 중요한 개념은 **화폐승수**(= 통화승수)다. 화폐승수란, 본원통화가 1단위 증가할 때, 통화량이 얼마만큼 변동할 것인가를 나타내주는 지표다.

3.2 화폐공급함수의 도출

화폐공급함수는 2가지 방법으로 도출이 가능하다. 여기에서는 도출 과정 2가지를 자세하게 설명하고자 한다. 이 내용은 시험에 출제될 빈도가 높기 때문에 독자들의 주의 깊은 학습을 주문한다.

1) **화폐공급함수의 도출 (1)** : 현금예금비율(= $\frac{C}{D}$)을 활용하는 경우

통화량을 M, 본원통화를 B, 화폐승수를 m이라고 하자.

화폐승수(m) = $\frac{M}{B}$ ········ ㉠

from ㉠ $M = mB$ ········ ㉡

통화량(M)은 현금통화(C)와 예금통화(D)의 합계이고 본원통화(B)는 현금통화(C)와 총지급준비금(R)의 합계로 정의된다.

협의의 통화 ⇒ $M = C + D$ ········ ㉢

본원통화 ⇒ $B = C + R$ ········ ㉣

㉢식을 ㉣식으로 나눠주면 $\frac{M}{B} = \frac{C+D}{C+R}$ ········ ㉤

㉤식에서 오른쪽 항의 분자와 분모를 예금통화(D)로 나눠주면 ㉥식이 도출된다.

$$\frac{M}{B} = \frac{\frac{C}{D}+1}{\frac{C}{D}+\frac{R}{D}} \quad \text{······ ㉥}$$

㉥식에서 $\frac{C}{D}$는 현금예금비율(c)이고 $\frac{R}{D}$은 총지급준비율(r)이 된다.

따라서 ㉥식은 $\frac{M}{B}=\frac{c+1}{c+r}$ ································· ㉦이 된다.

from ㉦ $M=\frac{c+1}{c+r}B$ ································· ㉧이 도출된다.

2) 화폐공급함수의 도출 (2) : 현금통화비율(= C/M)을 활용하는 경우

화폐승수(m) $=\frac{M}{B}$ ································· ㉠

from ㉠ $M=mB$ ································· ㉡

협의의 통화 ⇒ $M=C+D$ ································· ㉢

본원통화 ⇒ $B=C+R$ ································· ㉣

현금통화비율(z) ⇒ $z=\frac{C}{M}$ ································· ㉤

from ㉤ $C=zM$ ································· ㉥

from ㉢ $M=C+D=zM+D$ ································· ㉦

from ㉦ $D=(1-z)M$ ································· ㉧

지급준비금(R) ⇒ $R=rD$ ································· ㉨

from ㉣ $B=C+R=zM+r(1-z)M$ ································· ㉩

from ㉩ $B=\left[z+r(1-z)\right]M$ ································· ㉪

from ㉪ $M=\frac{1}{z+r(1-z)}B$ ································· ㉫

3) 화폐공급함수가 제시하는 정책적 시사점

화폐승수(m) $=\frac{M}{B}=\frac{c+1}{c+r}=\frac{1}{z+r(1-z)}$ ································· ㉬

단, ㉬식에서 현금예금비율(c)은 $\frac{C}{D}$, 현금통화비율(z)은 $\frac{C}{M}$, 지급준비율(r)은 지급준비금을 총예금액으로 나눈 값으로 정의된다.

① 화폐승수(m)는 총신용승수($\frac{1}{r_l}$)보다 작다. 그 이유는 화폐승수는 예금은행조직 밖으로의 현금누출과 예금은행조직에서 초과지급준비금이 존재하기 때문이다.

② 위 ㉬식에서 볼 수 있듯이 **화폐승수의 크기는 고객의 현금예금비율($\frac{C}{D}$), 현금통화비율($\frac{C}{M}$), 예금은행의 지급준비율(r)이 작을수록 커진다.** $\frac{C}{D}$와 $\frac{C}{M}$가 작아지면 예금액

이 커져서 대출가능금액이 증가하기 때문에 신용창조액이 늘어난다. 또 지급준비율(r)이 작아지면 대출가능액이 증가하기 때문에 신용창조액이 커진다. 신용창조액이 커지면 통화량은 저절로 늘어날 수밖에 없다.

③ $m = \frac{M}{B} \Rightarrow M = mB$가 도출된다. 여기서 신용창조와 관련된 것은 통화승수 m이고, 본원통화와 관련된 것은 B임에 주의해야 한다.

④ ㉲식은 통화량(= 화폐공급량)을 결정하는 경제주체가 누구인지를 알려준다.

㉠ 법정지급준비율(r_l)과 본원통화(B)를 결정하는 주체는 한국은행이다.

㉡ 초과지급준비율(r_e)을 결정하는 주체는 예금은행이다.

㉢ 현금예금비율($\frac{C}{D}$)과 현금통화비율($\frac{C}{M}$)을 결정하는 주체는 민간부문이다.

⑤ 현실적으로 통화량(M)의 크기를 결정적으로 좌우하는 핵심주체는 본원통화(B)와 법정지급준비율(r_l)을 결정하는 한국은행이라고 말할 수 있다. 따라서 경제학에서는 일반적으로 한국은행이 화폐공급(Money Supply ; M^S)의 주체로서 통화량(= 화폐공급량)을 임의의 M_0 수준으로 결정한다고 가정한다.

[그림 6-1] 한국은행에 의한 화폐공급량(= 통화공급량)

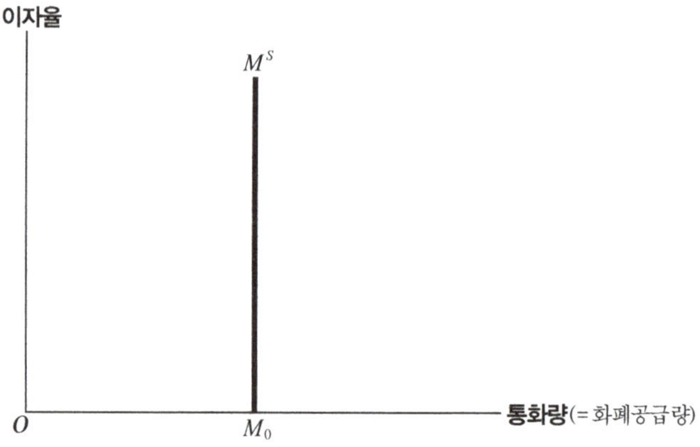

⑥ 하지만 이자율이 상승할 때, 예금과 대출이 민감하게 반응한다면 현금예금비율($\frac{C}{D}$)과 현금통화비율($\frac{C}{M}$), 그리고 초과지급준비율(r_e)은 하락하게 된다. 이때 이자율의 상승은 화폐승수의 증가와 통화량의 증가로 이어져서 이자율과 화폐공급곡선은 위와 같은 수직선의 형태가 아니라 전형적인 공급곡선처럼 우상향(右上向)의 형태를 띨 수도 있다. 그러나 본서(本書)에서는 통화량(= 화폐공급량)이 한국은행에 의해 일정하게 주어진다고 가정한다.

4 통화정책의 의의와 정책수단

4.1 통화정책[1]의 정의, 최종목표, 운영체계

1) 통화정책(monetary policy)은 독점적 발권력을 가진 한국은행이 통화량이나 이자율에 영향을 미쳐 **물가안정, 금융안정, 고용안정** 등의 최종목표[2]를 달성함으로써 국민경제가 지속 가능한 경제성장을 할 수 있도록 하는 제반(諸般) 정책을 의미한다.

2) 한국은행은 통화정책의 최종목표를 달성하기 위해 노력하는 정부 당국이다. 그런 한국은행의 통화정책운영체계를 정리하면 아래의 [그림 6-2]와 같이 요약된다. 우선 통화정책의 운영체계는 크게 정책수단, 운용목표, 명목기준지표, 최종목표, 그리고 통화정책의 결정과 집행을 뒷받침해주는 의사결정 관련 제도로 구성된다. 참고로, **명목기준지표란 한국은행이 최종 정책목표를 달성하기 위해서 중점적으로 관리하는 명목변수**를 말한다.

[그림 6-2] 한국은행의 통화정책운영체계

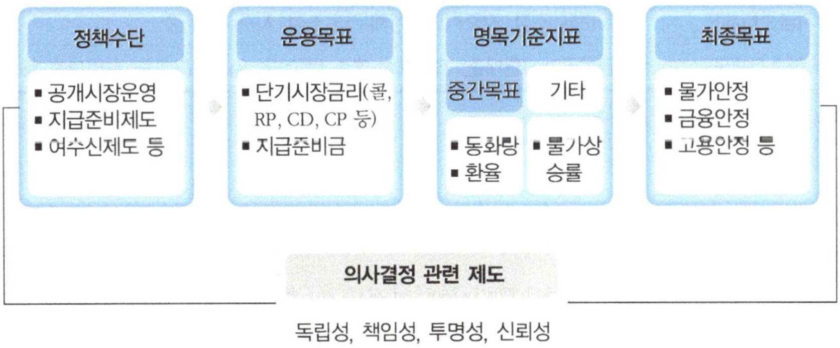

출처 : 1. 한국은행, 『한국의 금융시장』, 2016, p.8
2. 정운찬 · 김영식 공저, 『거시경제학』, 율곡출판사, 2019, p.365

통화정책의 수단으로는 공개시장운영(= 공개시장조작), 지급준비제도(= 법정지급준비율제도), 여수신제도가 있다. 또 다른 정책수단인 재할인율제도에 대해선 [보론 6-1]을 참조하기 바란

1. 통화정책은 금융정책, 통화금융정책 등과 동의어다. 어떤 용어를 사용해도 무방하지만 본서(本書)에서는 통화정책으로 통일해서 사용하고자 한다.
2. 통화정책은 물가안정, 금융안정, 고용안정이 매우 중요한 최종목표이지만 경제성장, 이자율 안정, 외환시장의 안정도 통화정책이 추구하는 최종목표의 범주에 속한다고 볼 수 있다.

다. 또 통화정책의 계획, 결정, 집행을 위해서는 의사결정과 관련된 제도적 장치 마련이 필요하다. 특히 의사결정과 관련해서 통화정책이 소기의 성과를 거두기 위해서는 정책 당국인 한국은행이 외압(外壓)으로부터의 독립성, 정책 결과에 대한 무한책임성, 정책 결정의 투명성과 신뢰성의 확보가 전제되어야 한다. 한국은행의 통화정책운영체제에 대한 세부적인 사항에 대해서는 아래 사항을 참고하기 바란다.

4.2 통화당국의 주요 정책수단

한국은행은 본원통화의 공급량을 조절함으로써 통화량에 영향을 미칠 수 있다. 한국은행이 본원통화의 공급량을 조절하기 위한 주요 정책수단으로는 〈표 6-4〉에서 보는 바와 같이 공개시장운영(open market operation), 지급준비제도, 여수신(與受信)제도 등이 있다.

표 6-4 한국은행이 운용하는 정책수단의 종류와 세부 항목

통화정책 수단	세부수단
공개시장운영	통화안정증권 발행 · 환매, 국공채 단순매매, RP매매, 통화안정계정 예치 등
지급준비제도	지준율 조정, 지준적립대상채무의 조정, 지준 부리 등
여수신제도	금융공개지원대출, 자금조정 대출 및 예금, 일중당좌대출, 특별대출 등

출처 : 한국은행, 『한국의 금융시장』, 2016, p.10 참조

1) 공개시장운영(일명, 공개시장조작)

① 공개시장운영[3]은 한국은행이 통화안정증권, 환매조건부채권(RP), 국공채 등을 금융시장에서 매입하거나 매각함으로써 본원통화의 양과 시장금리를 조절하는 수단을 말한다.

② 한국은행이 금융시장에서 통화안정증권, 환매조건부채권, 국공채를 매입(買入, 구입)하면, 그에 대한 매입 대금으로 지급한 돈이 시중에 풀리면서 통화량이 증가한다. 또 환매조건부채권이나 국공채에 대한 수요 증가로 이들 가격이 상승함에 따라 시중 이자율은 하락한다. 따라서 공개시장운영에서 매입 전략은 불경기를 극복하는 데 유효

3. 공개시장운영은 단기금융시장이나 채권시장과 같은 공개시장에서 금융기관을 상대로 시장 친화적으로 이루어지기 때문에 시장 왜곡이 적은 정책수단인데다 시기와 규모도 신축적인 조정이 가능해서 정책효과가 매우 뛰어나다는 장점이 있다.

하다.

③ 이와는 반대로 한국은행이 금융시장에서 통화안정증권, 환매조건부채권, 국공채를 매각(賣却, 판매)하면, 그의 매각대금이 한국은행으로 들어옴으로써 시중 통화량이 감소한다. 또 환매조건부채권이나 국공채 공급의 증가로 이들 가격이 하락함에 따라 시중 이자율은 상승한다. 따라서 공개시장운영 시 매각 전략은 호경기를 진정시키는 데 유효하다. 공개시장운영과 관련해서 독자들이 유의해야 할 점이 하나 있다. 그것은 **민간기업의 주식이나 회사채는 한국은행의 매입 및 매각 대상이 아니라는 사실이다**.

2) 지급준비제도(일명, 법정지급준비율 정책)

① 지급준비제도의 핵심은 한국은행이 예금은행의 법정지급준비율(r_l)을 변경시킴으로써 통화량을 조절하는 정책을 말한다. 한국은행이 법정지급준비율을 변경시키면 1차적으로 대출가능금액인 예금은행의 초과지급준비금이 변하게 된다.

㉠ r_l 감소 ⇒ 초과지급준비금 증가 ⇒ 대출 증가 ⇒ 신용창조 확대 ⇒ 통화량 증가 ⇒ 이자율 하락 ⇒ 투자 증가 ⇒ 경기부양

㉡ r_l 증가 ⇒ 초과지급준비금 감소 ⇒ 대출 감소 ⇒ 신용창조 축소 ⇒ 통화량 감소 ⇒ 이자율 증가 ⇒ 투자 감소 ⇒ 경기 진정

따라서 호경기 때는 r_l 증가, 불경기 때는 r_l 감소 전략을 채택해야 한다.

② 금융시장이 발달하기 이전에는 법령의 제정이나 개정만으로도 통화량을 강력하게 조정할 수 있었기 때문에 법정지급준비율 정책이 나름대로 파워풀한 정책수단이었다. 하지만 금융 자유화가 크게 진척된 1990년대 이후부터는 시장 친화적인 통화정책의 필요성이 제기됨에 따라 공개시장운영의 역할이 커지고 법정지급준비율 정책의 역할은 상대적으로 축소[4]되었다.

3) 여수신(與受信)제도

① 여수신정책은 한국은행이 금융기관을 대상으로 예금(수신)이나 대출(여신)을 통해 자

4. 법정지급준비율 정책의 역할이 축소될 수밖에 없었던 원인으로는 크게 3가지를 들 수 있다. 첫째, 각종 금융규제가 철폐되거나 완화되는 상황에서 지급준비율 정책은 금융기관의 자율적 자금 운용을 제약하는 규제의 하나로 인식되었기 때문이다. 둘째, 지급준비율은 조금만 변경하더라도 전체 유동성 수준이나 금융기관의 수지(收支)에 강력하고 지속적인 영향을 미치기 때문에 일상적인 유동성 조절수단으로 빈번하게 활용하기가 곤란하다. 셋째, 형평성의 문제도 한몫했다. 지급준비 의무는 모든 금융기관에 부과되는 것이 아니다. 통화정책의 대상인 은행권에게만 부과된다. 또한 지급준비금에 대해서는 이자를 지급하지 않는다. 따라서 이를 강제적으로 보유하게 되는 금융기관은 마치 지준세(reserve tax)를 납부하는 셈이 되어 지급준비금의 예치 의무가 없는 비은행예금취급기관에 비해 상대적으로 불리하다.

금의 수급을 조절하는 정책을 말한다. 현재 한국은행이 운용하는 여수신제도로는 금융중개지원 대출, 자금조정 대출 및 예금, 일중당좌 대출, 특별 대출 등이 있다.

② 한국은행의 대출제도는 시중은행이 기업에게 할인해준 어음을 재할인해주는 방식으로 자금을 지원했기 때문에 일반적으로 재할인율제도라고 불렀다. 또 한국은행 대출은 오랫동안 시중은행들이 한국은행으로부터의 일상의 영업자금을 조달하는 수단으로 활용되어 온 것도 사실이다. 하지만 최근에는 유동성 부족을 겪고 있는 은행들이 마지막으로 의존하는 최종 대부자로서의 성격이 강해졌다.

③ 또 주요 선진국의 중앙은행은 통화정책의 운용목표인 단기 시장금리의 과도한 변동을 막기 위한 정책수단의 하나로 대기성 여수신제도인 자금조정 대출 및 예금을 활용하고 있다. 특히 대기성 여신제도의 경우에는 금융시장이 불안할 경우, 대출금리 인하, 만기 연장, 대출담보 확대 등 대출조건을 완화할 수 있도록 하는 등 금융안정을 위한 정책수단으로도 활용되고 있다.

보론 6-1 재할인율 정책과 선별적 정책수단

㉮ 재할인율 정책

재할인율 정책(rediscount rate policy)**은 한국은행이 금융기관에 빌려주는 자금의 금리를 높이거나 낮추어서 통화량과 이자율을 조절하는 정책수단이다.** 여기서는 중소기업 K사장의 사례를 통해 재할인율 정책의 의미를 구체적으로 설명하고자 한다.

[그림 6-3] 재할인율 정책의 구체적 사례

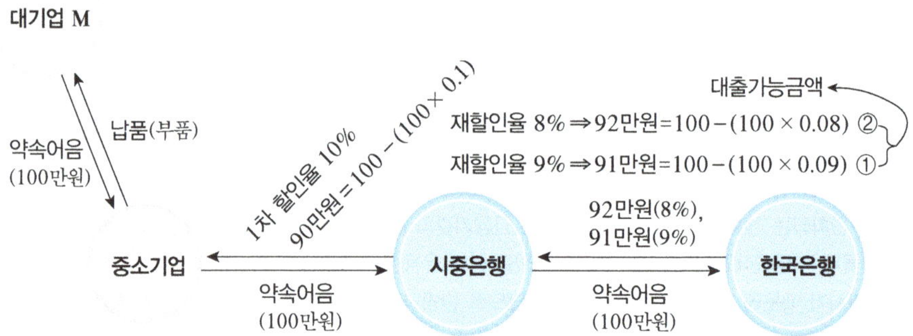

중소기업 K사장은 대기업인 M사에게 100만원어치의 부품을 납품하고 3개월짜리 약속어음

(100만원)을 받는다. 그런데 직원들의 월급, 원재료, 중간재 등의 구입을 위해서는 현금이 필요하다. 따라서 K사장은 3개월짜리 약속어음(100만원)을 시중은행에게 제공하고 현금을 받는다. 이때 시중은행이 적용하는 이자율이 1차 할인율이다. 여기에는 3개월간의 이자 비용과 수수료가 포함된다. 만약 1차 할인율이 10%라면 K사장이 시중은행으로 받을 수 있는 현금은 90만원이다. 그 근거는 '90만원 = 100만원 − (100만원 × 0.1)' 이다.

이제 시중은행은 K사장으로부터 받은 약속어음을 갖고 한국은행에 가서 2차 할인을 받는데 이것이 재할인율이다. 그런데 **재할인율은 반드시 1차 할인율보다 낮아야 한다**. 만약 한국은행이 9%의 재할인율을 채택했다면 시중은행은 한국은행으로부터 91만원*을 받을 수 있고 8%의 재할인율을 채택했다면 시중은행은 한국은행으로부터 92만원**을 받을 수 있다. 시중은행의 입장에서 보면 재할인율이 9%일 때는 1만원***만 대출 가능하고 재할인율이 8%인 경우에는 2만원****을 추가로 대출할 수 있다. 즉 **재할인율이 낮을수록 시중은행의 대출가능 금액이 커지게 된다**는 사실을 알 수 있다. 따라서 다음과 같은 논리가 성립된다.

ⓐ 재할인율 인하 ⇒ 시중은행의 대출가능금액 증가 ⇒ 대출 증가 ⇒ 신용창조 확대 ⇒ 통화량 증가 ⇒ 이자율 인하 ⇒ 투자 증가 ⇒ 경기부양

ⓑ 재할인율 인상 ⇒ 시중은행의 대출가능금액 감소 ⇒ 대출 감소 ⇒ 신용창조 축소 ⇒ 통화량 감소 ⇒ 이자율 인상 ⇒ 투자 감소 ⇒ 경기 진정

※ 호경기 때는 재할인율 인상, 불경기 때는 재할인율 인하 전략을 채택하는 게 바람직스럽다!

㉯ **선별적 정책수단 :** 대출한도제, 이자율규제정책, 창구(窓口)규제, 도덕적 설득

선별적 정책수단은 한국은행이 예금은행의 대출에 대해 선별적 내지 차별적으로 개입해서 이자율이나 통화량을 직접 조절하고자 하는 규제수단을 말한다.

ⓐ '대출한도제(ceiling system)'의 사례로는 예금은행에 대한 국내여신한도제를 들 수 있다. 국내여신한도제는 한국은행과 예금은행의 국내여신에 대해 최고한도를 설정하고 국내여신이 그 이상을 초과하지 못하도록 규제하는 것을 말한다.

ⓑ '이자율규제'는 한국은행이 예금은행의 예금이자율과 대출이자율에 상한선을 설정하거나 이자율 수준을 직접 규제하는 것을 말한다.

---

* 91만원의 산출근거는 다음과 같다. 91만원 = 100만원 − (100만원 × 0.09)

** 92만원의 산출근거는 다음과 같다. 92만원 = 100만원 − (100만원 × 0.08)

*** 시중은행이 K사장에게 90만원을 준 후, 한국은행으로부터 91만원을 받을 수 있기 때문에 시중은행이 추가로 대출할 수 있는 돈은 1만원(= 91만원 − 90만원)이다.

**** 시중은행이 K사장에게 90만원을 준 후, 한국은행으로부터 92만원을 받을 수 있기 때문에 시중은행이 추가로 대출할 수 있는 돈은 2만원(= 92만원 − 90만원)이다.

ⓒ '창구(窓口)규제'는 한국은행이 예금은행의 예금유치 및 대출정책을 통화정책의 틀에 부합하도록 일일이 지도하거나 규제하는 것을 지칭한다.

ⓓ '도덕적 설득'은 한국은행이 각종 경고나 공식적인 입장표명을 통해 예금은행들에게 적절한 행동을 하도록 유도하거나 설득하는 일련의 행동을 뜻한다.

4.3 통화정책의 운용목표와 명목기준지표에 대한 개요

1) 통화정책의 운용목표

① [그림 6-2]에서 살펴본 바와 같이 한국은행은 통화정책의 최종목표와 밀접하게 연관된 명목기준지표(예 : 물가상승률, 통화량, 환율) 가운데 어떤 대상을 선택한 후, 그것에 대한 목표수준을 설정하고 그 목표를 달성하기 위해 통화정책을 실행해왔다. 이들 3가지 명목기준지표 가운데 한국은행이 중간목표로 운용하는 것은 통화량과 환율이었다.

② 그런데 한국은행은 이들 명목기준지표를 통제하거나 제어할 수 없다. 따라서 한국은행은 자신이 직접 통제하거나 제어할 수 있는 단기시장금리나 지급준비금을 운용목표로 삼고 있다. 또 한국은행은 이들 운용목표의 적정 수준을 설정하고 공개시장운영, 지급준비제도, 한국은행의 여수신제도 등의 정책수단을 활용해서 운용목표의 적정 수준을 유지하기 위해 노력한다. 그러면 운용목표의 적정 수준 달성⇒중간목표의 달성⇒최종목표의 달성이라는 성과를 얻게 된다.

2) 통화정책의 명목기준지표 : 물가안정목표제

① 통화정책의 결정 및 집행 과정에서 어떤 명목기준지표가 적합한 것인지는 전적으로 각국의 경제구조와 금융시장의 발달 정도에 따라 달라질 수밖에 없다. 한국을 비롯한 주요 선진국가들은 물가상승률을 대표적인 명목기준지표로 활용하고 있는데 이를 **물가안정목표제** 또는 **인플레이션 타깃팅**(inflation targeting)이라고 명명한다.

② 물가안정목표제란 중앙은행이 명시적인 중간목표 없이 일정 기간 동안 달성해야 할 물가상승률의 목표치를 미리 설정하고 이에 맞추어 통화정책을 운영하는 방식이다. 즉 물가안정목표제에서 중앙은행은 다양한 정보변수([보론 6-2] 참조)를 활용하여 미래의 인플레이션을 예측하고 실제 물가상승률이 목표치에 수렴할 수 있도록 통화정책을 운영한다. 물가안정목표제는 1990년 뉴질랜드가 세계 최초로 도입한 이후, 20여

개 국가가 그것을 채택하고 있다.

③ 세계 여러 나라들이 물가안정목표제를 채택하고 있는 것은 그만큼 장점이 많기 때문이다. 물가안정목표제가 갖는 장점으로는 대략 4가지를 꼽을 수 있다.

첫째, 한국은행이 통화량과 같은 중간목표 대신 물가안정이라는 최종목표를 분명하게 제시함으로써 명목기준지표가 갖추어야 할 명확성을 충족시킬 수 있다.

둘째, 물가안정목표제는 다양한 경제변수들의 움직임을 고려한 후 물가상승률의 목표치를 분명하게 제시함으로써 경제주체들이 기대인플레이션을 형성할 수 있도록 도와준다. 이때 중요한 것은 정부당국의 신뢰성 확보다.

셋째, 물가안정목표제는 물가상승률의 목표치를 분명하게 제시함으로써 한국은행의 통화정책이 당초 계획한 정책목표의 달성 여부를 손쉽게 파악할 수 있다.

넷째, 기대인플레이션을 목표 물가상승률과 일치시킴으로써 케인지언적인 재량적 통화정책이 야기할 수 있는 기대인플레이션의 편의(bias)를 줄일 수 있는 장점이 있다.

3) 통화정책의 최종목표로는 물가안정, 금융안정, 고용안정 등이 있다. 2008년 글로벌 금융위기의 발생 이전에는 각국의 중앙은행이 물가안정을 최우선 목표로 간주했지만 2008년도 이후부터는 금융안정이 더 중시(重視)되는 추세를 보이고 있다.

보론 6-2 정보변수에 대한 개요

㉮ 정보변수(information variables) 전략과 통화정책의 운용체계

ⓐ 1980년대 중반부터 통화량과 실물경제 사이에 존재하던 안정적 관계에 대한 회의론이 제기됨에 따라 중간목표의 존재에 대한 의문이 제기되었다. 이에 따라 통화정책의 운용방식에 대한 개선안이 활발하게 제기되었는데 그 가운데 하나가 [그림 6-4]에 등장하는 정보변수전략이다. 정보변수전략은 중간목표를 정하지 않는 대신 최종목표와 밀접한 연관이 있는 다양한 정보변수를 관찰하고 통화정책수단을 조절함으로써 최종목표를 달성하고자 하는 전략이다.

ⓑ 정보변수전략의 최대 장점은 통화량이나 명목이자율과 같은 특정변수에만 의존하는 경직적인 중간목표전략과는 달리 현실설명력이 큰 여러 변수를 정보변수로 폭넓게 활용할 수 있다는 점이다. 하지만 정책 당국인 한국은행의 재량권이 지나치게 커질 수 있다는 단점도 존재한다. 그럼에도 불구하고 최근 정보변수전략을 수용하는 국가들이 늘어나고 있다. 많은 나라들이 채택하고 있는 물가안정목표제가 그런 추세를 잘 설명해준다.

ⓒ 정보변수는 통화정책의 최종목표와 긴밀하고 안정적인 관계를 가져야 하며 정책담당자들에

게 필요한 정보를 조기에 제공할 수 있어야 한다. 경제학자들이 정보변수의 주요 대상항목으로 언급하는 것으로는 **통화량, 금리**(= 이자율), **자산가격, 신용총량, 환율** 등이 있다.

[그림 6-4] 통화정책의 운용체계와 정보변수

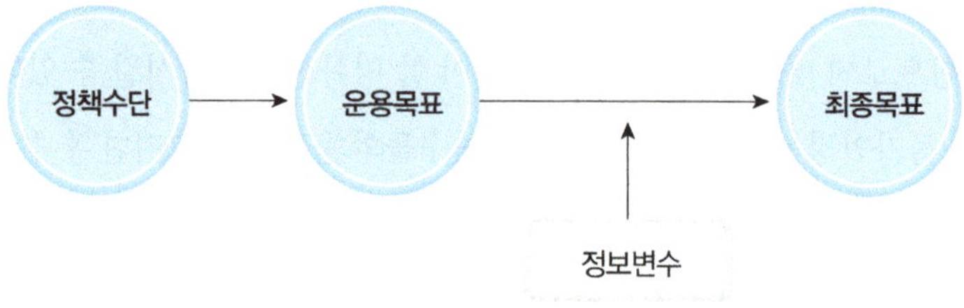

4.4 우리나라의 물가안정목표제

1) 도입 배경

① 물가안정목표제는 통화 당국이 일정 기간 동안 달성해야 할 물가의 목표치를 사전에 공표하고 그것을 기준으로 통화정책을 운용하는 제도를 일컫는다. 이 제도는 **중간목표를 설정하지 않고** 공개시장운영, 지급준비제도, 여수신제도 등의 통화정책수단을 사용해서 물가 목표치를 직접 달성하려고 하는 방식이다.

② 우리나라는 1979년부터 총통화(M_2)를 중간목표로 하는 통화목표관리제를 채택해오다가 IMF관리체제 직후인 1997년 말부터 물가안정목표제를 도입해서 1998년부터 운용해오고 있다. 도입 초기에 목표 물가로 삼은 것은 한국은행이 통제하기 힘든 농산물 가격과 석유류 가격을 제외한 소비자물가였다. 단, 곡물은 농산물에 해당되지만 국민경제에 매우 중요한 영향을 미치기 때문에 소비자가격에 포함시켰다. 이때 농산물과 석유류의 가격을 뺀 소비자물가의 상승을 **근원인플레이션**(core inflation)이라고 정의한다.

③ 2004년부터는 물가를 3년 단위로 관리하는 중기(中期) 물가안정목표제를 도입했으며 동년(同年)부터 2006년까지 평균 3±0.5%를 근원인플레이션율을 목표치로 삼았다. 하지만 근원인플레이션율이 현실의 물가 상승을 제대로 반영하지 못한다는 비판이 제기되자 한국은행은 2006년에 물가안정목표의 기준을 근원인플레이션율에서 **소비자**

물가상승률로 바뀠다. 그리고 2010 ~ 2012년에는 물가안정목표의 범위를 3±1%로 확대한 바 있다.

2) 물가안정목표제의 운영방식

① 우리나라의 물가안정목표제는 기존의 중간목표를 생략하고 운용목표와 최종목표 간의 관계를 중시한다. 운용목표로는 **콜금리**와 같은 초단기이자율이 있으며, 최종목표로는 물가안정, 금융안정, 고용안정 등을 들 수 있다.

② 통화 당국은 광의의 통화 개념인 금융기관유동성(L_f)을 감시지표로 채택하면서 신용총량, 장 · 단기 이자율, 환율 등을 정보변수로 활용한다. 또 통화 당국은 일반적인 통화정책수단을 사용해서 통화정책의 기조를 바꿈으로써 물가안정의 목표치에 도달할 수 있도록 한다.

③ 물가안정목표제가 소기의 목적을 달성되기 위해서는 3가지 사항이 전제되어야 한다. ㉠ 통화정책의 일관성과 투명성 제고, ㉡ 콜금리의 기능[5] 강화, ㉢ 인플레이션에 대한 예측 능력 강화 등이다. 참고로 한국은행이 콜금리를 인하하면 다음과 같은 경제적 효과가 나타난다.

한국은행의 콜금리 인하 ⇒ 시중 이자율 하락 ⇒ 투자 & 소비 증가 ⇒ 총수요 증가 ⇒ 실질 GDP 증가 및 물가 상승

4.5 정책금리의 산정방식 : 테일러 준칙(※)

밀턴 프리드만이 주장한 'k% 룰' 은 국내외 경제여건과는 무관하게 매년 통화량의 증가율을 k%로 일정하게 유지하는 고정준칙(fixed rule)이다. 그러나 1993년 미국의 경제학자인 존 테일러(J. Taylor)에 의해 제안된 테일러 준칙(Taylor' s rule)은 경제의 실제 및 예상 상황은 물론 목표 상황까지 종합적으로 고려해서 결정하는 가변적 준칙이다.

현재 세계 각국의 중앙은행은 자국의 경제 상황을 고려한 후, 운용목표로서 정책금리(또는 기준금리)를 조정하며 통화정책을 수행한다. 이때 중앙은행이 운용목표로 책정하는 정책금리를 설명하거나 예측하는 데 도움을 주는 것이 바로 테일러 준칙이다. 그것에 따르면 통화정책의 목

5. 콜금리의 기능 강화란 금리(= 이자율)의 전달 경로가 명확해야 한다는 것을 의미한다. 즉 콜금리의 변동 ⇒ 초단기이자율의 변동 ⇒ 명목 장기이자율의 변동 ⇒ 실질 장기이자율의 변동 ⇒ 물가상승률의 변동으로 명확하게 이어져야 한다.

표로 책정한 명목정책금리는 다음과 같은 공식에 의해서 산출된다.

목표 명목정책금리 = 균형 명목정책금리 + α(인플레이션 갭) + β(총생산 갭)

1) 위 공식에 대한 보완 설명

① 균형 명목정책금리는 실제 인플레이션율(= 실제 물가상승률)과 균형 실질정책금리의 합으로 정의된다.

② 인플레이션 갭(gap)은 실제 인플레이션율에서 목표 인플레이션율을 차감해준 값으로 정의된다. 즉 '인플레이션 갭 = 실제 인플레이션율 − 목표 인플레이션율' 이다.

③ 총생산 갭(gap)은 실제 실질 GDP에서 잠재 실질 GDP를 차감한 값을 잠재 실질 GDP로 나눠준 후 100을 곱해 얻는 수치로 정의된다.

$$\text{총생산 갭(gap)} = \frac{\text{실제 실질 GDP} - \text{잠재 실질 GDP}}{\text{잠재 실질 GDP}} \times 100$$

2) 테일러 준칙의 정책적 시사점과 미국에서의 경험

① 테일러 준칙에 따르면 실제 실질 GDP와 실제 잠재 GDP의 차이가 클수록, 실제 인플레이션율과 목표 인플레이션율의 차이가 클수록, 균형 실질정책금리가 높을수록 목표로 책정할 명목정책금리의 타깃이 상향조정된다는 것이다.

② 테일러는 2%의 균형 실질정책금리, 2%의 목표 인플레이션율, α값과 β값이 0.5일 경우, 자신의 준칙에 입각한 목표 명목정책금리가 미국의 통화정책을 비교적 잘 설명해 주었다고 주장한 바 있다.

4.6 통화정책의 새로운 대안 : 물가수준목표제, 명목소득목표제

최근 들어 일부 경제학자와 정책담당자들은 실물경제 안정에 적극적으로 대처하기 위해서는 기존의 통화정책인 물가안정목표제에 대한 대대적인 손질이 필요하다는 입장을 피력하고 있다. 그들이 제기하는 대안으로는 물가수준목표제(price level targeting)와 명목소득목표제(nominal GDP targeting)를 들 수 있다.

1) 물가수준목표제

① 물가수준목표제는 인플레이션율을 목표로 명시하는 것이 아니라 물가수준 자체를 목표로 제시하는 통화정책의 운영방식이다. 즉 소비자물가지수(CPI) 자체를 목표로 제시한다는 얘기다.

② 물가안정목표제는 과거의 인플레이션율은 고려하지 않고 미래의 인플레이션율을 목표치로 제시하고 그것을 달성하기 위해 노력한다. 그에 반해 물가수준목표제는 과거의 실적을 현재의 통화정책운영에 적극 반영한다는 장점이 있다.[6] 일례로 소비자물가지수(CPI)가 2년 후에 100에서 105로 변화하는 것을 통화정책의 목표치로 설정했다고 가정하자. 그런데 첫해에 인플레이션율이 1%였다면 이듬해에는 4%의 인플레이션율을 목표치로 해야 2년 후에 105로 설정한 CPI의 목표치가 달성할 수 있다. 그런 의미에서 **물가수준목표제는 장기적인 측면에서 물가수준을 정확하게 예측할 수 있다는 장점이 존재한다**.

③ 즉 첫해에 인플레이션율이 1%로 낮아서 실물경기가 침체했다면 이듬해에는 이것을 반영해서 통화량을 대폭 증가시켜서 4%의 인플레이션율까지 수용할 수 있음을 시사해준다. 이는 확대통화정책을 통해 실물경기의 침체에 적극적으로 대처할 수 있다는 얘기다.

④ 하지만 물가수준목표제는 충격의 속성이 일시적이냐, 아니면 지속적이냐에 따라 그 성과가 달라질 수 있음에 유의할 필요가 있다. 물가 상승에 대한 충격이 일시적인 경우, 물가수준목표제는 확대통화정책의 변화를 통해 인플레이션과 총생산의 변동성을 줄일 수 있다. 그러나 물가 상승에 대한 충격이 자주 발생할 경우에는 그에 따른 잦은 확대통화정책의 남발로 인플레이션과 총생산의 변동성이 오히려 커질 수 있는 문제를 내재하고 있음도 인식할 필요가 있다.

2) 명목소득목표제

① 명목소득목표제는 명목 GDP의 증가율을 목표로 설정하고 통화정책을 운영하는 방식이다. 명목 GDP의 증가율은 인플레이션율(= 물가상승률)과 실질 GDP 성장률(= 경제

---

6. 정운찬 · 김영식 교수는 자신의 저서 『거시경제론』에서 이것을 '**역사 의존성**(history dependence)'이란 용어로 표현한 바 있다.

성장률)의 합으로 정의된다. 따라서 명목소득목표제는 물가상승률과 경제성장률의 합을 목표로 설정한다고 말할 수 있다.

② 만약 경기침체로 인해 경제성장률이 낮은 경우에는 물가상승률을 좀 더 높일 수 있다. 즉 정책 당국이 확대통화정책을 집행할 수 있는 여지가 있다는 것이다. 일례로 명목소득증가율의 목표치를 4%(물가상승률 2%, 경제성장률 2%)로 설정했다고 하자. 이때 경제성장률이 경기침체로 0.5%에 그쳤다면 정책 당국은 경기부양을 위해 물가상승률의 목표치를 2%에서 3.5%로 상향 조정할 수 있음을 의미한다.

3) 그럼에도 불구하고 많은 국가들이 아직까지 이들 수단을 채택하지 않고 있다. 경제이론 차원에서 평가할 때, 물가수준목표제나 명목소득목표제는 물가안정목표제보다 실물 경기안정에 더 우수한 정책성과를 도출할 가능성도 있다.

① 그렇지만 물가안정목표제가 나름대로 소기의 성과를 거두고 있는 데다 실물경기의 안정도 신축적인 인플레이션 타깃팅을 통해 충분히 커버할 수 있다는 자신감 때문에 이들 정책 대안을 선불리 채택하지 못하는 것으로 보인다.

② 그런데 향후 현실경제의 급변으로 물가안정목표제의 한계나 단점이 크게 부각되는 상황이 발생하면 물가안정목표제의 대안으로 물가수준목표제나 명목소득목표제에 대한 논의가 활발하게 이루어질 것으로 예상된다.

4.7 실물경제에 대한 통화정책의 파급 경로

지금까지 우리는 통화정책의 운영체계 전반에 대해 학습했다. 이제 제6장의 논의를 정리하면서 **통화정책의 파급 경로**에 대해 살펴보기로 한다. 즉 물가안정목표제 하에서 통화정책의 정책수단으로 단기시장금리나 지급준비금에 영향을 미침으로써 최종적으로 실물경제에 어떠한 영향을 미쳤는지를 검토하는 것이 통화정책의 파급경로다. 이 부분은 각종 시험문제에서 자주 다뤄지는 만큼 독자들의 깊이 있는 학습이 요구된다. 통화정책이 실물경제에 파급되는 경로는 크게 전통적인 이자율(= 금리) 경로, 최근 들어 중시되고 있는 자산가격 경로와 환율 경로, 또 이자율 경로와 대비되는 신용 경로, 기대 경로로 구분된다. 이하에서는 그들 각각에 대해 핵심사항 위주로 언급한다.

1) 이자율(= 금리) 경로

이자율 경로는 일명 '케인즈 효과' 라고 불리며 통화정책의 전달수단은 이자율 변동이라고 본다. 이자율 경로의 최대 장애 요인은 은행과 자금 차입자 간의 정보 비대칭에 따른 모럴 해저드와 그를 방지하기 위한 거래비용과 신용할당의 문제다. 이자율 경로를 요약하면 다음과 같다.

> 한국은행의 통화공급 증가 ⇒ 기준금리 인하 ⇒ 은행 대출금리 인하 ⇒ 투자와 소비 증가 ⇒ 총수요 증가 ⇒ 총생산량 증가

2) 환율 경로

환율 경로는 국내 이자율 변화와 환율 간의 관계에 관한 것이다. 환율 경로는 다음과 같이 요약된다.

> 한국은행의 통화공급 증가 ⇒ 국내 이자율 하락 ⇒ 원화 표시 정기예금의 수익률 하락 ⇒ 달러화 표시 외화예금에 대한 수요 증가 ⇒ 달러 수요 증가 ⇒ 환율(e) 상승 ⇒ 수출 증가 및 수입 감소에 따른 경상수지 개선, 해외 부채에 대한 상환부담금 가중, 수입품의 가격상승에 따른 국내물가 상승 유발

3) 자산가격 경로

자산가격 경로에는 토빈의 q효과, 부(富)의 효과, 보유자산의 대체효과가 존재한다.

① 토빈의 q효과에 대해서는 제10장 제2절에서 자세하게 학습할 것이다. 따라서 여기서는 q이론의 개요에 대해서만 간략하게 언급한다. 지금 이해가 되지 않더라도 주눅 들지 말고, 건너뛰었다가 추후 투자이론을 학습한 이후에 다시 한번 이 부분을 복습해주길 바란다.

㉠ 토빈의 q이론에서 q는 다음과 같이 정의된다.

$$q = \frac{\text{기업의 시장 가치(= 주식가격)}}{\text{기업의 실물자본 대체비용}}$$

㉡ **q가 1보다 크다!** 즉 $q > 1$의 의미는 기업의 시장 가치(= 주식가격)가 기업의 실물자본 대체비용(= 실물자본의 구입비용)보다 크다는 것을 의미한다. 즉 주식가격이 실물자본의 구입비용보다 크면 해당 기업은 주식발행을 늘리고 거기서 조달한 자

금으로 투자를 증가시킨다.[7]

한국은행의 통화공급 증가 ⇒ 이자율 인하 ⇒ 채권가격 상승 ⇒ 채권수요 하락 & 주식수요 증가 ⇒ 주식가격 상승 ⇒ $q > 1$ ⇒ 실물부문에서 투자수요 증가

② 부(富)의 효과(wealth effect)에 따른 전달 경로는 다음과 같다.

한국은행의 통화공급 증가 ⇒ 민간보유 화폐의 증가 ⇒ 개인 부(富)의 증가 ⇒ 실물부문에서 소비지출 증가

③ 보유자산의 대체효과는 호트리(R.G. Hawtrey)에 의해 제시되었다. 그의 주장을 요약하면 다음과 같다.

한국은행의 통화공급 증가 ⇒ 민간보유 화폐의 증가 ⇒ 화폐와 대체관계에 있는 채권수요 증가 ⇒ 채권가격 상승 ⇒ 채권과 대체관계에 있는 주식수요 증가 ⇒ 기업의 시장가치 상승 ⇒ 실물부문에서 투자수요 증가

4) 신용 경로

이자율 경로, 환율 경로, 자산가격 경로의 공통점은 이자율 변화를 통해 실물경제에 영향을 미친다는 사실이다. 하지만 신용 경로는 확대통화정책의 양적 측면이라고 할 수 있는 **은행대출과 대차대조표의 변화**를 통해 가계와 기업의 소비와 투자에 영향을 미친다. 이하에서는 그것에 대해 정리해보고자 한다.

① 은행대출을 통한 파급 경로

은행대출을 통한 파급 경로는 금융시장 개방과 금융자유화에 따른 은행들의 자금조달 방식의 다양화로 그 중요성이 감소하는 추세다. 이제 은행들은 더 이상 한국은행에 의존하지 않고도 자금조달을 할 수 있다. 외국 금융기관으로부터의 차입이나 양도성예금증서(CD)의 발행을 통해서도 얼마든지 자금을 조달할 수 있기 때문이다. 다만, 여기서는 다른 조건이 일정할 때, 한국은행의 확대통화정책이 은행의 대출 변화를 통해

7. 확대통화정책에 따른 금리 인하가 곧바로 주가(株價) 상승으로 이어진다는 것에 대한 비판의 목소리가 존재하는 것도 사실이다. 주가는 경제 전반에 걸친 경기(景氣)상황, 기업의 수익구조, 기업에 대한 미래 전망 등 종합적인 데이터에 의해서 이루어지는 것이지 금리 하나만으로 결정되는 게 아니다. 경제 전망이 비관적인 상황에서 주가가 올랐다고 투자가 곧바로 행해지는 것이 아니라는 얘기다. 또 개방소국(開放小國)의 주가는 금리 이외에도 미국, 일본, 영국 등을 비롯한 선진국의 주식시장에 의해서도 민감하게 반응한다. 더욱이 확대통화정책으로 주가가 상승한다 해도 투자의 실행에 이르기까지는 상당한 시간이 소요된다. 그 기간 동안에 주가가 등락할 수도 있는 문제다.

실물경제에 어떤 영향을 미치는지에 대해 살펴보고자 한다. 한국은행의 확대통화정책이 실물경제에 미치는 파급경로는 다음과 같다.

한국은행의 통화공급 증가⇒예금은행의 대출 자금 증가⇒실물부문에서 가계 소비 & 기업의 투자수요 증가⇒총수요 증가⇒총생산량 증가

② 가계와 기업의 대차대조표를 통한 파급경로

한국은행의 확대통화정책은 가계와 기업의 대차대조표를 통해서도 실물경제에 영향을 미칠 수 있다. 그 결과는 다음과 같다.

한국은행의 통화공급 증가⇒이자율 인하, 경기호황⇒가계, 기업의 대차대조표 개선⇒실물부문에서 가계 소비 &기업 투자수요의 증가⇒총수요 증가⇒총생산량 증가

5) 기대 경로

기대 경로란 통화정책의 기조 변화가 가계나 기업의 미래 경기전망이나 기대인플레이션에 영향을 미치는 현상을 의미한다. 그 내용을 요약하면 아래와 같다.

한국은행의 통화공급 증가⇒이자율 인하⇒경기 호전 및 인플레이션율 상승에 대한 기대⇒실물부문에서 가계 소비/기업 투자수요의 증가⇒총수요 증가⇒총생산량 증가

요약 및 복습

01 본원통화는 한국은행 창구를 통해 시중에 갓 나온 따끈따끈한 현금을 말한다. 또 본원통화는 다음과 같은 관계식을 충족한다. 본원통화 = 현금통화 + 예금은행지급준비금 = 현금통화 + 예금은행시재금 + 한국은행지급준비예치금 = 화폐발행액 + 한국은행지급준비예치금

02 본원통화는 순대(純對)정부대출금, 대(對)예금은행대출금, 순(純)국외자산, 순(純)기타자산이 커질수록 증가한다.

03 예금은행조직의 총신용창조액(D_G)은 본원적예금(S) × $\frac{1}{r_l}$이며, 순신용창조액(D_N)은 총신용창조액(D_G) − 본원적예금(S)으로 정의된다. 이때 총신용승수는 $\frac{1}{r_l}$이고, 순신용승수는 $\left(\frac{1}{r_l}\right) - 1$로 정의된다.

04 화폐공급함수는 한국은행이 독점적으로 공급하는 본원통화와 협의의 통화(M_1) 간의 관계를 지칭한다. 또 화폐승수는 본원통화가 1단위 증가할 때 통화량(=화폐공급량)이 얼마만큼 변동할 것인지를 나타내준다. 화폐승수는 도출방식이 크게 2가지다. 하나는 현금예금비율을 이용하는 것이고, 다른 하나는 현금통화비율을 활용하는 것이다. 자세한 것은 본문 내용을 참조하기 바란다.

05 통화정책의 운용체제는 크게 정책수단, 운용목표, 명목기준지표, 최종목표, 통화정책의 결정과 집행을 뒷받침해주는 의사결정 관련 제도 등으로 구성된다.

1) 한국은행의 정책수단으로는 공개시장운영, 지급준비제도, 여수신제도 등이 존재한다.
2) 한국은행의 운용목표로는 단기시장금리(콜, RP, CD, CP)와 지급준비금이 있다.
3) 한국은행의 명목기준지표로는 물가상승률(인플레이션율), 통화량, 환율이 있다.
4) 한국은행의 통화정책이 추구하는 최종목표는 물가안정, 금융안정, 고용안정 등이다.

06 통화정책의 명목기준지표와 관련해서 한국은행은 1997년 말부터 물가안정목표제를 도입해서 실시하고 있다. 일명 인플레이션 타깃팅(inflation tarketing)이라고도 명명되는 물가안정목표제는 한국은행이 명시적인 중간목표를 설정하지 않고 일정 기간 동안 달성해야 할 물가상승률의 목표치를 미리 설정하고 그에 따라 통화정책을 운영하는 방식이다. 최근 들어 물가안정목표제에 대한 대안으로 물가수준목표제와 명목소득목표제가 제시되고 있지만 물가안정목표제의 장점이 그들보다 더 우수한 것으로 평가되고 있다.

07 세계 각국의 중앙은행은 자국의 경제 상황을 고려한 후, 운영목표로서 정책금리(또는 기준금리)를 조정하며 통화정책을 수행한다. 이때 중앙은행이 운용목표로 책정하는 정책금리를 설명하거나 예측하는 데 있어서 도움을 주는 것이 테일러준칙이다. 그것에 따르면 통화정책의 목표로 책정한 명목정책금리는 다음과 같은 공식에 의해서 산출된다.

목표 명목정책금리 = 균형 명목정책금리 + α(인플레이션 갭) + β(총생산 갭)

08 실물경제에 대한 통화정책의 파급경로로는 크게 이자율 경로, 환율 경로, 자산가격 경로, 신용 경로, 기대 경로 등이 존재한다.

제 7 장 화폐수요와 이자율 결정

1. 화폐수요이론에 대한 개요

2. 이자율결정이론

출처 : 공군 블랙이글스

2019. 5. 3. 블랙이글스의 멤버였던 고(故) 김도현 소령의 순국 제13주기 추모식에서 블랙이글스의 전대장 김정수 대령과 대대장 김용민 중령이 헌화하고 있다. 김 소령은 2006. 5. 5. 수원기지에서 치러진 어린이날 기념 축하비행에서 불의의 사고로 순직했다. 기체 이상을 직감한 김 소령은 죽는 순간까지 조종간을 놓지 않음으로써 관람석의 수많은 어린이들을 구하고 산화했다. 그의 위대한 살신성인 정신은 지금도 블랙이글스 조종사들의 혼(魂)으로 이어지고 있다. **수험생 여러분들도 차세대 리더로서 타인을 위한 작은 배려와 사랑의 정신을 실천하며 생활하길 기대합니다!**

1 화폐수요이론에 대한 개요

화폐수요(money demand ; M^d)란 경제주체들이 어느 한 시점에서 수중에 보유하고자 하는 화폐의 총량을 말한다. 따라서 화폐수요는 유량(流量, flow)이 아니라 **저량**(貯量, stock)이다. 또 화폐는 수익성이 없는 금융자산이다. 그런데도 사람들은 부동산을 비롯한 실물자산, 주식이나 채권과 같은 수익성 금융자산, 그리고 수익성이 없는 화폐까지 보유하려고 한다. 그렇다면 왜 사람들은 수익성이 전혀 없는 화폐를 보유하는 걸까? 또 화폐수요의 크기를 결정하는 핵심요인은 무엇일까에 대해 여러 경제학자들이 고민해왔다. 그 가운데에서 널리 알려진 것이 고전학파의 화폐수량설, 케인즈의 유동성선호설, 프리드만의 신화폐수량설이다. 이 장에서는 그것에 대해 좀 더 자세히 살펴보기로 한다.

1.1 고전학파의 화폐수요이론 : 화폐수량설

고전학파의 화폐수요이론에는 미국의 경제학자 어빙 피셔(I. Fisher)가 제시한 교환방정식과 영국의 경제학자 알프레드 마셜(A. Marshall)이 주장한 현금잔고방정식이 있다. 이들의 공통점은 화폐수요를 결정하는 핵심요인이 명목 GDP라는 사실이다. 그 내용을 좀 더 깊이 파헤쳐 보자.

1) **교환방정식** : 거래개념의 교환방정식, 소득개념의 교환방정식

① 어빙 피셔가 제시한 교환방정식은 거래개념의 교환방정식이란 특성을 지닌다.

$$MV^T = PT$$

단, M : 통화량, V^T : 화폐의 거래유통속도[1], P : 물가수준, T : 거래량

거래개념의 교환방정식은 $MV^T = PT$로 정의된다. 이는 일정 기간 동안의 총화폐지출액($=MV^T$)이 총거래액($=PT$)과 항상 일치한다는 것을 보여준다.

② 어빙 피셔의 교환방정식은 소득개념을 통해서도 정의할 수 있다. 소득개념을 이용한

1. 화폐의 거래유통속도를 간략하게 설명하면 다음과 같다. 만약 2020년의 총거래액(PT)이 100억원이고, 협의의 통화(M)가 평균잔고기준으로 10억원이었다면 화폐의 거래유통속도(V^T)는 $\frac{PT}{M}$의 값인 10회로 정의된다. 이를 달리 표현하면 100억원의 총거래를 성사시키기 위해 10억의 화폐가 10회만큼 사용되었다는 것을 시사해준다.

교환방정식은 아래와 같다.

$$MV = PY$$

단, M : 통화량, V : 화폐의 소득유통속도, P : 물가수준, Y : 실질 GDP

당초 어빙 피셔가 제시한 교환방정식은 $MV^T = PT$였지만 현실에서는 $MV = PY$식이 널리 사용된다. 이것을 M으로 재정리해주면 ㉠식이 도출된다.

$$M = \frac{1}{V} PY_F \quad \cdots\cdots ㉠$$

고전학파에 따르면 화폐의 소득유통속도(V)는 단기간엔 불변이고, 또 단기에는 실질 GDP도 완전고용국민소득(Y_F) 수준에서 일정하다고 가정한다. 따라서 ㉠식을 보면 Y가 Y_F로 대체되었음을 알 수 있다. ㉠식에서는 V와 Y_F가 일정하기 때문에 통화량(M)과 물가(P) 사이에는 정비례의 관계가 성립한다.

한편, 거래개념의 교환방정식에는 화폐수요에 관한 명시적 설명이 없다. 하지만 소득개념의 교환방정식($MV = PY$)은 묵시적으로 화폐수요($M = M^d$)가 명목 GDP ($=PY$)의 일정 비율($=\frac{1}{V}$)로 결정됨을 시사해준다. 다시 말해 화폐는 교환의 매개수단으로서 명목 GDP가 증가하면 화폐수요도 그에 비례해서 증가한다는 것이다.

2) 현금잔고방정식

① 마셜은 통화량과 물가 간의 관계를 정식화하기 위해 현금잔고방정식을 제시했다. 어빙 피셔의 교환방정식과 확실하게 다른 점이 있다면 그것은 ㉡식에서 보는 바와 같이 화폐수요를 명시적으로 나타내고 있다는 사실이다.

$$M^d = kPY \ or \ \frac{M^d}{P} = kY \quad \cdots\cdots ㉡$$

단, M^d : 명목 화폐수요, $\frac{M^d}{P}$: 실질 화폐수요, k : 마셜 k , PY : 명목 GDP

위 식에서 $\frac{M^d}{P}$는 실질 화폐수요 또는 실질화폐잔고라고 말한다. 마셜의 현금잔고방정식은 실질 화폐수요가 실질 GDP의 일정 비율(k)로 결정된다는 것을 시사해준다. 마셜도 k는 사회의 거래관습에 의해 결정되기 때문에 단기간에는 일정하다고 보았다.

② 또 한 가지 언급할 사항은 현금잔고방정식에 나타난 화폐의 기능이 무엇인가?라는 점이다. 마셜은 소득의 수입 시점과 지출 시점이 일치하지 않기 때문에 경제주체들이 현

금을 일정 부분 보유한다고 생각했다. 따라서 현금잔고방정식에 나타난 화폐의 기능은 가치의 저장수단으로 보는 게 옳다. 마지막으로 교환방정식과 현금잔고방정식의 차이점을 정리하면 〈표 7-1〉과 같다.

표 7-1 교환방정식과 현금잔고방정식의 비교

	교환방정식	현금잔고방정식
화폐의 종류	과거의 M_1	과거의 M_1
화폐의 기능	교환의 매개수단	가치의 저장수단
화폐수요함수	$MV = PY$	$M^d = kPY$
화폐수요함수의 성격	묵시적	명시적
화폐수요의 개념	유량접근	저량접근
명목 화폐수요의 크기	명목 GDP의 일정 비율$\left(\frac{1}{V}\right)$	명목 GDP의 일정 비율(k)
화폐수요의 이자율탄력도	0	0
정책적 함축성	통화량과 물가수준은 정비례	통화량과 물가수준은 정비례

1.2 케인즈의 화폐수요이론 : 유동성선호설

케인즈(J.M. Keynes)는 경제주체가 유동성을 확보하기 위해 유동성이 가장 큰 화폐를 수요한다고 보았다. **유동성(liquidity)은 어떤 자산이 그 가치의 손실 없이 얼마나 빨리 교환의 매개수단인 화폐로 교환될 수 있는가의 정도를 말한다.** 화폐는 지폐나 동전을 막론하고 그 자체가 교환의 매개수단이다. 따라서 모든 실물자산과 금융자산 가운데 유동성이 가장 큰 것은 단연 화폐다. 또 선호란 어떤 대상을 좋아하는 것을 뜻한다. 따라서 유동성선호란 화폐를 좋아하는 것, 즉 화폐수요를 일컫는 말이다.

1) 화폐를 보유하고자 하는 세 가지 동기 : 거래적 · 예비적 · 투기적 동기

① 거래적 동기의 화폐수요

가계와 기업은 일상의 거래를 위해서 화폐를 보유한다. 샐러리맨이 가장(家長)인 보통의 가계는 월 1회의 월급을 갖고 한 달 동안 소비 지출을 해야 하기 때문에 어느 정도 화폐를 보유할 수밖에 없다. 이를 소득동기에 의한 화폐수요라고 말한다. 기업도 마찬가지다. 기업도 수입(판매수입)과 지출 사이에 시차가 존재하므로 일상적인 영업

활동을 위해서는 어느 정도 화폐를 보유해야 한다. 이를 영업동기에 의한 화폐수요라고 칭한다. 이 두 가지를 합한 것이 거래적 동기의 화폐수요이다. 따라서 거래적 동기의 화폐수요는 소득의 증가함수로 정의된다.

② 예비적 동기의 화폐수요

가계나 기업은 장래에 일어날지 모르는 돌발 사태(예 : 질병, 사고, 산업재해 등)에 대비하기 위해서 화폐를 보유하려고 한다. 이러한 것을 예비적 동기의 화폐수요라고 정의한다. 보통은 소득이 많을수록 예비적 목적으로 더 많은 화폐를 보유하려는 경향이 강하다. 따라서 예비적 동기의 화폐수요도 소득의 증가함수로 정의된다.

③ 투기적 동기의 화폐수요

케인즈는 금융자산을 수익이 발생하는 증권과 수익이 없는 화폐로 구분했다. 그리고 채권(bond)을 대표적인 수익성 증권으로 간주해서 화폐와 채권을 비교했다. 화폐는 유동성이 큰 반면, 수익성은 전무하다. 하지만 채권은 화폐에 비해 유동성은 작지만 수익성이 높다. 사람들은 화폐가 유동성이 크기 때문에 소득과 지출의 시차 문제를 해결하기 위해 화폐를 보유한다. 이것이 거래적 및 예비적 동기의 화폐수요다.

그런데 사람들은 이것보다 훨씬 더 많은 화폐를 보유한다. 그 초과분의 화폐수요가 바로 투기적 동기의 화폐수요[2]다. 그렇다면 궁금해지는 게 하나 있다. 그것은 왜 사람들은 수익이 보장되지 않는 화폐를 수요하는 것일까?라는 점이다. 그 이유는 화폐를 보유하고 있다가 필요할 경우 채권의 매매를 통해 자본이득(capital gain)을 챙기기 위함이다. 자본이득이란 채권이 쌀 때 매입해서 비쌀 때 되파는 방법으로 얻을 수 있는 시세차익을 말한다.

그런데 채권가격과 이자율은 역(逆)의 관계, 즉 '**채권가격 하락 ⇒ 채권구입 증가**(=투기적 동기의 화폐수요 감소) ⇒**저축 감소** ⇒**시중에 돈 가뭄 가중** ⇒**이자율 상승**'의 관계가 성립한다. 따라서 투기적 동기의 화폐수요는 이자율의 감소함수다.

④ 케인즈 화폐수요이론의 종합

명목 화폐수요를 M^d, 실질 화폐수요를 $\frac{M^d}{P}$, 거래적 동기의 화폐수요를 $L_T(Y)$, 예비적 동기의 화폐수요를 $L_P(Y)$, 투기적 동기의 화폐수요를 $L_S(r)$이라고 가정하면 다음과 같은 식으로 요약될 수 있다.

---

2. 사람들이 일상생활을 영위하기 위해 보유하는 거래적 동기, 예비적 동기의 화폐를 **활성잔고**(active balance)라고 한다. 또 활성잔고 이상으로 보유하는 투기적 동기의 화폐는 **유휴잔고**(idle balance)라고 정의한다.

$$\frac{M^d}{P} = L_T(Y) + L_P(Y) + L_S(r) = L(Y, r) \quad \cdots\cdots\cdots ㉢$$

단, Y : 실질 GDP, r : 명목이자율

2) 케인즈가 제시한 화폐수요함수의 도해(圖解)

[그림 7-1] 케인즈가 제시한 화폐수요곡선의 형태

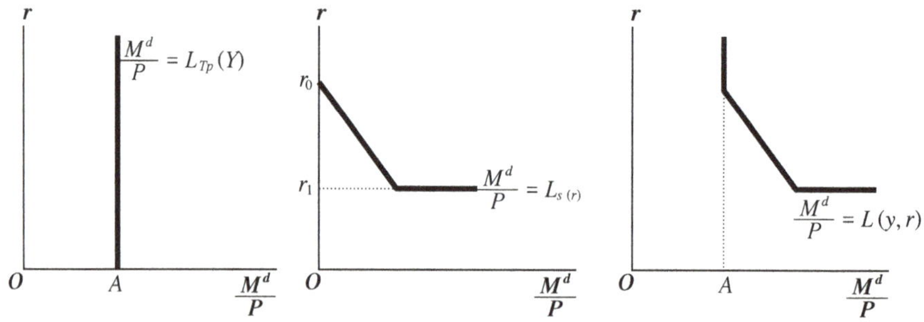

(a) 거래적 · 예비적 동기의 화폐수요(Ⅰ) (b) 투기적 동기의 화폐수요(Ⅱ) (c) 전체 화폐수요(Ⅰ+Ⅱ)

① 화폐수요이론과 화폐공급함수를 배우는 궁극적인 목적은 균형이자율을 도출하기 위함이다. 화폐수요곡선은 실질 화폐수요와 이자율의 관계로 표시된다. [그림 7-1]에서 횡축은 실질 화폐수요($\frac{M^d}{P}$)이고 종축은 이자율(r)이다. 우선 거래적 및 예비적 화폐수요는 이자율과 무관하다. 왜냐하면 그것은 실질 GDP의 영향만 받기 때문이다. 따라서 거래적 및 예비적 동기의 실질 화폐수요인 $\frac{M^d}{P} = L_{TP}(Y)$는 이자율과 무관하기 때문에 수직선으로 정의된다. [그림 7-1]의 (a) 그래프에서 OA는 이자율과 무관한 거래적 및 예비적 동기의 화폐수요량을 나타낸다.

② [그림 7-1]의 (b) 그래프는 투기적 동기의 화폐수요곡선이다. 이에 대해서는 부연 설명이 필요하다. 앞에서 언급했듯이 투기적 동기의 화폐수요는 이자율과 반비례한다. 왜 그럴까? 그것은 채권가격과 이자율이 반비례하기 때문이다. (b) 그래프에서 볼 수 있듯이 이자율이 최고 수준인 r_0이면 채권가격은 최저 수준이 된다. 따라서 사람들은 투기를 시도할 목적에서 자신들이 보유한 화폐를 채권 구입에 모두 사용한다. 따라서 r_0에서 투기적 동기의 화폐수요는 제로(0)다. 반면, 이자율이 최저 수준인 r_1에서는 채권가격이 최고 수준에 도달해 있다. 따라서 시세차익을 노리는 사람들은 채권을 모두 매각해서 화폐로 보유하려고 한다. 이때는 투기적 동기의 화폐수요가 무한대로 증가한다. 경제학은 이러한 현상을 **유동성 함정**(liquidity trap)[3]이라고 정의한다.

③ [그림 7 - 1]의 (c) 그래프는 지금까지의 설명을 종합한 것이다. 즉 거래적 및 예비적 동기의 화폐수요에다 투기적 동기의 화폐수요를 합한 것이다. 케인즈의 화폐수요곡선은 실질 GDP와 이자율을 모두 고려해야 한다. 따라서 두 변수를 함께 고려하는 케인즈의 화폐수요곡선을 도출하기 위해서는 투기적 동기의 화폐수요곡선을 *OA*만큼 오른쪽으로 수평 이동시켜야 한다. 그 이유는 이자율과 무관한 *OA*가 실질 GDP의 영향을 받는 거래적 및 예비적 동기의 화폐수요이기 때문이다.

1.3 프리드만의 화폐수요이론 : 신화폐수량설

고전학파의 화폐수량설은 화폐의 소득유통속도(V)와 마셜 k가 일정하다는 가정 하에 명목화폐수요(M^d)와 명목 GDP 사이에는 양(+)의 관계가 있음을 보여준다. 그런데 V와 k가 일정하다는 가정이 비현실적임을 인식한 프리드만은 현실경제에 부합하는 새로운 화폐수량설을 전개하였다. 경제학에서는 그것을 신화폐수량설이라고 말한다.

1) 신화폐수량설의 주요 전제사항

① 화폐는 교환의 매개수단과 가치의 저장수단 기능을 함께 수행한다.

② **사람들은 명목화폐가 아니라 실질화폐를 수요한다**. 이것은 사람들이 상품을 수요할 때, 상품 자체를 수요하는 것이 아니라 상품을 수요함으로써 효용을 느끼는 것과 같은 논리다. 즉 **화폐를 일종의 상품이나 자산으로 간주한다**.

③ 고전학파의 화폐수량설에서 일정하다고 가정한 V나 k가 채권의 예상수익률(r_b), 주식의 예상수익률(r_e), 예상물가상승률(π)의 영향을 받는다. 즉 $k = k(r_b, r_e, \pi)$이다.

2) 신화폐수량설의 핵심내용

① 프리드만은 고전학파인 마셜의 현금잔고방정식을 이용해서 다음과 같은 화폐수요함수를 도출하였다.

$$\frac{M^d}{P} = k(r_b, r_e, \pi)Y = k(r_b, r_e, \pi)Y^P \cdots\cdots ㉣$$

단, Y^P: 항상소득

3. 유동성 함정에서 나타나는 현상은 크게 3가지다. 첫째, 투기적 동기의 화폐수요곡선이 이자율 r_1에서 수평선의 형태를 띤다. 둘째, 투기적 동기의 화폐수요는 이자율에 대해 무한 탄력적인 특성을 띤다. 셋째, 투기를 목적으로 하는 유휴 잔고의 모든 증가분이 투기적 동기의 화폐수요로 흡수된다.

② 위 식에서 채권의 예상수익율(r_b)과 주식의 예상수익률(r_e)이 상승하면 이들 자산에 대한 선호가 증가하기 때문에 화폐수요는 감소한다. 또 예상물가상승률(π)이 오르면 화폐보유의 기회비용이 증가(= 화폐의 구매력 하락)하기 때문에 화폐수요가 감소한다. 따라서 마셜 k와 r_b, r_e, π는 음(−)의 관계를 지닌다. 참고로 V는 $\frac{1}{k}$이기 때문에 V와 r_b, r_e, π는 양(+) 관계를 갖는다.

③ 하지만 프리드만은 r_b, r_e, π가 마셜 k에 미치는 영향이 아주 미미하다고 보았고, 실질 화폐수요에 영향을 미치는 핵심요인은 실질 GDP, 그것도 당기(當期)의 실질 GDP가 아니라 장기(長期)의 기대소득인 항상소득(Y^P)이라고 강조했다.

1.4 화폐수량설, 유동성선호설, 신화폐수량설의 상호 비교

1) 화폐에 대한 본질적인 시각 차이

어빙 피서의 교환방정식은 화폐의 기능을 교환의 매개수단으로만 간수했다. 하지만 마셜의 현금잔고 방정식, 케인즈와 프리드만은 화폐의 기능을 교환의 매개수단과 가치의 저장수단까지 확장시켜 해석했다.

2) 화폐수요에 영향을 미치는 핵심요인

고전학파는 화폐수요에 영향을 미치는 핵심요인으로 명목 GDP를 꼽았다. 특히 이자율은 화폐수요와는 아무런 관련이 없다고 간주했다. 반면 케인즈는 실질 화폐수요에 영향을 미치는 핵심요인으로 실질 GDP와 명목 이자율을 꼽았다. 특히 이자율이 화폐수요의 변화에 큰 영향을 미치는 것으로 간주했다. 한편, 프리드만은 케인즈처럼 실질 GDP와 이자율이 화폐수요에 영향을 미친다고 생각했지만 세부적으로 들어가면 그들 간에는 커다란 인식차가 존재한다. 즉 프리드만은 이자율이 화폐수요에 영향을 미치지만 그 영향력은 미미하며, 실질 GDP도 당기의 소득이 아니라 장기의 기대소득인 **항상소득**이 실질 화폐수요에 영향을 미친다고 생각했다.

보론 7-1 보몰과 토빈의 화폐수요이론

전통적인 케인즈의 유동성선호설에 따르면 화폐수요는 명목 GDP의 영향을 받는 거래적 동기와 예비적 동기의 화폐수요, 그리고 이자율의 영향을 받는 투기적 동기의 화폐수요로 구성된다. 특히 케인즈의 거래적 동기의 화폐수요와 예비적 동기의 화폐수요(이하 거래적 화폐수요)는 명목 GDP에 비례한다는 점에서 전통적인 화폐수량설과도 일맥상통한다.

그런데 케인즈의 철학을 수용하는 케인지언들 가운데 케인즈의 거래적 화폐수요에 이의를 제기하는 몇몇 경제학자들이 등장했다. 그 주인공은 윌리엄 보몰(W. Baumol)과 제임스 토빈(J. Tobin)이었다. **그들은 재고이론적 접근과 포트폴리오 모형을 통해 거래적 화폐수요가 명목 GDP뿐만 아니라 명목 이자율, 자산 간 전환(증권 → 화폐)에 소요되는 거래비용, 소득분배 상태에 의해서도 영향을 받을 수 있다는 것을 보여주었다.** 여기서는 이들 화폐수요이론의 핵심사항에 대해 언급하고자 한다.

㉮ **보몰-토빈의 거래적 화폐수요이론 :** 재고이론적 접근

ⓐ 보몰과 토빈은 케인즈가 언급한 거래적 화폐수요가 명목 GDP만의 함수라는 것에 이의를 제기하면서 재고이론적 화폐수요이론을 제시했다. 두 사람은 서로 독립적으로 연구를 진행했지만 동일한 결론에 이르렀기 때문에 여기서는 보몰-토빈의 거래적 화폐수요이론으로 정리하는 것임에 유의하길 바란다.

ⓑ 보몰과 토빈은 경제주체가 화폐보유의 편익과 그에 따른 기회비용을 비교하면서 자신에게 최적 수준의 화폐보유량을 결정한다고 주장했다.

ⓒ 이제 어느 경제주체가 매기 초에 Y만큼의 월급을 증권으로 수령한 후, 매번 M만큼 화폐로 전환시켜 사용하고 기말에는 월급 Y가 모두 소진된다고 가정하자. 그리고 증권을 화폐로 전환하는 데 소요되는 거래비용을 b라고 하고, 매기마다 b는 일정하다고 가정하자. 이때 화폐보유에 따른 기회비용(opportunity cost ; OC)을 산정하면 다음과 같다.

$$OC = b\frac{Y}{M} + r\frac{M}{2} \quad \cdots\cdots ㉠$$

합리적 경제주체라면 ㉠식의 기회비용을 최소화시키는 최적의 화폐보유수준(M^*)을 결정할 것이다. M^*를 구하려면 ㉠식을 M으로 미분한 후, 그 값을 제로(0)로 하면 M^*가 도출된다. 또한 보몰과 토빈 모형에서 거래적 화폐수요(M^d)는 $M^d = \frac{M^*}{2}$로 정의된다. 그 이유는 위 가정에서 경제주체의 평균 화폐보유수준이 $\frac{M}{2}$이기 때문이다. 이를 종합해서 정리하면 ㉡식이 된다.

$$OC = b\frac{Y}{M} + r\frac{M}{2} = bYM^{-1} + r\frac{M}{2}$$

$$\frac{dOC}{dM} = -bYM^{-2} + \frac{r}{2} = \frac{-bY}{M^2} + \frac{r}{2} = 0$$

$$\frac{bY}{M^2} = \frac{r}{2}$$

$$rM^2 = 2bY$$

$$M^2 = \frac{2bY}{r}$$

$$M^* = \sqrt{\frac{2bY}{r}} \quad \cdots\cdots ㉡$$

화폐보유에 따른 기회비용을 최소화시켜주는 경제주체의 평균 화폐보유수준(M^d)은 다음의 ㉢식으로 정리된다.

$$M^d = \frac{M^*}{2} = \frac{1}{2}\sqrt{\frac{2bY}{r}} = \sqrt{\frac{bY}{2r}} \quad \cdots\cdots ㉢$$

ⓓ 우리는 ㉢식으로부터 몇 가지 시사점을 얻을 수 있다. 이것도 시험문제로 출제될 가능성이 있다. 따라서 독자들은 이 부분에 대해서도 치밀하게 학습해주길 바란다.

(1) 거래적 화폐수요는 당초 케인즈가 상정했던 것과 사뭇 다르다. 우선 보몰－토빈 모형에서는 거래직 화폐수요가 명목 GDP뿐만 아니라 이자율(r), 자산 간 전환에 소요되는 거래비용(b)의 영향을 받는다. 즉 거래적 화폐수요는 이자율의 감소함수, 명목 GDP와 자산 간 전환에 따른 거래비용(b)의 증가함수이다.

(2) 명목 GDP가 2배 증가하면 거래적 화폐수요는 2배 이하로 증가한다. 이는 명목 GDP의 증가에 따라 **거래적 화폐수요에 일종의 규모의 경제가 존재한다***는 것을 의미한다. 이는 거래적 화폐수요가 소득에 비례하는 경우에 비해 확대통화정책의 효과가 더 크게 나타난다는 것을 시사한다.** 또 재고이론적 화폐수요의 소득 탄력도는 $\frac{1}{2}$이며, 이는 프리드만이 제시한 신화폐수량설에서 화폐수요에 대한 항상소득의 탄력도인 1보다도 작다.

(3) 사회 전체의 거래적 화폐수요는 소득분배의 상태에 의해서도 영향을 받는다. 이는 ㉢식의 속성에서 연유된다. 가령 ㉢식에서 8원의 소득이 한 사람에게 집중될 때의 거래적 화폐수요와 4원씩 두 사람에게 균등분배되었을 때의 거래적 화폐수요를 비교해보면 후자의 경우가 더 크다는 것을 확인할 수 있다.

---

* ㉢식에서 M^d와 Y의 관계는 $M^d = \sqrt{Y}$로 정리된다. 이는 $M^d = Y^{\frac{1}{2}}$이고 이를 Y로 재정리하면 $Y = (M^d)^2$가 된다. 이런 특성이 존재하기 때문에 Y의 증가함에 따라 거래적 화폐수요에 일종의 규모의 경제가 존재한다고 말할 수 있는 것이다.

** 거래적 화폐수요가 Y에 비례하는 경우에는 통화공급을 2배로 증가시켰을 때 화폐수요와 화폐공급이 균형을 이루기 위해서는 주어진 이자율 하에서 Y가 2배로 증가하게 된다. 하지만 ㉢식의 경우에는 Y가 4배로 증가해야 하기 때문이다.

$$M^d = \sqrt{\frac{b(8)}{2r}} < M^d = \sqrt{\frac{b(4)}{2r}} + \sqrt{\frac{b(4)}{2r}}$$

(4) 거래적 화폐수요는 이자율(r)의 감소함수이다. 전통적인 화폐수량설에 의하면 화폐수요는 소득과 비례할 뿐 이자율과는 무관했다. 그러나 화폐를 보유한다는 것은 이자수입을 포기하는 것을 의미한다. 일반적으로 이자율이 높을수록 화폐보유의 기회비용이 증가하기 때문에 거래적 화폐수요는 감소할 수밖에 없다.

ⓔ **보몰-토빈의 재고이론적 접근의 한계점은 아주 부유한 사람들에게만 적용 가능한 이론이라는 사실이다.** 이는 다니엘 오르(D. Orr)의 연구결과에 따른 것이다. 참고로 오르는 자산 간 전환에 소요되는 거래비용(b)이 생각 외로 크다는 사실을 지적한 바 있다.

㉯ **토빈의 투기적 화폐수요이론 :** 포트폴리오 모형

ⓐ 케인즈는 투기적 동기의 화폐수요를 설명하면서 이자율과 증권가격의 변동에 따른 시세차익을 얻기 위해 화폐를 수요한다고 주장했다. 반면 **토빈은 자산보유(화폐, 증권)에 따른 위험을 줄일 목적에서 무위험자산인 화폐를 수요한다고 강조했다.**

ⓑ 토빈은 자신의 포트폴리오 모형에서 경제주체들은 수익극대화와 위험극소화를 동시에 추구하는 위험기피자(risk-averter)로서 부(富, wealth)가 증가할수록 위험기피도가 커진다고 가정했다.

또 토빈은 경제주체(= 투자자)들의 효용이 포트폴리오의 기대수익인 $\overline{\pi}$의 증가함수이고 포트폴리오 수익의 표준편차로 정의한 위험인 σ_π의 감소함수라고 가정했다. 이때 투자자인 경제주체의 효용함수는 다음의 ㉠식으로 나타낼 수 있다.

$u = u(\overline{\pi}, \sigma_\pi)$ ·· ㉠

단, $u_1 = \dfrac{du}{d\overline{\pi}} > 0,\ u_2 = \dfrac{du}{d\sigma_\pi} < 0$

㉠식의 효용함수를 $\overline{\pi}$축과 σ_π축에 나타내면 [그림 7-2]와 같은 무차별곡선으로 표현할

[그림 7-2] 투자자의 무차별곡선

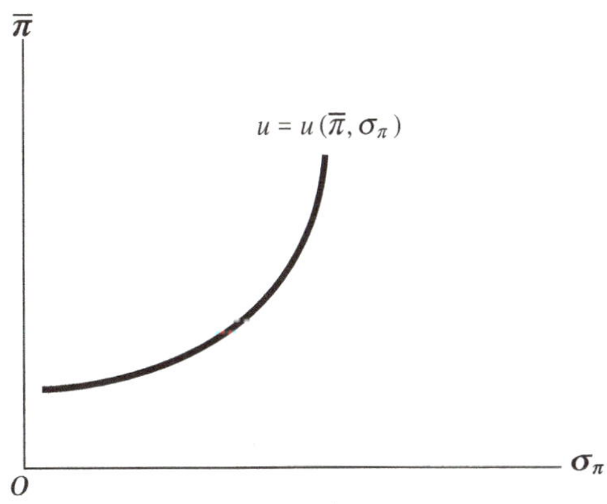

수 있다.

투자자들은 총자산(화폐, 증권)인 W와 투자기회가 주어진 조건에서 ㉠식의 효용 수준을 극대화시킬 수 있도록 위험자산인 증권의 보유비율 α 와 무위험자산인 화폐의 보유비율 $(1-\alpha)$ 를 선택하게 된다. 이제 우리가 풀어야 할 과제는 화폐와 증권으로 구성된 포트폴리오의 투자기회에 대한 궤적을 찾아내는 일이다.

우선 포트폴리오의 기대수익($\overline{\pi}$)과 위험(σ_π) 간의 관계식을 도출해보자. 위험자산인 증권의 명목수익률(R)은 시장이자율(r)과 자본이득률(g)의 합으로 정의된다. 이때 시장이자율 r은 고정되어 있고 자본이득률(g)의 평균은 0, 표준편차가 σ_g인 확률변수라고 하면 명목수익률(R)의 평균 $\overline{R}$ 및 표준편차 σ_R은 각각 $\overline{R}=r$, $\sigma_R=\sigma_g$로 정의된다.

이때 총자산 W 가운데 aW는 증권으로, $(1-a)W$는 화폐로 보유하는 경우 포트폴리오의 명목수익률의 평균인 $\overline{\pi}$는 $\overline{\pi}=aWR$이 된다. 따라서 포트폴리오의 기대수익($\overline{\pi}$) 및 표준편차(σ_π)는 각각 다음과 같이 정리된다.

$$\overline{\pi}=aW\overline{R}=aWr,\ \sigma_\pi=aW\sigma_R=aW\sigma_g \quad \cdots\cdots ㉡$$

㉡식을 기대수익($\overline{\pi}$)과 위험(σ_π) 사이의 관계식으로 재정리하면 다음의 ㉢을 도출할 수 있다.

$$\overline{\pi}=\frac{r}{\sigma_g}\sigma_\pi \quad \cdots\cdots ㉢$$

위에서 ㉠식으로 정의된 무차별곡선과 ㉢식으로 정의된 투자기회에 대한 궤적을 그래프로 나타내면 [그림 7-3]과 같다.

[그림 7-3] 최적의 포트폴리오(증권, 화폐) 선택

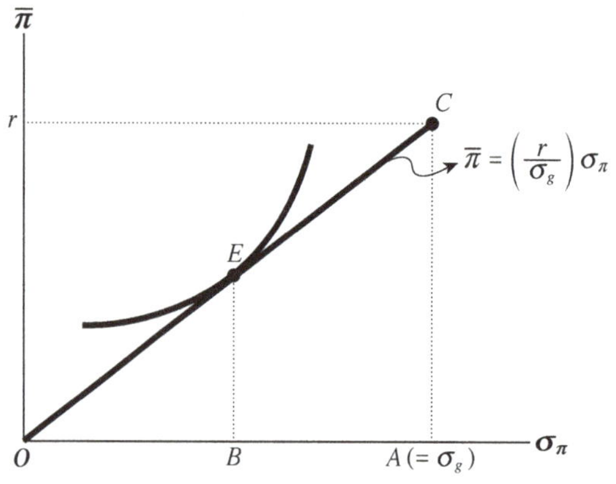

ⓒ ㉢식은 무위험자산인 화폐와 위험자산인 증권 간의 투자기회에 대한 궤적으로서 [그림 7-3]에서 직선 OC로 나타낼 수 있다. 원점(0)은 총자산(W)을 화폐로만 보유하는 것을

의미하고, A점은 기대수익의 평균과 표준편차가 가장 높은 점으로서 총자산(W)을 증권으로만 보유하는 것을 나타낸다.

ⓓ 화폐와 증권의 최적 포트폴리오 선택점은 [그림 7-3]의 E점에서 이루어진다. 즉 $\frac{OB}{OA}$만큼은 증권으로, $\frac{BA}{OA}$만큼은 화폐로 보유한다는 것을 시사한다. 이제 이자율의 변화가 투자자의 화폐수요에 어떤 영향을 미치는지 분석해보자. 이자율 r이 상승하면 OC곡선의 기울기가 커지게 된다. 그러면 두 가지의 경우를 상정해 볼 수 있다. [그림 7-4]를 활용해서 설명해보자.

[그림 7-4] 이자율 상승이 최적의 포트폴리오(증권, 화폐) 선택에 미치는 영향

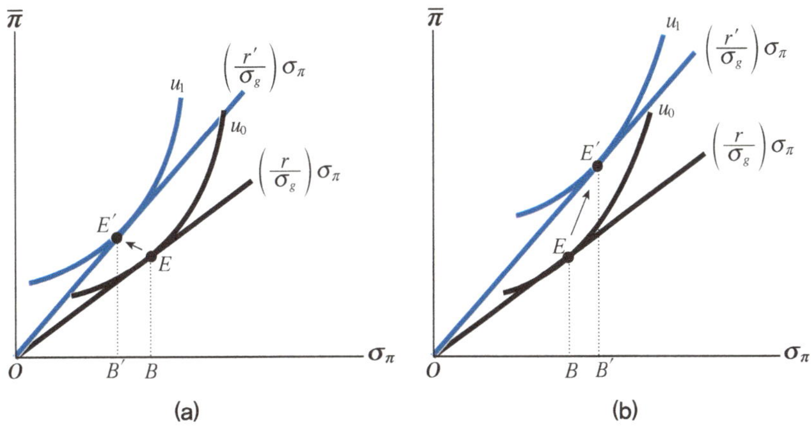

ⓔ [그림 7-4]의 (a) 그래프에서 E점은 최초의 균형점이다. 이자율이 상승($r \to r'$)하면 균형점은 E점에서 E'점으로 이동한다. 그 결과, 투자자는 BB'만큼 증권보유를 감소시키고 있음을 보여준다. 반면, (b) 그래프는 이자율 상승으로 최초의 균형점인 E점에서 E'으로 이동했다. 그런데 이 경우는 BB'만큼 증권을 더 보유하게 되었음을 보여준다.

이제 미시경제학의 소비자이론에서 학습했던 대체효과와 소득효과의 개념을 활용해서 이자율 상승($r \to r'$)이 투기적 화폐수요에 미치는 경제적 효과에 대해 분석해보자. 이자율이 상승하면 화폐보유에 따른 기회비용이 증가한다. 따라서 화폐보유를 줄이고 증권을 더 보유하려는 것이 대체효과다. 반면, 이자율의 상승으로 인해 포트폴리오로부터의 소득이 증가함으로써 무위험자산인 화폐를 더 보유하고 위험자산인 증권을 덜 보유하려는 것이 소득효과다.

[그림 7-4]의 (a) 그래프는 소득효과가 대체효과보다 큰 경우이고, (b) 그래프는 대체효과가 소득효과보다 큰 경우다. 소비자이론에서는 정상재와 열등재의 경우는 대체효과가 소득효과보다 크고, 기펜재의 경우는 대체효과보다 소득효과가 더 크게 나타난다. 증권과 화폐는 정상재다. 그 논리를 여기에 적용시키면 대체효과가 소득효과보다 커야 한다. 즉

(a) 그래프보다는 (b) 그래프로 나타나는 게 일반적이다. 여기서 우리가 유추할 수 있는 것은 이자율이 상승하면 증권을 더 보유하고 화폐를 덜 수요한다는 사실이다. 즉 투기적 화폐수요는 이자율의 감소함수임을 시사해준다.

2 이자율결정이론

이자율 결정에 관한 대표적인 이론으로는 크게 2가지를 들 수 있다. 케인즈의 화폐적 이자율결정이론과 고전학파의 실물적 이자율결정이론이다. 전자(前者)는 이자율이 화폐시장에서, 후자(後者)는 이자율이 생산물시장에서 결정된다고 주장한다. 지금까지 우리는 화폐수요함수와 화폐공급함수에 대해 살펴보았다. 그것은 이자율결정이론을 체계적으로 학습하기 위함이었다. 여기서는 케인즈의 화폐적 이자율결정이론을 먼저 학습한 후, 고전학파의 실물적 이자율결정이론에 대해 살펴보도록 하자.

2.1 케인즈의 화폐적 이자율결정이론

1) 기본내용 요약

① 이자율은 화폐시장에서 화폐수요와 화폐 공급에 의해서 결정된다.

② 실질 화폐수요는 실질 GDP의 증가함수이자 명목 이자율의 감소함수다. 또 화폐공급은 한국은행이 일정 수준으로 공급하는 것으로 가정한다.

③ 화폐시장에서 실질 화폐수요와 실질 화폐공급의 균형조건은 아래와 같다.

$$\frac{M^d}{P} = L(Y, r) = \frac{M^s}{P} = \frac{M_0}{P} \quad \cdots\cdots ㉠$$

④ 화폐시장에서 명목 화폐수요와 명목 화폐공급의 균형조건은 아래와 같다.

$$M^d = P \cdot L(Y, r) = M_0 = M^s \quad \cdots\cdots ㉡$$

⑤ 이들 균형조건은 [그림 7-5]와 같다. (a) 그래프는 실질 화폐수요와 실질 화폐공급의

균형, (b) 그래프는 명목 화폐수요와 명목 화폐공급의 균형을 나타낸다.

[그림 7-5] 균형이자율의 결정 과정

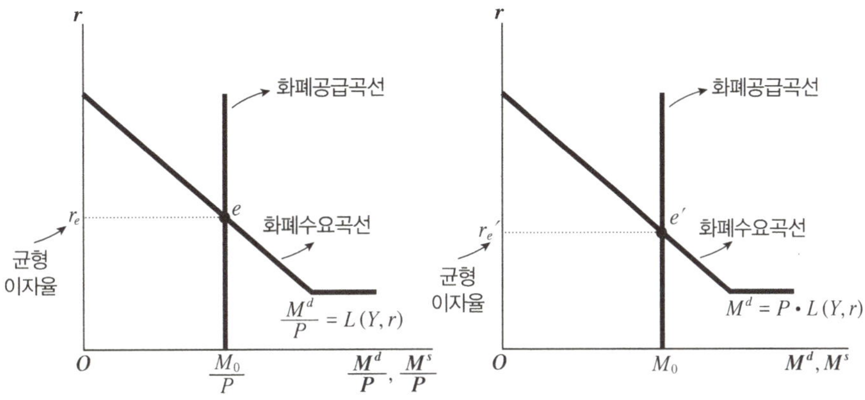

(a) $\left[\frac{M^d}{P} = L(Y, r) = \frac{M^s}{P} = \frac{M_0}{P}\right]$ (b) $\left[M^d = P \cdot L(Y, r) = M^s = M_0\right]$

2) 균형이자율의 변화는 어떤 경우에 일어날까?

① [그림 7-6]의 (a), (b) 그래프에서 보는 것처럼 물가(P), 실질 GDP가 일정한 상태에서 화폐공급량을 M_0에서 M_1으로 증가시키면 수직선 형태의 화폐공급곡선이 오른쪽으로 이동(①)함으로써 균형이자율은 r_e에서 r_1으로 감소(②)한다.

[그림 7-6] 화폐공급량의 증가와 균형이자율의 변화

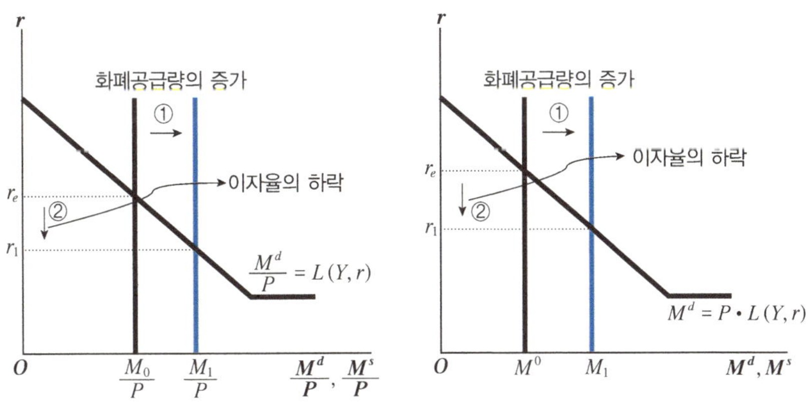

(a) (b)

② 화폐공급량이 일정한 상황에서 물가(P)가 상승하거나 실질 GDP가 증가하는 경우에는 명목 화폐수요곡선이 [그림 7-7]에서 보는 것처럼 M^d가 $M^{d\prime}$로 이동하고(①) 균형이자율은 r_e에서 r_1으로 상승(②)한다.

[그림 7-7] 명목 화폐수요의 변화와 균형이자율의 변화

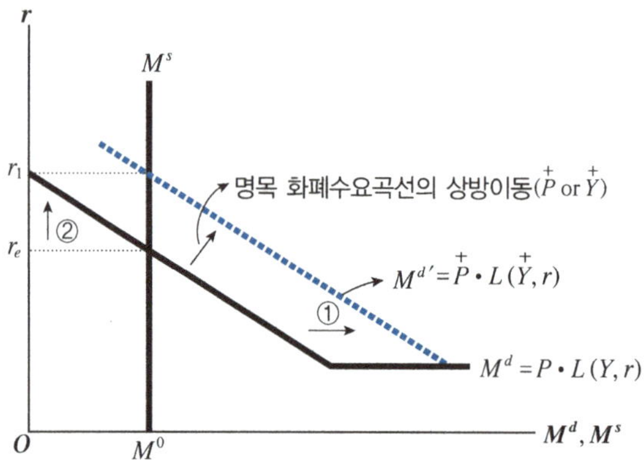

2.2 고전학파의 실물적 이자율결정이론

1) 기본내용 요약

① 고전학파는 이자율 결정이 화폐시장이 아닌 실물시장에서 이루어진다고 주장한다. 이때, 균형이자율은 생산물시장에서 결정되기 때문에 실질이자율이 된다.

② 폐쇄경제에서 생산물시장의 균형조건은 $Y=C+I+G$이다. **이것을 I로 정리하면** $I=Y-C-G+T-T=(Y-C-T)+(T-G)$ **= 민간저축**$(S_P=Y-C-T)$ **+ 정부저축**$(S_G=T-G)$ **= 총저축으로 정의된다.** 여기에서 투자(I)는 이자율의 감소함수이고, 민간저축(S_P)은 이자율의 증가함수다.

③ 개방경제에서 생산물시장의 균형조건은 $Y=C+I+G+(X-M)$이다. 이것을 I로 정리하면 $I=Y-C-G+T-T-(X-M)=(Y-C-T)+(T-G)-(X-M)$ **= 민간저축**$(S_P=Y-C-T)$ **+ 정부저축**$(S_G=T-G)$ **−** $(X-M)$ **= 총저축**(S) **−** $(X-M)$**의 관계가 성립한다.** 이를 $(X-M)$으로 재정리하면 다음과 같다. $(X-M)=(S_P-I)+(T-G)$이다. 즉 경상수지($X-M$)는 민간부문의 초과저축(S_P-I)과 정부저축($T-G$)의 합으로 정의된다.

2) 고전학파의 실물적 이자율결정이론은 대부자금시장(loanable funds market) 모형을 통해 설명된다. 대부자금시장은 자금의 공급원(供給源)인 저축이 자금의 수요처인 투자로 연결되는 시장을 의미한다. 대부자금시장에서 자금의 균형거래량과 균형이자율은 자금을 공급하는 대여자(lender)와 투자를 위해 필요한 자금을 수요하는 차입자(borrower)의 상호작용에 의해서 결정된다. 우선 폐쇄경제의 경우부터 살펴보자.

[그림 7-8] 대부자금시장에서 균형이자율의 결정

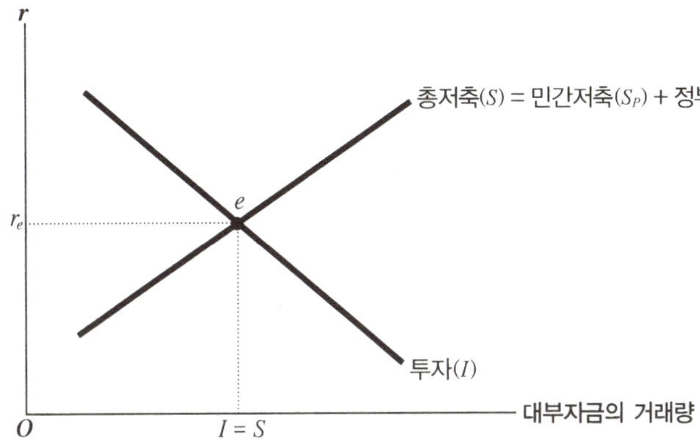

① [그림 7-8]에서 대부자금에 대한 수요곡선은 투자(*I*) 곡선으로 정의된다. 투자는 실질이자율의 감소함수이기 때문에 투자(*I*) 곡선은 우하향한다. 또 대부자금에 대한 공급곡선은 총저축(*S*) 곡선으로 정의된다. 민간저축(S_P)은 실질이자율의 증가함수이기 때문에 총저축(*S*) 곡선은 우상향한다.

② [그림 7-8]에서 균형 실질이자율과 대부자금의 균형거래량은 투자(*I*) 곡선과 총저축(*S*)이 교차하는 *e*점에서 결정된다.

3) 폐쇄경제의 대부자금시장에서 정부의 정책이 변화할 때, 균형 실질이자율과 대부자금의 균형거래량은 어떻게 변화하는지에 대해 살펴보자.

① 정부가 기업의 투자를 촉진할 목적에서 투자세액공제를 확대해 나갈 경우, 대부자금시장에서는 어떠한 변화가 일어날까? 정부가 투자세액공제를 확대하면 기업들은 신규투자를 확대함으로써 대부자금의 수요를 늘린다. 따라서 [그림 7-9]에서 보는 바와

[그림 7-9] 정부의 투자세액공제 확대와 대부자금시장의 균형

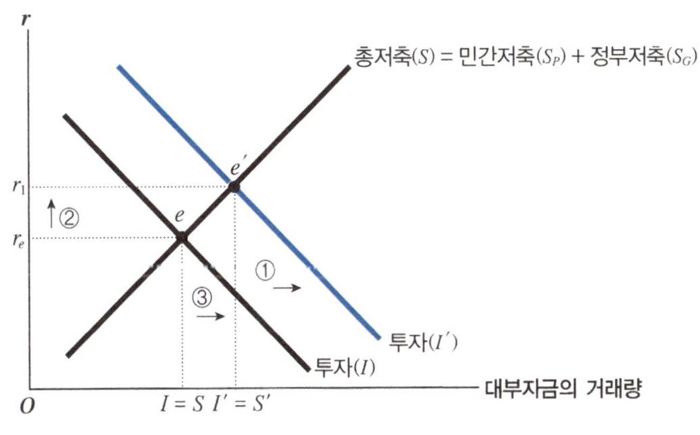

같이 투자(I) 곡선이 우상방으로 이동(①)한다. 그 결과 균형 실질이자율은 r_e에서 r_1으로 상승(②)하고, 대부자금의 균형거래량도 증가(③)하게 된다.

② 다른 조건이 일정하다는 전제하에서 정부 당국이 총수요관리를 위해 정부지출(G)을 확대시킬 경우, 대부자금시장의 균형조건은 어떻게 달라지는지 살펴보자. 실질이자율이 일정한 상황에서 정부지출(G)의 증가는 정부저축($T-G$)을 감소시키고 이는 총저축(S)의 감소로 이어진다. 아래의 [그림 7-10]이 그것을 잘 보여준다.

[그림 7-10] 정부의 재정적자와 대부자금시장의 균형

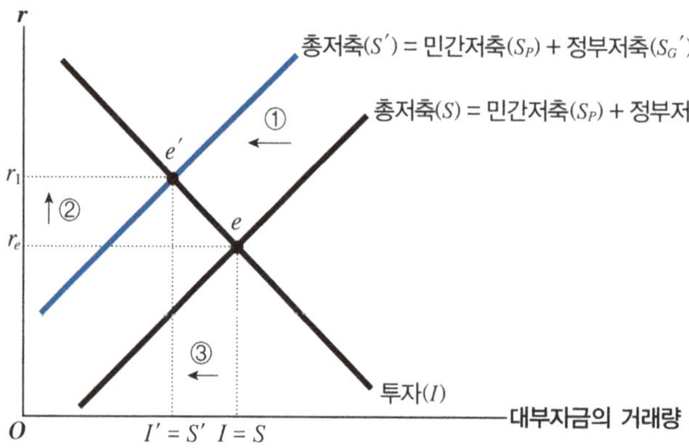

정부지출(G)의 확대로 정부의 재정수지가 적자로 전환되면 정부저축이 감소하게 된다. 따라서 총저축(S)곡선은 [그림 7-10]에서 보듯이 좌상방으로 이동(①)한다. 그 결과 균형 실질이자율은 r_e에서 r_1으로 상승(②)하고 대부자금의 균형거래량은 감소(③)한다.

4) 이제 개방경제의 경우, 대부자금시장의 모형이 폐쇄경제와 비교해서 어떻게 다른지에 대해 알아보자.

① 개방경제에서 생산물시장의 균형조건은 앞의 1)의 ③에서 언급한 것처럼 I(투자) = S(총저축) − ($X-M$; 경상수지) = $S_P + S_G - (X-M)$으로 정의된다. 또 국제수지의 균형조건은 경상수지($X-M$) + 금융 · 자본수지 = 0이다. 그런데 금융 · 자본수지는 순자본유입(K ; K = 자본유입 − 자본유출)과 똑같다. 따라서 $I = S - (X-M) = S$(총저축) + 순자본유입(K)이 된다.

[그림 7-11] 개방경제에서 대부자금시장의 균형

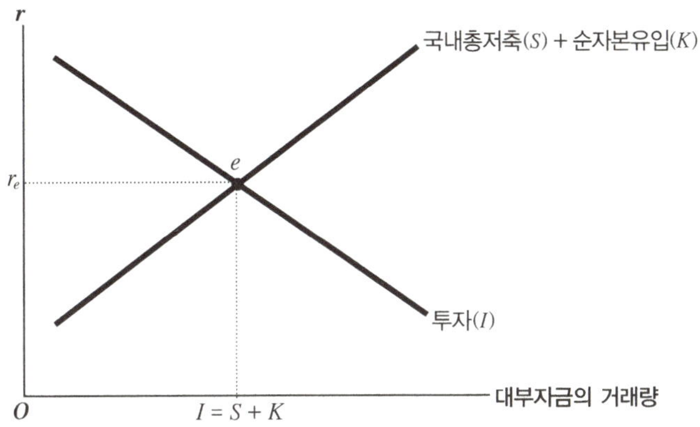

② 투자(I) 곡선은 실질이자율의 감소함수이기 때문에 우하향한다. 민간저축과 정부저축의 합으로 정의되는 총저축(S) 곡선은 우상향한다. 민간저축(S_P)이 실질이자율의 증가함수이기 때문이다. 또 **순자본유입(K)은 해외부문의 저축이라고 할 수 있으며 실질이자율의 증가함수다. 국내 실질이자율이 상승할수록 순자본유입이 증가하기 때문이다.**

③ 앞에서 언급한 사항을 종합적으로 정리하면 개방경제에서 대부자금시장의 균형은 [그림 7-11]에서 보는 바와 같이 투자(I) = S(총저축) + 순자본유입(K)의 조건이 충족되는 e점에서 결정된다. 이때 균형 실질이자율은 r_e, 대부자금의 균형거래량은 $I = S + K$이다.

요약 및 복습

01 거시경제학에서 논의되는 대표적인 화폐수요이론으로는 고전학파의 화폐수량설과 현금잔고방정식, 케인즈의 유동성선호설, 통화주의학파의 신화폐수량설, 그리고 케인지언인 보몰과 토빈의 거래적 화폐수요이론과 포트폴리오 모형이 있다.

1) 고전학파의 화폐수요이론에서 화폐수요는 명목 GDP(= PY)의 함수다.

2) 케인즈의 화폐수요이론에서 화폐수요는 GDP와 이자율의 함수다. 화폐수요는 이자율의 변화에 민감하다.

3) 통화주의학파의 화폐수요이론에서 화폐수요는 GDP와 이자율의 함수다. 화폐수요는 이자율에 덜 민감하다.

4) 보몰-토빈의 거래적 화폐수요는 GDP, 이자율, 증권과 화폐의 전환에 따른 거래비용, 소득분배 상태의 함수이고, 포트폴리오 모형에서 투기적 화폐수요는 증권과 화폐 간의 포트폴리오에 따른 기대수익의 평균과 표준편차에 따라 결정되며 이자율의 감소함수다.

02 거시경제학에서 논의되는 대표적인 이자율결정이론은 케인즈의 화폐적 이자율결정이론과 고전학파의 실물적 이자율결정이론 등이 있다.

1) 케인즈의 화폐적 이자율결정이론에서 균형이자율은 다음 조건이 충족되는 곳에서 결정된다.

$$\frac{M^d}{P} = L(Y, r) = \frac{M^s}{P} = \frac{M_0}{P} \quad \cdots\cdots\cdots \text{㉠}$$

$$M^d = P \cdot L(Y, r) = M_0 = M^s \quad \cdots\cdots\cdots \text{㉡}$$

㉠식은 화폐시장에서 실질 화폐수요와 실질 화폐공급의 균형조건을 의미하고 ㉡식은 화폐시장에서 명목 화폐수요와 명목 화폐공급의 균형조건을 의미한다.

2) 실물적 이자율결정이론은 대부자금시장 모형으로 설명할 수 있다. 폐쇄경제와 개방경제로 구분해서 균형 실질이자율과 대부자금의 균형거래량을 살펴보고자 한다.

① 폐쇄경제에서 대부자금시장의 균형조건은 투자(I) = 총저축(S) = 민간저축(S_P) + 정부저축(S_G)이다. 이때 정부당국이 기업들을 상대로 투자세액공제를 확대하면 투자(I) 곡선이 우상방으로 이동함으로써 균형 실질이자율은 상승하고 대부자금의 균형거래량도 증가한다.

② 개방경제에서 대부자금시장의 균형조건은 투자(I) = 총저축(S) + 순자본유입(K) = 민간저축(S_P) + 정부저축(S_G) + 순자본유입(K)로 정의된다. 투자(I) 곡선은 실질이자율의 감소함수이고, 민간저축(S_P)과 순자본유입(K)는 실질이자율의 증가함수다. 따라서 투자(I) 곡선과 총저축(S) + 순자본유입(K) 곡선이 교차하는 점에서 균형 실질이자율과 대부자금의 균형거래량이 결정된다.

제 8 장 *IS–LM* 모형

1. *IS–LM* 모형의 의의와 학습의 필요성
2. *IS*곡선의 도출, 어떻게 하지?
3. *LM*곡선의 도출, 어떻게 하지?
4. 생산물시장과 화폐시장의 동시균형
5. 케인지언의 재정정책과 통화정책

출처 : 공군 블랙이글스

2019. 10. 6. 김제 지평선 축제에서 축하비행을 마친 후, 블랙이글스 조종사들이 축제에 참가한 어린이들과 즐거운 만남의 시간을 갖고 있다. 이날 블랙이글스 조종사들과 악수한 어린이들 가운데 상당수는 고등학교를 졸업하고 공군사관학교에 지원할 가능성이 크다. 이미 그들은 자신의 순수한 동심(童心)을 블랙이글스와 하늘에 빼앗겼기 때문이다! **수험생 여러분들도 때때로 어린 시절의 꿈을 회상해보며 오늘의 현실에 매우 충실한 사람이 되었으면 좋겠습니다!**

1 *IS–LM* 모형의 의의와 학습의 필요성

1.1 *IS–LM* 모형을 반드시 학습해야 하는 이유

1) 다음 장에서 학습할 총수요곡선(*AD*곡선)을 도출하고, 생산물시장과 화폐시장의 연결고리를 이해하는 데 있어서 결정적인 도움을 받을 수 있기 때문이다.

① *IS–LM* 모형은 기본적으로 **'물가가 일정하다'** 는 전제하에 도출되는 모형이다. 그런데 총수요-총공급이론은 물가의 변화를 전제로 한다. 기존의 *IS–LM* 모형에다 물가(*P*)의 변화만 도입하면 우리는 *AD*곡선을 간단명료하게 도출할 수 있다. 여기서 *IS*라는 용어는 투자(Investment)와 저축(Saving)의 앞글자를 따서 만든 것이다. *LM*이란 용어 역시 화폐수요(Liquidity Prefer, Money Demand)와 화폐공급(= 통화공급, Money Supply)의 앞글사를 따서 만든 것이다.

② 우리는 지금까지 케인즈 이론을 생산물시장과 화폐시장으로 구분한 후, 그들 각각의 시장에 대해서만 학습했다. 그러나 균형 실질 GDP와 균형이자율은 생산물시장과 화폐시장을 동시에 분석해야 얻을 수 있다. 그런데 *IS–LM* 모형은 생산물시장과 화폐시장의 상호 연관성을 체계적으로 분석할 수 있는 모형이다.

③ *IS–LM* 모형을 정확하게 이해하면 정부의 재정정책과 통화 당국(한국은행)이 주도하는 통화정책의 효과는 물론 그들 정책의 상대적 유효성까지 손쉽게 평가할 수 있다. 또 생산물시장과 화폐시장에 관련된 다양한 시험문제들도 *IS–LM* 모형만 제대로 이해한다면 굳이 경제이론을 어렵게 암기할 필요 없이 현장에서 곧바로 해답을 골라낼 수 있는 파워풀한 무기를 갖게 된다.

2) 그런데도 국내외 거시경제학 교재들은 *IS–LM* 모형을 소홀히 취급해왔다. 거의 소개하지 않거나 설령 소개를 한다 해도 수박 겉핥기식 언급에 머무르는 것이 대부분이었다. 그 이유는 *IS–LM* 모형에 내재된 한계가 적지 않다고 생각하기 때문이다. 하지만 경제학을 가르치는 교수로서 나는 그런 접근방식에 찬성할 수 없다. 비록 완벽한 경제모형은 아니지만, 고급 경제이론을 이해하는 데 더없이 중요한 모형이기 때문이다. 더욱이 독자들이 경제문제를 푸는 데 결정적인 도움을 줄 수 있는 비장의 무기이기에 그것을 가볍게 취급

하는 것은 결코 바람직스럽지 않다. 다만, *IS*-*LM* 모형의 한계점만큼은 독자들에게 올바로 가르쳐주어야 한다고 생각한다.

① *IS*-*LM* 모형은 1972년에 노벨경제학상을 수상한 영국의 경제학자인 존 힉스(J.R. Hicks)와 하버드대 교수였던 앨빈 하비 한센(A.H. Hansen)이 1937년에 개발한 모형이다. ***IS*-*LM* 모형은 '물가수준은 일정하다'는 가정하에 거시경제균형을 분석한 1930년대의 대공황 모형이다.** *IS*곡선이 생산물시장의 균형조건에서 도출되었다면 *LM*곡선은 화폐수요와 화폐공급이 일치하는 화폐시장의 균형조건에서 도출된다.

② *IS*-*LM* 모형은 총수요를 구성하는 생산물시장과 화폐시장을 분석한 부분균형 모형이다. 하지만 케인즈의 단순모형을 보완하고 확대시켰다는 의미에서 케인즈의 완전이론이라고도 평가받았다. 즉 케인즈의 단순모형에서 취급한 투자수요는 이자율과 무관한 독립투자($I^D = I_0$)였다. 그러나 *IS*-*LM* 모형은 투자수요를 독립투자뿐만 아니라 이자율의 영향을 받는 투자까지 고려한다. 그 때문에 *IS*-*LM* 모형은 케인즈의 완전 이론이라는 닉네임을 얻었다. 하지만 *IS*-*LM* 모형은 총공급(*AS*)이 결정되는 과정, 그중에서도 노동시장의 균형을 간과했다는 점에서 완전이론으로 볼 수는 없다.

③ *IS*-*LM* 모형은 폐쇄경제를 전제로 개발된 모형이지만 개방경제에 대한 분석도 가능하다. 물론 개방경제하에서의 균형 GDP와 균형이자율, 균형환율의 결정에 대한 분석을 위해서는 국제수지와 외환시장에 대한 보완 설명이 필요하다. 이에 관해서는 뒷부분에서 자세히 다룰 예정이다.

④ *IS*-*LM* 모형은 기본적으로 정태(靜態)모형이다. 따라서 인플레이션과 같은 동태적(動態的) 현상을 설명하는 데는 일정 부분 한계가 있다.

⑤ *IS*-*LM* 모형은 폐쇄경제에서의 국민경제가 마치 하나의 기계장치처럼 자유자재로 조작 가능한 것처럼 취급한다.

1.2 *IS*-*LM* 모형의 경제이론적 의의

1) *IS*-*LM* 모형은 케인즈의 단순모형에 그 이론적 기반을 두고 있다. 그러면서 화폐시장에서 결정되는 균형이자율이 투자수요에 영향을 주어 생산물시장을 변화시킨다고 가정함으로써 케인즈의 단순모형을 한층 더 보완하고 발전시켰다는 평가를 받았다.

2) 비록 힉스와 한센이 1920년대 말과 1930년대 초의 대공황기의 상황을 이론적으로 설명하기 위해 *IS–LM* 모형을 개발했지만, 그것은 대공황기가 아닌 시기에도 생산물시장과 화폐시장의 상호작용을 잘 설명해주었다고 생각한다.

1.3 *IS-LM* 모형의 전제조건

1) *IS–LM* 모형에 등장하는 제(諸)변수의 특성

① 물가(P)는 일정하다고 가정한다.

② 생산물시장에서 이자율을 제외한 거시경제변수들은 불변가격으로 표시된 실질변수이다.

③ 화폐시장에서 거론되는 통화량과 이자율은 모두 명목변수이다.

2) 생산물시장과 화폐시장의 균형조건

① 생산물시장의 균형조건은 $Y^D = C + I^D + G = Y = C + I + G = Y^S$로 정의된다. 또 *IS*곡선의 궤적은 생산물 시장의 균형조건이다.

② 화폐시장의 균형조건은 $\frac{M^d}{P} = L(Y, r) = \frac{M^s}{P} = \frac{M_0}{P}$이다. 또 *LM*곡선의 궤적은 화폐시장의 균형조건이다.

2 *IS*곡선의 도출, 어떻게 하지?

2.1 *IS* 곡선의 궤적 : 생산물시장의 균형조건($Y^D = Y = Y^S$)

1) 총수요(Y^D) = 총생산(Y) = 총소득(Y^S)의 모형

① *IS*곡선은 케인즈의 단순모형에서 균형 실질 GDP의 결정을 나타내주는 균형조건, 즉 '총수요 = 총생산 = 총소득' 으로부터 도출된다. 다만, 케인즈의 단순모형에서 케인즈는 투자가 이자율과 무관한 독립투자만을 가정했지만 여기서는 투자수요가 이자율의 감소함수임을 명시적으로 상정한다. 그것이 케인즈의 단순모형과 *IS*곡선의 본질적인

차이다.

② *IS*곡선의 도출을 위한 방정식 모형

$$Y^D = C + I^D + G \quad \cdots\cdots ㉠$$

$$C = a + b(Y - T),\ (a > 0,\ 0 < b < 1) \quad \cdots\cdots ㉡$$

$$S = -a + (1 - b)Y,\ (a > 0,\ 0 < b < 1) \quad \cdots\cdots ㉢$$

$$I^D = I(r) = I_0 - cr,\ (I_0 > 0,\ c > 0) \quad \cdots\cdots ㉣$$

$$G = G_0 \quad \cdots\cdots ㉤$$

$$T = T_0 \quad \cdots\cdots ㉥$$

$$Y^D = Y = Y^S \quad \cdots\cdots ㉦$$

③ 위 방정식을 활용해서 도출한 *IS*곡선의 형태

[그림 8-1] *IS* 곡선의 도출 과정

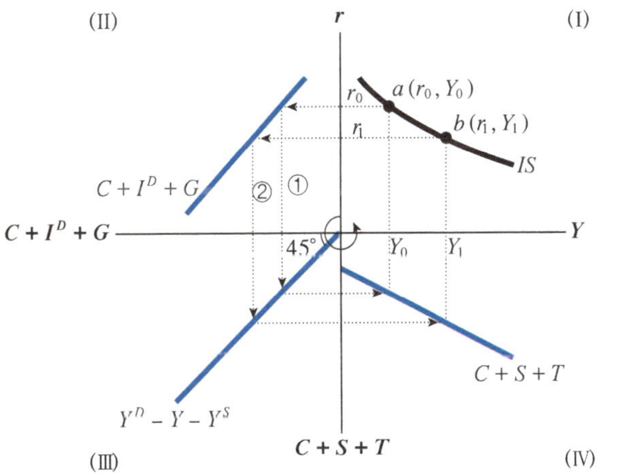

(I) 영역의 *IS*곡선은 (II) 영역, (Ⅲ) 영역, (Ⅳ) 영역을 차례로 연결한 결과로서 도출된다.

(II) 영역은 이자율(r)과 소비(C), 투자수요(I^D), 정부지출(G) 간의 관계를 나타낸다. 투자수요는 이자율의 감소함수이고, 소비와 정부지출은 이자율과 무관하다. 따라서 $C + I^D + G$는 이자율 r과 반비례한다.

(Ⅲ) 영역은 총수요(Y^D) = 총생산(Y) = 총공급(Y^S)이 일치하는 삼면등가의 법칙을 보여준다. 따라서 기울기가 45° 인 직선으로 그려졌다.

(Ⅳ) 영역은 총생산(Y) = 총공급(Y^S) = $C+S+T$의 관계를 나타낸다. 조세(T)는 정액세(T_0)로 일정하고 소비(C)와 저축(S)은 실질 GDP인 Y의 증가함수다. 따라서 $C+S+T$는 실질 GDP인 Y의 증가함수로 그려진다.

이때 IS곡선의 궤적은 다음과 같은 순서에 의해 도출된다. 화폐시장에서 균형이자율이 r_0로 결정되면, 그에 따라 투자수요를 비롯한 $C+I^D+G$ 수준이 결정되고 이는 삼면등가의 법칙에 따라 $C+S+T$ 수준이 결정된다. 그리고 그것과 Y에 의해 최종적으로 r_0와 부합하는 Y_0가 결정된다. 이제 이자율이 r_0에서 r_1으로 하락했다고 가정하자. 그러면 [그림 8-1]에 나타난 것처럼 새로운 투자수요를 비롯한 $C+I^D+G$ 수준이 결정되고 이는 삼면등가의 법칙에 따라 새로운 $C+S+T$ 수준이 결정된다. 그것과 Y에 의해 r_1과 부합하는 새로운 실질 GDP가 Y_1으로 결정된다. 이때 최초의 균형점 $a(r_0, Y_0)$ 새로운 균형점 $b(r_1, Y_1)$을 연결하면 우하향하는 IS곡선이 도출된다. 참고로 IS곡선은 (II) 영역 ⇒ (Ⅲ) 영역 ⇒ (Ⅳ) 영역, 즉 시계바늘이 움직이는 방향과 반대 방향으로 270도를 이동시키면 자동적으로 도출된다.

2) IS곡선상에 놓여 있지 않은 점들은 모두 생산물시장에서 불균형 상태임을 나타낸다.

[그림 8-2] 생산물시장에서의 균형과 불균형

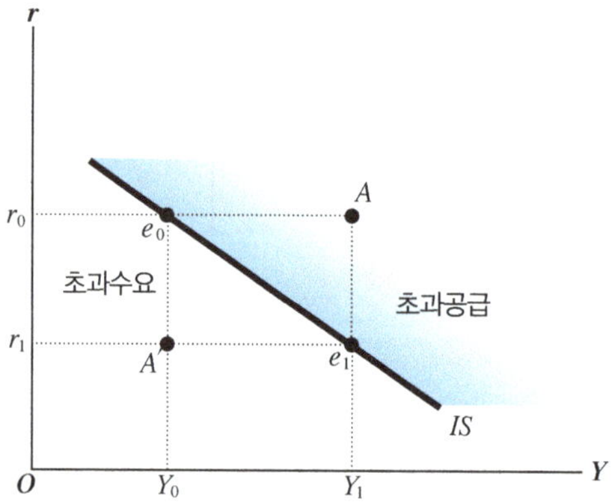

① [그림 8-2]에서 e_0점과 e_1점을 포함한 IS곡선상의 모든 점들은 생산물시장의 균형을 나타낸다. 그리고 IS곡선의 우측 방향에 있는 모든 점들은 생산물시장에서의 초과공급을 의미하고, IS곡선의 좌측 방향의 모든 점들은 초과수요를 나타낸다.

② [그림 8-2]에서 A점은 초과공급을 나타낸다. A점은 생산물시장의 균형점인 e_1보다 이자율이 r_0r_1만큼 높다. 이자율이 높아지면 투자수요(I^D)가 감소하기 때문에 총수요

인 $C+I^D+G$는 총공급(Y)보다 작게 된다. 따라서 초과공급의 상태가 된다. 한편 A' 점은 생산물시장의 균형점인 e_0보다 이자율이 r_0r_1만큼 낮다. 이자율이 낮아지면 투자수요(I^D)가 증가하기 때문에 총수요인 $C+I^D+G$는 총공급(Y)보다 크게 된다. 따라서 초과수요의 상태가 된다.

2.2 IS 곡선의 기울기와 IS 곡선의 이동

1) IS곡선의 기울기는 어떻게 측정되는가?

앞에서 살펴본 방정식을 활용해서 IS곡선의 기울기를 도출해보자.

$$Y^D = C + I^D + G \quad \cdots\cdots ㉠$$

$$C = a + b(Y - T),\ (a > 0,\ 0 < b < 1) \quad \cdots\cdots ㉡$$

$$I^D = I(r) = I_0 - cr,\ (I_0 > 0,\ c > 0) \quad \cdots\cdots ㉢$$

$$G = G_0 \quad \cdots\cdots ㉣$$

$$T = T_0 \quad \cdots\cdots ㉤$$

$$Y^D = Y = Y^S \quad \cdots\cdots ㉥$$

위 식에서 ㉠, ㉡, ㉢, ㉣, ㉤식을 ㉥식에 대입한 후, Y로 정리해주면 다음과 같은 식이 도출된다.

$$Y^D = Y = a + b(Y - T_0) + I_0 - cr + G_0$$

$(1-b)Y = [a + I_0 + G_0 - bT_0] - cr$이 된다.

이것을 r로 재정리하면 ㉦식이 최종적으로 도출된다.

$$cr = [a + I_0 + G_0 - bT_0] - (1-b)Y$$

$$r = \frac{[a + I_0 + G_0 - bT_0]}{c} - \frac{(1-b)}{c}Y \quad \cdots\cdots ㉦$$

㉦식을 그래프로 나타내면 [그림 8-3]과 같은 IS곡선을 도출할 수 있다.

[그림 8-3] IS곡선의 형태와 기울기

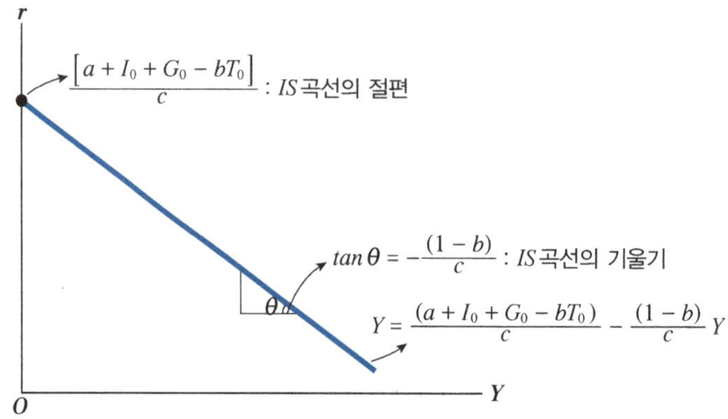

① ㉦식에서 볼 수 있듯이 IS곡선의 기울기는 $-\left[\frac{(1-b)}{c}\right]$로 정의된다. c는 $-\left[\frac{\Delta I}{\Delta r}\right]$로서 이자율의 변화에 대한 투자수요의 반응계수를 의미한다. 여기서 c는 0보다 크고, 한계소비성향인 b는 0보다 크고 1보다 작다. 따라서 $-\left[\frac{(1-b)}{c}\right]$는 음수(-)가 된다. 그런데 $\frac{(1-b)}{c}$의 절대값이 작을수록 IS곡선의 기울기는 완만해진다. 즉 b가 클수록[1], 이자율의 변화에 대한 투자수요의 반응계수인 c가 클수록 IS곡선의 기울기는 완만해진다.

② [그림 8-3]에서 r축의 절편은 $\frac{[a + I_0 + G_0 - bT_0]}{c}$로 정의된다. 만약 b, c가 일정한 상태에서 절대소비(a), 독립투자(I_0), 정부지출(G_0)이 증가하거나 정액세(T_0)의 감면이 있으면 절편값이 커지게 되고 IS곡선은 우측으로 이동한다. 그런데 정부지출 증가나 조세 감면은 확대재정정책이다. 이는 IS곡선의 이동에 관한 중요한 시사점을 제공한다. 즉 정부가 확대재정정책을 실행하면 IS곡선은 우측으로 이동하고 긴축재정정책을 실행하면 좌측으로 이동한다.

2) IS곡선의 이동과 IS곡선상의 이동에 대한 개요

① IS곡선의 이동이란 [그림 8-4]에서 볼 수 있듯이 IS곡선이 IS_0에서 IS_1으로 이동하는 것을 지칭한다. 즉 IS곡선 자체가 이동하는 것을 말한다. 이것은 총수요에 영향을 미치는 요인들 가운데 이자율을 제외한 다른 변수들이 변할 때 일어난다. 위에서 언급한 것처럼 절대소비(a), 독립투자(I_0), 정부지출(G_0)의 증대나 정액세(T_0)를 감면하면 IS_0 곡선이 IS_1으로 이동한다.

1. b값이 커질수록 투자지출승수가 커지기 때문에 큰 폭의 실질 GDP의 증대 현상이 나타난다. 그로 인해 IS곡선의 기울기가 완만하게 된다.

② IS곡선상의 이동은 동일한 곡선(IS_0)상의 이동을 말한다. 이는 총수요에 영향을 미치는 요인들 가운데 이자율만 변하는 경우에 나타난다. 다른 변수들은 일정한 상황에서 이자율만 r_0에서 r_1으로 하락할 경우, 최초의 균형점인 $e_0(r_0, Y_0)$에서 $e_0'(r_1, Y_0')$로 이동한다.

[그림 8-4] IS 곡선의 이동과 IS 곡선상의 이동

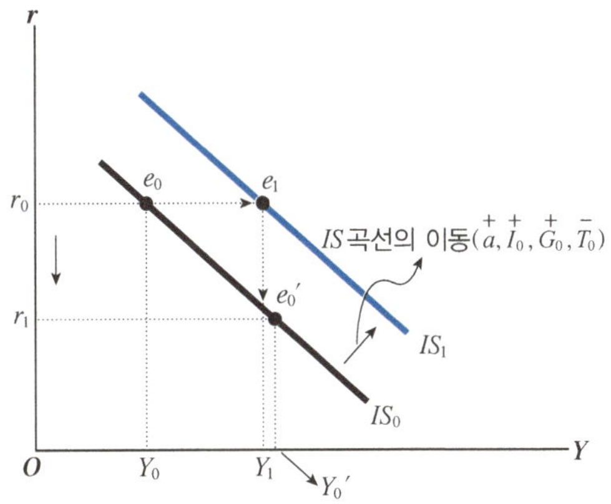

2.3 특수한 형태의 IS 곡선

[그림 8-5] 특수한 형태의 IS 곡선들

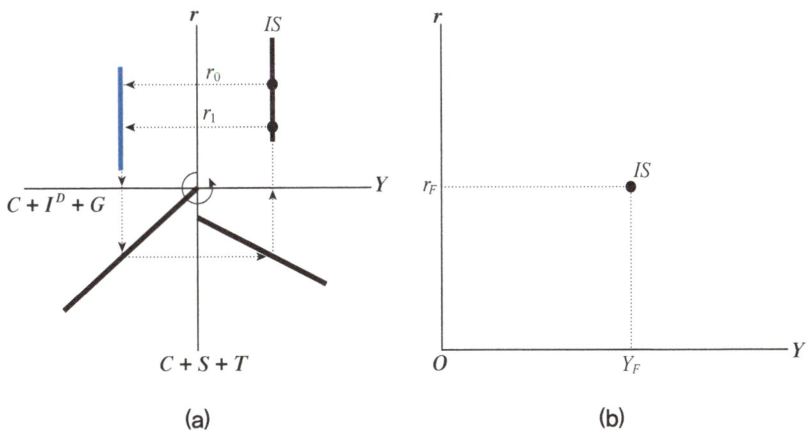

1) [그림 8-5]의 (a) 그래프는 투자가 독립투자만 존재한다고 가정하는 케인즈의 단순모형을 IS곡선으로 나타낸 것이다. (a) 그래프에서 독립투자는 이자율과 무관하게 I_0로 일정하고, 소비(C)와 정부지출(G) 또한 이자율과 무관하게 일정하므로 r과 $C + I^D + G$의 관

계가 반비례인 형태가 아니라 수직선으로 그려진다. 앞에서 *IS*곡선을 도출했던 것과 같은 방식으로 r_0와 r_1에서 각각 출발해서 시계바늘 반대 방향으로 270도만큼 회전시키면 수직선 형태의 *IS*곡선을 도출할 수 있다.

2) 고전학파 경제학자들은 *IS*곡선에 대한 개념조차 갖고 있지 않았다. 그렇지만 힉스와 한센이 개발한 *IS–LM*곡선을 고전학파 모형에 적용시키면, *IS*곡선의 형태는 하나의 점으로 정의된다. 고전학파 모형에서는 재화시장이나 생산요소시장에서 완전경쟁을 가정하고 있기 때문에 항상 완전고용국민소득(Y_F)이 보장된다. 따라서 생산물시장의 균형조건은 $Y_F = C(r) + I(r) + G$(G_0로 일정)이다.

이 식은 하나의 방정식에 하나의 변수(r)만 존재하기 때문에 $Y_F = C(r) + I(r) + G_0$를 풀면 균형이자율(r_F)이 도출된다. 즉 (r_F, Y_F)가 우리가 구하고자 했던 고전학파 모형의 *IS*곡선이다. [그림 8–5]의 (b) 그래프에 (r_F, Y_F)를 나타내면 하나의 점이 된다.

3 *LM*곡선의 도출, 어떻게 하지?

3.1 *LM*곡선의 궤적 : 화폐시장의 균형조건($\frac{M^d}{P} = \frac{M^S}{P}$)

1) *LM*곡선은 물가(P)가 일정한 상황에서 화폐시장을 균형시켜 주는 실질 GDP와 이자율의 조합을 연결한 곡선을 의미한다. 힉스와 한센은 케인즈의 유동성선호설에 기초해서 *LM*곡선을 도출했다.

① 케인즈의 유동성선호설은 다음과 같은 방정식으로 구성된다.

화폐수요함수 : $\frac{M^d}{P} = L(Y, r)$, (단, $L_Y > 0$, $L_r < 0$) ··························· ㉠

화폐공급함수 : $\frac{M^S}{P} = \frac{M_0}{P}$ ··························· ㉡

화폐시장의 균형조건 : $\frac{M^d}{P} = \frac{M^S}{P}$ ··························· ㉢

② ㉠, ㉡, ㉢식을 통해 도출한 *LM*곡선의 형태는 [그림 8–6]과 같다.

[그림 8-6] LM곡선의 도출 과정

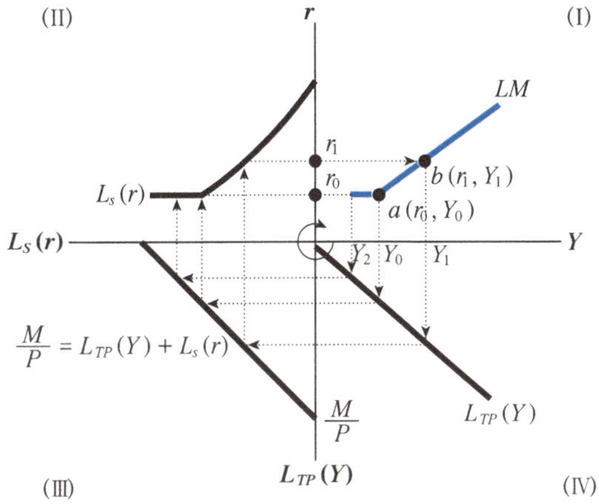

(I) 영역에 그려진 LM곡선은 (IV) 영역⇒(III) 영역⇒(II) 영역을 차례로 연결한 결과로서 도출된 것이다. 즉 LM곡선은 시계바늘 방향으로 270도를 회전시켜야만 얻을 수 있는 곡선이다.

(IV) 영역은 GDP와 거래적 및 예비적 동기의 화폐수요 사이에 존재하는 양(+)의 관계를 나타낸다.

(III) 영역은 케인즈의 화폐수요곡선과 화폐공급곡선이 일치하는 화폐시장의 균형조건을 그래프로 나타낸 것이다. 즉 그것의 궤적은 $\frac{M^d}{P} = \frac{M^S}{P} = \frac{M}{P} = L_{TP}(Y) + L_S(r)$이며 절편은 $\frac{M}{P}$으로 동일한 직각 이등변 삼각형으로 정의된다. 여기서 $L_{TP}(Y)$는 거래적 및 예비적 동기의 화폐수요, $L_S(r)$는 투기적 동기의 화폐수요를 의미한다.

(II) 영역은 투기적 동기의 화폐수요인 $L_S(r)$을 나타낸다. 케인즈는 투기적 동기의 화폐수요는 이자율과 반비례하며 이자율의 최저점에서는 투기적 동기의 화폐수요가 무한대로 증가하는 유동성 함정이 나타난다고 주장했다.

이제 LM곡선의 도출 과정에 대해 살펴보자. 생산물시장에서 GDP가 Y_0로 결정되면 그에 따라 (IV) 영역에서 거래적 및 예비적 동기의 화폐수요가 결정된다. 그러면 (III) 영역에서 $\frac{M^d}{P} = \frac{M^S}{P} = \frac{M}{P} = L_{TP}(Y) + L_S(r)$을 충족시키는 투기적 동기의 화폐수요가 결정되고, 이것은 (II) 영역을 통해 균형이자율(r_0)을 결정한다. 그런 과정을 거치고 나면 (I) 영역에서 최초의 균형점인 $a(r_0, Y_0)$가 도출된다.

이제 GDP가 Y_1 수준으로 증가했다고 하자. 그러면 (IV) 영역에서 거래적 및 예비적 동기의 화폐수요가 결정되고, (III) 영역에서 화폐시장의 균형조건식에 의해 투기적 동기의 화폐수요가 결정된다. 또 투기적 동기의 화폐수요는 (II) 영역을 통해 새로운 균형이자율 r_1을 결정한다. 따라서 GDP가 Y_1인 경우, 화폐시장에서의 균형이자율은 r_1으로 결정되고, 이를 (I) 영역에 표시하면 b점인 (r_1, Y_1)이 된다.

최초의 균형점인 $a(r_0, Y_0)$와 새로운 균형점인 $b(r_1, Y_1)$을 선으로 연결하면 우상향하는 *LM*곡선이 도출된다. 또한 [그림 8–6]에 나타나 있듯이 (II) 영역에서 이자율이 최저 수준인 r_0에 이르면 투기적 동기의 화폐수요가 수평선의 형태를 띤다. 이는 화폐수요의 이자율 탄력도가 무한대임을 시사해준다. 그러면 *LM*곡선도 수평선의 형태를 띤다. *LM*곡선이 수평선인 이유는 그 구간에서 유동성 함정에 빠졌기 때문이다.

2) *LM*곡선상에 놓여 있지 않은 점들은 화폐시장에서 불균형 상태임을 시사해준다.

[그림 8–7] 화폐시장에서의 균형과 불균형

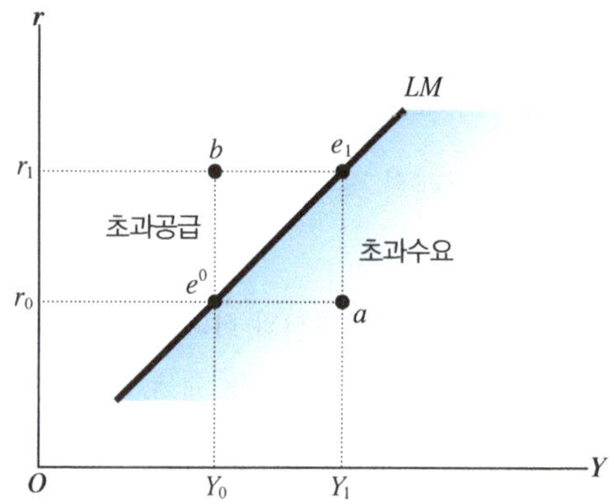

① e_0점과 e_1점을 포함한 *LM*곡선상의 모든 점들은 화폐시장의 균형점을 나타낸다. *LM*곡선의 우측 방향은 화폐시장에서의 초과수요를 의미하고 *LM*곡선의 좌측 방향은 초과공급을 나타낸다.

② 일례로 [그림 8–7]의 a점은 화폐시장에서 초과수요를 나타낸다. 균형이자율이 r_0인 상황에서 a점의 GDP는 Y_1으로서 균형 GDP인 Y_0보다 크다. 케인즈의 유동성선호설에 따르면 GDP가 커질수록 거래적 및 예비적 동기의 화폐수요가 증가하기 때문에 기존의 화폐공급을 상회할 수밖에 없다. 따라서 초과수요가 발생하게 된다. 한편 b점은 화폐시장에서 초과공급을 나타낸다. 균형이자율이 r_1인 상황에서 b점에서의 GDP는 Y_0로서 균형 GDP인 Y_1보다 작다. 케인즈의 유동성선호설에 따르면 GDP가 적을수록 거래적 및 예비적 동기의 화폐수요가 감소하기 때문에 기존의 화폐공급보다 적을 수

밖에 없다. 따라서 초과공급이 발생하게 된다.

3.2 LM곡선의 기울기와 LM곡선의 이동

1) LM곡선의 기울기는 어떻게 측정될까?

앞에서 살펴본 방정식을 활용해서 LM곡선의 기울기를 도출해보자.

LM곡선의 방정식은 다음과 같이 정리된다.

$$\frac{M^d}{P} = L(Y, r),\ (L_Y > 0,\ L_r < 0) \cdots\cdots ㉠$$

$$\frac{M^S}{P} = \frac{M_0}{P} \cdots\cdots ㉡$$

$$\frac{M^d}{P} = \frac{M^S}{P} \cdots\cdots ㉢$$

이제 실질화폐수요함수($\frac{M^d}{P}$)를 1차 방정식으로 재구성하면

$$\frac{M^d}{P} = L(Y, r) = kY - gr\ (\text{단},\ k > 0,\ g > 0) \cdots\cdots ㉣$$

㉣식을 ㉡, ㉢식에 대입해서 재정리를 하면

$$\frac{M^d}{P} = kY - gr = \frac{M_0}{P} = \frac{M^S}{P} \cdots\cdots ㉤$$

㉤식을 $\frac{M_0}{P}$으로 정리해주면

$$\frac{M_0}{P} = kY - gr \cdots\cdots ㉥$$

이 된다. ㉥식을 r로 다시 정의하면

$$r = \frac{k}{g}Y - \frac{1}{g} \cdot \frac{M_0}{P} \cdots\cdots ㉦$$

① ㉦식이 LM곡선의 궤적이다. LM곡선의 기울기는 $\frac{k}{g}$이다. 여기서 k는 GDP가 1단위 변할 때 화폐수요(M^d)가 얼마만큼 변할 것인가를 나타내주는 반응계수이다. 또 g는 이자율이 1단위 변할 때 화폐수요가 얼마만큼 변할 것인가를 나타내주는 반응계수를 의미한다. 만약 LM곡선의 기울기가 완만해지려면 k가 작고 g가 커야 한다.

② 또 *LM*곡선의 수직 절편의 크기는 $-\left(\frac{M_0}{gP}\right)$가 된다. 따라서 *LM*곡선의 이동은 화폐공급량(M)과 물가(P)에 의해 결정된다. 만약 화폐공급량을 늘리거나 물가(P)가 하락하는 경우, *LM*은 우측으로 이동하게 된다. 이는 아래의 2)항에서 좀 더 살펴보기로 한다.

2) *LM*곡선의 이동은 어떻게 이루어질까?

[그림 8-8] *LM* 곡선의 이동과 *LM* 곡선상의 이동

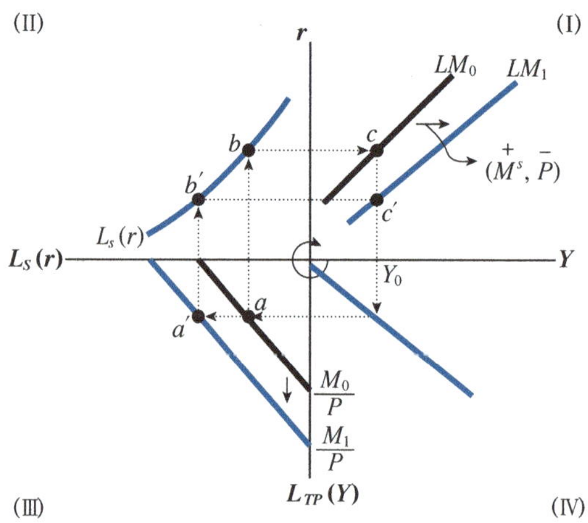

① 최초의 LM_0곡선은 균형 GDP Y_0로부터 출발해서 시계바늘 방향으로 270도 회전해서 ($a \Rightarrow b \Rightarrow c$) 도출된 것이다. 이제 화폐공급을 M_0에서 M_1으로 증가시켰다고 가정하자. 그러면 (III) 영역에서 절편 크기가 $\frac{M_0}{P}$에서 $\frac{M_1}{P}$로 늘어난다. 그렇게 되면 균형 GDP Y_0에서 출발해서 시계바늘 방향으로 270도를 회전할 경우 기존의 $a \Rightarrow b \Rightarrow c$에서 $a' \Rightarrow b' \Rightarrow c'$로 이어지는 경로를 밟게 되고 결국 새로운 *LM*곡선인 LM_1이 도출된다.

② 물가(P)의 변화도 마찬가지다. 만약 물가(P)가 상승하면 (III) 영역에서의 수직 절편인 $\frac{M_0}{P}$가 작아지고, 물가(P)가 하락하면 $\frac{M_0}{P}$가 커지게 된다. 따라서 물가의 하락 역시 *LM*곡선을 우측으로 이동시킨다. 화폐공급량의 증가를 통한 *LM*곡선의 우측이동을 확대통화정책이라고 말한다.

③ **LM곡선상의 변화는 균형이자율만 변했을 경우에 나타나고, 화폐공급량이나 물가가 변하는 경우는 [그림 8-8]에서 보는 것처럼 LM곡선 자체가 이동한다.**

3.3 특수한 형태의 *LM*곡선

1) 이미 *LM*곡선의 도출 과정에서 언급한 것처럼 이자율이 최저수준에 도달하면 채권가격은 최고수준이 된다. 따라서 경제주체들은 수중에 보유하고 있던 채권을 모두 팔아 치운 다음, 채권가격이 하락하기를 기다리며 투기적 동기의 화폐수요를 무한대로 늘린다. 이런 경우 *LM*곡선은 수평선의 형태를 띤다. 즉 투기적 동기의 화폐수요가 이자율에 대해 무한 탄력적인 특성을 갖게 된다. [그림 8-9]의 (a) 그래프가 그런 경우에 해당된다.

[그림 8-9] 특수한 형태의 *LM* 곡선

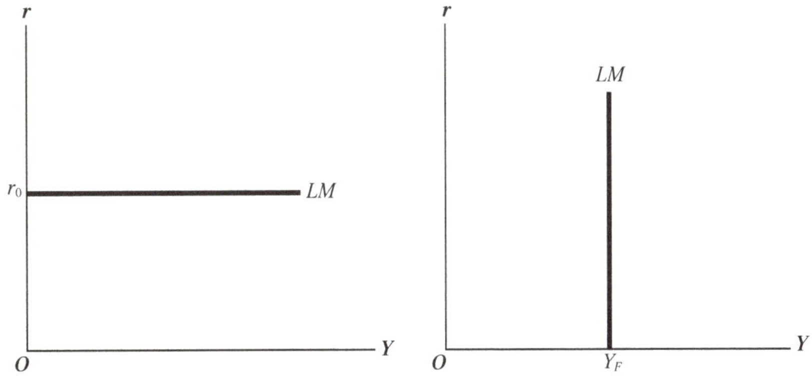

(a) 케인즈의 유동성 함정 구간에서의 *LM* 곡선 (b) 고전학파의 *LM* 곡선

2) 화폐수량설이나 현금잔고방정식과 같은 고전학파 모형에서는 화폐수요가 명목 GDP에 의해서만 영향을 받고 이자율의 영향은 받지 않는다. 이런 경우 *LM*곡선은 [그림 8-9]의 (b) 그래프에서 보는 것처럼 수직선이 된다. 이는 화폐수요의 이자율 탄력도가 완전비탄력적임을 의미한다.

4 생산물시장과 화폐시장의 동시균형

4.1 생산물시장과 화폐시장의 균형 및 불균형

1) 생산물시장과 화폐시장의 동시균형

① [그림 8-10]의 (a) 그래프를 보면 *IS*곡선과 *LM*곡선이 *e*점에서 서로 교차하고 있다. *IS*곡선상에서는 생산물시장의 균형이 성립하고 *LM*곡선상에서는 화폐시장의 균형이 성립한다.

② 따라서 (a) 그래프의 *e*점에서는 생산물시장과 화폐시장의 동시균형을 보장하는 균형 이자율 r_0와 균형 실질 GDP인 Y_0를 보여준다.

2) 생산물시장과 화폐시장의 불균형 상태

① [그림 8-10]의 (b) 그래프는 생산물시장과 화폐시장의 불균형 상태를 나타낸다. *IS*곡선과 *LM*곡선이 서로 교차하는 *e*점을 제외한 다른 점에서는 생산물시장과 화폐 시장의 동시균형이 달성되지 못하고 있다.

② 앞에서 언급했듯이 *IS*곡선의 우측 영역은 생산물시장의 초과공급, *IS*곡선의 좌측 영역은 생산물시장의 초과수요를 나타낸다. 또 *LM*곡선의 우측 영역은 화폐시장의 초과수요, *LM*곡선의 좌측 영역은 화폐시장의 초과공급을 나타낸다.

③ [그림 8-10]의 (b) 그래프를 보면 각 영역별(I, II, III, IV)로 생산물시장과 화폐 시장의

[그림 8-10] 생산물시장과 화폐시장의 균형 및 불균형

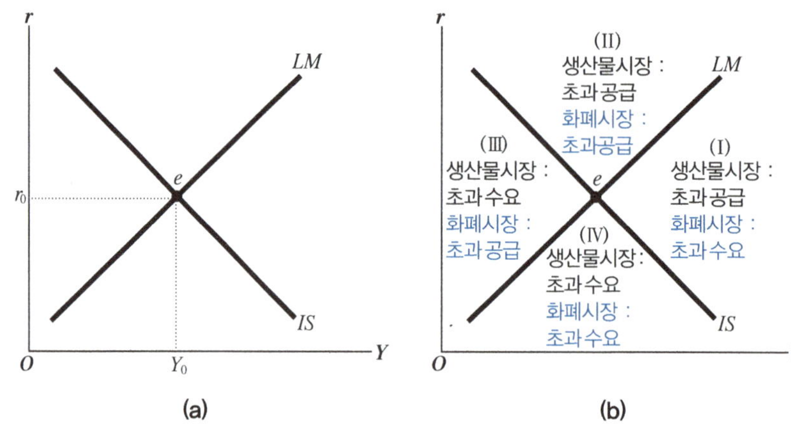

수급(需給)상황이 잘 정리되어 있다. (I) 영역을 보면 생산물시장은 초과공급, 화폐시장은 초과수요인 상태다. (II) 영역에서는 생산물시장과 화폐시장이 모두 초과공급인 상태다. (Ⅲ) 영역을 보면 생산물시장은 초과수요, 화폐시장은 초과공급을 보여준다. (Ⅳ) 영역에서는 생산물시장과 화폐시장이 모두 초과수요인 상태다.

4.2 불균형에서 균형으로의 조정 과정

1) 생산물시장은 균형이고, 화폐시장이 불균형인 경우의 조정 과정

[그림 8－11] 생산물시장은 균형, 화폐시장이 불균형인 경우의 조정 과정

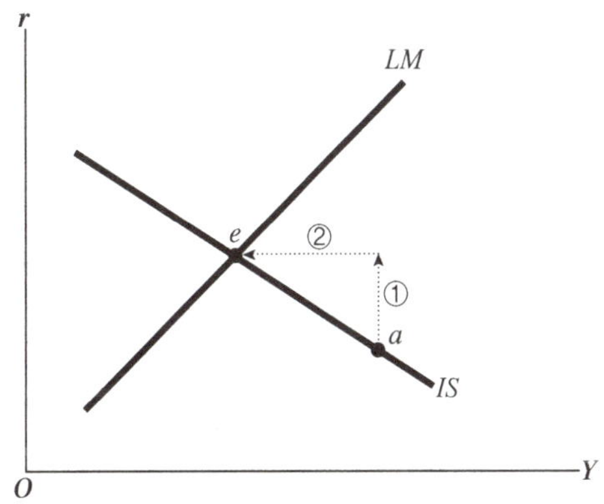

① [그림 8－11]의 a점에서는 '**생산물시장은 균형, 화폐시장은 초과수요**'인 상태다. 이제 어떤 조정 경로를 통해 a점에서 e점으로 이동하는지 살펴보자.

② 우선 a점에서 화폐시장의 초과수요는 이자율의 상승(①)을 야기한다. 또 이자율의 상승은 생산물시장에서 투자수요의 감소를 유발하고 이는 결국 총수요의 감소와 GDP의 감소(②)로 이어진다. 그 결과 동시 균형점인 e점으로 이동하게 된다.

2) 생산물시장이 불균형이고, 화폐시장은 균형인 경우의 조정 과정

① [그림 8－12]의 a점에서 '**생산물시장은 초과공급, 화폐시장은 균형**'인 상태에 놓여 있다. 이제 어떤 조정 경로를 거쳐 a점에서 e점으로 이동하는지 살펴보자.

② a점에서는 생산물시장의 초과공급으로 인해 재고가 늘어난다. 이와 같은 재고 증가는 생산 감소와 그에 따른 GDP의 감소(①)로 이어진다. 한편 GDP의 감소는 화폐시장에서 초과공급을 야기함으로써 이자율이 하락(②)한다. 그 결과 a점에서 동시 균형점인 e점으로 이동하게 된다.

[그림 8-12] 생산물시장은 불균형, 화폐시장이 균형인 경우의 조정 과정

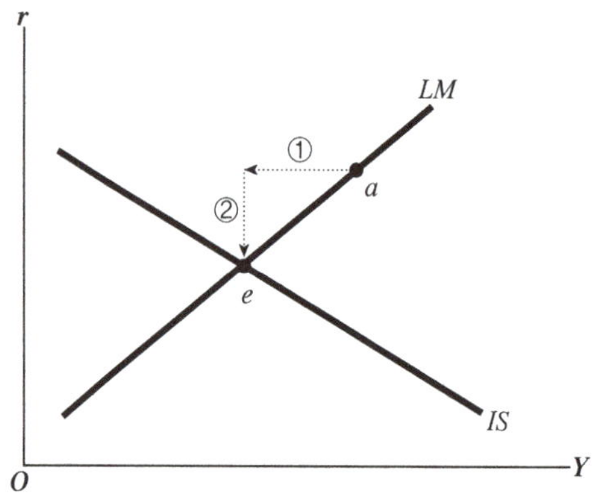

3) 생산물시장과 화폐시장이 모두 불균형 상태인 경우의 조정 과정

[그림 8-13] 생산물시장과 화폐시장이 모두 불균형인 경우의 조정 과정

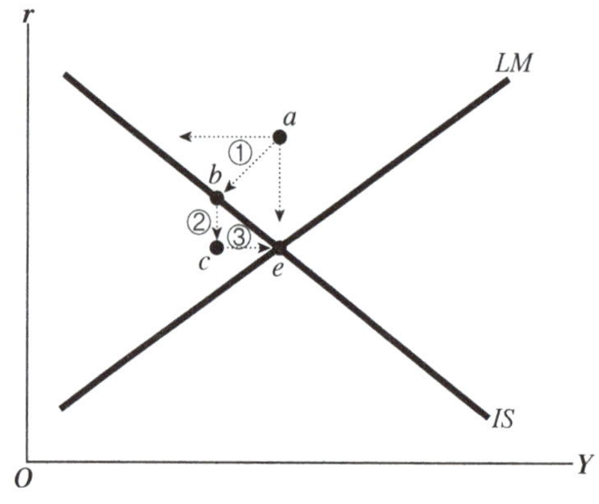

① 생산물시장과 화폐시장이 모두 불균형인 경우는 3단계에 걸친 조정 과정을 통해 동시 균형점인 *e*점으로 이동하게 된다. 우선 *a*점에서는 생산물시장과 화폐시장에서 모두 초과공급인 상태다. 그러면 1단계로 생산물시장에서의 초과공급은 GDP의 감소로, 화폐시장의 초과공급은 이자율의 하락으로 이어진다. 그 결과 [그림 8-13]에서 보는 바와 같이 ①의 방향으로 이동한다.

② 일단 *b*점에 도달하면 생산물시장에서는 균형, 화폐시장에서는 초과공급 현상이 나타난다. 2단계로 화폐시장의 초과공급은 이자율의 하락(②)으로 이어진다. 그러면 3단계로 이자율 하락 ⇒ 투자수요의 증가 ⇒ 총수요의 증가 ⇒ GDP의 증가(③)로 나타난다. 따라서 초기의 불균형 상태인 *a*점에서 *b*점과 *c*점을 거쳐 동시 균형점인 *e*점으로

이동한다.

③ 만약 동시 균형점인 e점에서 균형 실질 GDP가 완전고용국민소득(Y_F)이라면 정부의 개입이 더 이상 필요하지 않다. 하지만 그렇지 못한 경우, 케인지언들은 정부가 재량적 재정정책(IS곡선)이나 통화정책(LM곡선)을 실행해서, 균형 실질 GDP를 완전고용국민소득 수준에 도달하도록 해야 한다고 주장한다.

5 케인지언의 재정정책과 통화정책

5.1 케인지언의 재량적 재정정책

[그림 8-14] 케인지언의 재량적 재정정책

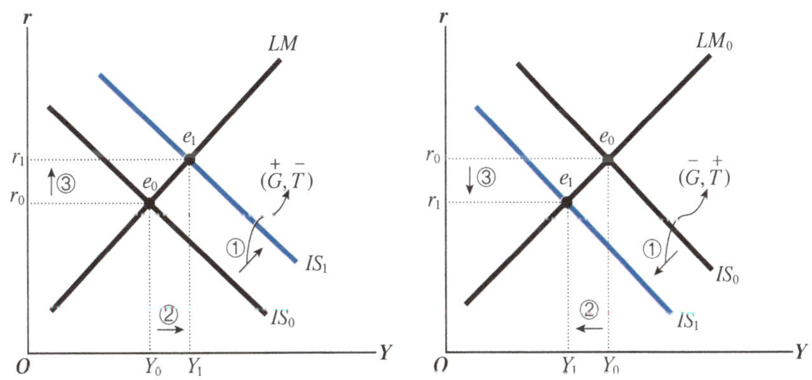

(a) (b)

1) 확대재정정책(정부지출의 증가, 조세 감소)

① [그림 8-14]의 (a) 그래프는 정부의 확대재정정책을 보여준다. 이때 정부가 정부지출(G)의 증가나 조세(T) 감소와 같은 확대재정정책을 실행하면 IS곡선은 IS_0에서 IS_1으로 이동(①)한다.

② 그 결과 균형 GDP는 Y_0에서 Y_1으로 증가(②)하고, 균형이자율은 r_0에서 r_1으로 상승(③)한다.

2) **긴축재정정책**(정부지출의 감소, 조세 증가)

① [그림 8–14]의 (b) 그래프는 정부의 긴축재정정책을 보여준다. 정부가 정부지출(G)의 감소나 조세(T)의 증가와 같은 긴축재정정책을 실행하면 *IS*곡선은 IS_0에서 IS_1으로 이동(①)한다.

② 그 결과 균형 GDP는 Y_0에서 Y_1으로 감소(②)하고, 균형이자율도 r_0에서 r_1으로 하락(③)한다.

5.2 케인지언의 재량적 통화정책

1) **확대통화정책**(화폐공급량의 증가)

① [그림 8–15]의 (a) 그래프는 정부의 확대통화정책을 보여준다. 한국은행이 화폐공급량을 증가시키면 *LM*곡선은 LM_0에서 LM_1으로 이동(①)한다.

② 그 결과 균형 GDP는 Y_0에서 Y_1으로 증가(②)하고, 균형이자율은 r_0에서 r_1으로 하락(③)한다.

[그림 8–15] 케인지언의 재량적 통화정책

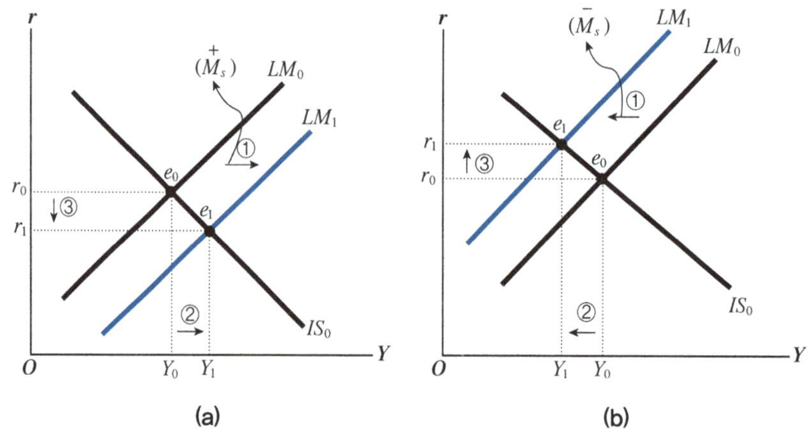

2) **긴축통화정책**(화폐공급량의 감소)

① [그림 8–15]의 (b) 그래프는 정부의 긴축통화정책을 나타낸다. 한국은행이 화폐 공급량을 감소시키면 *LM*곡선은 LM_0에서 LM_1으로 이동(①)한다.

② 그 결과 균형 GDP는 Y_0에서 Y_1으로 감소(②)하고, 균형 이자율은 r_0에서 r_1으로 상승(③)한다.

5.3 *IS*-*LM* 모형을 활용한 특수상황 분석

1) 경제가 유동성 함정에 빠져 있는 경우, 확대재정정책의 효과는?

① [그림 8-16]의 (a) 그래프는 독립투자만 존재하는 케인즈의 단순모형에서 확대재정정책의 효과를 보여준다. 앞에서 증명했듯이 케인즈의 단순모형에서 *IS*곡선의 형태는 수직선이다. 그 이유는 케인즈가 상정한 독립투자는 이자율의 영향을 전혀 받지 않기 때문이다. 또 유동성 함정 구간에서 *LM*곡선의 형태는 수평선이다. 이때 정부가 확대재정정책을 실행하면 균형이자율은 r_0로 일정한 상태에서 GDP만 Y_0에서 Y_1으로 증가(①)한다. 이때는 매우 큰 폭의 GDP 상승이 일어난다.

② [그림 8-16]의 (b) 그래프는 케인지언의 모형이다. 즉 케인지언은 투자가 이자율의 감소함수라고 보았기 때문에 *IS*곡선은 우하향한다. 하지만 케인지언도 유동성 함정에서는 *LM*곡선이 수평선이다. 이때 정부가 확대재정정책을 실행하면 균형이자율은 r_0로 일정한 상태에서 GDP만 Y_0에서 Y_1으로 증가(①)한다. 케인지언의 모형에서도 케인즈의 단순모형에서처럼 GDP가 매우 큰 폭으로 증가한다.

③ [그림 8-16]에서 살펴보았듯이 유동성 함정 구간에서 정부가 확대재정정책을 실행하면 이자율과 실질 GDP의 변동 방향과 크기는 케인즈의 단순모형이나 케인지언의 모형 사이에 큰 차이가 없다.

[그림 8-16] 특수한 상황에서 정부의 확대재정정책

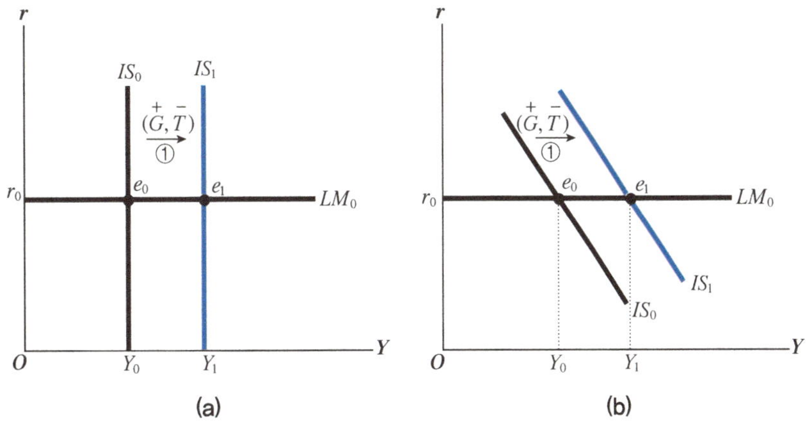

2) 경제가 유동성 함정에 빠져 있는 경우, 확대통화정책의 효과는?

① [그림 8-17]은 특수한 상황에서 정부의 확대통화정책의 효과를 나타낸다. 유동성 함

정에 빠진 케인즈의 단순모형에서 한국은행의 확대통화정책은 이자율과 GDP에 아무런 영향을 미치지 못한다. 그 이유를 살펴보자. 우선 확대통화정책이므로 *IS*곡선은 이동하지 않는다. 또 한국은행이 화폐공급량을 증가시키면 유동성 함정에서는 경제주체들이 화폐수요를 무한대로 늘리기 때문에 한국은행이 공급한 화폐는 모두 경제주체들의 호주머니 속으로 빨려 들어간다. 그 결과로 나타난 것이 [그림 8–17]의 (a) 그래프에 등장하는 *LM*곡선의 모습이다. 즉 $LM_0 = LM_1$이다. 이때 확대통화정책의 효과는 제로(0)다.

② (b) 그래프는 유동성 함정에 빠진 케인지언의 모형을 보여준다. 케인지언의 모형에서도 확대통화정책의 효과는 제로(0)다. 위에서 언급한 것처럼 *IS*곡선이 고정된 상태에서 *LM*곡선도 $LM_0 = LM_1$으로 변하지 않기 때문이다. 다만 케인지언 모형이 케인즈의 단순모형과 다른 것이 있다면 그것은 오직 *IS*곡선이 수직선이 아니고 우하향(右下向)하는 형태를 띤다는 점이다.

[그림 8–17] 특수한 상황에서 정부의 확대통화정책

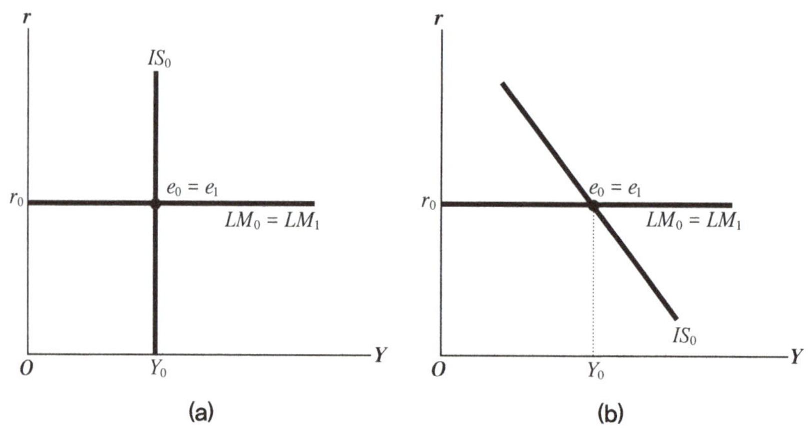

3) 재정정책과 통화정책을 동시에 실행할 경우, 균형 GDP와 균형이자율의 향방은?

① [그림 8–18]의 (a) 그래프는 확대재정정책과 확대통화정책이 동시에 이루어진 경우를 상정한 것이다. 확대재정정책과 확대통화정책은 *IS*곡선과 *LM*곡선이 모두 오른쪽으로 이동(①, ②)하는 것을 의미한다. 이때 분명한 것은 균형 GDP가 증가(③)한다는 사실이다. 하지만 균형이자율의 변동 방향은 불분명하다. (a) 그래프에서는 r_0에서 r_1으로 상승(④)했지만 언제나 그것이 보장되는 것은 아니다. 결론적으로 말하자면 *IS*곡선의 이동 폭이 *LM*곡선의 이동 폭보다 크다면 균형이자율은 상승할 것이고, 그 반

대일 경우는 균형이자율이 하락할 것이다.

② [그림 8-18]의 (b) 그래프는 확대재정정책과 긴축통화정책이 동시에 이루어진 경우를 상정한 것이다. 따라서 *IS*곡선은 우측으로 이동(①)했고 *LM*곡선은 좌측으로 이동(②)했다. 그 결과 균형 GDP는 Y_0로 일정하고 이자율만 r_0에서 r_1으로 크게 상승(③)했다. 이 경우에도 만약 *IS*곡선의 이동 폭이 *LM*곡선의 이동 폭보다 크다면 GDP와 이자율은 동시에 증가할 것이다.

[그림 8-18] 확대재정정책과 확대통화정책을 동시에 실행할 경우의 정책효과

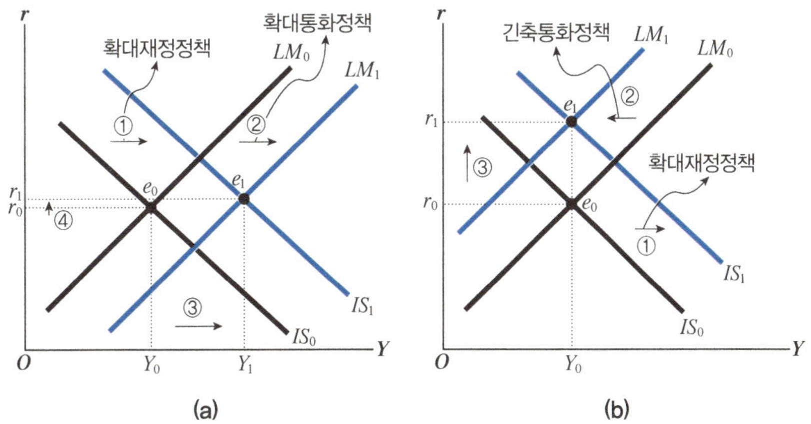

보론 8-1 새로운 *IS*-*LM*곡선과 유동성 함정의 문제

앞에서 우리는 *IS*-*LM* 곡선을 활용해서 재정정책과 통화정책의 효과에 대해 살펴보았다. 특히 해당 경제가 유동성 함정에 빠져 있는 경우에는 *LM*곡선이 수평선이 되기 때문에 확대통화정책을 실행해도 실질 GDP나 이자율은 조금도 변하지 않았다. 즉 확대통화정책의 효과가 제로(0)였다. 그런데 미(美) 브루킹스 연구소의 상임연구원인 벤 버냉키(B. Bernanke) 박사는 1991년 이래로 약 20년 동안 장기불황의 고통을 겪어온 일본을 향해 이색적인 제안을 한 바 있다. 그것은 "**일본이 장기불황의 터널에서 빠져나오기 위해서는 일정한 속도로 통화공급을 계속 늘려나감으로써 기대인플레이션율(π^e)을 높여야 한다**"는 것이었다. 버냉키 박사의 제안은 유동성 함정에 빠져 있는 일본이 확대통화정책을 계속 실행해서 경제주체들의 기대인플레이션율을 높여 나간다면 불황 극복도 가능하다는 점을 시사해준다. 즉 확대통화정책의 효과가 더 이상 제로(0)가 아니라는 얘기다. 이는 기존의 *IS*-*LM* 모형에 대한 새로운 인식과 재정리를 주문하는 결정적 계기라고 생각된다. 여기서는 이 문제에 대해 좀 더 살펴보자.

㉮ 기존 *IS*–*LM* 모형의 특성

ⓐ 본래 *IS*–*LM* 모형은 물가가 일정하다는 전제조건하에서 도출한 모형이었다. 물가가 일정하면 기대인플레이션율도 제로(0)가 된다. 이 경우, 명목이자율과 실질이자율은 동일하다. 그것을 설명해주는 것이 피셔가설이다. 우리가 *IS*–*LM* 모형을 언급하면서 이자율에 대해 별다른 언급을 하지 않은 것도 그 때문이다. 그런데 단기에는 물가가 고정될 수 있지만 장기에는 물가가 변동한다는 것이 경제학의 중론이다. 만약 **물가가 변동해서 기대인플레이션율이 제로(0)가 아니라면, 우리는 명목이자율과 실질이자율을 고려하면서 *IS*–*LM* 모형을 새롭게 재정립할 필요가 있다.**

ⓑ *IS*곡선은 생산물시장의 균형조건식인 '$Y = C(Y_d) + I(r) + G$(단, Y_d : 가처분소득, r : 실질이자율)'로부터 도출된다. 여기서 한 가지 의문이 든다. 왜 *IS*곡선은 명목이자율(i)이 아닌 실질이자율(r)의 함수인가?라는 점이다. 투자주체인 기업이 금융기관으로부터 투자자금을 빌릴 경우, 그 대가로 갚아야 할 이자율은 명목이자율이다. 그런데 기업은 최종적으로 자금을 운용하는 게 아니라 그 자금으로 기계나 설비와 같은 실물자본을 구입하는 데 사용한다. 그런데 물가가 상승하면 실물자본의 가치 또한 상승한다. 따라서 기업이 최종적으로 부담해야 할 비용은 명목이자율에서 인플레이션율을 빼준 실질 이자율이 된다. 그래서 생산물시장의 균형조건이 '$Y = C(Y_d) + I(r) + G$'로 정의되는 것이다.

ⓒ *LM*곡선은 화폐시장의 균형조건식인 $\frac{M^d}{P} = L_{TP}(Y) + L_S(i) = \frac{M^S}{P} = \frac{M}{P}$(단, $L_{TP}(Y)$: 거래적 및 예비적 동기의 화폐수요, $L_S(i)$: 투기적 동기의 화폐수요, i : 명목이자율)으로부터 도출된다. *LM*곡선은 실물자본과는 아무런 관련이 없기에 화폐보유에 따른 기회비용은 명목이자율로 봐야 한다.

㉯ 지금까지 언급한 사항을 토대로 명목이자율(i)과 실질 GDP로 정의되는 *IS*–*LM*곡선을 그래프로 나타내면 [그림 8 – 19]와 같다.

[그림 8–19] 명목이자율과 실질 GDP로 나타낸 *IS*–*LM*곡선

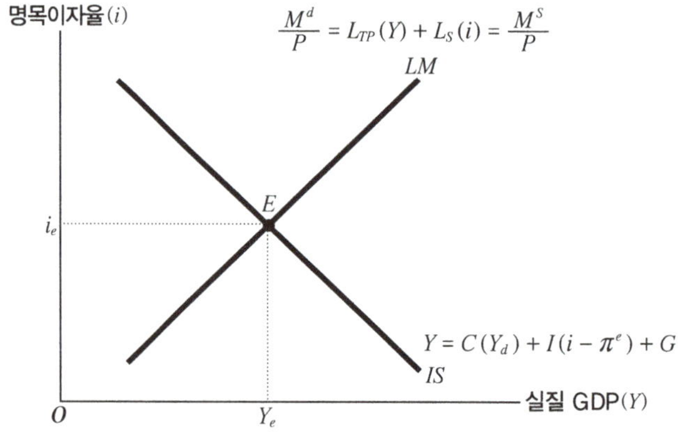

[그림 8-19]에서 IS곡선의 궤적은 $Y = C(Y_d) + I(i - \pi^e) + G$이다. 투자함수가 $I(r)$에서 $I(i - \pi^e)$로 바뀐 이유는 피셔가설인 $i = r + \pi^e$에서 r로 정리하면 $r = i - \pi^e$가 되기 때문이다. LM곡선의 궤적은 기존 LM곡선의 궤적과 똑같다. [그림 8-19]에서 IS곡선과 LM곡선의 궤적을 살펴보면 변수가 i, Y, π^e 등 3개다. 그런데도 i와 실질 GDP(Y)의 관계로 IS-LM곡선을 그리기 위해서는 π^e가 일정하다고 가정해야 한다. 따라서 π^e가 변하면 IS곡선 자체가 이동할 수밖에 없다.

[그림 8-20] 기대인플레이션율(π^e)의 변화와 IS-LM곡선의 균형

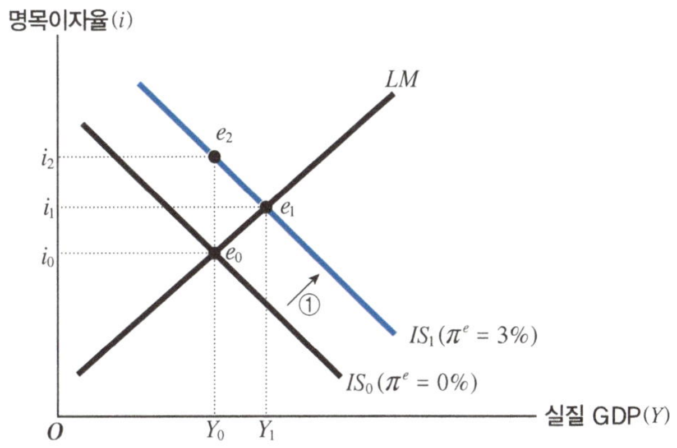

㉰ [그림 8-20]을 통해 기대인플레이션율(π^e)이 상승할 때, IS-LM곡선의 균형이 어떻게 변하는지 살펴보자. 기대인플레이션율(π^e)이 0%에서 3%로 상승하면 IS곡선과 LM곡선은 어떻게 변화할까? LM곡선의 궤적은 $\frac{M^d}{P} = L_{TP}(Y) + L_S(i) = \frac{M^S}{P}$이다. 그것은 기대인플레이션율($\pi^e$)과 아무런 관련이 없다. 따라서 π^e가 상승한다 해도 LM곡선은 불변이다.

그러나 기대인플레이션율(π^e)이 0%에서 3%로 상승하면 IS곡선은 [그림 8-20]에서 보는 것처럼 $IS_0(\pi^e = 0\%)$에서 $IS_1(\pi^e = 3\%)$으로 이동한다. 그 이유는 간단하게 설명된다. 명목이자율이 일정한 상태에서 기대인플레이션율(π^e)이 상승하면 실질이자율(r)이 감소하기 때문이다. 그러면 투자가 증대함으로써 IS곡선은 우상방(右上方)으로 이동(①)한다. 그 결과 IS-LM곡선의 균형점은 e_0점에서 e_1점으로 이동한다. 위 그림에서 기대인플레이션율(π^e)의 상승폭은 3%였고 이를 Y축으로 나타내면 $e_2 - e_0 = i_2 - i_0$로 나타낼 수 있다. 하지만 e_0에서 e_1으로 변하는 과정에서 명목이자율의 상승은 $i_1 - i_0$로서 $i_2 - i_0$보다 낮았다. 그래서 실질이자율(r)이 하락했던 것이다.

㉱ 마지막으로 버냉키 박사가 일본 경제에 충고해준 사항의 본질에 대해 살펴보도록 하자. 버냉키 박사는 일본의 불황을 유동성 함정에 빠진 것으로 진단했던 것 같다. 기존의 IS-LM 모형에만 익숙한 경제학자였다면 그는 확대통화정책을 절대로 권유하지 않았을 것이다. 유동성 함정에 빠지면 LM곡선은 수평선이 되고, 그런 상황에서는 화폐공급량을 증가시킨다 해도

곧바로 화폐수요로 흡수되기 때문에 통화정책의 효과는 제로(0)가 된다. 그런데 인플레이션율(π^e)을 기존의 $IS-LM$ 모형에 접목을 시키면 얘기가 달라진다. 즉 확대통화정책의 효과가 확실하게 나타날 수 있다는 점이다. 다음의 [그림 8-21]이 그것을 잘 보여준다.

[그림 8-21] 유동성 함정과 확대통화정책의 효과

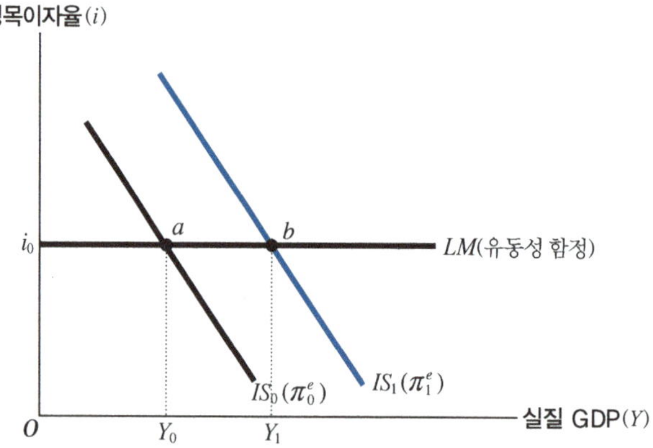

ⓐ 유동성 함정에 빠져 있는 경제에서 최초의 균형점이 a점이라고 가정하자. 그때 명목이자율은 i_0, 실질 GDP는 Y_0이다. 기대인플레이션율(π^e)을 고려하지 않는다면 IS곡선은 화폐공급량과 무관하다. 즉 확대통화정책이 실행된다 해도 IS곡선은 변하지 않는다. 그것은 LM곡선도 마찬가지다. LM곡선이 수평선이기 때문에 확대통화정책을 실행한다 해도 불변이다.

ⓑ 그러나 기존의 $IS-LM$ 모형에 기대인플레이션율(π^e)이 도입되면 얘기가 달라진다. 이제 IS곡선이 변하게 된다. 앞에서 살펴본 바와 같이 π^e가 상승하면 IS곡선이 우상방으로 이동한다. 즉 확대통화정책으로 물가가 상승하면 기대인플레이션율(π^e)도 자연스럽게 상승한다. 만약 기대인플레이션율이 π_0^e에서 π_1^e로 상승한다면 IS곡선은 [그림 8-21]에서 보듯이 IS_0에서 IS_1으로 이동하고 새로운 명목이자율과 실질 GDP는 균형점 b에서 각각 i_0, Y_1으로 결정된다. 이때 확대통화정책의 정책효과는 Y_0Y_1이다.

ⓒ 이로써 우리는 현실경제를 바라보는 버냉키 박사의 날카로운 경제 인식을 엿볼 수 있다. 위대한 경제학자는 경제적 통찰을 통해 다른 사람들과 확실하게 차별될 수 있는 최고수준의 아이디어맨이라고 할 수 있다. 독자 여러분들도 그런 경지에 오를 수 있도록 경제학 공부에 매진하길 기대한다.

요약 및 복습

01 $IS-LM$ 모형은 물가가 일정하다는 전제조건에서 도출된 모형으로서 AD곡선을 도출하고 총수요 측면을 구성하는 생산물시장과 화폐시장을 입체적으로 이해하는 데 매우 중요한 모형이다. 따라서 철저하게 학습할 필요가 있다.

02 IS곡선의 궤적은 생산물시장의 균형조건인 $Y^d = Y = Y^S$를 통해 도출된다. IS곡선은 '이자율 결정 ⇒ $C + I^D + G$ 결정 ⇒ $C + S + T$ 결정 ⇒ 실질 GDP의 결정'을 통해 도출되며 우하향한다.

1) IS곡선의 기울기는 한계소비성향이 클수록, 투자수요가 이자율에 민감할수록 완만해진다.

2) IS곡선은 절대소비, 독립투자, 정부지출의 증대 또는 조세 감소 시 우측으로 이동한다.

3) 케인즈 단순모형의 IS곡선은 수직선이고, 고전학파의 IS곡선은 하나의 점으로 나타낸다.

03 LM곡선의 궤적은 화폐시장의 균형조건인 $\frac{M^d}{P} = L(Y, r) = \frac{M_0}{P} = \frac{M^S}{P}$를 통해 도출된다. LM곡선은 '실질 GDP 결정 ⇒ 거래적 및 예비적 동기의 화폐수요 결정 ⇒ 투기적 동기의 화폐수요 결정 ⇒ 이자율 결정'을 통해 도출되며 우상향한다.

1) LM곡선의 기울기는 화폐수요의 소득 탄력도가 작을수록, 화폐수요의 이자율 탄력도가 클수록 완만해진다.

2) LM곡선은 화폐공급량의 증가, 물가가 하락할 때 우측으로 이동한다.

3) 고전학파의 LM곡선은 수직선이고, 유동성 함정에 빠져 있는 경우 LM곡선은 수평선이다.

04 생산물시장과 화폐시장의 동시균형은 IS곡선과 LM곡선이 만나는 곳에서 이루어진다. 불균형이 발생하는 경우, 생산물시장(IS곡선)에서는 실질 GDP, 화폐시장(LM곡선)에서는 이자율의 조정을 통해 균형점으로 복귀하는 수순을 밟게 된다.

1) 생산물시장에서 초과수요가 발생하면 실질 GDP는 상승하고, 초과공급이 발생하면 실질 GDP는 하락한다.

2) 화폐시장에서 초과수요가 발생하면 이자율이 상승하고, 초과공급이 발생하면 이자율이 하락한다.

05 케인지언의 총수요관리정책은 재량적 재정정책과 재량적 통화정책으로 구분할 수 있다.

1) 정부 당국이 정부지출 증가, 조세 감소와 같은 확대재정정책을 실시하면 IS곡선이 우상방으로 이동해서 실질 GDP와 이자율이 상승한다. 긴축재정정책은 그와 반대 현상이 나타난다.

2) 한국은행이 화폐공급량을 증가시키는 확대통화정책을 실시하면 LM곡선의 우측 하방으로 이동하므로써 실질 GDP는 증가하고 이자율을 하락한다. 긴축통화정책은 그와 반대 현상이 나타난다.

3) 경제가 유동성 함정에 빠져 있는 경우, 확대재정정책을 실시하면 이자율은 불변이고 실질 GDP만 크게 늘어난다. 하지만 확대통화정책을 실시하면 이자율과 실질 GDP상에 아무런 변화가 일어나지 않는다. 즉 확대통화정책의 효과는 제로(0)로 나타난다.

06 앞에서 살펴보았듯이 유동성 함정에 빠져 있는 경우, 확대통화정책의 효과는 제로(0)였다. 이런 문제에 대해 새로운 시각을 제시한 사람이 벤 버냉키 박사다. 그는 확대통화정책을 계속적으로 실행해서 경제주체들의 기대인플레이션율(π^e)을 높여 나간다면 유동성 함정으로부터 탈출할 수 있다고 주장한 바 있다.

1) 본래 *IS*-*LM* 모형은 물가가 일정하다는 전제조건에서 출발했기에 명목이자율(i)와 실질 이자율(r)을 구분할 필요가 없었다. 기대인플레이션율(π^e)이 0이면 피셔가설에 의해 I와 r이 똑같기 때문이다. 따라서 *IS*의 궤적인 $Y = C(Y_d) + I(r) + G$가 $Y = C(Y_d) + I(i) + G$와 똑같다. 이때 통화공급량을 증가시키더라도 *IS*곡선은 이동하지 않는다. 그런데 기대인플레이션율(π^e)이 0이 아니라면 이 논리는 더 이상 맞지 않는다.

2) 생산물시장에서 결정되는 이자율은 명목이자율(i)이 아니라 실질이자율(r)이다. 실물부문에서 투자는 실질이자율(= 명목이자율 − 기대인플레이션율)에 의존하기 때문이다. 만약 화폐공급량의 증대로 물가 상승이 발생하고 그에 따라 경제주체들의 기대인플레이션율(π^e)이 0보다 커지게 되면 기존의 *IS*곡선은 $Y = C(Y_d) + I(r\,;= i - \pi^e) + G$와 같게 된다. 명목이자율이 일정한 상태에서 기대인플레이션율(π^e)이 커지면 실질이자율(r)이 작아진다. 그러면 투자가 증가해서 *IS*곡선이 우측상방으로 이동한다. 그러면 유동성 함정에서 탈출할 수 있다는 논리다. 나름대로 설득력이 있는 주장이라고 판단된다.

제 9 장 총수요(AD)곡선과 총공급(AS)곡선의 도출

1. 총수요(AD)곡선의 도출
2. 총공급(AS)곡선의 도출

출처 : 공군 블랙이글스

2019. 7. 21. 전 세계인들이 함께 참여하는 보령 머드축제에서 블랙이글스 편대가 축하비행을 하고 있다. 푸른 서해바다를 배경으로 블랙이글스의 흰색, 노란색, 검정색의 조화가 마치 한 폭의 동양화를 보는 것처럼 매력적이다. 매년 개최되는 보령 머드축제의 참가자들로부터 최고의 인기를 끄는 것은 단연 블랙이글스의 축하비행이다. 그만큼 블랙이글스는 최고의 볼거리를 선사하는 하늘의 아이돌 그룹이다. **수험생 여러분들도 블랙이글스처럼 비장의 무기를 하나쯤 갈고 닦았으면 좋겠습니다!**

우리는 지금까지 균형물가와 균형 실질 GDP의 결정 과정을 학습할 수 있는 기초 체력을 다지기 위해 많은 것을 학습했다. 이제부터는 본격적으로 총수요(Aggregate Demand ; *AD*)곡선과 총공급(Aggregate Supply ; *AS*)곡선을 체계적으로 분석할 단계에 이르렀다. *AD*곡선은 기존의 *IS*–*LM*곡선에다 물가의 변화를 상정한 후, 물가가 하락(상승)할 때 *IS*–*LM*곡선이 어떻게 변화하는지에 대한 추적과정에서 자연스럽게 도출될 것이다. 또 *AD*곡선의 이동요인에 대한 탐구, 특수한 형태의 *AD*곡선, 케인지언과 통화주의학파, 그리고 새고전학파와 새케인지언의 *AD*곡선에 대해 언급하고자 한다.

*AS*곡선은 노동시장의 균형조건과 총생산함수를 활용해서 도출한다. 사실 *AS*곡선의 형태는 고전학파, 케인즈 단순모형, 케인지언, 통화주의학파, 새고전학파, 새케인지언마다 차이가 있는 데다 장 · 단기 *AS*곡선인가, 그렇지 않은가로 구분하는 등 경제 초심자들에게는 무척 복잡하고 어렵게 느껴질 것이다. 하지만 본서(本書)는 초등학생들도 이해할 수 있도록 그래프만으로 입체적인 증명을 시도할 것이다. 본서가 다른 경제 교재보다 우수한 책이라고 감히 자부하고 싶은 이유도 제9장 때문이다. 독자 여러분들의 신나는 지적 체험이 되기를 진심으로 기대한다.

참고로 *AD*–*AS*곡선은 두 가지 측면에서 *IS*–*LM* 모형보다 진일보했다고 평가한다. 첫째로 *IS*–*LM* 모형은 물가를 외생변수로 간주했지만 *AD*–*AS*곡선은 물가를 내생변수로 취급한다는 점이다. 둘째로 *IS*–*LM* 모형은 생산물시장과 화폐시장의 상호작용에 의해 균형이자율과 균형 실질 GDP를 도출하지만, 그것은 단지 *AD* 측면에서의 균형 거시경제변수에 불과할 따름이다. 진정한 의미에서의 균형물가와 균형 실질 GDP는 *AD*곡선과 *AS*곡선을 함께 분석해야만 얻을 수 있다. 지금까지 언급한 사항을 일목요연하게 정리하면 다음의 [그림 9–1]과 같다.

[그림 9–1] *AD*–*AS* 분석을 위해 필요한 4가지 설명도구

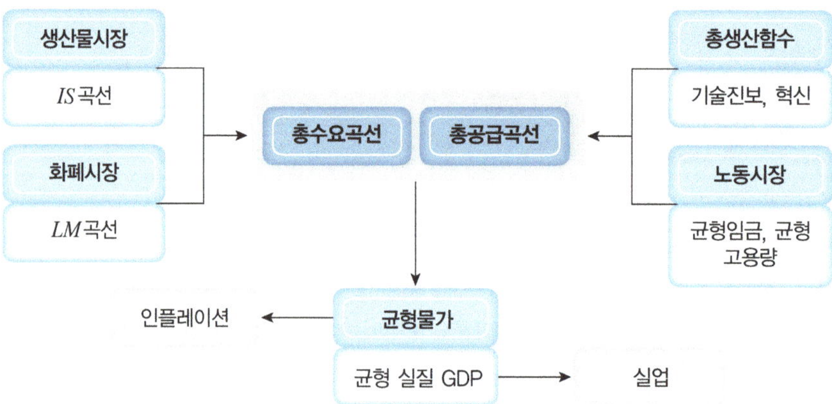

1 총수요(AD)곡선의 도출

1.1 AD곡선이 우하향하는 이유

1) AD곡선의 도출을 위한 기존 지식 재점검

① AD와 관련된 핵심 개념은 생산물시장의 균형조건(IS곡선)과 화폐시장의 균형조건(LM곡선)이다. AD곡선은 이들 곡선의 이동을 통해 손쉽게 도출할 수 있다.

② IS곡선을 우상방으로 이동시키는 핵심요인으로는 절대소비(a), 독립투자(I_0), 정부지출(G)의 확대와 조세(T)의 감소를 들 수 있다. 또 LM곡선을 우하방으로 이동시키는 핵심요인은 화폐공급량(M^S)의 증가다.

2) AD곡선의 도출

[그림 9-2] 물가의 변화와 AD곡선의 도출

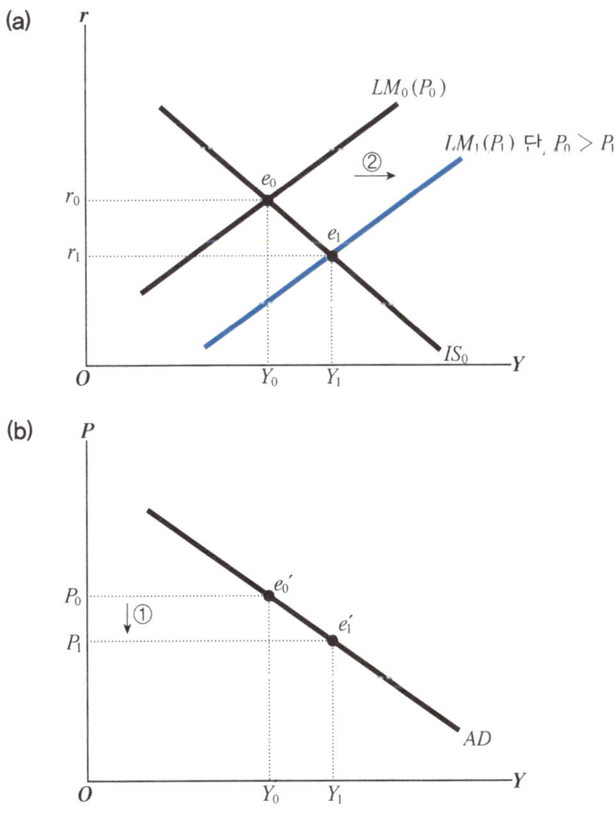

① [그림 9-2]의 (a)는 $IS-LM$ 모형을 나타낸 곡선이고, (b)는 AD곡선을 의미한다. (a)에서 최초의 균형점은 IS_0곡선과 LM_0곡선이 교차하는 e_0점에서 r_0와 Y_0로 결정된다. 이때 물가 P는 P_0라고 가정하자. 그것을 나타낸 것이 (b)에서 e_0'점이다.

② 이제 (b)에서 물가 P가 P_0에서 P_1으로 하락(①)했다고 가정하자. 그러면 (a)에서 IS곡선은 제자리에 있고 LM곡선만 우측 방향으로 이동(②)한다. 따라서 새로운 균형점은 e_1점에서 균형이자율과 균형 실질 GDP는 (r_1, Y_1)으로 결정된다. P가 P_0에서 P_1으로 하락함에 따라 생산물시장에서 균형 실질 GDP가 Y_0에서 Y_1으로 변한 것을 (b)에다 표시하면 e_1'점이 된다. 결국 (b)에서 e_0'점의 (P_0, Y_0)와 e_1'점의 (P_1, Y_1)을 연결하면 부드럽게 우하향(右下向)하는 AD곡선이 자연스럽게 도출된다.

3) AD곡선이 우하향하는 일반적인 이유

① 개방경제에서 AD는 다음과 같이 정의된다. 즉 AD = 소비지출(C) + 투자수요(I^D) + 정부지출(G) + 순수출(X_n ; $= X - M$: X는 수출, M은 수입). 여기서 소비지출(C)에 영향을 미치는 요인은 가처분소득($Y-T$), 이자율(r), 실질자산($\frac{W}{P}$, W는 富) 등이다.[1] AD의 세부 구성항목인 '소비지출(C) + 투자수요(I^D) +정부지출(G) + 순수출(X_n ; $= X - M$)' 에는 물가(P)가 명시적으로 들어가 있지 않다. 하지만 물가는 실질자산($\frac{W}{P}$)이나 이자율(r)을 통해 간접적으로 AD곡선과 연관을 갖는다. 즉 물가(P) 상승은 실질자산($\frac{W}{P}$)의 하락을 유발시켜 소비지출을 억제하고 이자율(r)의 인상은 투자수요를 감소시킨다. 순수출(X_n) 역시 물가의 영향을 받는다. 국내 물가(P)가 상승하면 국산 상품의 수출가격이 오르고 외국산 상품의 수입가격이 상대적으로 싸지기 때문에 순수출은 감소한다. 이는 모두 AD의 감소로 이어진다.

② 지금까지의 설명을 토대로 AD곡선과 AD에 영향을 미치는 제(諸)변수들을 재정리하면 아래와 같다.

$$AD = C\left(Y-T, r, \frac{W}{P}\right) + I^D(r) + G + X_n(P) \cdots\cdots\cdots ㉠$$

㉠식에서 물가(P)가 오르면 AD는 감소한다. 따라서 물가(P)와 총수요(AD)는 반비례의 관계를 갖게 된다.

1. 소비지출과 가처분소득 간의 관계를 중시한 사람은 케인즈다. 그에 반해 고전학파는 이자율이 소비지출에 큰 영향을 미친다고 보았다. 또 그들은 소비지출이 부(富, Wealth)를 물가로 나누어준 실질자산에 크게 의존한다고 주장했다.

1.2 AD곡선의 이동요인에 대한 탐구

[그림 9-3] $IS-LM$곡선의 이동에 따른 AD곡선의 이동

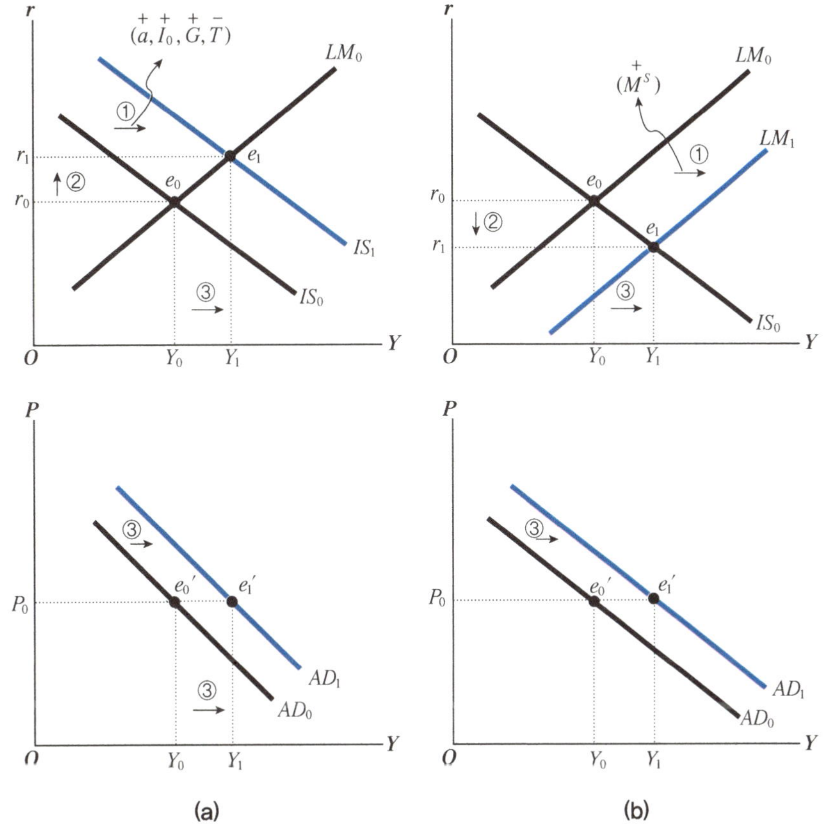

1) [그림 9-3]을 통해 확인할 수 있듯이 물가(P)가 일정한 상황에서 IS곡선과 LM곡선이 우측 방향으로 이동하면 AD곡선도 우측 방향으로 이동하게 된다. (a) 그래프는 IS곡선의 우측 이동, (b) 그래프는 LM곡선의 우측 이동을 나타낸다. 또한 **AD곡선의 우측 이동을 '총수요 증가', AD곡선의 좌측 이동을 '총수요 감소'라고 말한다.**

2) 결론적으로 AD곡선의 변동요인은 IS곡선의 이동과 관련된 절대소비(a), 독립투자(I_0), 정부지출(G), 조세(T), 그리고 LM곡선의 이동과 관련된 화폐공급량(M^S)이다. [그림 9-3]의 그래프를 통해 IS곡선과 LM곡선의 이동에 따른 AD곡선의 변화에 대해 자세히 살펴보자.

① [그림 9-3]의 (a) 그래프는 IS곡선의 이동에 따른 AD곡선의 변화를 나타낸다. 절대소비, 독립투자, 정부지출이 증가하거나 조세가 감소하면, IS곡선은 IS_0에서 IS_1으로 이동(①)한다. 이 과정에서 균형이자율과 균형 실질 GDP는 (r_0, Y_0)에서 (r_1, Y_1)으로

변한다(②, ③). 한편, 물가 P가 P_0로 일정한 상태에서 균형 실질 GDP가 Y_0에서 Y_1으로 증가한 상황을 AD곡선에 반영하면 AD곡선은 AD_0에서 AD_1으로 이동(③)한 것으로 나타난다.

② [그림 9-3]의 (b) 그래프는 LM곡선의 이동에 따른 AD곡선의 변화를 나타낸다. 물가 P가 P_0로 일정한 상황에서 화폐공급량(M^S)이 증가하면 LM곡선은 LM_0에서 LM_1으로 이동(①)한다. 이 과정에서 균형이자율과 균형 실질 GDP는 (r_0, Y_0)에서 (r_1, Y_1) 으로 변한다(②, ③). 또 물가 P가 P_0로 일정한 상태에서 균형 실질 GDP가 Y_0에서 Y_1으로 증가한 상황을 AD곡선에 반영하면 AD곡선은 AD_0에서 AD_1으로 이동(③)한 것으로 나타난다.

1.3 특수한 형태의 AD 곡선

[그림 9-4] 특수한 형태의 AD 곡선

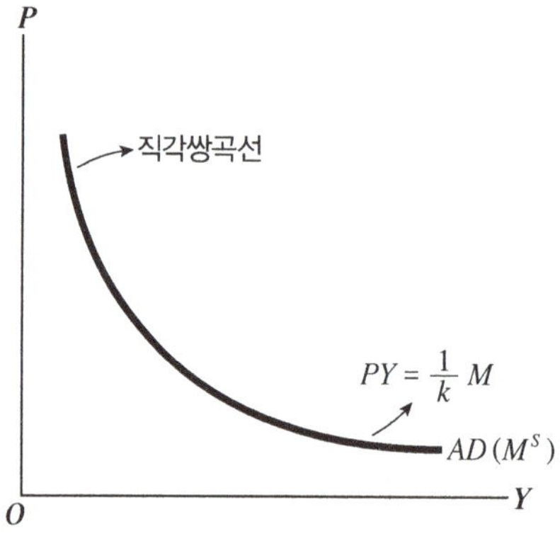

(a) 고전학파의 AD 곡선

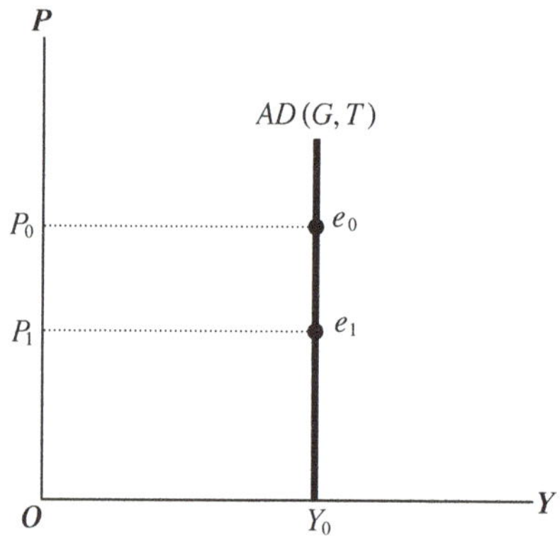

(b) 케인즈 단순모형의 AD 곡선

1) 일반적으로 AD곡선은 우하향한다. 하지만 그렇지 않은 경우도 상정해볼 수 있다. 고전학파의 AD곡선과 케인즈의 단순모형이 시사하는 AD곡선은 일반적인 AD곡선과 그 성격을 달리한다. 이에 대해 좀 더 자세히 살펴보자.

① **고전학파의 AD곡선은 [그림 9-4]의 (a) 그래프에서 보는 것과 같이 직각쌍곡선의 형태를 취한다.** 우하향하는 AD곡선과 직각쌍곡선 형태의 AD곡선은 그 특성이 완전히 다르다. 고전학파의 AD곡선이 직각쌍곡선인 이유는 고전학파의 현금잔고방정식에서 그 근거를 찾을 수 있다. 마셜의 현금잔고방정식은 $M^d = kPY$였고 화폐시장이

균형을 이룬다고 가정하면 $M^d = kPY = M = M^s$이다. **$M = kPY$가 바로 고전학파가 상정하는 AD곡선의 궤적이다.**[2] 여기서 '$PY = \left(\frac{1}{k}\right) \times M$ = 상수'가 되므로 물가(P) 축과 실질 GDP(Y) 축으로 표시되는 AD곡선은 $\left(\frac{1}{k}\right) \times M$으로 정의된다. **고전학파의 경우 AD곡선의 이동요인은 오로지 화폐공급량(M^s)에만 의존한다.** 즉 화폐공급량이 증가하면 AD곡선은 우측 방향으로 이동하고, 화폐공급량이 감소하면 AD곡선은 좌측 방향으로 이동한다.

② **케인즈 단순모형이 시사하는 AD곡선은 수직선의 형태를 띤다.** 케인즈의 단순모형은 독립투자만을 상정한다. 따라서 물가가 P_0에서 P_1으로 하락하면 명목 화폐수요가 감소하고 그에 따라 이자율도 하락한다.[3] 하지만 이자율이 하락해도 독립투자는 요지부동이다. 그런데 투자수요가 불변이면 총수요도 변하지 않는다. 따라서 물가(P)의 하락이 균형 실질 GDP에 미치는 효과는 제로(0)다. 그 때문에 AD곡선은 수직선의 형태를 띠는 것이다. 이때 만약 정부가 확대재정정책을 실시하면 AD곡선은 우측 방향으로 이동한다. 그러나 확대통화정책을 실시하면 이자율 하락이 투자수요에 아무런 영향을 미치지 못한다. 그런 경우 AD곡선은 제자리에 머물러 있게 된다.

보론 9-1 실질잔고효과(real balance effect)와 AD곡선 간의 관계

㉮ 고전학파의 멤버이자 영국의 경제학자인 아서 피구(A.C. Pigou)는 실질잔고효과를 주장했다. 실질잔고효과란 경제주체들이 갖고 있는 실질잔고의 변화, 즉 '화폐보유량(M)의 실질 가치($=\frac{M}{P}$)' 변화가 소비에 영향을 미치는 것을 말한다. 경제주체들은 일정량의 실질잔고가 정상치를 초과하면 그것을 정상치로 만들기 위해 재화나 서비스에 대한 수요량을 조절한다.

㉯ 즉 경제주체들은 물가(P)의 하락으로 화폐의 실질잔고($\frac{M}{P}$)가 증가하면 소비지출을 늘리고, 물가(P) 상승으로 화폐의 실질잔고가 감소하면 소비지출을 줄인다. 또 피구는 물가(P) 하락이 화폐의 실질잔고($\frac{M}{P}$)를 늘림으로써 LM곡선을 우측으로 이동시키고 경제주체들의 부[富, W(Wealth) = $\frac{M}{P}$ + B(채권) + 자본(K)]를 뜻하는 실질자산($\frac{W}{P}$)의 증가까지 유발해서 재화나 서비스에 대한 소

---

2. 물론 고전학파들은 AD개념에 대한 인식 자체가 없던 사람들이다. 다만 케인지언의 시각으로 고전학파의 생각을 풀어보는 것임에 유의하길 바란다.

3. 케인즈의 명목 화폐수요가 $M^d = P \times L(Y, r)$라는 것은 앞에서 학습한 바 있다. 여기서 물가(P)가 하락하면 명목 화폐수요(M^d)는 하락할 수밖에 없다.

비를 증대시킨다고 주장했다. 한편, 재화나 서비스의 추가 소비는 소비지출의 증가로 이어짐으로써 IS곡선을 우측으로 이동시킨다.

㉰ 실질잔고효과는 한마디로 케인즈와 케인지언들의 유동성 함정 논리에 대응하기 위해 고전학파가 주장하는 논리다. 즉 유동성 함정이 비록 존재한다고 하더라도 물가가 신축적으로 변하면 실질잔고효과를 통해 극심한 불황으로부터 탈출할 수도 있다는 주장이다.

㉱ 피구의 실질잔고효과가 발생할 때, AD곡선의 형태는 어떻게 될까? 정답은 AD곡선이 우하향한다이다. 이를 알기 쉽게 설명하면 다음과 같다. 실질잔고효과는 제1효과와 제2효과로 구분해서 설명할 수 있다.

ⓐ [그림 9-5]에서 제1효과는 물가의 하락(①)이 LM곡선을 우측 방향으로 이동(②)시키는 효과를 말한다. 즉 '물가(P) 하락 ⇒ 화폐의 실질잔고($\frac{M}{P}$) 증가 ⇒ LM곡선의 우측 이동'으로 설명되는 효과를 지칭한다.

ⓑ 제2효과는 물가의 하락(①)이 IS곡선을 우측 방향으로 이동(③)시키는 효과를 말한다. 즉 '물가(P) 하락 ⇒ 화폐의 실질잔고($\frac{M}{P}$) 증가 ⇒ 경제주체는 이것을 부(富)의 증가로 인식 ⇒ 소비지출 증대 ⇒ IS곡선의 우측 이동'으로 설명되는 효과다.

[그림 9-5] 실질잔고효과와 AD곡선의 도출

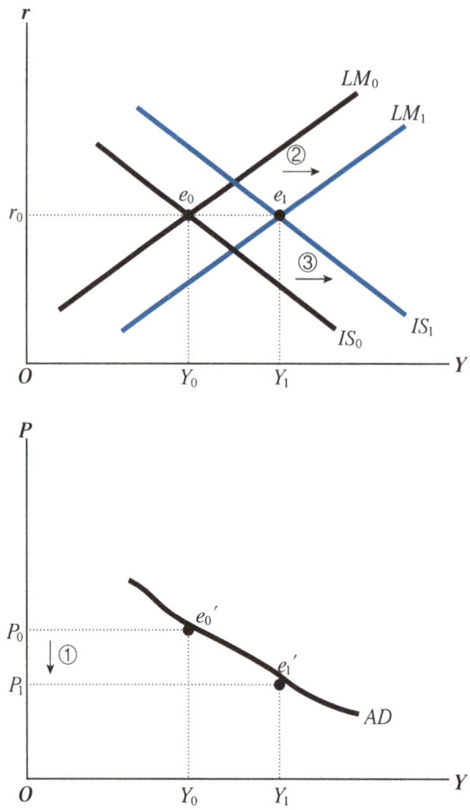

㉮ 피구의 실질잔고효과를 종합하면 다음과 같다. [그림 9-5]에서 최초의 균형점은 e_0점에서 (r_0, Y_0)와 e_0'점에서 (P_0, Y_0)로 결정된다. 그런데 물가(P)의 하락으로 실질잔고효과가 발생하면 LM 곡선과 IS곡선이 모두 우측 방향으로 이동하므로 새로운 균형점은 e_1점(r_0, Y_1)과 e_1'점(P_1, Y_1)이 된다. 물가(P)와 균형 실질 GDP(Y)로 정의되는 e_0'점과 e_1'점을 연결하면 부드럽게 우하향하는 AD곡선이 도출된다.

1.4 케인지언, 통화주의학파, 새고전학파, 새케인지언의 *AD* 곡선

고전학파와 케인즈 단순모형이 제시하는 AD곡선은 각각 직각쌍곡선과 수직선의 형태를 띤다. 그래서 본서는 이들의 AD곡선을 특수한 형태의 AD곡선으로 취급했다. AD곡선에 관한 한, 케인지언, 통화주의학파, 새고전학파, 새케인지언은 별다른 차이가 없다. 그들은 AD곡선이 부드럽게 우하향한다는 것에 대해 동의한다.

2 총공급(*AS*)곡선의 도출

2.1 *AS* 곡선에 대한 개요

1) AS곡선에 대한 개념

① AS곡선은 각각의 물가수준에 대응해서 기업 전체가 팔고자 하는 총생산의 규모를 나타낸다.

② **AS곡선은 노동시장의 균형조건과 총생산함수로부터 도출된다.**

2) AS곡선은 각 학파별로 그 형태가 매우 다양하다. 골머리가 아플 정도로 복잡하다!

① AS곡선은 각 학파에 따라 다양한 형태로 정의된다. 그렇게 된 기본 원인은 각 학파별로 노동시장, 그중에서도 노동공급함수를 바라보는 인식에 커다란 차이가 존재하기 때문이다.

② 정부 당국의 총수요관리정책이 갖는 정책효과가 제각기 다른 이유도 AS곡선에 대한 인식의 차이에서 비롯된다. 따라서 독자들은 그에 대한 철저한 학습과 이해가 필요하다. 이에 관련된 사항을 보다 알기 쉽게 설명하고자 한다.

2.2 고전학파 모형과 AS 곡선의 형태

1) 기본 모형

① 노동시장에서 노동수요(Labor Demand ; L^D)는 실질임금($w = \frac{W}{P}$: W는 명목임금, P는 물가)의 감소함수이고, 노동공급(Labor Supply ; L^S)은 실질임금의 증가함수이다. 또 노동 시장에서 불균형 현상이 발생하면 명목임금(W)이 상 · 하 신축적으로 움직여서 불균형을 신속하게 해소시킨다고 가정한다.

② 노동수요자인 기업과 노동공급자인 소비자들은 노동시장에서 노동수급(需給)의 과부족을 즉시 파악할 수 있으며 명목임금을 비롯한 경제변수들의 미래값과 그 변화율을 정확하게 예견(豫見)할 수 있다고 가정한다. 이러한 전제조건하에서 고전학파가 상정한 노동시장과 총생산함수를 정리하면 다음과 같다.

노동수요함수 : $L^D = F\left(\frac{W}{P}\right),\ w = \frac{W}{P} = MP_L$ = 노동의 한계생산력 …… ㉠

노동공급함수 : $L^S = F\left(\frac{W}{P}\right),\ w = g\left(L\right)$ (단, $g' > 0$) ………………… ㉡

노동시장의 균형조건 : $L^D = F\left(\frac{W}{P}\right) = L^S$ ……………………………… ㉢

총생산함수 : $Y = F(L\,;\overline{K}$, 단 K는 $\overline{K}$로 일정) …………………………… ㉣

2) 고전학파의 AS 곡선은 수직선이다!

고전학파의 AS곡선은 [그림 9-6]에서 보는 것처럼 4단계를 거쳐 도출된다. (I) 영역은 실질임금(w)과 노동의 수요 및 공급 곡선을 보여주고 (II) 영역은 명목임금(W)과 노동의 수요 및 공급 곡선을 보여준다. (Ⅲ) 영역은 단기 총생산함수를 나타낸다. 거기서 자본(K)은 단기적으로 $\overline{K}$로 일정하다고 가정한다. (Ⅳ) 영역은 물가와 실질 GDP(Y)로 구성되는 AS곡선의 영역이다.

[그림 9-6] 고전학파의 AS 곡선이 수직선인 이유

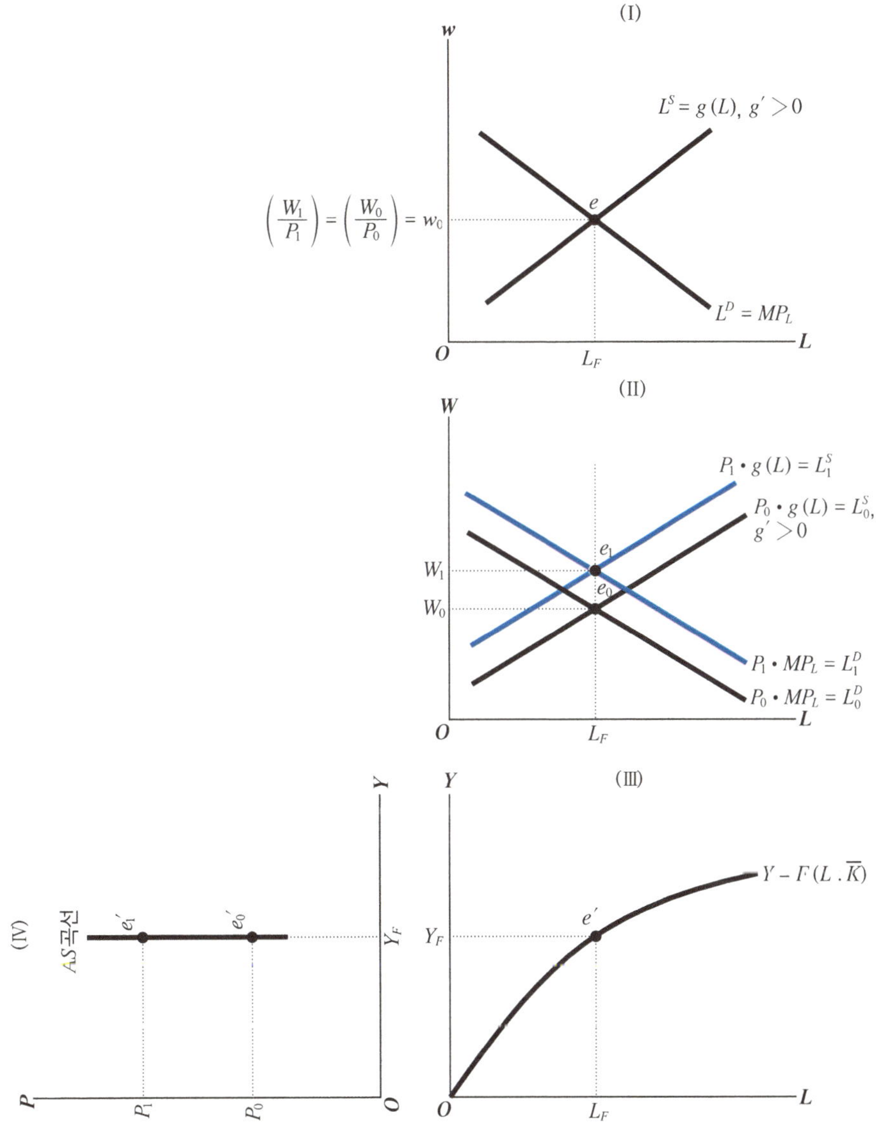

① 물가 P가 P_0일때 최초의 균형점이 (I) 영역에서는 e점, (II) 영역에서는 e_0점, (Ⅲ) 영역에서는 e'점, (Ⅳ) 영역에서는 e_0'이라고 가정하자. 이때 물가 P가 P_0에서 P_1으로 상승했을 때 최초의 균형점들이 어떻게 변하는지만 추적하면 고전학파의 AS곡선을 손쉽게 도출할 수 있다.

② 물가 P가 P_1으로 상승할 때, (I) 영역에서는 아무런 변화가 일어나지 않는다. 노동수요와 노동공급이 물가와는 무관한 실질변수 $MP_L = g(L)$에 의해서 결정되기 때문이다. 노동은 계속해서 완전고용수준(L_F)을 유지한다. (II) 영역은 명목변수들로 구성되었기

때문에 노동수요곡선과 노동공급곡선이 물가 P의 변동 폭만큼 동일한 폭으로 상향 이동한다. 그러나 여기서도 명목임금만 W_0에서 W_1으로 상승했을 뿐, 노동의 고용수준은 여전히 완전고용수준(L_F)을 유지한다. 이는 (Ⅲ) 영역에서 균형 실질 GDP도 완전고용국민소득(Y_F)임을 나타낸다. (I), (II), (Ⅲ) 영역에서의 변화를 (Ⅳ) 영역에 표시하면 최초의 균형점인 $e_0'(P_0, Y_F)$와 물가 P가 P_1으로 상승한 이후의 균형점인 $e_1'(P_1, Y_F)$으로 나타낸다. 두 균형점인 e_0', e_1'를 연결하면 수직선 형태의 *AS*곡선이 자연스럽게 도출된다.

3) 고전학파의 *AS* 곡선과 정책적 시사점

① 고전학파의 *AS*곡선이 수직선인 이유는 노동시장의 완전경쟁을 가정했기 때문이다. 즉 물가와 명목임금이 상·하 신축적으로 이동함으로써 노동시장에서의 불균형이 순식간에 해소됨을 전제로 했기 때문이다.

② *AS*곡선이 수직선이면 정부 당국의 재정정책이나 통화정책이 총수요에 아무런 영향을 미치지 못하고 물가 상승만 부채질한다. 이때 수직선 형태의 *AS*곡선을 우측 방향으로 이동시킬 수 있는 방안으로는 총생산함수를 위쪽으로(上方) 이동시킬 수 있는 자본축적이나 기술혁신을 통한 생산성 향상 등이 있다.

2.3 케인즈 단순모형과 *AS* 곡선의 형태

1) 케인즈 단순모형에서 도출된 *AS* 곡선의 형태

[그림 9-7] 케인즈의 단순모형이 시사하는 *AS* 곡선의 형태

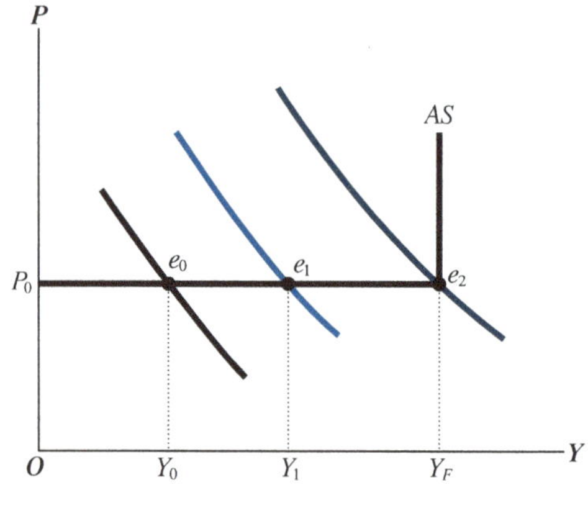

① 케인즈의 단순모형은 생산시설이 대량으로 유휴 상태에 놓였던 1929년도 말에서 1934년도까지의 대공황기를 상정한 모형이다. 따라서 케인즈는 완전고용국민소득(Y_F) 수준에 도달하기 전까지는 주어진 P_0 하에서 총공급을 얼마든지 증가시킬 수 있다고 보았다. 왜냐하면 재고가 넘쳐났기 때문이다. 따라서 케인즈는 Y_F 수준에 이르기까지는 수평선의 *AS*곡선을 상정했던 것이다. 그리고 Y_F는 노동의 완전고용을 전제로 한 것이기 때문에 그 이상의 노동공급은 불가능하다. 따라서 Y_F에 이르면 케인즈의 단순모형에서 정의되는 공급곡선은 고전학파의 경우처럼 수직선이 된다.

② [그림 9-7]을 보면 총 3개의 *AD*곡선이 그려져 있다. 본래 케인즈 단순모형이 시사하는 *AD*곡선의 형태는 수직선이다. 하지만 여기서는 우하향한다고 가정한다. 이때 *AD*곡선이 우측 방향으로 이동하더라도 물가는 변하지 않은 채, 균형 실질 GDP만 $Y_0 \Rightarrow Y_1 \Rightarrow Y_F$ 수준으로 증가함을 보여준다. 이는 대공황기에는 재고량, 실업자와 유휴시설이 너무 많기 때문에 총공급량을 추가적으로 늘리는 데 아무런 애로요인이 없음을 시사해준다. 즉 생산비용의 추가적인 증가 없이 Y_F에 이를 때까지 무한 공급이 가능하다는 것을 말해준다.

2) 케인즈 단순모형의 *AS*곡선과 정책적 시사점

고전학파 모형의 *AS*곡선은 수직선이기 때문에 총수요관리를 위한 확대재정정책이나 확대통화정책의 효과가 전무(全無)했다. 하지만 케인즈 단순모형에서는 총수요관리를 위한 정부의 확대재정정책과 확대통화정책이 큰 의미를 갖는다. 그 이유는 *AS*곡선의 형태가 Y_F에 이르기까지 수평선의 형태를 띠고 있기 때문이다.

2.4 케인지언, 통화주의학파 모형과 *AS*곡선의 형태

1) 노동시장에 대한 기본 전제사항

① 노동수요는 실질임금($\frac{W}{P}$)의 감소함수이다. 이것에 내재된 경제적 의미는 노동을 수요하는 기업은 노동자들에 비해 상대적으로 똑똑하다는 의미이다. 즉 기업은 노동자들에 비해 물가를 비롯한 제반 정보를 많이 갖고 있다는 얘기다.

② 노동공급은 고전학파처럼 실질임금($\frac{W}{P}$)의 증가함수도 아니고 케인즈처럼 명목임금(W)의 증가함수도 아니다. 노동공급은 예상실질임금($w^e := \frac{W}{P^e}$, P^e는 미래의 기대물가)

의 증가함수라고 가정한다. 이는 '노동자들이 케인즈가 생각했던 것처럼 무식한 존재[4]가 아니다' 라는 것을 시사해준다. 노동자들은 기업에 비해 정보가 불완전하며 물가 상승을 인식하는 시차 문제로 인해 현실물가를 완벽하게 인지하지 못할 뿐이다. 즉 노동자들은 예상실질임금(w^e)을 고려하면서 자신들의 노동공급량을 결정한다고 보았다.

[그림 9-8] 케인지언과 통화주의학파가 제시한 단기 AS곡선의 형태

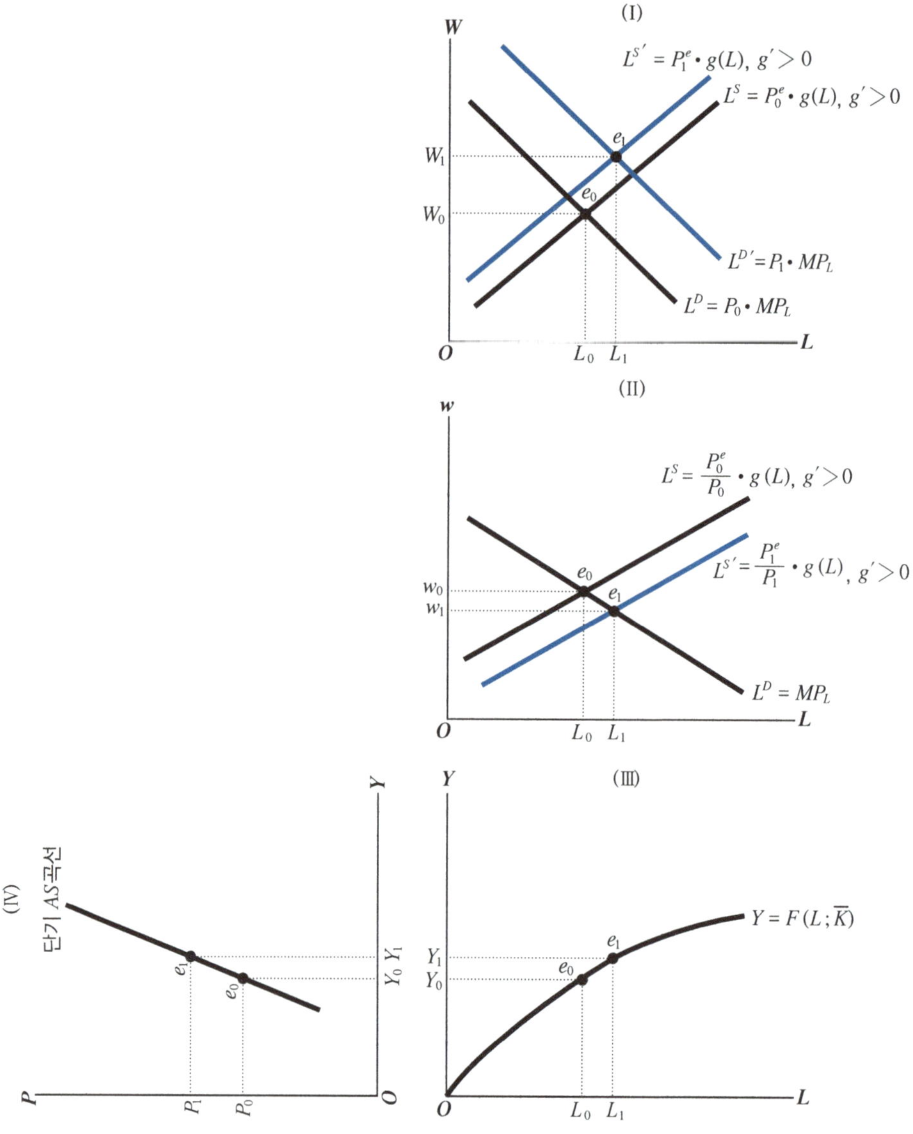

---

4. 이 문제와 관련해서 케인즈는 "노동자들은 화폐환상(money illusion)에 빠져 있다"고 주장했다. 화폐환상이란 화폐의 명목 가치가 변하지 않을 것으로 생각하고 실질 가치의 증감(增減)을 인식하지 못하는 현상을 말한다. 일례로 자신의 월

③ 노동자들은 나름대로 **적응적 기대**에 의존해서 미래의 물가수준을 예상한다. 하지만 물가변동에 관한 정보의 불완전성과 인식상의 시차 문제로 단기에는 물가 예상을 정확하게 하지 못한다. 따라서 단기에는 현실물가(P)와 기대물가(P^e) 사이에 괴리가 발생한다. 그러나 장기에는 정보와 시차 문제가 해결됨으로써 그들 간의 괴리가 사라진다고 생각했다. 즉 단기에는 $P \neq P^e$이지만, 장기에는 $P = P^e$라는 얘기다. 참고로 적응적 기대에 대한 자세한 설명은 제11장의 [보론 11-1]을 참조해주길 바란다.

2) 노동시장의 균형조건 정리

노동수요곡선 : 명목임금(W) = 노동의 한계생산물가치(VMP_L) $= P \times MP_L = P \cdot MPL$

노동공급곡선 : 노동공급(L^S) $= P^e \times g(L) = P^e \cdot g(L)$, 단 $g' > 0$

노동시장의 균형조건 : 노동수요(L^D) = 노동공급(L^S)

총생산함수 : $Y = F(L; \overline{K})$, 단, K는 $\overline{K}$로 일정

3) 단기 AS곡선의 도출($P \neq P^e$)

① [그림 9-8]의 (I) 영역은 명목임금과 노동시장의 균형, (II) 영역은 실질임금과 노동시장의 균형, (III) 영역은 총생산함수, (IV) 영역은 단기 AS곡선을 나타낸다. 물가 P가 P_0인 경우의 최초 균형점은 e_0로 표시되어 있다. (I) 영역과 (II) 영역에서 명목임금, 실질임금, 고용수준이 각각 W_0, w_0, L_0로 결정되었고 (III) 영역에서는 총생산함수에 의해 균형 실질 GDP가 Y_0로 결정되었다. 이것을 종합해서 (IV) 영역에다 표시하면 최초의 균형점인 e_0점(P_0, Y_0)이 도출된다.

② 이제 물가 P가 P_0에서 P_1으로 상승했다고 가정하자. 그러면 (I) 영역에서 노동수요곡선과 노동공급곡선은 각각 L^D와 L^S에서 $L^{D\prime}$와 $L^{S\prime}$로 이동한다. 그런데 노동수요곡선의 상승 폭이 노동공급곡선의 상승 폭보다 크다. 그 이유는 $P > P^e$이기 때문이다. 따라서 고용수준이 L_0에서 L_1으로 증가한다. (II) 영역에서 실질 노동수요는 MP_L은 물가 P와 아무런 관계가 없기 때문에 변동하지 않는다. 하지만 노동공급곡선은 L^S에서 $L^{S\prime}$로 하락한다. 그 이유는 $\frac{P_0^e}{P_0}$보다 $\frac{P_1^e}{P_1}$이 더 작기 때문이다. 그러면 고용수준은 L_0에서 L_1으로 증가한다. 고용수준이 L_1으로 증가하면 균형 실질 GDP는 총생산함수에 의해 Y_1으로 증가한다. 이것을 종합해서 (IV) 영역에 나타내면 새로운 균형점인 e_1점 (P_1,

급이 3% 오르고 물가도 3% 올랐다면 실질임금은 변한 게 없는데도 불구하고 자신의 임금만 3% 올랐다고 착각하는 현상을 말한다.

Y_1)이 도출된다. (Ⅳ) 영역에서 최초의 균형점 e_0와 새로운 균형점 e_1을 연결하면 우상향하는 단기 AS곡선을 얻을 수 있다.

③ 이 대목에서 우리는 케인지언과 통화주의학파의 단기 AS곡선의 구체적인 형태에 대해서 좀 더 고찰할 필요가 있다. **두 학파는 단기 AS곡선이 우상향하고 노동자들이 적응적 기대를 한다는 점에 대해서는 인식을 같이한다.**

④ 하지만 현실물가에 대한 노동자들의 적응적 기대수준에 대해서 견해 차이가 존재한다. 즉 **통화주의학파는 케인지언에 비해 노동자들의 적응적 기대수준이 현실물가에 상대적으로 더 근접해 있다고 생각한다.** 이를 달리 표현하면 통화주의학파는 케인지언에 비해 노동자들을 더 똑똑한 존재로 인식한다는 얘기다. 이것을 수학적으로 표현하면 다음의 ㉠식과 같다.

$$P^e = \varphi(P) \quad \cdots\cdots \text{㉠}$$

㉠식에서 $\varphi' = \frac{\Delta P^e}{\Delta P}$라고 한다면, 통화주의학파의 φ'가 케인지언의 φ'보다 크다는 것을 의미한다. 이렇게 되면 통화주의학파의 단기 AS곡선이 케인지언의 단기 AS곡선보다 상대적으로 더 가파르게 그려진다. 독자들은 이 점에 대해서도 자세한 지식을 갖출 필요가 있다. [그림 9-9]를 통해 그 문제를 알기 쉽게 증명하고자 한다.

⑤ [그림 9-9]에서 최초의 균형점은 (Ⅰ), (Ⅱ), (Ⅲ) 영역에서 모두 e_0점이다. 이때 물가 P가 P_0에서 P_1으로 상승하면 (Ⅰ) 영역에서 케인지언의 노동공급곡선은 L^S에서 $L^{S'}(K)$로 좌상방 이동하므로 균형임금과 균형고용량이 각각 $W_1(K)$, $L_1(K)$로 결정된다. 또 총생산함수에 의해 균형 GDP는 $Y_1(K)$로 결정된다. 이와 마찬가지로 통화주의학파의 노동공급곡선은 L^S에서 $L^{S'}(M)$으로 좌상방 이동을 통해 균형임금과 균형고용량이 각각 $W_1(M)$, $L_1(M)$으로 결정된다. 또한 총생산함수에 의해 균형 GDP는 $Y_1(M)$으로 결정된다. 그러면 (Ⅲ) 영역에서 두 개의 균형점이 도출된다.

⑥ 우선 (Ⅰ) 영역 ⇒ (Ⅱ) 영역의 균형조건을 통해 (Ⅲ) 영역에서 얻을 수 있는 케인지언의 균형점은 e_1으로서 $[P_1, Y_1(K)]$, 통화주의학파의 균형점은 e_2로서 $[P_1, Y_1(M)]$이 된다. 최초 균형점인 $e_0(P_0, Y_0)$와 새로운 균형점 e_1, e_2를 각각 연결하면 우상향하는 케인지언의 단기 AS곡선과 통화주의학파의 단기 AS곡선을 도출할 수 있다. 독자들은 [그림 9-9]를 통해 '**통화주의학파의 단기 AS곡선의 기울기가 케인지언의 단기 AS곡선보다 더 가파르다**'는 사실을 확인할 수 있을 것이다.

[그림 9-9] 단기 AS곡선의 기울기에 대한 케인지언과 통화주의학파의 차이

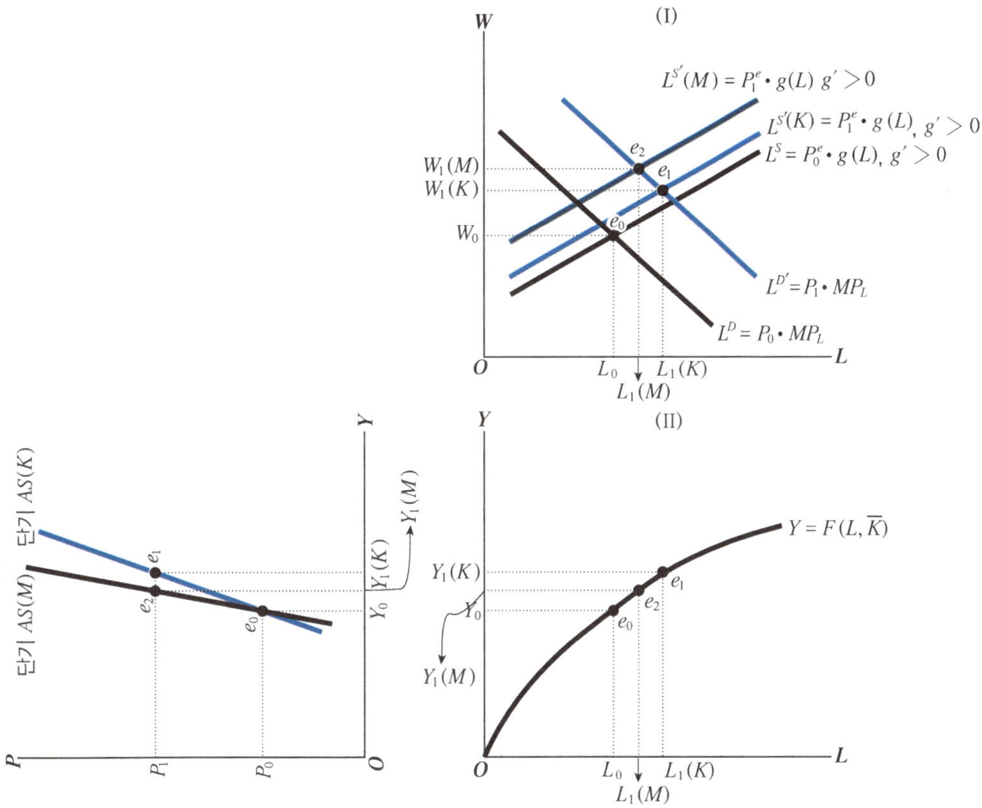

⑦ 이상과 같은 논의를 통해 우리는 최종적으로 다음과 같은 결론을 도출할 수 있다. 즉 총론적인 관점에서 단기 AS곡선이 우상향한다는 점에 대해서는 케인지언과 통화주의학파의 견해는 일치한다. 하지만 단기 AS곡선의 기울기에 대해서는 두 학파 간에 분명한 견해 차이가 존재한다. 그에 대한 핵심원인은 노동자들이 단기적으로 덜 똑똑하냐, 아니면 더 똑똑하냐?라는 인식의 차이다.

4) 장기 AS곡선의 도출 $(P = P^e)$

① 케인지언과 통화주의학파의 경우, 단기에는 노동자들이 적응적 기대를 하는 바람에 현실물가와 기대물가 사이에 괴리가 발생하지만, 장기에는 노동자들도 적응적 기대를 극복하고 평균적으로 미래의 물가수준을 정확하게 예상할 수 있다고 생각했다. 즉 장기에는 $P = P^e$의 조건이 충족된다는 것이다.

[그림 9-10] 케인지언과 통화주의학파의 장기 AS 곡선의 도출

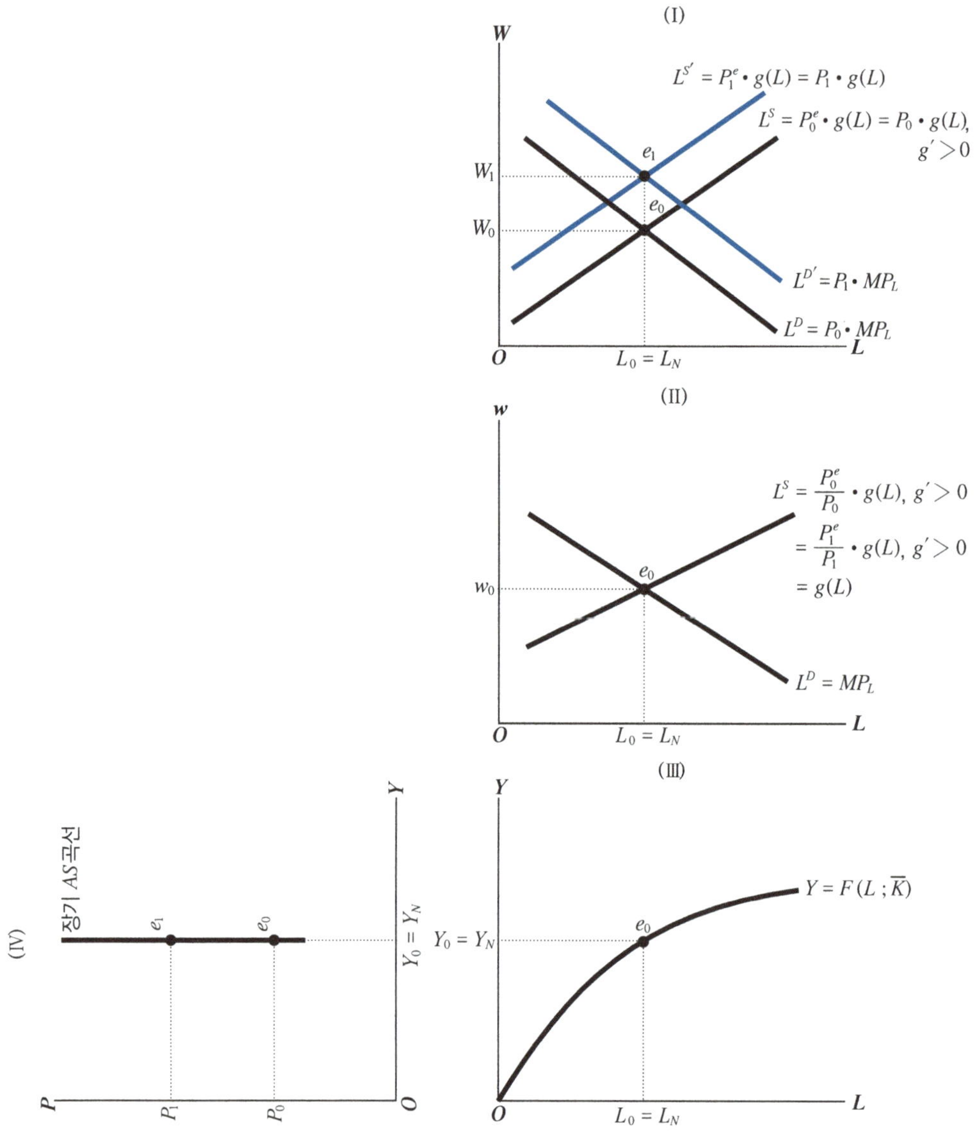

② 만약 $P = P^e$의 조건이 충족된다면 케인지언과 통화주의학파의 장기 AS곡선은 고전학파의 AS곡선처럼 수직선이 된다. [그림 9-10]을 통해 그것을 입증할 수 있다.

우선 물가 P가 P_0일 때 최초의 균형점은 [그림 9-10]의 (I), (II), (Ⅲ), (Ⅳ) 영역에서 e_0점으로 표시되어 있다. (I)과 (II) 영역의 노동시장에서 명목임금과 실질임금은 각각 W_0와 w_0로, 균형 실질 GDP는 (Ⅲ) 영역의 총생산함수에 의거해서 Y_0로 결정되었다. 최초의 물가 P_0와 균형 실질 GDP인 Y_0를 (Ⅳ) 영역에다 표시한 것이 e_0점이다.

③ 물가 P가 P_0에서 P_1으로 상승하면 (I) 영역에서 노동수요곡선은 $L^D = P_0 \times MP_L = P_0 \cdot MP_L$에서 $L^{D'} = P_1 \times MP_L = P_1 \cdot MP_L$로, 노동공급곡선은 $L^S = P_0^e \times g(L) = P_0 \times g(L) = P_0 \cdot g(L)$에서 $L^{S'} = P_1^e \times g(L) = P_1 \times g(L) = P_1 \cdot g(L)$로 이동한다. 그런데 노동수요곡선과 노동공급곡선의 상승 폭이 동일하기 때문에 새로운 균형점 e_1에서는 명목임금만 W_0에서 W_1으로 올랐을 뿐 고용수준은 L_0로 불변이다. (II) 영역에선 노동수요곡선과 노동공급곡선이 조금도 변하지 않았다. 실질 노동수요곡선인 MP_L은 물가(P)상승과 아무런 관련이 없다. 노동공급곡선도 불변이다. 왜냐하면 노동공급곡선인 L^S는 물가(P)가 P_0인 경우의 $\left(\frac{P_0^e}{P_0}\right) \times g(L)$와 물가가 P_1인 경우의 $\left(\frac{P_1^e}{P_1}\right) \times g(L)$이 똑같기 때문이다. 즉 $\frac{P_0^e}{P_0} = \frac{P_1^e}{P_1}$이기 때문에 실질임금 하에서의 노동공급은 $g(L)$, (단 $g' > 0$)으로 똑같다. 또 실질임금 하의 노동수요곡선도 MP_L로 일정하기 때문에 노동시장의 균형조건은 $MP_L = g(L)$, (단 $g' > 0$)으로 나타날 수밖에 없다. (II) 영역에서 노동시장의 균형조건이 그것을 대변해준다.

④ 물가 P가 상승했을 때의 효과를 이제 (III) 영역에다 반영시켜보자. 물가 P가 P_0에서 P_1으로 상승했는데도 불구하고 균형 실질 GDP는 [그림 9－10]에서 보는 것처럼 총생산함수에 따라서 Y_0로 결정된다. 균형 실질 GDP는 물가가 상승하기 전의 상황과 똑같다. 이제 (IV) 영역에다 최초의 균형점인 $e_0(P_0, Y_0)$와 새로운 균형점인 $e_1(P_1, Y_0)$을 연결하면 수직선 형태의 장기 AS곡선을 도출할 수 있다. 이때의 Y_0는 고전학파나 케인즈 단순모형에서 언급한 완전고용국민소득(Y_F)과 같다. 하지만 현대의 거시경제학에서는 완전고용국민소득(Y_F)이라는 용어 대신에 '**자연생산량(Y_N)**' 이라는 표현을 사용한다.

5) 케인지언과 통화주의학파의 장 · 단기 AS곡선이 갖는 정책적 시사점

① 케인지언과 통화주의학파의 단기 AS곡선은 우상향한다. 따라서 단기 총수요관리정책은 나름대로 의미를 갖는다.

② 케인지언과 통화주의학파의 장기 AS곡선은 수직선이다. 이때 총수요관리정책의 정책효과는 제로(0)다. 이렇게 정부 당국이 실시하는 총수요관리정책의 효과가 없는 것을 '**정책무력성 명제**' 라고 말한다.

2.5 새고전학파 모형과 AS곡선의 형태

1) 기본 전제사항

① 고전학파와 케인즈의 단순모형에서는 총공급이 완전고용국민소득(Y_F)을 초과할 수 없다고 가정한다. 그러나 새고전학파는 단기에 정상조업도를 초과해서 생산요소를 가동시키면 자연생산량(Y_N)을 초과할 수도 있다고 본다. 여기서 자연생산량이란 완전고용국민소득을 현대적 개념으로 대체시킨 용어다. 대표적인 총공급함수로는 로버트 루카스(R. Lucas)가 주장한 ㉠식을 들 수 있다.

$$Y = Y_N + a(P - P^e),\ (\text{단}, a > 0) \cdots\cdots ㉠$$

여기서 Y : 총공급, Y_N : 자연생산량, P : 실제물가, P^e : 기대물가

루카스의 총공급함수에 따르면 실제 물가(P)와 기대물가(P^e)가 일치하면 총공급(Y)은 자연생산량(Y_N)과 같지만, 실제 물가(P)가 기대물가(P^e)보다 크면, 즉 $P > P^e$인 경우에는 총공급(Y)이 자연생산량(Y_N)보다 크게 된다.

② 새고전학파는 경제주체들이 합리적 기대를 통해 미래의 물가수준을 정확하게 예상한다고 가정한다. 합리적 기대는 경제주체들이 미래의 물가수준을 예상할 때, 물가에 영향을 미치는 여러 거시경제변수들의 정보를 충분히 활용해서 합리적으로 예측하기 때문에 평균적으로 실제 물가와 기대물가가 일치한다고 주장한다. 즉 평균적으로 $P = P^e$라는 얘기다. 하지만 정부가 경제주체들이 도저히 예측하기 힘든 깜짝 쇼 정책을 실행함으로써 합리적 기대 자체를 교란시킬 경우에는 $P \neq P^e$가 될 수도 있다고 본다. 참고로 합리적 기대에 대한 자세한 설명은 제11장 거시경제학의 두 조류와 상호비교 편을 참조해주길 바란다. 적응적 기대와 합리적 기대의 비교도 시험에 출제될 가능성이 있다. 따라서 독자들은 이 부분에 대해서도 열심히 학습해야 한다.

2) 새고전학파의 장 · 단기 AS곡선의 형태

① 새고전학파의 AS곡선도 단기 AS곡선과 장기 AS곡선으로 구분할 수 있다. 장기 AS곡선은 [그림 9-11]에서 보는 바와 같이 자연생산량(Y_N) 수준에서 수직선이다. 이때는 정부 당국의 총수요관리정책이 별다른 효과를 발휘하지 못한다. 하지만 **(a) 그래프에서 보는 것처럼 새고전학파의 단기 AS곡선은 기본적으로 수직선이지만 경우에 따**

라서는 일반적인 AS곡선처럼 우상향할 수도 있음에 주의해야 한다.

② 만약 정부가 일관되고 체계적인 정책집행으로 경제주체의 합리적 기대를 충족시키는 경우($P = P^e$)에는 케인지언과 통화주의학파의 장기 AS곡선처럼 자연생산량(Y_N) 수준에서 수직선인 단기 AS곡선이 도출된다. 하지만 정부가 예측 불허의 비일관적 정책 집행으로 경제주체들의 합리적 기대를 교란시킬 경우에는 실제물가와 기대물가가 다를 수 있다. 즉 $P \neq P^e$라는 얘기다. 그러면 케인지언과 통화주의학파의 단기 AS곡선처럼 우상향하는 AS곡선이 도출된다. 이런 경우에는 정부 당국의 총수요관리정책이 단기적으로 효과를 발휘할 수 있다. 그러나 이러한 조치는 장기적인 관점에서 경제에 더 큰 부작용을 초래할 수 있기 때문에 정부 당국은 가능한 한 깜짝 쇼 정책을 자제하는 것이 바람직스럽다.

[그림 9-11] 새고전학파의 장 · 단기 AS 곡선

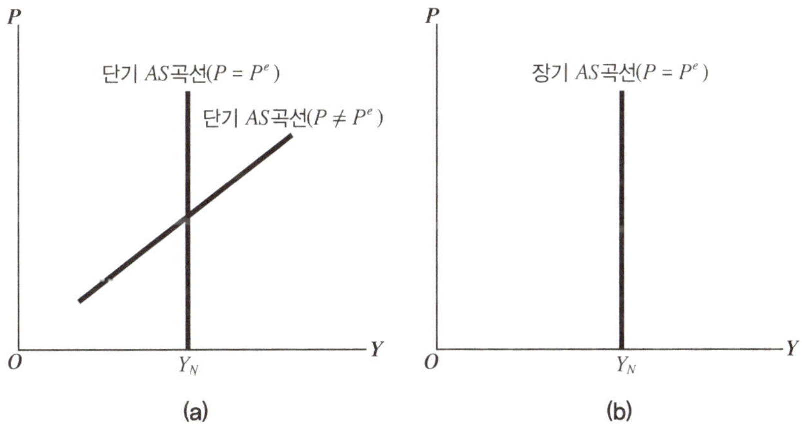

2.6 새케인지언 모형과 AS곡선의 형태

1) 기본 전제사항

① 새케인지언이 케인즈와 다른 점은 명목임금의 경직성보다는 **상품가격의 경직성**을 중시한다는 점이다.

② 기본 사상과 철학은 케인즈를 계승하지만 합리적 기대를 수용하고 경제주체들의 합리적 선택을 강조한다.

③ 상품가격의 경직성을 단순하게 가정하지 않고, 그 본질적인 이유를 메뉴비용(menu

cost)에 입각해서 규명하려고 한다. 메뉴비용은 메뉴판의 교체비용뿐만 아니라 가격 변동에 따른 제반 비용(예 : 고객들의 불평불만, 고객 상실 등)까지 포함한다.

④ 기업은 현행가격의 유지에 따른 고통이 메뉴비용보다 큰 경우에 한해 상품가격을 변화시킨다. 또 기업이 가격설정의 권한을 조금이라도 갖기 위해서는 관련 시장이 완전경쟁시장이 아니라 불완전경쟁시장(예 : 독점적 경쟁시장)이라고 가정해야 한다.

⑤ 기업은 상품의 명목가격을 변화시키는 데 있어서 메뉴비용을 전혀 지불하지 않는 기업과 메뉴비용을 지불하는 기업으로 구분하고 그들이 해당 시장에서 차지하는 비중을 각각 γ, $1-\gamma$라고 가정한다.

2) 두 종류의 기업에 대한 가격 결정 방식

① 메뉴비용을 지불하지 않는 기업이란 독점적 경쟁기업 가운데 상품 차별화에 성공한 기업을 의미한다. 이들 기업은 가격인상요인이 발생하면 남의 눈치를 보지 않고 즉각적으로 가격 인상을 시도한다. 이들 기업의 가격결정방식은 ㉠식과 같다.

$$p = P + \Psi(Y - Y_N) \cdots\cdots ㉠$$

단, $\Psi > 0$, p : 개별상품의 명목가격, P : 물가, Y : 실질 GDP, Y_N : 자연산출량

이들 기업이 개별상품의 명목가격(p)을 즉각적으로 올리는 경우는 물가(P)가 상승하거나 실제 총생산량(Y)이 자연산출량(Y_N)보다 큰 경우다. 즉 $Y > Y_N$이면 경제주체들은 소득수준의 상승으로 개별 상품수요를 늘리기 마련이다. 이것을 눈치챈 기업들은 개별상품의 명목가격을 인상한다.

② 한편, 메뉴비용을 지불하는 생산자는 개별상품의 명목가격(p)을 변화시키는 데 메뉴비용이 소요되는 기업이다. 가령, 독점적 경쟁기업 가운데 상품차별화 능력이 매우 미미한 기업들이 여기에 해당된다. 이들 기업은 가격인상요인이 발생하더라도 메뉴비용 때문에 가격을 곧바로 인상하지 못한다. 이들 기업의 가격결정방식은 ㉡식과 같다.

$$p = P^e + \Psi(Y - Y_N)$$
$$= P^e \cdots\cdots ㉡$$

단, $\Psi > 0$, p : 개별상품의 명목가격, P^e : 기대물가, Y : 실질 GDP, Y_N : 자연산출량

메뉴비용 때문에 개별상품의 명목가격(p)을 즉각적으로 인상할 수 없는 기업들은 물

가(P)나 산출 갭($= Y - Y_N$)을 고려하기보다는 자신의 상품가격이 고정되어 있는 동안의 평균 물가수준과 평균 산출갭($(= Y - Y_N)$에 대한 기대를 반영해서 가격결정을 시도한다. 물가(P)에 대한 평균 기대치는 P^e이고, 평균 산출갭($= Y - Y_N$)에 대한 기대치는 제로(0)가 된다. 따라서 개별상품의 명목가격(p)은 ㉡식에서처럼 $p = P^e$가 된다.

③ 이제 시장 전체에서의 물가수준(P)은 ㉠식과 ㉡식의 가중평균치로 결정된다. 그런데 이 들의 가중평균치는 다음의 ㉢식으로 정의된다.

$$P = \gamma[P + \Psi(Y - Y_N)] + (1-\gamma)P^e \quad \cdots\cdots ㉢$$

이제 ㉢식을 Y에 대해 정리하고 $\alpha = \frac{(1-\gamma)}{\gamma\Psi}$라고 가정하면 최종적으로 ㉣식이 도출된다. 이는 루카스가 제시했던 단기 총공급곡선과 똑같다.

$$Y = Y_N + \alpha(P - P^e) \quad \cdots\cdots ㉣$$

단, $\alpha > 0,\ \alpha = \frac{(1-\gamma)}{\gamma\Psi}$

3) 새케인지언의 장기 총공급곡선 형태

① 우리는 위의 ㉣식을 통해 새케인지언의 장기 총공급곡선이 새고전학파의 장기 총공급곡선과 같다는 것을 확인할 수 있다. 즉 새케인지언의 장기 총공급곡선도 자연산출량 수준인 Y_N에서 수직선의 형태를 띤다는 얘기다.

② 이는 앞의 ㉣식에서 $\gamma = 1$인 경우에 해당된다. $\gamma = 1$ 조건이 충족되면 $\alpha = 0$이 되기 때문에 Y는 ㉤식처럼 정의된다. 그것이 바로 새케인지언의 장기 총공급곡선이다.

$$Y = Y_N \quad \cdots\cdots ㉤$$

참고로 $\gamma = 1$인 경우는 메뉴비용을 지불하는 기업이 하나도 존재하지 않는 경우다. 새케인지언은 장기에 이런 현상들이 일어남을 시사해준다.

③ 하지만 단기적으로는 메뉴비용을 지불하는 기업들의 존재로 인해 상품가격이 경직성(물론 노동시장에서 임금의 경직성, 신용시장에서 신용할당 등 포함)을 띠게 된다. 따라서 단기 AS곡선은 우상향한다고 생각한다.

요약 및 복습

01 총수요와 총공급의 이론을 학습해야 하는 이유는 균형 물가와 균형 실질 GDP가 어떻게 결정되는지를 체계적으로 이해하기 위함이다. 이를 위해서는 4가지 설명도구에 대한 선행학습이 필요하다. 총수요를 결정하는 2개의 설명 도구는 *IS*곡선과 *LM*곡선이다. 또 총공급을 결정하는 2개의 설명 도구는 노동시장과 총생산함수이다.

02 *AD*곡선의 도출, *AD*곡선의 이동요인, 특수한 형태의 *AD*곡선에 대해 요약하면 다음과 같다.

1) *IS*−*LM* 모형에서 물가가 하락하면 *IS*곡선은 불변, *LM*곡선은 우측 하방으로 이동함으로써 이자율은 하락하고 실질 GDP는 증가한다. 따라서 부드럽게 우하향하는 *AD*곡선이 도출된다.

2) *AD*곡선을 우상방으로 이동시키는 요인으로는 절대소비(a), 투자수요(I^D), 정부지출(G), 화폐공급량(M^S)의 증대와 조세(T)의 감소를 들 수 있다.

3) 고전학파의 *AD*곡선은 직각쌍곡선의 형태를 띠며 케인즈의 단순모형에서 도출되는 *AD*곡선의 형태는 수직선이다.

03 *AS*곡선의 도출, *AS*곡선의 이동요인, 특수한 형태의 *AS*곡선에 대해 요약하면 다음과 같다.

1) *AS*곡선은 노동시장의 균형조건과 총생산함수로부터 도출된다.

2) *AS*곡선을 우하방으로 이동시키는 요인으로는 총생산함수의 상향 이동과 관련된 자본축적이나 기술혁신을 통한 생산성 향상 등을 들 수 있다.

3) 고전학파의 *AS*곡선은 수직선이고, 케인즈의 단순모형이 제시하는 *AS*곡선은 역 L자의 형태를 띤다.

04 케인지언과 통화주의학파의 장 · 단기 *AS*곡선의 형태를 요약하면 아래와 같이 정리된다.

1) 적응적 기대를 하는 케인지언의 단기 *AS*곡선은 우상향한다. 하지만 장기 *AS*곡선은 자연생산량(Y_N) 수준에서 수직선이다.

2) 적응적 기대를 하는 통화주의학파의 단기 *AS*곡선은 우상향한다. 하지만 장기 *AS*곡선은 자연생산량(Y_N) 수준에서 수직선이다.

3) 얼핏 보면 단기 *AS*곡선이 우상향한다는 측면에서 케인지언과 통화주의학파의 견해는 동일하다. 그럼에도 불구하고 그들 간에는 미묘한 입장 차이가 있다. 그것은 통화주의학파의 단기 *AS*곡선의 기울기가 케인지언의 그것보다 가파르다는 사실이다. 이는 통화주의학파가 노동자들을 케인지언보다 더 똑똑한 존재로 바라보기 때문이다.

05 새고전학파와 새케인지언의 장 · 단기 AS곡선의 형태를 요약하면 아래와 같이 정리된다.

1) 경제주체가 합리적 기대를 한다고 가정하는 것은 두 학파 모두 동일하다.

2) 새고전학파의 AS곡선은 장 · 단기를 불문하고 자연생산량(Y_N) 수준에서 수직선의 형태를 띤다. 물론 그들도 정부가 예측 불허의 비일관적 정책 집행으로 경제주체들의 합리적 기대를 교란시킬 경우에는 $P \neq P^e$를 야기함으로써 단기 AS곡선이 우상향할 수 있다.

3) 새케인지언의 경우는 합리적 기대를 가정함에도 불구하고 단기 AS곡선은 상품시장과 노동시장에서 상품가격과 임금의 경직성, 그리고 대부시장에서의 신용할당 등으로 우상향하지만 장기 AS곡선은 자연생산량(Y_N) 수준에서 수직선의 형태를 띤다.

제 10 장 소비이론과 투자이론

1. 소비이론

2. 투자이론

출처 : 공군 블랙이글스

2018. 4. 15. 서산 스페이스 챌린지 대회에서 축하비행을 마친 블랙이글스 조종사들이 서산기지 단장(☆)인 서민오 장군과 악수하고 있다. 서 장군도 과거 A-37B 항공기를 타고 에어쇼를 펼쳤던 역전의 블랙이글스 조종사였다. 그랬기에 블랙이글스에 대한 그의 애정과 관심은 누구보다 각별할 수밖에 없다. 자신의 두 손으로 후배 조종사들의 손을 감싸주는 모습에서 블랙이글스에 대한 그 마음의 일단을 엿볼 수 있다. **수험생 여러분들도 과거의 인연을 소중하게 여길 줄 아는 멋진 사람이었으면 좋겠습니다!**

우리는 지금까지 총수요를 언급하면서 그것의 구성항목인 소비지출과 투자수요에 대해 자세히 설명하지 않았다. 기껏해야 소비(C)는 절대소비(a)와 소득(Y) 또는 가처분소득($Y-T$)의 함수이고, 투자수요는 독립투자나 이자율의 감소함수라고만 언급했다. 그런데 경제학의 세계에는 이것보다 더 정교하고 복잡한 이론들이 존재한다. 총수요에 대한 정확한 이해를 위해서는 이들 소비이론과 투자이론에 대해 철저하게 학습할 필요가 있다.

1 소비이론

소비지출이 어떻게 결정되는가에 대해서는 여러 학설이 존재한다. 지금까지 우리가 학습한 소비함수의 형태는 케인즈의 절대소득가설이었다. 왜냐하면 소비함수로 $C=a+bY$와 $C=a+b(Y-T)$를 주로 취급했기 때문이다. 그런데 소비함수는 케인즈 이외에도 여러 학자들이 저마다 색다른 소비함수를 제시한 바 있다. 그 가운데서 대표적인 소비함수로 꼽을 수 있는 것은 앨버트 안도(A. Ando)와 프랑코 모딜리아니(F. Modigliani)의 생애주기가설, 밀턴 프리드만(M. Friedman)의 항상소득가설, 로버트 홀(R. Hall)의 임의보행가설, 제임스 듀젠베리(J. Duesenberry)의 상대소득가설 등이 있다.

1.1 케인즈의 절대소득가설(absolute income hypothesis)

1) 기본 전제

① 현재소비(current consumption)는 현재소득(current income)의 절대적 크기와 양(+)의 관계를 갖는다. 즉 현재소득이 증가하면 현재소비도 증가한다는 얘기다.

② 절대소득은 현재에 취득한 소득을 말한다. 절대소득은 과거의 소득이나 본인과 비교대상이 되는 타인의 소득과는 무관하다.

2) 절대소득가설의 핵심 내용

[그림 10-1] 케인즈의 절대소득가설

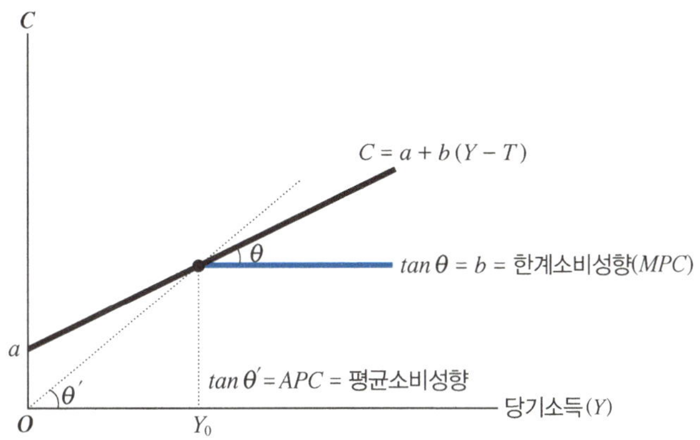

① 현재소득이 증가하면 할수록 평균소비성향(=APC)은 감소한다.

② [그림 10-1]을 통해 알 수 있듯이 평균소비성향(=APC ; $tan\,\theta'$)은 한계소비성향(=MPC ; $tan\,\theta$)보다 크다.

3) 정책적 시사점

① 케인즈는 현재소비가 현재소득에 의존한다고 보았다. 따라서 정부가 정액세를 감소하거나 세율 인하(비례세의 경우)정책을 실시하면 '가처분소득 증가 ⇒ 소비지출 증가 ⇒ 총수요 증가 ⇒ 균형 실질 GDP 증가'로 이어진다고 보았다.

② 그런 의미에서 케인즈는 정부의 세율이나 정액세의 인하(引下)조치와 같은 조세정책이 실질 GDP의 증대에 효과적이라고 주장했다.

보론 10-1 케인즈의 절대소득가설에 대한 쿠즈네츠의 이의 제기

㉮ 많은 경제학자들은 케인즈의 절대소득가설이 타당하다고 생각했지만 미국의 경제학자인 사이몬 쿠즈네츠(S. Kuznets)는 1869년부터 1929년 사이의 미국의 소득-소비에 대한 횡단면, 시계열, 경기변동 자료를 가지고 통계분석을 실시한 결과, 다음과 같은 새로운 사실을 발견했다.

[그림 10-2] 쿠즈네츠에 의해 새롭게 밝혀진 사실들

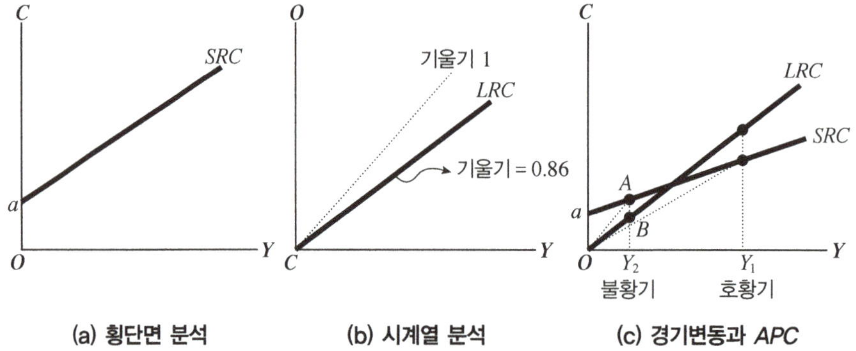

ⓐ 그 기간 동안 미국인의 소득계층별 횡단면분석을 시도한 결과, 케인즈의 절대소득가설과 일치하는 결과를 도출했다. 즉 [그림 10-2]의 (a) 그래프에 나타난 것처럼 단기소비함수(*SRC*)는 수직 절편(절대소비 *a*)를 갖고 우상향하는 직선임이 밝혀졌다.

ⓑ 또 시계열자료를 갖고 분석한 결과, 장기소비함수(*LRC*)는 원점을 통과하면서 그 기울기가 약 0.86인 직선임을 발견했다. 이는 [그림 10-2]의 (b) 그래프에 잘 나타나 있다.

ⓒ 그밖에도 경기변동과 평균소비성향(*APC*)에 대해 분석한 결과, 호황기에는 단기 *APC*가 장기 *APC*보다 작고, 불황기에는 단기 *APC*가 장기 *APC*보다 크다는 사실을 발견했다. 이는 [그림 10-2]의 (c) 그래프에서 보는 것처럼 단기소비함수인 *SRC*가 장기소비함수인 *LRC*를 위에서 아래로 교차하는 것을 의미한다.

㉯ 쿠즈네츠의 발견이 갖는 정책적 함의

ⓐ 케인즈의 절대소득가설은 단기에는 맞지만 장기적으로는 현실과 부합하지 않는다는 사실이다. 더욱이 케인즈의 절대소득가설은 경기변동에 따라 단기 *APC*와 장기 *APC*의 크기가 서로 다를 수 있다는 점을 간과했다.

ⓑ 이런 점에 의문을 품고 쿠즈네츠가 발견한 경험적 사실*들을 이론적으로 설명하는 과정에서 생애주기가설, 항상소득가설, 임의보행가설, 상대소득가설 등이 대두되었다.

ⓒ 그럼에도 불구하고 소비자들의 근시안적 행동, 유동성 제약, 미래의 불확실성을 해소하기 위한 예비적 저축과 완충 기금이 충분히 확보된다면 현재소비가 현재소득인 절대소득에 크게 의존할 수 있다는 점도 잊지 말아야 한다.

* 단기 *SRC*는 수직 절편을 갖고 우상향하는 직선이라는 사실과 장기 *LRC*는 원점을 통과하는 직선이라는 사실을 말한다.

1.2 안도와 모딜리아니의 생애주기가설

1) 기본 전제

① 전(全) 생애에 걸쳐 사용한 소비지출액의 현재 가치는 전(全) 생애 동안 취득할 수 있는 소득의 현재 가치를 초과할 수 없다.

② 소비(C)는 [그림 10-3]에서 보는 것처럼 전(全) 생애에 걸쳐 완만하게 증가하는 것으로 나타나지만 소득은 그렇지 못하다. 인생의 초년기와 말년기에는 돈(소득)을 벌기가 쉽지 않다. 그러나 중·장년기에는 소득수준이 높다. 따라서 초년기와 말년기에는 돈을 차입해서 소비하고, 중·장년기에는 미래소비를 위해 열심히 저축한다.

③ 중·장년기 동안 저축한 돈의 현재 가치는 초년기와 노년기에 차입한 돈의 현재 가치와 똑같아야 한다.

[그림 10-3] 안도와 모딜리아니의 생애주기가설

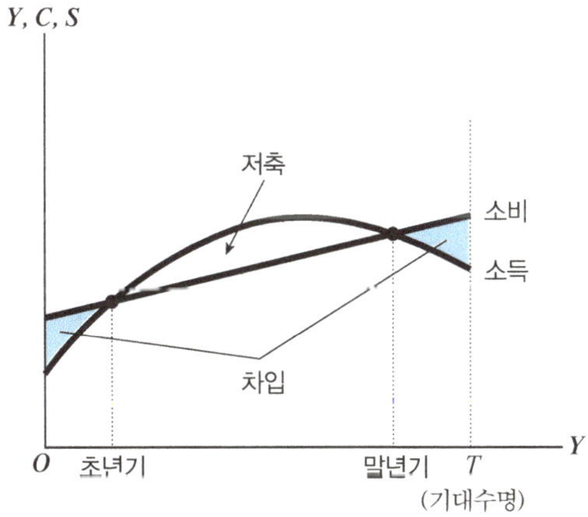

④ 경제주체들이 일생 동안 벌어들일 수 있을 것으로 기대되는 총소득은 자산소득과 임금소득의 합으로 정의된다. 즉 총소득(Y) = 자산소득(A) + 임금소득(W)이다. 그리고 t기의 소비(C_t)는 다음과 같은 선형함수로 정의된다.

$$C_t = aA_t + bW_t \quad \cdots\cdots\cdots ㉠$$

단, A_t : t기에 측정된, 일생 동안 벌어들일 것으로 기대되는 자산소득의 현재 가치, W_t : t기에 측정된, 일생 동안 벌어들일 것으로 기대되는 임금소득의 현재 가치, a : A_t에 대한 한계소비성향, b : W_t에 대한 한계소비성향

2) 생애주기가설의 핵심 내용

① [그림 10－3]을 보면 중 · 장년층은 왕성한 경제 활동으로 돈을 많이 벌어 저축을 하는 그룹이다. 초년층은 소득이 없는 관계로 부모에 의존해서 생활을 하는 시기이고 노년층은 중 · 장년기에 저축해놓은 돈으로 소비지출을 하는 시기라고 말할 수 있다.

② 여기서 우리가 도출할 수 있는 것은 고소득층(중 · 장년층)의 $APC(=\frac{C}{Y})$는 낮고 저소득층인 초년층과 노년층의 APC는 높다는 점이다. 이것이 시사하는 것은 [그림 10－4]에서 보는 것처럼 단기소비함수(SRC)가 수직 절편(절대소비 a)을 갖고 우상향한다는 사실이다. 이로써 생애주기가설을 통해 단기소비함수(SRC)의 존재를 증명한 셈이다.

[그림 10－4] 생애주기가설의 *SRC*곡선의 존재 증명

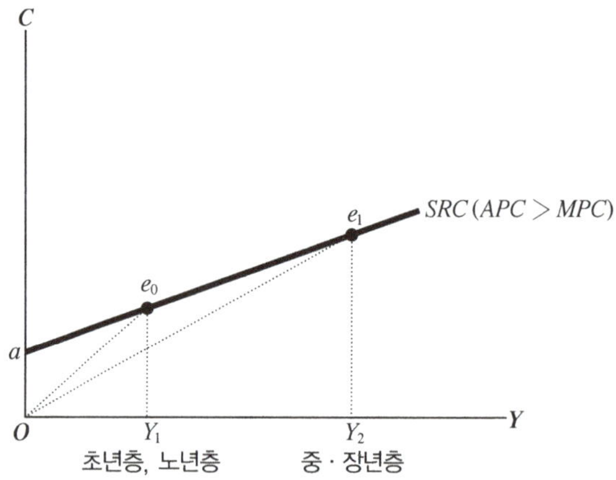

③ [그림 10－5]는 $C_t = aA_t + bW_t$의 관계를 나타내준다. 우선 OE_1은 자산소득을 의미하고 단기소비함수(SRC_1)의 기울기는 임금소득에 대한 한계소비성향(MPC)을 표시한다. 장기적인 관점에서 바라볼 때, 자산소득은 자산 가치의 상승에 힘입어 계속 커지게 된다. 그것은 [그림 10－5]에서 자산 가치가 $OE_1 \Rightarrow OE_2 \Rightarrow OE_3$로 이동한다는 것을 의미한다.

④ 이때 임금소득에 대한 한계소비성향(MPC)이 일정하다고 가정하면 자산소득이 $OE_1 \Rightarrow OE_2 \Rightarrow OE_3$로 이동함에 따라 SRC곡선도 $SRC_1 \Rightarrow SRC_2 \Rightarrow SRC_3$로 이동한다. 선진국 경제에서 실증 분석을 해본 결과, 장기적으로는 총소득에서 차지하는 자산소득과 임금소득의 비중이 일정하였다. 이것을 여기에 적용하면 다음과 같은 ㉡식을 얻을 수 있다.

$$평균소비성향(APC) = \frac{C_t}{Y_t} = a\frac{A_t}{Y_t} + b\frac{W_t}{Y_t} \cdots\cdots ㉡$$

장기적으로 ㉡식이 일정한 것은 $\frac{A_t}{Y_t}$와 $\frac{W_t}{Y_t}$가 일정하기 때문이다. 또 장기 평균소비성향(APC)이 일정하다는 것은 장기소비함수인 *LRC*가 [그림 10－5]에서 보는 바와 같이 원점을 지나간다는 것을 의미한다. 이로써 장기적으로 *APC* = *MPC*의 조건이 성립한다는 쿠즈네츠의 문제 제기에 대해 입증을 했다고 볼 수 있다.

[그림 10－5] 생애주기가설과 소비함수

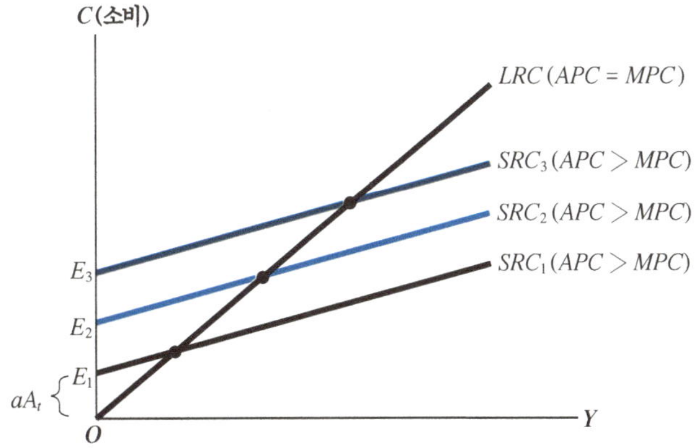

3) 생애주기가설의 정책적 시사점

① 생애주기가설은 곧이어 학습할 프리드만의 항상소득가설과 유사한 측면이 있다. 안도와 모딜리아니가 소비의 결정요인으로 **'장기기대소득'** 이란 개념을 사용했기 때문이다. 따라서 일시적인 세율 인하나 정액세 감소와 같은 정부의 단기 재정정책은 소비 증가에 별다른 영향을 미치지 못한다.

② **생애주기가설의 특징은 임금소득뿐 아니라 자산소득까지 포함시킴으로써 소비가 이자율의 감소함수라는 고전학파의 견해도 일부 수용했다는 점이다.** 그 근거는 다음과 같다. 즉 '이자율 상승 ⇒ 저축 증가(소비 감소) ⇒ 금융자산 증가' 로 이어지기 때문이다.

1.3 프리드만의 항상소득가설

1) 기본 전제

① 소비(C)는 케인즈가 말한 절대소득(현재소득)이 아니라 항상소득(Y^P)에 의존한다. 즉 $C = mY^P$이다. 여기서 m은 항상소득에 대한 한계소비성향(MPC)을 의미하며 그 크기는 $0 < m < 1$이다. 또 **항상소득**(permanent income)**이란 평생 동안 벌어들일 것으로 기대되는 장기적 평균소득을 말한다.**

② 실제소득(Y)은 항상소득(Y^P)과 임시소득(Y^T)의 합으로 정의된다. 즉 $Y = Y^P + Y^T$이다. 또 임시소득의 장기적 기대치인 $E[Y^T]$는 제로(0)다.

2) 항상소득가설의 핵심 내용

프리드만이 주장한 소비함수식은 아래와 같다.

$$C = mY^P \quad \cdots\cdots\cdots\cdots\cdots\cdots \text{㉠}$$

$$Y = Y^P + Y^T \quad \cdots\cdots\cdots\cdots\cdots\cdots \text{㉡}$$

from ㉡

$$Y^P = Y - Y^T \quad \cdots\cdots\cdots\cdots\cdots\cdots \text{㉢}$$

식 ㉢을 ㉠에 대입해서 재정리를 해주면

$$C = m(Y - Y^T) \quad \cdots\cdots\cdots\cdots\cdots\cdots \text{㉣이 도출된다.}$$

식 ㉣의 양변을 Y로 나눠주면

$$\frac{C}{Y} = m\left(1 - \frac{Y^T}{Y}\right) \quad \cdots\cdots\cdots\cdots\cdots\cdots \text{㉤이 된다.}$$

이는 달리 표현하면, 즉 $\frac{C}{Y} = APC$, $m = MPC$ 이므로

$$APC = MPC\left(1 - \frac{Y^T}{Y}\right) \quad \cdots\cdots\cdots\cdots\cdots\cdots \text{㉥이 된다.}$$

① 위의 ㉤식에서 볼 수 있듯이 호황기에는 임시소득(예 : 특별 보너스, 성과금, 잔업수당 등)이 많아서 $APC(=\frac{C}{Y})$가 낮고 불황기에는 임시소득이 적어서 $APC(=\frac{C}{Y})$가 높다. 이는 단기소비함수(SRC)가 수직 절편(절대소비 a)을 갖고 우상향하는 직선임을 시사한

다. [그림 10-6]의 (a) 그래프가 그것을 잘 보여준다.

② 임시소득에 대한 장기적 기대치는 제로(0)다. 즉 $\frac{Y^T}{Y}=0$이 된다. 따라서 위의 ㉥식을 통해 알 수 있듯이 장기적으로는 *APC*와 *MPC*가 동일하다. *APC*와 *MPC*가 동일하기 위해서는 장기소비함수가 원점을 지나는 직선이어야 한다. [그림 10-6]의 (b) 그래프가 그것을 입증해주고 있다.

[그림 10-6] 프리드만의 항상소득가설과 *SRC*, *LRC* 곡선의 존재

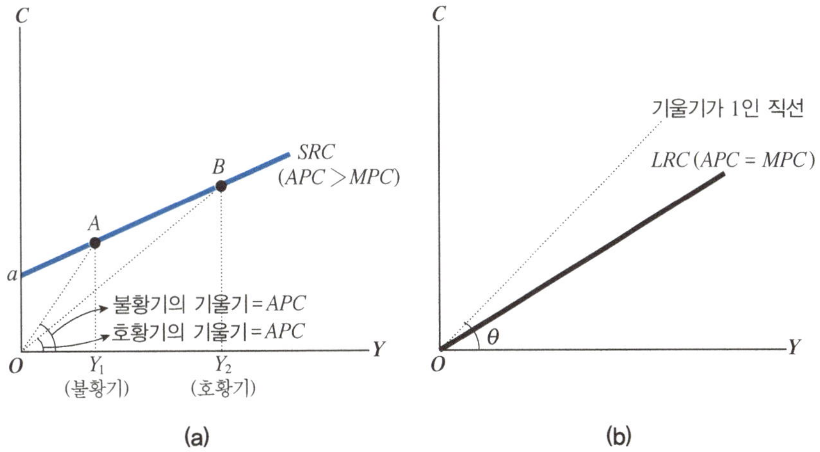

3) 항상소득가설의 정책적 시사점

① 프리드만의 항상소득가설에 따르면 케인즈가 매우 효과적이라고 강조한 정부의 단기 재정정책, 특히 조세정책은 무력해질 수밖에 없다. 정부가 재량적인 판단하에 세율이나 정액세 규모를 단기적으로 인하시킨다고 해도 그것은 어디까지 임시소득을 변화시킬 뿐 항상소득에는 영향을 미치지 못하기 때문이다.

② 정부가 세율이나 정액세의 인하를 통해 총수요에 영향을 미치려면 장기적인 관점에서 인하조치를 시도해야 한다. 그래야만 '장기적인 세율이나 정액세 인하 ⇒ 항상소득 증가 ⇒ 소비지출 증가 ⇒ 총수요 증가 ⇒ 균형 실질 GDP 증가' 로 이어지는 선순환적 경로를 밟을 수 있다.

③ 항상소득가설의 난제(難題)는 최적의 항상소득을 어떻게 측정할 것인가의 문제다. 이와 관련해서 하나의 대안으로 제시된 것은 과거의 경험에 의존하는 적응적 기대에 기초해서 항상소득을 측정하는 것이었다. 즉 $Y^P=\alpha Y_t+\beta Y_{t-1}+\gamma Y_{t-2}$(단, $\alpha+\beta+\gamma=1$, Y_t : t기의 소득, Y_{t-1} : $t-1$기의 소득, Y_{t-2} : $t-2$기의 소득을 의미). 물론 이에 대해서는 여

러 가지 이견과 비판이 제기될 수 있다.

1.4 홀의 임의보행가설

1) 미 스탠퍼드대 교수인 로버트 홀(R. Hall)은 프리드만의 항상소득가설과 합리적 기대를 결합해서 소비에 대한 새로운 시각을 제공해준 학자로 평가받고 있다.

① 홀은 합리적 기대를 하는 소비자가 항상소득가설에 의존해서 소비행위를 하는 경우, 취객이 임의보행(random walk)을 하는 것처럼 미래의 소비변화를 예측하기 어렵다고 주장했다. 이를 임의보행가설(random walk hypothesis ; RWH)이라고 말한다. 임의보행은 통계학 용어로서 '**술에 취한 사람은 어느 방향으로 갈지 아무도 모른다**'는 뜻이다. 홀은 이 개념을 소비함수에 적용시켜 '$C_{t+1} = C_t + \varepsilon_{t+1}$(단 C_{t+1} : $t+1$기의 소비, C_t : t기의 소비, ε_{t+1} : t기에는 알 수 없는 예측 오차)'와 같이 변하는 변수는 임의보행을 따른다고 정의했다.

② 홀이 주장한 임의보행가설의 핵심사항은 몇 개로 요약 정리할 수 있다.

㉠ 소비는 소비평준화가설에 따라 일정 수준을 유지한다.

㉡ 항상소득은 미래에 취득할 것으로 예상되는 장기평균소득을 말하며, 평준화된 소비수준은 항상소득의 크기에 따라 결정된다.

㉢ 경제주체는 항상소득을 예측하는 데 있어서 합리적 기대를 따른다. 또 최종적인 의사결정을 할 때, 언제나 최적화 원리에 따라 행동한다.

㉣ **현재의 가용 가능한 정보로 예측할 수 없는 일이 발생하지 않는 한, 소비수준은 일정하게 유지된다. 즉 $C_{t+1} = C_t$가 된다는 것이다. 하지만 현재의 정보로도 예측할 수 없는 일들이 발생하면 그때의 소비는 예측 오차만큼 변한다. 즉 $C_{t+1} = C_t + \varepsilon_{t+1}$가 된다**는 얘기다.

㉤ 따라서 이러한 예측 오차가 존재하는 한, 미래의 소비변화는 예측하기 힘들다.

③ 임의보행가설의 정책적 시사점

㉠ 경제주체가 합리적 기대를 형성하고 그에 따라 소비에 대한 최적의 의사결정을 한다면, 오로지 예측하지 못한 정책만이 소비수준의 변화를 야기할 수 있다.

㉡ 소비가 현재 가용 가능한 모든 정보를 활용하고도 예측할 수 없는 요인들에 의해서만 미래의 소비가 변화한다면 이는 소비의 변화를 예측할 수 없다는 얘기와 똑

같다. 따라서 소비는 임의보행의 특성을 지닌다.

ⓒ 미래의 소비변화를 예측하기 어려울 때, 미래의 소비에 대한 최적의 예측치는 바로 현재의 소비수준이다.

2) 항상소득가설과 임의보행가설을 상호 비교하면 〈표 10-1〉과 같이 요약된다. 참조하기 바란다. 또 이는 시험문제로 출제될 가능성이 있다. 따라서 독자들의 주의 깊은 학습이 요구된다. 관련 사항을 무조건 암기하려 들지 말고 의미 파악에 주력하길 기대한다.

표 10-1 항상소득가설과 임의보행가설의 상호 비교

소비이론 / 항목	항상소득가설	임의보행가설
1. 공통점	시점 간 자원배분모형 채택	시점 간 자원배분모형 채택
2. 소비함수	$C_t = \alpha Y_t^P$	$C_{t+1} = C_t + \varepsilon_{t+1}$
3. 기대방식	적응적 기대	합리적 기대
4. 확실/불확실	확실성 전제	불확실성 전제
5. 안정성 여부	안정적	불안정적
6. 장·단기 구분	구분	구분하지 않음
7. 정책효과의 전제	지속적인 정부정책	예측하기 힘든 정부정책

1.5 듀젠베리의 상대소득가설

1) 기본 전제

① 소비는 경제주체 본인의 현재소득은 물론 타인의 소득, 본인의 과거소득 등에 의해 결정된다. 상대소득가설이란 용어도 거기서 비롯된 것이다.

② 소비와 타인 소득 간의 관계는 소비 행동의 상호 연관성에 의해 설명된다. 듀젠베리는 이런 소비 행동의 상호의존관계를 **전시효과**(demonstration effect)라고 말했다.

③ 소비와 과거소득의 관계는 소비 행동의 비가역성(非可逆性, irreversibility)으로 설명된다. 듀젠베리는 이처럼 현재소비가 과거의 최고소비나 최고소득으로부터 영향을 받는 현상을 **톱니효과**(ratchet effect)라고 정의했다.

2) 상대소득가설의 핵심 내용

① [그림 10-7]을 통해 우리는 양(+)의 수직 절편을 지나며 우상향하는 단기소비함수

(SRC)의 존재를 증명할 수 있다. 경제주체들은 자신의 현재소득뿐만 아니라 함께 살아가는 이웃 주민들의 소득수준에 의해서도 영향을 받는다.

[그림 10-7]에서 어느 경제주체의 소득수준이 Y_2라면 그는 B수준의 소비를 하고, 소득수준이 Y_1이라면 그는 A수준의 소비를 할 것이다. 그런데 이웃 주민들의 평균소득이 Y_2일 때, 그의 소득수준이 Y_1이라면 그는 자신의 소비수준을 A로 하지 않고 F로 한다. 자신의 체면 유지를 위해서다. 마찬가지로 그의 소득수준이 Y_3라면 그는 소비수준을 D로 하지 않고 G로 한다. 구태여 소비수준을 D까지 높이지 않더라도 체면 유지에 큰 문제가 없기 때문이다. 따라서 F, B, G를 연결하면 SRC_2가 도출된다.

이런 논리대로 이웃 주민들의 평균소득이 Y_2일 경우에는 경제주체는 SRC_2에 따라서 소비수준을 결정하고 이웃 주민들의 평균소득이 Y_1, Y_3일 경우에는 SRC_1, SRC_3에 따라 소비수준을 결정할 것이다. 그런 근거에서 SRC_1, SRC_2, SRC_3의 존재를 확인할 수 있다. 물론 이때는 $APC > MPC$의 조건이 충족된다.

[그림 10-7] 상대소득가설, 그리고 전시효과와 톱니효과

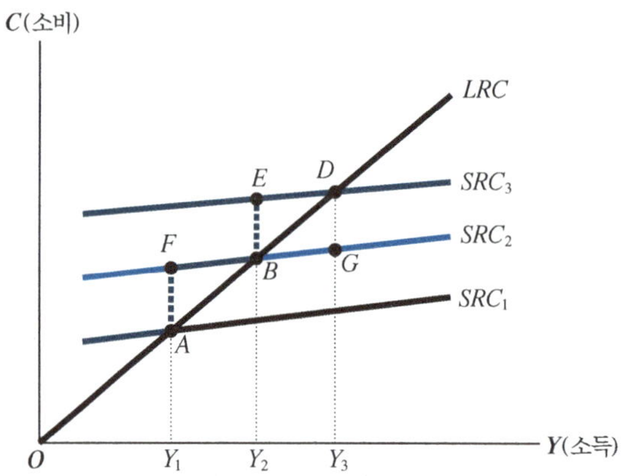

② 장기적으로 이웃 주민들의 평균소득이 Y_1, Y_2, Y_3로 증가하면 경제주체들의 소비수준도 A, B, D점으로 결정된다. 이러한 점들을 연결하면 원점에서 출발하는 장기소비함수(LRC)를 도출할 수 있다. 원점에서 출발하는 직선 형태의 LRC이기에 평균소비성향(APC)과 한계소비성향(MPC)은 같게 된다. 즉 $APC = MPC$이다.

③ 앞에서 언급한 톱니효과는 이러한 장·단기 소비함수로부터 설명될 수 있다. [그림 10-7]에서 어느 경제주체의 소득수준이 Y_3에서 Y_2로 줄어든다면 그는 자신의 소비수준을 곧바로 D점에서 B점으로 낮추지 않고 과거에 소비하던 습관 때문에 SRC_3를 따

라 우선 E점에 머물다가 나중에 가서야 B점으로 조정한다. 비슷한 논리로 소득수준이 Y_2에서 Y_1으로 줄어들면 소비수준은 $B \Rightarrow F \Rightarrow A$의 경로를 밟는다. 이것을 모두 연결해보면 마치 톱날의 모양과 비슷하기에 톱니효과라고 명명했던 것이다.

3) 상대소득가설의 정책적 시사점

① 경제주체들이 보인 소비 행동의 상호 의존성과 비가역성 등 현실의 소비에서 일어날 수 있는 개연성이 높은 현상을 이론화시킨 점은 높이 평가받을 만하다.

② 하지만 상대소득가설에서 언급된 경제주체가 과연 합리적인 소비자인가? 또 소득이 증가할 때도 과연 톱니효과가 나타날 것인가에 대해서는 고민해볼 여지가 있다.

1.6 소비함수론에 대한 요약 및 정리

1) 소비를 결정하는 핵심요인

① 케인즈의 절대소득가설 : 현재소득

② 안도, 모딜리아니의 생애주기가설 : 생애 동안 벌어들일 수 있는 자산소득과 임금소득의 현재 가치

③ 프리드만의 항상소득가설, 홀의 임의보행가설 : 항상소득

④ 뉴젠베리의 상대소득가설 : 경제주체 본인의 현재소득, 과거 최고소득, 타인소득

2) 생애주기기설, 항상소득가설, 상대소득가설의 공통점

① 현재의 소비가 반드시 현재소득에만 의존하지 않는다. 여러 관련 소득들의 영향을 받을 수 있음에 유의해야 한다. 따라서 일시적인 세율 인하 등의 변화를 통한 정부의 단기 재정정책은 소비변화는 물론 총수요의 관리에 별다른 영향을 미치지 못한다.

② 단기에는 양(+)의 수직절편을 갖고 우상향하는 SRC가 존재한다. 이때는 $APC > MPC$이다. 하지만 장기적으로는 원점을 지나면서 우상향하는 LRC가 존재한다. 이때는 $APC = MPC$이다.

③ 쿠즈네츠는 케인즈의 절대소득가설에 대한 이의 제기를 통해 소비함수의 질적 내용을 한 차례 업그레이드시켰다는 평가를 받고 있다.

3) 생애주기기설, 항상소득가설, 상대소득가설의 현실 적용 가능성에 대한 시사점

① **듀젠베리의 상대소득가설은 전시효과와 과소비 현상이 심하게 대두되는 개발도상국의 소비 행태를 설명하는 데 유효한 설명도구가 될 수 있다.**

② 일부 경제학자들은 서구 선진국들의 소비 행태를 생애주기가설과 항상소득가설을 통합한 소비함수, 즉 $C_t = aA_t + mY_t^P$로 설명하곤 한다. 그런데 생애주기가설과 항상소득가설은 미래소득을 담보로 차입할 수 있다는 것을 전제로 한다. 하지만 미래소득을 담보로 차입할 수 없는 경제주체, 즉 부(富), 재능, 업(業, core competence) 등이 없는 사람들도 꽤 많이 존재한다. 미래소득을 담보로 차입할 수 없는 현상을 우리는 '**유동성 제한**(liquidity constraint)' 이라고 말한다. 이런 문제에 직면한 경제주체들의 소비 행태를 설명하는 데는 오히려 케인즈의 절대소득가설이 더 적합할 수도 있다.

보론 10-2 소비함수의 미시적 기초 : 피셔의 기간간 선택이론

㉮ 케인즈의 절대소득가설에 대해 동태적인 기간간 선택(intertemporal choice)의 문제로 소비행위를 설명한 최초의 경제학자는 어빙 피셔(I. Fisher)였다. 그는 소비자가 예산제약 하에서 효용극대화를 추구하는 합리적인 경제주체라고 생각하고, 현재소비를 결정할 때 미래의 상황까지 고려하는 경우를 분석했다. 논의의 편의를 위해 소비자는 현재(1기)와 미래(2기)라는 두 기간 동안의 생애를 가지며 조세는 0이라고 가정한다. 또 소비자가 1기와 2기에 취득하는 소득과 소비는 각각 Y_1, Y_2, C_1, C_2라고 가정한다.

ⓐ 이때 소비자가 직면한 1기와 2기의 기간간 예산제약식은 다음과 같이 정의된다.

$$\text{기간간 예산제약조건} : C_1 + \frac{C_2}{1+r} = Y_1 + \frac{Y_2}{1+r} \quad \cdots\cdots ㉠$$

㉠식의 좌변은 전 생애(1기, 2기)에 걸친 소비의 현재 가치를 의미하고 우변은 전 생애에 걸친 소득의 현재 가치를 말한다. 또 미래의 소비(C_2)와 미래의 소득(Y_2)을 현재 가치로 바꿔주기 위해서는 현재가치법에 따라 $\frac{1}{(1+r)}$로 할인해주어야 한다.

ⓑ 전 생애에 걸친 최적 소비점을 도출하기 위해서는 소비자의 선호체계에 대한 정보를 알아야 한다. 소비자가 추구하는 것은 효용극대화이며, 이때 소비자의 효용함수는 ㉡식으로 정의된다. 여기서 U는 소비자가 C_1, C_2의 소비를 통해 얻을 수 있는 효용의 크기를 의미한다. 또 이것은 무차별곡선에 의해서 시현될 수 있다.

$$U = F(C_1, C_2) \quad \cdots\cdots ㉡$$

ⓒ 소비자의 최적 소비점은 ㉠식의 예산제약하에서 ㉡식의 극대화를 추구한 결과로서 도출된다. 이를 정리한 것이 [그림 10-8]이다.

[그림 10-8] 소비자의 최적 소비 선택

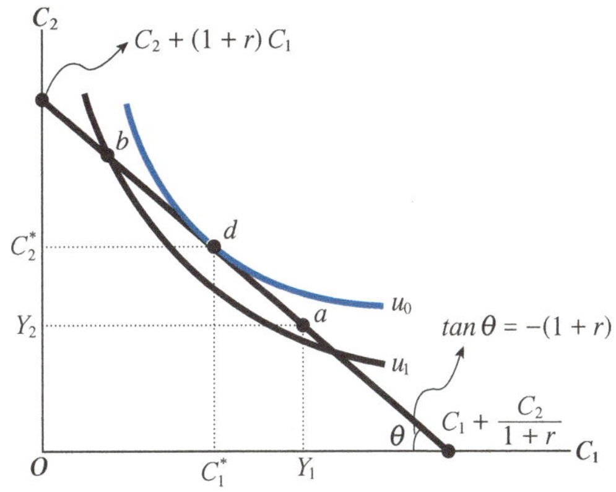

[그림 10-8]에서 소비자의 최적 소비 선택점은 기간간 예산제약선과 무차별곡선 U_0가 만나는 d점에서 결정된다. 이때 소비자의 효용극대화를 충족시키는 1기와 2기 소비는 각각 C_1^*, C_2^*로 정의된다. 소비자는 1기에 $(Y_1 - C_1^*)$를 저축해서 2기의 소비에 충당한다. 따라서 C_2^*는 $C_2^* = Y_2 + (Y_1 - C_1^*)(1+r)$로 정의된다. 참고로 기간간 예산제약식의 기울기는 $-(1+r)$이다. 또한 무차별곡선의 기울기는 한계대체율(MRS)이므로 d점에서는 $MRS = (1+r)$의 조건이 충족된다.

㉯ 현재소득이나 미래소득이 증가하면 소비자의 최적 소비점은 어떻게 변할까?

[그림 10-9] 현재소득의 증가와 소비자의 최적 소비 변화

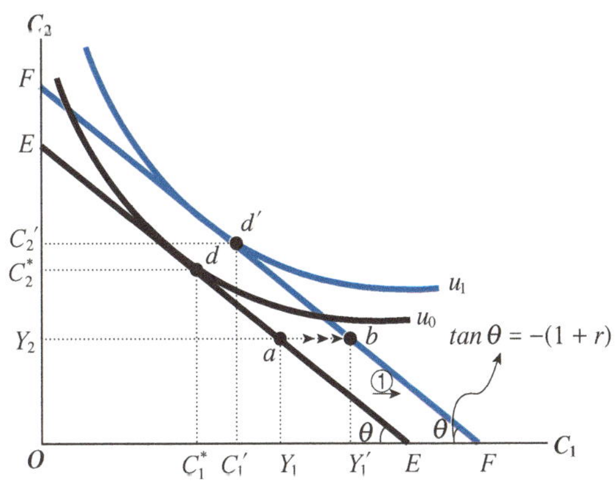

현재소득이 Y_1에서 Y_1'로 증가하면 기간간 예산제약선은 EE에서 FF로 변하게 된다. 소득만

변했기 때문에 기간간 예산제약선의 기울기인 $-(1+r)$은 그대로다. 이때 소비자의 효용극대화를 충족시키는 새로운 균형점은 d'점이며 소비자의 1기와 2기에 대한 최적 소비는 각각 C_1', C_2'이다. 이때 $C_1' > C_1^*$, $C_2' > C_2^*$가 성립한다. 이처럼 소득이 변화할 때 소비가 변하는 효과를 **소득효과**라고 정의한다. 또 소득이 증가할 때, 소비가 증가하는 재화는 정상재다. [그림 10－9]에서는 현재소득이 증가할 때 1기 소비와 2기 소비가 모두 증가하는 것으로 나타났다. 그런 의미에서 현재소비와 미래소비 모두 정상재라고 말할 수 있다. 이러한 결과는 미래소득이 증가하는 경우에도 똑같다. 이에 대해서는 독자들의 자율학습에 맡기고자 한다.

여기서 케인즈의 절대소득가설과 기간간 선택이론의 차이점을 도출할 수 있다. 케인즈의 경우 현재소비는 전적으로 현재소득의 크기에 따라 결정되지만 기간간 선택이론은 현재소비가 현재소득은 물론 미래소득에 의해서도 영향을 받는다는 사실이다.

㈐ 이자율이 변할 때, 소비자의 최적 소비 선택점은 어떻게 변화할까?

소비자의 최적 소비는 현재소득과 미래소득의 변화뿐 아니라 이자율이 변하는 경우에도 달라지게 된다. 이자율이 변하면 기간간 예산제약선의 기울기 자체가 달라진다. 따라서 현재소득이나 미래소득만 변하는 경우보다 분석이 디소 복잡해진다. 이자율은 현재소비와 미래소비 간의 상대가격이다. 따라서 이자율이 변하는 경우는 '**가격효과 = 대체효과 + 소득효과**'로 구분해서 체계적으로 분석해야 한다. 특히 여기서는 소비자가 1기에 양(+)의 저축을 하는 경우와 음(−)의 저축을 하는 경우로 구분해서 그들 각각의 특성과 결과에 대해 자세히 살펴보기로 한다. 이 부분이 시험문제로 출제될 경우는 꽤 어려운 문항이 될 수 있다. 따라서 독자들은 이 부분을 세밀하게 읽어주길 기대한다.

ⓐ 소비자가 1기에 양(+)의 저축을 하고, 이자율(r)이 인상될 경우

[그림 10－10] 이자율의 변화와 소비자 최적 소비의 변화 (1)

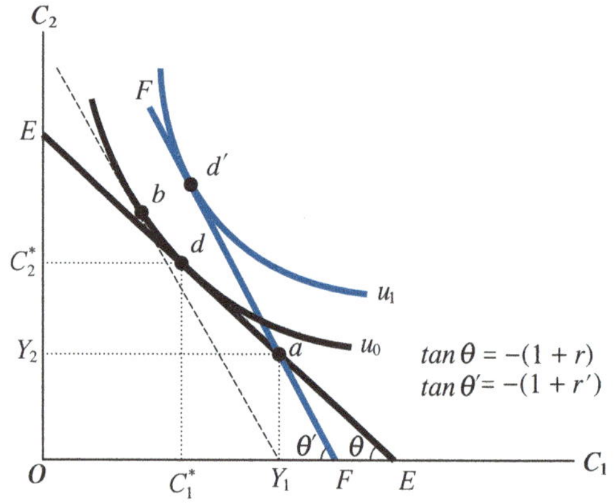

[그림 10－10]에서 1기와 2기의 소득수준은 a점에서 (Y_1, Y_2)로 주어졌다. 또 이때의 기

간간 예산제약선은 EE이며 소비자의 최적 소비점은 무차별곡선 U_0와 기간간 예산제약선이 접하는 d점에서 1기와 2기의 최적 소비량이 각각 C_1^*, C_2^*로 결정된다. 1기에 소비자는 $(Y_1 - C_1^*)$만큼 저축해서 2기의 소비에 충당한다.

이제 이자율이 r에서 r'로 인상되었다고 가정하자. 이자율이 인상되면 a점을 중심으로 기간간 예산제약선이 EE에서 FF로 변하게 된다. 즉 기울기가 $-(1+r)$에서 $-(1+r')$로 가파르게 된다. 그 이유는 이자율의 인상으로 기간간 예산제약선이 C_1축과 만나는 점이 OE에서 OF로 줄어들기 때문이다. 참고로 OE는 $C_1 + \frac{C_2}{(1+r)}$이고 OF는 $C_1 + \frac{C_2}{(1+r')}$이다. 그런데 $r' > r$이므로 OF는 OE보다 작게 된다.

한편, 이자율 인상으로 기간간 예산제약선이 FF로 이동하면, 소비자의 최적 소비점은 d'점에서 결정된다. 이때 dd'는 가격효과의 크기로서 그래프에 명시적으로 나타내지는 않았지만 1기 소비수준인 C_1^*보다 약간 크게 나타난다. 즉 가격효과가 0보다 크다는 얘기다. 이 가격효과는 대체효과와 소득효과로 분리된다. **대체효과는 이자율이 인상되면 미래소비가 상대적으로 저렴해지기 때문에 현재소비를 줄이고 미래소비를 늘리려는 효과를 의미한다.** [그림 10-10]에서 대체효과는 d점에서 b점으로 이동하는 효과로서 음(−)의 크기를 갖는다.

한편, 소득효과에 대해 살펴보자. 이자율 인상은 동일한 저축을 하더라도 미래소득을 늘리는 효과를 갖기 때문에 현재소비를 늘리려는 효과를 말한다. 소득효과는 b점에서 d'점으로의 이동 폭으로 정의되며 양(+)의 크기를 갖는다. [그림 10-10]에서 소득효과는 1기와 2기의 소비수준을 모두 증가시켜준다. 지금까지의 논의를 종합하면 이자율 인상에 따른 양(+)의 가격효과는 음(−)의 대체효과와 양(+)의 소득효과의 합으로 정의된다. 그 내용은 다음과 같이 정리할 수 있다.

$$\text{가격효과}(+\,;=dd') > 0 \Rightarrow \text{소득효과}(+\,;=bd') > \text{대체효과}(-\,;=db)$$

ⓑ 소비자가 1기에 음(−)의 저축을 하고, 이자율(r)이 인상될 경우

[그림 10-11]은 1기에 음(−)의 저축, 즉 1기의 소득보다 소비수준이 더 큰 경우에 이 자율 인상이 소비자의 최적 소비변화에 미치는 효과를 잘 보여준다. 이자율이 인상되기 이전에 소비자의 최적 소비점은 무차별곡선 U_0와 기간간 예산제약선 EE가 접하는 d점에서 결정되었다. d점에서 1기와 2기의 최적 소비수준은 각각 C_1^*, C_2^*였다. 특히 1기 소득 Y_1은 1기의 소비수준인 C_1^*보다 적기 때문에 2기 소득을 담보로 차입해서 1기의 소비를 늘렸다고 볼 수 있다.

이때 이자율이 r에서 r'로 인상하면 기간간 예산제약선 EE는 FF로 변하고 그에 따라 소비자의 최적 소비점도 변하게 된다. [그림 10-11]에서 이자율의 인상에 따른 소비자의

최적 소비점은 d'점이다. 여기서 가격효과(= dd')는 음(−)의 크기로 나타난다. 즉 이자율의 상승으로 1기의 소비수준이 감소된다. 대체효과(= db) 역시 음(−)의 크기를 갖는다. 이는 이자율 상승으로 1기 소비에 대한 기회비용이 증가했기 때문이다. 이제 소득효과를 분석해보자. 1기에 소비자는 음(−)의 저축, 즉 차입을 통해 1기 소비를 늘렸다. 그런데 이자율이 인상되면 2기에 보다 많은 이자를 지불해야 하기 때문에 소득이 줄어드는 효과가 발생한다. 그 결과 1기, 2기의 소비를 모두 줄여나간다. [그림 10−11]에서 bd'가 음(−)의 소득효과를 나타낸다. 여기서 우리는 다음과 같은 결론을 도출할 수 있다. 즉 **'소비자가 1기에 음(−)의 저축을 할 때, 이자율이 인상하면 1기 소비는 항상 감소한다'**는 사실이다.

[그림 10−11] 이자율의 변화와 소비자 최적 소비의 변화 (2)

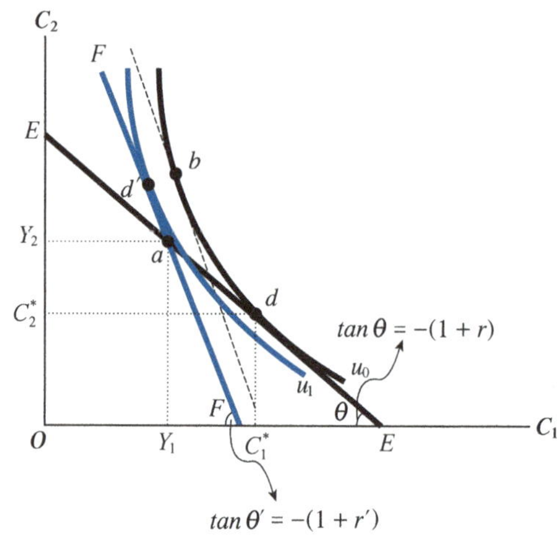

❷ 투자이론

투자함수란 투자수요(이하 투자)와 투자결정요인 간에 존재하는 일련의 함수관계를 의미한다. 지금까지 우리는 케인즈 단순모형을 통해 다른 경제변수(예 : 소득, 소비, 이자율 등)들과 무관하게 결정되는 독립투자를 학습한 바 있다. 그런데 현실은 독립투자만 존재하는 게 아니다. 또 투자가 이자율에 의해서만 영향을 받는 것도 아니다. 투자의 한계효율, 미래의 기대수익, 유동성 또는 현금흐름(cash flow), 조세(법인세, 투자세액공제), 자금 조달의 한계비용, 실질임대료, 주식

시세의 변동도 투자 결정에 큰 영향을 미친다.

본 절에서는 경제학계에서 대표적인 투자결정이론으로 언급되는 몇몇 투자이론을 중점적으로 살펴보고자 한다. 미래의 기대수익에 따른 투자결정이론, 가속도원리, 신고전학파의 투자결정이론, 토빈의 q이론 등이 그것이다.

투자는 크게 고정투자와 재고투자[1]로 구분된다. 고정투자는 건설물과 생산자내구재로 세분된다. 건설물은 주거용 건물, 비(非)주거용건물, 기타 구조물 및 공작물을 포괄하는 개념이다. 생산자내구재는 각종 기계, 공구, 운수설비 등을 일컫는 말이다. 참고로 고정투자는 국내총고정자본형성이라고도 부른다. 또 고정투자는 신투자와 대체투자로 구분하기도 한다. 대체투자란 생산과정에서 마모되는 자본재를 보전하는 데 충당하는 투자로서 감가 상각 또는 고정자본소모라고 한다. 신투자는 국내총고정자본형성에서 대체투자를 제외한 것을 말한다. 이하에서 다루는 투자이론은 모두 신투자가 어떻게 결정되는가를 분석한다는 점에 유념해주길 바란다.

2.1 미래의 기대수익과 투자의 결정

1) 고전학파의 현재가치법(present value method ; PV법)

① 현재가치법은 미국의 고전학파 경제학자인 어빙 피셔(I. Fisher)가 제시한 투자이론이다. 그것은 현재의 투자비용(I)과 투자로 인해 발생할 것으로 기대되는 미래 기대수익의 현재 가치(PV)를 비교해서 투자의 실행 여부를 판단하는 투자결정이론이다.

② 현재의 투자비용을 I라 하고, 투자로 인해 발생할 것으로 예상되는 미래 기대수익의 현재 가치를 PV라고 상정하자.

$$PV = \frac{R_1}{(1+r)} + \frac{R_2}{(1+r)^2} + \cdots\cdots + \frac{R_n}{(1+r)^n} + \quad \cdots\cdots \text{㉠}$$

여기서 R : 투자로 인해 n년 동안 발생할 것으로 예상되는 미래의 기대수익, r : 연이자율이며 n년 동안 불변이라고 가정한다.

③ 만약 PV가 I보다 크다면, 즉 $PV > I$이면 기업은 투자를 실행할 것이고, PV가 I보다 작다면 기업은 투자를 포기할 것이다.

1. 재고투자는 기말(期末)의 생산물재고가 기초(期初)에 비해 증가한 액수를 의미한다.

④ 위 ㉠식과 이자율(r)을 연관시키면 다음과 같은 논리를 도출할 수 있다. 즉 '이자율(r) 하락 ⇒ PV값 상승 ⇒ $PV > I$ 가능성 증가 ⇒ 투자 증대' 로 이어진다. 따라서 우리는 다음과 같은 투자함수를 도출할 수 있다.

$$I^D = I = I(r),\ \text{단}\ I' = \frac{\Delta I}{\Delta r} < 0$$

2) 케인즈의 내부수익률법(internal rate of return method ; IRR법)

① 내부수익률법은 투자의 한계효율(marginal efficiency of investment ; MEI)과 이자율에 의해 투자가 결정된다는 케인즈의 투자결정이론이다. 또 투자의 한계효율은 투자에 따른 미래 기대수익의 현재 가치와 투자비용(I)을 일치시켜주는 할인율을 의미한다. 그 할인율이 바로 내부수익률이다. 그런 의미에서 투자의 한계효율은 투자자의 심리적 및 주관적인 수익률이라고 볼 수 있다. 이제 투자비용을 I라 하고 투자로 인해 n년도까지 발생할 것으로 예상되는 미래의 기대수익을 $R_1, R_2, R_3, \cdots\cdots R_{n-1}, R_n$이라고 할 때, ㉡식을 충족시켜주는 할인율($m$)이 바로 투자의 한계효율이다.

$$I = \frac{R_1}{(1+m)} + \frac{R_2}{(1+m)^2} + \frac{R_3}{(1+m)^3} \cdots\cdots + \frac{R_n}{(1+m)^n} \quad \cdots\cdots\cdots\cdots\cdots\cdots\cdots\ ㉡$$

② 위의 ㉠식과 ㉡식을 통해 다음과 같은 투자기준을 설정할 수 있다.

만약 $m > r \Rightarrow PV > I \Rightarrow$ 투자를 실행한다!

만약 $m < r \Rightarrow PV < I \Rightarrow$ 투자를 포기한다!

③ 내부수익률법은 투자에 따른 미래 기대수익의 순현재가치(net present value ; NPV)로도 설명이 가능하다. 미래 기대수익의 순현재가치는 '$NPV = PV - I$' 로 정의된다.

[그림 10-12] 미래 기대수익의 순현재가치(NPV)와 투자 결정

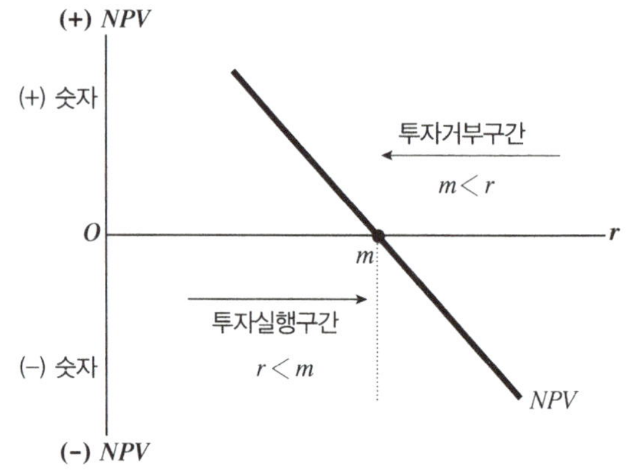

④ **투자의 한계효율(m)은 미래 기대수익의 순현재가치(NPV)를 0으로 만드는 할인율인 동시에 투자자인 기업가의 주관적인 수익률**이다. [그림 10-12]에서 $m=r$일 때 NPV는 제로(0)가 된다. 또 m이 r보다 크면 NPV가 0보다 크고, m이 r보다 작으면 NPV는 0보다 작다. 그런데 기업가는 NPV가 0보다 큰 경우에만 투자를 실행한다. 따라서 기업가가 투자를 실행하기 위한 전제조건은 m이 r보다 커야 한다는 사실이다.

⑤ 내부수익률법에서도 투자는 이자율의 감소(-)함수라는 결론을 암묵적으로 도출할 수 있다. 그런데 케인즈의 투자결정이론에서는 투자가 객관적 지표인 이자율보다는 기업가의 주관적 기대나 동물적 감각에 의해 결정된다는 점에서 어빙 피셔가 제시한 투자의 현재가치법과 확연하게 차별된다.

3) 현재가치법과 내부수익률법의 상호 비교

① 현재가치법과 내부수익률법의 공통점은 투자가 미래의 기대수익에 의존하며 이자율의 감소(-)함수라는 사실이다.

② 하나의 투자 대상에 대한 투자의 실행 여부를 결정할 때는 현재가치법이나 내부수익률법이 모두 동일한 결론에 도달한다. 하지만 여러 개의 투자 대상 가운데 어느 것에 투자를 할 것인지를 결정하거나 2개 이상의 NPV곡선이 서로 교차하는 경우에는 현재가치법이 내부수익률법보다 더 타당한 기준이 된다. 그 이유를 밝혀보도록 하자.

[그림 10-13] 현재가치법과 내부수익률법의 비교

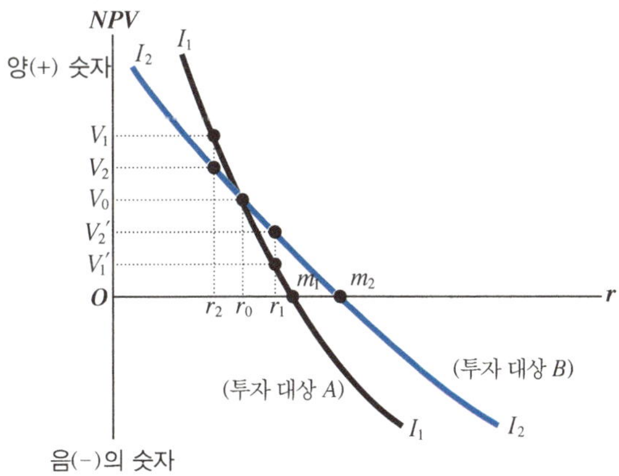

③ [그림 10-13]은 투자 대상 $A(I_1I_1)$와 $B(I_2I_2)$의 NPV곡선을 나타낸다. 투자 대상 A와 B의 NPV를 제로(0)로 만들어주는 투자의 한계효율(m)은 각각 m_1, m_2이다. 내부수익률법은 m이 클수록 유리한 투자 대상이기 때문에 투자 대상 B를 A보다 선호할 것이

다. 그런데 이런 결정은 이자율이 r_0 이상인 경우에 한해서다. 일례로 이자율이 r_1인 경우에는 투자 대상 B의 NPV가 V_2'로서 투자 대상 A의 NPV인 V_1'보다 크다. 그런데 이자율이 r_2인 경우에는 투자 대상 A의 NPV는 V_1이고 투자 대상 B의 NPV는 V_2이다. 이때는 투자 대상 A가 B보다 유리하다. 따라서 이자율이 r_2일 때는 단순히 투자의 한계효율(m)이 크다는 이유로 투자 대상 B를 선택하면 곤란하다.

2.2 가속도원리와 투자의 결정

1) 가속도원리에 대한 정의

① 경제학에서는 소비나 소득의 작은 변화가 커다란 유발투자를 초래한다는 것을 가속도원리(acceleration principle)라고 정의한다. 또 가속도원리가 발생하게 되는 근본적인 이유는 **자본재의 불가분성** 때문이다.

② 일례로 옷 만드는 기계를 상정해 보자. 기계 1대가 한 달에 최대로 생산할 수 있는 옷의 양이 10,000벌이라고 하자. 그런데 유행에 맞는 옷을 적기(適期)에 생산한 탓에 소비자들의 옷 구매가 11,000벌로 증가했다고 하자. 즉 옷의 소비량이 10% 증가한 것이다. 그런데 옷 1,000벌의 추가적인 생산을 위해 기계를 1/10대로 쪼개서 구입할 수는 없다. 자본재의 불가분성 때문이다. 따라서 기계를 추가로 1대 더 구입해야 한다. 그런데 이러한 기계 구입이 유발투자다. 결국 기계 1대를 추가로 구매함으로써 유발투자는 100%가 이루어진 셈이다. 즉 10%의 소비 증가가 100%의 유발투자를 증대시킨 것이다. 경제학에서는 이러한 현상을 가속도원리라고 말한다.

③ 가속도원리는 소비의 변동과 유발투자 간의 관계를 나타내기도 하고 소득의 변화 ⇒ 소비의 변화 ⇒ 유발투자의 변화로 정의하기도 한다. 경제학은 전자(前者)를 고전적 가속도원리, 후자(後者)를 근대적 가속도원리라고 정의한다.

2) 고전적 가속도원리

① 고전적 가속도원리를 주장한 대표적인 경제학자는 아프딸리옹(A. Aftalion), 클라크(J.M. Clark), 피구(A.C. Pigou) 등이다.

② 소비 변동이 유발투자를 초래한다는 고전적 가속도원리는 다음의 ㉠식으로 요약된다.

$$I_t = \beta \Delta C_t = \beta (C_t - C_{t-1}) \cdots\cdots ㉠$$

단, I_t : t기의 유발투자, β : 고전적 가속도계수, ΔC_t : t기의 소비변동분

3) 근대적 가속도원리

① 근대적 가속도원리를 주장한 경제학자는 사무엘슨(P.A. Samuelson)이다.

② 근대적 가속도원리는 고전적 가속도원리를 한 단계 발전시킨 이론으로서 유발투자는 소득의 변동과 소비의 변동을 거쳐 이루어진다.

③ t기의 소비(C_t)는 $t-1$기의 소득(Y_{t-1})에 의존한다고 가정한다. 즉 $C_t = \alpha Y_{t-1}$, $C_{t-1} = \alpha Y_{t-2}$이고 α는 한계소비성향이며 α값은 0과 1 사이에 있다. 즉 $0 < \alpha < 1$이다.

④ ③의 내용을 ㉠식에 대입하면 근대적 가속도원리인 ㉡식이 도출된다.

$$I_t = \beta \Delta C_t = \beta (C_t - C_{t-1}) = \beta (\alpha Y_{t-1} - \alpha Y_{t-2}) = \alpha\beta (Y_{t-1} - Y_{t-2}) \cdots\cdots ㉡$$

단, $\alpha\beta$: 근대적 가속도 계수

⑤ ㉡식을 통해 우리는 α(한계소비성향) 값이 클수록, 고전적 가속도계수인 β가 클수록, 또 소득의 변동분($Y_{t-1} - Y_{t-2}$)이 클수록 유발투자가 크게 증가한다는 것을 확인할 수 있다.

4) 가속도원리에 대한 평가와 한계

① **가속도원리의 매력 포인트는 유발투자의 변화율이 소비나 소득의 변화율보다 매우 큰 현실의 경기변동을 매끄럽게 설명해준다는 점이다.**

② 그럼에도 불구하고 가속도원리에는 이론적 한계가 존재한다. 첫째는 기존 생산시설의 100% 가동을 전제로 한다는 점이다. 이는 비현실적인 가정이다. 현실에서는 그렇지 않은 경우가 대부분이기 때문이다. 둘째는 가속도계수 β, $\alpha\beta$가 일정하다고 가정한다는 점이다. 가속도계수는 경기변동의 상태에 따라 얼마든지 달라질 수 있다. 그런데도 그것이 일정하다고 가정하는 것은 문제가 아닐 수 없다.

2.3 신고전학파와 투자의 결정[2]

1) 이론의 특성 및 전제조건

① 고정투자의 결정원리를 규명하는 이론으로서 자본재를 투입해서 생산하는 기업의 수익과 비용을 분석함으로써 최적 자본량을 산출하고 그를 통해 투자가 이루어지는 과정을 잘 보여준다.

② 기업에는 두 종류가 존재한다. 하나는 미시경제학의 생산자이론에서 다뤘던 전형적인 생산기업이고, 다른 하나는 자본재를 구입해서 보유하면서 그것을 필요로 하는 생산기업에게 임대해주고 그 대가인 임대료를 수익의 원천으로 삼는 임대기업이다.

2) 생산기업의 최적 자본투입량 결정원리 : **이윤극대화 1차 조건**으로부터 해법 도출!

① 이윤극대화를 도모하는 생산기업은 '이윤(π) = 가격(P) × 생산량(X) − 노동비용$(=WL)$ − 자본비용$(=rK)$' 에서 $\frac{\partial \pi}{\partial K}=0$의 조건이 충족되는 수준에서 최적의 자본투입량을 결정한다. 즉 생산기업은 자본의 한계생산물가치$(=VMP_K)$와 자본재의 임대료$(=R)$가 같은 점에서 최적 자본량을 결정한다.

② 참고로 자본의 한계생산물가치인 VMP_K는 가격(P)에다 자본의 한계생산물(MP_K)을 곱한 수치로 정의되며, 이는 새로운 자본재 1단위를 추가로 투입했을 때 얻을 수 있는 한계수입을 의미한다. 또 생산기업의 입장에서 자본재 1단위를 추가로 투입했을 때의 한계비용은 임대료 R이다. 따라서 다음의 조건이 성립한다.

$$VMP_K = P \times MP_K = R \quad \cdots\cdots\cdots\cdots ㉠$$

3) 임대기업의 최적 자본투입량 결정원리 : **이윤극대화 1차 조건**으로부터 해법 도출!

① 임대기업 역시 이윤극대화를 추구하며 자본량의 최적 임대수준은 자본 1단위를 추가로 임대했을 경우의 한계수입과 한계비용이 일치하는 곳에서 결정된다. 임대기업이 자본 1단위를 추가로 임대했을 경우 얻는 한계수입은 임대료 R이다. 또 동일한 상황에서 임대기업이 지불해야 할 한계비용은 자본재 1단위를 추가로 구입하는 데 소요되는 이자비용$(=iP_K$, i :명목이자율, P_K : 자본재 가격), 감가상각$(=\delta P_K$, δ : 감가상각률), 자

2. 이종화 · 신관호 공저, 『거시경제학(제3판)』, 박영사, 2019, pp.597 ~ 620의 설명방식 참조.

본재의 가격변화에 따른 가격 이득이나 손실 등으로 구성된다. 특히 마지막 항목인 자본재의 가격변화와 관련하여 유의할 것이 하나 있다. 자본재의 가격이 상승하는 경우는 임대기업에게 유리한 측면이라는 사실이다. 이때는 한계비용을 산출할 때 자본재의 가격 상승 폭인 ΔP_K를 빼주어야 하고, 자본재 가격이 하락할 경우는 ΔP_K를 더해주어야 한다는 점이다. 하지만 자본재 가격이 상승하는 경우가 훨씬 더 많기 때문에 여기서는 자본재 가격의 상승 폭만큼 빼준 것임을 잊지 말아야 한다.

② 따라서 임대기업의 한계수입과 한계비용은 다음의 ㉡식과 같이 요약할 수 있다.

자본재의 한계수입 $= R$

$$\text{자본재의 한계비용} = iP_K - \Delta P_K + \delta P_K = P_K\left(i - \frac{\Delta P_K}{P_K} + \delta\right)$$

$$= P_K\left(i - \frac{\Delta P_K}{P_K} + \delta\right)$$

$$= P_K(i - \text{물가상승률} + \delta),$$ ☜ **$\frac{\Delta P_K}{P_K}$ = 자본재가격의 상승률 ≒ 물가상승률**

$$= P_K(r + \delta)$$ ☜ **피셔가설 : $i = r +$ 물가상승률** …… ㉡

바실리 레온티에프 밑에서 수학하고 미국 하버드대학 교수를 역임했던 데일 조겐슨(D. Jorgenson)은 ㉡식의 $P_K(r+\delta)$를 **자본의 사용자 비용**(user cost of capital)이라고 명명했다.

4) 자본재의 임대시장 균형은 생산기업의 자본재 수요와 임대기업의 자본재 공급이 일치하는 수준에서 결정된다.

① 생산기업의 자본재 수요는 실질임대료$(=\frac{R}{P})$와 자본의 한계생산력$(=MP_K)$이 일치하는 수준에서 결정되고, 임대기업의 자본재 공급은 실질임대료$(=\frac{R}{P})$와 실질한계비용$\left[=\frac{P_K(r+\delta)}{P}\right]$이 같은 수준에서 결정된다. 지금까지 언급한 것을 종합하면 최적의 자본량은 $MP_K = \left[\frac{P_K(r+\delta)}{P}\right]$의 조건이 충족될 때 결정됨을 알 수 있다.

② 한편, 기업의 투자행위는 전적으로 현재 가동 중인 자본량이 최적 자본량 수준에 미달하는가 아니면 남아도는가에 따라 결정된다. 즉 다음 조건에 따라 투자행위가 결정된다.

㉠ MP_K가 $\frac{P_K(r+\delta)}{P}$보다 클 경우에는 현재 자본량이 최적 자본량에 비해 부족하기 때문에 그 차이를 메꾸기 위한 투자행위가 전개된다. 즉 투자가 증가된다!

㉡ MP_K가 $\frac{P_K(r+\delta)}{P}$보다 작은 경우에는 현재 자본량이 최적 자본량에 비해 과다하기 때문에 투자행위를 하지 않는다. 다만, 이때도 감가상각률만큼 총고정투자의 크기는 감소한다는 점에 주의하기 바란다.

5) 신고전학파의 투자함수 도출

① 3)의 ①, ②를 통해 언급했듯이 t기(현재)의 투자(I)는 현재 최적 자본량의 조건을 충족시키는 수준의 K^*와 $t-1$기의 자본량 수준인 K_{t-1}의 차이로 정의된다. 따라서 아래의 ㉢식이 성립한다. 여기서 말하는 투자는 순투자(= 총고정자본형성 – 대체투자)를 의미한다.

$$\text{순투자}(I_N) = K^* - K_{t-1} = I\left(MP_K - \frac{P_K(r+\delta)}{P}\right) \text{ 단 } I' > 0 \quad \cdots\cdots\cdots\cdots\cdots \text{㉢}$$

㉢식에서 $I' > 0$의 의미는 $MP_K - \frac{P_K(r+\delta)}{P}$와 순투자($I_N$) 간에 양(+)의 관계가 성립함을 나타낸다. 즉 $MP_K > \frac{P_K(r+\delta)}{P}$이면 순투자($I_N$)가 증가한다는 것을 의미한다.

② 기업의 총고정자본형성은 신투자(= 순투자)에다 대체투자(= 감가상각분)를 합한 값으로 정의된다. 즉 t기의 총고정자본형성(I_t)은 t기의 순투자 I_N과 $t-1$기까지의 감가상각분 δK_{t-1}의 합이다. 또 총고정자본형성에 영향을 미치는 요인들을 정리하면 다음의 ㉣식과 같다.

$$\text{총고정자본형성}(I_t) = \text{순투자}\left[I_N : MP_K - \frac{P_K(r+\delta)}{P}\right] + \text{대체투자}(\delta K_{t-1})$$

$$= I\left(\overset{(+)}{MP_K}, \overset{(-)}{\frac{P_K}{P}}, \overset{(-)}{r}, \overset{(?)}{\delta}\right) \quad \cdots\cdots\cdots\cdots\cdots\cdots\cdots\cdots\cdots\cdots\cdots\cdots \text{㉣}$$

㉠ MP_K : 다른 조건이 일정한 상황에서 MP_K가 상승하면 $MP_K > \frac{P_K(r+\delta)}{P}$이므로 총고정자본형성이 증가한다. 따라서 양(+)의 관계가 존재한다.

㉡ $\frac{P_K}{P}$: $\frac{P_K}{P}$는 자본재의 실질가격이다. 다른 조건이 일정할 때, $\frac{P_K}{P}$가 상승하면 자본재의 사용자 비용이 증가하기 때문에 총고정자본형성은 감소한다. 따라서 음(–)의 관계가 존재한다.

㉢ r : r은 실질이자율이다. 다른 조건이 일정할 때, r이 상승하면 자본재의 사용자 비용이 증가하기 때문에 총고정자본형성은 감소한다. 따라서 음(–)의 관계가 존재한다.

㉣ δ : δ는 감가상각률이다. δ가 증가하면 사용자 비용이 증가해서 순투자는 감소한다. 그러나 대체투자가 늘어나면 총고정자본형성은 증가한다. 따라서 δ가 총고정자본형성에 미치는 영향은 애매모호하다.

2.4 q이론과 투자의 결정

1) 기본 개요

① q이론은 제임스 토빈(J. Tobin)에 의해 제안된 것으로서 자본시장(= 주식시장)과 실물시장을 연결해서 투자의 결정원리를 설명하는 이론이다. 토빈은 기업의 투자가 다음 식에 의해서 결정된다고 주장했다.

$$q = \frac{\text{설치된 자본의 시장 가치}}{\text{설치된 자본의 대체비용}} = \frac{\text{주식시장에서 평가되는 기업발행주식의 가치}(\alpha)}{\text{생산물시장에서 평가되는 기업보유자본의 가치}(\beta)}$$

② 위의 q식에서 분자인 '**설치된 자본의 시장 가치**'란 주식시장에서 평가되는 자본의 가치로서 기업이 발행한 주식 수에다 주식시장에서 결정된 주식의 가격을 곱해준 값으로 정의된다. 또 분모인 '**설치된 자본의 대체비용**'이란 현재 기업이 보유하고 있는 자본(기계, 건물, 차량, 원자재 등, 단 인적 자본은 제외)을 자본재 시장에서 새로 구입하는 데 소요되는 비용을 의미한다.

③ 기업이 자본 가치의 극대화를 추구하는 경우, 다음 기준에 따라 투자 여부를 결정한다. q가 1보다 큰 경우($q > 1$)는 주식시장이 평가한 기업의 자본 가치(= 주가 총액)가 그 자본을 새로 설치하는 데 소요되는 대체비용보다 큰 경우다. 이 경우에는 기업이 더 많은 자본을 구입함으로써 기업의 자본 가치를 높이려고 한다. 그 과정에서 기업은 투자를 실행한다.

한편, q가 1보다 작은 경우($q < 1$)는 주식시장이 평가한 기업의 자본 가치가 그 자본을 새로 구입해서 설치하는 데 소요되는 대체비용보다 작은 경우다. 이 경우에는 기업이 자본을 추가로 구입해서 설치하려는 행위를 최대한 억제할 수밖에 없다. 따라서 신투자는 감소하게 된다. 이를 종합하면 아래의 〈표 10-2〉와 같다.

표 10-2 q의 크기와 투자의 결정

q의 크기	내용	투자 여부
$q > 1$	시장 가치 > 교체비용	투자 증가
$q = 1$	시장 가치 = 교체비용	투자 불변
$q < 1$	시장 가치 < 교체비용	투자 감소

2) 토빈의 q이론에 대한 평가와 한계

① **q이론은 관측이 비교적 용이한 주가(株價)와 투자를 연결시켰다는 점에서 투자결정 이론으로서 매력적인 측면이 존재한다.** 더욱이 현실의 기업들은 주식이나 회사채 발행을 통해 대규모 투자를 하고 있기에 더더욱 그렇다.

② 하지만 주식 시장에 상장을 하지 못한 기업들의 경우에는 해당 기업의 내재 가치를 제대로 반영할 수 없다. 또 주식시장에서 사악한 작전세력들이 활개를 치면서 주식 가격을 왜곡시킬 경우에는 q이론이 투자 현실을 제대로 설명하지 못할 수도 있다.

③ q이론은 고정투자의 결정에 관한 이론이기 때문에 재고투자를 설명하는 데는 한계를 지닐 수밖에 없다.

요약 및 복습

[소비이론]

01 제10장은 총수요의 주요 구성항목인 소비와 투자에 대한 심화학습이다. 거시경제학에서는 오랫동안 케인즈의 절대소득가설을 통설로 여겨왔다. 하지만 쿠즈네츠가 케인즈의 절대소득가설에 이의를 제기하면서 여러 경제학자들이 다양한 소비이론, 즉 생애주기가설, 항상소득가설, 임의보행가설, 상대소득가설 등을 제시하면서 거시경제학의 발전에 기여한 바 있다.

1) 케인즈의 절대소득가설은 현재소비가 현재소득의 절대적 크기와 양(+)의 관계를 갖는다는 주장이다. 케인즈가 제시한 소비함수는 '$C = a + bY$(단, a : 절대소비, b : 한계소비성향, Y : 절대소득(= 현재소득))' 이다.

2) 쿠즈네츠가 케인즈의 절대소득가설에 대해 이의를 제기한 사항은 크게 3가지다. 첫째, 단기소비함수(SRC)는 케인즈의 절대소득가설과 일치한다. 둘째, 장기소비함수(LRC)는 원점을 지나는 직선

이며 그것의 기울기는 0.86이다. 셋째, 경기변동과 평균소비성향을 분석해보니 호황기에는 단기 평균소비성향(APC)이 장기 평균소비성향(APC)보다 작고 불황기에는 그와 반대로 나타났다.

02 안도와 모딜리아니는 생애주기가설을 제시하면서 케인즈의 절대소득가설과 차별화를 시도했다. 그들은 전(全) 생애에 걸쳐 사용한 소비지출액의 현재 가치는 전(全) 생애 동안 취득할 수 있는 소득의 현재 가치를 초과할 수 없다는 전제조건하에 자신들의 논리를 피력했다.

1) 이들은 고소득층(중장년층)의 평균소비성향(APC)은 낮고 저소득층(초년층, 노년층)의 평균소비성향은 높다는 점을 입증함으로써 단기소비함수가 케인즈의 절대소득가설과 비슷하다는 것을 입증했다.

2) 또 장기적으로는 자산소득과 임금소득의 현재 가치가 실질 GDP에서 차지하는 비중이 일정함으로써 장기의 평균소비성향이 일정하다는 것을 입증했다. 장기의 평균소비성향이 일정하면 장기소비함수(LRC)는 원점을 지날 수밖에 없다.

03 프리드만은 항상소득가설을 주장함으로써 케인즈의 절대소득가설과 차별화를 시도했다. 현재소비는 현재소득이 아니라 장기적인 평균소득으로 정의되는 항상소득에 의존한다는 그의 소비이론을 요약하면 아래와 같다.

1) 그는 실제소득(Y)을 항상소득(Y^P)과 임시소득(Y^T)의 합으로 정의했다. 그에 따르면 호황기에는 임시소득이 많아서 평균소비성향(APC)이 낮고 불경기에는 임시소득이 적어서 평균소비성향이 높다고 주장했다. 거기서 케인즈의 절대소득가설과 유사한 단기소비함수(SRC)의 존재가 입증된다.

2) 하지만 임시소득의 장기적 기대치는 제로(0)가 되기 때문에 실제소득(Y)는 항상소득(Y^P)과 같고 소비함수는 $C = mY^P$로 정의된다. 따라서 장기 평균소비성향($= \frac{C}{Y^P}$)은 m으로 일정하다. 이로서 장기소비함수(LRC)가 원점을 지나는 직선임이 입증된다.

04 홀은 합리적 기대를 하는 소비자가 항상소득가설에 의존해서 소비행위를 하는 경우, 취객이 임의보행을 하는 것처럼 미래의 소비변화를 예측하기 어렵다고 주장했다. 홀의 임의보행가설이 시사해주는 결론은 간단하다. 현재의 가용 가능한 정보로 예측할 수 없는 일이 발생하지 않는 한, 소비수준은 일정하게 유지된다. 즉 $t+1$기의 소비(C_{t+1})는 t기의 소비(C_t)와 같다. 즉 $C_{t+1} = C_t$라는 얘기다. 하지만 현재의 정보로도 예측할 수 없는 일들이 발생하면 그때의 소비는 예측 오차만큼 변한다. 즉 $C_{t+1} = C_t = \varepsilon_{t+1}$이 된다.

05 듀젠베리는 상대소득가설을 제시했다. 그는 현재의 소비가 경제주체 본인의 현재소득은 물론 타인의 소득, 본인의 과거소득 등에 의해 결정된다고 주장했다. 또 상대소득가설에서는 2가지 개념이 등장하는데 그것은 다름 아닌 전시효과와 톱니효과다. 전시효과는 본인의 소비가 타인의 소득이나 소비와 상호 의존적인 관계를 갖는 것을 말하고, 후자는 소비행동의 비가역성에서 파생되는 것으로서 현재소

비가 과거의 최고소득이나 최고소비의 영향을 받는 것을 의미한다.

06 소비함수의 미시적 기초로서 소비행위의 기간간 선택(intertemporal choice) 문제를 최초로 제시한 사람은 어빙 피셔였다. 그는 소비자가 평생에 걸친 예산제약하에서 효용극대화를 추구하는 합리적인 경제주체라고 생각하고 현재소비를 결정할 때 미래의 상황까지 고려하는 경우를 분석했다. 특히 그는 미시경제학에서 학습한 '가격효과 = 대체효과 + 소득효과' 식을 차용해서 현재소득이나 미래소득이 증가하는 경우와 이자율이 변할 때, 이들 제(諸) 효과들이 어떻게 달라지는지를 체계적으로 분석한 바 있다.

[투자이론]

01 거시경제학에서 자주 언급되는 투자이론으로는 고전학파의 현재가치법, 케인즈의 내부수익률법, 사무엘슨의 가속도원리, 신고전학파의 투자결정이론, 토빈의 q이론 등이 존재한다.

02 고전학파의 현재가치법은 현재의 투자비용(I)과 투자로 인해 발생할 것으로 예상되는 미래 기대수익의 현재 가치(PV)를 비교해서 투자 결정을 한다는 내용이다. 고전학파의 주장에 따르면 $PV > I$인 경우에만 투자를 한다는 것이다.

03 케인즈의 내부수익률법은 투자의 한계효율(m)과 이자율(r)의 크기를 비교해서 $m > r$인 경우에만 투자를 한다는 내용이다. 참고로 투자의 한계효율(m)은 투자에 따른 미래 기대수익의 현재 가치와 투자비용(I)을 일치시켜주는 할인율인 동시에 투자자인 기업의 주관적인 수익률이다.

1) 하나의 투자 대상에 대한 투자의 실행 여부를 결정할 경우에는 현재가치법이나 내부수익률법은 동일한 결론에 도달한다. 하지만 투자 대상이 2개 이상인 경우에는 현재가치법이 내부수익률보다 더 타당한 기준이 된다는 점에 유의할 필요가 있다.

04 사무엘슨은 근대적 가속도원리를 주장했다. 고전적 가속도원리가 소비의 변동이 유발투자를 초래한다는 것이었다면, 근대적 가속도원리는 소득의 변동⇒소비의 변동⇒유발투자의 초래로 이어지는 메커니즘을 갖게 된다. 가속도원리의 매력 포인트는 유발투자의 변화율이 소비나 소득의 변화율보다 훨씬 더 큰 경기변동의 현실을 잘 설명해준다는 점이다. 다만, 가속도계수가 일정하다는 것과 기존 생산시설의 완전가동(가동률 100%)을 전제로 하는 것은 매우 비현실적인 가정이라고 말할 수 있다.

05 신고전학파의 투자결정이론은 자본재를 투입해서 상품을 생산하는 기업의 한계수익과 한계비용, 자본재를 구입해서 임대해주는 기업의 한계수입과 한계비용을 분석해서 최적 자본량을 산출하고 그를 통해 투자가 이루어지는 과정을 잘 보여준다. 또 신고전학파의 투자결정이론은 두 종류의 기업을 상정한다. 하나는 미시경제학의 생산자이론에서 다뤘던 전형적인 생산기업이고, 다른 하나는 자본재를 구입해서 보유하면서 그것을 필요로 하는 생산기업에게 임대해주고 그 대가인 임대료를 수익의 원천으

로 삼는 임대기업이다.

1) 신고전학파의 투자함수는 순투자$(I_N)=K^* - K_{t-1} = I\left(MP_K - \frac{P_K(r+\delta)}{P}\right)$로 정의된다. 순투자$(I_N)$와 $MP_K - \frac{P_K(r+\delta)}{P}$ 사이에는 양(+)의 관계가 성립한다. 만약 MP_K가 $\frac{P_K(r+\delta)}{P}$보다 클 경우에는 현재 자본량이 최적 자본량에 비해 부족하기 때문에 그 차이를 보전하기 위한 투자가 이루어진다. 그러나 MP_K가 $\frac{P_K(r+\delta)}{P}$보다 작은 경우에는 현재 자본량이 최적 자본량에 비해 과다하기 때문에 투자가 이루어지지 않는다.

06 q이론은 토빈에 의해 제안된 것으로서 자본시장(= 주식시장)과 실물시장을 연결해서 투자의 결정원리를 설명하는 이론이다. 토빈은 기업의 투자가 다음 식에 의해서 결정된다고 주장한 바 있다.

$$q = \frac{\text{설치된 자본의 시장 가치}}{\text{설치된 자본의 대체비용}} = \frac{\text{주식시장에서 평가되는 기업발행주식의 가치}(\alpha)}{\text{생산물시장에서 평가되는 기업보유자본의 가치}(\beta)}$$

1) q가 1보다 큰 경우($q > 1$)는 주식시장이 평가한 기업의 자본 가치(= 주가총액)가 그 자본을 새로이 설치하는 데 소요되는 대체비용보다 큰 경우다. 이때는 기업이 더 많은 자본을 구입함으로써 기업의 자본 가치를 높이려고 한다. 그 과정에서 기업은 투자를 실행한다.

2) q가 1보다 작은 경우($q < 1$)는 주식시장이 평가한 기업의 자본 가치가 그 자본을 새로 구입해서 설치하는 데 소요되는 대체비용보다 작은 경우다. 이때는 기업이 자본을 추가로 구입해서 설치하려는 행위를 최대한 억제하려고 한다. 따라서 신투자는 이루어지지 않는다.

제 11 장 거시경제학의 두 조류와 상호 비교

1. 고전학파와 케인즈의 상호 비교
2. 케인지언과 통화주의학파의 상호 비교
3. 새고전학파와 새케인지언의 상호 비교

출처 : 공군 블랙이글스

2018. 6. 6. 블랙이글스가 대전 국립현충원 상공에서 현충일 추모비행을 하고 있다. 8대의 T-50B가 촘촘한 간격을 유지하며 배면비행을 하는 광경이 너무나도 장엄하고 아름답다. 블랙이글스 조종사들은 1,000m 아래에 위치한 대전 국립현충원을 굽어보며 애석하게도 창공에 묻힌 선배 블랙이글스 조종사들(故 조원훈 소령, 故 김도현 소령, 故 김완희 소령)의 명복을 빌었을 것이다. 배면비행으로 먼저 간 전우와 눈을 마주하는 것이 블랙이글스 특유의 뜨거운 전우애다. **수험생 여러분들도 친구, 동기생 간의 우정을 잘 간직하며 살아가는 멋진 인생이 되길 바랍니다!**

거시경제학은 [그림 11-1]에서 보는 것처럼 두 개의 학문적 조류에 의해서 발전해 왔다. 어찌 보면 거시경제학의 역사가 이들 두 조류에 속한 경제학자들의 이념적 논쟁이었다고 해도 과언이 아니다. 그중 한 부류는 고전학파 ⇒ 통화주의학파 ⇒ 새고전학파로 이어지는 일련의 경제학자들이고, 또 다른 한 부류는 케인즈 ⇒ 케인지언(일명, 케인즈학파) ⇒ 새케인지언(일명, 새케인즈학파)으로 명명되는 경제학자들이다.

이들이 두 부류로 나뉘게 된 결정적 원인은 현실경제를 바라보는 인식의 차이에 있다. 즉 고전학파 ⇒ 통화주의학파 ⇒ 새고전학파는 근본적으로 시장기능에 대해 신뢰를 보내는 사람들이다. 따라서 이들은 정부의 무분별한 개입에 대해 근본적으로 부정적인 입장을 취한다. 반면 케인즈 ⇒ 케인지언 ⇒ 새케인지언들은 시장기능에 대해 불신하고, 단기에 있어서 정부의 개입은 여전히 유효하다는 입장을 고수한다.

[그림 11-1] 거시경제학을 지탱해 온 두 개의 커다란 학문적 조류

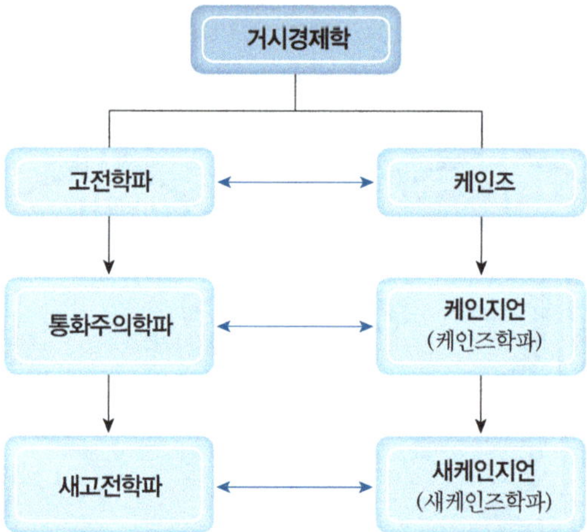

제1절에서는 고전학파와 케인즈의 단순모형을 비교 분석하면서 거시경제학의 태동 과정에 대해 살펴보고자 한다. 제2절에서는 케인즈의 인식체계를 보완·발전시킨 케인지언과 고전학파 모형을 계승·발전시킨 통화주의학파의 경제 인식, 경제정책, 정부관 등의 차이를 설명한다. 제3절은 새고전학파와 새케인지언의 다양한 논점들에 대해 비교·분석한다.

특히 새고전학파는 기존의 케인지언 이론으로는 1970년대 미국에서 발생한 스태그플레이션(stagflation)을 설명할 수 없다는 한계를 극복하는 과정에서 등장했다. 또 새케인지언들은 '시장이 늘 균형 상태에 있고 물가나 명목임금과 같은 경제변수가 신속히 조정된다'는 새고전학파

의 입장에 대해 강한 의문을 제기하며 자신들의 존재 이유를 드러냈다. 그들은 주요 가격변수(상품가격, 임금, 이자율 등)의 경직성으로 인해 시장에서는 불균형 현상이 일반적이라고 주장한다. 그러면서 미시경제학적 기초 위에서 거시경제이론을 발전시켜 나가고 있다.

참고로 제11장은 여러 학파별 논쟁을 정리하면서 정부의 재정정책과 통화정책의 상대적 유효성을 중점적으로 다룰 것이다. 독자들의 입장에선 제9장에서 논의한 내용과 일부 중복되는 것 같은 느낌이 들지 모른다. 하지만 여러 학파별 논쟁은 각종 경제시험에서 빈번하게 출제되는 내용이니만큼 그런 생각을 갖지 말고 앞서 배운 내용을 복습한다는 마음으로 치열하게 학습해주길 기대한다.

1 고전학파와 케인즈의 상호 비교

1.1 기본 가정의 차이

1) 고전학파 모형

① '총공급이 총수요를 창출한다' 는 세이의 법칙이 성립한다.

② 시장에서는 '보이지 않는 손' 의 역할이 잘 작동된다. 즉 물가(P), 명목임금, 이자율 등이 상하(上下)로 신축적인 변화를 함으로써 시장균형이 신속하게 달성한다.

③ 고전학파의 대표적인 학자로는 애덤 스미스(A. Smith), 데이비드 리카도(D. Ricardo), 알프래드 마셜(A. Marshall), 존 스튜어트 밀(J.S. Mill), 레옹 왈라스(L. Walras), 아서 세실 피구(A.C. Pigou) 등이 있다.

2) 케인즈 단순모형의 기본 가정

① 케인즈의 단순모형은 근본적으로 1929년부터 1934년까지 계속된 대공황을 극복하는 과정에서 탄생했다. 케인즈는 세이의 법칙을 부정했다. 그리고 균형 실질 GDP는 총공급이 아니라 유효수효의 크기에 따라 결정된다.

② 물가(P)는 경직적이고, 명목임금(W)은 완전고용수준에 도달할 때까지 하방(下方) 경직적인 특성을 지닌다. 케인즈는 투자가 이자율과 무관한 독립투자(I_0)를 상정했기 때

문에 이자율의 변화가 투자수요와 총수요에는 아무런 영향을 미치지 못한다.

1.2 경제모형에 나타난 두 학파의 경제 인식 차이

1) 노동시장에 대한 인식의 차이

① 고전학파는 노동수요와 노동공급이 실질임금($w = \frac{W}{P}$)의 함수라고 보았다. 즉 노동수요곡선은 $L^D = L^D(w) = MP_L$이며 실질임금(w)의 감소함수다. 노동공급곡선은 실질임금(w)의 증가함수로서 $L^S = g(L)$ 단 $g' > 0$이다. 또한 노동시장의 균형조건($L^D = L^S$)에서 이루어지는 고용량은 완전고용수준이다. 이는 고전학파가 노동시장에서 물가와 명목임금의 완전한 상·하 신축성을 가정했기 때문이다.

② 케인즈의 노동수요곡선(L^D)은 고전학파와 동일하다. 즉 $L^D = L^D(w) = MP_L$이며 실질임금(w)의 감소함수다. 하지만 노동공급곡선은 하방 경직적인 특성을 갖는 명목임금(W)의 증가함수로서 $L^S = P \times g(L) = p \cdot g(L)$, 단 $g' > 0$[1]이다. 그 이유는 노동자는 명목임금(W)의 변화에 대해서는 잘 알지만 물가(P)의 변동에 대해서는 그렇지 못하기 때문이다.

2) 투자와 저축에 대한 인식의 차이

① 고전학파는 투자수요와 저축이 모두 이자율에 의존한다고 생각했다. 투자의 현재가치법에서 살펴보았듯이 투자는 이자율의 감소함수다. 즉 '$I^D = I(r)$, 단 $I' < 0$' 이다. 반면, 저축은 이자율의 증가함수다. 즉 '$S = S(r)$, 단 $S' > 0$' 이다. 여기서 I'과 S'는 각각 $I' = \frac{\Delta I}{\Delta r}$과 $S' = \frac{\Delta S}{\Delta r}$을 의미한다.

② 케인즈의 단순모형은 이자율과 무관한 **독립투자**를 가정했다. 따라서 케인즈의 단순모형에서 투자수요함수는 $I^D = I_0$이다. 또 케인즈의 단순모형에서 저축은 이자율이 아니라 GDP의 증가함수다. 따라서 저축함수(S)는 '$S = S(Y)$, 단 $S' > 0$' 이다. 이때 S'는 $S' = \frac{\Delta S}{\Delta Y}$로 정의된다.

1. g'가 0보다 크다는, 즉 $g' > 0$의 의미는 노동공급곡선이 우상향한다는 것을 의미한다.

표 11-1 고전학파 모형과 케인즈 단순모형의 상호 비교

	고전학파 모형	케인즈 단순모형
(1) 노동시장		
① 노동수요함수	$L^D = L^D\left(w = \frac{W}{P}\right) = MP_L$	$L^D = L^D\left(w = \frac{W}{P}\right) = MP_L$
② 노동공급함수	$L^S = L^S\left(w = \frac{W}{P}\right) = g(L),\ g' > 0$	$L^S = L^S(W) = P \cdot g(L),\ g' > 0$
③ 노동시장의 균형조건	$L^D = L^S$	$L^D = L^S$
(2) 투자와 저축		
① 투자수요함수	$I^D = I(r)$	$I^D = I_0$
② 저축함수	$S = S(r)$	$S = S(Y)$
(3) 화폐시장		
① 화폐수요함수	$M^d = kPY$	$M^d = P \cdot L(Y, r)$
② 화폐공급함수	$M^s = M_0$	$M^s = M_0$
③ 화폐시장균형	$M^d = M^s$	$M^d = M^s$
(4) 총생산함수	$Y = F(L; \overline{K})$, K는 $\overline{K}$로 일정	$Y = F(L; \overline{K})$, K는 $\overline{K}$로 일정
생산물시장의 균형조건	$I^D(r) + G = S(r) + T$	$I^D(I_0) + G = S(Y) + T$
(5) 근로자에 대한 인식	근로자는 똑똑하다.	근로자는 무식하다(화폐환상).

3) 화폐시장에 대한 인식의 차이

① 고전학파의 화폐수요함수는 $M^d = kPY$로 정의된다. 즉 고전학파의 화폐수요는 명목 GDP($= PY$)의 증가함수다. 화폐공급은 통화 당국에 의해서 일정 수준(M_0)으로 결정된다고 가정한다. 그리고 화폐시장의 균형조건은 $M^d = M^s = M_0$이다.

② 케인즈는 **유동성선호설**에 입각해서 화폐수요를 다음과 같이 정의했다. 즉 화폐수요는 거래적 동기, 예비적 동기, 투기적 동기의 화폐수요로 정의되며, 거래적 및 예비적 동기의 화폐수요는 GDP에 의존하고 투기적 동기의 화폐수요는 이자율의 영향을 받는다. 케인즈의 명목 화폐수요를 식으로 나타나면 $M^d = P \times L(Y, r) = P \cdot L(Y, r)$과 같다. 여기서 $L_Y > 0$, $L_r < 0$이다. 또 L_Y와 L_r은 각각 $L_Y = \frac{\Delta M^d}{\Delta Y}$, $L_r = \frac{\Delta M^d}{\Delta r}$로 정의한다. 한편 케인즈의 단순모형에서 화폐공급은 통화 당국에 의해 일정 수준($= M_0$)으로 주어지며 화폐시장의 균형조건은 $M^d = M^s = M_0$로 주어진다. 이는 고전학파 모형과 똑같다.

4) 총생산함수와 생산물시장의 균형조건에 대한 인식 차이

① 고전학파의 단기 총생산함수는 **한계생산력체감의 법칙**이 작동하는 '$Y = F(L; \overline{K})$, 단, K는 $\overline{K}$로 일정' 함을 가정한다. 가계, 기업, 정부만 존재하는 폐쇄경제를 가정할 때, 생산물시장의 균형조건은 $C(r) + I^D(r) + G = C(r) + S(r) + T$, 또는 $I^D(r) + G = S(r) + T$로 요약된다.

② 케인즈의 단순모형에서도 단기 총생산함수는 고전학파 모형과 동일하다. 한계생산력체감의 법칙이 작동하는 단기 총생산함수는 '$Y = F(L; \overline{K})$, 단, K는 $\overline{K}$로 일정' 이라고 가정한다. 또 생산물시장의 균형조건도 $I^D + G = S + T$로 동일하다. 다만, 그 구성요소에 영향을 미치는 변수들만 다를 뿐이다. 케인즈의 단순모형은 $I^D(I_0) + G = S(Y) + T$라고 상정한다.

5) 노동자와 기업에 대한 인식 차이

① **고전학파는 기업과 노동자 모두 물가(P)와 명목임금(W)의 향방에 대해 완전하게 예견(豫見)한다고 가정한다.** 즉 노동자를 기업처럼 똑똑한 경제주체라고 생각한다.

② 그러나 케인즈는 노동자에 대한 인식에서 고전학파와 궤를 달리했다. 즉 기업은 물가(P)와 명목임금(W)의 향방에 대해 잘 알지만 노동자는 그렇지 못하다고 생각했다. 노동자들은 명목임금만 올려주면 물가 상승을 인식하지 못한 채, 노동공급을 증가시키려고 한다는 것이다. 케인즈는 이것을 **화폐환상**(money illusion)이라고 정의했다.

1.3 *IS*-*LM*곡선과 *AD*-*AS*곡선의 차이

1) *IS*-*LM*곡선의 형태

① 본래 고전학파 학자들의 머릿속에는 *IS*-*LM*곡선 자체가 존재하지 않았다. 다만 힉스와 한센이 개발한 *IS*-*LM* 모형을 고전학파 모형에다 적용시킨 결과, *IS*곡선은 하나의 점으로, *LM*곡선은 수직선으로 정의한 것이다. 그것은 이미 제8장에서 자세히 다뤘다. 기억이 나지 않는 독자는 제8장을 복습해주길 바란다.

② 케인즈의 단순모형이 제시한 *IS*곡선의 형태는 수직선이며, *LM*곡선은 우상향하는 형태를 띤다. *IS*곡선이 수직선인 이유는 케인즈가 독립투자만을 상정했기 때문이다. 따라서 독립투자만 존재하는 경우에는 이자율이 하락해도 투자가 불변이기 때문에 총

수요나 GDP에 아무런 영향을 미치지 못한다. 또 케인즈의 단순모형에서 화폐수요가 유동성 함정에 빠져 있는 경우, *LM*곡선은 수평선의 형태를 띤다.

2) *AD*−*AS*곡선의 형태와 *AD*곡선의 우측 이동이 갖는 효과의 차이

① [그림 11−2]에서 보는 것처럼 고전학파 모형이 시사하는 *AD*곡선의 형태는 **직각쌍곡선**이고 *AS*곡선의 형태는 완전고용국민소득(Y_F) 수준에서 수직선이다. *AD*곡선이 직각쌍곡선인 이유는 $M^d = kPY = M^s = M_0$(일정)에 기인한다. 여기에서 우리는 고전학파의 경우, **AD 곡선의 우측 이동은 화폐공급량(M^s)이 증가하는 경우에만 가능하다**는 것을 확인할 수 있다. 또 *AS*곡선이 수직선인 이유는 물가(*P*)가 상승해도 노동시장에서 항상 완전고용이 이루어지기 때문에 GDP가 더 이상 증가하지 못하고 Y_F 수준에서 고정되기 때문이다.

② 케인즈 단순모형이 시사하는 *AD*곡선의 형태는 수직선이고, *AS*곡선의 형태는 역(逆) L자 모양이다. *AD*곡선이 수직선인 이유는 물가(*P*)가 하락해서 *LM*곡선이 우측으로 이동해도 *IS*곡선이 수직선인 관계로 GDP에는 아무런 변화가 없기 때문이다. **AS곡선이 역(逆) L자의 형태를 하는 이유는 대공황기는 재고가 넘쳐나서 그것이 소진될 때까지, 즉 완전고용국민소득(Y_F)에 이를 때까지는 수요가 증가해도 물가가 오르지 않는다고 생각하기 때문이다.** 하지만 Y_F 이상으로 수요가 늘면 고용은 더 이상 증가할 수 없고 물가만 상승한다. 그래서 완전고용국민소득(Y_F)에 이르면 *AS*곡선은 수직선이 될 수밖에 없다.

③ [그림 11−2]에서 보듯이 고전학파 모형의 경우 화폐공급량(M^s)의 증대에 따른 *AD*곡

[그림 11−2] *AD*−*AS*곡선의 형태와 *AD*곡선의 우측 이동이 갖는 효과의 차이

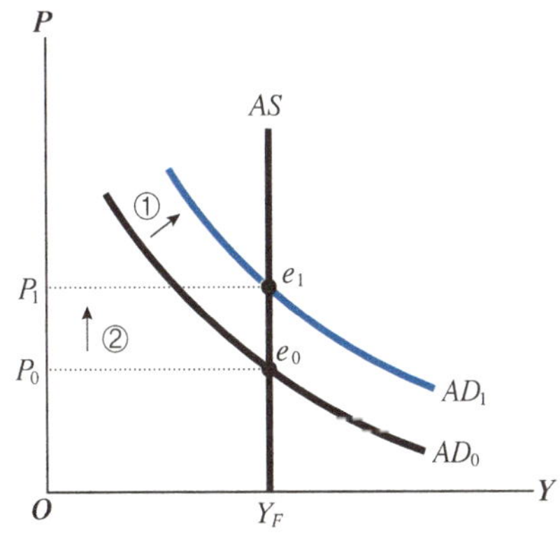

(a) 고전학파 모형

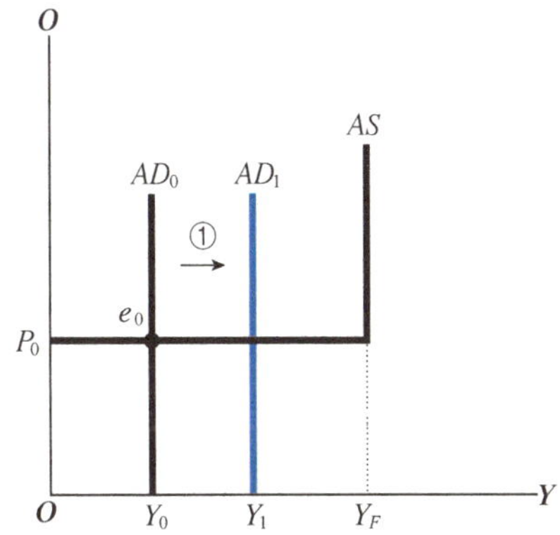

(b) 케인즈의 단순모형

선의 우측 이동(①)은 물가만 상승(②)시킨다. 그러나 케인즈의 단순모형에서 *AD*곡선이 우측으로 이동(①)하면 물가는 변하지 않고 균형 GDP만 증가(①)한다. 참고로 케인즈의 단순모형에서 *AD*곡선의 우측 이동은 전적으로 정부지출의 확대나 조세가 감소하는 경우에만 가능하고 화폐공급량(M^s)의 증대와는 무관하다. 그것은 케인즈가 이자율의 영향을 받지 않는 독립투자만을 가정했기 때문이다.

1.4 정책효과에 대한 입장 차이

1) 확대재정정책에 대한 입장 차이

① 고전학파는 확대재정정책이 **구축효과**(crowding-out effect)[2]를 유발함으로써 GDP에 아무런 영향을 미치지 못한다고 주장한다. 따라서 고전학파는 재량적인 재정정책보다는 재정의 자동안정화장치(예 : 실업보험, 누진세 등)를 통해 경기를 자율적으로 조성하는 게 바람직하다고 강조한다.

② 반면, 케인즈는 확대재정정책이 승수효과[3]를 유발해서 GDP 증대에 크게 기여한다고 본다. 따라서 경기침체 시, 정부는 GDP를 증가시키기 위한 확대재정정책을 실행하는 게 옳다고 주장한다. 또 경기침체 시, 고전학파가 강조한 것처럼 재정의 자동안정화장치를 활용하면 완전고용의 달성이 불가능해진다고 강조한다. **재정적 견인**(fiscal drag)[4]의 문제가 나타나기 때문이다.

2) 확대통화정책에 대한 입장 차이

① 고전학파 모형에서 확대통화정책은 GDP나 고용수준과 같은 실질변수에는 아무런 영향을 미치지 못하고 물가나 명목임금과 같은 명목변수만 변화시킨다. 따라서 실물부문과 화폐부문은 철저하게 이분되며, 화폐는 단지 실물부문을 감싸는 베일의 역할만

---

2. 구축효과란 확대재정정책(G의 증가)이 이자율의 상승을 초래해서 소비와 투자를 감소시키는데, 이때 G의 증가분(ΔG)과 소비와 투자의 감소분($\Delta C + \Delta I$)이 정확하게 일치해서 총수요의 변화가 제로(0)인 상황을 의미한다. 그렇게 되면 정부의 확대재정정책은 실질 GDP나 고용 증대에 아무런 영향을 미치지 못하게 된다.

3. 승수효과란 확대재정정책(G의 증가)을 실행하면 정부지출승수에다 정부지출의 증가분(ΔG)을 곱해준 만큼 소득이 늘어나는 효과를 의미한다.

4. 현실 GDP가 완전고용국민소득(Y_F) 수준에 크게 미달할 경우, 경기가 불황을 벗어날 때 누진소득세와 같은 재정의 자동안정화장치는 조세의 증가를 초래하고 그것이 총수요의 증가를 저지시켜 경기회복을 오히려 방해할 수가 있다. 이러한 현상을 재정적 견인이라고 한다. 재정적 견인은 단기 총수요관리정책을 주장하는 케인지언에 의해 도입된 개념이다.

한다고 주장한다. 즉 **화폐의 중립성**이 성립한다는 얘기다.

② **케인즈의 단순모형에서 확대통화정책은 이자율만 하락시킬 뿐 GDP에는 아무런 영향을 미치지 못한다**. 이는 케인즈가 독립투자만을 상정했기 때문이다. 즉 확대통화정책의 실행으로 이자율이 하락해도 투자수요가 불변이다. 그런데 투자수요의 불변은 총수요의 불변과 GDP의 불변으로 이어질 수밖에 없다.

3) 균형재정에 대한 견해 차이

① 고전학파는 균형재정($G=T$)이 바람직스럽다고 본다.

② 케인즈는 균형재정에 집착할 필요가 없다고 주장한다. 경기가 침체될 경우, 균형재정을 고수하면 **정책함정**[5]에 빠져 경기침체가 가속화될 수 있다는 우려에서다.

4) 정책적 함축성에 대한 견해 차이

① 고전학파는 '보이지 않는 손'의 자율조정과 자기보정능력을 중시한다. 또 경제주체는 늘 합리적인 자세로 최적의 선택을 한다고 가정한다. 특히 **고전학파 모형은 공급측면에 애로(隘路)가 있는 경제에 적합한 모형이며 저축을 선(善)으로 간주한다**. 즉 저축 증대는 '투자 증대 ⇒ 생산 증가 ⇒ GDP 증대'로 이어지는 선순환을 유발한다고 생각하기 때문이다.

② 반면, 케인즈는 시장실패를 자연스런 경제 현상으로 바라보고 정부의 재량적인 총수요관리정책이 매우 중요하다고 생각한다. 또 케인즈는 경제주체의 주관적 및 심리적 요인(예 : 투자의 한계효율, 한계소비성향, 유동성선호 등)이 경기변화에 커다란 영향을 미친다고 보았다. 게다가 **케인즈의 단순모형은 대공황기와 같은 경기침체 시에 적합한 모형으로 평가되며, 이때 저축 증대는 '소비지출 감소 ⇒ 총수요 감소 ⇒ GDP 하락'을 부추기는 사회악(社會惡)으로 간주한다**.

---

5. 케인즈는 일국(一國) 경제가 불황 국면에 놓여 있을 때, 적극적인 정부의 확대재정정책을 강력하게 주문한다. 그런데 만약 정부가 그 상황에서 균형재정($G=T$)을 고수한다면 불황 타개는 고사하고 경기가 침체의 늪으로 점점 더 빠져들게 될 개연성이 커진다. 거시경제학은 이런 경우를 '정책함정'이라고 정의한다. 즉 '경기불황 ⇒ 조세수입 감소 ⇒ 정부지출 감소(균형재정에 기인해서) ⇒ 총수요 감소 ⇒ 경기침체의 심화'로 이어진다는 것이 바로 정책함정의 논리이다.

2 케인지언과 통화주의학파의 상호 비교

2.1 두 학파의 탄생 배경과 대표 경제학자

1) 케인지언의 탄생 배경과 대표 경제학자

① 1929년에 발생한 대공황은 케인즈의 유효수요원리에 힘입어 슬기롭게 극복될 수 있었다. 하지만 케인즈의 단순모형을 갖고서는 현실경제를 제대로 설명할 수 없었다. 따라서 케인즈의 정신세계를 따르는 일련의 학자들은 케인즈의 단순모형이 현실경제의 설명도구로 적합하도록 그것을 꾸준하게 보완·발전시켜왔다. 경제학에서는 그런 부류의 학자들을 케인지언 또는 케인즈학파라고 부른다. 본서(本書)는 케인지언이라고 명명한다. 케인지언은 장기에는 몰라도 단기에는 가격변수가 경직적이라고 확신했다. 또 단기에는 총수요의 크기에 의해 GDP가 결정된다고 생각했다.

② 케인지언의 대표적인 학자로는 존 힉스(J. Hicks), 앨빈 하비 한센(A.H. Hansen), 폴 사무엘슨(P.A. Samuelson), 프랑코 모딜리아니(F. Modigliani), 로버트 솔로우(R. Solow), 제임스 토빈(J. Tobin), 얀 틴버겐(J. Tinbergen) 등이 있다.

2) 통화주의학파의 탄생 배경과 대표적인 학자

① 통화주의학파는 1970년대에 들어오면서 심화되기 시작한 미국의 재정적자와 국제수지적자가 케인지언의 재량적인 정책 남발과 무분별한 정부 개입에서 비롯된 것이라고 비판했다. 또 그들은 고전학파 모형을 현실에 부합되도록 보완·발전시키는 연구를 진행해왔다. 통화주의학파는 단기에는 몰라도 장기에는 화폐공급량(M^s)의 증가가 실질 GDP에는 아무런 영향을 미치지 못하고 물가만 상승시킬 것이라는 고전학파 모형의 결론을 재확인시켜 주었다.

② 통화주의학파를 대표하는 경제학자로는 밀턴 프리드만(M. Friedman)을 비롯해서 앨런 멜처(A. Meltzer), 카를 브루너(K. Brunner), 아나 슈와츠(A. Schwartz), 데이비드 레들러(D. Laidler) 등이 있다.

2.2 경제모형에 나타난 두 학파의 경제 인식 차이

〈표 11-2〉는 케인지언 모형과 통화주의학파 모형에 내재되어 있는 경제 인식의 차이를 일목요연하게 정리한 것이다. 이제 그들 각각의 차이에 대해 살펴보자.

1) 노동시장에 대한 기본 입장

① 케인지언은 노동수요가 실질임금($w = \frac{W}{P}$)의 감소함수이며, 노동공급은 예상 실질임금($w^e = \frac{W}{P^e}$)의 증가함수라고 생각한다.

② 통화주의학파도 노동수요는 실질임금($w = \frac{W}{P}$)의 감소함수이며, 노동공급은 예상 실질임금($w^e = \frac{W}{P^e}$)의 증가함수라고 생각했다.

③ 노동시장에 관한 한, 두 학파의 기본 입장은 동일하다.

2) 투자수요와 저축에 대한 기본 입장

① 케인지언은 투자수요가 이자율의 감소함수이고, 저축은 GDP의 증가함수라고 생각한다.

② 통화주의학파는 투자수요가 이자율의 감소함수이고, 저축은 GDP의 증가함수라고 생각한다. 참고로 고전학파는 저축이 이자율의 증가함수라고 생각했다.

③ 두 학파는 외견상으로는 같은 입장이다. 하지만 그 내용을 자세히 들여다보면 큰 차이가 있음을 알 수 있다. 케인즈의 단순모형에서 투자는 독립투자만 존재했다. 그런데 독립투자는 이자율과 무관한 투자다. 하지만 케인지언은 투자수요가 이자율의 영향을 받는다고 생각했다. 다만 케인즈의 영향을 받은 탓에 투자가 이자율에 덜 민감하다고 보았다. 즉 **투자수요가 이자율에 대해 비탄력적**이라는 얘기다.

한편, 고전학파의 철학을 계승한 통화주의학파는 투자수요가 이자율에 대해 민감하게 반응한다고 보았다. 즉 **투자수요가 이자율에 대해 탄력적**이라는 얘기다.[6] 이는 통화주의학파가 생산물시장의 균형($C + I^D + G = C + S + T$)을 가능하게 하는 핵심요인이 이자율이라는 고전학파의 영향을 많이 받았기 때문이다.

6. 투자수요가 이자율에 비탄력적이면 IS곡선은 가파르고, 투자수요가 이자율에 탄력적인 경우는 IS곡선이 완만하다. 이는 [보론 11-2]를 통해 자세하게 증명할 것이다. 독자들은 그것을 열심히 학습해주길 바란다. 이것도 각종 경제 관련 시험에서 종종 출제되고 있기 때문이다.

표 11-2 케인지언과 통화주의학파의 상호 비교

	케인지언(케인즈학파)	통화주의학파
(1) 노동시장		
① 노동수요함수	$L^D = L^D\left(w = \frac{W}{P}\right) = MP_L$	$L^D = L^D\left(w = \frac{W}{P}\right) = MP_L$
② 노동공급함수	$L^S = L^S\left(\frac{W}{P^e}\right) = g(L),\ g' > 0$	$L^S = L^S\left(\frac{W}{P^e}\right) = g(L),\ g' > 0$
③ 노동시장균형조건	$L^D = L^S$	$L^D = L^S$
(2) 투자와 저축		
① 투자수요함수(I^D)	$I^D = I(r),\ I' < 0$	$I^D = I(r),\ I' < 0$
② 저축함수(S)	$S = S(Y),\ S' > 0$	$S = S(Y),\ S' > 0$
(3) 화폐시장		
① 화폐수요함수	$M^d = P \cdot L(Y, r)$	$M^d = k(r)PY$
② 화폐공급함수	$M^s = M_0$	$M^s = M_0$
③ 화폐시장균형조건	$M^d = M^s$	$M^d = M^s$
(4) 총생산함수		
① 단기	$Y = F(L; \overline{K})$, 단, K는 $\overline{K}$로 일정	$Y = F(L; \overline{K})$, 단, K는 $\overline{K}$로 일정
② 장기	$Y = F(L, K)$	$Y = F(L, K)$
(5) 생산물시장의 균형조건	$I^D(r) + G_0 = S(Y) + T$	$I^D(r) + G_0 = S(Y) + T$
(6) 물가와 명목임금의 변화	느리게 변화한다.	빠르게 변화한다.
(7) 물가에 대한 기대		
① 단기(적응적 기대)	$P^e \neq P$	$P^e \neq P$
② 장기	$P^e = P$	$P^e = P$

3) 화폐시장 및 화폐시장의 균형조건에 대한 기본 입장

① 케인지언은 케인즈의 유동성선호설을 그대로 수용했다. 즉 명목 화폐수요는 물가(P), GDP, 이자율의 영향을 받는다고 가정한다. 또 물가(P)로 명목 화폐수요 M^d를 나눠준 실질 화폐수요($=\frac{M^d}{P}$)는 GDP의 증가함수이자 이자율의 감소함수라고 생각했다.

② 고전학파의 화폐수요함수는 $M^d = kPY$로 정의된다. 따라서 고전학파의 화폐수요함수는 이자율과 아무런 관련이 없다. 하지만 통화주의학파는 고전학파가 '마셜 k는 이자율과 무관하다' 고 주장한 것에 대해 반성했다. 특히 프리드만은 k가 채권이나 주식의 수익률, 예상물가상승률의 영향을 받는다고 보았다. 그래서 등장한 것이 $M^d = k(r)PY$라는 신화폐수량설이다.

③ 케인즈는 유동성선호설에서 이자율에 민감한 투기적 동기의 화폐수요를 매우 중시했

다. 그의 철학을 계승한 케인지언 역시 화폐수요가 이자율에 대해 민감하게 반응한다고 인식했다. 즉 **케인지언은 화폐수요가 이자율에 대해 탄력적이라고 여긴다**는 뜻이다.

반면 통화주의학파는 신화폐수량설에 나타나 있듯이 화폐수요함수가 이자율에 반응을 하긴 하지만 케인지언이 생각하는 것처럼 민감하게 반응하는 것은 아니라고 생각했다. 즉 **통화주의학파는 화폐수요가 이자율에 대해 비탄력적이라고 보았다.**[7]

4) 총생산함수와 생산물시장의 균형조건에 대한 기본 입장

① 케인지언의 총생산함수는 단기와 장기로 구분된다. 단기 총생산함수는 $Y = F(L\,;\overline{K})$, 단, K는 $\overline{K}$로 일정이고, 장기 총생산함수는 $Y = F(L, K)$로 정의된다. 또한 생산물시장의 균형조건은 $I^D(r) + G = S(Y) + T$이다.

② 통화주의학파의 총생산함수도 단기와 장기로 구분된다. 단기 총생산함수는 $Y = F(L\,;\overline{K})$, 단, K는 $\overline{K}$로 일정이고, 장기 총생산함수는 $Y = F(L, K)$로 정의된다. 또한 생산물시장의 균형조건은 $I^D(r) + G = S(Y) + T$이다.

③ 이 항목에 있어서도 두 학파의 기본 입장은 동일하다.

5) 물가와 명목임금의 변화에 대한 기본 입장

① 케인지언은 물가(P)나 명목임금(W)과 같은 경제변수가 비교적 느리게 변화한다고 생각했다. 또 케인지언은 경제주체가 단기에는 적응적 기대를 하기 때문에 $P^e \neq P$이지만, 장기에는 적응적 기대를 극복함으로써 $P^e = P$를 달성한다고 보았다.

② 통화주의학파는 물가(P)나 명목임금(W)과 같은 경제변수가 상대적으로 빠르게 변화한다고 생각했다. 또 통화주의학파는 경제주체가 단기에는 적응적 기대를 하기 때문에 $P^e \neq P$이지만, 장기에는 적응적 기대를 극복함으로써 $P^e = P$를 달성한다고 생각했다.

---

7. 화폐수요가 이자율에 비탄력적이면 LM곡선은 가파르고, 화폐수요가 이자율에 탄력적인 경우에는 LM곡선이 완만해진다. 이는 [보론 11-3]에서 상세하게 증명할 것이다. 독자들이 그것에 대해 철저하게 학습해주길 기대한다. 왜냐하면 그것 역시 각종 경제 관련 시험에서 종종 출제되고 있기 때문이다.

보론 11-1 적응적 기대가설에 대한 요약

적응적 기대가설의 주창자는 필립 카간(P. Cagan)이다. 그는 "경제주체가 물가를 예상할 때는 과거의 경험을 활용해서 미래의 물가를 예측하고, 만약 그 예측이 빗나갔을 때는 기대치의 오차를 재수정해 나간다"라고 주장했다. 또 그는 "단기에는 기대물가(P^e)와 실제물가(P)가 일치하지 않지만 장기에는 기대물가(P^e)와 실제물가(P)가 일치한다"고 주장했다. 하지만 **적응적 기대가설은 미래에 대한 정보와는 무관하게 실제로 실현된 과거의 경험들에 의해서만 기대가 형성된다**는 데 심각한 문제가 있다. 바로 이러한 특성이 체계적인 예측 오차를 낳게 만드는 근본 원인이다. 또 적응적 기대가설은 물가 이외에 다른 중요한 정보가 존재하는 경우에도 그것을 활용해서 기대를 형성하지 않는다는 점에서 합리적 기대와 분명하게 차별된다.

㉮ 적응적 기대에 대한 수식적 표현

ⓐ 적응적 기대를 하나의 수식으로 나타내면 $P_t^e = P_{t-1}^e + \theta(P_{t-1} - P_{t-1}^e)$ (단, $0 \leqq \theta \leqq 1$)와 같다. 이 식에서 아래 첨자는 기대 시점을 나타낸다. 즉 P_{t-1}은 $t-1$기의 실제물가이다. $t-1$기에 경제주체는 1년 후인 t기에 대해 기대를 하고 의사결정을 시도한다. 그것을 P_t^e라고 하자. P_{t-1}^e는 경제주체들이 $t-2$기 시점에서 $t-1$기의 물가에 대한 기댓값을 말한다.

ⓑ $P_t^e = P_{t-1}^e + \theta(P_{t-1} - P_{t-1}^e)$ (단, $0 \leqq \theta \leqq 1$)은 실제로 기대가 형성되는 방식을 설명한다. 경제주체가 $t-2$기에 1년 후의 물가지수가 100에서 103으로 인상할 것으로 기대를 했다고 가정하자. 그러면 $P_{t-1}^e = 103$이다. 그런데 $t-1$기의 실제물가지수가 105였다면 $P_{t-1} = 105$가 된다. 또 θ는 예측 오차를 얼마만큼 반영시킬 것인가를 나타내는 지표다. $\theta = 0$은 예측 오차를 전혀 반영하지 않는 경우이고, $\theta = 1$은 예측 오차를 완전하게 반영한 경우다. 가령 $\theta = 0$이면 $P_t^e = P_{t-1}^e$가 된다. 이는 과거의 기대가 지속됨을 의미한다. $\theta = 1$이면 $P_t^e = P_{t-1}$이 된다. 즉 $t-1$기의 물가가 1년 후인 t기 물가에 대한 기댓값이 된다. 하지만 적응적 기대론자들은 θ가 $0 \leqq \theta \leqq 1$의 값을 갖는다고 주장한다. 위의 사례에서 $\theta = \frac{1}{2}$이라고 가정하고 P_t^e를 구해보자.

$$P_t^e = P_{t-1}^e + \theta(P_{t-1} - P_{t-1}^e) \Rightarrow \mathbf{104} = 103 + \frac{1}{2}(105 - 103)$$

㉯ 적응적 기대는 체계적인 오류를 범할 수밖에 없는 내재적 한계를 갖는다!

ⓐ 체계적인 오류(systematic error)를 범한다는 의미는 오류가 계속되더라도 경제주체가 그 오류를 완전하게 시정하지 않는 경우를 지칭한다. 적응적 기대를 하면 경제주체들은 예측 오차를 θ만큼만 반영해서 새로운 물가를 기대하기 때문에 예측 오차는 단기적으로 해소되지 않고 같은 실수가 지속적으로 반복되는 특성을 갖게 된다.

ⓑ $P_t^e = P_{t-1}^e + \theta(P_{t-1} - P_{t-1}^e)$(단, $0 \leqq \theta \leqq 1$)를 $P_t^e = \theta P_{t-1} + (1-\theta)P_{t-1}^e$(단, $0 \leqq \theta \leqq 1$)로 바꿔 보자. $t-1$기에 1년 후의 물가, 즉 t기의 물가를 기대한다고 하면 P_t^e가 된다. P_t^e는 $t-1$기의 실제물가 P_{t-1}과 $t-2$기 시점에서 1년 후인 $t-1$기에 기대되는 물가인 P_{t-1}^e의 가중 평균값으로 정의된다. 그런데 경제주체들이 적응적 기대를 과거부터 지속적으로 해왔다면 $P_t^e = \theta P_{t-1} + (1-\theta)P_{t-1}^e$는 다음과 같이 바꿀 수 있다.

$$\begin{aligned} P_t^e &= \theta P_{t-1} + (1-\theta)P_{t-1}^e = \theta P_{t-1} + (1-\theta)[\theta P_{t-2} + (1-\theta)P_{t-2}^e] + \cdots\cdots \\ &= \theta P_{t-1} + \theta(1-\theta)P_{t-2} + (1-\theta)^2 P_{t-2}^e + \cdots\cdots \end{aligned}$$

결국 t기의 물가에 대한 적응적 기대는 과거부터 $t-1$기 시점까지 실제로 경험했던 물가 P_{t-1}, P_{t-2}, P_{t-3}, …… 등을 가중평균시켜 결정된 것임을 보여준다. 또 θ의 크기는 0과 1 사이에 있기 때문에 각 항에 부여된 가중치의 크기는 과거로 가면 갈수록 작아진다는 특성이 있다. 위 식을 보면 미래에 대한 물가 관련 정보가 하나도 없다. 오로지 과거의 물가 정보만 존재할 뿐이다. 더욱이 적응적 기대를 하는 경우에는 물가 이외의 다른 거시경제 변수에 대한 정보도 필요하지 않음을 잘 보여준다. 그것 또한 체계적인 오류를 범하게 만드는 하나의 요인으로 작용한다.

2.3 단기 재정정책과 통화정책의 상대적 유효성 평가

이제 우리는 경기침체 시, 확대재정정책과 확대통화정책을 실행할 경우 어느 정책이 상대적으로 더 유효한가라는 문제를 살펴보기 위한 만반의 준비작업을 마쳤다. 앞서 살펴본 것처럼 케인지언의 IS곡선은 기울기가 가파르고 LM곡선의 기울기는 완만하다. 반면 통화주의학파의 IS곡선은 기울기가 완만하고 LM곡선은 기울기는 가파르다. 또 정부의 확대재정정책은 IS곡선의 우측 이동을 의미하고, 확대통화정책은 LM곡선의 우측 이동으로 나타난다.

1) 확대재정정책의 경우

[그림 11-3]은 케인지언과 통화주의학파의 확대재정정책을 나타낸다. [그림 11-3]의 (a) 그래프는 케인지언의 확대재정정책을, (b) 그래프는 통화주의학파의 확대재정정책을 나타낸다. 여기서 $LM(K)$는 케인지언의 LM곡선, $LM(M)$은 통화주의학파의 LM곡선을 의미한다. 단, 두 학파 간에 IS곡선의 기울기는 달라도 IS곡선의 이동 폭은 동일하다는 점에 유의해야 한다.

[그림 11-3] 재정정책의 상대적 유효성에 대한 평가

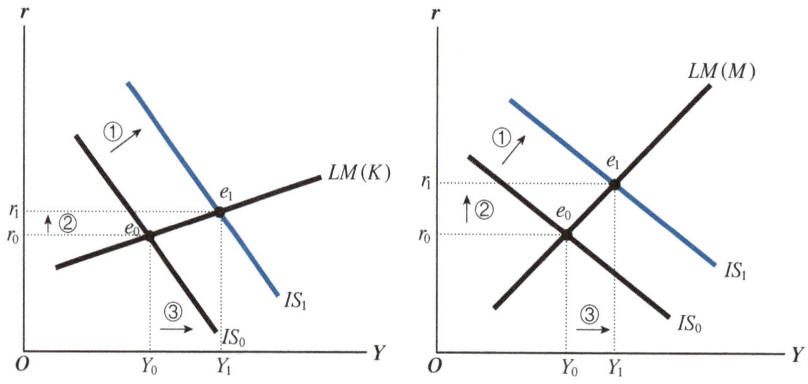

(a) 케인지언 (b) 통화주의학파

① 케인지언의 경우 확대재정정책을 실행(①)하면 이자율이 r_0에서 r_1으로 상승(②)하고 균형 실질 GDP는 Y_0에서 Y_1으로 증가(③)한다.

② 통화주의학파의 경우 확대재정정책을 실행(①)하면 이자율이 r_0에서 r_1으로 상승(②)하고 균형 실질 GDP는 Y_0에서 Y_1으로 증가(③)한다.

③ 확대재정정책을 실행한 결과, 케인지언과 통화주의학파 모형에서 모두 균형 실질 GDP가 증가하고 이자율은 상승한다. 하지만 GDP와 이자율의 증가 폭은 서로 다르다. 특히 균형 실질 GDP 증가분(Y_0Y_1)을 비교해보면 케인지언의 정책효과(Y_0Y_1)가 통화주의학파의 정책 효과(Y_0Y_1)보다 훨씬 더 크다는 것을 확인할 수 있다.

2) 확대통화정책의 경우

[그림 11-4]는 케인지언과 통화주의학파의 확대통화정책을 보여준다. [그림 11-4]의 (a) 그래프는 케인지언의 확대통화정책, (b) 그래프는 통화주의학파의 확대통화정책을 나타낸다. [그림 11-4]에서 $IS(K)$는 케인지언의 IS곡선, $IS(M)$은 통화주의학파의 IS곡선이다. 또한 [그림 11-4]는 통화량의 증대를 통한 확대통화정책으로 LM곡선이 우측으로 이동한 것을 보여준다. 이때 LM곡선의 우측 이동 폭은 두 학파 간에 동일해야 한다. 그래야만 케인지언과 통화주의학파 간에 확대통화정책의 효과를 객관적으로 평가할 수 있기 때문이다.

[그림 11-4] 통화정책의 상대적 유효성에 대한 평가

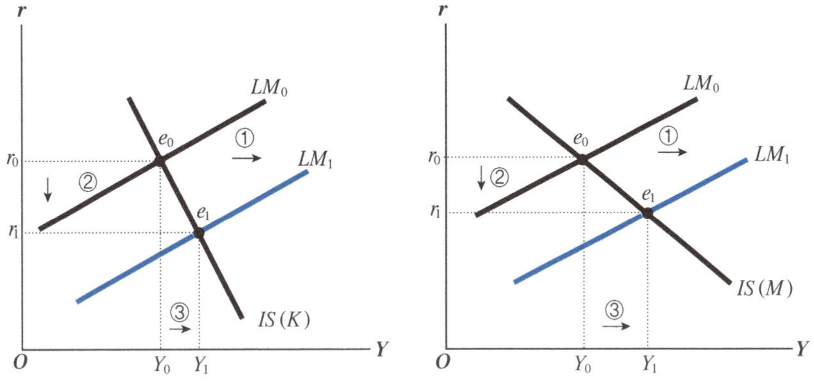

(a) 케인지언 (b) 통화주의학파

① 케인지언의 경우 확대통화정책을 실행(①)하면 이자율이 r_0에서 r_1으로 하락(②)하고 균형 실질 GDP는 Y_0에서 Y_1으로 증가(③)한다.

② 통화주의학파의 경우 확대통화정책을 실행(①)하면 이자율이 r_0에서 r_1으로 하락(②)하고 균형 실질 GDP는 Y_0에서 Y_1으로 증가(③)한다.

③ 확대통화정책의 실행 결과, 케인지언과 통화주의학파 모형에서 모두 균형 실질 GDP는 증가하고 이자율은 하락한다. 하지만 GDP의 증가 폭과 이자율의 하락 폭은 서로 다르다. 특히 균형 실질 GDP 증가분(Y_0Y_1)을 비교해보면 통화주의학파의 GDP 증가분이 케인지언의 그것보다 훨씬 더 크다는 것을 확인할 수 있다.

3) 정책적 시사점

① [그림 11-3]과 [그림 11-4]를 통해 살펴보았듯이 케인지언의 경우 확대재정정책의 효과는 큰 반면, 확대통화정책의 효과는 상대적으로 작게 나타났다. 확대재정정책은 승수효과를 통해 GDP를 크게 증가시켰지만, 확대통화정책은 전달 경로가 긴 데다 투자가 이자율에 비탄력적인 특성 때문에 GDP 증가에 큰 영향을 미치지 못했다. 따라서 케인지언은 **단기 안정화정책으로 확대재정정책이 확대통화정책보다 상대적으로 유효하다고 말할 수 있다.**

② 통화주의학파의 경우 확대통화정책의 효과는 큰 반면, 확대재정정책의 효과는 상대적으로 작게 나타났다. 확대재정정책의 효과가 상대적으로 미약했던 결정적인 이유는 구축효과 때문이다. 즉 정부지출의 증대에 따른 이자율 상승이 소비지출과 투자수요

를 감소시켰기 때문이다. 반면 확대통화정책의 효과가 컸던 이유는 투자수요의 이자율 탄력도가 큰 데 있다. 통화주의학파는 '통화량 증대 ⇒ 이자율 하락 ⇒ 큰 폭의 투자 증대 ⇒ 큰 폭의 GDP 상승'의 논리를 믿는 사람들이다. 따라서 **통화주의학파는 단기 안정화정책으로 확대통화정책이 확대재정정책보다 상대적으로 유효하다고 주장한다.** 다만 통화주의학파는 정부의 재량적인 통화정책보다는 준칙(rule)에 입각한 통화정책을 실시할 것을 권고한다. 그것은 현실경제에 대한 경제주체들의 불완전한 지식과 정보, 그리고 경제정책에 내재된 시차(time-lag) 때문이다.

보론 11-2 투자수요의 이자율 탄력도와 *IS*곡선의 형태

투자수요의 이자율 탄력도는 *IS*곡선의 기울기를 결정하는 핵심요인이다. 우리는 제8장의 *IS*-*LM* 모형에서 *IS*곡선의 도출 과정을 상세하게 학습했다. 여기서도 그 논리를 그대로 수용해서 투자수요의 이자율 탄력도와 *IS*곡선의 형태에 대해 살펴보기로 한다.

[그림 11-5]의 (I) 영역에는 이자율(r)과 총수요($C+I^D+G$)의 관계를 설명해주는 두 개의 곡선이 그려져 있다. 케인지언의 곡선에는 I_K를 붙였고 통화주의학파의 곡선은 I_M으로 표기했다. [그림 11-5]에서 보듯이 케인지언의 I_K곡선이 통화주의학파의 I_M곡선보다 기울기가 가파르다. 이는 케인지언이 생각하는 투자수요의 이자율 탄력도가 통화주의학파의 그것에 비해 비탄력적이기 때문이다.

[그림 11-5] 투자수요의 이자율 탄력도와 *IS*곡선의 형태

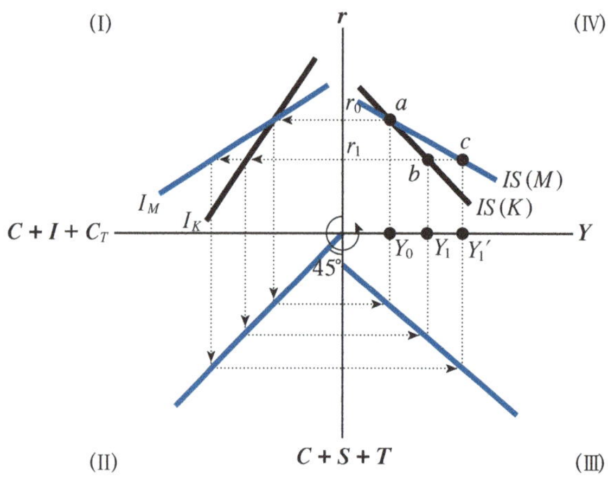

이제 *IS*곡선의 도출 순서인 I 영역 ⇒ II 영역 ⇒ III 영역 ⇒ IV 영역으로 따라가면서 케인지언의 *IS*곡선과 통화주의학파의 *IS*곡선을 도출해보자. 최초의 균형이자율 r_0에서 출발해서 (I) 영역 ⇒ (II)

영역 ⇒ (Ⅲ) 영역 ⇒ (Ⅳ) 영역으로 가면 최종적으로 균형 GDP Y_0를 만날 수 있다. 또 균형이자율이 r_0에서 r_1으로 하락할 때, (Ⅰ) 영역의 케인지언 곡선(I_K)을 추적해서 (Ⅱ) 영역 ⇒ (Ⅲ) 영역 ⇒ (Ⅳ) 영역으로 따라가면 새로운 균형 GDP Y_1을 만나게 된다. 이때 최초의 균형점인 a점(r_0, Y_0)과 나중의 균형점인 b점(r_1, Y_1)을 연결하면 케인지언의 IS곡선인 $IS(K)$가 도출된다.

한편, 균형이자율이 r_0에서 r_1으로 하락할 때, (Ⅰ) 영역의 통화주의학파 곡선(I_M)을 추적해서 (Ⅱ) 영역 ⇒ (Ⅲ) 영역 ⇒ (Ⅳ) 영역으로 따라가면 새로운 Y_1'를 만날 수 있다. 최초의 균형점인 a점(r_0, Y_0)과 나중의 균형점인 c점(r_1, Y_1')을 연결하면 통화주의학파의 IS곡선인 $IS(M)$이 도출된다. 그런데 [그림 11-5]에서 볼 수 있듯이 $IS(M)$이 $IS(K)$보다 완만하게 도출된다. 이를 종합하면 **'투자수요의 이자율 탄력도가 비탄력적일수록 IS곡선의 기울기는 가파르다'** 는 것을 알 수 있다.

보론 11-3 화폐수요의 이자율 탄력도와 LM곡선의 형태

화폐수요의 이자율 탄력도는 LM곡선의 기울기를 결정하는 핵심요인이다. 우리는 제8장의 IS-LM 모형에서 LM곡선의 도출 과정을 학습한 바 있다. 여기서도 그 논리를 그대로 차용해서 화폐수요의 이자율 탄력도와 LM곡선의 형태에 대해 살펴보고자 한다. [그림 11-6]을 보면 (Ⅰ) 영역, (Ⅱ) 영역, (Ⅲ) 영역, (Ⅳ) 영역으로 구분되어 있다. (Ⅰ) 영역은 GDP와 거래적 및 예비적 동기의 화폐수요, (Ⅱ) 영역은 화폐시장의 균형조건, (Ⅲ) 영역은 투기적 동기의 화폐수요와 이자율의 관계를 나타낸 것이다. 이때, LM곡선의 도출방법은 균형 GDP인 Y_0로부터 출발해서 균형이자율을 도출할 때까지 (Ⅰ) 영역 ⇒ (Ⅱ) 영역 ⇒ (Ⅲ) 영역 ⇒ (Ⅳ) 영역을 따라가면 된다.

[그림 11-6] 화폐수요의 이자율 탄력도와 LM곡선의 형태

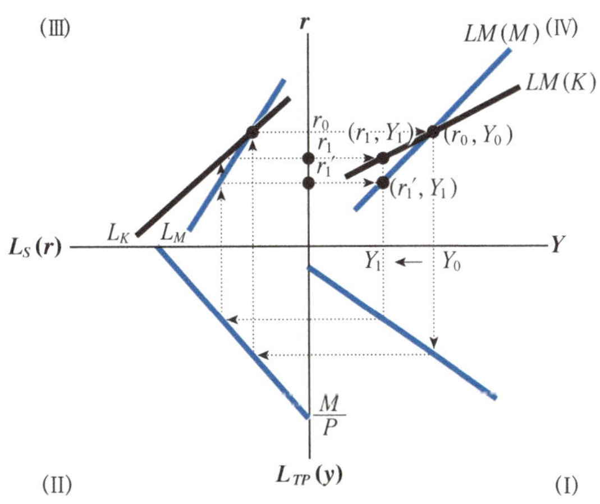

[그림 11-6]의 (Ⅲ) 영역을 보면 두 개의 곡선이 그려져 있다. 곡선 L_K는 케인지언이 생각하는 투기적 동기의 화폐수요곡선이고 곡선 L_M은 통화주의학파가 생각하는 투기적 동기의 화폐수요곡선이다. [그림 11-6]에서 보듯이 곡선 L_M의 기울기가 곡선 L_K보다 가파르다. 이것은 케인지언이 생각하는 투기적 동기의 화폐수요가 통화주의학파의 그것에 비해 이자율에 더 민감하다는 얘기다.

이제 케인지언과 통화주의학파의 LM곡선을 도출해보자. 최초의 균형 GDP인 Y_0로부터 출발해서 (Ⅰ) 영역 ⇒ (Ⅱ) 영역 ⇒ (Ⅲ) 영역 ⇒ (Ⅳ) 영역을 따라가면 최초의 균형이자율 r_0를 만난다. 균형 GDP가 Y_0에서 Y_1로 하락하면 (Ⅰ) 영역과 (Ⅱ) 영역을 통과한 다음 (Ⅲ) 영역의 곡선 L_K와 만나는 균형이자율은 r_1이다. 같은 논리로 곡선 L_M과 만나는 균형이자율은 r_1'이다. 최초 균형점인 (r_0, Y_0)와 나중의 균형점(r_1, Y_1)을 연결한 것이 케인지언의 LM곡선인 $LM(K)$이고, 최초 균형점인 (r_0, Y_0)와 나중의 균형점(r_1', Y_1)를 연결한 것이 통화주의학파의 LM곡선인 $LM(M)$이다. 이를 종합하면 우리는 다음과 같은 결론을 내릴 수 있다. 화폐수요의 이자율 탄력도가 비탄력적일수록 LM곡선의 기울기는 가파르게 된다.

2.4 경제정책에 내재된 시차 문제

케인지언은 시장경제를 근본적으로 불안정한 대상으로 인식했다. 그들은 투자가 소비에 비해 등락(騰落)이 심하고 금융부문은 실물부분에 비해 매우 불안정하다고 인식했다. 또 모든 것을 민간경제에 일임할 경우 경제가 완전고용을 달성한다는 보장이 없다고 생각했다. 게다가 케인지언은 경제의 불안정성과 과소고용을 시장실패로 간주했다. 따라서 정부는 그의 치유를 위해 경제에 적극 개입해야 한다는 것이 그들의 기본 입장이다. 이와 같은 케인지언의 적극적인 정부개입 정책을 재량정책(discretionary policy)이라고 말한다.

[그림 11-7] 경제안정화정책에 있어서의 시차 문제

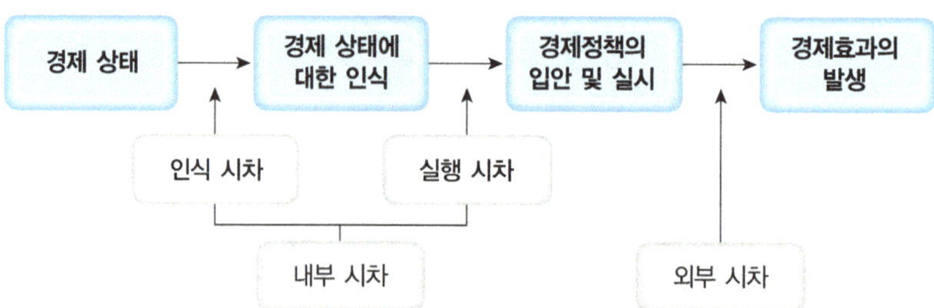

케인지언의 이런 입장에 대해 반기를 든 것은 통화주의학파였다. 그들은 경제 불안정의 근본 원인이 정부의 무분별한 개입에 있다고 주장하면서 경제안정을 위해서는 일정한 준칙을 마련한 후 그것을 일관되게 추진하는 것이 바람직스럽다는 입장을 견지했다. 그들이 그에 대한 논거로 제시한 것이 바로 경제정책에 내재된 시차 문제였다.

1) **내부 시차**(inside lag) : 인식 시차와 실행 시차를 포함하는 개념이다.

① 현실경제를 진단하고 문제점을 파악하는 데 소요되는 시차를 '인식 시차(recognition lag)' 라고 말한다. 일반적으로 경제주체들은 현실경제를 척 보고 "호황이다, 불황이다" 라고 판단하기가 쉽지 않다. 어느 정도 경제가 확장(or 수축) 국면에 접어들고 난 이후에야 비로소 현실의 경제 상태를 알 수 있다. 이때까지 소요되는 시간이 바로 인식 시차이다.

② 또 현실경제 상태가 불황(or 호황) 국면이라고 인식했더라도 정부 부처 간의 조율과 이해집단의 의견까지 충분히 수렴해서 정부 정책을 입안하고 국회 동의까지 받아야만 정부 예산을 집행할 수 있다. 이때 소요되는 기간은 우리들이 생각하는 것보다 훨씬 길다. 이런 시차를 '실행 시차(implementation lag)' 라고 말한다.

2) 외부 시차(outside lag)는 정부가 경제안정화정책을 실행하고 난 후, 그에 따른 경제적 효과가 나타나기까지 걸리는 시차를 의미한다.

통화주의학파는 내부 시차와 외부 시차가 매우 길고 가변적이라고 주장했다. 따라서 케인지언의 재량적인 경제정책은 한낱 '뒷북정책' 으로 전락할 개연성이 높다는 것이다. 일례로 경기(景氣)가 저점을 통과해서 회복 국면으로 한창 진행 중일 때, 인식 시차와 실행 시차로 인한 때늦은 고강도 경기부양책을 실행하면 그 폐해는 의외로 심각할 수 있다는 것이다. 외부 시차로 인해 정부 정책의 효과가 호경기 때 나타날 경우, 현실경제를 더욱더 과열 상태로 몰고 갈 가능성이 있다. 이런 관점에서 통화주의학파는 경기에 상관없이 화폐공급량을 매년 일정 비율로 늘리는 'k% 준칙' 을 적극 권고한다. 참고로 **거시경제학의 중론은 정책 시차는 재정정책과 통화정책 모두에서 발생한다는 입장이다. 다만 재정정책은 내부 시차가 외부 시차보다 길고, 통화정책은 그 반대라고 알려져 있다.**

2.5 *AD*곡선의 기울기에 대한 케인지언과 통화주의학파의 견해 차이

케인지언이 생각하는 *AD*곡선과 통화주의학파가 생각하는 *AD*곡선 중에서 어느 쪽의 기울기가 상대적으로 더 가파를까? 이 질문에 대한 정답은 [그림 11-8]에서 보는 바와 같이 케인지언이 생각하는 *AD*곡선의 기울기가 통화주의학파의 그것보다 가파르다. 여기서는 그 이유에 대해 알아보자. 이미 우리는 제8장의 *IS-LM* 모형을 통해 *AD*곡선을 도출한 바 있다.

[그림 11-8] *AD*곡선의 기울기에 대한 두 학파의 견해 차이

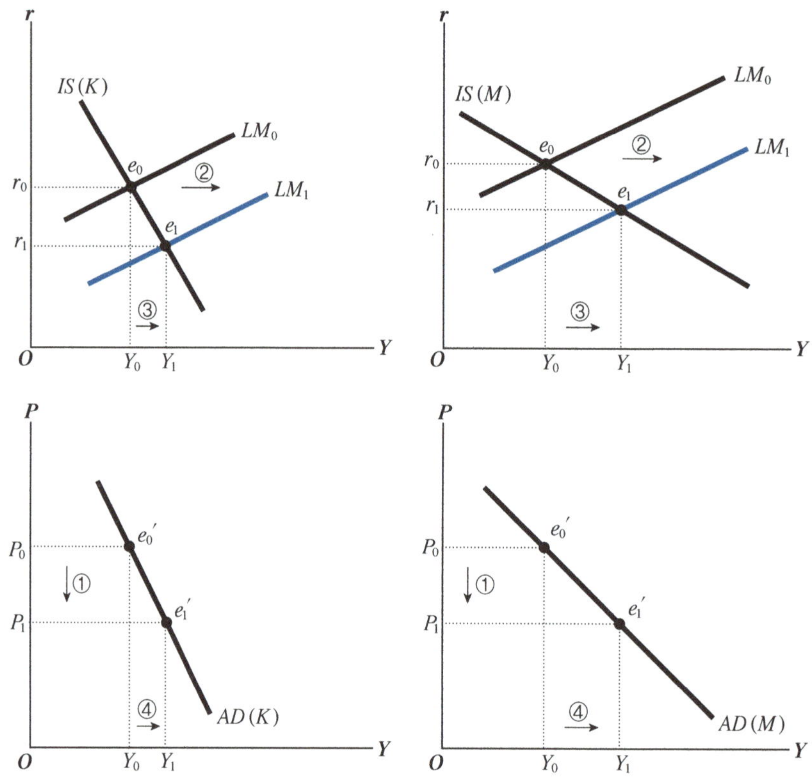

(a) 케인지언의 *AD*　　　　(b) 통화주의학파의 *AD*

[그림 11-8]의 (a) 그래프는 케인지언의 *IS-LM*곡선과 *AD*곡선을 보여준다. (a) 그래프의 상단과 하단에서 최초 균형점은 $e_0(r_0, Y_0)$와 $e_0'(P_0, Y_0)$로 주어졌다. 이때 물가(P)가 P_0에서 P_1으로 하락(①)하면 *LM*곡선은 LM_0에서 LM_1으로 이동(②)한다. 그 결과 새로운 균형점은 $e_1(r_1, Y_1)$과 $e_1'(P_1, Y_1)$으로 결정(③, ④)된다. (a) 그래프의 하단에서 균형점 e_0'과 e_1'을 연결하면 가파르게 우하향하는 *AD*곡선이 도출된다.

한편, [그림 11-8]의 (b) 그래프는 통화주의학파의 $IS-LM$곡선과 AD곡선을 나타낸다. (b) 그래프의 상단과 하단에서 최초 균형점은 $e_0(r_0, Y_0)$와 $e_0'(P_0, Y_0)$으로 주어졌다. 이때 물가(P)가 P_0에서 P_1으로 하락(①)하면 LM곡선은 LM_0에서 LM_1으로 이동(②)한다. 그 결과 새로운 균형점은 $e_1(r_1, Y_1)$과 $e_1'(P_1, Y_1)$으로 결정(③, ④)된다. (b) 그래프의 하단에서 균형점 e_0'과 e_1'을 연결하면 완만하게 우하향(右下向)하는 AD곡선이 도출된다. (a) 그래프 하단의 AD곡선과 (b) 그래프 하단의 AD곡선 기울기를 비교하면 (a) 그래프 하단의 AD곡선 기울기가 훨씬 더 가파른 것을 알 수 있다. 이렇게 된 이유는 **케인지언들이 투자수요가 이자율에 비탄력적이라는 시각을 갖고 있기 때문**이다.

참고로 우리는 제9장에서 통화주의학파의 단기 총공급(SAS) 곡선의 기울기가 케인지언의 그것보다 가파르다는 것을 입증한 바 있다. 그렇게 된 핵심요인은 통화주의학파가 케인지언에 비해 노동자를 더 똑똑한 대상으로 인식하고 있기 때문이다.

케인지언과 통화주의학파는 단기모형을 설정하면서 적응적 기대를 상정했다. 즉 기업보다 정보가 부족한 노동자들은 적응적 기대를 하기 때문에 단기에는 $P^e \neq P$가 될 수밖에 없다고 주장했다. 그로 인해 단기 총공급(SAS)곡선이 우상향(右上向)했던 것이다. 그렇다면 똑같이 적응적 기대를 하는데도 통화주의학파의 SAS곡선의 기울기가 케인지언의 그것보다 가파른 이유는 어떻게 설명할 수 있을까? 그것은 기대계수(φ')의 크기가 서로 다른 데 있다. $P^e = \varphi(P)$라 가정할 때 $\varphi' = \frac{\Delta P^e}{\Delta P}$로 정의된다. 이때 통화주의학파의 φ'가 케인지언의 φ'보다 크다는 의미다. 이는 통화주의학파가 생각하는 노동자들이 케인지언이 생각하는 노동자들보다 현실물가(P)에 좀 더 근접하는 기대를 한다는 얘기다.

2.6 케인지언과 통화주의학파의 장기모형

1) 장기모형을 위한 기본 가정

① 단기 총생산함수는 $Y = F(L;\overline{K})$, 단, K는 $\overline{K}$로 일정이다. 그러나 장기 총생산함수는 고정요소가 존재하지 않는 $Y = F(L, K)$으로 정의된다.

② 케인지언과 통화주의학파는 단기모형을 설정하면서 노동자들의 적응적 기대를 가정했다. 따라서 단기에는 노동자들의 기대물가(P^e)가 현실물가(P)에 미치지 못한다. 즉 $P^e \neq P$이기 때문에 단기 총공급(SAS)곡선은 우상향한다. 다만, [그림 11-9]에서 보

는 것처럼 통화주의학파의 *SAS*곡선인 *SAS*(*M*)이 케인지언의 *SAS*(*K*)보다 기울기가 가파르다. 그러나 장기에는 기업뿐 아니라 노동자들도 적응적 기대에서 벗어나기 때문에 평균적으로 기대물가와 현실물가는 일치한다. 즉 $P^e = P$가 된다는 얘기다.

③ 이제 케인지언과 통화주의학파의 장기총공급(*LAS*) 곡선을 도출해보자. $P^e = P$가 되면 케인지언과 통화주의학파의 노동시장은 고전학파의 노동시장과 똑같다. 따라서 *LAS* 곡선은 수직선이 된다. 하지만 이 *LAS*곡선이 고전학파 모형의 *AS*곡선과 다른 것이 2개 있다.

하나는 그것은 고전학파 모형에서는 완전고용국민소득(Y_F)에서 수직선이지만 케인지언과 통화주의학파는 자연생산량(Y_N)에서 수직선이 된다는 점이다. [그림 11-9]의 (b) 그래프에 있는 Y_N이 바로 자연생산량을 의미한다. 다른 하나는 고전학파의 *AS*곡선은 단기와 장기의 구분이 없는 데 반해 케인지언과 통화주의학파의 *AS*곡선에는 장 · 단기의 구분이 필요하다는 사실이다.

[그림 11-9] 케인지언과 통화주의학파의 장 · 단기 *AS*곡선의 형태

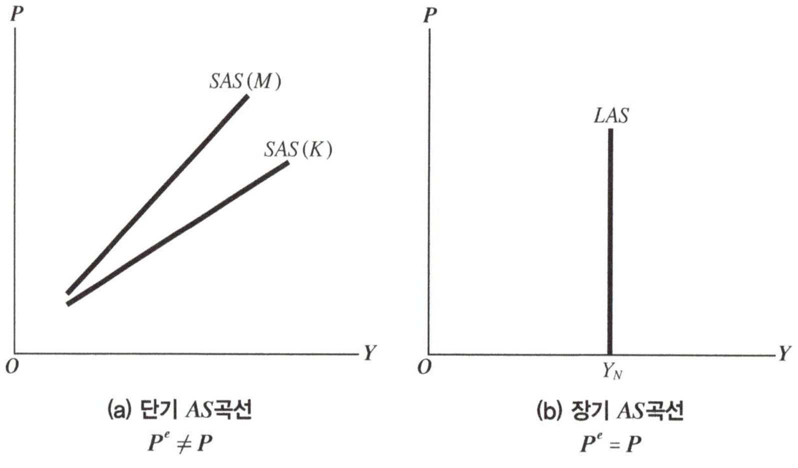

2) 정책적 시사점

① *LAS*곡선이 수직선이면 정부의 재량적인 총수요관리정책이 실질 GDP나 고용 등과 같은 실물변수에 아무런 영향을 미치지 못한다. 단지 물가 상승만 부채질할 따름이다. 실제로 **케인지언과 통화주의학파는 모두 '장기에는 총수요관리정책이 경제안정화정책으로서 무력하다'는 점을 인정했다.**

② 하지만 단기 안정화정책에 대해서는 케인지언과 통화주의학파 간의 입장 차이가 분명

하게 나타난다. 케인지언은 시장에서 단기 불균형이 발생할 경우, '보이지 않는 손'의 자기 보정적 기능이 작동해서 자연생산량(Y_N) 수준으로 복귀하기까지 꽤 많은 시간이 소요된다고 강조한다. 따라서 그때까지 경제주체들이 감내해야 할 고통이 너무 크기 때문에 정부가 단기 총수요관리정책을 실행해서 그 고통을 줄여주어야 한다고 주장한다.

반면, 통화주의학파는 시장에서 단기적으로 불균형이 발생해도 시장의 자기 보정적 기능에 의해 자연생산량(Y_N) 수준으로 복귀한다고 확신한다. 따라서 경제를 함부로 왜곡시키고 불안하게 만드는 정부의 재량적 정책보다는 준칙에 입각한 통화정책을 일관되게 펼쳐나가는 것이 경제안정을 위해 훨씬 더 바람직스럽다고 강조한다.

3 새고전학파와 새케인지언의 상호 비교

3.1 학파의 등장 배경과 대표 경제학자

1) **새고전학파**(New Classical School)

① 새고전학파는 케인지언에 대해 두 가지를 비판하면서 경제학계에 등장했다. 하나는 총수요에만 중점을 두는 케인지언의 경제적 사고(思考)로는 인플레이션(inflation)과 경기후퇴(stagnation)가 공존하는 스태그플레이션(stagflation) 현상을 설명할 수 없을 뿐만 아니라 해결책도 내놓을 수 없다고 비판했다. 다른 하나는 로버트 루카스(R. Lucas)를 비롯한 일련의 경제학자들은 케인지언이 경제주체들의 합리적 기대를 무시하는 등의 오류를 범했다고 주장했다.

② 새고전학파의 경제사상적 뿌리는 고전학파에 있으며, 그들은 고전학파가 주장했던 것처럼 정부의 재량적인 총수요관리정책은 무력하다고 주장한다. 다만, 고전학파와 다른 점이 있다면 장·단기(長短期)라는 시간 개념과 기대변수를 경제이론에 명시적으로 도입했다는 사실이다. 새고전학파를 대표하는 경제학자로는 토마스 사전트(T. Sargent), 로버트 루카스(R. Lucas), 에드워드 프레스콧(E. Prescott), 로버트 배로(R.J. Barro), 핀 키들랜드(F. Kydland), 존 롱(J. Long), 찰스 플로서(C. Plosser) 등이

있다.

2) 새케인지언(New Keynesian)

① 새케인지언의 등장은 새고전학파의 도전에 대한 젊은 케인지언의 새로운 응전(應戰)이라고 볼 수 있다. 새케인지언은 새고전학파가 제기한 합리적 기대가설을 기꺼이 수용했다. 하지만 시장이 항상 균형 상태를 유지하며 물가나 명목임금과 같은 가격변수들이 상 · 하 신축적이며 신속하게 조정된다는 새고전학파의 경제 인식을 비판하며 시장 불균형이론을 제기했다. 새케인지언은 가격변수(상품가격, 임금, 이자율 등)의 경직성이 시장 불균형의 원천이라고 판단하고 미시경제학적 기초 위에서 그 원인을 규명하는 데 주력했다.

② 새케인지언의 경제사상적 뿌리는 케인즈에 있으며 가격변수가 경직성을 띠는 한, 정부의 단기 총수요관리정책은 여전히 유효하다는 입장을 견지한다. 대표적인 경제학자로는 니콜라스 그레고리 맨큐(N.G. Mankiw), 조지프 스티글리츠(J. Stiglitz), 폴 로빈 크루그먼(P.R. Krugman), 스탠리 피셔(S. Fischer), 존 브라이언 테일러(J.B Taylor), 조지 아커로프(G. Akerlof), 올리비에 블랜차드(O. Blanchard), 로렌스 볼(L. Ball) 등이 있다.

3.2 현실경제에 대한 두 학파의 경제 인식 차이

1) 분석 툴(tool)

① 새고전학파는 고전학파의 후예(後裔)답게 시장과 균형을 중시한다. 따라서 그들은 본질적으로 미시경제적 접근방법으로 자신들의 경제이론을 새롭게 구축했다.

② 새케인지언은 케인지언이 새고전학파로부터 공격받는 것을 직시하고 그들에게 응전하는 과정에서 가격변수의 경직성과 비(非)신축성을 입증하는 데 주력했다. 이때 그들이 채택한 연구방법론은 시장과 그것의 균형 여부를 중시하는 미시경제적 접근방식이다.

2) 시장의 균형 여부

① 새고전학파는 '보이지 않는 손'의 작동원리에 따라 시장균형이 항상 이루어진다고 본다.

② 반면, 새케인지언은 시장균형은 장기에서나 가능한 일이며, 단기에서는 시장 불균형이 보편적인 현상이라고 주장한다. 또 그들은 가격변수의 경직성과 비(非)신축성이 시장 불균형을 야기하는 핵심요인이라고 간주한다.

표 11-3 새고전학파와 새케인지언 모형의 상호 비교

항목 \ 학파	새고전학파	새케인지언
① 분석 툴(tool)	미시경제적 접근	미시경제적 접근
② 시장균형 여부	시장균형	시장불균형
③ 기대방법	합리적 기대	합리적 기대
④ 정보에 대한 인식	불완전정보	불완전정보
⑤ 가격변수의 경직성 여부	상 · 하 신축적	경직적
⑥ 안정화정책		
▪ 단기	$P^e = P$이면 무력, $P^e < P$이면 유효	$P^e < P$이므로 유효
▪ 장기	$P^e = P$이므로 무력	$P^e = P$이므로 무력

3) 기대(期待)방법

① 새고전학파는 통화주의학파의 기대방식인 적응적 기대는 체계적인 오차만 낳을 수밖에 없다고 진단하고 그에 대한 해결책으로 합리적 기대가설을 주장했다.

② 새케인지언도 새고전학파의 합리적 기대가설이 적응적 기대가설보다 우월하다고 판단하고 그것을 적극 수용했다.

4) 정보관(情報觀)

① 새고전학파는 경제주체가 완전한 정보를 보유하는 것은 현실적으로 불가능하다고 생각했다. 하지만 그런 상황에서도 합리적 기대를 한다면 평균적으로 예측 오차를 제로(0)로 만들 수 있다고 주장했다.

② 이 점에 있어서는 새케인지언도 새고전학파와 별반 다르지 않다.

5) 가격변수의 신축성 여부

① 새고전학파는 가격변수가 상 · 하 신축적이며 시장에서 초과수요나 초과공급이 발생할 경우 그 조정 과정이 매우 빠르게 진행된다고 주장한다.

② 반면, 새케인지언은 케인즈의 후예답게 가격변수는 경직적이며 비(非)신축적인 특성을 갖는다고 주장했다. 따라서 시장의 조정 과정에는 많은 시간이 소요되며 균형 여

부도 불확실하다고 강조한다.

6) 안정화정책[8]

① 새고전학파는 기본적으로 단기와 장기의 *AS*곡선이 수직선이기 때문에 정부의 재량적인 총수요관리정책은 실질 GDP나 고용과 같은 실물부문에 아무런 영향을 미치지 못한다고 주장한다. 다만, 단기적으로 정부가 경제주체들이 예상할 수 없는 비체계적인 방법으로 경제정책을 집행할 경우, 기대물가(P^e)와 현실물가(P) 간에 괴리($P^e \neq P$, $P^e < P$)가 발생함으로써 일시적으로 정책효과가 나타날 수 있다. 그러나 그것은 장기적으로 정부의 신뢰상실이라는 더 큰 폐해를 유발할 수 있기 때문에 정부의 무분별한 개입은 가급적 지양하는 게 바람직스럽다고 생각한다.

② 새케인지언은 장기에 정부의 재량적 총수요관리정책의 효과가 전무(全無)하다는 새고전학파의 입장을 기꺼이 수용한다. 하지만 가격변수의 비신축성과 경직성이 존재하는 단기에는 기대물가(P^e)가 현실물가(P)보다 작기 때문에 단기 총공급(*SAS*)곡선은 우상향한다고 보았다. 따라서 단기에 정부의 재량적 총수요관리정책은 여전히 유효하다는 입장이다.

3.3 합리적 기대가설에 대한 개요

1) 정의

① 합리적 기대란 경제주체가 미래의 경제변수, 그중에서도 특히 물가를 예측할 때 그것에 영향을 미치는 과거의 경험, 현재와 미래의 정부 정책은 물론 이용 가능한 모든 정보를 최적 활용해서 합리적으로 예측하는 것을 의미한다.

② 예측이 합리적이라는 것은 각 경제주체가 자신에게 주어진 모든 정보를 효율적으로

---

8. 경제안정화정책과 관련해서 루카스가 언급한 '거시계량경제학의 정책평가관행에 대한 비판'에 대해서도 학습할 필요가 있다. 루카스는 정부 정책이 바뀌면 그에 따라 경제주체들의 예상은 물론 그들의 행태까지 변한다고 강조했다. 그의 눈에는 케인지언이 비합리적인 존재로 보였던 것이다. 왜냐하면 케인지언은 정부 당국의 거시경제정책이 바뀌더라도 거시계량경제모형의 방정식 계수, 일례로 $I^D = I_0 - cr$, $C = a + b(Y - T)$에서 a, b, c 등이 일정하다고 가정하고 서로 다른 정책효과를 비교한다고 비판했다. 루카스는 경제정책이 바뀌면 방정식의 계수인 a, b, c도 자연스럽게 변한다고 주장했다. 그러면서 케인지언도 현실 적합성이 큰 경제이론을 구축하기 위해서는 미시경제학적 기초 위에서 거시경제모형을 구축해야 한다고 비판했다.

활용함으로써 미래 예측에 있어서 체계적인 실수나 오류를 범하지 않는 것을 말한다. 이 논리를 물가 예측에 적용하면 다음의 ㉠식을 도출할 수 있다.

$$P_t^e = E(P_t \mid \Omega_{t-1}) \quad \cdots\cdots\cdots ㉠$$

단, P_t^e는 t시점에 대한 기대물가, P_t는 t시점의 현실물가, Ω_{t-1}는 $t-1$시점까지의 모든 정보, E는 확률변수의 수학적 기대치를 말한다. 또 $E(P_t \mid \Omega_{t-1})$는 Ω_{t-1}의 정보 하에서 P_t에 대한 조건부 기대치를 의미한다. 참고로 여기서 t기 물가를 기대하는 시점은 $t-1$임을 짐작할 수 있다. 즉 $t-1$기에 각 경제주체는 자신이 얻거나 구할 수 있는 $t-1$시점까지의 모든 정보(Ω_{t-1})를 토대로 t시점의 물가(P_t)에 대한 기대치 $E(P_t \mid \Omega_{t-1})$를 구하고, 그것을 t시점의 기대물가(P_t^e)로 삼을 때, 우리는 그런 예측을 합리적 기대라고 말한다.

한편, 현실물가에 대한 예측이 위에서 정의된 합리성을 충족한다 해도 정보의 불완전성으로 인한 예측 오차가 발생할 수 있다. 예측 오차를 ε_t라고 하면 그것은 다음의 ㉡식으로 정의된다.

$$P_t - P_t^e = P_t - E(P_t \mid \Omega_{t-1}) = \varepsilon_t \quad \cdots\cdots\cdots ㉡$$

정보의 불완전성은 개인이 갖는 정보가 다른 사람이나 정부 당국이 보유한 정보의 양과 질이 다른 데 기인하지만 경우에 따라서는 정보 자체의 구조적 속성에서도 비롯될 수 있다. 또 예측 오차는 경제구조의 급격한 변화나 새로운 충격이 기해졌을 때에도 발생할 수 있다. 그런데 경제주체들이 합리적 기대를 하면 예측 오차(ε_t)의 평균값은 제로(0)가 된다. 이는 경제주체들이 합리적 기대를 한다 해도 정보의 불완전성에서 비롯된 예측 오차가 발생할 수 있지만, 양(+)의 오차와 음(−)의 오차가 서로 상쇄되어 예측 오차(ε_t)의 평균인 $E(\varepsilon_t)$가 제로(0)가 된다는 얘기다. 따라서 합리적 기대를 하면 평균적으로 $P_t = P_t^e$의 조건이 충족된다고 말할 수 있다.

2) 합리적 기대가설에 대한 평가

① 합리적 기대가설은 거시경제학의 발전에 지대한 공헌을 했다. 케인지언의 멤버인 토빈(J. Tobin)은 오래전에 "합리적 기대가설은 제2의 통화주의다"라고 말한 바 있다. 이것은 합리적 기대가설이 통화주의에 뿌리를 두고 있음을 보여주는 동시에 통화주

의와는 또 다른 성격을 지니고 있음을 시사해준다.

② 합리적 기대가설이 거시경제학의 발전한 기여한 점을 구체적으로 언급한다면 크게 세 가지로 요약할 수 있다.

첫째로, 루카스를 비롯한 일련의 경제학자들은 합리적 기대를 거시경제학의 미시적 기초로 도입할 것을 주장했다. 그럼으로써 거시적 성격이 짙었던 통화주의이론에 미시적 분석방법을 제공해서 기존 통화주의이론을 한 단계 발전시킨 공로가 있다.

둘째로, 합리적 기대가설은 정보와 예측의 개념을 경제이론에 명시적으로 도입해서 정부의 정책 추진이나 결과를 평가하는 데 있어서 중요한 시사점을 제공해주었다. 특히 연속적이고 즉각적인 시장균형의 가정과 예측의 합리적 가정에 기초해서 정부의 안정화정책이 장·단기를 불문하고 무력하다는 것을 주장했다.

셋째로, 합리적 기대는 고전학파가 상정했던 **완전예견**(完全豫見)의 가정을 일반화시킨 공로가 크다. 여기서 완전예견이란 기업과 노동자가 전지전능한 존재로 간주하는 것을 말한다. 루카스를 비롯한 새고전학파는 완전정보를 가정하는 대신, 정보의 제한성과 불확실성의 확률모형을 사용해서 가정의 일반화를 도모하면서 고전학파의 완전예견 모형과 똑같은 결론을 도출했다는 점이다.

3.4 새고전학파의 경제이론과 정책적 함의

1) 기본 가정

① 가격변수는 상·하 신축적이며 시장은 항상 균형 상태를 유지한다.

② 개별 경제주체들은 정보가 제한되는 상황에서도 합리적 기대를 하면서 물가를 비롯한 경제변수들의 미래 값을 예측한다.

③ 단기적인 관점에서 정부의 예상 가능하고 체계적인 정책과 그렇지 못한 정부 정책은 국민경제에 미치는 정책효과가 다르게 나타난다.

2) 최적 정책의 동태적 비일관성

① 2004년에 노벨경제학상을 수상한 핀 키들랜드(F. Kydland)와 에드워드 프레스콧(E. Prescott)은 케인지언이 주장하는 정부의 재량적 정책이 그 순간순간에는 최적이었는지 모르지만 장기적 관점에서 바라봤을 때는 최적이 아니라고 비판했다.

② **최적 정책의 동태적 비일관성**은 정부 당국의 신뢰를 상실하게 만들지만 **동태적 일관성**은 신뢰를 확보하게 한다. 정부의 재량적 경제정책이 전자(前者)에 속한다면 후자(後者)는 준칙에 입각한 정부 정책이라고 할 수 있다.

㉠ 민간 경제주체들은 영리한 사람들이다. 따라서 그들은 정부 정책에 담긴 의도를 누구보다 잘 간파한다. 그렇기 때문에 정부는 그때그때의 필요에 따른 재량정책보다는 준칙에 입각한 경제정책을 집행하는 것이 좋다.

㉡ 준칙을 구속력 있는 계약으로 간주하고 향후 추진을 계획하고 있는 정부 정책을 민간 경제주체들에게 사전 공표하는 것도 나쁘지 않다.

③ 지금까지 거시경제학에서 언급된 정부 당국은 사심이 없는 데다 유능하기까지 한 단일의 정책집행기구였다. 그런데 그것이 사실인가? 정부 당국은 여러 부처로 구성되었기 때문에 그들 간에 의견 조율이 힘들고 모두 다 이익집단과 직 · 간접적으로 연결되어 있다. 또 선의의 집단도 아니고, 부정부패에 익숙한 탐관오리도 부지기수다. 대통령을 비롯한 집권 여당의 영향력 안에 있는 그들은 선거 시즌을 계기로 표를 얻기 위한 술수에서 재량적 경제정책을 남발할 때, 경제는 냉탕(긴축정책)과 온탕(확장정책)을 반복하는 **정치적 경기변동**(political business cycle)까지 경험할 수밖에 없다.

④ 결국 새고전학파는 준칙을 구속력이 있는 계약으로 간주해서 향후 계획 중에 있는 정부 정책을 미리 경제주체들에게 공표한 후, 그것을 일관되게 집행해 나가는 것이 바람직하다고 강조한다.

3) 예상 가능하고 체계적인 정부 정책 : 정책효과가 없다!

① 새고전학파는 예상 가능하고 체계적인 단기 경제안정화정책을 실행할 경우, 그에 따른 정책효과는 제로(0)라고 주장한다. [그림 11－10]을 통해 이 문제를 다뤄보자. 이미 루카스는 자신의 총공급(AS)함수 $Y = Y_N + \alpha(P - P^e)$에서 합리적 기대를 하는 경제주체는 단기에도 실제물가를 평균적으로 정확하게 예상한다고 가정했다. 즉 $P = P^e$라는 얘기다. 따라서 단기에 총공급은 $Y = Y_N$이 된다. 이때 단기 총공급곡선(SAS)은 장기 총공급곡선(LAS)처럼 자연생산량(Y_N) 수준에서 수직선이 된다. [그림 11－10]의 (a) 그래프가 그것을 보여준다.

[그림 11-10] 새고전학파의 단기 경제정책 효과 (1) : 예상 가능하고 체계적인 경우

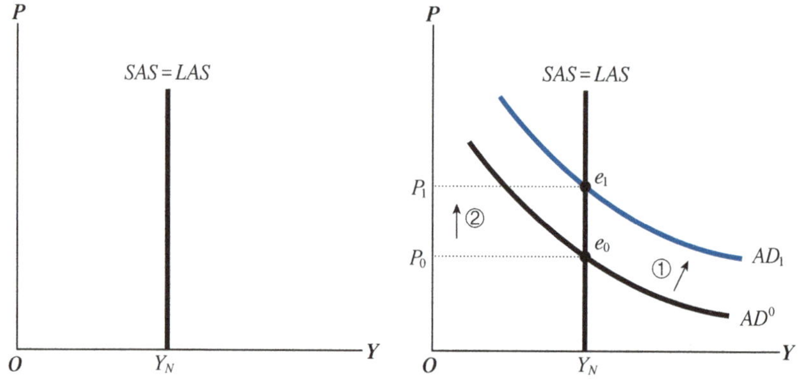

(a) (b)

② 이러한 상황에서 총수요(AD)의 진작을 위한 확대재정정책이나 확대통화정책을 실행한다고 가정하자. 그러면 [그림 11-10]의 (b) 그래프에서 볼 수 있는 것처럼 AD곡선은 AD_0에서 AD_1으로 이동(①)한다. 하지만 장 · 단기 AS곡선이 수직선이기 때문에 장 · 단기를 불문하고 실질 GDP(Y)나 고용 등에 아무런 영향을 미치지 못한다. 오직 물가 P만 P_0에서 P_1으로 상승(②)할 따름이다.

4) **예상할 수 없고 비체계적인 정부 정책** : 단기의 정책효과는 존재한다. 그러나 부작용이 크다.

① 새고전학파는 정부가 예상하기 힘든 깜짝 쇼(예상치 못한 확대재정정책이나 확대통화정책 등)를 벌일 경우에는 경제주체들이 합리적 기대를 한다 해도 $P = P^e$의 조건이 성립되지 않고 $P^e < P$가 된다. 그러면 루카스의 총공급함수 $Y = Y_N + \alpha(P - P^e)$ 단, $\alpha > 0$에서 단기 총공급(Y)은 자연생산량(Y_N)보다 커지게 된다. 따라서 그런 경우 SAS곡선은 [그림 11-11]에서 보는 바와 같이 우상향한다.

② SAS곡선이 우상향하는 한, 경제안정화를 위한 정부의 단기 총수요관리정책은 실질 GDP나 고용 등에 영향을 미칠 수 있다. 하지만 정부가 빈번하게 경제주체들이 예상할 수 없는 방식으로 비체계적인 깜짝 쇼를 남발하면 경제주체들도 더 이상 정부를 신뢰하지 않고 정부의 의도를 넘겨짚으려는 노력을 하게 된다. 그런 과정에서 정부 정책은 일회성 효과에 그치게 되고 경제 불안정은 물론 정부의 신뢰나 평판까지 잃게 되는 심각한 문제를 유발할 수 있다.

[그림 11-11] 새고전학파의 단기 경제정책 효과 (2) : 깜짝 쇼를 하는 경우

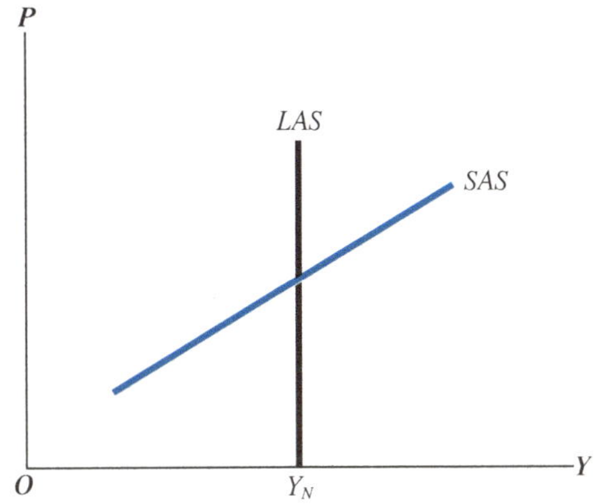

5) **리카도의 등가성 정리**(Ricardian equivalence theorem)

리카도의 등가성 정리는 이미 제4장의 [보론 4-3]을 통해 설명한 바 있다. 그럼에도 불구하고 여기서 또다시 언급하는 것은 그만큼 중요하다고 생각하기 때문이다. 독자들은 중복 설명에 따분함을 느낄지 모른다. 하지만 그런 생각은 접어두고 작은 설명 하나에도 열정을 다해 꼼꼼하게 학습해주길 기대한다.

① 로버트 배로(R. Barro)는 정부지출을 위한 재원 조달방법이 무엇(국공채 발행, 증세 등)이든 간에 상관없이 이들 정책이 실물부문에는 아무런 영향을 미칠 수 없다고 주장했다.

② 케인지언은 국공채 발행을 통해 정부지출을 확대하면 $AD = C + I^D + G$의 식에 의해 총수요가 곧바로 증가한다고 생각했다. 반면, 증세를 통한 정부지출의 확대는 가처분소득의 감소 ⇒ 소비지출 하락 ⇒ 총수요의 감소로 이어져서 정부지출의 확대효과를 일부 잠식한다고 주장했다. 이는 정부지출승수가 조세승수보다 크다는 사실에서 입증된다. 따라서 케인지언은 증세보다 국공채 발행을 통한 정부지출의 확대를 선호한다.

③ 하지만 배로는 그런 케인지언의 생각에 동의하지 않는다. 그에 따르면 국공채 발행은 정부의 채무(債務)로서 만기시점에 가면 증세를 통한 재원으로 상환할 수밖에 없다는 것이다. 따라서 **합리적인 경제주체들은 현재 정부가 국공채 발행을 늘리면 미래시점에서의 증세와 가처분소득의 감소를 예상해서 현재소비를 줄이고 미래를 위한 저축을 늘린다**는 것이 배로의 입장이다. 결국 국공채 발행도 증세처럼 현재의 소비지출 감소를 통해 정부지출의 증가효과를 상당 부분 잠식하게 된다는 주장이다. 하지만 **근시안적 소비**를 하는 경제주체들이 많이 존재한다면 배로의 주장은 꽝이 될 수밖에 없

다! 여기서 말하는 근시안적 소비란 예리한 경제적 안목으로 미래의 상황까지 고려하며 신중하게 소비를 하는 게 아니라 그저 기분 내키는 대로 현재소비에만 충실한 태도를 지칭한다.

보론 11-4 동태적 비일관성의 문제

통화정책을 운용하는 방식으로는 크게 준칙(rule)과 자유재량(discretion)이 있다. 테일러 준칙이나 *k*% 룰은 준칙의 대표적 사례이고, 자유재량의 대표적 사례로는 케인즈와 케인지언의 자유재량적 총수요관리정책을 들 수 있다. 지금까지 준칙과 자유재량은 많은 논쟁을 일으키며 거시경제학의 이론적 발전에 크게 기여했다. 그 과정에서 장기적 측면에서는 준칙이 정부 당국의 자유재량보다 우월하다는 것이 경험론적으로 밝혀졌다. 그렇게 된 가장 큰 이유는 단기적으로 많은 정책 담당자들이 자유재량적 가치관에 입각해서 최선을 다했지만 장기적으로 바람직한 결과를 이끌어내지 못했기 때문이다. 경제학에서는 이런 현상을 '**동태적 비일관성**(dynamic inconsistency)**의 문제**'라고 정의한다.

㉮ 동태적 비일관성에 대한 사례 분석

ⓐ 정부가 치사량이 매우 높은 특정 바이러스(예 : 코로나 19)에 대해 원천적 치료가 가능한 백신 개발을 촉진할 목적에서 특허정책의 혁신을 추진한다고 가정하자. 정부는 t_0 시점에 특정 바이러스의 백신 개발에 성공한 제약회사에게 향후 50년 동안 특허독점권을 보장해주는 정책을 수립했다고 가정하자. 이런 특허정책은 제약회사들의 연구개발(R&D)을 촉진하고 미래의 국민건강을 지키기 위한 최적의 정책이라고 할 수 있다.

ⓑ 그런데 A제약회사가 연구개발을 시작한 지 2년만인 t_2 시점에 백신 개발에 성공하자 사회 일각에서 특허독점권을 50년 동안 보장해주는 것은 제약회사들의 배만 불리는 사악한 정책이라는 비판여론이 대두되었다. 그러자 정부가 2년 전에 수립했던 특허 정책을 슬그머니 후퇴시키는 또 다른 특허정책을 추진한다고 가정하자. 그것은 50년의 특허독점권을 5년으로 단축하는 방안이었다.

ⓒ **동태적 비일관성은 이처럼 정책 담당자들이 자유재량적 의사결정 권한을 갖고 정책을 이리저리 바꿈으로써 정부 정책이 기본적으로 갖추어야 할 일관성이 깨지는 현상을 말한다.** 만약 이러한 동태적 비일관성이 지속된다면 어떤 제약회사도 정부 정책을 믿고 천문학적 숫자의 연구개발비와 실패의 위험부담을 감수하며 신약개발에 적극 나서지 않을 것이다. 그 결과 우리나라 신약 제품과 신약기술의 해외 의존도는 커질 수밖에 없다. 이것이 동태적 비일관성의 본질이다. 결론적으로 준칙에 입각한 정부 정책은 대(對)국민 신뢰를 낳게

하지만 정부의 자유재량정책은 이솝우화에 나오는 늑대소년과 같은 우(愚)를 범할 가능성이 크다는 것이다.

㉯ 통화정책의 동태적 비일관성에 대한 보완 설명

ⓐ 제12장 3절의 필립스곡선과 스태그플레이션 편에서 학습할 기대부가 필립스곡선의 함수식을 미리 차용해서 통화정책의 비일관성 문제를 간략하게 언급하고자 한다. 이 식의 도출에 관해서는 뒤에서 상세하게 설명할 것이므로 여기서는 함수식 자체에 대해서만 관심을 가져주길 바란다.

$$\pi - \pi^e = -\alpha(u - u_N) \quad \cdots\cdots \text{㉠}$$

단, $\alpha > 0$, π : 실제 인플레이션율, π^e : 기대인플레이션율, u : 실제 실업률, u_N : 자연실업률

ⓑ [그림 11－12]는 위의 ㉠식과 관련해서 통화 당국이 선택하는 재량적 인플레이션율(π)은 Y축에, 경제주체들이 예상하는 기대인플레이션율(π^e)은 X축에 표시한 것이다. 이때 통화 당국은 경제주체들이 예상하는 기대인플레이션율보다 높은 인플레이션을 유도해서 실업률(u)을 자연실업률(u_N) 이하로 낮추려는 유인이 있으며 통화 당국의 이러한 정책 반응함수를 선분 $\pi_0\pi'$라고 상정하자. 또 45°선은 재량적 인플레이션율(π)과 경제주체의 기대인플레이션(π^e)이 같다는 것을 의미한다.

[그림 11－12] 재량적 인플레이션율과 기대인플레이션율 간의 관계

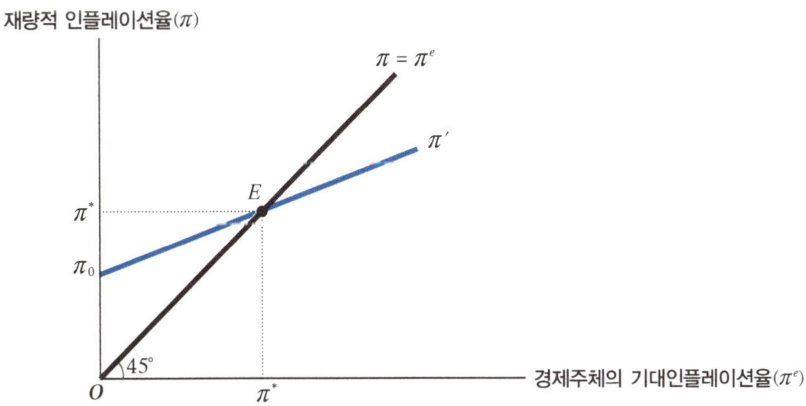

ⓒ 우선 정책반응함수인 선분 $\pi_0\pi'$부터 설명해보자. $\pi_0\pi'$는 통화 당국이 실업률(u)을 자연 실업률(u_N)보다 낮출 목적에서 재량적 인플레이션율을 경제주체들의 기대인플레이션율보다 높이려는 의도를 나타내는 선분이다. 경제주체의 기대인플레이션율인 π^e가 0%인 경우(원점 0), 통화 당국이 재량적 인플레이션율인 π를 π_0%만큼 높이면 $\pi > \pi^e$가 되고, 이를 ㉠식에 적용하면 실업률 u는 $u < u_N$의 관계가 성립한다. 경제주체들은 이와 같은 통화 당국의 행위를 예측하면서 자신들의 기대인플레이션율을 형성해 나간다.

[그림 11−12]에서 재량적 인플레이션율을 통해 실업 문제를 해결하려는 통화 당국의 균형은 $\pi = \pi^e = \pi^*$의 조건이 충족되는 E점에서 이루어진다. 그런데 균형점인 E점에서 경제주체들이 체감하는 경제적 후생의 극대화 조건을 충족시킬 수 있을까? 이에 대해 준칙론자들은 그렇지 않다고 단언한다. 그들의 주장에 따르면 통화 당국이 연평균 인플레이션율을 0%로 유지하겠다는 강력한 의지를 밝히고 준칙룰을 고수해 나간다면 경제주체들도 통화 당국을 믿고 자신들의 기대인플레이션율을 0%로 형성한다. 다시 말해 $\pi = \pi^e = 0\%$가 되므로 ㉠식에 의해 실업률(u)은 자연실업률(u_N) 수준을 유지할 수 있다. 만약 준칙에 따른다면 인플레이션율을 0%대로 유지하면서 실업률 문제를 해결할 수 있음을 시사해준다.

인플레이션율이 낮을수록 경제주체들의 경제적 후생은 늘어난다. 그런데 통화 당국의 자유재량에 의한 균형은 E점에서 이루어지고 그때의 인플레이션율은 $\pi = \pi^e = \pi^*$로서 0%보다 매우 높다. 하지만 준칙에 따른 통화정책을 통해 경제주체들의 신뢰만 받는다면 인플레이션과 경제주체들의 기대인플레이션율이 0%인 원점(0)에서 균형을 이룰 수도 있었다는 얘기다. 결론적으로 위의 사례는 통화 당국의 자유재량에 따른 정책이 언제나 최선은 아니라는 점을 재확인시켜 준다.

3.5 새케인지언의 경제이론과 정책적 함의

1) 기본 가정

① 가격변수는 단기에 경직적인 특성을 보인다. 또 시장에서는 불완전경쟁이 보편적 현상이다.

② 경제주체들은 불완전정보라는 제약하에서도 합리적 기대를 하면서 물가를 비롯한 경제변수들의 미래값을 예측한다.

③ 미시경제적 기초하에 거시경제이론을 세련되게 발전시키고 있지만 가격변수가 경직적이고 비(非)신축적인 한, 경제안정화를 도모하기 위한 정부의 단기 총수요관리정책은 여전히 유효하다는 입장을 견지한다.

2) 가격변수(상품가격, 명목임금, 이자율)의 경직성에 관한 제반(諸般) 이론

① 물가 인상은 재화나 서비스의 판매가격 인상과 깊은 관련을 맺는다. 따라서 물가의 경직성은 재화나 서비스 가격의 경직성과 직결된다. 맨큐(G.N. Mankiw)는 현실경제의

독과점기업들은 시장수요가 늘더라도 메뉴비용(menu cost)[9] 때문에 가격을 즉각적으로 인상하지 않는다고 주장했다.

또 테일러(J.B. Taylor)와 피셔(S. Fischer)는 현실경제의 독과점기업들은 시장수요의 증가에 직면하더라도 곧바로 가격을 인상하지 않고 다른 기업들의 눈치를 본다고 주장한다. 경쟁기업에게 자신의 고객을 빼앗기지 않기 위함이다. 심지어 다른 경쟁기업들이 가격을 인상해도 자신은 그들 기업보다 가격 인상 폭을 낮추려고 노력한다는 것이다. 만약 독과점기업들이 이런 식으로 행동한다면 여러 재화와 서비스 가격의 가중평균치인 물가도 경직적인 특성을 띨 수밖에 없다.

② 노동시장에서 **명목임금의 하방경직성**을 설명해주는 모형으로 자주 언급되는 것은 코스타스 아자리아디스(C. Azariadis)와 마틴 베일리(M. Bailey)의 묵시적 고용계약 모형[10], 테일러(J.B. Tayler)와 피셔(S. Fischer)의 장기임금계약모형[11], 아커로프(G. Akerlof)의 효율성 임금가설[12], 린드벡(A. Lindbeck)과 스노우어(D. Snower)의 내부자/외부자 모형[13] 등이 있다. 이들이 내린 결론을 종합하면 노동시장에서 명목임금은 고용계약, 노동생산성, 협상력의 차이로 인해 하방 경직적인 특성을 보인다는 것이다.

---

9. 메뉴비용이란 가격변동에 수반되는 일련의 부대비용을 의미한다. 기업이 제품이나 서비스의 판매가격을 변동할 때는 필연적으로 여러 비용이 발생한다. 고객들에게 가격의 변화를 알리는 메뉴판의 제작비용(사실 이 비용은 그리 크지 않다)을 비롯해서 다른 경쟁기업과의 가격경쟁에서 고객을 잃게 될 위험성, 가격변화로 단골손님들로부터 듣게 될 불만스런 이야기, 가격변화를 하지 않으면 안되는 상황 등에 대한 고지(告知) 및 홍보비용 등이 광의의 메뉴비용이라고 생각한다.

10. 묵시적 고용계약모형의 핵심은 간단하다. 아자리아디스와 베일리의 주장에 따르면 고용계약에는 명시적 고용계약뿐만 아니라 묵시적 고용계약도 포함된다. 노동자들이 기업주와 고용계약을 체결하면 일단 그 계약 기간 동안에는 노동자들이 받는 명목임금이 묵시적으로 고정될 수밖에 없다는 것이다.

11. 장기임금계약모형은 노사(勞使) 간에 맺은 장기임금계약에 주목한다. 테일러와 피셔는 "기업과 노동자는 모두 장기적이고 안정적인 노사관계를 선호하므로 임금계약도 장기로 체결하는 경우가 많다"라고 주장했다. 그러면 시장여건이 어떻게 변하더라도 명목임금은 계약기간만큼은 경직적인 특성을 지닐 수밖에 없다.

12. 아커로프는 "노동생산성은 실질임금에 의존하며 기업은 이윤극대화를 위해 그것보다 더 높은 임금을 지급한다"라고 주장했다. 이때의 임금이 바로 '효율성 임금'이다. 또 그는 기업이 노동자들에게 효율성 임금을 주는 이유로서 우수한 인재 확보, 해고의 위험에 따른 근무 태만 방지, 노동자들의 잦은 직장 이동 방지에 따른 노동생산성의 제고를 꼽았다. 효율성 임금의 바로메타는 노동생산성이다. 그런데 단기에는 노동생산성이 일정불변이다. 따라서 효율성 임금도 단기에는 고정될 수밖에 없다는 것이 아커로프의 주장이다.

13. 린드벡과 스노우어는 노동시장이 내부자와 외부자로 구성되어 있다고 주장한다. 여기서 내부자는 취업 상태에 있는 노동자이고 외부자는 취업하지 못한 실업자(失業者)를 말한다. 기업은 노동이동에 수반되는 조정비용(예 : 채용 관련 부대비용, 교육훈련비용 등) 때문에 내부자를 외부자로 대체하기가 쉽지 않다. 따라서 내부자들은 노사(勞使) 간 임금 협상과정에서 외부자들을 배제시키고 자신들만 고용될 수 있도록 높은 실질임금을 요구한다고 주장한다. 결론적으로 내부자들이 요구한 실질임금 수준은 내부자와 외부자의 경쟁 관계를 고려한 실질임금 수준보다 높게 책정되며 그로 인해 비자발적 실업이 나타나게 된다는 것이다. 이런 상황에서는 명목임금이 상·하 신축적이지 않고 경직성을 띠게 된다.

③ 이자율의 경직성을 설명해주는 대표적인 모형으로는 스티글리츠(J. Stiglitz)의 신용할당모형이 있다. 스티글리츠는 '자본시장에서 대부자와 차입자 사이에 정보의 비대칭 문제가 존재하면 이자율은 일정 수준에서 경직성을 띤다' 고 주장했다. 즉 대부자는 대부시장에서 초과수요가 발생하더라도 시장이자율을 올려 자금의 수급(需給)을 조정하기보다는 일정한 이자율 수준에서 신용도가 높은 우량 차입자들에게만 제한된 자금을 공급해주려고 한다는 것이다. 이는 대부자 자신의 역선택을 막고 불량 차입자들의 모럴 헤저드를 사전에 차단하기 위함이다. 이렇게 우량 차입자들에게만 신용할당을 해줄 경우, 시장이자율은 필연적으로 상방(上方) 경직성을 보일 수밖에 없다는 것이다.

3) 새케인지언이 생각하는 정부의 바람직한 역할

① 경제주체들이 합리적 기대에 기초해서 미래의 경제변수들을 예측한다고 해도 상품가격, 물가, 명목임금, 이자율과 같은 가격변수가 경직적이고 시장불균형 현상이 대두되면 경제안정화를 도모하기 위한 정부의 단기 총수요관리정책은 실물부문에 영향을 미칠 수 있다.

② 경제주체가 전혀 예상하지 못했던 경제정책을 실행하거나 미리 공표한 대로 경제정책을 실행한다고 하더라도 가격변수가 비(非)신축적이고 경직적이면 정부의 단기 총수요관리정책은 실질 GDP와 고용 등에 영향을 미칠 수 있다.

③ 새케인지언의 논리에 따르면 현실경제에서 모든 재화나 서비스 시장이 균형을 이루는 것은 아니다. 현실경제에서는 경기(景氣 : 호황기, 불황기)에 관계없이 각 부문에서 완전고용과 불완전고용이 공존한다고 믿는 게 그들의 논리다. 이를 **복수(複數) 균형**이라고 말한다. 이때 정부가 '보이지 않는 손' 의 역할만 기대하고 팔짱만 끼고 쳐다보는 것이 과연 능사일까라는 질문에 그들의 입장은 한마디로 단호하다.

그들은 정부가 개입해서 경제 상황을 조금이라도 더 개선시키기 위해 노력해야 한다고 주장한다. 왜냐하면 '보이지 않는 손' 에 일임하면 경제주체들 간에 원만한 합의나 조정이 이루어지지 않고 또 그것을 앞장서서 해결하려는 사람도 존재하지 않는다고 생각하기 때문이다. 그렇다면 그들과 케인지언이 결정적으로 차별되는 것은 무엇인가? 케인지언이 적응적 기대를 가정했다면 새케인지언은 합리적 기대를 상정했다는 점이다. 또 케인지언이 재량적 경제정책을 강조했다면 새케인지언은 통화주의학파나 새고전학파의 의견을 부분적으로 수렴해서 '준칙에 입각한 재량적 경제정책'[14]을 주장하고 있다는 점이다.

4) 새고전학파 모형과 새케인지언 모형의 장단점 분석

① 새고전학파 모형의 장단점을 살펴보면 다음과 같다. 새고전학파 모형의 장점은 크게 2가지다. 하나는 합리적 기대가설을 토대로 '경제주체는 전지전능한 존재이다' 라는 엄격한 가정을 전제로 하는 고전학파의 완전예견 모형과 동일한 결론을 도출했다는 점이다. 다른 하나는 균형과 합리성의 개념을 활용해서 불완전정보 하에서의 시장균형을 매끄럽게 증명했다는 점이다. 하지만 새고전학파 모형에도 한계점이 존재한다. 그것은 상·하 신축적인 가격변수들에 의해 시장균형이 즉각적으로 이루어진다는 것은 비현실적이라는 사실이다.

② 새케인지언 모형의 최대 장점은 케인지언 모형에 내재된 방법론적인 한계를 슬기롭게 극복했다는 점이다. 즉 새케인지언은 미시경제적 기초 위에서 상품가격, 물가, 명목임금, 이자율 등의 경직성을 논리적으로 설명함으로써 케인지언의 이론적 한계를 극복하는 데 성공했다. 또 불균형과 합리성의 개념을 활용해서 재화와 서비스 시장, 노동시장, 자본시장에서의 불균형 현상과 그에 따른 가격의 경직, 재고, 비자발적 실업 등의 문제를 입증했다. 새케인지언 모형에도 한계는 있다. 새케인지언은 '준칙에 입각한 재량정책' 을 주장한다. 하지만 이 개념은 애매모호하기 이를 데 없다. 또 자의적 재량이 배제된 준칙정책을 어떻게 입안하고 실행해 나갈 것인가에 대한 설득력이 부족하다. 게다가 현실적인 설명력(외적 적합성)은 뛰어나지만 이론적인 정교성(내적 정합성)은 새고전학파에게 미치지 못하다는 평가를 받고 있다.

14. 준칙과 재량정책은 이율배반적인 개념이다. 따라서 '준칙에 입각한 재량정책' 이란 표현이 과연 맞는 말이냐? 하고 고개를 갸우뚱할 독자들이 많을 것이다. 하지만 준칙에 입각한 재량정책은 정부가 경제주체들이 예상할 수 있는 한도 내에서 미리 정부 정책을 공표한 후, 그것을 예상대로 집행하는 경우를 지칭하는 말로 이해했으면 한다.

3.6 공급중시경제학에 대한 개요 및 이론적 평가

1) 등장 배경과 대표 경제학자

① 공급중시경제학의 태동 배경은 1960년대 중반 이후에 드러난 미국경제의 생산성 저하와 1970년대 이후에 대두되었던 스태그플레이션(stagflation)이다. 케인지언의 총수요관리정책이 스태그플레이션의 해결에 무력하다는 한계가 드러나자 일련의 경제학자들이 공급 측면을 중시해야 한다는 의견을 제기하면서 탄생한 것이 공급중시경제학이다.

② 공급중시경제학을 주창한 대표 경제학자로는 래퍼곡선을 제시했던 아서 래퍼(A. Laffer), 마틴 펠드스타인(M. Feldstein), 미케일 보스킨(M. Boskin) 등이 있다.

2) 공급중시경제학의 경제철학과 기본 입장

① 기본적으로 **작은 정부를 추구한다**. 공급중시경제학은 기업의 투자와 생산 활동을 촉진하기 위해서는 무엇보다 **기업에 대한 규제 완화**를 비롯해서 시장기구의 활성화와 정부 개입의 최소화를 강조한다. 또 근로의욕을 저해하고 대(對)정부 의존성을 심화시키는 **사회보장지출을 감소시켜야 한다**고 주장한다.

② 또 스태그플레이션을 해결하기 위해서는 총수요 측면보다는 총공급 측면에 관심을 가져야 한다고 역설한다. 특히 그들은 *AS*곡선을 우측 방향으로 이동시키는 정책이 성공하기만 한다면, 물가 하락과 실질 GDP 증가라는 두 마리 토끼를 동시에 잡을 수 있다고 주장한다.

③ 공급중시경제학은 **조세의 유인효과를 매우 중시한다**. 특히 펠드스타인과 보스킨은 정부의 조세감면조치가 소비자와 기업의 소비, 저축, 노동공급, 투자심리에 커다란 영향을 미침으로써 장기적인 측면에서 경제성장에 크게 기여한다고 강조한다. 특히 노동공급에 영향을 미치는 핵심요인은 납세 후 실질임금이고, 저축과 투자에 영향을 미치는 핵심요인은 납세 후 실질이자율이라고 강조한다.

3) 래퍼곡선에 대한 개요와 경제적 시사점

① [그림 11-13]에서 보는 바와 같이 래퍼곡선은 세율이 t_0 수준까지는 세율을 올릴수록 조세수입이 증가한다. 그러나 세율이 t_0보다 커지는 순간부터 100%에 이를 때까지는 세율을 올릴수록 조세수입은 감소한다. 그 이유는 '세율 인상 ⇒ 노동자의 근로의욕

저하 ⇒ 노동공급 감소 ⇒ 임금소득 감소 ⇒ 정부의 조세수입 감소' 로 이어지기 때문이다. 따라서 세율이 t_0부터 100%까지를 금지영역이라고 명명한다.

[그림 11-13] 래퍼곡선과 금지영역

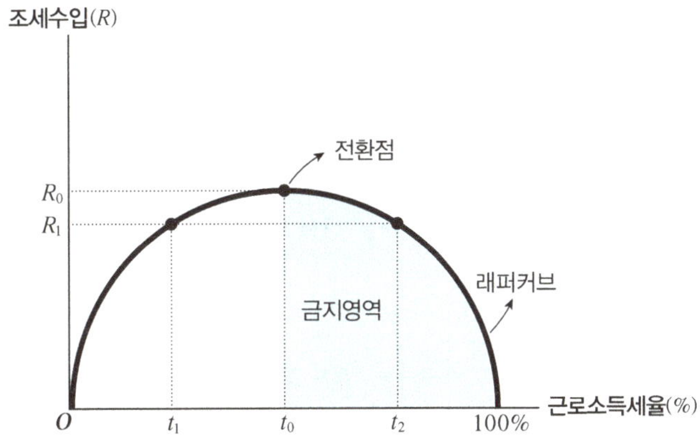

② 래퍼는 당시 미국의 세율이 t_0보다 큰 금지영역에 놓여 있다고 진단했다. 따라서 임금소득에 대한 세율 인하를 주장했던 것이다. 그의 논리는 아주 간단했다. 가령, 미국의 당시 세율이 t_2라고 가정하자. 정부 당국이 임금소득에 대한 세율을 인하하면 '노동자들의 근로의욕 고취 ⇒ 노동공급 증가 ⇒ 노동자들의 임금소득 증가 ⇒ 정부의 조세수입 증가' 로 이어질 수 있다고 확신했기 때문이다.

③ 위에서 돔(dome)의 모양을 하고 있는 래퍼곡선이 시사하는 것은 t_0 점에서만 세율과 조세수입이 1:1로 대응하고 t_0점을 제외한 다른 세율에서는 세율과 조세수입이 2:1로 대응한다는 사실이다. 즉 하나의 조세수입인 R_1에 t_1, t_2라는 두 개의 세율이 존재한다는 얘기다.

4) 조세 감면과 정부 지원이 경제성장에 미치는 파급효과 분석

① 펠드스타인과 보스킨은 조세 감면과 정부 지원정책이 장기적으로 경제성장을 촉진한다고 주장했다. 그들이 주장했던 주요 정책수단과 1, 2차 파급효과를 정리하면 [그림 11-14]의 (a)와 같다. 또 그것이 실질 GDP의 증가, 즉 경제성장으로 이어지는 과정을 정리한 것이 [그림 11-14]의 (b) 그래프이다.

② 공급중시경제학은 스태그플레이션을 해결하기 위해서는 법인세율 인하, 투자세액 공제, 감가상각 기간 단축, 근로소득세(= 개인소득세)율 인하, 이자소득세율 인하, R&D 투자에 대한 정부 지원 확대 등을 주장했다. 그리고 그들 각각의 정책수단에 대한 1차

파급효과는 투자 증대, 노동공급 증대, 저축 증대, 생산성 향상으로 나타났다. 여기서 투자 증대는 총수요($AD = C + I^D + G$)의 증가로 이어지고, 노동공급과 저축 증가 그리고 생산성 향상은 총공급의 증가로 이어진다. 자세한 사항은 [그림 11-14] (a)의 내용을 꼼꼼하게 체크해주길 기대한다.

[그림 11-14] 조세 감면과 정부 지원이 경제성장에 미치는 파급효과

(a)

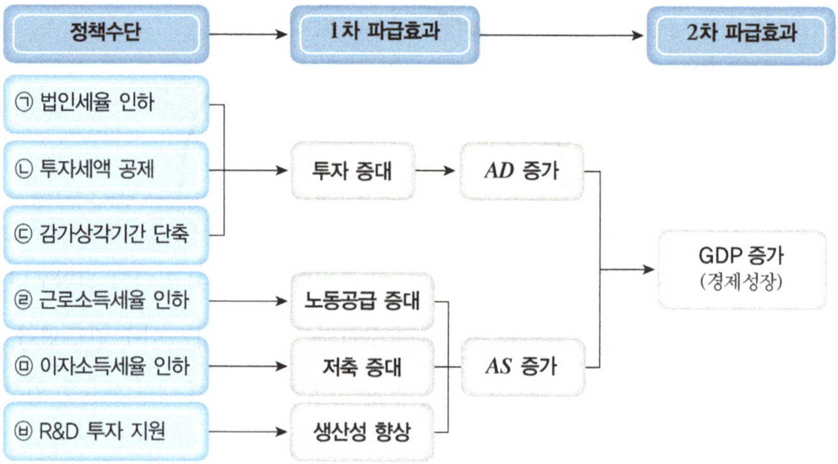

(b)

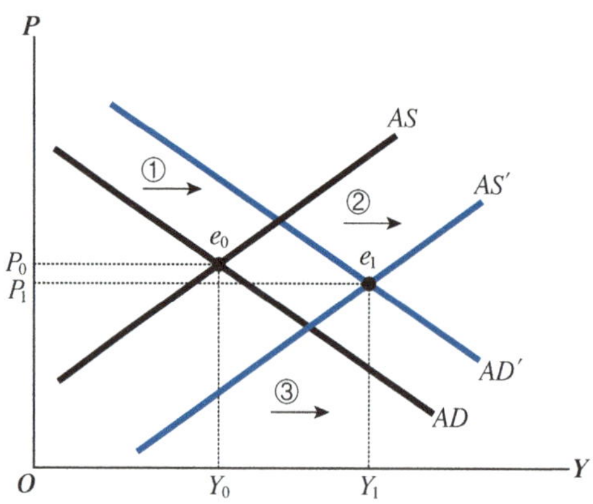

③ 이제 [그림 11-14]의 (b) 그래프를 보자. 투자 증대를 통해 *AD*곡선이 AD_0에서 AD'로 이동(①)하고, 노동공급 증가, 저축 증대, 생산성 향상은 *AS*곡선을 AS_0에서 AS'로 이동(②)하게 한다. 그 결과 균형 실질 GDP는 Y_0에서 Y_1으로 늘어난다(③). 이런 실질 GDP의 증가가 다름 아닌 경제성장이다.

여기서 물가의 향방(向方)에 대해서는 한마디로 단언하기 곤란하다. [그림 11-14]의 (b) 그래프에서는 물가가 P_0에서 P_1으로 하락했지만 경우에 따라서는 물가가 상승할 수도 있다. 최종적으로 물가의 향방은 전적으로 *AD*곡선과 *AS*곡선의 우측 이동 폭의 크기에 따라 결정될 것이다. *AD*곡선의 우측 이동 폭이 *AS*곡선보다 크다면 물가는 상승할 것이고, 그 반대인 경우는 경제성장과 함께 물가가 하락하는 최적의 바람직한 상황을 맞이할 수 있다.

5) 공급중시경제학이 거시경제이론의 발전에 기여한 공로

① 1980년대 미 레이건 행정부는 래퍼 교수의 정책 권유에 따라 근로소득세율을 대폭 인하시켰지만 단기적으로 조세수입이 감소하고 재정적자만 확대되었다. 그럼에도 불구하고 총공급의 중요성을 역설함으로써 총수요에만 치중했던 당시 경제학계에 신선한 바람을 일으켰던 것도 분명한 사실이다.

② **공급중시경제학은 단기적으로 성장동력이 크게 낙후된 개발도상국의 경제 현실을 설명하는 데는 나름대로 적합성이 있다**는 평가를 받고 있다.

③ 사실 정부 당국의 세율 인하 조치가 조세수입의 증가를 불러올 수 있다는 것은 고전학파인 스미스(A. Smith)의 지론이었다. 공급중시경제학은 그의 지론을 현실경제에 적용시켜 세련되게 발전시켰다는 긍정적인 평가를 받기에 충분하다.

6) 공급중시경제학의 한계와 문제점

① 래퍼곡선에 대한 이론적 및 경험적 근거가 부족하다. 1980년대 미국 경제에서의 실험이 실패로 끝난 데서 그것을 재확인할 수 있다.

② 조세 감면 조치가 총공급을 증가시킬 것이라는 주장도 이론적 및 경험적 근거도 취약하다. 즉 1980년대 미국 경제에서 법인세율 인하, 이자소득세율의 인하, 투자세액의 공제조치가 이루어졌지만 단기의 총공급에 미치는 영향은 미미했다.

③ 공급중시경제학은 조세의 소득재분배 기능에 미치는 영향에 대해서 무시한 측면이 있다.

요약 및 복습

01 거시경제학의 발전은 두 개의 학문적 조류를 이끈 경제학자들의 치열한 논쟁을 통해 이루어져 왔다. 하나는 고전학파 ⇒ 통화주의학파 ⇒ 새고전학파로 이어지는 경제학자들이고 다른 하나는 케인즈 ⇒ 케인지언 ⇒ 새케인지언으로 이어지는 경제학자들이다. 전자(前者)는 시장기능에 대해 무한신뢰를 보내는 사람들이고 후자(後者)는 시장기능을 불신하며 정부의 개입이 필요하다고 강조하는 사람들이다.

02 고전학파와 케인즈의 경제 인식에 대한 차이점을 요약 · 정리하면 다음과 같다.

[고전학파]

1) 세이의 법칙이 성립하며, 시장에서 보이지 않는 손이 완벽하게 작동된다. 물가, 명목임금, 이자율 등이 상 · 하로 신축적인 변화를 하며 시장청산이 즉각적으로 이루어진다.

2) 노동수요와 노동공급은 실질임금의 함수이며, 저축과 투자는 이자율의 함수다. 또 화폐수요함수는 $M^d = kPY$, $MV = PY$로서 명목 GDP의 증가함수다.

3) 고전학파의 IS곡선은 하나의 점, LM곡선은 수직선, AD곡선은 직각쌍곡선, AS곡선은 수직선이다. 따라서 정부의 단기 총수요관리정책은 실질 GDP, 고용 등에 아무런 영향을 미치지 못한다.

4) 대표적인 경제학자로는 애덤 스미스, 데이비드 리카도, 알프레드 마셜, 존 스튜어트 밀, 레옹 왈라스, 아서 세실 피구 등이 있다.

[케인즈 단순모형]

1) 세이의 법칙을 부정하며 실질 GDP는 총공급이 아닌 유효수요에 의해 결정된다. 물가는 경직적이고, 명목임금은 완전고용에 도달할 때까지 하방 경직적인 특성을 갖는다.

2) 노동수요는 실질임금의 감소함수이고 노동공급은 명목임금의 증가함수다. 저축과 소비는 GDP의 증가함수이고 화폐수요는 GDP의 영향을 받는 거래적 및 예비적 동기의 화폐수요와 이자율의 영향을 받는 투기적 동기의 화폐수요로 구성된다.

3) 케인즈 단순모형에서 IS곡선은 수직선, LM곡선은 우상향(유동성 함정의 경우엔 수평선)한다. 또 AD곡선은 우하향하며 AS곡선은 역 L자의 모양이다. 따라서 정부의 재량적 총수요관리정책은 실질 GDP, 고용 등에 막강한 효과를 발휘한다.

4) 대표적인 학자로는 단연 케인즈를 꼽을 수 있다.

03 케인지언과 통화주의학파의 경제 인식에 대한 차이점을 요약 · 정리하면 다음과 같다.

[케인지언]

1) 케인지언은 정부 개입의 불가피성을 주창하는 케인즈의 철학을 따르는 경제학자들을 의미한다. 이들은 케인즈의 단순모형이 현실경제를 잘 설명할 수 있도록 케인즈의 경제이론을 수정 · 보완하였다.
2) 노동수요는 실질임금의 감소함수, 노동공급은 예상실질임금의 증가함수, 저축은 GDP의 증가함수, 투자는 이자율의 감소라고 가정했다. 단 투자수요는 이자율에 비탄력적이라고 생각한다.
3) 화폐수요는 케인즈의 유동성선호설을 그대로 지지한다. 다만 화폐수요는 이자율에 대해 탄력적이라고 생각했다. 물가, 명목임금과 같은 거시변수는 비교적 느리게 변화하는 데다 경제주체들이 적응적 기대를 하므로 단기에는 $P \neq P^e$, 장기에는 $P = P^e$가 된다고 주장했다.
4) 케인지언의 IS곡선은 우하향하며 LM곡선은 우상향한다. AD곡선은 우하향하며, 단기 AS곡선은 우상향, 장기 AS곡선은 수직선이다.
5) 대표적인 학자로는 존 힉스, 엘빈 하비 한센, 폴 사무엘슨, 프랑코 모딜리아니, 로버트 솔로우, 제임스 토빈, 얀 틴버겐 등이 있다.

[통화주의학파]

1) 통화주의학파는 세이의 법칙을 신봉하며 물가(P)와 명목임금(W)은 상대적으로 빠르게 변화해서 시장균형을 이룬다고 가정한다. 그런 점에서 통화주의학파는 고전학파의 철학을 계승했다고 볼 수 있다.
2) 노동수요는 실질임금의 감소함수, 노동공급은 예상실질임금의 증가함수, 저축은 GDP의 증가함수, 투자는 이자율의 감소라고 가정했다. 단 투자수요는 이자율에 탄력적이라고 생각한다.
3) 화폐수요는 고전학파의 화폐수요를 보완 · 발전시켰다. 마셜의 현금잔고방정식 $M^d = kPY$에서 고전학파는 마셜 k가 일정하다고 가정했지만 통화주의학파는 k가 주식이나 채권의 수익률이나 예상물가상승률의 영향을 받는다고 가정했다. 그럼에도 불구하고 화폐수요의 이자율 탄력도는 비탄력적이라고 생각한다.
4) 경제주체들은 적응적 기대를 하므로 단기에는 $P \neq P^e$, 장기에는 $P = P^e$가 된다고 주장했다. 통화주의학파의 IS곡선은 우하향하며 LM곡선은 우상향한다. AD곡선은 우하향하며, 단기 AS곡선은 우상향, 장기 AS곡선은 수직선이다. **단, 단기 AS곡선의 기울기가 케인지언의 그것보다 가파르다. 이는 통화주의학파가 케인지언보다 노동자들을 더 똑똑한 존재로 인식했기 때문이다.**
5) 대표적인 학자로는 밀턴 프리드만, 앨런 멜처, 카를 브루너, 아나 슈와츠, 데이비드 레들러 등이 있다.

04 새고전학파와 새케인지언의 경제 인식에 대한 차이점을 요약 · 정리하면 다음과 같다.

[새고전학파]

1) 새고전학파는 고전학파의 후예로서 시장과 균형을 중시하며 미시경제적 기초하에 자신들의 이론을 구축했다.

2) 새고전학파는 경제주체들이 합리적 기대를 하며, 가격변수가 상 · 하 신축적인 이동을 하기 때문에 시장에서 초과수요나 초과공급은 빠르게 조정되어 시장청산이 이루어진다고 생각한다.

3) 새고전학파의 AD곡선은 우하향, AS곡선은 장 · 단기를 불문하고 수직선이다. 따라서 정부의 재량적 정책효과는 항상 제로(0)가 된다. 다만, 정부가 깜짝 쇼 정책을 통해 경제주체들의 기대체계를 교란시킬 경우에는 단기적으로 현실물가와 기대물가가 일치하지 않는($P \neq P^e$) 관계로 일시적으로 AS곡선이 우상향할 수 있다. 또 그때는 정부의 단기 총수요관리정책이 일시적으로 실질 GDP나 고용 등에 영향을 미칠 수 있다. 하지만 그것은 정부의 신뢰를 떨어트리는 행위로서 남발해선 곤란하다는 게 새고전학파의 입장이다.

4) 대표적인 학자로는 토마스 사전트, 로버트 루카스, 에드워드 프레스콧, 로버트 배로, 핀 키들랜드, 존 롱, 찰스 플로서 등이 있다.

[새케인지언]

1) 케인즈, 케인지언의 후예들인 새케인지언은 미시경제적 기초 위에서 케인지언의 이론을 보완 · 발전시켜온 학자군을 의미한다. 그들은 새고전학파처럼 경제주체들의 합리적 기대를 가정한다.

2) 새케인지언은 가격, 물가, 임금, 이자율 등이 단기적으로는 경직적이고 비신축적이기 때문에 시장불균형이 보편적인 현상이라고 주장한다. 이런 경우는 합리적 기대를 한다 해도 단기 AS곡선은 우상향할 수밖에 없다. 물론 새케인지언은 장기의 경우에는 현실물가와 기대물가가 일치($P = P^e$)함으로써 장기 AS곡선은 수직선이라고 주장한다.

3) 새케인지언은 장기에 정부의 재량적 총수요관리정책의 효과가 전무(全無)하다는 새고전학파의 입장을 기꺼이 수용한다. 하지만 가격변수의 경직성과 비신축성이 존재하는 단기에서는 AS곡선이 우상향하기 때문에 정부의 총수요관리정책이 여전히 유효하다는 입장이다.

4) 대표적인 학자로는 니콜라스 그레고리 맨큐, 조지프 스티글리츠, 폴 로빈 크루그먼, 스탠리 피셔, 존 브라이언 테일러, 조지 아커로프, 올리비에 블랜차드, 로렌스 볼 등이 있다.

05 공급중시경제학의 이론적 특징 및 장단점에 대해 요약하면 다음과 같이 정리된다.

1) 공급중시경제학은 작은 정부를 지향하며, 기업에 대한 규제 완화, 시장기구의 활성화, 근로의욕을 저해하고 대정부 의존성을 심화시키는 사회보장지출의 감소 등을 주장한다.

2) 또 공급중시경제학은 조세의 유인효과를 중시한다. 법인세 인하, 투자세액 공제, 감가상각의 기간 단축은 투자의 증대와 그에 따른 총수요의 증대는 실질 GDP와 고용의 증대로 이어진다. 또 근로소득세의 인하를 통한 노동공급의 증대, 이자소득세의 인하를 통한 저축의 증대, R&D 투자 지원을 통한 생산성 향상은 총공급의 증가로 이어져서 실질 GDP와 고용 증대를 가능하게 한다고 주장한다.

3) 1980년대 미국의 레이건 행정부는 정부의 세율 인하조치가 경제성장을 통해 궁극적으로 조세수입의 증가를 불러올 수 있을 것이라는 래퍼 교수의 정책 권유를 믿고 세율 인하조치를 과감하게 단행했지만 소기의 성과는 거두지 못했다. 그렇지만 총공급 측면의 중요성을 인식하게 해준 점에 대해서는 나름대로 긍정적인 평가를 받을 만하다.

4) 대표적인 학자로는 아서 래퍼, 마틴 펠드스타인, 미케일 보스킨 등이 있다.

제 12 장 인플레이션과 실업

1. 인플레이션
2. 실업
3. 필립스곡선과 스태그플레이션

출처 : 공군 블랙이글스

2018. 6. 23. 광주 스페이스 챌린지 대회에서 수많은 군중이 지켜보는 가운데 블랙이글스의 T-50B들이 빅토리 브레이크 기동을 선보이고 있다. 빅토리 브레이크 기동은 7대의 T-50B가 정해진 목표지점으로 비행하는 도중, 1번기 리더의 명령에 따라 부채꼴 모양으로 산개하는 것으로서 관람객들로부터 절대 호평을 받는 기동 중 하나다. **수험생 여러분들도 특출난 능력으로 타인들의 호평을 받으며 승승장구하기를 기대합니다!**

본 장에서는 개인은 물론 국가 경제에게도 막대한 폐해를 끼치는 인플레이션과 실업의 문제를 이론적으로 규명하고 그에 대한 해결책을 모색해보고자 한다. 거시경제학에서는 한동안 인플레이션과 실업 사이에 안정적인 역의 관계(trade-off)가 존재한다는 믿음이 존재했다. 그러나 1970년대에 인플레이션과 실업이 공존하는 스태그플레이션이 등장하면서 거시경제학의 그러한 통념은 허무하게 무너져내리고 말았다. 하지만 그런 문제를 논리적으로 규명하고 해결하려는 과정에서 거시경제학의 이론체계에 큰 변화가 일어났고, 그것은 결국 학문적 발전으로 이어졌다. '아픈 만큼 성숙해진다'는 삶의 법칙이 거시경제학에게도 적용된 셈이다. 본 장에서는 그들 내용에 대해 자세히 살펴보고자 한다.

① 인플레이션

1.1 인플레이션에 대한 정의 및 경제적 의미

1) 정의

① 가격과 물가는 분명히 다른 개념이다. 가격은 보통 개별 재화와 서비스의 판매가격을 지칭한다. 반면 물가는 시장에서 거래되는 수많은 재화와 서비스의 판매가격에다 그것이 경제에서 차지하는 중요도(= 가중치)를 곱해 가중평균한 수치를 말한다. 인플레이션은 재화나 서비스의 개별 가격이 아니라 물가가 상승하는 현상을 뜻한다. 더 정확하게 얘기하면 인플레이션은 물가지수가 상승하는 것을 지칭한다.

② 물가지수는 물가의 변동을 측정하기 위해 작성되는 지수로서 여러 가지 종류가 있다. 우리는 제1장에서 라스파이레스 물가지수와 파쉐 물가지수를 학습했다. 또 GDP 디플레이터와 파쉐 물가지수, 소비자물가지수와 라스파이레스 물가지수가 같은 개념이라는 것도 배웠다. 그 밖에도 생산자물가지수가 있다. 참고로 생산자물가지수도 라스파이레스 물가지수와 동일하다. 또한 이들 물가지수 가운데 가장 포괄적인 개념의 물가지수는 GDP 디플레이터이다. 따라서 인플레이션도 GDP 디플레이터를 기준으로 논의되는 경향이 있다.

2) 인플레이션의 경제적 의미

① 인플레이션은 종종 '**경제적 악마**' 라는 비판을 받는다. 왜 그럴까? 아마도 가장 큰 이유는 인플레이션이 화폐의 구매력을 떨어뜨리기 때문일 것이다. 가령 금년도 물가가 지난해에 비해 10% 상승했다고 하자. 그러면 지난해에 100만원에 구입할 수 있었던 공기 청정기를 금년에는 평균 10% 인상된 110만원에 구입할 가능성이 크다는 얘기다. 이는 인플레이션으로 인해 실질소득이 10% 감소한 것과 똑같다. 따라서 사람들이 인플레이션을 부정적으로 인식하는 것이다.

② 인플레이션은 정부의 '**감춰진 조세**(tax)' 라고도 일컬어진다. 명시적으로 정부가 증세(增稅)를 도모하면 경제주체들의 조직적 저항에 직면할 수 있다. 그로 인해 자칫 잘못하면 집권 여당이 총선이나 대선에서 참패할 수도 있다.

그런데 인플레이션은 조세 저항을 유발하지 않으면서 국민들에 대한 정부 부채(負債)를 조용히 덜어주는 효과가 있다. 이는 마치 남모르게 증세를 한 것과 동일한 효과를 지닌다. 그래서 일부 경제학자들이 인플레이션을 '**감춰진 조세**' 또는 '**인플레이션 tax**' 라고 부르는 것이다.

일례로 지금 경제주체 갑이 10,000원짜리 지폐 1장을 갖고 있다고 하자. 이때 갑은 채권자이고 정부는 채무자다. 물가가 10% 상승하면 갑의 화폐구매력만 10% 줄어드는 게 아니다. 갑에 대한 정부의 부채도 10% 감소한다. 따라서 인플레이션은 채무자인 정부에게 유리하고 채권자인 갑에게는 불리한 현상이다.

보론 12-1 주요 물가지수의 작성기관과 대상 품목의 상호 비교

GDP 디플레이터, 소비자물가지수, 생산자물가지수는 우리나라의 대표적인 물가지수라고 할 수 있다. 이들 지수는 작성기관도 다르고 대상 품목도 상이(相異)하다. 또 이 부분도 종종 시험문제로 다뤄지는 경향이 있다. 따라서 독자들은 이들 항목에 대해서도 눈여겨보아야 한다.

표 12-1 물가지수의 작성기관과 대상 품목에 대한 상호 비교

	GDP 디플레이터	소비자물가지수	생산자물가지수
작성기관*	한국은행	통계청	한국은행
상품조합	변동	고정	고정
재화*	최종생산물인 소비재, 자본재	소비재	소비재, 원자재, 자본재
서비스	최종생산물인 서비스	서비스	기업용 서비스 (예 : 사무실 임대료)
부동산	주택임대료, 신축주택, 신축기업 사무실	주택임대료	–
제외 품목*	기존 주택	원자재, 자본재, 주택가격	주택가격, 주택임대료, 수입품

* 부문에 대해 특히 유념해 주기 바란다.

1.2 인플레이션의 원인과 대책

1) 수요견인 인플레이션(demand-pull inflation)

① 수요견인 인플레이션은 AD곡선이 우측으로 이동해서 발생하는 물가 상승을 지칭한다. [그림 12-1]에서 AD곡선이 우측으로 이동(①)하면 물가는 P_0에서 P_1으로 상승(②)하고, 균형 GDP는 Y_0에서 Y_1으로 증가(③)한다.

② AD곡선을 AD_0에서 AD_1으로 이동시키는 요인으로는 여러 가지를 들 수 있다. 첫째로 **화폐공급량의 증가**[1]를 꼽을 수 있다. 둘째로 정부가 **확대재정정책을 실시**[2]하는 경우이다. 셋째로 **예기치 않은 수요충격**(demand shock)[3]이 발생하는 경우에도 AD곡선

---

1. 고전학파는 교환방정식($MV = PY$)에서 화폐의 유통속도(V)는 일정하고 Y 또한 완전고용국민소득(Y_F)으로 일정하다고 가정한다. 따라서 화폐공급량을 증가시키면 100% 물가 상승으로 이어진다. 통화주의학파 역시 V가 고전학파의 주장처럼 일정한 것은 아니지만 이자율에 큰 영향을 받지 않고 안정적이라고 주장한다. 또 Y도 단기에는 $Y \neq Y_F$이기에 화폐공급이 물가 상승과 GDP의 증가를 야기하지만 장기에는 $Y = Y_F$이기에 화폐공급은 큰 폭의 물가 상승으로 이어질 수밖에 없다. 즉 통화주의학파나 고전학파는 인플레이션의 주범을 화폐공급량의 과도한 증가에서 찾는다.
2. 정부지출의 증대, 세율 인하와 같은 확대재정정책은 AD곡선을 우측으로 이동시키는 주요 요인이다. 이는 케인즈, 케인지언, 새케인지언이 주장하는 단기적인 총수요관리정책으로서 경기침체기에는 유효한 정책이라고 주장해왔다. 확대재정정책에 필요한 재원을 얻기 위해 한국은행으로부터 차입하거나 국공채를 한국은행에게 매각할 경우는 화폐공급량이 크게 증가해서 큰 폭의 물가 상승을 유발할 수 있다. 반면 확대재정정책의 재원 마련을 위해 국공채를 민간에게 매각하면 이자율 상승에 따른 구축효과의 발생으로 물가와 GDP가 소폭으로 증가할 가능성이 있다.
3. 총수요를 증가시키는 예상하지 못한 충격이 일어나면 물가가 큰 폭으로 상승한다. 일례로 한국은행의 예상하지 못한 화

은 우측으로 이동해서 인플레이션을 야기한다.

[그림 12-1] 수요견인 인플레이션

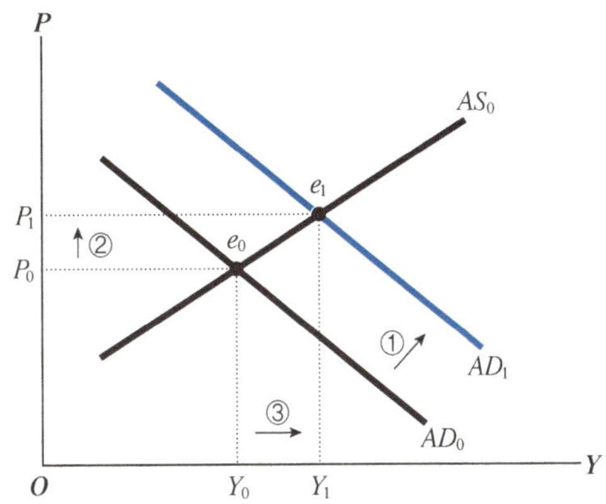

③ 수요견인 인플레이션에 대한 대책은 그것을 유발시킨 요인별로 정리하는 게 가장 바람직스럽다.

첫째로 화폐공급량의 과도한 증가에서 비롯된 인플레이션을 진정시키는 최적의 대안은 안정적인 화폐공급량에서 찾아야 한다. 프리드만은 교환방정식 $MV = PY$에 기초해서 $\frac{\Delta M}{M} + \frac{\Delta V}{V} = \frac{\Delta P}{P} + \frac{\Delta Y}{Y}$ 식을 도출했다. $\frac{\Delta M}{M}$은 화폐공급량 증가율, $\frac{\Delta V}{V}$는 화폐의 소득유통속도 증가율, $\frac{\Delta P}{P}$는 물가상승률(= 인플레이션율), $\frac{\Delta Y}{Y}$는 경제성장률이다. 프리드만에 의하면 $\frac{\Delta V}{V}$는 상당히 안정적이라고 생각했다. 즉 $\frac{\Delta V}{V}$가 0%에 가깝다는 얘기다. 그는 이와 관련해서 k%룰을 제안했다. 물가 상승을 초래하지 않는 상황($\frac{\Delta P}{P} = 0\%$)에서 경제가 매년 3~4% 성장할 것으로 예상한다면 연간 화폐공급량을 3~4%대로 유지하는 게 바람직스럽다는 얘기다.

둘째로, 재량적인 단기 확대재정정책을 실행하면서 물가 상승을 최소화시키기 위해서는 국공채를 민간에게 매각하는 정책이 상대적으로 바람직스럽다. 왜냐하면 한국은행으로부터의 차입이나 한국은행에 대한 국공채 매각은 필연적으로 화폐공급량을 증가시키기 때문이다. 이 대목에서 유의할 사항이 있다. 그것은 **재정적자와 인플레이션 간의 관계**다.[4] 또 **재정적자를 화폐공급량의 증대나 국공채 발행을 통해 보전한다면**

폐공급량의 증가, 예상하지 못한 과소비의 급증, 기업의 과감하고 전격적인 대규모 투자 실행, 정부 정책의 예상하지 못한 급격한 변동 등이 일어나면 AD곡선은 급격하게 우측으로 이동함으로써 큰 폭의 물가 상승을 초래할 수 있다.

4. 재정적자가 정부지출 증가에서 비롯된 것이라면 그것은 명백한 수요견인형 인플레이션이다. 하지만 재정적자는 여러 가

장기적으로 재정적자와 인플레이션 사이에 양(+)의 상관관계가 존재할 수 있다.[5]

셋째로, 수요충격(demand shock)으로 인한 인플레이션의 대책은 정부가 경제주체들로부터 신뢰를 얻는 게 급선무다. 수요충격은 예기치 않은 경제정책의 변동[6], 민간소비나 기업투자의 급변[7] 등으로 총수요가 급격하게 변동하는 것을 말한다. 이때 발생하는 인플레이션은 경제주체들이 사전에 예상하지 못했다는 측면에서 **'예상치 못한 인플레이션'** 이라고도 한다. 이런 경우에는 무엇보다 예측가능한 안정화정책을 실시하는 게 중요하다.

2) 비용인상 인플레이션(cost-push inflation)

① 비용인상 인플레이션은 *AS*곡선이 좌상방(左上方)으로 이동해서 발생하는 물가 상승을 지칭한다. [그림 12-2]에서 AS곡선이 좌상방으로 이동(①)하면 물가는 P_0에서 P_1으로 상승(②)하고 균형 GDP는 Y_0에서 Y_1으로 감소(③)한다.

[그림 12-2] 비용인상 인플레이션

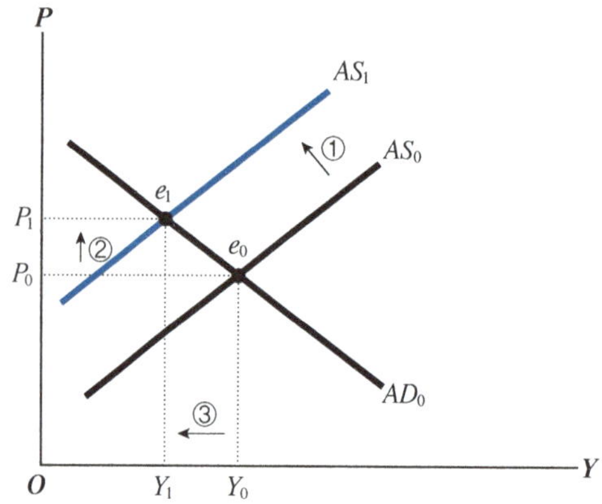

지 다른 요인에 의해서도 발생할 수 있다. 단기적으로 경기침체에 따른 조세수입 감소, 긴축 통화정책으로 생산 및 고용 감소에 따른 조세수입 감소에서 비롯된 것일 수도 있다. 따라서 **재정적자가 수요견인 인플레이션을 일으킨다는 명제는 장기적 관점에서의 얘기일 뿐, 단기적으로는 반드시 옳은 명제라고 보기 힘들다.**

5. 화폐공급량의 증가가 인플레이션의 원인이라는 데는 이의가 없다. 국공채 발행이 늘면 국공채가격이 하락하고 이자율은 상승한다. 그러면 첫째로 기업의 금융비용이 높아지게 된다. 둘째로는 국공채를 민간부문에 매각할 경우, 민간은 국공채의 보유에 따른 부(富)의 증가로 소비를 증가시키는 '부(富)의 효과(wealth effect)'가 작동할 수 있다. 이 두 가지 요소가 인플레이션을 부추길 수 있다. 그렇게 되면 재정적자와 인플레이션이 양(+)의 관계를 갖게 된다. 물론 이는 장기적인 관점에서나 가능한 일이다.

6. 예기치 않은 경제정책의 변동도 인플레이션에 큰 영향을 미칠 수 있다. 대표적인 사례로는 정부가 금년도에 화폐공급량을 10% 증가시키겠다고 공표해 놓고 실제로는 30~40%를 증가시키는 경우를 말한다.

7. 갑작스런 과소비 풍조의 만연이나 기업의 신산업 발굴(예 : 사물인터넷, 수소차 개발, 연료전지, 세계적 수준의 신약개발 등)에 대한 막대한 투자가 실행되는 경우를 지칭한다.

② AS곡선을 AS_0에서 AS_1으로 이동시키는 요인으로는 여러 가지가 있다.

첫째로, AS곡선은 기업들의 한계비용(MC)곡선과 밀접한 연관이 있다. 즉 MC를 증가시키는 요인이 발생하면 AS곡선은 좌상방으로 이동하게 된다. 임금[8], 지대, 원자재 가격, 환율, 세금, 금융비용, 유통비용 및 부동산 임차료 인상이 대표적 사례다.

둘째로, 물가 상승에 대한 기대심리가 만연되어 예상물가수준(P^e)이 높아지면 노동자들은 주어진 명목임금(W) 수준에서 예상실질임금($\frac{W}{P^e}$)이 하락하기 때문에 명목임금의 인상을 요구하며 노동공급을 줄이려고 한다. 따라서 AS곡선은 좌상방으로 이동한다.

셋째로, 근로자들의 태업(怠業)이나 파업(罷業) 등의 노사분규로 노동생산성이 급락하면 단위노동비용(unit labor cost)[9]이 증가해서 AS곡선이 좌상방으로 이동한다. 또한 석유 파동과 같은 오일 쇼크, 갑작스런 기상이변에 따른 흉작(凶作)과 같은 공급 충격(supply shock)도 AS곡선을 좌상방으로 이동시키는 요인이다.

③ 비용인상 인플레이션에 대한 대책을 논의하기 전에 먼저 얘기할 주제가 있다. 우선 고전학파의 경우는 AS곡선이 항상 완전고용국민소득(Y_F)에서 수직선으로 정의된다. 따라서 총공급 요인에 따른 비용인상 인플레이션은 발생할 수 없다. **통화주의학파 역시 비용인상 인플레이션은 단기적 현상일 뿐, 화폐공급의 증가가 수반되지 않는 한 비용인상 인플레이션은 오랫동안 지속될 수 없다**라고 주장한다. 그들에게 있어서 인플레이션은 오로지 화폐적인 현상일 뿐이다.

한편, 케인지언이 비용인상 인플레이션의 요인으로 주목한 것은 노동자들의 지나친 임금 인상이었다. 그들은 과도한 임금 인상이 1970년대를 풍미한 인플레이션의 주된 원인이라고 생각했다. 그런 이유에서 케인지언은 소득정책을 비용인상 인플레이션의 대책으로 제시했다. 소득정책이란 정부 당국이 노동자의 임금 및 물가 상승을 억제시켜 비용인상 인플레이션에 대응하려는 정부 정책을 말한다. 정부가 매년 임금상승률의 상한선을 책정하는 임금-가이드라인(wage-guideline), 임금 및 물가 상승을 억제

---

8. 가령, 강력한 노조(勞組)의 출현과 격렬한 투쟁을 통해 임금 인상이 이루어지면 '생산비용의 급증 ⇒ 재화 및 서비스 가격의 인상 ⇒ 다른 연관산업으로의 파급 ⇒ 물가 상승'으로 이어진다.

9. 단위노동비용은 상품 1단위당 노동비용을 의미한다. 즉 단위노동비용은 총노동비용(WL)을 X재의 생산량으로 나눈 값이다. 여기서 W는 명목임금, L은 고용량, X는 X재의 생산량을 의미한다. 또 단위노동비용은 명목임금 W를 노동생산성($\frac{X}{L}$)으로 나눈 값으로도 정의된다. 단위노동비용인 $\frac{WL}{X}$은 $\frac{W}{(X/L)}$과 똑같기 때문이다. 여기서 $\frac{X}{L}$이 노동생산성이다. 따라서 위 식에다 자연대수를 취하고 미분해주면 단위노동비용의 증가율에 대한 공식이 도출된다. 즉 '**단위노동비용의 증가율 = 명목임금의 증가율 − 노동생산성 증가율**'로 정의된다.

내지 동결시킬 목적에서 실시하는 임금-물가 통제(wage-price control)가 대표적인 소득정책이다.

끝으로 비용인상 인플레이션의 장기 대책으로는 총공급 능력을 제고시키는 제반 정책을 들 수 있다. 노동생산성을 제고시키는 기술혁신, 경영관리 개선, 그리고 노동공급의 증대를 위한 조세의 감소, 저축과 투자를 통한 자본축적과 미래 성장동력의 확보도 장기적으로 *AS*곡선을 우하방으로 이동시킴으로써 물가하락과 실질 GDP 증대라는 두 마리 토끼를 잡을 수 있게 한다. 그렇게 되면 '**인플레이션이 없는 경제성장**' 도 가능해질 수 있다.

3) 혼합형 인플레이션(mixed inflation)

① 현실 세계의 인플레이션은 수요측 요인과 공급측 요인이 함께 작용해서 일어나는 경우가 많다. [그림 12-3]을 보자. 강성노조가 과도한 임금인상 요구를 관철시키거나 오일 쇼크와 같은 공급 충격이 일어나면 비용인상 인플레이션이 발생(①)한다. 그러면 균형점이 e_0에서 e_1'로 이동한다. 그 결과 물가는 P_0에서 P_1'로 상승(②)하고 실질 GDP는 Y_0에서 Y_1으로 감소한다. GDP의 감소는 실업의 증가를 의미한다.

이때 정부가 일자리 창출을 위해 확대재정정책이나 확대통화정책을 실행한다고 하자. 그러면 *AD*곡선은 우상방으로 이동(③)하고, 균형점은 e_1'에서 e_1점으로 결정된다. 그 결과 물가는 상승(④)하고 GDP도 Y_1에서 Y_0로 증가한다.

한편, 물가가 상승하면 노동자들의 기대물가(P^e)도 덩달아 상승한다. 필립스곡선을 다룰 때 자세히 학습하겠지만 기대물가가 상승하면 *AS*곡선은 좌상방으로 이동하게

[그림 12-3] 혼합형 인플레이션

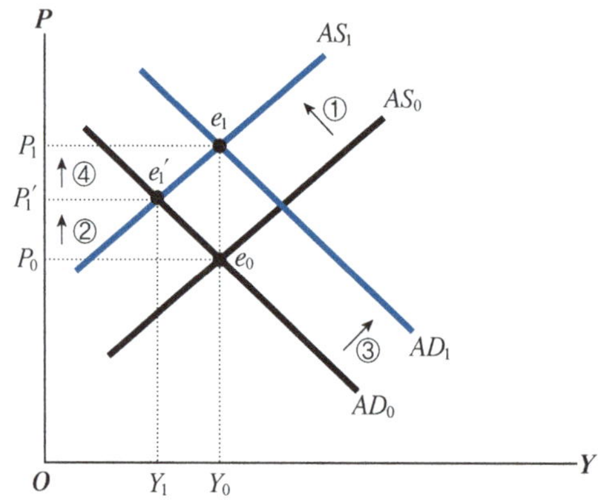

된다. 그러면 GDP는 감소하고 실업은 증가한다.[10] 이때 실업 문제를 해결하기 위해 정부가 확대재정정책이나 확대통화정책을 실행하면 물가 상승과 기대물가 수준이 상승하는 악순환이 되풀이된다. 그것이 혼합형 인플레이션 이론의 핵심 골자다.

② 위에서 살펴보았듯이 혼합형 인플레이션의 발생 원인은 크게 2가지다. 하나는 확대재정정책과 확대금융정책이다. 다른 하나는 경제주체들의 기대물가(P^e)의 상승이다.

③ 혼합형 인플레이션에 대한 대책은 통화주의학파나 새고전학파의 조언에 귀를 기울일 필요가 있다. 통화주의학파는 **화폐공급량을 과도하게 증가시키지 않으면 장기적으로 비용인상 인플레이션이 일어나지 않는다**고 강조했다. 또 새고전학파는 정부의 재량적 경제정책은 경제주체들의 기대물가 심리를 자극할 우려가 크기 때문에 정부의 경제 개입은 자제하는 것이 바람직하다고 강조한다.

1.3 인플레이션의 폐해와 경제적 파급효과

1) 인플레이션이 중요한 사회적 문제로 대두되는 것은 다음과 같은 3가지 이유에서다.

① 인플레이션은 경제적 효율성을 저해한다.

② 인플레이션은 생산과 고용을 변화시킬 수 있다.

③ 인플레이션은 생산과정을 거치지 않고 경제주체들 간에 부(富)와 소득을 재분배한다.

2) 예상치 못한 인플레이션의 경제적 파급효과

① 예상치 못한 인플레이션은 **생산과 고용의 변화, 경제주체들 간의 부와 소득의 재분배**를 유발한다. 즉 예상치 못한 인플레이션이 발생하면 일시적으로 생산량이나 실질 GDP가 증가할 수 있다. 하지만 그것이 장기간 지속되면 경제주체들은 안정적인 소비나 생산계획을 수립하기가 어렵게 된다.

② 예상치 못한 인플레이션이 발생하면, 채권자에서 채무자로 부(富)와 소득이 재분배된다. 샐러리맨과 같은 정액소득자, 금융자산(예 : 현금, 국공채, 예금, 어음 등)을 보유한 사람은 손해를 보고, 부동산(예 : 토지, 주택, 골동품 등)을 비롯한 실물자산의 소유자는

10. 이에 관해서는 [그림 12-3]에다 나타내지 않았다. 그것은 뒤에서 논의할 필립스곡선 부문에서 상세하게 다룰 예정이기 때문이다.

이득을 본다. 또 민간부문이 보유한 현금의 경우, 채무자는 정부다. 국가가 존속하는 한, 정부는 그 부채를 갚을 필요가 없다. 그런데 예상치 못한 인플레이션이 발생하면 화폐 가치가 하락하는데 그 부담은 고스란히 화폐보유자의 몫이 된다. 이것은 마치 인플레이션이 화폐보유자에게 조세를 부과하는 것과 같다고 해서 '**인플레이션 조세(tax)**' 라고도 말한다. 이때 인플레이션 조세는 다음과 같이 정의된다. 즉 물가상승률($\frac{\Delta P}{P}$)에다 민간이 보유한 실질화폐잔고($\frac{M}{P}$)를 곱한 값이다. 왜냐하면 물가상승률만큼 민간이 보유한 실질화폐잔고의 가치가 하락하기 때문이다.

$$\text{인플레이션 조세(tax)} = \frac{\Delta P}{P} \times \frac{M}{P} = \pi(\text{인플레이션율}) \times \frac{M}{P}$$

③ 인플레이션 조세와 매우 유사한 개념으로 시뇨리지(seigniorage)가 있다. 시뇨리지(일명, 주조차익)는 정부가 발행하는 통화량 증가분의 실질 가치($\frac{\Delta M}{P}$)로서 $\frac{\Delta M}{P} = (\frac{\Delta M}{M}) \times (\frac{M}{P}) = \theta(\text{화폐공급량의 증가율}) \times (\frac{M}{P})$으로 정의된다. 만약 π와 θ가 같다면 인플레이션 조세와 시뇨리지는 같게 된다.

④ 경제의 효율성과 관련해서 한 가지 유의할 사항이 있다. '**예상치 못한 인플레이션은 단기적으로 경제의 효율성에 큰 영향을 미치지 아니한다**' 는 점이다. 하지만 그것이 장기간 지속되면 경제 내에 불확실성이 커짐으로써 경제의 효율성에 부정적인 영향을 미치게 된다.

3) 예상된 인플레이션의 경제적 파급효과

① 경제주체가 사전에 예상한 인플레이션을 '예상된 인플레이션(anticipated inflation)' 이라고 정의한다. 예상된 인플레이션하에서는 채권자로부터 채무자로의 부와 소득의 재분배가 일어나지 않는다.[11] 채권자가 화폐 가치의 하락을 보상받을 수 있는 '인플레이션 프리미엄' 을 요구함으로써 손실을 만회하려고 노력하기 때문이다.

이것을 설명해주는 것이 피셔가설이다. **피셔가설**은 '**명목이자율 = 실질이자율 + 예상인플레이션율**' 로 정의된다. 피셔가설이 성립되기 위해서는 인플레이션에 따라 사회 제도, 법률 및 규정, 관행은 물론 명목이자율과 세율 등의 변수가 신속하게 조정되

---

11. 인플레이션을 예상하는 경우에도 적지 않은 비용이 발생한다. 인플레이션의 예상으로 명목이자율이 상승하면 경제주체들은 예금 비중을 높인다. 그리고 현금을 지출할 필요가 있을 때마다 은행을 자주 들락거리는데 이를 **구두창비용**(실질잔고 유지비용)이라고 한다. 또 물가 상승에 따른 가격표의 교체비용인 메뉴비용, **세제(稅制)나 임금의 조정비용**도 소요된다.

어야 한다. 일례로 명목이자율이 예상인플레이션율을 충분히 반영하지 못할 경우, 실질이자율은 하락할 수밖에 없다. 그렇게 되면 저축의 감소로 기업들은 미래 성장동력을 확보하기 위한 자본축적이 어렵게 된다. 이는 경제성장에 매우 부정적인 영향을 미친다. 또한 인플레이션에 따라 경제주체들의 명목소득이 비례적으로 오른다면 납세 전 실질소득은 변함이 없다. 하지만 세율이 고정되었을 경우, 명목소득에 부과하는 조세 부담은 인플레이션으로 말미암아 커지게 된다. 당연히 납세 후 실질소득은 감소하게 된다.[12]

② 예상인플레이션은 생산과 고용에도 별다른 영향을 미치지 못한다. 인플레이션이 예상되면 개별기업들은 재화나 서비스 가격의 인상으로 총판매수입이 증가할 것으로 기대한다. 그러나 인플레이션은 생산요소가격도 인상시키기 때문에 기업들의 총생산비용도 덩달아 증가한다. 그렇게 되면 이윤극대화를 위한 기업들의 생산량은 인플레이션의 발생 전과 비교해서 별반 다르지 않다. 이와 마찬가지로 인플레이션이 예상되면 노동자들도 그만큼의 명목임금 상승을 요구하기 때문에 노동시장에서의 고용량도 크게 변하지 않는다.

③ 예상된 인플레이션이 장기적으로 지속되면 국민경제의 효율성은 낮아질 수밖에 없다. 그 이유는 생산적인 투자에 사용되어야 할 희소자원이 비생산적인 투기(예 : 부동산, 귀금속, 골동품, 달러 등)로 몰려들기 때문이다. 이는 장기적인 관점에서 경제주체들의 저축에 부정적인 영향을 미침으로써 기업들의 미래 성장동력이 되는 자본축적을 어렵게 만들고 자원의 비효율적 배분까지 야기한다.[13]

특히 자원배분의 비효율성은 연간 인플레이션율이 몇백%를 초과하는 '초(超)인플레이션'[14] 하에서 현저하게 심화된다. 이런 상황에 직면하면 합리적인 경제주체들은 화

---

12. 이런 상황에 직면하면 채권자들은 피셔가설보다 약간 높은 수준에서 명목이자율을 설정하는 경향이 있다. 즉 '명목이자율 = 실질이자율 + 예상인플레이션율 + δ'에 따라 δ만큼 명목이자율을 높게 설정함으로써 고정된 세율 때문에 발생하는 손해를 만회하려고 노력한다. 경제학에서는 이것을 **다비효과**(Darby effect)라고 말한다.

13. 인플레이션은 상대가격의 변동성을 증가시키는 특성이 있다. 이것은 인플레이션을 예상했더라도 마찬가지다. 인플레이션이 모든 재화나 서비스의 가격을 일률적으로 변화시키는 게 아니기 때문이다. 만약 인플레이션이 재화나 서비스 가격의 서로 다른 상승 폭을 유발한다면 그것은 상대가격의 왜곡 현상을 초래해서 소비자의 의사결정을 힘들게 만들고 자원의 비효율적 배분을 부채질할 수 있음도 유념해야 한다.

14. 필립 카간(P. Cagan)은 자신의 논문에서 초인플레이션을 이렇게 정의했다. '1개월에 50%를 초월하는 아주 높은 수준의 인플레이션이 나타나서 최소한 1년 이상 지속되는 현상을 말한다.'

폐 보유보다는 현물보유를 지나치게 선호하기 때문에 화폐의 소득유통속도가 무척 빨라지게 된다. 그러면 화폐의 본원적 기능인 교환의 매개수단 역할도 기대하기 어렵다. 그런 현상이 심화되면 교환경제의 위기까지 불러올 수 있다.

보론 12-2 미국의 '신경제'가 무엇인가요?

미국의 신경제란, 1991년부터 약 10년 동안 장기호황 국면이 지속되어온 미국 경제를 일컫는 용어다. 물론 1995년 2분기에는 약 0.8%대의 경제성장률을 기록하며 일시적인 경기둔화 국면을 보이긴 했지만 1997년 이후부터 또다시 4%대의 고성장을 유지해왔다.

1970년대에 미국 경제는 고(高)물가와 저(低)성장이 공존하는 스태그플레이션으로 몸살을 심하게 앓았던 우울한 기억이 있다. 하지만 신경제는 스태그플레이션과는 정반대로 저(低)물가와 고(高)성장이 지속적으로 나타나는 현상으로 경제학자는 물론 대다수 경제주체들이 쌍수를 들고 환영할 만한 경제 현상이다. 그렇다면 미국 경제에서 이러한 신경제 현상이 나타난 원인은 무엇이었을까? 경제학자들은 다음과 같은 두 가지를 주요 요인으로 꼽는다.

첫째, 정보통신(IT)산업에 대한 과감한 투자와 그에 따른 기술혁명이 신경제를 주도했다고 본다. 지식 및 정보는 그 특성상 수확체감의 법칙이 존재하지 않는다. 게다가 IT기술이 전통산업과 전통기술에 접목되면서 생산 · 유통(예 : 전자상거래 등) 체제에 일대 변혁을 가져왔고 그것이 경제 전체의 효율성과 유연성을 크게 제고시켰다. 신경제를 주도했던 산업이 서비스산업이었다는 것이 그것을 말해준다.

둘째, 고(高)성장이 진행 중임에도 불구하고 안정적 기조를 유지할 수 있었던 데는 미국을 둘러싼 대내외적 경제환경이 우호적으로 작용했기 때문이다. 일단 1991년부터 약 10년 동안 국제원자재 가격을 비롯한 세계 물가의 하락추세가 미국의 물가안정과 생산비 절감에도 기여했다. 또 IT기술이 여러 산업에 접목되고 응용되면서 각 산업의 생산성이 크게 향상됨으로써 고성장임에도 불구하고 물가가 하락하는 양상을 보였던 것으로 판단된다. 그밖에도 미국 내 기업들이 우루과이라운드(UR) 이후의 무한경쟁에 노출되면서 가격 인상을 시도하기 힘들었던 요인도 미국의 신경제에 우호적으로 작용했다.

하지만 미국 경제는 2000년에 접어들면서 신경제의 붐이 사라졌다. 특히 2001년 미국 경제에서는 닷컴 산업의 붕괴 현상이 두드러지게 나타났다. 그동안 정보통신 관련 주식이 고평가를 받아온 것이 투기적 거품현상 탓이라는 세간의 여론이 팽배했다. 또 약 10년 동안 미국의 신경제는 소비측면에서의 붐에 의존했을 뿐, 산업의 꽃이라 할 수 있는 제조업 관련 주식은 평균적인 주가 상승률을 밑돌았다는 평가도 존재한다.

보론 12-3 디플레이션의 폐해는 없나요?

디플레이션은 물가가 하락하고 경제가 침체되는 현상을 일컫는 경제용어다. 경제를 가르치면서 학생들에게 인플레이션의 폐해에 대해 질문하면 곧잘 대답을 한다. 그러나 디플레이션의 폐해가 무엇이냐고 물으면 답변하기를 망설이는 학생들이 꽤 많다. 여기서는 디플레이션이 경제에 미치는 폐해에 대해 살펴보고자 한다. 이것은 언제든지 시험문제로도 출제가 될 수 있기 때문에 독자들은 눈여겨볼 필요가 있다.

첫째로, 디플레이션이 발생하면 인플레이션 때와는 반대로 채무자가 갚아야 할 채무의 실질 가치가 커지게 된다. 따라서 부(富)의 이전이 채무자에서 채권자 쪽으로 향한다. 그렇다고 해서 마냥 채권자가 반길 만한 일은 아니다. 돈을 떼일 가능성이 그만큼 커지기 때문이다. 또 채무자의 채무불이행으로 금융기관의 부실화와 신용경색이 발생할 가능성이 크다.

둘째로, 명목임금이 일정한 상태에서 디플레이션으로 물가가 하락하면 실질임금은 상승한다. 이는 고용 감소와 생산 저하로 이어진다. 이것을 방지하려면 명목임금을 인하시켜야 하는데 노조(勞組)의 저항으로 쉽지 않은 게 현실이다.

셋째로, 피셔가설에 따르면 명목이자율은 실질이자율과 예상인플레이션율의 합으로 정의된다. 디플레이션으로 물가가 하락하고 그에 따라 예상인플레이션율이 떨어지면 명목이자율도 하락할 수밖에 없다. 그런데 **디플레이션으로 명목이자율이 제로(0)수준에 도달하면 한국은행은 추가적인 이자율 인하조치를 시도할 수 없다. 그렇게 되면 총수요관리를 위한 전통적인 한국은행의 확대(긴축)통화정책은 무의미하게 된다.**

넷째로, 1990년대의 일본처럼 디플레이션이 장기간 지속되면 명목이자율이 제로(0) 수준에 이르고 물가수준이 계속 하락하면 실질이자율이 상승하는 현상이 발생한다. 이는 투자의 하락을 유발한다. 또 물가가 계속해서 하락하면 소비자들은 내구재 소비를 연기함으로써 소비지출이 하락하게 된다. 결국 소비지출과 투자의 저하는 총수요의 감소로 이어져서 경기침체를 가속화시킬 수 있다.

2 실업

2.1 실업에 대한 정의와 형태, 실업률의 측정

1) 실업의 정의 : 케인즈에 의한 분류

① **자발적 실업** : 일할 능력을 갖고 있으면서도 현재의 임금수준에서 일할 의사가 없는 상태를 지칭한다. 이러한 실업은 본인 스스로 직업을 변경하거나 좀 더 좋은 직장을 구하는 과정에서의 실업이기 때문에 정부 당국이 크게 고민할 사항이 아니다. 고전학파가 주장하는 완전고용도 실업자가 전무(全無)하다는 뜻이 아니다. 자발적 실업자의 존재를 인정한다는 것이다. 마찰적 실업이 바로 여기에 해당된다.

② **비자발적 실업** : 일할 능력과 현재의 임금수준에서 일할 의사를 갖고 있음에도 불구하고 일자리를 얻지 못하고 있는 상태를 의미한다. 비자발적 실업은 가정 파괴, 사회적 범죄, 자살, 이웃과 사회에 대한 불만 폭증 등과 같은 사회적 병리 현상과 직결되기 때문에 정부 당국의 관심과 대책 마련이 중요하고 시급하다. 케인즈가 고민하고 염려했던 실업도 비자발적 실업이었다. 경기적 실업과 구조적 실업이 여기에 속한다.

2) 실업의 형태와 대책

① **마찰적 실업** : 직업을 변경하는 과정에서 또는 좀 더 나은 일자리를 탐색하면서 일시적으로 실업 상태에 있는 것을 말한다. 여기서 '**마찰**' 이란 용어는 **고용정보의 불완전성과 이질적인 노동자의 존재로 일자리와 노동자가 잘 매칭**(matching)**되지 않는 것**을 의미한다. 일부 경제학 책에서는 마찰적 실업과 탐색적 실업을 구분하지만 본서(本書)는 탐색적 실업을 마찰적 실업에 포함시키고자 한다. 마찰적 실업은 자발적 실업의 속성을 지니기 때문에 정부 당국이 크게 고민할 필요가 없다. 고용정보 네트워크를 강화시킴으로써 마찰적 요인만 제거해주면 그것으로 충분하다.

② **경기적 실업** : 비자발적 실업의 한 종류로서 경기침체로 인해 발생하는 실업이다. **경기적 실업률**은 **실제 실업률과 자연실업률의 차이**로 정의된다. 케인즈, 케인지언, 새케인지언은 경기적 실업은 경기만 회복되면 대부분 해소될 것으로 본다. 따라서 그들은 정부 당국이 단기 총수요관리정책을 실행할 것을 권고한다.

③ **구조적 실업** : 비자발적 실업 가운데 난제(難題)에 해당되는 실업이다. 기술혁신으로 기존 기술이 경쟁력을 상실했거나 특정산업이 사양화됨으로써 일자리를 잃게 되는 실업이다.[15] 일례로 자동차공장에서 일하던 용접공들이 공장자동화(FA)에 따른 로봇 용접기에 밀려 실직하거나 광부들이 석탄산업의 사양화로 실직하는 경우가 대표적 사례다. 또 소비구조의 급격한 변화도 구조적 실업을 야기할 수 있다. 이에 대한 정부 대책은 산업구조의 재편에 적극적으로 부응하는 전문직업교육을 강화하는 것이다.

④ **자연적 실업 : 마찰적 실업에다 구조적 실업을 합한 값**으로 정의된다. 참고로 자연실업률에 대한 몇 가지 개념에 대해 추가적으로 언급하고자 한다. 이 부문은 시험문제로 출제될 빈도가 높기 때문에 기본 개념에 대해 충분히 숙지해놓을 필요가 있다.

㉠ 자연실업률의 특징

ⓐ 자연실업률은 0보다 큰 값을 갖는다.

ⓑ 현실실업률은 장기적 관점에서 자연실업률에 수렴하는 경향이 있다.

ⓒ 노동자들의 실직률이 상승하면 자연실업률도 상승한다.

ⓓ 노동자들의 구직률이 상승하면 자연실업률은 하락한다.

ⓔ ⓒ과 ⓓ을 고려할 때, 자연실업률은 고정된 값이 아님을 알 수 있다.

ⓕ **확대재정정책이나 확대통화정책과 같은 단기 총수요관리정책으로는 자연실업률을 낮출 수 없다.**

ⓖ 실업보험과 같은 사회보장제도의 확충은 실직률을 높이고 취업률을 낮춤으로써 자연실업률을 높인다.

ⓗ 사양산업에 대한 정부의 보조금 정책은 실직률을 지연시킴으로써 자연실업률은 하락한다.

ⓘ 산업구조에 큰 변화가 야기되거나 경제 내에 불확실성이 커질수록 자연실업률은 상승한다.

㉡ 자연실업률에 대한 또 다른 정의

ⓐ 자연실업률은 NAIRU(non-accelerating inflation rate of unemployment), 즉 '**인플레이션을 가속화하지 않는 실업률**'로 정의한다.

---

15. 일부 경제학자들은 지역 간의 불균형 발전 때문에 발생하는 실업도 구조적 실업의 범주에 넣어야 한다고 주장한다. 즉 지역 간 불균형 발전이 일어날 경우, 노동자들은 쇠퇴하는 지역에서 새롭게 부상하는 지역으로 이동해야 일자리를 유지할 수 있는데 현실은 그렇게 녹녹하지 않다는 얘기다. 따라서 많은 노동자들이 지역 간 이동을 하는 과정에서 겪게 되는 실업도 구조적 실업으로 봐야 한다는 주장이다(이종화 · 신관호 공저, 『거시경제학(3판)』, 박영사, 2019, p.122 참조).

ⓑ **경기적 실업이 0일 때의 실업률, 또는 경기변동과 무관한 마찰적 요인과 구조적 요인에 따른 실업률**

ⓒ 노동시장의 불완전성으로 인해 장기적으로도 사라지지 않는 실업률

ⓓ 경제가 장기적으로 수렴하는 장기평균실업률

ⓔ **실제인플레이션율과 기대인플레이션율이 일치할 때의 실업률**

ⓕ 실제 산출량이 자연생산량 수준일 경우의 실업률, 또는 오쿤의 법칙[16]에 따라 실제성장률과 잠재성장률이 같을 때의 실업률

3) 실업률의 측정 및 우리나라 실업 통계의 한계점

① 실업, 실업률과 관련된 여러가지 용어를 [그림 12-4]를 통해 설명하고자 한다. [그림 12-4]에서 총인구는 □*abcd*, 15세 이상의 인구 중에서 **병역의무를 수행 중인 군인이나 의무경찰, 교도소 수감자를 제외한** 생산가능인구[17]는 □*abfe*로 정의된다. 또 생산가능인구는 경제활동인구(□*aghe*)와 비경제활동인구(□*gbfh*)[18]로 구분되고, 경제활동인구는 취업자 수(□*aIJe*)[19]와 실업자 수(□*IghJ*)의 합으로 정의된다.

[그림 12-4] 실업, 실업률의 산출을 위한 여러 개념

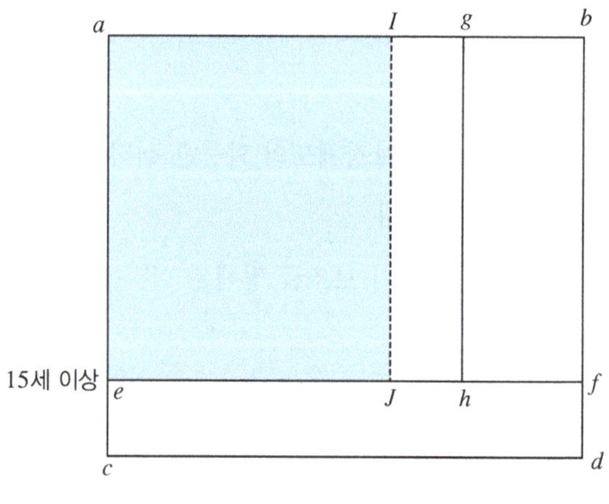

16. 오쿤의 법칙은 일국(一國)의 산출량과 실업률 사이에 경험적으로 관찰되는 안정적인 음(-)의 관계를 의미하며 $\frac{Y_N - Y}{Y_N} = \alpha(u - u_n)$으로 정의된다. 루카스의 공급함수와도 일맥상통하는 개념이다. 자세한 사항은 [보론 12-3]을 참조하기 바란다.

17. 15세 이상 인구를 생산가능인구라고 부른다. 그 이유는 의무교육기간이 끝나고 취업이 가능한 연령이 15세이기 때문이다.

18. 비경제활동인구란 일할 의사가 없는 학생, 전업주부, 일할 능력이 없는 연로자나 심신장애인, 취업준비생, 진학준비생, 군입대 대기자 등이 여기에 해당된다. 하지만 **파출부로 일하는 주부나 학생 신문배달부는 취업자로 분류된다.**

19. 취업자란 수입을 목적으로 매월 15일이 속한 1주 동안에 1시간 이상 일하는 사람, 또는 자기에게 직접 수입이 들어오지 않더라도 가구주의 사업을 도와 매월 15일이 속한 1주 동안에 18시간 이상 노동하는 가족 종사자로 정의한다.

② 경제활동참가율은 생산가능인구(= 경제활동인구 + 비경제활동인구) 중에서 경제활동인구가 차지하는 비율을 의미한다. 또 실업률은 경제활동인구(= 취업자 수 + 실업자 수)에서 실업자 수가 차지하는 비율을 의미한다.

㉠ 경제활동참가율 = $\dfrac{\text{경제활동인구}(\square aghe)}{\text{생산가능인구}(\square abfe)}$

㉡ 실업률 = $\dfrac{\text{실업자 수}(\square IghJ)}{\text{경제활동인구}(\square aghe)}$

㉢ 취업률 = $\dfrac{\text{취업자 수}(\square aIJe)}{\text{경제활동인구}(\square aghe)}$

㉣ **고용률 = $\dfrac{\text{취업자 수}(\square aIJe)}{\text{생산가능인구}(\square abfe)}$**

③ 이상에서 논의한 사항은 모두 국제노동기구(ILO)가 권고한 기준에 따른 것이다. 하지만 통계조사 작성상에도 여러 한계점이 존재한다. 하나는 과연 1주에 1시간 이상 노동해서 번 돈으로 경제생활을 할 수 있는가라는 점이다. 즉 1주에 1시간이라도 근로수입이 있는 일에 종사한 임시직 노동자는 많은 시간을 구직 활동에 투입하더라도 취업자로 분류한다는 점이다.

다른 하나는 잇따른 취업 실패에 지쳐서 일정 기간 구직 활동을 포기한 사람, 일명 **실망노동자**(discouraged worker)**도 일할 의사가 없는 사람으로 간주해서 경제활동인구에서 제외시킨다.** 즉 '**실망노동자는 실업자가 아니다**' 라는 얘기다. 이런 이유로 통계청이 작성한 실업률은 실제 실업률보다 훨씬 낮게 측정된다.

④ 지금까지 학습한 내용을 정리하면 [그림 12-5]와 같다.

[그림 12-5] 다양한 개념의 실업률과 그것을 구하는 공식

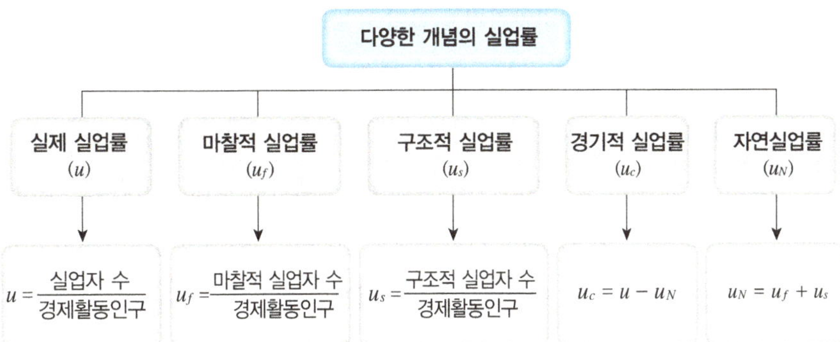

출처 : Roger A. Arnold, *Principles of Economics*, p.320.

2.2 학파별 실업이론과 실업 대책

1) 고전학파의 실업이론과 실업 대책

① 고전학파는 물가(P)와 명목임금(W)이 상 · 하 신축적이라고 가정한다. 또 노동수요는 실질임금($\frac{W}{P}$)의 감소함수, 노동공급은 실질임금($\frac{W}{P}$)의 증가함수다. 따라서 고전학파가 상정하는 노동시장에서는 항상 완전고용이 달성되기 때문에 비자발적 실업은 존재하지 않는다. 하지만 경기침체 시에 총수요 부족으로 물가(P)가 하락함에도 불구하고 명목임금(W)이 경직적이라면 실질임금이 균형 실질임금보다 높아지게 된다. 그러면 노동시장에서 일시적으로 노동의 초과공급에 따른 비자발적 실업이 발생할 수 있다.

② 고전학파는 실업 대책이 기본적으로 불필요하다는 입장이다. 노동시장에서 물가와 명목임금이 상 · 하 신축적이고 즉각적인 시장조정만 보장된다면 항상 완전고용수준을 달성할 것이기 때문이다. 문제는 명목임금의 상 · 하 신축성이 보장되지 않을 때에는 일시적으로 비자발적 실업이 발생할 수 있다. 따라서 그때는 정부가 명목임금의 상 · 하 신축성을 저해하는 요인(예 : 강성노조, 최저임금제 등)만 제거해주면 그만이다.

2) 케인즈의 실업이론과 실업 대책

① [그림 12-6]에서 고전학파의 노동시장균형은 e_0점에서 이루어지고 균형임금과 균형고용량은 각각 W_e와 L_e로 결정된다. 그런데 케인즈는 노동수요는 실질임금($\frac{W}{P}$)의 감소함수이고, 노동공급은 하방 경직성을 가진 명목임금(W)의 증가함수라고 상정했다. 케인즈의 노동공급곡선은 [그림 12-6]에서 $W'baL^S$로 주어진다. 이때 노동시장의 균형점은 노동수요곡선과 노동공급곡선이 만나는 b점에서 이루어지고, 임금과 고용수준은 각각 W'와 L'로 결정된다. 그런데 W'에서 고용되길 원하는 노동자의 수준은 L''이다. 따라서 $L'L''$가 비자발적 실업의 규모라고 말할 수 있다.

② 케인즈의 실업 대책은 총수요관리정책을 통한 총수요의 확대로 물가가 상승하면 노동시장에서 노동수요의 증가로 이어지기 때문에 비자발적 실업은 해결될 수 있다. [그림 12-6]에서 보는 것처럼 정부가 확대재정정책이나 확대통화정책을 실행해서 총수요를 확대하면 물가가 P_0에서 P_1으로 상승한다. 그러면 노동수요곡선이 L^D에서 $L^{D'}$으로 이동함으로써 비자발적 실업은 자연스럽게 해소된다.

[그림 12-6] 케인즈의 실업이론과 실업 대책

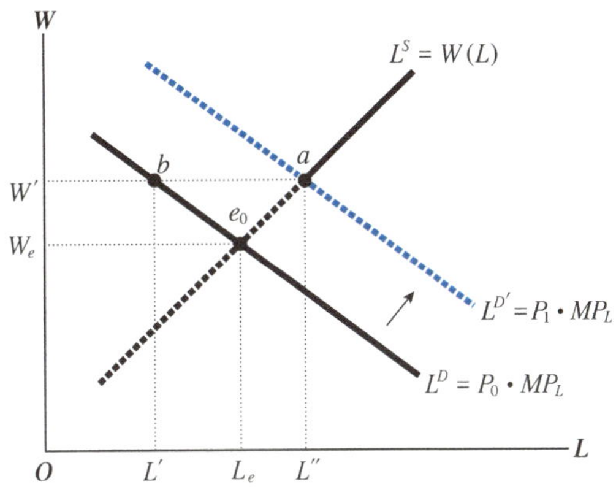

3) 케인지언의 실업이론과 실업 대책

① 케인지언은 고전학파의 노동시장에다 명목임금(W)의 하방 경직성을 도입해서 비자발적 실업 문제를 설명했다. 우선 [그림 12-7]에서 보는 바와 같이 노동시장의 최초 균형이 e점에서 이루고 있다고 가정하자. 경기침체로 인해 물가가 P_0에서 P_1으로 하락했는데도 명목임금(W)의 하방 경직성으로 말미암아 명목임금이 W_0 수준에서 하락하지 않는다면 실질임금은 $\frac{W_0}{P_0}$에서 $\frac{W_0}{P_1}$으로 상승할 것이다. 그러면 $\frac{W_0}{P_1}$에서는 $L_1 L_2$만큼의 비자발적 실업이 발생한다. 고전학파 모형에서는 명목임금이 신속하게 하락함으로써 $\frac{W_0}{P_0} = \frac{W_1}{P_1}$이 되어 비자발적 실업이 발생하지 않게 된다.

[그림 12-7] 케인지언의 실업이론과 실업 대책

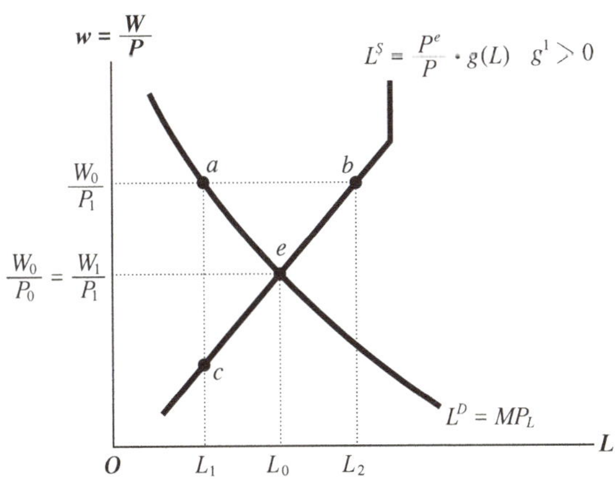

② 케인지언의 실업 대책은 크게 두 가지다. 하나는 확대재정정책이나 확대통화정책을 통해 총수요를 진작시키는 것이다. 그러면 명목임금이 W_0로 고정되어 있어도 물가(P)

의 상승으로 실질임금이 하락하기 때문에 노동수요가 증가한다. 그러면 비자발적 실업은 저절로 해소된다. 다른 하나는 명목임금(W)의 하방 경직성을 야기시키는 강성(强性)노조를 강력하게 견제해서 노동시장의 유연성을 높이고, 기업의 경영권 보장과 외국 노동자의 수입자유화 조치를 실시해야 한다.

4) 통화주의학파와 새고전학파의 실업이론 및 실업 대책

① 통화주의학파와 새고전학파는 실업을 자발적 실업과 비자발적 실업으로 구분하는 것 자체가 다분히 자의적이라고 생각한다. 그들은 실업을 자발적인 탐색적 실업이라고 간주하고 실업이론을 전개했다. 프리드만은 고전학파가 신념처럼 생각하고 있는 완전고용을 현대적 의미에서의 자연실업률[20] 개념으로 발전시킨 장본인이다. 즉 모든 노동시장에 걸쳐 구인자 수(= 기업이 찾는 노동자 수)와 구직자 수(= 일자리를 찾는 노동자 수)가 일치하면 그것을 완전고용이라고 간주하고, 그 수준에서 결정되는 실업률을 자연실업률이라고 정의했다. 하지만 구인자 수와 구직자 수는 정부 통계로 정확하게 측정되지 않기 때문에 프리드만은 자연실업률을 다음과 같이 정의했다. '**자연실업률은 현재 진행되는 인플레이션을 가속시키지도 않고 감속시키지도 않게 해주는 실업률**이다.'[21]

② 통화주의학파나 새고전학파는 실업 문제의 해결을 위해 정부 당국이 재량적인 총수요관리정책을 실행하는 것에 대해 비판적인 입장을 견지한다. 그 이유는 **정부 당국이 단기 안정화정책을 실행하든, 실행하지 않든 간에 자연실업률은 변하지 않는다는 게 자연실업률이론의 핵심**이기 때문이다. 더욱이 장기에는 고용이 자연실업률 수준으로 수렴하기 때문에 실업을 줄이기 위한 정부 당국의 총수요관리정책은 아무런 효과가 없다는 것이 그들의 일관된 주장이다.

---

20. 자연실업률은 항상 어떤 일정한 수준의 실업률, 가령 3~4%대의 실업률을 의미하는 게 아니다. 자연실업률은 생산물시장의 불완전 경쟁의 정도, 기업과 근로자들의 탐색비용, 노동시장의 유연성(= 노동의 이동가능성), 노조의 강성 여부, 최저임금제, 효율성 임금 등 생산물시장과 노동시장의 구조적 특성, 사회보장제도의 확충 여부 등에 의해 결정된다. 따라서 자연실업률 수준을 낮추기 위해서는 무엇보다 생산물시장의 경쟁도 제고, 직업 탐색비용의 절감, 노동시장의 유연성 제고, 실업보험을 비롯한 사회보장제도의 축소 등이 필요하다. 일례로 사회보장제도가 확충되면 될수록 직업탐색의 MC가 감소해서 탐색적 실업이 증가한다.

21. 현실실업률이 자연실업률보다 낮다면 이는 구인자 수가 구직자 수보다 많음을 의미한다. 그러면 임금상승률이 높아질 것이고, 이는 물가 상승을 부채질할 개연성이 크다. 반대로 현실실업률이 자연실업률보다 크다면 이는 구인자 수보다 구직자 수가 많음을 의미한다. 그러면 임금상승률이 둔화될 것이고 이는 물가의 하락으로 이어질 가능성이 크다. 결국 현재 실업률이 자연실업률 수준에 근접하면 임금상승률이 제자리를 유지하고 물가도 안정적인 수준을 유지할 것이다.

③ 보다 자세한 것은 후술하는 [보론 12-4]를 참조하기 바란다.

5) 새케인지언의 실업이론 및 실업 대책

① 실업이론과 관련해서 새케인지언들이 집중적으로 조명한 것은 **실질임금의 하방 경직성**이다. 또 그들은 효율임금이론과 내부자-외부자이론에 입각해서 그것을 입증하기 위해 많은 노력을 기울였다.

㉠ 효율임금이론(efficiency wage theory)의 핵심은 유망기업들이 우수한 인재 확보, 근무태만 방지, 조직에 대한 충성심과 노동생산성을 제고시키기 위해 시장 평균임금보다 높은 임금, 즉 효율임금을 제공한다는 것이다.

㉡ 내부자-외부자이론(insider-outsider theory)의 핵심은 노동시장이 강성노조에 의해 주도되어 시장평균임금보다 높은 수준의 임금이 유지된다는 것이다. 즉 노조원(勞組員)인 내부자들은 임금협상과정에서 비노조원인 외부자들을 고려하지 않고 자신들의 이익을 위해 시장평균임금보다 높은 수준을 요구한다는 것이다. 또 기업측은 노동이동에 따른 조정비용 등을 고려해서 내부자를 외부자로 쉽게 대체하지 못하고 노조의 요구에 굴복한다는 것이다.

㉢ 새케인지언들은 이처럼 효율임금이론과 내부자-외부자이론이 현실경제에서 통용되고 있기 때문에 **실질임금의 하방 경직성**이 일어날 수 있다고 주장한다.

② 새케인지언들은 탐색적 실업이 현실 실업의 대부분이라는 통화주의학파나 새고전학파의 주장에 동의하지 않는다. 또 새케인지언들은 1970년대의 오일 쇼크, 1980년대 유럽 경제의 침체로 실업률이 증가했고, 1990년대에 그런 충격이 사라졌지만 실업률은 낮아지지 않았다고 주장한다. 이처럼 어떤 경제적 충격이 사라진 이후에도 그 여파가 장기적이고 지속적으로 영향을 미치는 바람에 실업률이 원래 수준의 실업률로 회귀하기 힘든 현상을 **이력현상**(履歷現象, hysteresis)이라고 정의한다. 새케인지언은 이력현상의 원인으로 2가지를 꼽았다. 첫째는 높은 실업률이 오랫동안 지속됨에 따라 실업자들이 실업보험과 부모님의 도움을 받으며 실업 상태에 적응하고 있기 때문이다. 둘째는 효율임금가설과 내부자-외부자이론이 현실경제와 잘 부합할 정도로 강성노조가 **실질임금의 하방 경직성**을 부추기며 노동시장의 유연성을 저해하기 때문이다.

③ 현실실업률이 자연실업률을 초과하면, 이력현상에 의해 자연실업률도 증가한다. 이때 정부 당국이 단기 총수요확대정책을 실행하면 현실실업률을 낮추는 동시에 자연실

업률도 낮출 수 있다. 결론적으로 새케인지언은 현실실업률이 자연실업률과 연계되어 있기 때문에 정부 당국의 단기 총수요관리정책이 자연실업률과 전혀 무관하다는 통화주의학파나 새고전학파의 견해는 잘못된 것이라고 비판한다.

보론 12-4 통화주의학파와 새고전학파의 탐색적 실업이론

통화주의학파와 새고전학파는 어떤 사람이 일할 의사와 능력을 갖췄음에도 불구하고 실업 상태에 있다면 그것은 자기 적성과 부합하지 않거나 보수 및 직장에 대한 평가가 마음에 들지 않아서 실업 상태를 선택한 것으로 간주했다. 또 그런 사람은 끊임없이 자신에게 맞는 일자리를 찾기 위해 탐색 활동을 벌인다고 상정했다. 한편, 어느 탐색적 실업자가 일자리를 탐색하는 데는 그에 따른 편익과 비용이 발생할 수밖에 없다. 이때 적용되는 경제 개념이 한계편익과 한계비용이다. [그림 12-8]은 어느 탐색적 실업자의 한계편익곡선과 한계비용곡선을 보여준다.

[그림 12-8] 통화주의학파와 새고전학파의 탐색적 실업이론

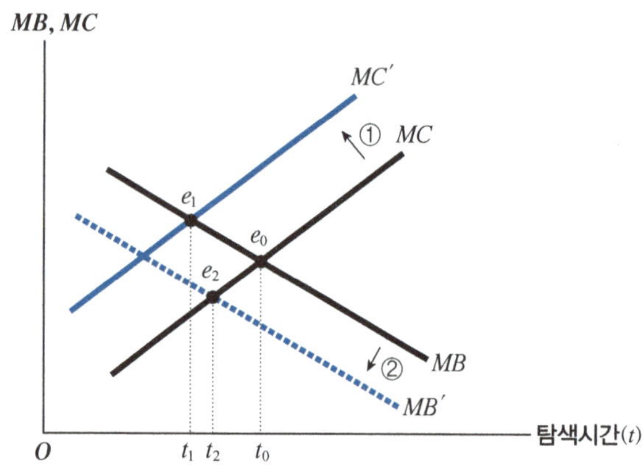

㉮ 일자리를 탐색하는 데는 한계비용(MC)과 한계편익(MB)이 발생한다. [그림 12-8]을 보면 한계편익은 체감하고 한계비용은 체증하는 것으로 나타난다. 한계편익은 일자리를 탐색하는 과정에서 받는 실업수당과 좋은 일자리를 구했을 때 받을 수 있는 미래의 기대임금이다. 또 한계비용은 일자리 탐색에 소요되는 시간과 돈, 그리고 일자리를 갖지 못함으로써 포기한 소득이다. [그림 12-8]에서 MB와 MC가 만나는 균형점 e_0에서 결정된 t_0가 최적의 탐색시간이다. 그리고 실업은 탐색시간이 줄어들수록 감소하고, 탐색시간이 늘어날수록 증가한다.

㉯ 탐색시간의 결정에 영향을 미치는 요인으로는 예상하지 못한 인플레이션, 실업수당, 일자리 관련 정보의 확충 여부를 들 수 있다. 그들 각각에 대해 살펴보자.

ⓐ 예상하지 못한 인플레이션이 발생하면, 일반 경제주체들이 생각하는 것보다 경기가 좋아질 가능성이 크다. 그러면 구직자는 자신이 기대했던 것보다 높은 보수와 좋은 근로조건에서 취업할 수 있다. 그런데도 취업 기회를 거부하고 일자리를 계속해서 탐색한다면 그에 따른 기회비용(한계비용)이 커질 수밖에 없다. [그림 12-8]에서 MC가 MC'로 이동(①)하면 탐색시간이 t_0에서 t_1으로 줄어들고 탐색적 실업은 감소한다.

ⓑ 실직 근로자에게 지급하는 실업수당이 감소하면, 탐색에 따른 한계 편익의 감소로 MB곡선이 MB에서 MB'로 이동(②)한다. 그러면 탐색시간이 t_0에서 t_2로 줄어들고 탐색적 실업도 감소한다.

ⓒ 노동부가 각종 취업 관련 정보망을 대대적으로 확충해주면, 구직자와 구인자 사이에 필요한 인적 정보가 활발하게 유통된다. 이는 구직자의 직업 탐색시간을 크게 단축시켜 준다. 그 결과 탐색적 실업이 감소한다.

㉣ 탐색적 실업이론은 경제주체의 합리적 선택이라는 관점에서 접근함으로써 최적의 탐색 시점을 도출하고 그에 기초해서 실업의 규모를 측정하는 이론이다. **탐색적 실업은 케인지언의 재량적인 단기 총수요관리정책과는 무관하다.** 탐색적 실업이론이 실업 대책으로 언급한 것은 실업수당의 인하와 노동시장과 관련한 취업 정보의 원활한 유통과 대대적인 확충이다.

3 필립스곡선과 스태그플레이션

3.1 최초의 필립스곡선

1) 명목임금상승률과 실업률 간의 함수관계

① 1950년대 말 뉴질랜드 출신의 영국 경제학자 알반 윌리엄 하우스고 필립스(A.W.H. Philips)는 1861~1957년 동안 영국의 자료를 이용해서 명목임금상승률($\frac{\Delta W}{W}$)과 실업률(u) 간에 음(-)의 함수관계가 존재하는 것을 발견했다. 즉 [그림 12-9]의 (a) 그래프에서 보는 것처럼 $\frac{\Delta W}{W}=f(u)$, 단 $f'<0$의 관계가 성립한다는 것이다.

② 이를 부연 설명하면 '명목임금상승률이 높아지면 실업률은 감소하고, 명목임금상승률이 낮아지면 실업률은 증가한다' 는 것이 최초의 필립스곡선이었다.

2) 인플레이션율(π)과 실업률(u) 간의 함수관계

① 케인지언의 멤버였던 리차드 립시(R. Lipsey)는 명목임금상승률과 실업률 간의 관계를 나타내는 필립스곡선을 인플레이션율($\pi = \frac{\Delta P}{P}$)과 실업률의 관계를 나타내주는 새로운 필립스곡선으로 대체시킨 사람이다. 그가 제시한 필립스곡선은 [그림 12-9]의 (b) 그래프에서 보는 것처럼 $\pi = -\alpha(u - u_N)$으로 정의된다. 여기서 π는 인플레이션율, α는 반응계수로서 $\alpha > 0$, u는 현실실업률, u_N은 자연실업률을 뜻한다.

② 참고로 인플레이션율과 명목임금상승률 간에는 다음과 같은 함수식이 존재한다. 화폐환상에 빠지지 않는 노동자들은 자신의 명목임금상승률($\frac{\Delta W}{W}$)을 설정할 때, 두 가지 변수를 고려한다. 하나는 인플레이션율(π)이고 다른 하나는 노동생산성(δ)이다. 그런데 단기에 노동생산성(δ)은 일정하다. 따라서 명목임금상승률($\frac{\Delta W}{W}$)은 인플레이션율(π)과 똑같다. 립시는 거기에다 필립스가 언급한 실업률(u)을 현실실업률(u)과 자연실업률(u_N)의 차이로 구체화시켜 새로운 필립스곡선을 제시했던 것이다.

[그림 12-9] 최초의 필립스곡선과 립스가 제시한 새로운 필립스곡선의 형태

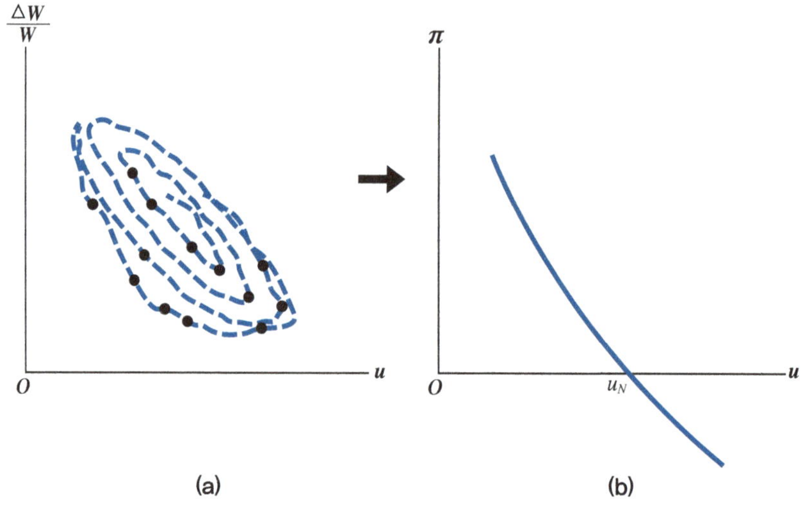

③ [그림 12-9]의 (b) 그래프를 보면 현실실업률(u)이 자연실업률(u_N)보다 낮으면 인플레이션율(π)은 상승하고 현실실업률이 자연실업률보다 큰 구간에서는 인플레이션율이 하락하는 것을 볼 수 있다.

3) 필립스곡선과 총공급(AS)곡선 간의 관계

① 앞에서 살펴봤듯이 립시가 제시한 필립스곡선은 우하향한다. 그런데 우하향하는 필립스곡선은 우상향하는 AS곡선과 동전의 앞뒤 관계, 즉 표리(表裏)의 관계가 성립한다. 그 이유를 간단하게 설명하고자 한다.

[그림 12-10] 우하향하는 필립스곡선과 우상향하는 AS 곡선과의 관계

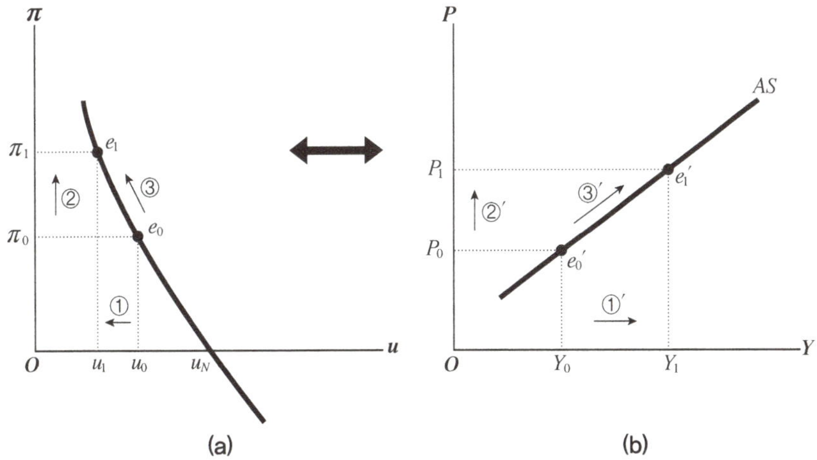

② [그림 12-10]의 (a) 그래프는 필립스곡선을 의미하고 (b) 그래프는 AS곡선을 나타낸다. (a) 그래프에서 현실실업률을 u_0에서 u_1으로 낮춘다(①)는 것은 (b) 그래프에서 실질 GDP가 Y_0에서 Y_1으로 증가(①′)하는 것을 의미한다. 또 (a) 그래프에서 현실실업률이 u_0에서 u_1으로 하락하면 인플레이션율은 π_0에서 π_1으로 상승(②)한다. 인플레이션율이 상승한다는 것은 곧 물가가 과거 물가보다 높아진다는 것을 의미한다. 따라서 물가는 P_0에서 P_1으로 상승(②′)하게 된다. 따라서 필립스곡선상에서 ③의 이동은 우상향하는 AS곡선상에서 ③′의 이동과 1 : 1 대응관계가 성립한다고 말할 수 있다.

4) 필립스곡선의 정책적 시사점

① 우하향하는 필립스곡선은 영국뿐만 아니라 미국에서도 실증적으로 검증된 사항으로서 1960년대 말까지는 케인지언의 총수요관리정책에 대한 당위성을 인정해주는 설명도구였다. 당시만 해도 필립스곡선은 인플레이션율과 실업률 사이에 존재하는 안정적인 역(逆)의 함수관계를 나타냈고, 필립스곡선의 위치도 고정된 것으로 보였다.

② 따라서 케인지언은 한층 정교해진 총수요관리정책으로 경제를 미세 조정해주면 인플레이션율을 낮게 유지하면서도 노동의 완전고용을 달성할 수 있다는 자신감을 가질

수 있었다. 하지만 1970년대에 스태그플레이션 현상이 대두되면서 케인지언의 자신감은 커다란 좌절과 함께 통화주의학파의 거센 비판과 도전을 받고 말았다.

3.2 스태그플레이션과 새로운 필립스곡선

1) 스태그플레이션의 정의와 필립스곡선의 이동

① **스태그플레이션**(stagflation)은 침체를 뜻하는 스태그네이션(stagnation)과 물가 상승을 의미하는 인플레이션(inflation)이 합성된 용어로서 경기침체와 물가 상승이 동시에 일어나는 경제 현상을 일컫는다. 스태그플레이션은 오랫동안 총수요관리정책을 지지해 온 케인지언의 이론적 토대를 뿌리째 뒤흔들어 놓았다. 즉 케인지언의 경제이론은 기본적으로 인플레이션과 실업 간에 안정적 상충관계(trade-off)가 있음을 전제로 한다. 그런데 높은 인플레이션과 높은 실업률의 존재는 케인지언들에게 청천벽력이었다. 자신들의 이론을 갖고서는 그것을 명쾌하게 해명할 수 없었기 때문이다.[22] 이때 케인지언이 비장의 카드로 뽑아든 것이 비용인상 인플레이션이었다.

② 그동안 케인지언은 필립스곡선이 고정불변이라는 생각을 갖고 있었다. 그런데 스태그플레이션의 등장을 계기로 그들은 필립스곡선이 좌우 상하로 이동할 수 있다는 사실을 인정하게 된다. 특히 [그림 12-11]의 (a) 그래프에서 보는 것처럼 오일 쇼크나

[그림 12-11] *AD*-*AS* 곡선의 이동과 필립스곡선의 이동

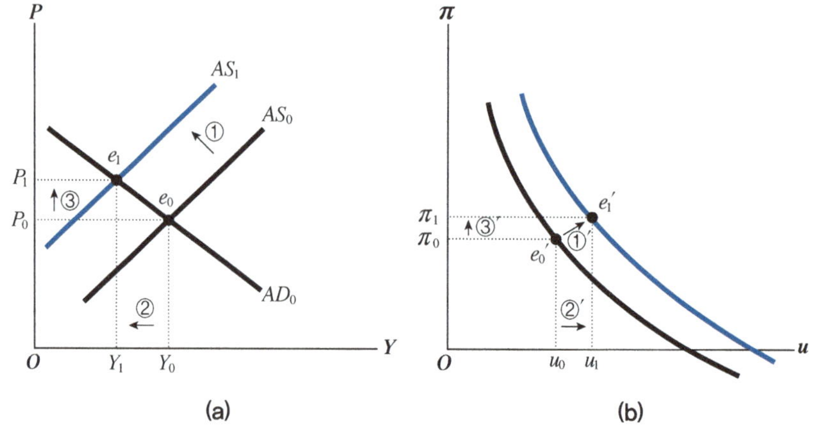

22. 영국의 여성 경제학자인 조앤 로빈슨(J. Robinson) 여사는 스태그플레이션 앞에서 한없이 무력해지는 케인지언들의 이론을 지켜보며 '경제학의 제2위기'라는 말을 했던 것으로 유명하다. 그럴 정도로 스태그플레이션은 케인지언들에게 치명적인 상처를 안겨준 중대 사건이었다.

원자재 파동 등과 같은 공급 충격이 발생할 경우, AS곡선이 좌측 상방으로 이동(①)하게 된다. 그러면 필립스곡선은 [그림 12-11]의 (b) 그래프에서 보는 것처럼 우측 상방으로 이동(①′)한다는 것이 케인지언의 설명이었다.

③ 케인지언은 그런 논리 위에서 스태그플레이션에 대한 해결책을 제시했다. 즉 그것은 *AS*곡선을 우측 하방으로 이동시키는 것이었다. 그렇게만 할 수 있다면 물가 상승도 잡고 실업률도 줄일 수 있기 때문이다. 그에 대한 최선의 대책은 기술혁신이나 인적 자원의 질적 개선을 통한 노동생산성 향상과 원가절감, 안정적인 원자재 공급과 같은 것들이다. 하지만 비용인상 인플레이션은 스태그플레이션 현상을 깔끔하게 설명해 주지 못했다. 이미 필립스곡선은 제1차 오일 쇼크(1973~1974년) 발생 이전부터 고정불변의 위치에 있지 않았고, 1980년대에는 원유가격과 국제원자재 가격이 안정세를 유지했음에도 불구하고 필립스곡선은 그 이전 단계로 회귀하지도 않았다. 이런 문제에 대해 날카로운 시각으로 새로운 해결책을 제시하며 혜성처럼 등장한 사람이 바로 프리드만과 에드먼드 펠프스(E. Phelps)였다. 그들은 '**기대부가 필립스곡선**(expectation augmented phillips curve)' 을 통해 스태그플레이션의 현상을 명쾌하게 해명했다.

2) 자연실업률이론과 기대부가 필립스곡선

① 1960년대 말에 통화주의학파인 프리드만과 펠프스는 자연실업률가설을 제시했다. 그것에 따르면 단기에 경제주체들의 예상인플레이션율이 일정 불변이면, 즉 $\pi^e = 0$이면 단기 필립스곡선은 최초의 필립스곡선처럼 안정적인 우하향 곡선으로 그려진다. 하지만 예상인플레이션율이 상승하면 필립스곡선도 예상인플레이션율의 상승 폭만큼 위로 이동한다. 따라서 안정적인 우하향의 필립스곡선을 상정하고 실행한 정부 당국의 총수요관리정책은 장기적으로 소기의 성과를 거둘 수 없게 된다. 왜냐하면 장기 필립스곡선은 정부 당국의 재량적인 총수요관리정책과 무관하게 자연실업률 수준에서 수직선의 형태를 띠기 때문이다. 여기서는 이 문제를 좀 더 고찰하고자 한다.

② 자연실업률이론이 제시하는 필립스곡선의 형태는 ㉠식과 같다.

$$\pi - \pi^e = -\alpha(u - u_N) \quad \text{단}, \alpha > 0 \quad \cdots\cdots ㉠$$

위의 ㉠식은 앞에서 언급했던 최초의 필립스곡선인 $\pi = -\alpha(u - u_N)$과 비교해볼 때, π^e만 추가적으로 삽입되어 있다. 따라서 우리는 ㉠식을 '**기대부가 필립스곡선**' 이라고 명명한다. 립시의 필립스곡선이 실제인플레이션율(π)과 실업률($u - u_N$) 간에 음(−)

의 함수관계가 있는 것으로 보았다면, 기대부가 필립스곡선은 예상하지 못한 인플레이션율($\pi - \pi^e$)과 실업률($u - u_N$) 간에 음(-)의 함수관계가 존재하는 것으로 간주한다. 기대부가 필립스곡선의 매력 포인트는 크게 3가지다. 첫째는 케인지언이 제대로 해명하지 못한 스태그플레이션의 현상을 명쾌하게 설명해준다. 둘째는 인플레이션에 대한 경제주체들의 기대심리가 변화하면 단기 필립스곡선도 그에 따라 이동하는 현상을 매끄럽게 설명해준다. 셋째는 장기에는 정부 당국의 재량적인 총수요관리정책이 무력하다는 명제를 간단명료하게 입증해준다는 사실이다.

③ [그림 12-12]의 (a) 그래프는 장 · 단기 총공급곡선을 나타낸다. 여기서 *SAS*는 단기 총공급곡선이고, *LAS*는 장기 총공급곡선이다. 또 (b) 그래프는 장 · 단기 필립스곡선을 보여준다. *SPC*는 단기 필립스곡선이고 *LPC*는 장기 필립스곡선이다.

[그림 12-12] 장 · 단기 *AD-AS* 곡선과 장 · 단기 필립스곡선

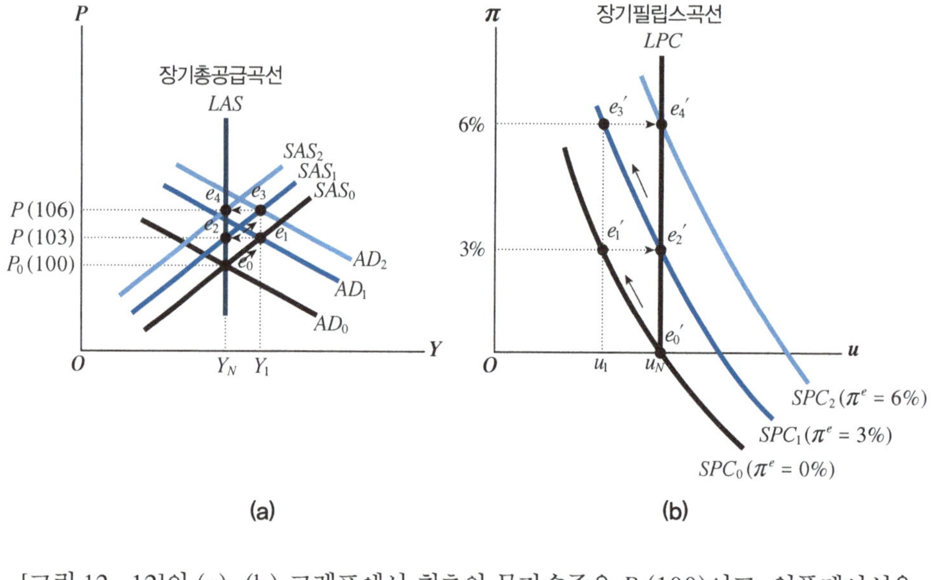

[그림 12-12]의 (a), (b) 그래프에서 최초의 물가수준은 P_0(100)이고, 인플레이션율(π)은 0%, 실업률은 자연실업률 u_N, GDP는 Y_N이라고 가정하자. 이때는 당연히 예상 인플레이션율(π^e)도 0%이다. 그러면 단기 필립스곡선 $SPC_0(\pi^e = 0)$는 (b) 그래프에서 보는 것처럼 u_N점을 통과한다. 그런데 이때 만약 정부 당국이 u_N에서의 실업률이 너무 높다고 판단해서 목표 실업률을 u_1으로 설정하고 재량적인 총수요확대정책을 실행하면 *AD*곡선은 (a) 그래프에서 보는 것처럼 AD_0에서 AD_1으로 이동한다. 그러면 균형점은 e_0에서 e_1으로 이동하고 균형 실질 GDP와 물가는 각각 Y_N에서 Y_1으로,

$P(100)$에서 $P(103)$으로 상승한다. 이를 (b) 그래프의 단기 필립스곡선 $SPC_0(\pi^e = 0)$에 표시하면 e_1'가 된다. 즉 실업률은 u_N에서 u_1으로 감소했고 물가는 3% 상승했다. 그런 의미에서 (a) 그래프의 e_1과 (b) 그래프의 e_1'는 1 : 1 대응 관계에 있다.

한편 노동자들이 물가가 3% 인상되었다는 것을 인지하면 그들은 예상인플레이션율을 0%에서 3%으로 상향 조정한다. 그러면 단기 필립스곡선은 $SPC_0(\pi^e = 0\%)$에서 $SPC_1(\pi^e = 3\%)$으로 이동하며 실업률은 u_1에서 u_N으로 복귀한다. 이는 (a) 그래프에서 총공급곡선이 SAS_0에서 SAS_1으로 이동한 것과 같은 의미다.

이때 만약 정부 당국이 목표 실업률을 u_1으로 고집하고 재량적인 단기 총수요확대정책을 또다시 실행하면 (a) 그래프에서 보는 것처럼 AD곡선은 AD_1에서 AD_2로 이동하고 균형 실질 GDP와 물가는 각각 Y_1, $P(106)$으로 상승한다. 이를 (b) 그래프의 단기 필립스곡선 $SPC_1(\pi^e = 3\%)$에 표시하면 e_3'가 된다. 즉 실업률은 u_N에서 u_1으로 감소했고 물가는 6%로 상승했다. 따라서 (a) 그래프의 e_3와 (b) 그래프의 e_3'는 1 : 1 대응관계에 놓여 있다. 이제 노동자들이 물가가 6%로 인상되었다는 것을 알게 되면 그들은 예상인플레이션율을 3%에서 6%으로 상향 조정한다. 그러면 단기 필립스곡선은 $SPC_1(\pi^e = 3\%)$에서 $SPC_2(\pi^e = 6\%)$으로 이동하고 실업률은 u_1에서 u_N으로 되돌아온다.

④ 이제 가속적 인플레이션가설에 대해서 살펴보자. 정부 당국이 재량적인 단기 총수요확대정책을 실시하면 [그림 12-12]에서 보는 바와 같이 AD곡선은 우측 상방으로 이동한다. 또 단기에는 노동자가 적응적 기대를 하는 바람에 $P \neq P^e$인 동시에 $P > P^e$이기 때문에 일시적으로는 균형 실질 GDP(Y)가 Y_N보다 커진다. (a) 그래프에서 e_1, e_3점이 그런 경우다. 그것과 1 : 1 대응관계에 있는 것이 (b) 그래프의 e_1', e_3'점이다. 특히 이들 균형점은 모두 단기적이고 일시적이며 불안정하다는 공통점이 있다. 노동자들이 적응적 기대를 극복($P = P^e$, $\pi = \pi^e$)하는 장기 균형점들을 살펴보면 (a) 그래프에서는 e_0, e_2, e_4로 결정되고, (b) 그래프에서는 e_0', e_2', e_4'로 결정된다. 그 균형점들을 연결하면 (a) 그래프에서는 수직선의 장기 총공급곡선(LAS)이 도출되고 (b) 그래프에서도 수직선인 장기 필립스곡선(LPC)이 도출된다.

[그림 12-12]를 통해 확인할 수 있듯이 현실실업률을 자연실업률(u_N) 이하로 낮추기 위한 단기 총수요확대정책은 장기적으로 물가 상승만 부채질할 뿐, 실질 GDP나 고용(실업률)에는 아무런 영향도 미치지 못한다. 경제학에서는 이것을 '**가속적 인플레이션가설**' 이라고 명명한다.

3.3 오쿤의 법칙(Okun' s law)

1) 미국의 경제학자인 아서 오쿤(A. Okun)은 경제성장률과 실업률 사이에 경험적으로 관찰되는 안정적인 음(-)의 상관관계를 갖는 오쿤의 법칙을 제시했다. 즉 그에 따르면 미국의 경우, 실업률이 자연실업률에서 1% 상승할 때마다 총생산량이 약 2.5%씩 감소한다. 이러한 관계를 일반화해서 표현하면 다음의 ㉠식으로 정리된다.

$$\frac{Y_N - Y}{Y_N} = a(u - u_N) \cdots\cdots ㉠$$

$a > 0$, Y_N : 잠재 GDP, Y : 실제 GDP, u : 실제실업률, u_N : s자연실업률

㉠식은 우리들에게 몇 가지 사항을 시사해준다. 그것을 간략하게 정리하면 아래와 같다. 참고로 ㉠식에서 Y_N은 자연생산량 또는 잠재 GDP를 의미한다. 이것도 시험문제로 출제되는 빈도가 높기 때문에 치밀한 학습이 요구된다.

① 실제 GDP(Y)와 실제 실업률(u) 사이에는 음(-)의 상관관계가 성립함을 시사한다. 즉 Y가 증가해서 $Y > Y_N$이면 u와 u_N의 관계는 $u < u_N$이 된다.

② **오쿤의 법칙은 실업률(u)과 인플레이션율(π)의 관계를 총생산량인 실제 GDP(Y)와 인플레이션율(π)의 관계로 변환하기 위해서 사용된다.** 이로써 동태적인 총공급곡선의 도출이 가능하다. 또 오쿤의 법칙은 루카스의 총공급함수와도 일맥상통한다. 즉 $\pi = \pi^e$이면, Y는 $Y = Y_N$이기 때문에 총공급곡선은 Y_N에서 수직선이 된다.

앞에서 언급한 기대부가 필립스곡선은 다음의 ㉡식으로 요약된다.

$$\pi = \pi^e - \alpha(u - u_N) \cdots\cdots ㉡$$

단, $\alpha > 0$

㉠식을 $(u - u_N)$으로 정리한 후 ㉡식에 대입하면 다음의 ㉢식을 얻을 수 있다.

$$\begin{aligned} \pi &= \pi^e - \alpha\left(\frac{1}{a} \cdot \frac{Y_N - Y}{Y_N}\right) \\ &= \pi^e + \alpha\left(\frac{1}{a} \cdot \frac{Y - Y_N}{Y_N}\right) \\ &= \pi^e + \phi\left(\frac{Y - Y_N}{Y_N}\right) \cdots\cdots ㉢ \end{aligned}$$

단, $\phi' > 0$, $\phi = \frac{\alpha}{a}$

㉢식이 동태적인 총공급곡선으로서 (π, Y)를 그래프로 나타내면 우상향하는 총공급곡선이 도출된다.

③ 실업률(u)과 생산물시장에서의 GDP 갭($= Y_N - Y$; 국민생산손실) 사이에 양(+)의 관계가 성립함을 나타낸다.

④ 위의 ㉠식에서 Y_N과 u_N은 측정하기가 쉽지 않은 값이기 때문에 실제로 적용하는 데는 많은 어려움이 따른다. 따라서 현실에서는 다음과 같은 ㉡식이 더 많이 활용된다.

$$\frac{\Delta Y}{Y} = k - a\Delta u \quad \cdots\cdots ㉡$$

단, $\frac{\Delta Y}{Y}$: 실질 GDP성장률, k : 잠재 GDP성장률, $a > 0$, Δu : 실업률 변화

보론 12-5 인플레이션의 감축과 희생 비율

인플레이션의 감축(disinflation)이란, 정부 당국이 정책수단을 활용해서 인플레이션을 낮추기 위한 일련의 행위를 말한다. 고전적 필립스곡선이 '$\pi_t = a - \beta u_t$ 단, a, $\beta > 0$, π_t : t기의 인플레이션율, u_t : t기의 실업률'로 주어졌다고 가정하자. 이 식에 따르면 인플레이션을 감축시키기 위해서는 실업률의 증가를 감수해야 한다. 왜냐하면 $\pi_t = a - \beta u_t$를 보면 인플레이션율과 실업률 간에 음(−)의 관계를 갖고 있기 때문이다.

㉮ 인플레이션율을 1% 감축시키려면 몇 %의 실업률 증가를 감내해야 할까?

이 문제를 풀기 위해서는 $\pi_t = a - \beta u_t$를 u_t로 재정리해야 한다. $u_t = \frac{a}{\beta} - \frac{1}{\beta}\pi_t$이다. 만약 β가 1이면 1%의 인플레이션율 감축을 위해 1%의 실업률 증가를 감내해야 하고, β가 $\frac{1}{2}$이면 1%의 인플레이션율 감축을 위해 2%의 실업률 증가를 감내해야 한다.

㉯ 희생 비율(sacrifice ratio)

인플레이션의 감축에 따른 비용은 GDP로 나타내는 게 훨씬 더 편리하다. GDP는 화폐 가치로 정의된다. 인플레이션의 감축에 따른 실업률의 증가도 화폐 가치로 나타낼 수 있다. 그것이 가능한 것은 실업률과 GDP의 관계를 설명해주는 오쿤의 법칙이 존재하기 때문이다. 참고로 **희생 비율**이란 **인플레이션율을 1% 감축시키기 위해 감내해야 할 GDP의 감소분**을 의미한다. 가령, 필립스곡선에 의해서 인플레이션율을 1% 감축하기 위해서는 2%의 실업률 증가를 감내해야 하고, 오쿤의 법칙에 따르면 실업률이 1% 증가할 때, GDP가 2% 감소한다고 하자. 그러면 인플레이션율을 1% 감축하기 위해서 4%의 GDP가 감소하는 희생을 감수해야 한다. 희생 비율은 바로 GDP의 4%에 해당되는 금액이다.

요약 및 복습

01 인플레이션은 물가지수가 상승하는 것을 말한다. 인플레이션은 그 원인에 따라 수요견인 인플레이션, 비용인상 인플레이션, 혼합형 인플레이션으로 구분된다. 수요견인 인플레이션은 AD곡선이 우상방으로 이동할 때, 비용인상 인플레이션은 AS곡선이 좌상방으로 이동할 때 일어난다. 또 혼합형 인플레이션은 AD곡선이 우상방으로 이동하고 AS곡선이 좌상방으로 이동하는 경우에 나타난다.

02 인플레이션은 그것이 예상하지 못한 인플레이션인가, 아니면 예상된 인플레이션인가에 따라 그 효과가 다르게 나타난다.

1) 예상하지 못한 인플레이션은 생산과 고용의 변화, 경제주체들 간에 부(富)와 소득의 재분배를 유발한다. 또 예상하지 못한 인플레이션이 발생하면 단기적으로 실질 GDP, 고용 등이 증가할 수 있다. 그런 점에서 단기적으로는 경제의 효율성을 해치지 않지만 장기적으로는 경제의 효율성에 부정적인 영향을 미친다. 게다가 인플레이션 tax 문제도 발생한다. 이때 인플레이션 tax의 크기는 물가상승률($\frac{\Delta P}{P}$)에다 민간이 보유한 실질화폐 잔고($\frac{M}{P}$)를 곱해준 값으로 정의된다.

2) 예상된 인플레이션 하에서는 부(富)와 소득의 재분배가 일어나지 않으며 생산과 고용에도 별다른 영향을 미치지 않는다. 하지만 예상된 인플레이션이 장기적으로 지속되면 국민경제의 효율성에 부정적인 영향을 끼칠 수 있다. 생산적인 투자에 사용되어야 할 희소자원이 비생산적인 투기분야로 몰려들어 미래의 성장동력인 자본축적을 어렵게 할 수 있기 때문이다. 또 예상된 인플레이션에 따라 명목소득이 비례적으로 오르면 실질소득은 변하지 않지만 만약 소득세율이 고정되어 있다면 납세 후 실질소득이 감소할 가능성이 크다.

03 케인즈는 실업을 자발적 실업(마찰적 실업)과 비자발적 실업(경기적 실업, 구조적 실업, 자연실업률)으로 구분했다. 마찰적 실업(u_f)은 고용정보의 불완전성과 이질적인 노동자의 존재로 일자리와 노동자가 잘 매칭되지 않는 관계로 발생한 실업을 의미한다. **경기적 실업(u_C)은 경기침체로 인해 발생하는 실업이며, 현실실업률(u)에서 자연실업률(u_N)을 빼준 값으로 정의된다.** 구조적 실업(u_S)은 기존 기술이 경쟁력을 상실했거나 특정산업의 사양화에 따른 실업이다. **자연실업률(u_N)은 마찰적 실업률과 구조적 실업률의 합으로 정의된다. 즉 $u_N = u_f + u_S$이다.**

04 학파별 실업이론과 실업 대책을 요약 · 정리하면 다음과 같다.

1) 고전학파는 물가(P)와 명목임금(W)이 상 · 하 신축적이라고 가정한다. 따라서 노동시장에서는 항상 시장청산이 이루어지며 그때의 고용수준은 완전고용수준이다. 고전학파는 본질적으로 실업 대책이 불필요하다는 입장을 견지한다.

2) 케인즈는 명목임금의 하방 경직성 때문에 비자발적 실업이 발생한다고 보았다. 케인즈의 단순모형

에서 노동수요는 실질임금의 감소함수, 노동공급은 하방경직성을 가진 명목임금의 증가함수라고 보았다. 케인즈는 총수요의 확대로 물가(P)가 상승하면 노동수요가 늘어나기 때문에 비자발적 실업을 해소시킬 수 있다고 주장했다.

3) 케인지언이 주장하는 실업 발생의 원인은 하방 경직적인 노동공급 때문이다. 이는 케인즈의 주장과 동일하다. 다만, 실업 대책의 경우에는 케인즈와 차이를 보인다. 케인지언이 제시한 실업 대책으로는 총수요의 확대를 통한 물가(P)의 인상, 명목임금의 하방 경직성을 야기시키는 강성 노조의 견제, 외국 노동자의 수입자유화 조치를 통한 노동시장의 유연성 제고 등이 있다.

4) 통화주의학파와 새고전학파는 탐색적 실업이론을 제시했다. 그들은 실업을 자발적 실업과 비자발적 실업으로 구분하는 것 자체가 다분히 자의적이라고 생각했다. 또 그들은 모든 실업은 자발적인 탐색적 실업이라고 간주하고 탐색적 실업이론을 전개했다. 일자리를 탐색하는 데 있어서는 탐색에 따른 한계편익(MB)과 한계비용(MC)이 발생한다. 최적의 탐색시간은 $MB = MC$ 조건이 충족되는 점에서 이루어진다. 실업은 탐색시간이 짧아질수록 감소하고 탐색시간이 길어질수록 증가하는 특성을 띤다. 예상치 못한 인플레이션이 발생하면 탐색에 따른 MC가 커지기 때문에 최적 탐색시간이 단축된다. 그 결과 실업은 감소한다. 실업수당의 규모가 줄어들거나 실업수당 자체를 주지 않으면 MB의 감소로 최적 탐색시간이 단축될 수밖에 없다. 이 또한 실업의 감소로 직결된다. 노동부가 취업 관련 정보망을 대대적으로 확충해 줄 경우에도 구직자의 최적 탐색시간을 단축되기 때문에 실업은 감소한다.

5) 실업 문제와 관련해서 새케인지언이 집중적으로 조명한 것은 실질임금의 하방 경직성이다. 그들은 효율임금이론과 내부자-외부자이론에 기초해서 그것을 입증하려고 많은 노력을 기울였다. 또 새케인지언들은 현실실업률이 자연실업률을 초과하면 이력현상에 의해서 자연실업률이 증가한다고 주장했다. 이때 정부가 단기 총수요관리정책을 실행하면 현실실업률은 물론 자연실업률까지 낮출 수 있다고 보았다.

05 최초의 필립스곡선은 $\frac{\Delta W}{W} = f(u)$ 단, $f' < 0$이다. 그러나 케인지언의 멤버였던 립시는 최초의 필립스곡선을 $\pi = -\alpha(u - u_N)$ 단, $\alpha > 0$으로 정의했다. 이때 필립스곡선은 우상향하는 AS곡선과 동전의 앞뒤 관계가 성립한다. 한편, 스태그플레이션의 등장으로 립시가 제시한 기존의 필립스곡선은 설명력을 잃게 되었다. 그러자 프리드만과 펠프스는 기대부가 필립스곡선을 통해 스태그플레이션의 현상을 깔끔하게 설명했다. 이와 함께 장기에 정부의 총수요관리정책이 무력하다는 사실도 명쾌하게 해명했다. 참고로 기대부가 필립스곡선은 $\pi - \pi^e = -\alpha(u - u_N)$ 단, $\alpha > 0$로 정의된다.

제 13 장 경기변동이론

1. 경기변동

2. 경기변동을 바라보는 두 개의 시각

출처 : 공군 블랙이글스

2018. 8. 14. 강원도 경포 해수욕장의 썸머 페스티벌에서 블랙이글스가 다이아몬드 기동을 선보이고 있다. 경포 바닷가를 찾은 관광객들은 동해안의 푸른 바다 위에 8대의 T-50B가 펼치는 멋진 비행 모습을 지켜보며 저마다의 가슴에 큰 추억 하나를 만들었을 것이다. 블랙이글스 조종사들도 푸른 바다 위 상공에서의 에어쇼를 가장 선호한다. 항공기 기동에 따른 소음피해에 대한 심리적 부담이 없기 때문이다. 언젠가 독도 상공에서 태극문양을 그리는 블랙이글스와 환상적인 퍼포먼스를 기대해본다. **수험생 여러분들도 우리 것을 지키고 가꾸는 데 앞장서주길 기대합니다!**

① 경기변동

1.1 경기변동의 정의, 특징, 종류

1) 경기변동[1]이란?

① 경기변동은 경제활동이 상당한 규칙성을 보이면서 확장 국면과 수축 국면이 반복되어 나타나는 현상을 말한다. 여기에서 경기(景氣)는 '**경제의 전반적인 활동 상태**'를 의미한다. 경제학자들은 경기변동을 [그림 13-1]에서 보는 것처럼 4국면(호황기 ⇒ 후퇴기 ⇒ 불황기 ⇒ 회복기)으로 나누어 설명하는 경향이 있다.

[그림 13-1] 경기변동의 각 국면과 특징

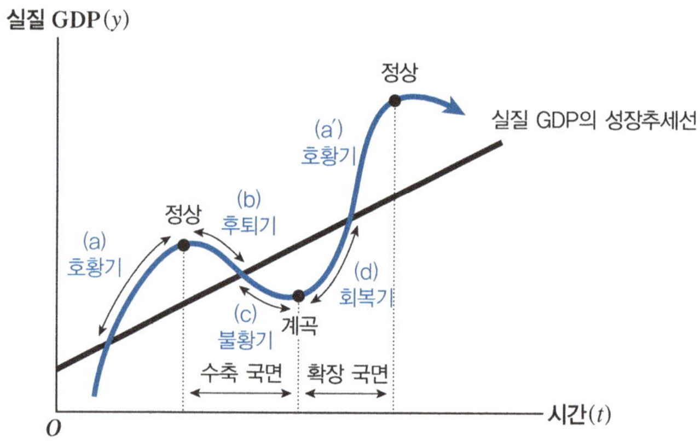

② [그림 13-1]에서 '실질 GDP의 성장추세선'은 경기가 급변하지 않고 정상적인 성장 경로를 따라 확대될 경우의 궤적을 의미하며, 이 성장추세선의 기울기는 주로 자본축적의 크기, 기술혁신능력, 인적 자본의 양과 질적 수준 등에 의해 결정된다. 또 경제가 최악의 상황에 처한 상태는 계곡(trough), 경제가 가장 좋은 상태는 정상(peak)이라고 말한다. 그리고 계곡에서 정상까지는 확장 국면, 정상에서 계곡까지는 수축 국면, 정상에서 정상까지, 계곡에서 계곡까지를 경기변동의 한 주기(cycle)라고 정의된다. 그

1. 과거 일부 경제교재에서는 경기변동과 경기순환을 다른 개념으로 설명하는 것을 본 적이 있다. 이는 경제학을 갓 공부한 초심자들에게 당혹감을 안겨 주기에 충분하다. 그러면 경기변동과 경기순환이 완전히 다른 개념인가? 내 생각으로는 큰 차이가 없다고 본다. 따라서 본서(本書)에서는 경기변동과 경기순환을 동의어로 취급해서 사용하고자 한다.

밖에도 정상과 계곡 간의 높이는 진폭(amplitude)이라고 부른다.

2) 경기변동의 4가지 특징

① 경기변동은 반복적인 동시에 비주기적인 특징을 갖는다. 경제 상태가 확장 국면과 수축 국면을 번갈아 가면서 되풀이된다는 점에서 반복적이다. 하지만 경기변동마다 그 주기와 진폭이 다르다는 점에서는 비주기적이라고 할 수 있다.

② 경기변동은 지속적이다. 경제 상태는 갑자기 좋아졌다가 갑자기 나빠지는 대상이 아니다. 경기후퇴가 시작되면 상당 기간 동안 경기가 침체기를 맞게 되고, 또 경기가 확장 국면에 진입하면 한동안 경기가 좋아진다는 점에서 경기변동은 지속성을 띤다고 말할 수 있다.

③ 경기변동은 비대칭적이다. 이는 확장 국면과 수축 국면의 강도(强度)와 기간이 똑같지 않음을 시사해준다. 일반적으로 경기의 확장 국면은 수축 국면보다 길게 나타난다. 이는 경기가 확장 국면에서 **고원경기**(高原景氣)[2]라는 특성을 보이기 때문이다.

④ 경기변동은 **공행**(comovement)이란 특성을 띤다. 경제변수들의 변동은 시간과 방향성 측면에서 구분된다. 시간과 관련해서는 어느 경제변수의 터닝포인트(저점이냐, 정상이냐?)가 생산 활동의 터닝포인트보다 빠르게 나타나는가, 비슷한가, 느리게 나타나는가에 따라 경기선행선수, 경기동행변수, 경기후행변수로 구분된다. 또 방향성과 관련해서는 생산 활동과 같은 방향으로 움직이는 경제변수는 경기순응변수, 생산 활동과 반대 방향으로 움직이는 경제변수는 경기역행변수라고 말한다.

3) 경기변동의 종류

경기변동은 그 주기의 장단에 따라 단기파동, 중기파동, 장기파동으로 구분되며 그들 각각의 내용을 간단하게 요약하면 아래와 같다.

① 단기파동은 40개월을 주기로 하는 파동으로서 발견한 사람의 이름을 따서 키친 파동(Kitchin Wave)이라고 부른다. 미국의 경제학자인 조셉 키친(J. Kitchin)은 1923년에 발표한 논문을 통해 40개월을 주기로 하는 단기파동이 존재함을 증명하였다. 그는 **어음교환액 · 이자율 변동** 등이 키친 파동을 일으키는 주된 요인이라고 밝혔다. 또 일부 경제학자들은 기업의 **재고투자**나 **재고의 변동**, **화폐공급량의 변화**도 단기파동의 원인

2. 고원경기란 경기가 확장 국면에 접어든 후 정상 수준에 도달하면, 그 국면이 오랫동안 유지되는 현상을 말한다.

이라고 주장한다.

② 중기파동은 8~10년을 주기로 하는 경기변동으로서 발견자의 이름을 따서 주글라 파동(Juglar wave)이라고도 한다. 프랑스의 경제학자인 주글라는 기업의 **설비투자 변화**를 중기파동의 원인으로 지목했다.

③ 대표적인 장기파동이론은 구(舊)소련의 경제학자였던 콘드라티에프(Kondratieff)에 의해 발견된 콘드라티에프 파동이다. 콘드라티에프 파동은 약 50~60년을 주기로 하며 기술혁신이나 신자원의 개발 등에 의해 일어나는 경기변동으로 알려졌다.

④ **우리나라의 경기변동은 한국은행이 1950년대 말부터 분석하기 시작했으며 지금은 통계청의 주도로 공식 편제되고 있다.** 1960년대 이후부터 지금까지 우리나라의 경기변동 과정을 개략적으로 살펴보면 각 경기변동마다 주기가 달랐으며 일반적으로 확장 국면이 수축 국면보다 상대적으로 긴 비대칭성을 보여주고 있다.

1.2 경기변동을 알려주는 주요 지표

1) 경기종합지수(Composite Index ; CI)

① 경기종합지수는 대표적인 경기지표로서 각종 경제변수들의 전월 대비 증감률을 통합해서 작성한다. 그것은 1981년 3월 통계청에서 편제한 이래 매월 작성되고 있다. 전월에 대한 경기종합지수의 증감률이 양(+)이면 경기 상승, 음(–)이면 경기 하강을 나타낸다. 더욱이 그 증감률의 크기로 경기변동의 진폭까지 파악할 수 있기 때문에 경기변동의 방향, 국면 전환점은 물론 경기변동의 속도까지 분석할 수 있다.

② 경기종합지수는 어떤 경제변수의 터닝포인트가 생산 활동의 터닝포인트보다 빨리 나타나는가, 비슷하게 나타나는가, 나중에 나타나는가에 따라 경기선행지수, 경기동행지수, 경기후행지수로 구분된다. 이하 내용은 **통계청 보도자료**(2019. 9. 20.), **'제10차 경기종합지수 개편결과 및 최근의 기준순환일 결정'** 을 참조한 것임을 밝힌다.

㉠ 경기선행지수 : 구인구직비율, 재고순환지표, 소비자기대지수, 기계류수주액, 자본재수주액, 건설수주액(실질), 코스피(KOSPI)지수, 금융기관유동성, 장 · 단기 금리차, 순상품교역조건(= 수출입물가비율)

㉡ 경기동행지수 : 비농림어업취업자수, 광공업생산지수, 서비스업생산지수(도 · 소매업 제외), 소매판매액지수, 내수출하지수, 건설기성액(실질 ; 建設既

成額)[3], 수입액(실질)

ⓒ **경기후행지수** : 취업자수, 생산자제품재고지수, 소비자물가지수변화율, 소비재수입액(실질), CP 유통수익률

2) **경기동향지수**(Diffusion Index ; DI)

① 경기동향지수란 경기변동을 나타내는 각종 경제지표 가운데 증가세를 나타내는 지표 수의 비율로 경기 상태를 파악하는 방법을 말한다. 경기동향지수를 계산하는 공식은 아래와 같다.

$$\text{경기동향지수(DI)} = \frac{\text{증가지표 수} + (\text{보합지표 수} \times 0.5)}{\text{구성지표의 총수}} \times 100$$

② DI의 크기가 50 이상이면 경기는 확장 국면, 50이면 경기전환점, 50 미만이면 수축 국면에 놓여 있는 것으로 판단한다.

3) **기업경기실사지수**(Business Survey Index ; BSI)

① 기업경기실사지수는 기업을 대상으로 각 기업들의 과거 실적, 기업가들의 미래 경기 전망이나 투자계획 등에 대한 설문조사를 실시한 후, 그 결과를 토대로 미래의 경기를 예측한다. 참고로 기업경기실사지수의 공식은 아래와 같다.

$$\text{기업경기실사지수(BSI)} = [\frac{\text{긍정적 응답업체 수} - \text{부정적 응답업체 수}}{\text{전체 응답업체 수}} + 1] \times 100$$

② BSI의 크기가 100보다 크면 경기는 확장 국면, 100이면 경기전환점, 100 미만인 경우는 수축 국면에 처해 있는 것으로 판단한다.

4) **경기예고지표**(Business Warning Index ; BWI)

① 경기예고지표는 최근 경제 동향과 실적을 토대로 산출된 주요 경제지표의 추세를 분석한 후, 현재의 경기 상태가 과열, 안정, 침체인가를 나타내는 종합적 경기판단지표를 말한다.

② 한국은행은 1972년 12월부터 매월마다 경기예고지표를 작성해오고 있다. 한국은행은 경기 변화에 능동적으로 대처하기 위한 방편의 일환으로 정책의 집행 시기를 놓치지

3. 건설업체가 일정 기간 동안의 실제 공사실적을 자체적으로 평가한 금액을 말한다.

않기 위해 노력한다. 특히 여러 경제지표 가운데 경기 동향을 잘 반영하고, 속보성(速報性)을 가진 것 18개 지표(예 : 광의의 통화, 제조업생산지수, 건축허가면적 등)를 채택해서 매월 그 수준을 측정한다. 또 그 크기에 따라 현재의 경기 상태가 과열, 상향 안정, 하향 안정, 침체인가를 나타내는 종합 경기판단지표를 말한다. 과열인 경우는 적신호, 상향 안정은 적황신호(赤黃信號), 하향 안정은 청황신호(靑黃信號), 침체인 경우는 청신호를 부여한다. 청신호는 경기침체 시기로 부양정책의 필요성을 시사하고, 적신호는 호황으로 경기과열을 경계하고, 경제안정화정책이 필요하다는 신호를 제공한다.

5) 소비자태도지수(Consumer Sentiment Index ; CSI)

① 소비자태도지수는 소비자의 현재 및 장래의 재정 상태, 소비자가 주시하는 경제 전반의 상황과 물가동향, 구매조건 등에 대해 설문조사를 실시한 후, 그것을 수치화시킨 것을 의미한다.

② 대표적인 소비자태도지수로는 한국은행이 작성한 소비자동향지수와 통계청이 작성한 소비자평가지수, 소비자기대지수가 존재한다.

2 경기변동을 바라보는 두 개의 시각

2.1 경기변동에 대한 두 조류

1) 경기변동이론의 다양성

① 현재까지 거시경제학에서 논의되고 있는 경기변동이론은 매우 다양하다. 특히 경제학자들마다 경기변동의 원인이 무엇인가에 따라서 여러 가지 경기변동이론을 제시했기 때문이다.

② 하지만 거시경제학에서 논의되는 경기변동이론의 큰 흐름은 두 개의 조류로 구분된다. 하나는 고전학파 계열(고전학파, 통화주의학파, 새고전학파)의 경기변동이론이고 다른 하나는 케인즈 계열(케인즈, 케인지언, 새케인지언)의 경기변동이론이다.

③ 시장경제는 필연적으로 주기적인 경기변동 현상을 동반한다. 문제는 그것이 시장경

제의 자연적 흐름인가, 아니면 시장실패 현상인가라는 점이다. 또 경기변동을 치유하기 위해 정부가 적극적으로 개입하는 것이 옳은가, 아니면 보이지 않는 손의 작동을 신뢰하고 정부 개입을 자제할 것인가라는 고민이다. 고전학파 계열은 시장경제에서 경기변동은 자연적인 흐름이기에 정부 개입은 최대한 자제해야 한다고 주장한다. 하지만 케인즈 계열은 경기변동을 시장실패로 간주하고, 그의 치유를 위해서는 정부의 적극적인 개입이 필요하다는 입장을 견지한다.

2) 경기변동을 바라보는 고전학파 계열과 케인즈 계열의 종합 비교

표 13-1 경기변동에 대한 각 학파의 인식 비교

고전학파	케인즈
① 시장의 '보이지 않는 손'을 저해하는 인위적 규제가 없으면 경기변동은 일어나지 않는다. ② 정부의 인위적인 경제안정화정책은 필요하지 않다. ③ 시간이라는 경제변수와 경제운영 과정을 체계적으로 탐구하는 동태적인 경기변동이론이 필요하다.	① 경기변동은 시장실패의 결과로 대두된다. ② 정부의 단기 경제안정화정책은 유효하다. ③ 시간이라는 경제변수는 고려대상이 아니며, 특정 시점에서 경기변동의 원인과 대책을 탐구하는 정태적인 경기변동이론만으로 충분하다.
통화주의학파	**케인지언**
① 불규칙한 통화공급이 경기변동의 주된 요인이다. ② 정부의 재량적인 경제안정화정책도 경기변동의 한 요인으로 지적된다.	① 경기변동은 투자에 영향을 미치는 소득, 소비재 수요의 변화, 이윤 등에 의해 야기된다. ② 경기변동은 시장실패로 간주하기 때문에 정부의 적극적인 개입이 필요하다. 단기의 재량적인 경제안정하정책이 유효하다.
새고전학파	**새케인지언**
① 경기변동은 총수요와 총공급이 일치하는 균형 상태가 변동하는 현상이므로 정부의 재량적인 경제안정화정책은 불필요하다. ② 불완전한 정보 하에 예상하지 못한 화폐적 충격이 경제주체의 물가변동에 대한 기대에 오류를 발생시켜 경기변동을 야기할 수 있다. ③ 생산성 향상이나 기술혁신과 같은 공급측 요인도 경기변동의 한 원인이다. ④ 동태적인 경기변동이론으로서 균형경기변동이론이다.	① 경기변동은 주로 경제의 '총수요 < 총공급'이라는 불균형 현상에서 비롯된 것이다. 따라서 총수요를 진작시키기 위한 정부의 경제안정화정책은 경기변동을 완화시켜주는 데 기여한다. ② 경기변동을 야기하는 주요 요인으로는 '보이지 않는 손'의 기능을 저해하는 가격, 임금, 이자율 등의 경직성이다. ③ 동태적인 경기변동이론이지만 불균형 경기변동이라는 특성을 지닌다.

2.2 케인지언의 경기변동이론

케인지언으로서 경제학설사에 기록될 만한 경기변동이론을 남긴 사람으로는 폴 사무엘슨(P.A. Samuelson), 존 힉스(J.R. Hicks), 미케일 칼렉키(M. Kalecki)와 니콜라스 칼도어(N. kaldor)를 들 수 있다. 사무엘슨은 승수-가속도원리에 따른 경기변동이론을 제시했고, 힉스는 일명 당구대이론(billiard table theory)이라는 '제한된 경기순환 모형' 을 주장했다. 또 칼렉키와 칼도어는 '이윤원리에 따른 경기변동이론' 을 제시했다. 이들 케인지언의 공통점은 경기변동의 핵심요인으로서 투자를 지목했다는 점이다. 그들 이론의 핵심 내용만 간략하게 살펴보기로 한다.

1) 승수-가속도원리에 따른 경기변동이론

사무엘슨은 경기변동을 투자승수와 가속도원리의 상호작용으로 설명했다. 즉 사무엘슨에 따르면 1단계로 최초에 독립투자(I_0)가 이루어지면 투자의 승수효과에 의해 GDP가 증가한다. 2단계는 늘어난 GDP가 소비재에 대한 수요를 증가시키고 기업들은 그것에 부응하기 위해 투자활동을 전개하는데 그것이 다름 아닌 가속도원리다. 즉 **사무엘슨은 투자승수와 가속도원리의 상호작용을 통해 경기변동이 발생한다**고 보았다. 수식을 통해 이들 내용을 좀 더 고찰해보자.

지금 t기의 GDP를 Y_t, 소비지출을 C_t, 유발투자수요를 I_t, 정부지출을 G_t라고 하면 GDP는 다음의 ㉠식으로 정의된다.

$$Y_t = C_t + I_t + G_t \cdots\cdots ㉠$$

한계소비성향은 α, α의 크기는 $0 < \alpha < 1$이라고 가정한다. 또 소비지출(C_t)은 전기(前期)의 GDP($= Y_{t-1}$)에 α를 곱한 값으로 정의된다. 따라서 ㉡식이 성립된다.

$$C_t = \alpha Y_{t-1} \cdots\cdots ㉡$$

이론의 단순화를 위해 정부지출(G_t)은 매기마다 1원씩 이루어진다고 가정하자.

$$G_t = G = 1\text{원} \cdots\cdots ㉢$$

유발투자수요(I_t)는 전기(前期)의 소비지출 증가분에 가속도계수(β)를 곱한 값으로 정의된다.

$$I_t = \beta(C_t - C_{t-1}) \quad \cdots\cdots \text{㉣}$$

또 $C_t = \alpha Y_{t-1}$, $C_{t-1} = \alpha Y_{t-2}$ 이다. 이것을 ㉣식에 대입하면 ㉤식이 도출된다.

$$I_t = \beta(\alpha Y_{t-1} - \alpha Y_{t-2}) = \alpha\beta(Y_{t-1} - Y_{t-2}) \quad \cdots\cdots \text{㉤}$$

위의 ㉢, ㉤식을 ㉠식에 대입한 후, 정리하면 최종적으로 ㉥식이 도출된다.

$$Y_t = C_t + I_t + G_t$$

$$Y_t = \alpha Y_{t-1} + \alpha\beta(Y_{t-1} - Y_{t-2}) + 1$$

$$Y_t = \alpha(1 + \beta)Y_{t-1} - \alpha\beta Y_{t-2} + 1 \quad \cdots\cdots \text{㉥}$$

위의 ㉥식을 통해 알 수 있듯이 $t-1$, $t-2$기의 GDP에 대한 정보만 얻을 수 있다면 t기의 GDP를 구할 수 있다. ㉥식의 정차방정식(定差方程式)을 풀면 한계소비성향인 α와 가속도계수인 β의 값에 따라 GDP를 중심으로 한 경기변동의 형태가 도출된다. 다만 이 부분은 고급 이론에 해당되기 때문에 여기서는 그 결과에 따른 경기변동의 형태에 대해서만 간략하게 요약하고자 한다.

[그림 13-2] 사무엘슨이 제시한 경기변동의 5가지 유형

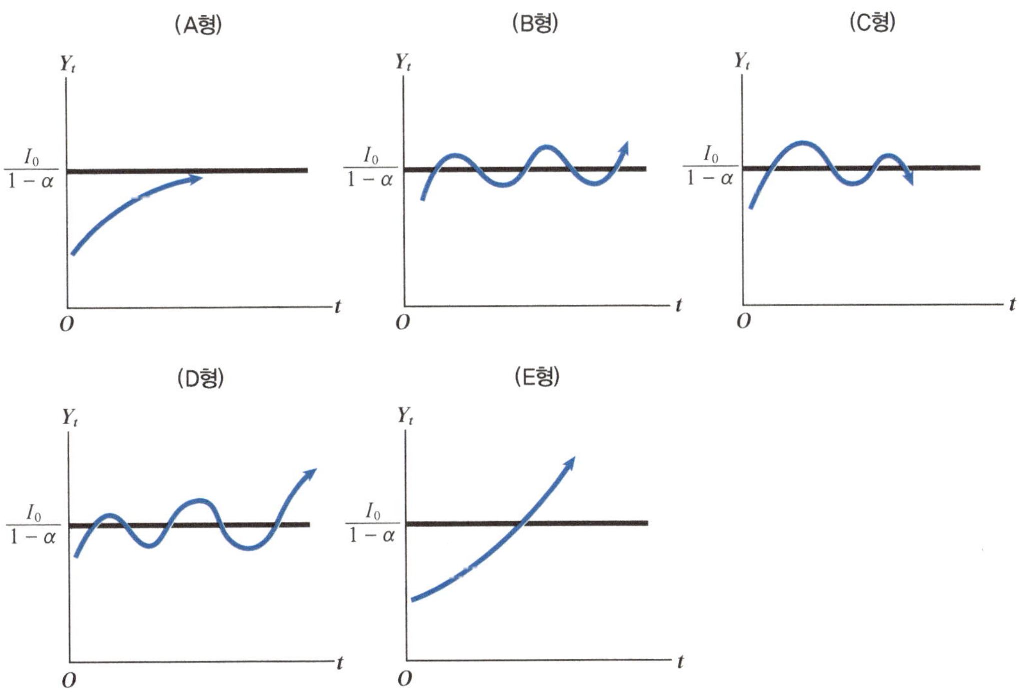

[그림 13-2]에서 (A형)은 수렴형이고, (B형)은 반복진동형, (C형)은 감퇴진동형(減衰振動型), (D형)은 발산진동형(發散振動型), (E형)은 비진동발산형(非振動發散型)의 경기변동을 보여준다. (A형)은 α가 작고 β가 0에 가까운 경우에 나타난다. 반복진동형인 (B형)은 $\alpha\beta = 1$인 경우에 나타나며 위의 5가지 경기변동 가운데 유일하게 정규순환의 모습을 보여준다. $\alpha\beta < 1$이면 (C형)인 감퇴진동형, $\alpha\beta > 1$이면 (D형)인 발산진동형, $\beta > 1$이고 $\alpha\beta > 1$이면 (E형)인 비진동발산형의 경기변동이 일어난다. (B형)을 제외한 나머지의 경우는 정규순환을 설명해주지 못한다. 이러한 한계를 극복하기 위해 등장한 경기변동이론이 힉스의 제한된 경기순환 모형이다.

2) **제한된 경기순환 모형**(일명, 당구대이론)

힉스는 위에서 사무엘슨이 주장한 (E형)인 비진동발산형을 통해 제한된 경기순환 모형을 제시했다. 힉스는 사무엘슨과는 달리 '독립투자는 일정 비율로 증가한다' 고 가정했다. [그림 13-3]의 *AA*선이 그것을 나타낸다. 이런 독립투자에 대한 승수효과와 가속도원리의 합계로 산출된 균형 실질 GDP가 Y_0이며, 이는 [그림 13-3]의 I_0에서 Y_0로 이어지는 점선으로 표시되어 있다. 또 이때 균형 실질 GDP 수준은 *CC*선으로 표시된다. 이러한 균형 GDP와 독립투자의 비율을 초승수(超乘數, super multiplier) 또는 복합승수(複合乘數)라고 정의한다.

[그림 13-3] 힉스의 제한된 경기순환 모형

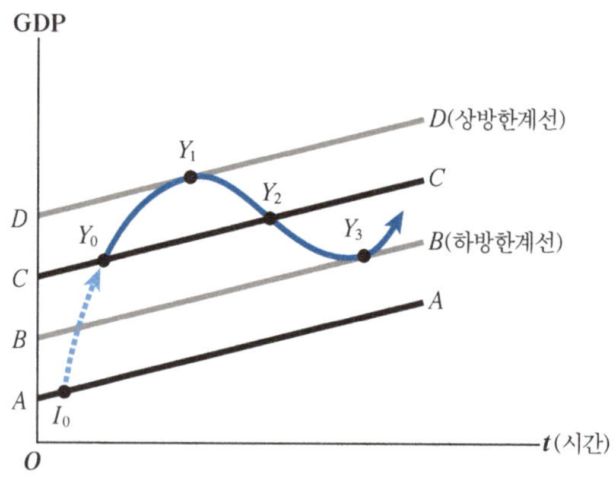

① Y_0로부터 논의를 시작하자. 독립투자가 *AA*선과 같이 일정 비율로 증가하면 투자승수효과로 인해 GDP가 증가하고 그에 따라 소비재 수요도 늘어난다. 그 과정에서 가속도원리에 따른 유발투자가 촉진된다. 그 결과 균형 실질 GDP는 Y_0에서 Y_1까지 쭉 증

가한다. 이것은 사무엘슨이 언급한 비진동발산형의 경로를 갖는 경기변동과 같다.

② 하지만 실질 GDP가 무한대로 증가할 수는 없다. 그 주된 이유는 상방한계선(上方限界線)인 *DD*선이 가로막고 있기 때문이다. 상방한계선은 완전고용에 대응하는 실질 GDP 수준이다. 따라서 실질 GDP가 Y_1에 이르면 더 이상의 증가가 곤란하다. 실질 GDP의 추가적인 증가가 없으면 유발투자는 감소할 수밖에 없다. 그러면 실질 GDP도 덩달아 감소하게 된다. [그림 13-3]의 $Y_1 \Rightarrow Y_2 \Rightarrow Y_3$이 그것을 잘 나타내준다.

③ 한편, 실질 GDP가 한 번 떨어지기 시작하면 계속해서 떨어질 것 같지만 거기에도 분명 하한(下限)이 존재한다. 힉스는 그것을 하방한계선(下方限界線)이라고 명명했다. [그림 13-3]의 *BB*선이 그것을 나타낸다. 이 선은 독립투자에 대한 승수효과로 산출된 GDP 수준을 나타낸다. 힉스는 이 *BB*선을 '**가속도원리가 작동하지 않은 불황 수준**' 이라고 정의했다. 한편, 힉스는 실질 GDP가 최저점인 Y_3 수준에서 다시 상승하는 현상을 어떻게 설명했을까? 그는 유발투자를 설비투자로 간주했다. 실질 GDP가 하락하는 과정에서는 설비투자가 급격히 줄어든다. 갱신투자(更新投資)는 물론 감가상각까지 하락하게 된다.

④ 그렇게 되면 하방한계선의 실질 GDP 수준을 유지하는 것조차 불가능하게 된다. 그러면 또다시 설비 갱신을 위한 투자가 이루어지는데 그 과정에서 투자승수효과와 가속도원리가 작동하게 됨으로써 실질 GDP는 다시 증가하게 된다. 이와 같은 힉스의 제한된 경기순환이론은 당구대이론이라고도 말한다. 이는 실질 GDP가 마치 당구대 위의 당구공처럼 *BB*선과 *DD*선의 벽에 부딪쳐서 튀어나온다는 의미에서 유래된 것이다.

⑤ 참고로 힉스의 제한된 경기순환 모형과 관련해서 지적하고 싶은 것은 현실의 경기변동이 그의 주장처럼 그렇게 단순하지 않다는 사실이다. 힉스는 한계소비성향(α)과 가속도계수(β)가 일정하다고 가정했다. 그렇지만 α, β는 경기변동에 따라 변하며, 특히 β는 기술혁신이나 이자율의 변화에 민감한 변수이다. 따라서 힉스의 가정은 지나치게 엄격한 것으로 판단된다.

3) 이윤원리에 따른 경기변동이론

칼도어(N. Kaldor)와 칼렉키(M. Kalecki)는 저축과 투자가 일치하는 상태에서 균형 실질 GDP가 결정된다고 보고, 투자가 변하면 소득이 변동함으로써 경기변동이 일어난다고 주장했다. 우상향하는 저축곡선(*SS*), S자 모양의 투자곡선(I_0, I_1), 대체투자를 의미하는 점선 형태의 *RR*선을 통해 그들의 경기변동이론을 분석해보자.

[그림 13-4] 이윤원리에 따른 경기변동이론

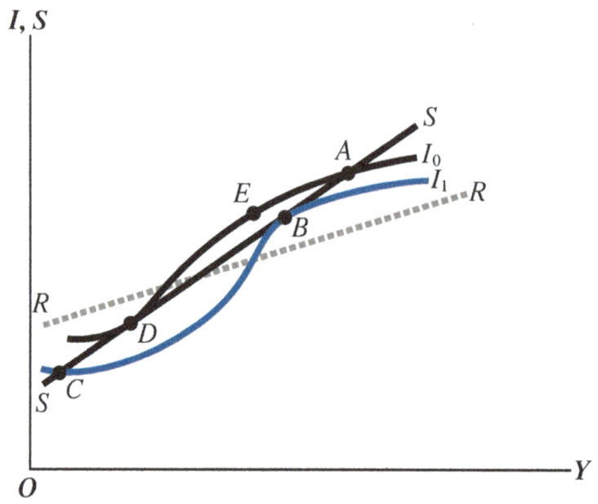

① 칼도어와 칼렉키는 투자의 한계효율과 그에 따른 투자변화가 경기변동을 유발하는 핵심요인이라고 주장했다. [그림 13-4]에서 보듯이 투자함수는 S자의 형태를 띤다고 가정한다. 또 자본량이 증가하면 투자의 한계효율이 감소하기 때문에 투자함수는 하향(下向) 이동한다. 즉 투자곡선이 I_0에서 I_1으로 이동한다는 것이다.

② 현재 경제가 *E*점에 있다고 가정하자. *E*점에서는 투자가 저축을 초과하므로 총수요가 총공급보다 크다. 따라서 실질 GDP는 *A*점까지 증가한다. 그런데 *A*점에서 총투자는 대체투자보다 많다. 이는 순투자가 그만큼 크다는 얘기다. 순투자의 증가는 자본스톡 증가로 이어지고 이는 자본의 한계생산력을 감소시키게 된다. 그 결과 **이윤율**, **자본의 한계생산성**, **투자의 한계효율** 등이 모두 하락하게 된다.

③ 자본의 한계생산성, 투자의 한계효율, 이윤율의 하락은 기존의 투자곡선 I_0를 I_1으로 이동시키는데 이는 곧 투자의 감소를 의미한다. 그러면 저축과 투자가 일치하는 균형 실질 GDP도 $A \Rightarrow B \Rightarrow C$점까지 하락한다. 그런데 *C*점에서는 총투자가 대체투자보다도 적다. 이는 계속되는 자본스톡의 감소로 이윤율을 상승시킨다. 그러면 투자가 다시 이루어지기 때문에 I_1곡선은 I_0로 이동한다.

④ 투자곡선이 상방으로 이동함에 따라 저축과 투자가 일치시키는 균형 실질 GDP도 $D \Rightarrow E$를 거쳐 *A*점까지 상승한다. 결국 자본스톡의 크기에 따른 이윤율, 자본의 한계생산성, 투자의 한계효율 등의 변화로 투자곡선이 상·하로 이동하면서 균형 실질 GDP의 변화를 불러온다는 것이 칼도어와 칼렉키의 경기변동이론이다.

2.3 새고전학파의 균형경기변동이론

루카스(R. Lucas)를 비롯한 새고전학파는 1970년대까지 경제학계를 풍미했던 케인지언의 경기변동론을 비판하면서 새로운 대안을 제시했다. 그들은 경기변동이 수요측 충격에 의해 야기되는 시장불균형(수요 ≠ 공급) 현상이 아니라고 보았다. 즉 **그들은 경기변동을 총수요와 총공급이 일치하는 균형 상태가 변하는 것으로 생각했다.**

케인지언은 한계소비성향(α)과 가속도계수(β)가 일정하다고 가정했다. 하지만 루카스는 그렇지 않다고 주장했다. 즉 정부 당국의 정책변화가 개별 경제주체들의 기대를 변화시키면 그들의 최적화 행태도 달라지므로 한계소비성향(α)과 가속도계수(β)도 변한다고 주장했다. 따라서 케인지언이 사용했던 인위적인 거시경제모형보다는 미시경제학적 측면에서 개별 경제주체들의 최적화 행태(효용극대화, 이윤극대화 등)와 시장균형에 입각한 경기변동이론을 새롭게 정립해야 한다고 강조했다.

새고전학파의 균형경기변동이론(equilibrium business cycle theory)은 경기변동을 야기하는 요인에 따라서 화폐적 균형경기변동이론과 실물적 균형경기변동이론으로 구분된다. 우선 루카스가 주창한 화폐적 균형경기변동이론부터 살펴보자.

1) **화폐적 균형경기변동이론**(monetary equilibrium business cycle theory ; **MBC**)

① **주창자** : 루카스

② **경기변동의 요인** : 개별 경제주체들이 미처 **예상하지 못한 화폐공급량의 변화**

③ **기본 내용**

루카스는 경기변동을 유발하는 경제적 충격에는 두 종류가 있다고 보았다. 하나는 총체적 충격이고 다른 하나는 개별적 충격이다. 전자(前者)의 대표적 사례는 예상치 못한 화폐공급량(= 통화공급량)의 변화나 화폐(= 통화)승수의 변동이다. 후자(後者)의 대표적 사례는 개별 상품에 대한 소비자 선호의 변화다. 소비자 선호의 변화는 개별기업의 생산량 변화에 큰 영향을 미친다.

루카스는 불완전정보 하에서 정부 당국이 개별 경제주체들이 예상하지 못한 방법으로 화폐공급량을 증가시키면 이것이 총체적 충격임에도 불구하고 개별기업은 개별적 충격으로 착각해서 생산량을 증대시킨다고 보았다. 즉 루카스는 자신의 총공급함수인 $Y = Y_N + \alpha(P - P^e)$를 활용해서 예상하지 못한 화폐공급량이 증가하면 현실물가(P)와 기대물가(P^e) 간에 괴리($P > P^e$)가 발생해서 $Y > Y_N$이 되고 따라서 경기변동이 발생한다는 것이다. 그러나 경기변동이 초래하는 사회적 후생손실은 그리 크지 않다고 주장했다. 그 이유는 비록 정부 당국이 예상하지 못한 화폐공급량의 증가로 단기적 충격을 주었지만 합리적 기대를 하는 경제주체들은 자신들의 오류를 곧바로 시정함으로써 P와 P^e가 일치하게 되고 결국 균형 실질 GDP는 자연생산량(Y_N) 수준으로 회귀한다고 믿었기 때문이다.

④ 이론적 특징

루카스의 화폐적 균형경기변동이론은 경기변동을 균형 현상으로 바라보고, 예상하지 못한 화폐공급량의 변동, 즉 수요측 충격에 의해 경기변동이 일어난다고 보았다. 따라서 **화폐는 비중립적**인 성격을 띤다. 경기변동에 따른 산출량의 변화는 자연생산량으로부터의 이탈과 회귀로 이루어지며 고용변화는 자발적인 특성을 띤다. 특히 **루카스는 경기변동을 일종의 정부실패로 간주했으며, 예상하지 못한 화폐공급량의 증가와 같은 외적 충격에 대한 경제주체들의 최적 대응으로 문제해결이 가능하기 때문에 정부 당국의 개입은 불필요하다고 보았다.**

⑤ 이론적 한계와 문제점

현실경제에서 발견되는 경기변동은 현실물가와 기대물가의 괴리에만 국한되지 않고 다양한 요인들에 의해 발생한다. 더욱이 현실경제의 경기변동은 순환성을 갖는데 화폐적 균형경기변동이론이 합리성을 인정받기 위해서는 개별 경제주체들이 예상할 수 없는 방법으로 계속해서 화폐공급량을 변화시켜 주어야 한다. 그런데 그것이 과연 보편타당한 주장인가에 대해서는 비판의 소지가 충분히 존재한다.

2) 실물적 균형경기변동이론(real equilibrium business cycle theory ; RBC)

① 주창자 : 프레스콧(E. Prescott), 롱(J. B. Long), 키들랜드(F. Kydland), 플로서(C. Plosser) 등

② 경기변동의 발생요인 : 기술혁신, 경영혁신, 노동쟁의, 오일 쇼크 등

③ 기본 내용

1980년대에 프레스콧을 비롯한 새고전학파 학자들은 총공급에 영향을 미치는 기술혁신, 경영혁신, 노사갈등, 석유 파동 등이 경기변동을 일으킨다고 주장했다. 그들의 주장은 두 가지 범주로 구분해서 설명할 수 있다.

첫째는 특정산업에서 기술혁신이나 경영혁신에 성공해서 노동생산성이 크게 증가하는 경우다. 그러면 '노동생산성 증가 ⇒ 노동수요곡선의 우측 상방 이동 ⇒ 실질임금 및 고용 증가 ⇒ 실질 GDP 증가 ⇒ 총소비, 총저축 증가 ⇒ 총투자 증가' 로 이어지는 경로를 따라 경기(景氣)가 상승한다는 것이다.

둘째는 오일 쇼크, 강성노조로 인한 노사분규 심화, 기후변화에 따른 흉작, 정부 당국의 환경기준 강화 등으로 노동생산성이 하락하는 경우에도 경기변동이 발생한다. 즉 '노동생산성 하락 ⇒ 노동수요곡선의 좌측 하방 이동 ⇒ 실질임금 및 고용 감소 ⇒ 실질 GDP 감소 ⇒ 총소비, 총저축 감소 ⇒ 총투자 감소' 로 이어지는 경로를 따라 경기가 침체한다는 것이다.

④ 이론적 특징

프레스콧을 비롯한 새고전학파의 실물적 균형경기변동이론은 경기변동을 균형 현상으로 바라보고, **공급 측면에서의 충격에 의해서만 경기변동이 일어난다**고 보았다. 특히 **실물적 균형경기변동이론이 화폐적 균형경기변동이론과 다른 점은 정보의 불완전성이 없는 상태에서도 경기변동이 일어날 수 있다**는 것이다. 또한 프레스콧의 화폐관은 루카스와 정반대라는 점에 주목할 필요가 있다. 루카스는 예상치 못한 화폐공급량의 변화가 경기변동의 원인이라고 주장했지만 프레스콧은 그것에 동의하지 않는다. **화폐공급량의 변화와 경기변동은 무관하다**는 것이다. 즉 화폐공급량의 확대가 실질 GDP의 증가로 이어지는 게 아니라 실질 GDP의 증가가 화폐수요를 키우고 그에 따라 중앙은행(미 연방은행)이 화폐공급량을 늘리는 것이라고 주장했다. 따라서 프레스콧의 실물적 균형경기변동이론에서 **화폐는 중립적 성격**을 띤다.

또 경기변동에 따른 생산량의 변화는 자연생산량 자체가 변화하는 양상을 보이며 고용변화는 화폐적 균형경기변동이론과 마찬가지로 노동자들의 자발적인 대응으로 나타난다. 즉 프레스콧은 현재의 여가를 미래의 여가로 대체했을 뿐, 비자발적 실업은 존재하지 않는다고 주장한다. 특히 그는 경제성장이 불규칙하게 이루어지는 과정을 경기변동이라고 진단함으로써 경기변동을 경제성장과 연계시켰다. 그런 이유에서 **경기변동을 바람직한 경제 현상으로 간주**했던 것이다. 당연히 정부 당국의 개입은 불필요하다는 입장을 견지한다. 왜냐하면 가격과 임금이 상 · 하 신축적인 변화를 통해 항상 시장청산이 달성된다고 보았기 때문이다.

그밖에도 실물적 균형경기변동이론이 기존의 다른 경기변동이론과 확실하게 차별되는 것은 경제모형을 구성하는 과정에서 '**경제의 기초**(economic fundamentals)'를 강조한다는 점이다. 경제의 기초란 경제의 구조를 구성하는 요소로서 정부 정책의 영향을 받지 않는 본질적인 부분을 지칭하는 용어다. 프레스콧을 비롯한 실물적 균형경기변동이론의 주창자들은 정부 정책의 효과를 분석하기 위해서는 경제의 기초에 입각한 모형을 구성해야 한다고 강조했다.[4] 참고로 프레스콧은 경제의 기초를 구성하는 2가지 핵심요소로 효용함수와 생산함수를 제시한 바 있다.

⑤ 이론적 한계와 문제점

실물적 균형경기변동이론은 기본적으로 고전학파가 설정한 수직선 형태의 AS곡선을 수용하고 케인즈나 케인지언이 주장한 **수요 측면을 도외시한 이론**이다. 현실경제에서 발견되는 경기변동은 수요측 요인에 의해서도 발생하는데도 새고전학파는 그것을 원천적으로 차단했다는 데 문제가 있다. 또 화폐적 균형경기변동이론과 달리 **경기변동을 야기한 충격효과가 사라지면 원래의 균형 상태**(자연생산량)**로 복귀하는 게 아니라 균형 수준 자체가 내생적으로 변화한다**고 주장한다. 그 밖에도 화폐적 충격에서 비롯되는 경기변동에 대해서는 외면하면서 임금, 이자율과 같은 경제변수들의 상·하 신축적임을 전제로 하는 것도 일관성과 설득력이 부족하다는 지적을 받기에 충분하다.

2.4 새케인지언의 불균형경기변동이론

케인지언의 학맥을 잇는 새케인지언은 1980년대부터 단기에 임금, 가격, 물가, 이자율 등이 경직적이고 시장이 불완전경쟁인 현실 상황을 반영하는 불균형경기변동이론을 전개해왔다. 새케인지언은 캐인지언의 전통은 계승했지만 과거 케인지언이 행했던 실수는 답습하지 않았다. 즉 그들은 한계소비성향이나 가속도계수를 임의적으로 가정하는 방법론상의 오류를 범하지 않

4. 가령 케인즈의 소비함수인 '$C = a + b(Y-T)$ 단, a : 절대소비, b : 한계소비성향, $0 < b < 1$'는 경제의 기초를 구성하는 구조방정식이 아니라고 본다. 경제의 기초는 정부 정책에 영향을 받지 않아야 하는데, 축약식(reduced form)으로 표현된 소비함수 $C = a + b(Y-T)$는 a, b가 고정된 수치가 아니고 정부 정책의 변화에 따라 얼마든지 달라질 수 있기 때문이다. 일례로 정부의 조세감면정책이 영구적이냐, 아니면 일시적이냐에 따라서 b의 크기가 현저한 차이를 보인다. 일시적인 조세감면정책일 경우 b는 0에 가까울 것이고, 영구적인 조세감면정책을 실행할 경우 b는 1에 가까울 것이기 때문이다. 그런 의미에서 실물적 균형경기변동이론은 경제의 구조방정식을 축약식으로 구성하는 것에 대해 반대입장을 견지한다.

았다는 얘기다. 또 새케인지언은 새고전학파처럼 미시경제학적 기초 위에서 개별 경제주체들의 최적화 행동과 경기변동의 관계를 해명하기 위해 노력했다. 그럼에도 불구하고 새케인지언의 불균형경기변동이론은 새고전학파의 균형경기변동이론과 꽤 큰 입장 차이를 보이고 있다. 이제 그 내용에 대해 살펴보고자 한다.

1) **주창자** : 피셔(S. Fischer), 스티글리츠, 린드벡, 스노우어, 맨큐 등

2) **경기변동을 설명하는 핵심 키워드** : 불완전경쟁, 불완전정보, 상대가격의 경직성

3) **경기변동의 발생요인** : 임금과 가격의 경직성이 전제된 상황에서 야기되는 수요측 충격(예 : 소비, 투자, 순수출, 화폐공급량 등)과 공급측 충격(예 : 기술혁신, 오일 쇼크 등)

4) **불균형경기변동이론의 개요**

새케인지언은 경기변동을 균형 GDP로부터 이탈하는 불균형 현상으로 바라본다는 점에서 새고전학파의 균형경기변동이론과 근본적으로 차별된다. 또 새케인지언은 현실의 노동시장과 생산물시장이 불완전경쟁이기 때문에 임금과 가격의 경직성이 보편적으로 발생하며, 이는 경제주체들의 최적화 행동을 나타내주는 합리적인 현상이라고 생각한다. 특히 새케인지언들은 임금과 가격의 경직성을 이론적으로 입증할 수만 있다면 수요 측면과 공급 측면에서 경제적 충격이 발생할 때, 경기변동이 일어날 수 있으며 그것은 장기간 지속될 수 있다고 주장했다.

그런 이유로 새케인지언들은 임금과 가격의 경직성을 입증하기 위해 많은 노력을 기울여왔다. 임금의 경직성을 설명해주는 전통적인 방법은 최저임금제와 노동조합의 존재였다. 하지만 새케인지언들은 여기에서 한발 더 나아갔다. 노동시장에서 임금의 경직성을 설명해주는 장기계약이론, 암묵적 고용계약이론, 내부자-외부자이론, 효율성임금이론, 그리고 이자율의 경직성과 관련된 신용할당 등이 그것이다. 그 밖에도 가격의 하방 경직성을 설명해주는 이론으로는 메뉴비용, 가격기구의 조정실패이론, 임금과 가격이 엇갈리게 조정되는 모형 등을 제시하며 기존 케인지언이 보인 한계를 극복하며 새로운 인식 틀을 확립하는 데 성공했다. 이에 관해서는 이미 제11장 제3절의 새케인지언에 대한 경제이론 편에서 자세하게 설명했기에 여기서는 추가적 언급은 생략한다. 지금 이 내용이 조금 어렵게 느껴지는 독자들은 제11장 제3절의 내용을 복습해주길 바란다.

5) 새케인지언의 불균형경기변동이론에 내재된 특징

경제학의 미시적 기초를 통해 경제주체들의 합리적 기대와 최적화 행위를 분석했다는 점에서는 새고전학파와 동일하다. 화폐의 비중립적인 성격을 갖는다는 점에서는 루카스의 화폐적 균형경기변동이론과도 맥을 같이한다. 하지만 새케인지언들은 경기변동을 가격변수(가격, 임금, 이자율 등)의 경직성에 따른 불균형의 전파 과정으로 보았다. 메뉴비용은 기업의 가격설정을 전제로 하는 것이기 때문에 완전경쟁을 가정해서는 안 된다는 것을 시사해준다. 따라서 새케인지언들은 완전경쟁과 유사하면서도 가격설정이 가능한 독점적 경쟁모형을 통해 기업의 합리적 의사결정 과정을 분석했다. **또 새케인지언은 가격의 경직성을 뒷받침하기 위해서 '총수요 외부성'[5]과 '가격과 임금 변화의 비동조성'[6]이라는 개념을 도입했다.** 그밖에도 새케인지언의 불균형경기변동이론은 경기변동을 시장실패로 간주하고 정부 개입의 필요성을 주장한다. 경기변동에 따른 산출량의 변화는 자연생산량(Y_N)으로부터의 이탈과 회귀로 이어지며, 고용변화는 임금의 경직성에 따른 비자발적인 특성이 강하다고 간주한다.

6) 이론적 한계와 문제점

케인지언은 가격의 경직성을 가정했지만 그에 대한 이론적 근거나 설명력이 빈약했다.

---

5. 새케인지언들은 메뉴비용과 관련해서 '총수요 외부성(aggregate demand externality)'을 거론한다. 총수요 외부성이란 '**어느 개별기업의 행동**(예 : 가격 인하)**이 총수요의 변화를 통해 다른 기업들에게 영향을 미치는 것**'을 의미한다. 일례로 총수요 부족으로 경제가 불황 상태에 놓여 있다고 가정하자. 이때 모든 기업이 가격을 인하하면 실질 화폐량($\frac{M}{P}$)의 증가 ⇒ LM곡선의 우측 이동 ⇒ 총수요(AD) 증가로 이어진다. 하지만 기업들은 가격 인하를 쉽게 단행하지 못하고 머뭇거림으로써 가격의 경직성이 유지된다. 그 이유는 다음과 같다. 어느 한 개별기업이 가격 인하를 단행할 경우, 메뉴비용은 해당 기업만 부담하게 된다. 그런데 어느 한 개별기업의 가격 하락이 물가수준을 낮추는 데 기여하고 그에 따른 총수요의 증가라는 편익은 메뉴비용을 지불하지 않은 다른 기업들에게 골고루 배분되는 현상이 나타난다면 그것이 바로 총수요 외부성이라는 얘기다. 결과적으로 메뉴비용의 크기는 작지만 총수요 외부성이 존재하면 어느 기업도 가격인하에 적극 나서지 않고 현행 가격을 유지하려는 성향이 있다는 것이다.

6. '**가격과 임금 변화의 비동조성**(staggering)'은 새케인지언들이 새고전학파의 공격에 대한 대응 논리로 개발해낸 경제 개념이다. 가격의 경직성이라는 새케인지언의 주장에 대해 새고전학파는 현실경제에선 재화나 서비스의 가격변화가 빈번하게 이루어진다면서 태클을 가해왔다. 이에 대해 새케인지언들은 가격이 빈번하게 변한다고 해도 실물경제가 균형에 도달할 수 있을 만큼 충분한 조정은 이루어지지 않는다고 항변한다. 따라서 균형으로 회복하기에는 상당한 시간이 소요된다는 것이다. **비동조성이란 모든 기업들이 일시에 가격변화를 시도하지 않는 것을 의미한다.** 일부 기업만 가격을 변동하고 나머지 기업들은 가격변화에 동조하지 않는 경우를 말한다. 그렇게 되면 가격변화의 폭이 클 수가 없다. 자칫 잘못하면 고객을 다른 기업에게 빼앗길 수 있기 때문이다. 따라서 임금이나 가격의 비동조성이 존재하면 충분한 가격조정이 어렵기 때문에 화폐공급량의 증대를 통한 총수요 증가의 효과가 상당 기간 지속될 수 있다고 보는 게 새케인지언의 시각이다. 상당히 일리 있는 주장이라고 판단된다.

하지만 프레스콧의 실물적 균형경기변동이론은 미시경제학적 기초를 강조하면서 케인지언보다 상대적으로 탄탄한 이론적 기반을 구축하는 데 성공했다. 이에 대한 반성을 계기로 등장한 사람들이 새케인지언이다. 따라서 새케인지언은 임금과 물가의 경직성에 대한 미시경제학적 근거를 찾기 위해 많은 노력을 경주해왔다. 현재 새케인지언의 불균형경기변동이론은 이론적 정교함(= 논리적 정합성)에서는 새고전학파에 뒤지지만 현실 설명력(= 외적 적합성) 측면에서는 그들보다 앞선다는 평가를 받고 있다.

요약 및 복습

01 경기변동은 경제활동이 상당한 규칙성을 보이면서 확장 국면과 수축 국면이 반복되어 나타나는 현상이다. 경제학자들은 경기변동을 호황기 ⇒ 후퇴기 ⇒ 불황기 ⇒ 회복기로 구분해서 설명하는 경향이 있다.

1) 경기변동은 4가지 특징을 갖는다. 첫째, 경기변동은 반복적인 동시에 비주기적인 특징을 갖는다. 둘째, 경기변동은 지속적이다. 셋째, 경기변동은 비대칭적이다. 넷째, 공행이란 특성을 갖는다.

2) 경기변동의 종류는 크게 3가지로 구분된다. 첫째는 단기파동인 키친 파동으로서 40개월을 주기로 하며 경기변동의 원인은 재고투자와 화폐공급량의 변화, 어음교환액과 이자율의 변동이다. 둘째는 중기파동인 주글라 파동으로서 주기는 8~10년이며 경기변동의 주된 원인은 설비투자의 변화다. 셋째는 장기파동인 콘드라티에프 파동으로서 주기가 50~60년이며 경기변동의 원인은 기술혁신, 신사원의 개발 등이다.

3) 경기변동을 알려주는 주요 지표로는 경기종합지수(CI), 경기동향지수(DI), 기업경기실사지수(BSI), 경기예고지표(BWI), 소비자태도지수(CSI)가 있다.

02 경기변동이론의 흐름은 2개의 조류로 구분된다. 하나는 고전학파 계열(고전학파, 통화주의학파, 새고전학파)의 경기변동이론이고 다른 하나는 케인즈 계열(케인즈, 케인지언, 새케인지언)의 경기변동이론이다.

1) 고전학파 계열의 경제학자들은 경기변동을 시장경제의 자연적인 흐름으로 간주한다. 따라서 정부개입은 최대한 자제하는 것이 바람직스럽다는 입장을 견지한다.

2) 반면, 케인즈 계열의 경제학자들은 경기변동을 시장실패로 간주하고 그의 치유를 위해서는 정부개입이 불가피하다는 입장을 견지한다.

03 케인지언의 경기변동이론으로는 사무엘슨의 승수-가속도원리에 따른 경기변동이론, 힉스의 제한된 경기순환 모형(일명, 당구대 이론), 칼도어와 칼렉키의 이윤원리에 따른 경기변동이론이 있다.

1) 사무엘슨은 투자승수와 가속도원리의 상호작용을 통해 경기변동이 발생한다고 본다. 즉 1단계로 최초에 독립투자가 이루어지면 투자의 승수효과에 의해 실질 GDP가 증가한다. 2단계는 늘어난 실질 GDP가 소비재 수요를 증가시키고 기업가는 그것에 부응하기 위해 투자활동을 전개하는데 그것이 가속도원리다.

2) 힉스는 완전고용수준을 경기의 상방한계선으로 설정하고, 승수와 가속도인자의 복합승수에 의한 상승작용으로 완전고용에 도달하면 더 이상의 실질 GDP 증가가 불가능하다. 한편 실질 GDP의 추가적인 증가가 없으면 유발투자는 감소하기 시작한다. 이와 함께 실질 GDP도 덩달아서 감소한다. 하지만 무한대의 실질 GDP 감소는 불가능하다. 그 하한선은 독립투자에 대한 승수효과로 산출된 실질 GDP 수준이다. 실질 GDP가 하한선에 도달하면 해당 경제에서 설비 갱신을 위한 투자가 이루어지면서 실질 GDP는 또 다시 완전고용 GDP를 향해 상승하게 된다는 이론이다.

3) 칼도어와 칼렉키는 저축과 투자가 일치하는 상태에서 균형 실질 GDP가 결정된다고 보고, 투자가 변하면 소득이 변동함으로써 경기변동이 일어난다고 주장했다.

04 새고전학파의 경기변동이론은 화폐적 균형경기변동이론(MBC)와 실물적 균형경기변동이론(RBC)으로 구분된다. 전자(前者)는 루카스에 의해, 후자(後者)는 프레스콧, 롱, 키들랜드에 의해서 제기되었다.

[화폐적 균형경기변동이론]

1) 루카스는 경기변동을 균형 현상으로 바라보고 예상하지 못한 화폐공급량의 변동, 즉 수요측 충격에 의해 경기변동이 일어난다고 보았다. 루카스는 자신의 총공급함수인 $Y = Y_N + \alpha(P - P^e)$를 활용해서 예상하지 못한 화폐공급량이 증가하면 현실물가 P와 기대물가 P^e 간에 괴리($P > P^e$)가 발생해서 $Y > Y_N$이 됨으로써 경기변동이 일어난다고 주장했다.

2) 경기변동에 따른 산출량의 변화는 자연생산량(Y_N)으로부터의 이탈과 회귀로 이루어지며 고용변화는 자발적인 특성을 띤다. 특히 루카스는 경기변동을 일종의 정부실패로 간주했으며 예상하지 못한 화폐공급량의 증가와 같은 외적 충격에 대한 경제주체들의 최적 대응으로 문제해결이 가능하기 때문에 정부개입이 불필요하다고 주장했다.

[실물적 균형경기변동이론]

1) 1980년대에 프레스콧을 비롯한 새고전학파 경제학자들은 총공급에 영향을 미치는 기술혁신, 경영혁신, 노사갈등, 석유 파동 등이 경기변동을 일으킨다고 주장했다. 특정산업에서 기술혁신이나 경영혁신에 성공해서 노동생산성이 증가하면 '노동생산성 증가 ⇒ 노동수요곡선의 우측 상방 이동 ⇒ 실질임금 및 고용 증가 ⇒ 실질 GDP 증가 ⇒ 총소비, 총저축 증가 ⇒ 총투자 증가' 로 이어

지는 경로를 따라 경기(景氣)가 상승한다.

2) 한편, 오일 쇼크, 강성노조로 인한 노사분규 심화, 기후변화에 따른 흉작, 정부 당국의 환경기준 강화 등으로 노동생산성이 하락하는 경우에도 경기변동이 발생한다. 즉 '노동생산성 하락 ⇒ 노동수요곡선의 좌측 하방 이동 ⇒ 실질임금 및 고용 감소 ⇒ 실질 GDP 감소 ⇒ 총소비, 총저축 감소 ⇒ 총투자 감소'로 이어지는 경로를 따라 경기가 침체한다.

3) 실물적 균형경기변동이론은 기본적으로 고전학파가 설정한 수직선 형태의 *AS*곡선을 수용하고 케인즈나 케인지언이 주장한 수요 측면을 도외시한 이론이다. 또 화폐적 균형경기변동이론과 달리 경기변동을 야기한 충격효과가 사라지면 원래의 균형 상태(자연생산량)로 복귀하는 게 아니라 균형 수준 자체가 내생적으로 변화한다고 주장한다.

05 새케인지언은 1980년대부터 단기에 임금, 가격, 물가, 이자율 등이 경직적이고 시장이 불완전경쟁인 현실 상황을 반영하는 불균형 경기변동이론을 전개했다.

1) 새케인지언은 단기에 임금, 가격, 물가, 이자율 등이 경직적이고 시장이 불완전경쟁인 현실 상황에서 수요측 충격(예 : 소비, 투자, 순수출, 화폐공급)이나 공급측 충격(기술혁신, 오일 쇼크 등)이 발생하면 경기변동이 일어난다고 주장했다. 이 과정에서 새케인지언들은 임금, 가격, 물가, 이자율과 같은 변수들의 경직성을 이론적으로 입증하기 위해 많은 노력을 기울여왔다.

2) 노동시장에서 임금의 경직성을 설명해주는 암묵적 고용계약이론, 내부자-외부자이론, 효율성임금이론, 그리고 이자율의 경직성과 관련된 신용할당 등이 그것이다. 그 밖에도 가격의 하방 경직성을 설명해주는 이론으로는 메뉴비용, 가격기구의 조정실패이론, 임금과 가격이 엇갈리게 조정되는 모형 등을 제시하며 기존 케인지언이 보인 한계를 극복하며 새로운 인식 틀을 확립하는 데 성공했다.

제 14 장 국제무역이론

1. 국제무역의 이익
2. 국제무역의 결정과 소득분배
3. 무역정책론

출처 : 공군 블랙이글스

2017. 4. 21. 2012년 영국의 와딩턴과 리아트 국제 에어쇼에서 최우수상과 인기상을 휩쓴 블랙이글스는 그 이후로 국제 에어쇼에서 초청을 받는 귀한 존재가 되었다. 최근 블랙이글스는 싱가포르, 인도네시아, 말레이시아 에어쇼에 잇따라 참석해서 국산 항공기(KT-1, T-50B, FA-50)의 우수성을 알리는 홍보대사의 역할을 톡톡히 수행한 바 있다. 이 사진은 말레이시아의 리마 에어쇼에 참가한 블랙이글스가 인도네시아의 에어쇼팀인 주피터와 우정 비행을 하는 장면이다. 주피터 역시 우리나라가 생산한 KT-1 항공기로 에어쇼를 펼치는 팀이다. **수험생 여러분들도 국익증진에 공헌하는 훌륭한 인재로 거듭나길 희망합니다!**

1 국제무역의 이익

1.1 국제무역의 상호 의존성

1) 국제무역의 비약적인 성장요인

① 거래비용을 획기적으로 절감(節減)시켜준 교통수단의 발달과 인터넷의 등장을 들 수 있다. 머나먼 옛날에는 두 발로 걸어 다니면서 상거래를 했다면 현재는 육지, 바다, 하늘은 물론 가상공간을 통해서까지 상거래가 활발하게 이루어지고 있다. 국제무역은 바퀴의 등장과 함께 조성된 도로, 선박을 통한 해운 항로의 개발, 항공기를 통한 하늘길의 개척, 인터넷 공간을 활용한 전자상거래 등으로 눈부신 발전을 거듭하고 있는 실정이다.

② 세계 각국이 전개해온 국제무역에 대한 규제 완화와 자유화 정책도 국제거래가 비약적으로 성장하는 데 한몫했다. 1960년대의 GATT 체제를 비롯한 다자간 협상과 1994년에 타결된 우루과이라운드(UR)를 거치면서 세계의 많은 국가들이 관세를 인하하고 각종 수입제한조치를 철폐하는 데 앞장섰다. 이러한 일련의 국제적 조치들로 인해 세계 각국의 수출입환경이 크게 개선되었다.

③ 코퍼레이션(협력)과 컴피티션(경쟁)의 합성어인 코피티션의 기치 아래 많은 지역공동체들의 탄생도 무시할 수 없다. 미국, 캐나다, 멕시코 간의 지역공동체인 북미자유무역협정(NAFTA : 1995년 발효), 유럽을 단일시장으로 묶어낸 유럽연합(EU : 1999년 발효), 세계 각국이 추진하고 있는 개별국가 간 자유무역협정(FTA)도 국제무역을 획기적으로 발전시킨 숨은 공로자다.

2) 국제거래의 장점

① 각국에 없거나 부족한 재화, 서비스, 자원, 지식 등을 공유하거나 소비할 수 있도록 해주는 동시에 국내 기업가들의 생산 활동에도 자극을 줌으로써 경제 활성화가 촉진될 수 있다.

② 개방화, 국제화, 세계화의 열풍은 국가 간, 기업 간 경쟁을 가일층 강화시키고 있다. 이는 결국 국내기업의 생산성과 효율성 제고에 나름대로 기여하는 측면이 많다. 또 이

러한 대내외 환경변화는 자국 기업들로 하여금 품질 일등주의, 고객 감동의 서비스 제공, 산업디자인의 혁신, 기업가의 경영능력 쇄신, 기업지배구조의 개선 등을 강력하게 주문하고 있다.

③ 세계 각국의 기업들은 이전보다 규모의 경제를 실현할 기회가 많아졌다. 물론 그것은 국제시장에서 생존을 보장받는 경우에만 가능하다. 국제거래의 비약적인 확장으로 각국 기업들은 세계시장을 상대로 생산과 판매를 할 수 있기 때문에 어느 때보다도 규모의 경제를 실현할 가능성이 크다. 이미 국내기업들은 반도체 · 석유화학 · 자동차 · 가전(家電) · 철강 · 조선 산업에서 그것을 경험한 바 있다.

④ 로열티만 지불하면 언제든지 기술이전도 가능해짐으로써 선진국끼리는 물론 개발도상국들도 선진국의 첨단기술에 접근할 수 있다. 국내 항공우주산업(KAI)이 미국의 록히드마틴사와 기술제휴를 통해 세계 최고 수준의 고등훈련기인 T-50 계열 항공기를 생산 · 판매하는 것이 대표적 사례이다.

⑤ 다양한 외국산 상품이나 서비스를 가장 저렴한 가격으로 소비할 수 있는 장점이 있다. 그 과정에서 국내 소비자들의 후생 수준 및 삶의 질 향상도 가능해졌다.

3) 국제거래의 단점

세상사(世上事)는 항상 좋은 일만 있거나 무조건 나쁜 일만 있는 게 아니다. 반드시 모든 일에는 빛과 그림사가 존재하기 마련이다. 국제거래도 마찬가지다. 국제거래가 확대되면 그에 따른 그림자도 길게 드리워질 수 있음에 주의해야 한다.

① 국제적으로 경쟁력이 없는 산업은 기반 자체가 통째로 무너져 내릴 수 있는 위험이 존재한다. 우리나라의 농업부문이 바로 여기에 해당된다. 과거 우리나라 농민들이 한-미 FTA, 한-칠레 FTA 협상을 격렬하게 반대했던 것도 그와 무관하지 않다.

② 세계화로 인한 국내외 경제의 네트워크화는 경제위기의 도미노(domino) 현상을 촉발할 위험성을 내재하고 있다. 지난 2007년 초 미국에서 발생한 서브프라임 모기지 사태 이후 불거진 금융시장 불안이 전 세계적인 금융위기로 확산된 것이 대표적인 사례다.

③ 국제거래의 확대는 자칫 해외 명품 소비에 따른 모방효과를 유발시켜 국내 과소비를 조장하고 국내저축 기반을 위축시킴으로써 미래의 경제성장 동력을 잠식시킬 수 있다.

④ 대외개방은 국내 경제정책의 자율성과 독립성에도 부정적인 영향을 미칠 수 있다. 우리 정부가 어떤 특정산업에 대한 규제를 시도할 경우, 그것과 이해관계를 갖는 외국

정부나 기업들의 반발이나 보복을 불러올 수 있다. 가령, 대형 승용차에 대한 세금 인상을 도모할 경우, 대형 승용차를 수출하는 다른 나라들로부터 보이지 않는 압력이나 보복 위협을 받는 경우가 여기에 해당된다.

보론 14-1 폐쇄경제는 국가와 국민을 가난하게 만든다!

서기 660년에 백제가 나당연합군의 공격을 받고 패망한 것은 백제의 최고 리더였던 의자왕이 3,000명의 궁녀들과 주지육림(酒池肉林)을 즐기면서 국력을 낭비했기 때문이 아니다. 그것은 신라의 김유신과 김춘추가 지어낸 새빨간 거짓말에 불과하다. 망국(亡國)의 결정적인 원인은 북한의 3대 세습 정권처럼 시대착오적인 자력갱생을 외치면서 국가를 폐쇄적으로 경영한 데 있다. 요즘 친북 내지 종북 주사파 일당은 '반일, 반미, 자주'라는 단어를 자주 읊조린다. 얼핏 들으면 우리 민족의 자존감을 한껏 드높이는 독립투사들의 말처럼 멋있게 들린다. 그래서 그런지 요즘 그들의 선전 선동술에 넘어가는 국민들이 꽤 많다. 불행한 일이 아닐 수 없다.

분명히 말하건대 그들의 주장은 진실이 아니다. 그 이유를 냉철하게 밝혀보자. 국가를 폐쇄적으로 경영하면 국제거래가 불가능하기 때문에 국민들은 국경 안에서 의식주를 자급자족(autarky)할 수밖에 없다. 국경 안에서 기업들 간에 분업 활동을 통해 생산이 이루어진들 그 양이 적어 규모의 경제를 실현하기 어렵다. 더욱이 경쟁의 부재로 재화나 서비스의 질이 좋을 리 만무하다. 그 결과 국가는 빈국(貧國)에 처하게 되고 국민들은 기아와 질병, 그리고 절망 속에 고달픈 삶을 살아가야 한다. 오늘날 북한이 처한 모습처럼 말이다. 우리는 의자왕의 사례를 반면교사로 삼아야 한다.

1.2 절대우위와 비교우위의 결정[1]

1) 절대우위에 대한 정의 및 개요

① 한 나라가 다른 나라보다 어떤 상품을 생산함에 있어 동일한 양의 생산요소를 투입해서 좀 더 많은 양의 상품을 생산하거나 보다 적은 양의 생산요소를 투입해서 동일한 양

1. 스미스의 절대우위이론과 리카도의 비교우위이론은 노동가치설과 규모에 대한 보수 불변, 국가 간 생산기술에 차이가 있다고 가정한다. 그들은 노동가치설과 관련해서 ① 각 상품을 생산하는 데 있어서 노동만이 유일한 생산요소이다. ② 노동의 질은 동일하며, 상품 1단위를 생산하는 데 필요한 노동투입량은 상품의 생산량과 무관하게 일정하다. 즉 규모에 대한 보수 불변이라고 가정했다. ③ 국가 간에 생산기술에 차이가 있다. 이는 각국이 다른 형태의 생산함수를 갖고 있다는 얘기가 된다.

의 상품을 생산할 수 있을 때, 그 나라는 절대우위를 갖는다고 말한다.

② 구체적 사례를 통한 절대우위의 결정

현재 2국(A국, B국) 2재화(노트북, 휴대폰)만 존재한다고 가정한다. 또 A, B국에서 투입되는 노동의 질은 동일하며 임금 또한 같다고 가정한다. 〈표 14-1〉에서 A국은 노트북 1대를 생산하는 데 노동 10단위, 휴대폰 1개를 생산하는 데 노동 20단위가 소요한다. 반면 B국은 노트북 1대를 생산하는 데 노동 8단위, 휴대폰 1개를 생산하는 데 노동 1단위를 투입하고 있음을 보여준다.

표 14-1 절대우위의 도출

상품명 / 국가	상품 1단위당 노동투입량	
	노트북	휴대폰
A국	10단위	20단위
B국	8단위	1단위

③ 이제 절대우위를 도출해보자. 〈표 14-1〉을 보면 노트북과 휴대폰 생산에 있어서 B국이 A국에 비해 두 재화 모두 노동투입량이 적다. 이는 B국이 A국에 비해 노트북과 휴대폰 모두를 저렴하게 생산할 수 있다는 얘기다. 따라서 B국이 노트북과 휴대폰 생산에서 모두 절대우위를 갖는다.

2) 비교우위에 대한 정의 및 개요

① 한 나라가 다른 나라에 비해 상대적으로 낮은 기회비용으로 상품을 생산할 수 있을 때, 그 나라는 해당 상품의 생산에 비교우위를 갖는다고 말한다.

② 구체적 사례를 통한 비교우위의 결정

비교우위를 이해하기 위해서는 미시경제학에서 학습한 기회비용의 개념을 정확하게 이해해야 한다. 기회비용은 경제학자마다 약간씩 다른 표현으로 정의한다. 하지만 본서(本書)에서는 기회비용을 다음과 같이 정의한다. **'어떤 활동의 기회비용은 그것으로 말미암아 포기해야 하는 다른 활동들 가운데 가장 아쉽다고 느끼는 활동의 가치이다.'**

표 14-2 **비교우위의 도출**

상품명 / 국가	상품 1단위당 노동투입량	
	노트북[1]	휴대폰[2]
A국	$\frac{1}{2}$개*	2대
B국	8개	$\frac{1}{8}$대*

1) 노트북의 기회비용은 노트북을 생산하기 위해 포기한 휴대폰의 양을 의미함.
2) 휴대폰의 기회비용은 휴대폰을 생산하기 위해 포기한 노트북의 양을 의미함.
3) *는 비교우위가 있는 품목을 의미함.

이제 A국이 생산하는 노트북 1대의 기회비용을 계산해보자. 앞에서 살펴보았듯이 A국은 노트북 1대를 생산하기 위해 10단위의 노동을 투입해야 하고 휴대폰 1개를 생산하기 위해서는 노동 20단위를 투입해야 한다. A국이 노트북을 생산하기 위해서는 휴대폰 생산을 포기해야 한다. 따라서 A국이 노트북 1대를 생산하는 데 따른 기회 비용은 노동 10단위를 갖고 생산할 수 있는 휴대폰의 양(量), 즉 휴대폰 $\frac{1}{2}$개다. 이것은 노트북 1대 생산에 필요한 10단위의 노동을 휴대폰 1개 생산에 필요한 20단위의 노동으로 나눠준 값과 같다. 동일한 방법으로 A국이 생산하는 휴대폰 1개의 기회비용을 계산하면 노동 20단위로 생산할 수 있는 노트북의 대수, 즉 노트북 2대가 도출된다.

다음으로 B국이 생산하는 노트북 1대의 기회비용을 계산해보자. B국은 노트북 1대를 생산하기 위해 8단위의 노동을 투입해야 하고 휴대폰 1개를 생산하기 위해서는 노동 1단위를 투입해야 한다. B국이 노트북을 생산하기 위해서는 휴대폰 생산을 포기해야 한다. 따라서 B국이 노트북 1대를 생산하는 데 따른 기회비용은 노동 8단위를 갖고 생산할 수 있는 휴대폰의 양(量), 즉 휴대폰 8개다. 이것은 노트북 1대 생산에 필요한 노동 8단위를 휴대폰 1개 생산에 필요한 노동 1단위로 나눠준 값과 같다. 동일한 방법으로 B국이 생산하는 휴대폰 1개의 기회비용을 계산하면 노동 1단위로 생산할 수 있는 노트북의 대수, 즉 노트북 $\frac{1}{8}$대가 도출된다.

③ 이제 A국과 B국의 비교우위 품목을 선택하기 위한 모든 준비를 마쳤다. 〈표 14-2〉를 보면 노트북의 경우 A국의 기회비용은 $\frac{1}{2}$개, B국의 기회비용은 8개이다. **비교우위는 기회비용이 낮을수록 강화된다.** 따라서 노트북의 경우에는 A국이 비교우위를 갖게 된다. 〈표 14-2〉에서 *표시는 비교우위가 있음을 나타낸다. 다음으로 휴대폰의 경우를 살펴보자. A국의 기회비용은 2대, B국의 기회비용은 $\frac{1}{8}$대이다. 당연히 B국이 비교우위를 갖게 됨을 알 수 있다.

1.3 비교우위와 무역이익의 산출

1) 비교우위이론과 생산가능곡선

① 비교우위이론의 장점은 비록 B국이 A국에 비해 노트북과 휴대폰 생산에서 모두 절대우위를 갖는다고 해도 양국이 각자 비교우위를 갖는 제품을 특화 생산한 후, 국제무역을 하면 서로에게 이익이 된다는 것을 보여준다는 점이다. 이제 A국이 비교우위 품목인 노트북을 생산하고 B국이 자신들의 비교우위 품목인 휴대폰을 생산해서 국제무역을 시도하는 경우, 얻을 수 있는 무역이익을 산출해보자.

② 첫 번째 단계는 2국(A, B국), 2재화(노트북, 휴대폰)의 생산가능곡선을 도출하는 일이다. 그를 위해서는 A국과 B국에 할당된 노동의 총량(總量)을 알아야 한다. 우리는 A국과 B국에 주어진 노동 총량이 40단위라고 가정한다. 그러면 A국과 B국의 생산가능곡선은 [그림 14-1]과 같이 도출된다.

[그림 14-1] 비교우위와 생산가능곡선

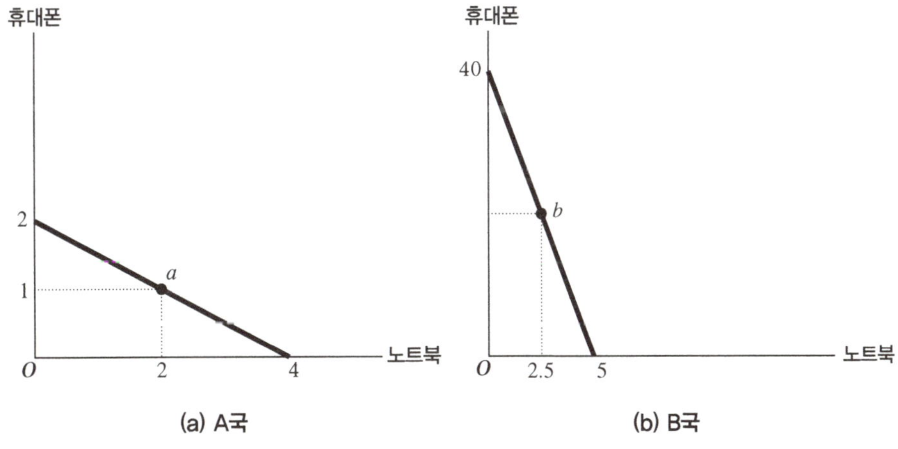

[그림 14-1]은 각각 A국과 B국의 생산가능곡선으로서 국제무역이 이루어지지 않는 상황에서 각국에 부존된 노동 40단위를 모두 투입해서 생산할 수 있는 노트북과 휴대폰의 조합을 나타낸다. 국제무역이 이루어지지 않는 경우, 양국의 생산가능곡선은 두 나라 국민들이 소비할 수 있는 소비가능곡선이라는 점에 유의해야 한다.

A국의 경우엔 노트북 1대를 생산하는 데 10단위의 노동이 필요하다. 따라서 노동 40단위를 노트북 생산에만 투입한다면 최대 4대까지 생산할 수 있다. 마찬가지로 휴대

폰 1개를 생산하는 데는 노동 20단위가 필요하기에 노동 40단위를 휴대폰 생산에만 투입한다면 최대 2개까지 생산 가능하다.

이제 B국의 경우를 살펴보자. B국은 노트북 1대를 생산하기 위해 8단위의 노동이 필요하고 휴대폰 1개를 생산하는 데는 노동 1단위가 필요했다. 따라서 노동 40단위를 노트북 생산에 올인한다면 최대 5대까지 생산 가능하다. 또 노동 40단위를 휴대폰 생산에 올인한다면 최대 40개까지 생산할 수 있다.

[그림 14-1]에서 **A국 생산가능곡선의 기울기는 $\frac{1}{2}$이다. 이것은 A국에서 휴대폰에 대한 노트북의 상대가격이다.** 즉 A국에서는 노트북 1대가 휴대폰 $\frac{1}{2}$개와 교환될 수 있음을 시사한다. 반면, **B국 생산가능곡선의 기울기는 8이다. 이것은 B국에서 휴대폰에 대한 노트북의 상대가격이다.** 즉 B국에서는 노트북 1대가 휴대폰 8개와 교환될 수 있음을 의미한다.

③ 이제 교역조건에 대한 논의를 시작해야 할 단계에 이르렀다. A국과 B국이 국제무역을 시도할 경우 노트북 1대의 국제적인 상대가격, 즉 교역조건은 $\frac{1}{2}$과 8 사이에서 결정된다. 만약 B국이 A국에게 $\frac{1}{2}$보다 싼 가격을 요구할 경우, A국은 B국과의 국제무역을 시도할 유인이 사라진다. 노트북을 1/2보다 싼 가격으로 B국에다 팔 경우, A국은 무역이익은 고사하고 손해를 보기 때문이다. 따라서 국제무역이 성사되기 위해서는 교역조건이 $\frac{1}{2}$과 8 사이에서 이루어져야 한다. 참고로 **노트북에 대한 국제적인 상대가격이 8에 가까울수록 A국이 유리하고 $\frac{1}{2}$에 가까울수록 A국이 불리해진다.** 이는 전적으로 A국과 B국의 교섭력(bargaining power)에 의해 결정될 것이다. 이는 휴대폰에 대해서도 똑같은 방식이 적용된다. 즉 휴대폰의 교역조건은 $\frac{1}{8}$과 2 사이에서 결정된다.

2) 무역이익의 산출

① 이제 노트북과 휴대폰 간의 국제 교역조건이 $\frac{1}{2}$과 8 사이에 있는 '3' 이라고 가정하고 국제무역에 따른 무역이익을 계산해보자. 교역조건이 '3' 이라는 의미는 A국과 B국 사이에서 노트북 1대가 휴대폰 3개와 맞교환된다는 것을 의미한다. 그러면 앞에서 살펴본 A국과 B국의 생산가능곡선과 소비가능곡선상에 어떤 변화가 일어나게 되는지 살펴보자.

[그림 14-2] 교역조건, 생산가능곡선과 소비가능곡선

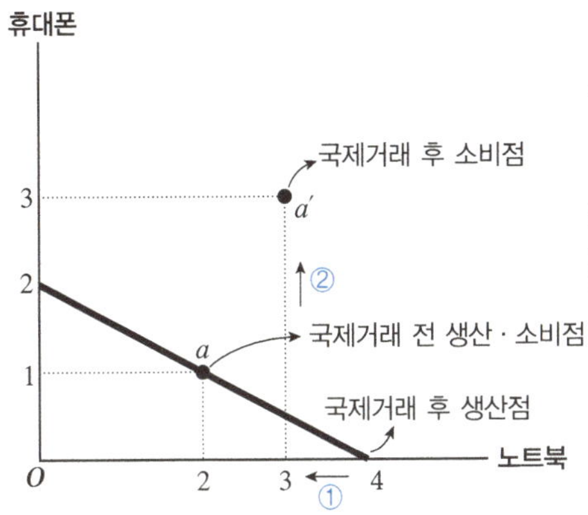

(a) A국

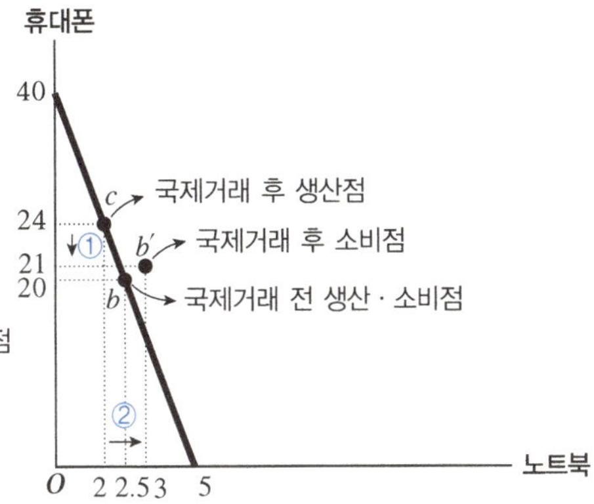

(b) B국

② A국 상황은 [그림 14-2]의 (a) 그래프에 잘 나타나 있다. (a) 그래프에서 a점은 국제무역이 일어나기 이전에 A국의 생산과 소비점을 나타낸다. A국은 노동 40단위를 투입해서 노트북 2대와 휴대폰 1개를 생산해서 소비하고 있었다. 국제무역이 일어나자 A국은 40단위의 노동을 비교우위 품목인 노트북 생산에 완전특화[2]해서 4대를 생산한 후, 그중 1대를 B국에 수출(①)하는 대가로 B국으로부터 휴대폰 3개를 수입(②)해서 소비하는 행태를 보이고 있다. 그것을 나타내주는 것이 바로 국제무역 후의 소비점인 a' 점이다. 왼쪽 그래프의 a점과 a' 점을 비교하면 A국은 국제무역이 발생하기 이전과 비교해서 노트북 1대와 휴대폰 2개를 더 소비하고 있음을 알 수 있다. 그것이 곧 A국이 국제무역을 통해 얻을 수 있는 무역이익이다.

③ 다음으로 B국의 상황에 대해 살펴보자. [그림 14-2]의 (b) 그래프에서 b점은 국제무역이 일어나기 이전에 B국의 생산과 소비점을 나타내준다. 즉 B국은 40단위의 노동 가운데 20단위는 노트북 생산에, 나머지 20단위는 휴대폰 생산에 투입해서 노트북과 휴대폰을 각각 2.5대와 20개 생산해서 소비하고 있었다. 만약 B국도 A국처럼 비교우위 품목인 휴대폰에 완전특화해서 휴대폰 40개를 생산한 후, 그중 18개를 A국에 수출하고 A국으로부터 노트북 6대를 수입해서 소비한다면 B국은 노트북 3.5대와 휴대폰

2. 완전특화(complete specialization)는 비교우위 품목만 집중적으로 생산하고 비교열위 품목은 일체 생산하지 않는 것을 의미한다.

2개의 무역이익[3]을 얻을 수 있다. 하지만 여기서는 B국이 국제무역이 이루어진 이후, 완전특화가 아닌 부분특화[4] 방식을 선택하고 c점에서 생산한다고 가정하자. c점은 B국이 40단위의 노동 가운데 16단위는 노트북 생산에 투입해서 노트북 2대를 생산하고, 나머지 24단위의 노동은 휴대폰 생산에 투입해서 24개의 휴대폰을 생산하는 것을 보여주고 있다. 이제 B국이 A국에게 휴대폰 3개를 수출(①)하고 그 대가로 노트북 1대를 수입(②)하면 B국은 21개의 휴대폰과 3대의 노트북을 소비할 수 있다. 그것을 나타내주는 것이 바로 국제무역 후의 소비점인 b'점이다. [그림 14-2]의 (b) 그래프에서 b점과 b'점을 비교하면 B국은 국제무역이 발생하기 이전과 비교해서 노트북 0.5대와 휴대폰 1개를 더 소비하고 있음을 알 수 있다. 그것은 부분특화를 할 경우, B국이 국제무역을 통해 얻게 되는 무역이익이다.

보론 14-2 절대우위와 비교우위의 또 다른 사례 분석

절대우위와 비교우위는 생산요소의 투입량이나 생산비용의 관점에서 논의되는 경우가 대부분이다. 그런데 경우에 따라서는 동일한 양의 노동과 자본을 투입해서 만든 생산량에 기초해서 절대우위와 비교우위를 논의하기도 한다. 여기서는 후자의 사례를 통해 절대우위와 비교우위를 도출해보자. 이것 또한 출제 가능성이 있기 때문에 독자들의 주의를 요한다!

〈표 14-3〉은 A국과 B국이 동일한 양의 노동과 자본을 투입해서 만든 노트북과 휴대폰의 생산량을 나타낸다. 즉 동일한 양의 노동과 자본을 투입해서 A국은 노트북 20대와 휴대폰 20개를 생산하고, B국은 노트북 10대와 휴대폰 16개를 생산한다고 가정해보자.

우리는 이런 상황에서도 절대우위와 비교우위를 도출할 수 있어야 한다. 특히 비교우위의 도출과 관련해서 독자들이 주의할 점은 **생산요소의 투입량이나 생산비용의 경우에는 상대적으로 적은 것이 비교우위에 있지만, 생산량의 경우에는 상대적으로 큰 것에 비교우위가 있다**는 사실이다.

---

3. B국은 국제무역이 일어나기 전에 노트북과 휴대폰을 각각 2.5대와 휴대폰 20개를 소비하고 있었다. 그런데 국제무역이 일어난 이후에는 노트북과 휴대폰을 각각 6대와 22개를 소비할 수 있게 되었다. 따라서 국제무역의 전후(前後)에 따른 소비변화의 크기를 계산해보면 노트북은 3.5대(= 6대 − 2.5대), 휴대폰은 2개(= 22개 − 20개)이다. 즉 국제무역에 따른 이익의 크기는 노트북 3.5대, 휴대폰 2개가 된다.
4. 부분특화(partial specialization)는 비교우위 품목과 비교열위 품목을 함께 생산하되, 비교우위 품목을 좀 더 많이 생산하는 것을 말한다.

표 14-3 생산량을 활용한 절대우위와 비교우위의 도출

품목 / 국가	노트북	휴대폰
A국	20대	20개
B국	10대	16개

Q_1 : 〈표 14-3〉에서 절대우위 품목을 결정한다면?

A_1 : A국이 노트북과 휴대폰에서 모두 절대우위를 갖는다. 그 이유는 간단하다. 동일한 양의 노동과 자본을 투입해서 만든 노트북과 휴대폰의 생산량을 비교해보면 A국의 생산량이 B국의 그것보다 모두 많기 때문이다.

Q_2 : 〈표 14-3〉에서 비교우위 품목을 결정한다면?

A_2 : A국은 노트북 생산에 비교우위가 있고, B국은 휴대폰 생산에 비교우위가 있다. 그에 대한 근거를 제시하기 위해서는 〈표 14-4〉와 같은 노트북과 휴대폰의 상대적인 생산량을 도출해야 한다.

표 14-4 상대적인 생산량을 활용한 비교우위의 도출

품목 / 국가	노트북	휴대폰
A국	$\frac{20}{20}=1$*	$\frac{20}{20}=1$
B국	$\frac{10}{16}=\frac{5}{8}$	$\frac{16}{10}=1.6$*

㉮ 〈표 14-4〉에서 알 수 있듯이 A국의 경우, 휴대폰에 대한 노트북의 상대적 생산량은 1이고, 노트북에 대한 휴대폰의 상대적 생산량 또한 1이다. 반면, B국의 경우에는 휴대폰에 대한 노트북의 상대적 생산량은 $\frac{5}{8}$이고, 노트북에 대한 휴대폰의 상대적 생산량은 1.6이다.

㉯ 생산량을 통해 비교우위를 결정할 때에는 상대적 생산량이 큰 것에 비교우위가 있기 때문에 A국은 노트북에, B국은 휴대폰 생산에 비교우위가 있다고 말할 수 있다. 참고로 〈표 14-4〉에서 *표시는 비교우위가 있음을 나타낸다. 노트북과 휴대폰의 교역조건은 각각 앞에서 살펴본 바와 같이 $\frac{5}{8}\sim 1$, $1\sim 1.6$ 사이에서 결정될 것이다.

1.4 일반적인 비교우위이론에 대한 탐색

우리는 지금까지 국제무역을 설명하면서 2국 2재화만 존재하는 모형에서 완전특화를 하는 경우와 한 나라는 완전특화를 하고 다른 나라는 부분특화를 하는 경우를 상정해서 양국의 무역

이익을 산출해보았다. 하지만 현실에서는 완전특화보다는 부분특화를 하는 경우가 대부분이다. 이런 현상을 잘 설명해주는 것이 **일반적인 비교우위이론**이다. 본 항에서는 먼저 폐쇄경제에서 A국과 B국이 생산물 구성의 최적화를 통해 어떻게 생산과 소비를 하는지 살펴보고자 한다. 그런 다음 국제무역이 이루어지는 개방경제에서 A국과 B국의 생산, 수출과 수입을 통한 국제무역의 발생, A국과 B국의 소비와 무역이익을 논의해보기로 한다.

1) 폐쇄경제에서 A국의 생산과 소비 결정

논의 전개를 위한 기본 가정부터 언급한다. 여기서도 앞에서와 같이 2국(A국, B국) 2재화(노트북, 휴대폰)를 가정한다. 또 노동, 자본과 같은 생산요소의 국제 간 이동은 불가능하며, 두 재화에 대한 사회구성원들의 선호도 동일하다고 가정한다. 사회구성원의 선호가 동일하다면 이들의 선호는 대표 소비자의 무차별곡선으로 표시하고 그것을 사회적 무차별곡선으로 간주할 수 있다. 이는 미시경제학의 파레토최적 이론에서 이미 학습했을 것이다. 여기서는 그 논리를 그대로 차용(借用)하기로 한다.

[그림 14-3] 폐쇄경제에서 A국 생산물 구성의 최적성

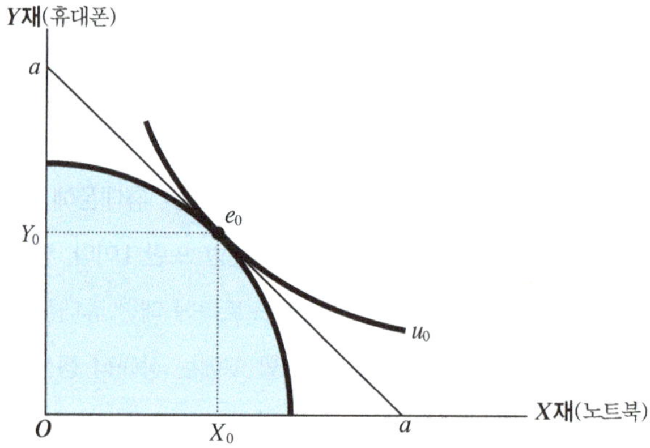

[그림 14-3]은 국제무역이 존재하지 않는 폐쇄경제에서 A국 경제의 생산과 소비에 대한 정보를 제공해준다. 우선 A국에 부존된 모든 자원을 가장 효율적으로 활용하면서 사회구성원들의 효용을 극대화시키는 생산물 구성의 최적점은 생산가능곡선과 사회적 무차별곡선인 u_0가 접하는 e_0점이다. 이때 A국은 OX_0의 노트북과 OY_0의 휴대폰을 생산한 후 소비함으로써 사회구성원들은 u_0만큼의 효용을 얻게 된다. 또 e_0점에서 그은 접선 aa는 생산가능곡선에 대한 접선인 동시에 사회적 무차별곡선(u_0)에 대한 접선이기도 하다. 그런데 생산가능곡선에 대한 접선의 기울기는 X재(노트북)와 Y재(휴대폰) 간의 한계전환율

(MRT_{XY})이고, 사회적 무차별곡선에 대한 접선의 기울기는 X재와 Y재의 상대적 가격비 ($=\frac{P_X}{P_Y}$)인 동시에 X재와 Y재 간의 한계대체율(MRS_{XY})로 정의된다. 참고로 A국의 경우, Y재(휴대폰)에 대한 X재(노트북)의 상대가격은 e_0점에서 그은 접선의 기울기에 절대값을 부여한 수치임에 주의를 요한다. 이를 종합하면 e_0점에서는 ㉠식과 같은 생산물 구성의 최적 조건이 성립한다.

$$\text{A국}: MRT_{XY} = MRS_{XY} = \left(\frac{P_X}{P_Y}\right)_A \quad \cdots\cdots ㉠$$

2) 폐쇄경제에서 B국의 생산과 소비 결정

다음으로 폐쇄경제에서 B국의 국내생산과 소비에 대해 살펴보자. 먼저 B국이 자국 내 모든 부존자원을 가장 효율적으로 활용하면서 사회구성원들의 효용을 극대화시키는 생산물 구성의 최적점은 [그림 14-4]에서 보는 것처럼 생산가능곡선과 사회적 무차별곡선인 u_0가 접하는 e_0점이다.

[그림 14-4] 폐쇄경제에서 B국 생산물 구성의 최적성

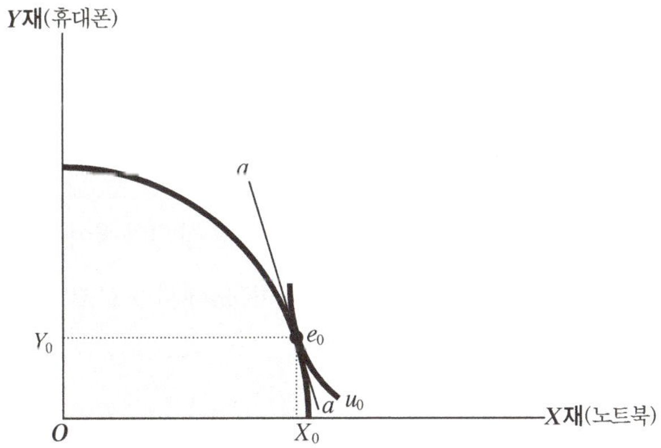

이때 B국은 OX_0의 노트북과 OY_0의 휴대폰을 생산한 후, 그것을 모두 소비함으로써 사회구성원들은 u_0만큼의 효용을 얻게 된다. 또 e_0점에서 그은 접선 aa는 생산가능곡선에 대한 접선인 동시에 사회적 무차별곡선(u_0)에 대한 접선이 된다. 그런데 생산가능곡선에 대한 접선의 기울기는 X재(노트북)와 Y재(휴대폰) 간의 한계전환율(MRT_{XY})이고, 사회적 무차별곡선에 대한 접선의 기울기는 X재와 Y재의 상대가격비($=\frac{P_X}{P_Y}$)인 동시에 X재와 Y재 간의 한계대체율(MRS_{XY})이다. B국의 경우, Y재(휴대폰)에 대한 X재(노트북)의 상대가격은 e_0점에서 그은 접선의 기울기(aa)에 절대값을 부여한 수치로 정의된다. 따라서 e_0점에

서는 ㉡식과 같은 생산물 구성의 최적 조건이 성립한다.

$$\text{B국} : MRT_{XY} = MRS_{XY} = \left(\frac{P_X}{P_Y}\right)_B \quad \cdots\cdots\cdots\cdots\cdots\cdots\cdots\cdots\cdots\cdots\cdots\cdots\cdots\cdots\cdots \text{㉡}$$

3) 개방경제에서 A국의 생산, 수출입, 소비, 무역이익

이제 생산가능곡선과 사회적 무차별곡선을 활용해서 국제무역의 발생에 따른 A국의 생산, 소비, 수출입의 변화와 그에 따른 무역이익을 살펴보자. [그림 14-5]는 그 모든 것을 잘 보여준다. [그림 14-5]의 e_0점은 폐쇄경제에서 A국의 생산점과 소비점을 말한다. 즉 A국은 OX_0만큼의 노트북과 OY_0만큼의 휴대폰을 생산한 후, 모두 다 소비하기 때문에 두 재화 사이에는 과부족 현상이 일어나지 않는다.

① 이제 국제무역이 허용되어 A국은 자신들의 비교우위 품목인 노트북을 B국에 수출하고, 반대로 B국은 자신들의 비교우위 품목인 휴대폰을 A국에 수출한다고 하자. [그림 14-5]는 A국의 수출입 상황을 잘 보여준다. 이제 독자들이 진짜로 고민해야 할 사항은 국제무역이 성사되려면 A국이 수출하는 노트북의 국제적 상대가격이 폐쇄경제 때의 상대가격보다 반드시 높아져야 하는 이유를 이해하는 일이다. 왜 노트북의 국제적 상대가격이 높아져야 할까? 그 이유는 간단하다. 만약 A국이 수출하는 노트북의 국제적 상대가격이 폐쇄경제 때보다 낮다면, A국이 국제무역에 참여할 만한 인센티브가 존재하지 않기 때문이다.

② 한편, A국이 수출하는 노트북의 국제적 상대가격이 높아지면, [그림 14-5]에서 생산가능곡선과 접하는 접선의 기울기가 aa에서 $a'a'$로 커지게 된다. 왜냐하면 **생산가능**

[그림 14-5] 개방경제에서 A국의 생산, 수출입, 소비, 무역이익

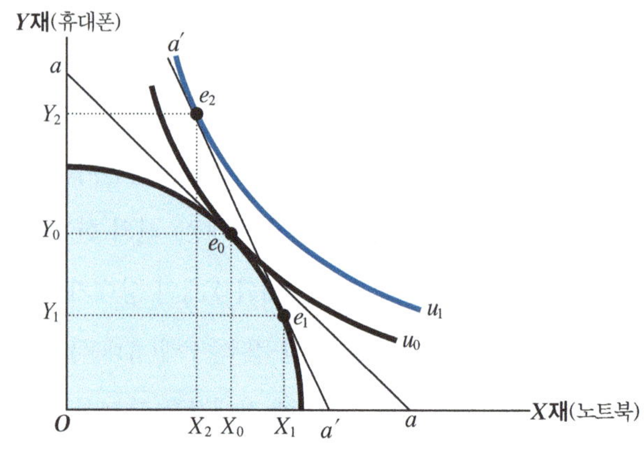

곡선과 접하는 접선의 기울기가 바로 휴대폰으로 표시한 노트북의 상대가격이기 때문이다. 이때 접선의 기울기는 절대값으로 표시된다는 것도 잊지 말아야 한다.

③ 국제무역으로 인해 노트북의 국제적 상대가격이 높아지면 A국은 e_0점에서 e_1점으로 노트북과 휴대폰의 생산량을 변경한다. 즉 e_1점에서는 폐쇄경제인 e_0점보다 노트북을 X_0X_1만큼 더 생산하고 휴대폰을 Y_0Y_1만큼 덜 생산한다. 즉 e_1점에서 보듯이 A국은 비교우위 품목인 노트북을 더 생산하고 비교열위 품목인 휴대폰을 덜 생산하는데 이것이 부분특화이다. [그림 14－5]에서 완전특화 현상이 일어나지 않은 것은 기회비용이 일정한 직선 형태의 생산가능곡선이 아니라 기회비용이 체증하는, 즉 원점에 대해 오목한(concave) 형태의 생산가능곡선을 상정했기 때문이다.

④ 노트북에 대한 국제적 상대가격의 인상은 A국의 소비점까지 변경시킨다. 폐쇄경제 때, A국의 소비점은 e_0였다. 그런데 국제무역이 일어난 후, A국의 소비점은 [그림 14－5]에서 보는 바와 같이 e_2점이다. 이것은 A국이 OX_1만큼의 노트북을 생산한 후, X_1X_2만큼을 B국에 수출하고, 그 대가로 B국으로부터 Y_1Y_2만큼의 휴대폰을 수입해서 국내소비에 충당하고 있음을 시사해준다. 또 e_2점에서는 휴대폰으로 표시한 노트북의 국제적 상대가격과 사회적 무차별곡선인 u_1이 접함으로써 A국의 대표 소비자는 폐쇄경제 때보다 훨씬 높은 수준의 효용을 얻고 있다. 그것이 바로 무역이익이다. [그림 14－5]에서 확인할 수 있는 무역이익의 크기는 $u_1 - u_0$로 정의된다.

4) 개방경제에서 B국의 생산, 수출입, 소비, 무역이익

이제 국제무역이 허용될 경우, B국의 생산, 수출입, 소비, 무역이익에 대해 살펴볼 차례가 되었다. [그림 14－6]을 통해 살펴보자. [그림 14－6]에서 e_0점은 폐쇄경제에서 B국의 생산점과 소비점이었다. 즉 B국은 OX_0만큼의 노트북과 OY_0만큼의 휴대폰을 생산한 후, 모두 다 소비했다. 따라서 두 재화 사이에 과부족 현상이 일어나지 않아서 자급자족이 가능했다.

① 이제 국제무역이 허용되면 B국은 자신의 비교우위 품목인 휴대폰을 A국에 수출하고, A국은 자신의 비교우위 품목인 노트북을 B국에 수출한다는 것은 앞에서 설명한 바 있다. [그림 14－6]은 B국의 수출입 상황을 보여준다. 국제무역이 이루어지기 위해서는 B국이 수출하는 휴대폰의 국제적 상대가격이 폐쇄경제 때보다는 무조건 상승해야 한다. 그 이유는 B국이 수출하는 휴대폰의 국제적 상대가격이 폐쇄경제 때보다 낮다면,

B국은 국제무역에 참여하는 것을 거부할 것이기 때문이다.

[그림 14-6] 개방경제에서 B국의 생산, 수출입, 소비, 무역이익

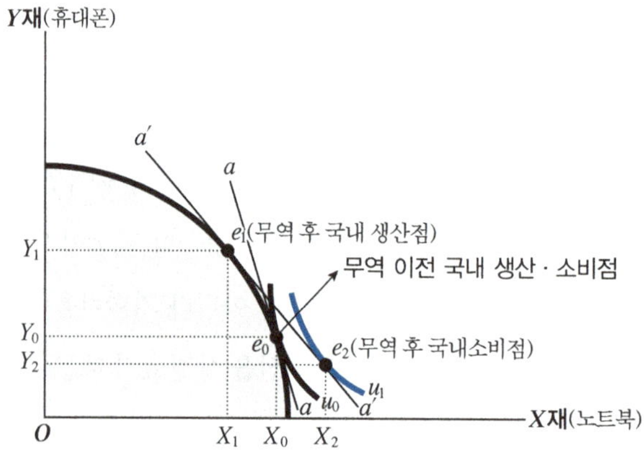

② 한편, B국이 수출하는 휴대폰의 국제적 상대가격이 높아지면, [그림 14-6]에서 생산가능곡선과 접하는 접선은 aa에서 $a'a'$로 변하게 된다. 즉 접선의 기울기($= \frac{P_X}{P_Y}$)가 완만해진다. 또한 접선의 기울기는 절대값으로 표시된 값으로 정의된다.

③ 국제무역으로 인해 휴대폰의 국제적 상대가격이 상승하면 B국은 휴대폰과 노트북의 생산량을 e_0점에서 e_1점으로 변경한다. 즉 새로운 생산점인 e_1점에서는 폐쇄경제 때 보다 휴대폰을 Y_0Y_1만큼 더 생산하고 노트북을 X_0X_1만큼 덜 생산한다. 즉 e_1점에서 보듯이 B국은 자신의 비교우위 품목인 휴대폰을 더 생산하고 비교열위 품목인 노트북은 덜 생산함으로써 부분특화의 양상을 보인다. B국의 경우에서도 부분특화 양상이 나타나는 이유는 A국의 경우와 똑같다. 즉 기회비용이 일정한 직선 형태의 생산가능곡선이 아니라 기회비용이 체증하는, 그래서 원점에 대해 오목한(concave) 생산가능곡선을 상정했기 때문이다.

④ 휴대폰에 대한 국제적 상대가격 인상은 B국의 소비점까지 변경시킨다. 폐쇄경제 하에서 B국의 소비점은 e_0였다. 그런데 국제무역이 일어난 후, B국의 소비점은 [그림 14-6]에서와 같이 e_2점이다. 이것은 B국이 OY_1만큼의 휴대폰을 생산한 후, Y_1Y_2만큼을 A국에 수출하고, 그 대가로 A국으로부터 X_1X_2만큼의 노트북을 수입해서 국내소비를 한다는 의미다. 또 e_2점에서는 노트북으로 표시한 휴대폰의 국제적 상대가격과 사회적 무차별곡선 u_1이 접함으로써 B국의 사회구성원들은 폐쇄경제 때보다 훨씬 높은 수준의 효용을 얻고 있다. 그것이 바로 B국의 무역이익이다. [그림 14-6]에서 무

역이익의 크기는 $u_1 - u_0$로 정의된다.

개방경제에서 A, B 양국은 부분특화를 통해 자국의 비교우위 품목을 상대방 국가에게 수출하고 비교열위 품목을 수입함으로써 A, B 양국의 사회구성원들이 무역이익을 얻을 수 있음을 보여주었다. 그런데 국제무역이 이루어지면 **'국제적으로 한 가지 재화에 대해서는 한 가지 가격만 존재한다'** 라는 **일물일가(一物一價)의 법칙**이 성립한다는 것을 이해해야 한다. 따라서 A, B국과 X재(노트북), Y재(휴대폰) 간에는 다음의 관계가 충족된다. 참고로 아래에서 첨자 I는 국제시장을 의미한다.

$$\text{A국} : MRT_{XY} = MRS_{XY} = \left(\frac{P_X}{P_Y}\right)_A = \left(\frac{P_X}{P_Y}\right)_I = \text{국제적 상대가격}$$

$$\text{B국} : MRT_{XY} = MRS_{XY} = \left(\frac{P_X}{P_Y}\right)_B = \left(\frac{P_X}{P_Y}\right)_I = \text{국제적 상대가격}$$

보론 14-3 비교우위와 경쟁우위의 개념 차이*

경제학 책이나 신문기사를 읽다 보면 비교우위와 경쟁우위를 같은 개념으로 사용하는 것을 종종 볼 수 있다. 그런데 그들 용어는 동의어가 아니다. 따라서 혼용해서 사용하면 곤란하다. 그것은 마치 모럴 헤저드(moral hazard)를 '도덕적 해이'라고 잘못 번역해서 사용하는 것과 비슷하다.

경쟁우위(competitive advantage)란 어느 특정기업이 다른 기업과의 경쟁에서 우위에 설 수 있는지의 여부를 판단하는 개념이다. 즉 **경쟁우위는 그 대상이 개별기업으로 국한된다**. 참고로 기업은 가격, 품질, 납기, 유연성 등 경쟁의 초점을 어디에 맞추는가에 따라 각 사업부문의 경쟁전략이 달라지는데, 기업이 경쟁우위를 확보하기 위해서는 낮은 가격, 재화 및 서비스의 차별화, 시장요구에 대한 신속 대응 등의 경쟁우위 전략이 요구된다.

반면, **비교우위(comparative advantage)는 개별기업이 아닌 산업 차원에서 임금, 이자율, 환율 등을 비롯한 거시경제변수를 통해 특정산업의 국제경쟁력을 판단하는 상위 개념이다**. 착오 없기를 기대한다.

* 『두산 백과』 내용 일부 참조.

1.5 헥셔-오린의 정리(Heckscher-Ohlin Theorem)

스웨덴의 경제학자 엘 헥셔(E. Heckscher)와 그의 제자 베르틸 오린(B. Ohlin)이 1933년에 발표한 헥셔-오린의 정리를 공부하기 전에 우리가 먼저 생각해봐야 할 문제가 있다. 그것은 지금까지 비교우위를 설명하면서 그 원인에 대해서는 일체 언급하지 않았다는 점이다. 일부 경제학자는 헥셔-오린 정리를 '2 × 2 × 2모형' 이라고 부른다. 그것은 헥셔-오린 정리가 2국, 2재화, 2생산요소를 가정하기 때문이다.

우선 A국과 B국 사이에 생산비(生産費) 격차가 발생한다면 그것은 대략 3가지 원인이 있을 것이다. 첫째는 생산을 위한 기술적 조건의 차이를 들 수 있다. 만약 A국이 보유한 노트북 생산기술이 비용절감형 기술일 경우, A국은 B국보다 노트북을 저렴하게 생산할 수 있다. 둘째는 사회구성원의 수요구조(需要構造)가 생산비에 영향을 미칠 수 있다. 즉 A국 소비자들이 휴대폰보다 값싸고 질 좋은 노트북을 유별하게 선호한다면 A국 기업들은 노트북의 생산비용을 절감시키기 위해서 노력할 것이다. 셋째는 생산요소의 부존량 크기도 생산비 격차를 유발할 수 있다. 만약 A국이 B국보다 노동이 풍부한 국가라면 A국은 B국에 비해 노동을 많이 필요로 하는 상품 생산에 비교우위를 가질 수 있다. 그런데 헥셔와 오린은 '**생산요소의 상대적인 부존량 차이가 생산비 격차를 유발한다**' 고 간주하고 헥셔-오린 정리를 정립했다.

1) 헥셔-오린 정리의 기본 가정

① 2국(A국, B국)-2재화(*X*재, *Y*재)-2생산요소(노동, 자본)가 존재하는 개방경제이다.

② 양국 간 생산기술의 차이는 전혀 없다. 두 재화의 생산함수는 1차 동차함수로 동일하며, 규모에 대한 보수불변의 특성을 갖는다. 또 한계생산비용이 체증하기 때문에 생산가능곡선은 원점에 대해 오목하다. 따라서 양국은 부분특화 방식으로 생산한다.

③ 양국의 생산요소 부존량은 주어져 있지만, 그 크기는 서로 다르다. 또 두 재화의 생산에서 **요소집약도 역전**(要素集約度逆轉)[5] 현상은 일어나지 않는다.

④ 양국 간에 생산요소의 이동은 불가능하고, 생산물시장과 생산요소시장은 완전경쟁시장이다. 또 두 재화에 대한 무역은 자유롭게 이루어지며 운송비는 무시한다.

---

5. 요소집약도 역전(factor intensity reversal)은 어느 한 상품이 임금-이자율 비율이 어떤 수준 이상일 때에는 자본집약적으로 생산되고, 반대로 임금-이자율 비율이 어떤 수준 이하일 때에는 노동집약적인 방법으로 생산되는 경우를 의미한다.

2) 헥셔-오린 정리의 두 가지 명제

① **헥셔-오린 정리의 제1명제** : 일명, **요소부존도 이론**(factor endowment theorem)이라고도 한다. 그것의 핵심은 양국 간에 존재하는 생산요소의 부존량 차이와 그에 따른 요소집약도(= $\frac{K}{L}$)의 차이로 인해 생산비 격차가 발생한다는 것이다. 헥셔-오린의 제1명제는 요소부존도 이론에 기초해서 다음과 같이 정의된다. '노동이 상대적으로 풍부한 나라는 노동집약적인 상품 생산에 비교우위를 갖게 되고 자본이 상대적으로 풍부한 국가는 자본집약적인 상품 생산에 비교우위를 갖는다. 따라서 양국은 비교우위를 갖는 상품을 수출하고 그렇지 못한 상품은 수입한다.'

② **헥셔-오린 정리의 제2명제** : **'생산요소가격의 균등화이론'** 이라고도 말한다. 헥셔-오린 정리의 제2명제는 다음과 같다. **'노동과 자본이라는 생산요소가 한 나라에서 다른 나라로 이동을 하지 않더라도 그 생산요소를 투입해서 만든 상품의 무역에 의해서 생산요소의 상대가격(= $\frac{w}{r}$)이 국제적으로 같게 된다'** 는 것이다. 가령 A국은 노동이 풍부하고 B국은 자본이 풍부하다고 가정하자. 이때 A국과 B국 사이에 무역이 이루어지면 A국과 B국의 생산요소시장에서는 다음과 같은 변화가 나타난다.

㉠ A국은 노동이 풍부한 나라다. 부분특화가 이루어지는 상황에서 A국은 노동집약적 상품 생산을 크게 늘리고 자본집약적 상품 생산은 대폭 축소한다. 그 과정에서 노동수요가 증가하고 자본수요는 감소한다. 이는 임금(w) 상승과 이자율(r) 하락으로 이어진다. 결국 이들 생산요소의 상대가격(= $\frac{w}{r}$)은 상승한다.

㉡ B국은 자본이 풍부한 나라다. 부분특화가 이루어지는 상황에서 B국은 자본집약적 상품 생산을 크게 늘리고 노동집약적 상품 생산은 대폭 축소한다. 그 과정에서 자본수요가 증가하고 노동수요는 감소한다. 이는 임금(w) 하락과 이자율(r) 상승으로 이어진다. 결국 이들 생산요소의 상대가격(= $\frac{w}{r}$)은 하락한다.

㉢ 국제무역이 개시되어 양국의 수출상품과 수입상품 간에 균형이 달성되면 양국 간에 생산요소의 상대가격(= $\frac{w}{r}$)이 일치하게 된다. 이것이 생산요소가격의 균등화이론이다.

1.6 레온티에프의 역설과 헥셔-오린 정리의 재발견

헥셔-오린의 정리에 따르면 자본이 상대적으로 풍부한 나라는 자본집약적 상품을 수출하고 노동집약적 상품을 수입하게 된다. 그러므로 미국은 자본이 풍부한 나라이기 때문에 자본집약적 상품을 수출하고 노동집약적 상품을 수입해야 옳다. 그런데 구(舊)소련 태생의 미국 경제학자인 와실리 레온티에프(W. Leontief)가 1947년의 미국 산업연관표 자료를 활용해서 흥미로운 사실을 밝혀냈다. 그것은 다른 나라에 비해 상대적으로 자본이 풍부한 미국이 헥셔-오린의 제1명제와는 달리 자본집약적 상품을 수입한다는 것이었다. 이것이 바로 **레온티에프 역설**(Leontief's paradox)이다. 하지만 레온티에프 자신은 그것을 역설로 인정하지 않았다. 즉 미국은 노동생산성이 매우 높기 때문에 노동을 효율단위로 계산한다면 노동이 상대적으로 풍부한 국가라는 것이었다.

한편, 레온티에프의 역설은 헥셔-오린 정리의 재발견에 새로운 전기(轉機)로 작용했다. 미국의 경제학자인 존스(R. Jones)는 레온티에프가 요소집약도에 대한 기준을 헥셔-오린과 다르게 설정했기 때문에 그와 같이 상반된 결론에 도달한 것이라고 해명했다. 즉 헥셔-오린은 생산요소의 상대가격을 기준으로 이자율이 상대적으로 낮은 국가를 자본이 풍부한 국가라고 해석한 반면, 레온티에프는 자본의 부존량이 큰 국가를 자본이 풍부한 국가라고 보았던 것이다.

또 케넨(P. Kenen)은 인적 자본(human capital)의 개념을 이용해서 레온티에프의 역설을 설명했다. 인적 자본은 한마디로 노동자에 대한 교육비나 훈련비용과 같이 노동에 투입된 자본을 말한다. 그는 미국 수출산업의 평균 기술 수준과 임금이 수입상품과 경쟁하는 자국 내 산업보다 높은 이유는 수출상품이 인적 자본을 집약적으로 활용해서 생산하기 때문이라고 해명했다. 즉 그는 미국이 자본집약적인 상품 중에서도 인적 자본을 집약적으로 활용해서 생산한 상품을 수출하기 때문에 노동자에 대한 교육이나 훈련에 투입된 자본까지 고려한다면 미국의 수출상품은 자본집약적인 성격이 강하다고 주장했다. 그 밖에도 레온티에프 역설에 대한 또 다른 설명으로 자본집약적인 상품에 대한 수요 편향, 노동집약적 상품에 대한 미국의 무역장벽 등이 제기되었지만 존스나 케넨의 주장에 비해 설득력이 약하다.

보론 14-4 헥셔-오린 정리의 확장이론들에 대한 탐색

헥셔-오린 정리의 확장이론으로는 레온티에프의 역설 이외에도 스톨퍼-사무엘슨 정리와 립친스키 정리가 존재한다. 이들 개념도 시험문제로 종종 출제되기 때문에 각별한 관심과 주의가 필요하다.

㉮ **스톨퍼-사무엘슨 정리**(Stolper-Samuelson theorem)

ⓐ 헥셔-오린 정리에 따르면 자유무역 하에서 일국(一國)의 소득분배는 풍부한 생산요소에게는 유리하고, 빈약한 생산요소에게는 불리하게 작용한다. 즉 일국(一國)은 풍부한 생산요소를 집약적으로 사용하는 상품을 생산한 후 수출함으로써 풍부한 생산요소의 실질소득은 상대적 · 절대적으로 증가한다. 반면, 수입대체산업에 사용되는 빈약한 생산요소의 실질소득은 상대적 · 절대적으로 감소한다.

ⓑ 볼프강 스톨퍼(W. Stolper)와 폴 사무엘슨(P. Samuelson)이 제시한 스톨퍼-사무엘슨의 정리는 '**교역조건의 변화가 생산과 소득분배에 미치는 효과**'를 설명해준다. 특히 **관세부과에 따른 교역조건의 변화가 소득재분배에 미치는 효과**가 핵심이다.

ⓒ 스톨퍼-사무엘슨 정리에 따르면, 관세는 관세부과국으로 하여금 수출산업의 상품 생산을 감소시키고, 수입대체산업의 상품 생산은 증가시킨다. 이는 수출산업의 상품 생산에 투입되는 풍부한 생산요소의 실질소득을 상대적/절대적으로 감소시키고 수입대체산업의 상품 생산에 투입되는 빈약한 생산요소의 실질소득은 상대적/절대적으로 증가시킨다.

ⓓ 이를 달리 표현하면, 관세부과로 인해 수입대체산업이 생산한 상품 수요가 늘면 이들 상품의 상대가격이 상승한다. 그러면 수입대체산업의 상품 생산이 늘고 이들 상품 생산을 위해 집약적으로 투입되는 생산요소의 수요 또한 증가한다. 그 결과 수입대체산업의 상품 생산에 투입되는 빈약한 생산요소의 가격은 상승한다. 그러나 수출산업의 상품 생산을 위해 투입되는 풍부한 생산요소의 가격은 하락하게 된다.

ⓔ 스톨퍼-사무엘슨 정리는 보호무역주의에 대한 이론적 토대를 구축하고 자유무역이 소득분배에 미치는 영향을 명확히 밝힘으로써 헥셔-오린 정리를 한 단계 발전시켰다는 평가를 받은 바 있다.

㉯ **립친스키 정리**(Rybczynski theorem)

ⓐ 스톨퍼-사무엘슨 정리는 '관세부과 ⇒ 수출산업 및 수입대체산업의 상품 생산과 가격변화 ⇒ 이들 산업 종사자의 소득변화'를 잘 설명해준다. 립친스키 정리는 상품가격에 변화가 없는 상태에서도 생산요소의 공급이 변화하면 생산과 소득분배에 변화가 일어날 수 있음을 보여주었다는 데 의미가 있다.

ⓑ 상품가격이 일정한 상태에서 어떤 한 생산요소의 부존량이 증가하면 그 요소를 집약적으로 사용하는 상품의 생산은 절대적으로 증가하고 다른 생산요소를 사용하는 상품의 생산은 절대적으로 감소하게 된다는 것이다.

ⓒ 이를 달리 표현하면 '**국제무역은 상대적으로 노동이 풍부한 국가의 임금을 증가시키고, 자본이 풍부한 국가의 임금을 하락시킨다**'는 것이다.

1.7 교역조건(terms of trade)

교역조건이란 '**수출상품 1단위와 교환되는 수입상품의 수량**'을 뜻한다. 또는 '**수입상품으로 표시한 수출상품의 교환 가치**'이다. 수출상품의 가격이 수입상품의 가격보다 상대적으로 높아지면 교역조건이 개선된 것이고, 그 반대이면 교역조건이 악화된 것을 의미한다.

그런데 지금까지 학습한 비교생산비설은 교역조건의 상한(上限)과 하한(下限)에 대한 정보만 알려줄 뿐, 교역조건 자체에 대해서는 그 어떤 정보도 제공해주지 않았다. 그러나 교역조건이 결정되지 않으면 무역량의 크기는 고사하고 무역이익도 계산할 수 없다. 우리가 교역조건을 체계적으로 학습해야 하는 이유도 그 때문이다.

교역조건을 설명하는 최초의 이론은 상호수요의 원리(principle of reciprocal demand)이다. 그것을 처음 제기한 사람은 존 스튜어트 밀(J.S. Mill)이고, 도식화(圖式化)를 통해 체계화시킨 사람은 영국 캠브리지대 교수를 역임한 알프레드 마셜(A. Marshall)이다. 이 원리의 핵심은 수출입상품에 대한 무역 당사국들의 상호수요곡선을 통해 교역조건이 결정된다는 것이다.

1) 무역 당사국들의 상호수요곡선 도출

상호수요곡선이란 각각의 교역조건에서 무역 당사국들이 해당 상품을 얼마만큼 수출하고 수입할 것인가를 나타내주는 곡선이다. 일명, 오퍼곡선(offer curve)이라고도 불린다. 이제 앞에서 예로 든 것처럼 노트북과 휴대폰을 생산 · 수출하는 A국과 B국의 상호 수요곡선을 도출해보자.

① A국의 상호수요곡선 도출

[그림 14－7]에서 보듯이 A국의 상호수요곡선인 OF곡선은 A국이 비교우위를 갖는 X재(노트북) 축에 대해 볼록(convex)하게 그려진다. 그 이유를 고찰해보자. OF곡선은 A국이 B국에다 수출하고자 하는 노트북의 수량과 그 대가로 B국으로부터 수입하기를 희망하는 휴대폰의 수량을 나타내는 곡선이다.

일례로 C점은 A국이 OX_0만큼의 노트북을 B국에 수출하고, 그 대가로 B국으로부터 CX_0만큼의 휴대폰을 수입하기를 희망하는 것을 나타낸다. 따라서 OA곡선의 기울기 $(=\frac{CX_0}{OX_0})$는 C점에서 노트북과 휴대폰의 교환비율인 교역조건(交易條件)을 의미한다. 마찬가지로 OF곡선상의 D점은 A국이 OX_1만큼의 노트북을 수출하고 그 대가로 B국으로부터 DX_1만큼의 휴대폰 수입을 희망한다는 것을 의미한다. 그런 점에서 OB선의 기울기($=\frac{DX_1}{OX_1}$)는 D점에서 노트북과 휴대폰 간의 교역조건이라고 말할 수 있다.

[그림 14-7] A국의 상호수요곡선

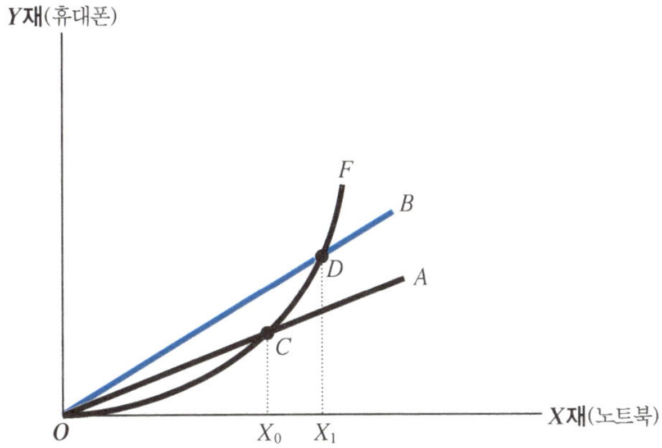

이제 OF곡선이 X재(노트북)에 대해 볼록한 이유에 대해 알아보자. OF곡선이 [그림 14-7]에서 보는 것처럼 X재에 대해 볼록한 형태가 되려면 C점을 통과하는 OA선의 기울기보다 D점을 통과하는 OB선의 기울기가 더 커야 한다. 이는 A국의 입장에서 바라볼 때, A국이 노트북을 추가적으로 더 수출하기 위해서는 그 대가로 이전보다 더 많은 휴대폰을 수입할 수 있어야 함을 뜻한다. 이를 달리 표현하면 교역조건이 개선되어야 한다는 것을 의미한다.

미시경제학에서 학습한 한계효용체감의 원리를 이용해서 그 이유를 실명해보자. A국이 노트북을 많이 수출하면 할수록 A국은 자국 내에서 소비할 노트북 양이 줄어들기 때문에 노트북에 대한 한계효용은 커진다. 반면, B국으로부터 수입된 휴대폰의 자국 내 사용량은 많아지기 때문에 휴대폰에 대한 한계효용은 체감한다. 이때 A국은 효용극대화를 추구하기 때문에 노트북의 수출로 인해 상실되는 한계효용의 감소분과 휴대폰의 수입으로 얻게 되는 한계효용의 증가분이 같게 될 때까지 노트북과 휴대폰을 교역(交易)할 것이다. 따라서 A국이 노트북의 수출량을 늘리려면 더 적은 노트북과 더 많은 휴대폰을 교환할 수 있어야 한다. 그렇지 않으면 A국이 그 이상의 교역을 거부할 것이기 때문이다. 따라서 A국이 노트북 수출을 OX_0 이상으로 늘리려면 새로운 교역조건(= OB선)은 반드시 기존의 교역조건(= OA선)보다 기울기가 커야 한다. [그림 14-7]에서 보는 것처럼 C, D점들을 쭉 연결하다 보면 X재(노트북)에 대해 볼록한 OF곡선이 도출된다.

② B국의 상호수요곡선과 균형교역조건의 도출

이제 휴대폰을 A국에 수출하고 그 대가로 노트북을 수입하는 B국의 상호수요곡선을 도출하면 그것은 A국에서 살펴본 것처럼 B국이 비교우위를 갖는 Y재(휴대폰)에 대해 볼록한 형태를 갖게 될 것이다. 즉 B국의 상호수요곡선은 [그림 14-8]의 OG곡선처럼 그려질 것이다. 그러면 A국의 상호수요곡선인 OF곡선과 B국의 상호수요곡선인 OG곡선이 교차하는 I점에서 무역의 균형이 이루어진다. 즉 A국은 OX_2만큼의 노트북을 B국에 수출한 대가로 휴대폰을 $IX_2(=OE)$만큼 수입한다. 또 B국은 $OE(=IX_2)$만큼의 휴대폰을 A국에 수출한 대가로 $OX_2(=EI)$만큼의 노트북을 수입한다. 이때의 균형교역조건은 OT선의 기울기로 결정된다. 즉 A국의 교역조건은 $\frac{IX_2}{OX_2}$, B국의 교역조건은 $\frac{EI}{OE}$이다. 이때는 A, B 양국의 수출입상품 간에 균형이 달성된다.

[그림 14-8] A, B국의 상호수요곡선과 균형교역조건의 결정

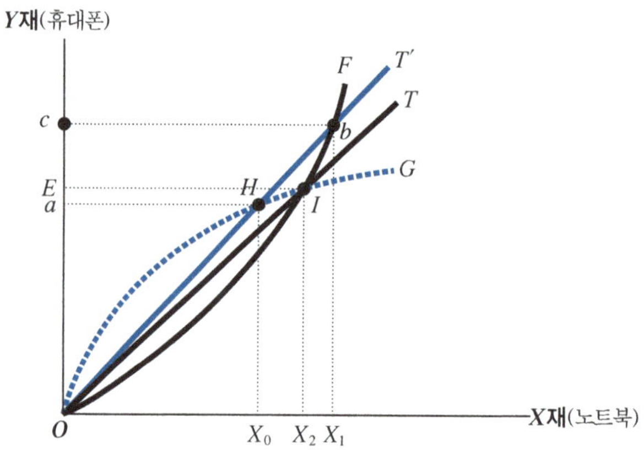

한편, 교역조건이 OT'로 주어졌을 때는 A, B 양국 사이에 무역의 균형이 이루어지지 않는다. 왜냐하면 양국의 입장에서 주고(= 수출)받고자(= 수입) 하는 재화의 양이 서로 다르기 때문이다. A국 입장에서는 OX_1의 노트북을 수출한 대가로 $bX_1(=OC)$의 휴대폰을 수입하려고 한다. 그에 반해 B국은 Oa만큼의 휴대폰을 수출하고 $aH(=OX_0)$만큼의 노트북을 수입하려고 한다. 그러면 노트북의 경우는 X_0X_1만큼 초과공급, 휴대폰의 경우는 ac만큼 초과수요가 발생한다. 교역조건이 OT'인 경우에는 A국과 B국 간에 국제무역이 일어나지 않는다. 국제무역이 이루어지기 위해서는 OT'에서 초과공급인 노트북의 가격이 하락하고 초과수요인 휴대폰의 가격이 상승해야 한다. 교역조건 OT'는 휴대폰에 대한 노트북의 상대가격을 의미한다. 따라서 교역조건이 OT'에서

OT로 하락하게 되면 A국과 B국의 상호 수출과 수입을 하려는 양이 일치하기 때문에 국제무역이 이루어질 수 있다.

③ 교역조건을 계산하는 방법

교역조건은 '**어느 한 국가의 상품과 다른 나라 상품 간의 교환비율**'을 말한다. 그런데 교역조건은 국제무역을 통해 발생하는 무역이익이 무역 당사국들에게 분배되는 무역이익의 귀속(歸屬) 지표로 활용된다. 교역조건을 계산하는 방법은 위에서 살펴본 노트북과 휴대폰의 교환비율처럼 개별상품에 대해 계산할 수도 있지만 보통은 한 나라 전체의 수출상품과 수입상품을 종합해서 계산한다. 그런데 문제는 측정단위가 각기 다른 여러 상품을 그대로 합계할 수 없기 때문에 간접적인 방법으로 교역조건을 계산한다. 가령 노트북의 총수출액과 휴대폰의 총수입액이 같다고 가정하자. 그러면 노트북과 휴대폰의 교환비율은 다음의 식으로 정의된다.

수출상품(노트북)가격 × 수출상품(노트북)수량
= 수입상품(휴대폰)가격 × 수입상품(휴대폰)수량

$$\text{교역조건} = \frac{\text{수입상품수량}}{\text{수출상품수량}} = \frac{\text{수출상품가격}}{\text{수입상품가격}} \quad \cdots\cdots\cdots\cdots ㉠$$

㉠식은 교역조건으로서 좌변은 노트북과 휴대폰의 양적(量的) 교환비율이고, 우변은 수출상품과 수입상품의 상대가격이다. 따라서 교역조건은 수출상품과 수입상품의 양적 교환비율인 동시에 상대가격으로 정의됨을 알 수 있다. 그런데 어떤 기준시점에서부터 수출상품과 수입상품의 교환비율이 변해가는 경향을 살펴보기 위해서는 수출상품과 수입상품의 수량지수(數量指數)와 가격지수(價格指數)를 활용하는 것이 바람직스럽다.

$$\text{교역조건} = \frac{\text{수입상품수량지수}}{\text{수출상품수량지수}} = \frac{\text{수출상품가격지수}}{\text{수입상품가격지수}} \quad \cdots\cdots\cdots\cdots ㉡$$

한편, 한 나라의 수출입은 단지 1~2개의 상품이 아니라 다수의 상품이기 때문에 교역조건은 다수 상품에 대해서 종합적으로 계산한 수출상품의 단가지수(單價指數)와 수입상품의 단가지수(單價指數)를 통해서도 계산할 수 있다.

$$\text{교역조건} = \frac{\text{수입상품수량지수}}{\text{수출상품수량지수}} = \frac{\text{수출상품단가지수}}{\text{수입상품단가지수}} \cdots\cdots\cdots\cdots\cdots\cdots\cdots ㉢$$

㉢식의 좌변은 '**총상품교역조건**'[6]으로서 일정 기간 동안 한 국가의 수출상품에 대한 수입상품의 교환비율이 어떻게 변화했는가를 나타낸다. 그런데 좌변은 측정단위가 서로 다른 여러 상품의 수량지수이기 때문에 계산 과정이 복잡하다. 그래서 교역조건을 구할 때는 우변의 단가지수(單價指數)를 이용한다. 우변은 '**순상품교역조건**' 또는 '**상품교역조건**(commodity terms of trade)'으로 정의된다. 일반적으로 교역조건이라고 하면 우변을 지칭한다. 만약 수출상품의 단가지수가 수입상품의 단가지수에 비해 상대적으로 높으면 상품교역조건이 개선되었다고 하고, 반대의 경우는 상품교역조건이 악화되었다고 말한다. **상품교역조건이 개선되었다는 것은 자국의 수출상품은 비싸게 팔고 외국으로부터의 수입상품은 싼값으로 구입할 수 있다는 것을 말한다.** 이는 보다 큰 무역이익이 자국에게 귀속된다는 것을 시사해준다.

④ 기타 교역조건

상품교역조건 이외에도 여러 가지 교역조건이 존재한다. 소득교역조건, 요소교역조건, 이중요소교역조건, 실질비용교역조건, 효용교역조건 등등. 그중에서 상품교역조건 다음으로 중요한 것은 소득교역조건(income terms of trade)과 요소교역조건(single factor terms of trade), 이중요소교역조건(double factor terms of trade)이다.

㉠ **소득교역조건** : 소득교역조건은 상품교역조건(= 순상품교역조건)에다 수출상품수량지수를 곱한 값으로 정의된다. 이는 '**총수출액으로 구입할 수 있는 수입상품의 수량**'으로서 다음의 ㉣식으로 정의된다.

$$\text{소득교역조건} = \frac{\text{수출상품단가지수}}{\text{수입상품단가지수}} \times \text{수출상품수량지수} \cdots\cdots\cdots\cdots ㉣$$

만약 수입상품단가지수가 일정한 상황에서 자국 내의 생산기술혁신으로 수출제품의 생산비가 크게 인하되었다면 상품교역조건은 악화될 가능성이 크다. 하지만 수출상품의 생산비용 하락은 '수출상품의 생산비용 하락 ⇒ 수출상품의 가격 하락 ⇒ 수출상품의 물량 확대'를 통해 소득교역조건을 개선시킬 수 있다. 자국의 소득

---

6. 수출액과 수입액이 일치하면 총상품교역조건은 순상품교역조건과 일치한다.

교역조건이 개선된다는 것은 자국 경제에 바람직한 변화로 볼 수 있다.

ⓛ 요소교역조건 : 수출상품에 투입된 생산요소가격지수를 수입상품에 투입된 생산요소가격지수로 나눠준 후 100을 곱해서 얻는다. 이는 '**수출상품에 투입된 생산 요소의 단위당 수입량**'을 나타낸다. 또 요소교역조건은 한 국가의 수출산업에 투입된 생산요소에 대한 실질소득의 변화지수로 정의하기도 한다. 이때 요소교역조건은 상품교역조건에다 수출산업의 생산성지수를 곱한 값으로 정의된다.

$$\text{요소교역조건} = \frac{\text{수출상품에 투입된 생산요소가격지수}}{\text{수입상품에 투입된 생산요소가격지수}} \times 100$$
$$= \text{상품교역조건} \times \text{수출산업의 생산성지수}$$

ⓒ 이중요소교역조건 : 한 국가의 수출산업뿐만 아니라 상대국 수출산업에서의 생산성 변화도 동시에 고려한 교역조건으로서 다음의 공식으로 정의된다.

$$\text{이중요소교역조건} = \text{상품교역조건} \times \frac{\text{자국 수출산업의 생산성지수}}{\text{외국 수출산업의 생산성지수}}$$

⑤ 상품교역조건의 변동을 초래하는 요인

상품교역조건의 변동을 초래하는 요인으로는 여러 가지가 있다. 특히 이 항목도 경제시험에 출제될 가능성이 있기 때문에 독자들의 치밀한 학습이 요구된다.

㉠ 기술혁신에 따른 생신비용 인하

기술혁신에 따른 생산비용의 절감은 수출상품의 가격 하락을 초래함으로써 상품교역조건을 악화시킬 수 있다. 하지만 소득교역조건의 개선을 통해 국가이익이 증가할 가능성도 존재한다.

ⓛ 불황 타개나 국제수지 악화를 막기 위한 임금 인하, 환율 인상, 덤핑 등

수출상품의 가격 하락과 밀접한 연관을 갖는 정책 당국의 환율 인상조치나 덤핑, 그리고 임금 인하는 상품교역조건에 불리한 영향을 미치게 된다. 특히 환율 인상(예 : 1$ = 1,000원 ⇒ 1$ = 2,000원)은 수출상품가격을 하락시키고 수입상품가격을 상승시키기 때문에 상품교역조건을 악화시킨다. 하지만 환율이 인상되면 수출이 증가하고 수입은 감소하기 때문에 경상수지는 개선될 수 있다.

㉢ 세계 경제의 동향

세계의 경기(景氣) 동향도 상품교역조건에 큰 영향을 미친다. 주요 수출대상국의 경기가 호황이면 그들의 소득 수준도 크게 증가된다. 그러면 상품에 대한 수요가 늘어나는데 이때 공산품 수요가 농산품 수요보다 매우 빠른 속도로 증가한다. 따라서 공산품에 대한 교역조건은 개선되고 농산품에 대한 교역조건은 악화될 수 있다.

㉣ 국제거래상의 협상력(bargaining power)

국제거래상의 협상력도 상품교역조건에 영향을 미칠 수 있다. 일반적으로 선진국의 무역업자들은 강력한 정보력을 바탕으로 강한 협상력과 교묘한 방법의 상술(商術)을 자유자재로 구사하면서 수출상품가격과 수입상품가격 설정에 큰 영향력을 발휘할 수 있다.

보론 14-5 자그디시 바그와티(J. Bhagwati)의 궁핍화성장론

㉮ 개요

자그디시 바그와티는 1958년도에 「궁핍화 성장 : 기하학적 관점(Imiserizing Growth ; A Geometrical Note)」과 「국제무역과 경제확장(International Trade and Economic Expansion)」이란 두 편의 논문을 발표했다. 그는 거기에서 후진국(개발도상국)의 교역조건 변화가 사회적 후생손실에 미치는 영향을 분석했다. 그리고 비교우위의 논리에 따른 국제무역이 후진국의 교역조건을 악화시킴으로써 사회적 후생손실을 불러오는 궁핍화 성장의 가능성을 제기했다.

그가 제기한 궁핍화 성장의 핵심을 간단명료하게 요약한다면, '후진국은 수출 증대를 통한 경제성장을 도모한다 해도 교역조건이 날로 악화되기 때문에 먹고 살기가 점점 더 힘들어진다' 는 것이다. 바그와티는 궁핍화 성장의 전제조건으로서 다음과 같은 3가지를 제시했다.

㉯ 궁핍화 성장의 전제조건

ⓐ 비교우위이론에 입각해서 자국이 비교우위를 갖는 품목을 수출해서 무역이익을 얻는 것까지는 좋았는데, 문제는 비교우위 품목이 농산물이나 원재료와 같은 1차 상품(raw material)이라는 점이다. 이들 상품의 교역조건은 공산품에 비해 턱없이 불리하다.

ⓑ 농산물, 원재료와 같은 1차 상품의 공급(생산)은 이들 상품의 교역조건을 악화시킬 정도로 큰 폭으로 증가한다. 대부분의 1차 상품은 수출국가의 공급량에 따라 세계의 시장공급이 큰 폭으로 변동하기 때문에 가격의 등락 폭이 매우 심하다는 특성이 있다. 따라서 이

들 상품은 공산품보다 교역조건이 악화될 가능성이 크다.

ⓒ 농산물, 원재료와 같은 1차 상품 수요에 대한 소득 탄력도가 낮기 때문에 1차 상품에 특화해서 국제무역을 하면 수출소득이 그다지 빠르게 증가하지 않는다. 이 말은 다른 국가들이 경제성장에 성공해서 소득이 증가하더라도 1차 상품 수요가 크게 늘어나지 않는다는 의미다. 따라서 1차 상품을 공급하는 사람이 수출로 인해 얻는 소득은 공산품을 수출하는 사람에 비해 적을 수밖에 없다.

1.8 기타 무역이론에 대한 요약

여기에서 제시되는 국제무역이론은 지금까지 살펴본 전통적인 비교생산비설에 대한 보완이론이라고 보면 좋을 것 같다. 지금까지 제기된 몇 가지 새로운 국제무역이론들 가운데 중요하다고 판단되는 것만 간추려서 간단하게 소개하고자 한다.

1) 상품사이클이론(product cycle theory)

① 첨단산업의 신상품들은 생물처럼 생로병사(生老病死)의 과정을 겪으며 그 속에서 선진국과 후진국(개발도상국) 간에 국제분업이 행해지고 결국에는 국제무역의 단계로 발전해 나간다는 것이 상품사이클이론이다. 이 이론의 주창자는 미국 하버드 경영대학 교수 출신인 레이몽 버논(R. Vernon)이다. [그림 14-9]를 통해 그가 제시한 상품 사이클이론의 본질에 대해 설명하기로 한다.

[그림 14-9] 국제무역과 상품사이클이론

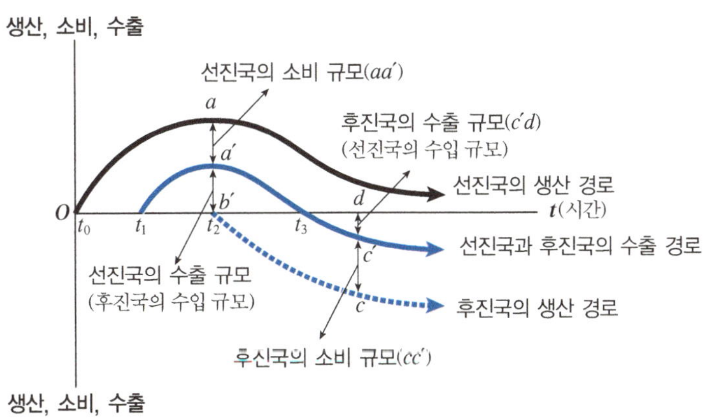

② [그림 14-9]를 보면 첨단산업의 신상품에 대한 3개의 경로(path)가 등장한다. 맨 위쪽에 있는 것은 선진국의 생산 경로, 가운데 것은 선진국과 후진국의 수출 경로, 맨 아래쪽에 있는 것은 후진국의 생산 경로를 나타낸다. 또 [그림 14-9]는 상품사이클의 3단계(신생기 ⇒ 성장기 ⇒ 성숙기)와 각 단계별로 선진국과 후진국의 대응관계를 보여준다.

③ [그림 14-9]을 보면 t_0 시점부터 선진국이 첨단산업의 신상품을 생산하기 시작한다. 이것이 가능한 것은 선진국이 후진국에 비해 자본축적과 기술 측면에서 압도적으로 우세하기 때문이다. 선진국의 생산능력이 급격히 확대되면서 t_1 시점에 도달하면 후진국에 대한 수출을 시작한다. 수출 규모는 t_2 시점에서 극대화된다. 참고로 t_2 시점에서 선진국의 생산 규모(= ab')는 선진국의 소비 규모(= aa')와 후진국에 대한 수출 규모(= $a'b'$)의 합으로 정의된다.

④ t_2 시점에 이르면 선진국이 독점해온 첨단산업의 신상품도 성숙기에 접어들게 된다. 상품의 판매량도 정점을 찍고 난 후 주춤한 상태이며 더 이상의 기술개발이 필요 없는 표준화된 상품으로 변한다. 그렇게 되면 과거 한국이 그랬던 것처럼 후진국의 모방 생산이 시작된다. t_2 시점에서 후진국의 생산이 시작되는 것이 그것을 반영한다. 이때의 경쟁력은 연구개발(R&D)과 혁신능력이 아니라 누가 더 상품을 싸게 생산할 수 있느냐에 따라 결정된다. 결국 임금비용이 저렴한 후진국이 선진국보다 유리한 입장에 놓인다.

⑤ 따라서 t_3 시점에서는 후진국이 수출국이 되고 선진국이 수입국으로 전락하는 무역 패턴을 보인다. 버논의 상품사이클이론이 갖는 장점은 헥셔-오린 정리를 비롯한 기존의 무역이론으로는 제대로 설명하지 못했던 첨단산업의 신상품에 대한 무역 패턴, 즉 상품의 수명주기에 따라 그 상품에 비교우위를 갖는 나라가 변할 수 있는 현실경제를 잘 설명해준다는 점이다.

2) 기술격차이론(technology gap theory)

① 기술격차이론의 핵심은 국가 간에 존재하는 기술격차가 국제무역을 가능하게 하는 핵심 요인이라는 점이다. 어떤 특정국가가 연구개발(R&D) 활동을 통해 개발해낸 신 기술을 다른 국가들이 이해하고 추격하기까지 '모방 시차' 라고 하는 상당한 시간이 소요된다. 따라서 기술적 우위를 확보한 나라는 그 기간 동안 신기술을 적용해서 생산한

상품에 비교우위를 가질 수밖에 없다.

② 이 이론을 주창한 포즈너(M. Posner)와 후프바우어(G. Hufbaur)는 제2차 세계대전 이후에 인조섬유(synthetic fibre)의 비교우위를 실증분석한 결과, R&D 활동으로 기술적 우위를 점유한 국가가 비교우위를 확보했음을 발견했다. 또 그들은 미국의 듀퐁(Du Pont)사가 유럽국가들의 기업에 비해 나일론 생산기술이 앞섰기 때문에 그 상품에 비교우위를 가질 수 있었다고 주장했다.

3) **연구개발요소이론**(theory of research and development factor)

① 이 이론은 그루버(W. Gruber)와 키싱(D.B. Keesing)에 의해서 주창되었다. 그들은 미국을 예로 들어 다음과 같은 연구결과를 발표했다. 그들에 따르면 연구개발요소의 비중(= 연구개발 종사자 수/각 산업의 총노동자 수)이 높을수록 국제경쟁력이 강하고, 따라서 그들 산업의 상품 수출이 큰 비중을 차지하게 된다는 것이다.

② 이 이론이 갖는 경제적 의미는 크게 두 가지다. 첫째는 오늘날 연구개발요소에 의해 결정되는 선진국의 무역 패턴을 잘 설명해준다는 점이다. 둘째는 무역에 있어서 국제경쟁력은 부존자원의 차이, 근로자들의 숙련 여부, 규모의 경제 이외에도 잘 훈련된 연구개발 종사자들의 존재와 그들이 각 산업에서 차지하는 비중에 의해서도 큰 영향을 받을 수 있다는 점이다.

4) **대표적 수요이론**(representative demand theory)

① 이 이론은 린더(S.B Linder)에 의해서 제시되었다. 그는 1차 산업 상품(예 : 보리와 면화) 간 무역이나 제1차 산업 상품과 공산품 간의 무역(예 : 쌀과 자전거)은 헥셔-오린 정리로 무역 패턴을 설명할 수 있지만 공산품 간의 무역을 설명하기 위해서는 다른 이론이 필요하다고 주장했다.[7]

② 린더는 '**공산품 간의 무역량은 무역 당사국의 수요 패턴이 유사할수록 커진다**'는 명제를 제시했다. 즉 1인당 GDP 수준이 비슷해지면 양국의 수요구조도 유사해진다. 그러면 무역량도 많아진다는 것이다.

---

7. 여기에서 산업 간 무역과 산업 내 무역에 대한 개념을 정립할 수 있다. 동일한 산업 내에서 이루어지는 무역을 산업 내 무역(intra-industry trade)이라고 하고 그렇지 않은 경우를 산업 간 무역이라고 한다. 산업 간 무역은 비교우위에 의해서 발생한다. 하지만 산업 내 무역은 상품차별화와 규모의 경제에 의해서 발생한다. 이는 그루벨(H. Grubel)과 로이드(P. Lloyd)에 의해 제기되었다. 특히 이들은 규모의 경제라도 정태적인 규모의 경제보다는 학습효과(learning-by-doing)에 의한 동태적인 규모의 경제를 강조했다.

③ 또 어떤 상품이 수출 가능성을 보장받기 위해서는 우선 그 상품이 국내에서 충분히 생산되고 소비되어야 한다. 그렇게 되면 특정국가의 기업은 국내수요를 바탕으로 해당 상품을 저렴하게 생산할 수 있게 된다. 또 해당 국가는 그것을 토대로 자국의 국내수요와 유사한 수요 패턴을 지닌 다른 국가들로 수출하게 된다는 것이다. 여기서 말하는 국내수요가 바로 대표적 수요를 말한다. 린더의 주장은 한마디로 '**국내시장에서 수요가 큰 상품일수록 수출 가능성이 높다**'라고 요약할 수 있다.

5) 아카마쓰 가나메(赤松要)의 안행형태론(雁行形態論)

① 앞에서 언급한 것처럼 상품사이클이론은 기술혁신과 기술획득 과정이 선진국 ⇒ 중진국 ⇒ 후진국으로 이전하면서 국제무역이 이루어진다고 주장한다. 그런데 일본에서도 그와 비슷한 주장이 제기되었다. 그것은 바로 일본 경제학자인 아카마스 가나메에 의해 제기된 안행형태론이다.

② 안행형태론은 자본주의의 발전이 마치 기러기들이 V자 편대를 이루면서 비행하는 모습과 비슷하다고 해서 붙여진 말이다. 앞에서 기러기 편대를 이끄는 대장 기러기는 선진국이고, 중간에서 대장 기러기와 신참 기러기들을 조정해주며 편대비행의 허리를 책임지는 기러기들은 중진국이다. 또 후미(後尾)에서 무조건 쫓아가는 기러기들은 후진국이라고 할 수 있다. 그런데 선진국 기술에 대한 모방학습과 추격 과정이 마치 기러기가 편대비행을 하는 모습과 똑같다는 것이다.

③ 실제로 섬유산업의 경우 아카마쓰 가나메의 이론에 부합되는 측면이 존재한다. 제1세대 섬유산업의 강국은 영국을 필두로 독일, 프랑스, 미국, 일본이었다. 그러다가 1960년대에 접어들면서 그 주도권은 한국과 대만으로 넘어갔다. 그리고 1980년대에 진입해서는 인도네시아와 말레이시아로, 1990년에는 또다시 중국과 인도로 그 주도권이 넘어간 상태다.

2 국제무역의 결정과 소득분배

지금까지 비교우위에 대한 개념을 토대로 국제무역이론에 대한 기초를 배웠다. 각국이 비교우위이론에 따라 경쟁력이 있는 상품을 특화 생산한 후 국제무역을 하면 무역당사국 모두가 무역이익을 얻을 수 있음을 알게 되었다. 하지만 비교우위이론의 한계점은 국제무역에 따른 무역이익이 무역당사국의 경제 주체들에게 어떻게 분배되는지에 대해서는 정확한 정보를 제공해주지 못한다는 점이다. 본 절에서는 국내외의 에어컨 시장을 활용해서 국제무역에 따른 분배문제를 조명해보고자 한다. 분배문제의 본질은 국제무역을 통해 누가 이득을 보고, 누가 손해를 보는가의 문제다. 여기서 누가라는 것은 주로 소비자와 생산자인 기업에 초점이 맞춰져 있다. 논의 전개의 편의를 위해 에어컨은 한 종류이고, 품질 역시 국적을 불문하고 동일하다고 가정한다.

2.1 국제무역이 존재하지 않는 폐쇄경제에서의 국내시장균형

한국 정부가 어떤 특정한 정책목표를 갖고 에어컨의 수출입을 완전 차단시킴으로써 국제무역이 일어나지 않는 상황을 상정해보자. 이때 국내 에어컨 시장은 국내 소비자와 국내에서 에어컨을 생산하는 기업들로만 구성될 것이다. 만약 에어컨 시장이 완전경쟁시장이라고 가정하면 에어컨 시장의 균형은 [그림 14-10]과 같이 결정될 것이다.

[그림 14-10] 국내 에어컨 시장의 균형

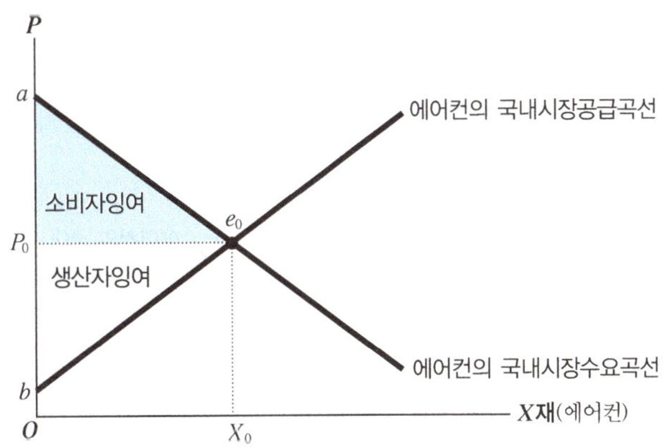

국내 에어컨 시장의 균형은 [그림 14-10]에서 보는 것처럼 우하향하는 에어컨의 국내시장수요곡선과 우상향하는 에어컨의 국내시장공급곡선이 상호교차하는 균형점 e_0에서 에어컨의 균

형가격과 균형수급량이 각각 OP_0, OX_0로 결정될 것이다. 또한 이때 국내소비자들의 몫으로 돌아갈 소비자잉여는 삼각형 ae_0P_0이고 국내 에어컨 생산기업들이 얻게 될 생산자잉여의 크기는 삼각형 P_0e_0b이다. 그리고 한국 사회가 얻을 수 있는 사회적 총잉여의 크기는 삼각형 ae_0b로 정의된다.

2.2 개방경제에서 수출국과 수입국의 이득과 손실

한국이 개방경제체제에 편입될 경우 에어컨을 수출하는 국가가 될 것인가, 수입하는 국가가 될 것인가는 전적으로 에어컨 가격의 대내외 경쟁력에 달려 있다. 우선 세계 에어컨 시장에서 형성된 가격을 국제가격이라고 정의하자. 만약 에어컨의 국내가격이 국제가격보다 낮다면 한국은 에어컨 생산에 비교우위를 갖기 때문에 에어컨 수출국이 될 것이다. 그렇지만 에어컨의 국내가격이 국제가격보다 높다면 한국은 에어컨 생산에 비교열위를 갖기 때문에 에어컨 수입국가로 전락할 것이다. 이제 한국은 개방소국(開放小國)으로서 국제 에어컨 시장에서 가격수취자(price taker)로 행동한다고 가정하자. 그러면 한국은 에어컨의 국제가격을 주어진 것으로 받아들이면서 최적의 솔루션을 찾게 된다.

1) 수출국의 이득과 손실

국제무역이 일어나지 않는 폐쇄경제에서 국내 에어컨 시장의 균형은 [그림 14-11]에서 보는 바와 같이 e_0점에서 이루어졌고 그때 에어컨의 균형가격은 P_0였다. 한국 경제가 세계의 개방경제체제로 편입되어 국제무역이 허용되고, 한국이 개방소국으로서 세계 에어컨 시장에서 결정된 국제가격을 그대로 수용하는 가격수취자라고 가정해보자.

[그림 14-11] 국제무역과 에어컨 수출국의 후생변화 (1)

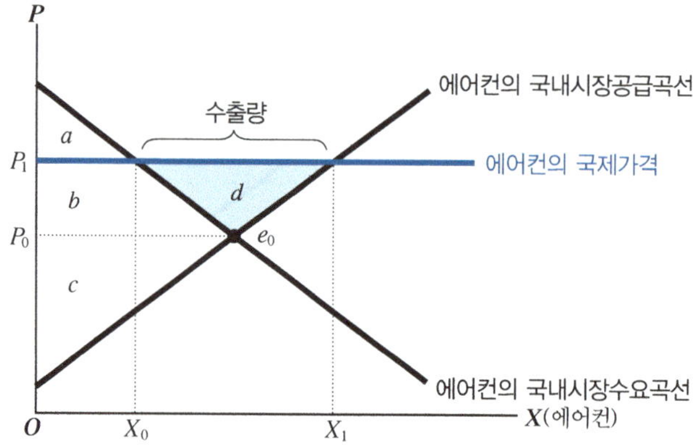

① 국제무역이 발생하면 에어컨의 국내가격은 P_0에서 P_1으로 상승하게 된다. 그 이유는 한국이 가격수취자로서 세계 에어컨 시장에서 결정된 에어컨의 국제가격을 그대로 받아들이기 때문이다. 에어컨 가격이 P_1으로 상승하면 국내 에어컨 시장에 커다란 지각 변동이 일어난다. 에어컨의 국내 수요량은 OX_0로 감소하는 반면, 국내 공급량은 OX_1으로 크게 증가한다. 그 차이인 X_0X_1은 바로 한국의 에어컨 수출량이다.

② 이제 에어컨의 해외 수출에 따른 국내 소비자, 국내 생산자, 국가 차원에서의 이해득실(利害得失)을 따져볼 차례가 되었다. 국제무역으로 에어컨의 국내가격이 국제가격 수준으로 상승하면, 폐쇄경제 때보다 비싼 가격으로 에어컨을 판매할 수 있는 국내 에어컨 생산자들은 이득을 보게 된다. 그렇지만 폐쇄경제 때보다 에어컨을 비싸게 구입해야 하는 국내 소비자들은 손해를 볼 수밖에 없다. 그러면 국가 전체적으로는 에어컨을 국제가격으로 비싸게 파는 것이 유리할까, 아니면 불리할까? 그것을 정확하게 판별하려면 미시경제학에서 배웠던 소비자잉여와 생산자잉여의 개념을 활용해야 한다.

③ [그림 14-11]을 보면, 폐쇄경제에서 소비자잉여는 $a+b$, 생산자잉여는 c이다. 그리고 국가 차원의 사회적 총잉여는 이 둘의 합인 $a+b+c$로 정의된다. 그러나 국제무역이 이루어지면 소비자잉여는 $a+b$에서 a로 감소한 반면, 생산자잉여는 $b+c+d$로서 폐쇄경제 때보다 $b+d$만큼 늘어났다. 또 국가 차원의 사회적 총잉여는 $a+b+c+d$로서 폐쇄경제 때보다 d만큼 증가했다. 국가를 폐쇄적으로 경영하는 것보다 개방경제체제에 편입시키는 것이 바람직하다고 주장할 수 있는 것도 이 때문이다. 이들 내용을 일목 요연하게 정리하면 〈표 14-5〉와 같다.

표 14-5 국제무역과 에어컨 수출국의 후생변화 (1)

	무역 전(前)	무역 후(後)	변화분
소비자잉여	$a+b$	a	$-b$
생산자잉여	c	$b+c+d$	$b+d$
사회적 총잉여	$a+b+c$	$a+b+c+d$	d

2) 수입국의 이득과 손실

폐쇄경제에서 국내 에어컨 시장의 균형가격은 [그림 14-12]에서와 같이 e_0점에서 P_0로 결정되었으며 에어컨의 국제가격인 P_1보다 높다고 가정하자. 한편, 국제무역이 허용되면 개방소국인 한국은 세계 에어컨 시장에서 결정된 국제가격을 있는 그대로 수용하는 가격수취자로 행동할 수밖에 없다.

① 국제무역이 허용되면 에어컨의 국내가격은 P_0에서 P_1으로 하락한다. 그것은 한국이 가격수취자로서 세계 에어컨 시장에서 결정된 에어컨의 국제가격을 그대로 받아들이기 때문이다. 에어컨 가격이 P_1으로 하락하면 국내 에어컨 시장에 큰 변화가 일어난다. 에어컨의 국내 수요량은 에어컨 가격의 하락으로 OX_1까지 증가하는 반면, 국내 공급량은 OX_0로 감소한다. 에어컨의 초과수요분인 X_0X_1은 에어컨의 수입으로 메꿔야 한다. 따라서 X_0X_1은 에어컨의 수입량이 된다.

② 이제 에어컨의 수입에 따른 국내 소비자, 국내 생산자, 국가 차원에서의 이해득실(利害得失)을 평가할 차례가 되었다. 국제무역으로 에어컨의 국내가격(P_0)이 국제가격(P_1) 수준으로 하락하면 국내 소비자들은 이득을 본다. 폐쇄경제 때보다 에어컨을 싼 값에 구입할 수 있기 때문이다. 반면, 국내 에어컨 생산자들은 에어컨 가격의 하락으로 손해를 볼 수밖에 없다. 가격 하락이 이윤의 감소를 불러오기 때문이다. 그러면 국가 차원에서는 국내 에어컨 가격의 하락이 유리할까, 아니면 불리할까? 소비자잉여와 생산자잉여의 개념을 활용해서 그 문제를 조명해보자.

[그림 14-12] 국제무역과 에어컨 수입국의 후생변화 (2)

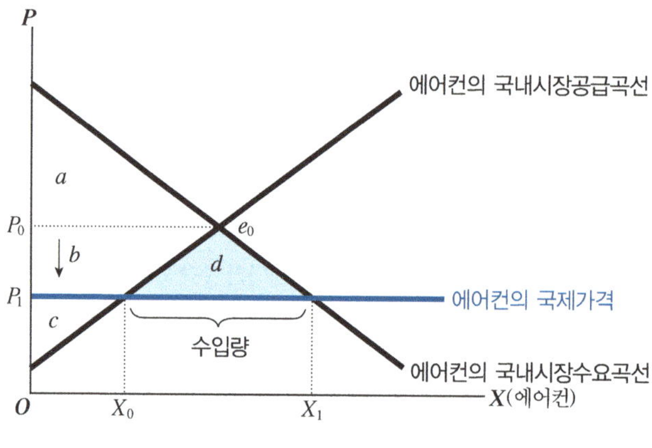

③ [그림 14-12]에서 폐쇄경제 때의 소비자잉여는 a, 생산자잉여는 $b+c$였다. 또 국가 차원의 사회적 총잉여는 $a+b+c$였다. 하지만 국제무역으로 소비자잉여는 a에서 $a+b+d$로 증가했고, 생산자잉여는 $b+c$에서 c로 감소했다. 그리고 국가 차원의 사회적 총잉여는 $a+b+c+d$로서 폐쇄경제 때에 비해 d만큼 늘어났다. 우리는 이를 통해 자국 경제의 폐쇄적 운영보다는 개방경제체제로 편입하는 것이 보다 효율적인 조치임을

알 수 있다. 지금까지 언급한 내용을 정리하면 〈표 14-6〉과 같다.

표 14-6 국제무역과 에어컨 수입국의 후생변화(2)

	무역 전(前)	무역 후(後)	변화분
소비자잉여	a	$a+b+d$	$+(b+d)$
생산자잉여	$b+c$	c	$-b$
사회적 총잉여	$a+b+c$	$a+b+c+d$	d

2.3 관세부과의 경제적 효과 분석

1) 관세의 정의 및 종류

① 관세란, 관세선(customers frontier)을 통과하는 상품에 부과하는 세금을 말한다. 외국에서 수입하거나 외국으로 수출하는 상품이 관세선을 통과할 때 국가가 법률에 근거해서 부과하는 조세다. 여기서 관세선은 통관이 행해지는 장소를 지칭하는 것으로 그곳을 통과함으로써 국산상품은 외국상품이 되고 외국상품은 국내상품으로 전환하게 된다.

관세는 국경을 출입하거나 제3국을 경유하는 상품에 대해 부과하는 **간접세**로서 크게 수입관세 · 수출관세 · 통과관세로 구분된다. 과거 관세부과의 목적이 세수 확보에 초점을 맞췄던 시기에는 수입품과 수출품은 물론 국내를 경유해서 제3국으로 향하는 외국상품에 대해서까지 관세를 부과했다. 하지만 자국 산업의 육성이나 무역수지 개선을 최우선으로 하는 현대에서는 수입품에 매기는 관세가 대부분이다.

② 관세에 대한 정확한 이해를 위해서는 무엇보다 보호무역을 위한 정책수단으로 기능하는 관세장벽의 의미부터 학습해야 한다. 각국이 자국 산업을 보호 · 육성하기 위해 사용되는 정책수단으로는 크게 관세장벽과 비관세장벽이 있다. 비관세장벽에 대해서는 후술(後述)하기로 하고 여기서는 관세장벽에 대해 간략하게 살펴보기로 한다.

관세장벽은 한마디로 수입을 억제하기 위해 높은 관세율을 부과하는 것을 말한다. 참고로 **관세율**은 '수입품 가격에서 관세가 차지하는 비율($=\frac{관세}{수입품가격}$)' 로 정의된다. 세계 각국은 관세율의 범위를 정해놓고 자국의 필요에 따라서 관세율의 크기를 변경할 수 있는 탄력관세제도를 운영하고 있다. 각국의 탄력관세제도는 다음과 같은 관세들로 구성되어 있다.

㉠ 상계관세(countervailing duties)는 무역 상대국 정부가 자국의 수출기업들에게 제공하는 장려금이나 수출보조금의 효과를 상쇄시킬 목적에서 부과하는 세금을 말한다. 즉 경쟁국 정부로부터 금전적 지원을 받은 기업은 국제경쟁에서 유리한 위치를 점할 수밖에 없다. 그런 기업의 대외경쟁력을 약화시킬 목적에서 부과하는 것이 상계관세다.

㉡ 보복관세(retaliatory duties)는 자국 수출품에 대해 부당한 차별대우를 하거나 차별관세를 부과할 경우, 또 자국 산업에 대해 불공정한 조치를 취할 경우 무역 상대국에게 보복할 목적으로 그들의 수출품에 고율의 차별관세를 매기는 것을 의미한다.

㉢ 반덤핑관세(anti-dumping duties)는 무역 상대국이 자국의 특정상품을 생산원가 이하로 수출할 때, 수입국이 자국 산업을 보호할 목적으로 해당 품목의 관세율을 대폭 인상시킴으로써 특정상품이 싼 가격으로 자국 시장을 교란하지 못하도록 하는 관세를 말한다. 그러나 현실에서는 덤핑 여부를 판단하기가 쉽지 않다. 덤핑관세를 놓고 국제분쟁이 자주 발생하는 이유도 그 때문이다.

㉣ 긴급관세(emergency duties)는 특정상품의 수입 급증으로 인해 동종(同種) 상품이나 직접적 경쟁관계에 있는 상품을 생산하는 자국 산업을 보호할 필요가 있다고 인정될 경우, 일정 범위 한도에서 긴급하게 부과하는 관세를 말한다.

㉤ 물가평형관세(price equilibrium tariff)는 특정상품의 수입가격이 국내가격보다 지나치게 높거나 낮은 경우, 그것을 조정하기 위해서 부과하는 관세를 지칭한다. 물가평형관세로는 차액관세, 슬라이딩관세, 계절관세가 존재한다.

㉥ 관세할당제도(tariff quota system)는 물자수급의 원활화를 도모하기 위해 일정량의 수입물량에 대해 관세를 조정해주는 제도를 지칭한다.

2) 관세부과의 경제적 효과 분석 (1) : 개방소국(開放小國)인 한국의 경우

① 지금까지 우리는 비교우위이론에 기초해서 국제무역이 어떻게 발생하며 그에 따른 무역이익이 구체적으로 누구의 몫으로 분배되는지에 대해 살펴보았다. 국제무역이론을 정리하면서 반드시 다뤄야 할 부분이 몇 개 있는데 여기서는 관세가 국민경제에 미치는 효과에 대해 분석해보고자 한다. 특히 **관세부과는 부과 당사국이 개방소국(開放小國)인가, 아니면 개방대국(開放大國)인가에 따라 그 결과가 달라진다.** 개방소국인 한국의 경우는 국제시장가격을 주어진 것으로 받아들이는 가격수취자인 반면, 개방대국

은 가격설정자로 행동하기 때문이다. [그림 14-13]은 관세의 부과 당사국이 개방소국인 한국의 경우 관세부과에 따른 여러 가지 경제적 효과를 나타낸다.

[그림 14-13] 개방소국의 경우, 관세부과에 따른 경제적 효과

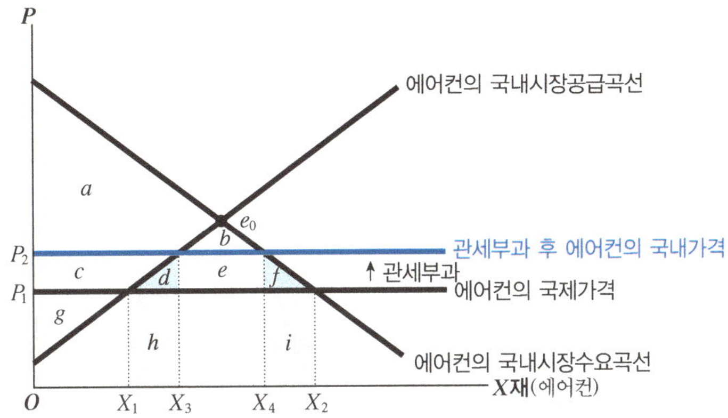

[그림 14-13]은 한국이 에어컨을 수입하는 상황을 보여준다. 그렇게 단언할 수 있는 이유는 에어컨의 국제가격이 폐쇄경제에서의 국내가격보다 낮기 때문이다. 그것은 앞에서 자세히 설명했기 때문에 추가적인 설명은 생략한다. 이제 한국 정부가 외국산 에어컨에 대해 에어컨 1대당 t원의 관세를 부과한다고 상정하자. [그림 14-13]은 에어컨 1대당 t원의 관세부과로 에어컨의 국제가격이 P_1에서 P_2로 상승했음을 보여준다. 여기서 P_2는 관세부과 후 에어컨의 국내가격이 된다. 에어컨 가격의 상승은 국내 에어컨의 생산, 소비, 정부의 재정수입, 국제수지 등에 영향을 미친다. 그들 제(諸)효과에 대해 살펴보자.

㉠ 국내 에어컨산업의 보호효과 : 관세부과 후 에어컨의 국내가격이 P_2로 상승하면 국내기업들은 에어컨 생산량을 OX_1에서 OX_3로 늘린다. 그 과정에서 국내고용도 함께 증가한다. 우리는 X_1X_3의 생산 증대와 그에 상응하는 고용 증대를 **국내 에어컨산업의 보호효과**라고 말한다.

㉡ 에어컨의 국내소비 억제효과 : 관세부과 후 에어컨의 국내가격이 P_2로 상승하면 국내 소비자들은 에어컨 소비량을 OX_2에서 OX_4로 X_4X_2만큼 줄인다. 이것을 **국내소비 억제효과**라고 한다.

㉢ 정부의 재정수입 증대효과 : 관세부과 후 에어컨의 국내가격이 P_2로 상승하면 한국은 X_3X_4만큼의 에어컨을 수입한다. 그리고 수입되는 에어컨의 1단위당 t원의

관세를 부과하면 정부의 재정(관세)수입은 직사각형 e의 면적과 같다. 이것이 정부의 **재정수입 증대효과**이다.

㉣ 국제수지 개선효과 : 한국의 국제수지 개선은 2가지 방향에서 나타난다. 하나는 국산 에어컨의 공급증대에 따른 수입감소 효과, 다른 하나는 국내 소비자들의 에어컨 소비억제에 기인한 수입감소 효과가 그것이다. 전자는 [그림 14-13]에서 직사각형 h, 후자는 직사각형 i로 정의된다. 그것의 합이 **국제수지 개선효과**이다.

② 다음으로 관세부과가 한국의 소비자, 생산자, 정부의 후생변화에 미치는 효과에 대해 분석해보자. 관세부과 후 에어컨의 가격이 P_1에서 P_2로 상승함에 따라 소비자잉여는 $a+b+c+d+e+f$에서 $a+b$로 감소하고, 생산자잉여는 g에서 $g+c$로 증가했다. 또 관세부과 전, 제로(0)였던 정부의 관세수입은 관세부과 후 직사각형 e만큼 증가했다. 결국 관세부과로 감소된 소비자잉여분은 $c+d+e+f$인데 그 가운데 c와 e는 생산자잉여와 정부의 재정수입으로 보전되고, 나머지 d와 f는 국내 소비자, 생산자, 정부에게 귀속되지 못하고 공중으로 사라져 버렸다. 따라서 d와 f가 사회후생의 순손실을 의미한다.

참고로 삼각형 d는 관세부과에 따른 에어컨 가격의 상승으로 국내 생산자가 에어컨을 **과다생산**함으로써 발생한 후생손실이고, 삼각형 f는 에어컨 가격의 상승으로 국내 소비자가 에어컨을 **과소(過少)소비**하는 과정에서 발생한 후생손실이다.

우리는 미시경제학에서 조세가 소비자와 생산자의 최적 선택에 영향을 미친다는 사실을 배웠다. 관세도 조세로서 효율적인 자원 배분에 부정적인 영향을 미친다. 소비자잉여의 감소와 사회적 후생의 순손실이 그것을 입증해준다. 지금까지 설명한 내용을 정리하면 〈표 14-7〉과 같다.

표 14-7 개방소국인 한국의 경우, 관세부과와 사회적 후생의 변화

	관세부과 전(前)	관세부과 후(後)	변화분
소비자잉여	$a+b+c+d+e+f$	$a+b$	$-(c+d+e+f)$
생산자잉여	g	$g+c$	c
정부의 재정수입	제로(0)	e	e
총 잉여	$a+b+c+d+e+f+g$	$a+b+c+e+g$	$-(d+f)$
국내 생산량	OX_1	OX_3	$+(X_1X_3)$
국내 소비량	OX_2	OX_4	$-(X_4X_2)$
수입량	X_1X_2	X_3X_4	$-(X_1X_3+X_4X_2)$

③ 관세부과의 효과는 에어컨에 대한 수요와 공급의 가격 탄력도에 의해서도 영향을 받는다. 이것도 시험문제로 출제될 가능성이 크다. 따라서 독자들의 세심한 학습이 필요하다.

㉠ 동일 수준의 관세에 대해 수요의 가격 탄력도가 클수록(= 수요곡선이 완만할수록) 소비억제효과가 국내산업 보호효과(= 생산증대효과)보다 더 크게 나타난다.

㉡ 동일 수준의 관세에 대해 공급의 가격 탄력도가 클수록(= 공급곡선이 완만할수록) 국내산업 보호효과(= 생산증대효과)가 소비억제효과보다 더 크게 나타난다.

㉢ 수요와 공급의 가격 탄력도가 클수록 소비자잉여의 감소와 사회적 순후생손실이 더 커진다.

3) 관세부과의 경제적 효과 분석 (2) : 개방대국(開放大國)인 미국의 경우

① 미국을 개방대국이라고 하자. 또 휴대폰 시장을 예로 들어보자. 미국은 국제 휴대폰 시장에서 마치 독과점기업인 것처럼 가격설정자(price-setter)로 행세할 것이다. 그런 상황에서 미국이 관세를 부과할 때, 어떤 일이 벌어지는지 살펴보자.

개방소국인 경우에는 관세부과로 해당 상품의 수입량이 감소된다 해도 그것이 국제시장가격에 미치는 영향은 거의 무시할 정도로 미미하다. 하지만 개방대국인 경우에는 사정이 다르다. 미국이 휴대폰에 수입관세를 부과하면 '**미국의 휴대폰 수입량 감소 ⇒ 국제 휴대폰 시장에서 초과공급 발생 ⇒ 휴대폰의 국제시장가격 하락**' 현상이 나타나기 때문이다. 따라서 개방대국인 미국의 관세부과 효과를 분석할 때는 반드시 이런 측면까지 고려해야 한다.

[그림 14-14] 개방대국인 미국의 경우, 관세부과에 따른 경제적 효과

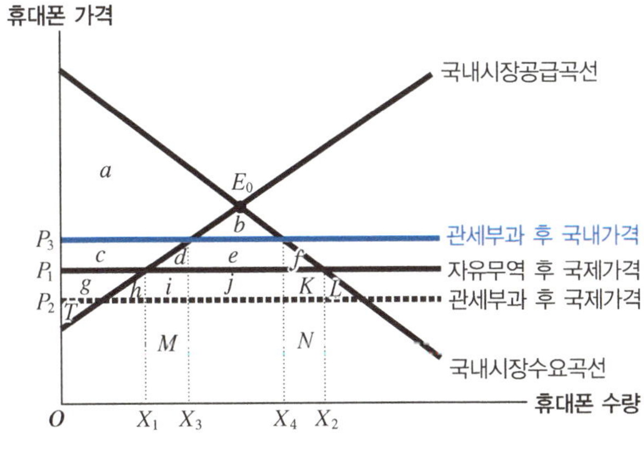

② 미국이 관세를 부과할 경우, 그에 따른 사회적 후생의 변화를 정리하면 〈표 14-8〉과 같 다. 우선 위의 [그림 14-14]를 보면 자유무역이 개시되고 관세가 부과되기 전의 국제가격은 P_1이다. 미국의 관세부과로 휴대폰의 국제시장가격은 P_2로 하락했다. 하지만 휴대폰의 국내가격인 P_3은 관세부과 후 휴대폰의 국제가격인 P_2에다 관세를 더 해준 값이다. 참고로 수입상품 1단위당 관세 크기는 P_2P_3이다.

③ 자유무역이 개시되고 관세부과 전의 소비자잉여는 $a+b+c+d+e+f$, 생산자잉여는 $g+T$, 정부의 재정(관세)수입은 제로(0), 사회적 총잉여는 $a+b+c+d+e+f+g+T$였다. 이제 관세부과 후 국내가격이 P_3가 된 이후의 소비자잉여는 $a+b$, 생산자 잉여는 $c+g+T$, 정부의 재정(관세)수입은 $e+j$, 사회적 총잉여는 $a+b+c+e+g+j+T$가 된다. 이것을 정리하면 〈표 14-8〉과 같다.

표 14-8 개방대국인 미국의 경우, 관세부과와 사회적 후생의 변화

	관세부과 전(前)	관세부과 후(後)	변화분 크기
소비자잉여	$a+b+c+d+e+f$	$a+b$	$-(c+d+e+f)$
생산자잉여	$g+T$	$c+g+T$	$+c$
정부의 재정수입	제로(0)	$e+j$	$+(e+j)$
사회적 총잉여	$a+b+c+d+e+f+g+T$	$a+b+c+e+g+j+T$	$-(d+f)+j$

④ 개방대국인 경우에는 또 한 가지 유념할 경제 개념이 있는데 그것은 **메츨러의 역설(Metzler' s paradox)**이다. 앞서 언급한 휴대폰을 예로 들어 그 개념을 좀 더 자세히 살펴보고자 한다. 수입상품(휴대폰)에 관세를 부과하면 수입상품의 국내가격이 상승한다. 그러면 수입상품과 경쟁하는 국내산업은 수입상품의 공세(攻勢)로부터 일정 부분 보호받을 수 있다. 하지만 **메츨러의 역설에 따르면 '수입 관세의 부과로 수입상품의 국내가격이 큰 폭으로 하락하는 바람에 그것과 경쟁하는 국내산업이 더 어려워질 수도 있다' 는 것이다.** 이것을 그래프로 나타내면 [그림 14-15]와 같다.

개방소국인 경우, 수입상품(휴대폰)에 수입 관세를 부과하면 휴대폰의 국내가격은 자유무역 시의 국제가격에다 관세를 더해준 만큼 위로 상승한다. [그림 14-15]에서는 ③의 크기로 표시했다. 그런데 개방대국이 수입상품(휴대폰)에 관세를 부과하면 국제시장에서 휴대폰의 초과공급이 발생함으로써 관세부과 후의 국제가격이 큰 폭으로 하락한다. 그것은 [그림 14-15]에서 ①의 크기로 나타냈다. 또 여기에다 관세를 부과해도(②) 관세부과 후 휴대폰의 국내가격은 자유무역 시의 국제가격에 미치지 못한

[그림 14-15] 메츨러의 역설에 대한 그래프적 이해

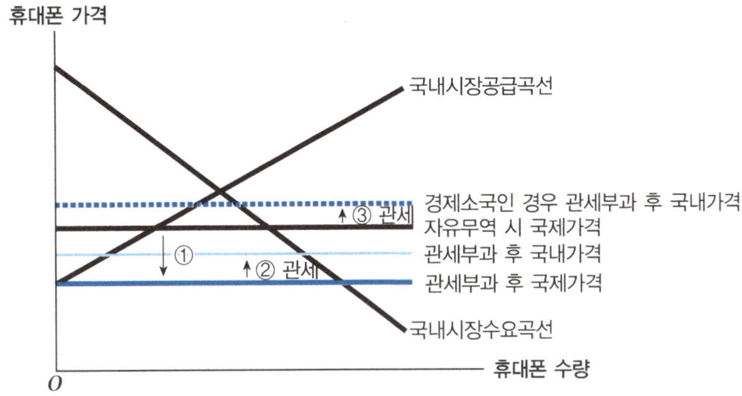

다. 경제학에서는 이런 현상을 **메츨러의 역설**이라고 말한다. 메츨러의 역설이 성립하기 위한 전제조건은 크게 4가지다.

첫째, 개방대국이 국제 휴대폰 시장에서 가격설정자로 영향력을 행사할 수 있으려면 무엇보다도 국제 휴대폰 시장에서 차지하는 개방대국의 수입 비중이 매우 커야 한다. 그렇지 않으면 개방대국의 관세부과로 인해 휴대폰의 국제가격이 큰 폭으로 하락하지 않을 것이기 때문이다.

둘째, 개방대국의 한계수입성향(= 휴대폰 수입액의 변화분/GDP의 변화분)이 매우 낮아야 한다.[8]

셋째, 개방대국의 수입 수요에 대한 가격 탄력도는 탄력적이고, 상대국가의 수입 수요에 대한 가격 탄력도는 비탄력적이어야 한다.

넷째, 국제 휴대폰시장에서 휴대폰 공급의 가격 탄력도는 비탄력적이어야 한다. 이러한 4가지의 전제조건이 성립해야만 경제대국이 관세를 부과할 때, 휴대폰의 국제가격이 큰 폭으로 하락하게 된다.

8. 이에 대한 이유를 이해하는 것이 매우 중요하다. 경제대국인 A국의 관세부과는 1차적으로 수입제품에 대한 A국의 국내가격을 인상하는 요인으로 작용한다. 그런데 A국의 관세부과가 국제가격을 큰 폭으로 하락시키기 위해서는 관세부과에 따른 국내가격 인상이 수입제품에 대한 국내수요를 큰 폭으로 하락시키고 이것이 국제시장에게도 커다란 영향을 미쳐야만 한다. 그러려면 수입제품에 대한 A국의 가격 탄력도는 매우 크고, 다른 국가들의 가격 탄력도는 작아야 한다. 또 A국의 한계수입성향이 작아야만 한다. 만약 A국의 한계수입성향이 크다면 GDP의 변화에 따라 수입제품의 수요 변화가 민감하게 나타날 수 있기 때문이다. 그렇게 되면 관세부과에 따른 국내가격의 인상효과가 상당 부분 잠식될 수밖에 없다. 따라서 수입제품에 대한 A국의 가격 탄력도만 크고 한계수입성향은 작아야만 A국의 관세부과로 인한 가격 인상의 충격파가 큰 폭의 수요 감소 ⇒ 국제 휴대폰 시장에서 초과공급 발생 ⇒ 휴대폰 국제가격의 큰 폭 하락으로 이어질 수 있다.

메츨러의 역설과 스톨퍼-사무엘슨 정리 간의 관계에 대해 알아보자. 수입 관세가 부과되면 수입상품의 국내가격이 상승하고 그것과 경쟁하는 국산상품의 생산이 늘어남에 따라 그 생산에 집약적으로 사용되는 요소의 소득이 증가한다는 것이 스톨퍼-사무엘슨의 정리다. 그런데 수입 관세를 부과했음에도 불구하고 수입상품의 가격이 하락하는 메츨러의 역설이 실현될 경우, 관세부과는 스톨퍼-사무엘슨의 정리와 반대되는 소득재분배 효과가 나타날 수밖에 없다.

4) 관세부과에 따른 일반적인 교역조건의 변화

관세부과가 교역조건에 미치는 효과를 분석하기 위해 우선 관세부과에 따른 오퍼곡선의 변화를 [그림 14-16]을 통해 살펴보고자 한다. 위 그림에서 O, C, G점을 통과하는 OR곡선을 A국의 오퍼곡선이라고 하고 휴대폰 수입에 10%의 관세가 부과될 경우, 오퍼곡선이 어떻게 변하는지 알아보자. 먼저 C점과 같은 OR곡선 위의 한 점을 생각해보자. C점은 자유무역 하의 오퍼곡선 위에 위치하므로 상대가격 $\frac{OH}{HC}$하에서 A국은 OH만큼의 휴대폰을 수입하는 대가로 HC만큼의 노트북을 수출할 의사가 있음을 의미한다.

하지만 관세가 부과된다면 HC 가운데 일부는 관세로 A국 정부에 지불하고 그 잔여분이 B국에 제공될 것이다. 이때 I점이 $\frac{IC}{HC} = 10\%$가 되도록 설정되었다면 A국이 OH만큼의 휴대폰을 수입하기 위해 B국에 제공한 노트북의 크기는 HI다. 따라서 I점은 관세가 부과된 이후의 새로운 오퍼곡선 위에 놓이게 된다. 이와 똑같은 방법으로 OD만큼의 휴대폰을 수입하는 경우 $\frac{FG}{DG} = 10\%$를 충족시키는 F점은 관세부과 이후의 새로운 오퍼곡선 위에 위치하게 된다.

[그림 14-16] 관세부과에 따른 오퍼곡선의 이동

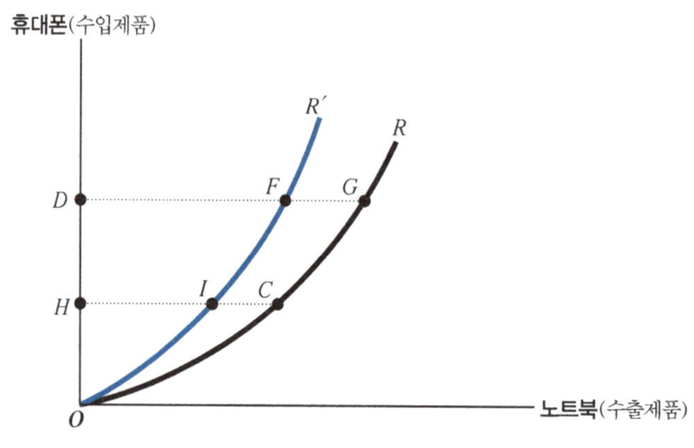

지금까지의 논의를 통해 알 수 있듯이 A국 정부에 의한 10%의 관세부과는 A국의 오퍼곡선을 OR에서 OR'로 이동하게 만든다. 그 이동 폭은 10%이며 이동 방향은 오른쪽에서 왼쪽으로 향한다.

① 관세부과가 개방대국(開放大國)의 교역조건에 미치는 효과

[그림 14-17] 관세부과가 개방대국의 교역조건에 미치는 효과

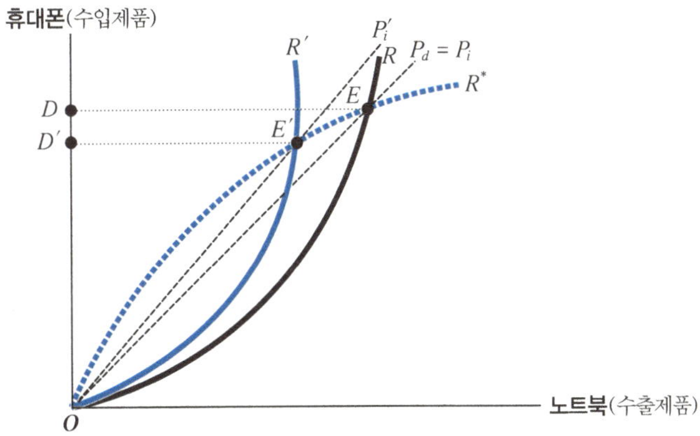

이제 [그림 14-17]을 활용해서 관세부과가 개방대국의 교역조건에 미치는 효과에 대해 분석해보자. 여기서는 A국을 개방대국이라고 가정하자. 위 그림에서 OR은 노트북을 수출하고 휴대폰을 수입하는 A국의 오퍼곡선, OR^*는 휴대폰을 수출하고 노트북을 수입하는 B국의 오퍼곡선을 의미한다. A국과 B국의 오퍼곡선이 상호 교차하는 E점은 자유무역하에서 양국 간에 교환되는 노트북과 휴대폰의 크기를 나타내며 원점(O)과 E점을 연결한 직선의 기울기인 $\frac{OD}{DE}$는 관세부과 이전의 국내상대가격(P_d)이자 국제상대가격(P_i)인 교역조건을 나타낸다. 즉 $\frac{OD}{DE} = P_d = P_i$이다. 참고로 P_d와 P_i에서 d는 국내(domestic)를, i는 국제(international)을 의미한다. 이제 A국이 10%의 관세를 부과하면 A국의 오퍼곡선 OR은 앞에서 살펴본 바와 같이 OR'로 이동한다. 하지만 A국의 관세부과가 B국과는 독립적이기 때문에 B국의 오퍼곡선에는 별다른 영향을 미치지 못한다. 따라서 B국의 오퍼곡선은 OR^*로서 아무런 변화가 없다.[9]

A국이 관세를 부과한 이후 새로운 균형점은 A국의 오퍼곡선인 OR'와 B국의 오퍼곡선인 OR^*가 상호 교차하는 E'점에서 이루어진다. 이때 노트북과 휴대폰에 대한 새로

9. 만약 B국이 자국산 휴대폰의 수출에 대해 A국이 관세를 부과하자 보복관세 10% 이상을 부과한다면 그때는 B국의 오퍼곡선도 변하게 될 것이다. 하지만 여기서는 B국이 그런 행위를 하지 않는다고 가정한다. 따라서 B국의 오퍼곡선은 변하지 않는 것으로 상정한다.

운 국제상대가격이자 교역조건은 $\frac{OD'}{D'E'} = P_i'$가 된다.[10] [그림 14-17]에서 확인할 수 있듯이 $\left(\frac{OD}{DE}\right) < \left(\frac{OD'}{D'E'}\right)$의 관계가 성립하기 때문에 관세부과 후, A국의 교역조건은 개선되었다고 말할 수 있다.

② 관세부과가 개방소국(開放小國)의 교역조건에 미치는 효과

[그림 14-18] 관세부과가 개방소국의 교역조건에 미치는 효과

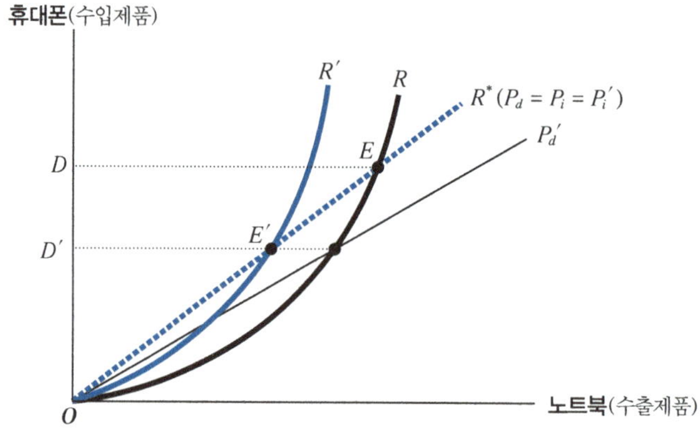

한편, 노트북을 수출하고 휴대폰을 수입하는 A국이 개방소국이면, A국의 수입량 및 수출량의 변화가 노트북과 휴대폰의 국제가격에 아무런 영향을 미치지 못한다. 즉 A국은 국제시장에서 결정된 노트북과 휴대폰의 국제시장가격을 있는 그대로 수용해야 한다. 따라서 A국이 직면하는 B국(외국)의 오퍼곡선은 OR^*로서 원점(O)을 지나는 직선이 된다. 이때 OR^*의 기울기인 교역조건은 $\frac{OD'}{D'E'} = \frac{OD}{DE}$인 동시에 **관세부과 전의 국제상대가격($P_i$) = 국내상대가격($P_d$) = 관세부과 이후의 국제상대가격($P_i'$)의 조건을 충족시킨다.** 이제 A국이 휴대폰에 대해 관세를 부과하면 휴대폰의 국내상대가격만 P_d'로 변하며 휴대폰의 무역량만 OD에서 OD'로 감소시킨다. 따라서 **개방소국인 경우에는 관세부과가 교역조건을 개선하지 못하고 사회후생만 감소시킨다는 것을 알 수 있다.**

10. 관세부과 전 노트북과 휴태폰의 국제가격에 대한 상대비율은 OE의 기울기로 정의된다. 참고로 OE의 기울기는 $OE = \frac{\text{노트북의 국제가격}}{\text{휴대폰의 국제가격}}$으로 정의된다. 개방대국의 경우, 휴대폰에 관세가 부과되면 휴대폰의 국제가격은 앞의 [그림 14-14]에서 보았듯이 하락한다. 따라서 기존의 OE의 기울기는 커질 수밖에 없다. 분모값이 작아졌기 때문이다. 따라서 관세부과 후의 노트북과 휴대폰의 국제가격에 대한 상대비율(=P_i')은 OE에서 OE'로 커지게 된 것임에 유의하길 바란다.

③ 무역정책론

3.1 자유무역론에 대한 개요

1) 자유무역론의 태동 배경

① 자유무역론이란 국가가 인위적으로 수출이나 수입에 개입하지 않고 자유 방임하는 것이 국내는 물론 국제적으로도 이익이 된다는 이론이다.

② 자유무역론은 고전학파의 애덤 스미스가 중상주의의 보호무역정책을 비판하고 절대우위론을 제시하면서 시작되었다. 하지만 절대우위론에는 치명적인 한계가 있었다. 그것은 2국(A국, B국), 2재화(노트북, 휴대폰)를 가정할 경우, A국이 B국보다 노트북과 휴대폰 생산에 모두 절대우위를 가지면 무역이 이루어지지 않는다는 것이었다.

③ 스미스의 이론적 한계를 극복하기 위해 등장한 것이 존 스튜어트 밀(J. S. Mill)의 비교우위이론이다. 그것은 19C 자유무역주의의 이론적 토대가 되었지만 거기에도 문제는 있었다. 지나치게 비현실적인 가정과 2국이 무역을 시도했을 때 정확한 교역조건을 제시하지 못했다는 점이다. 여기서 지나치게 비현실적인 가정이란, 생산요소를 노동 하나로 국한함으로써 생산요소 간 대체관계를 엄격하게 제한시킨 점, 노동의 한계생산물(MP_L)을 일정하다고 가정함으로써 선형(linear)의 생산가능곡선을 제시하고 그로 인해 비현실적인 완전특화의 결과를 도출한 점이 그것이다.

④ 결국 밀은 자신이 제시한 비교우위이론의 한계점을 시인하고, 그것을 극복하기 위해 상호수요이론을 제시함으로써 고전학파의 무역이론을 집대성했다는 평가를 받고 있다. 그는 양국의 교역조건이 A국과 B국의 상호수요곡선이 교차하는 수준에서 결정된다고 보았다.

2) 자유무역의 경제적 효과

① 자유무역이 이루어지면 세계 각국은 비교우위를 가진 상품에 부분 특화한 다음, 수출함으로써 자원의 효율적인 배분과 국제분업의 이익이라는 두 마리 토끼를 잡을 수 있다. 이것이 가능하게 해주는 핵심요인은 치열한 경쟁, 규모의 경제, 선택과 집중의 논리이다.

② 자유무역은 시장지배력을 통해 정의롭지 못한 이익을 독점하려는 국내 독과점기업들을 세계의 개방경제체제에 편입시킴으로써 완전경쟁기업으로 만들 수 있다. 그렇게 되면 국제적으로 일물일가의 법칙과 요소가격균등화정리가 실현됨으로써 자원배분의 효율조건인 $P = MC$를 충족시킬 수 있다. 이로 인해 사회적 후생의 극대화도 실현 가능하게 된다.

③ 앞서 살펴본 바와 같이 자유무역은 소비자와 생산자 사이에 분배문제를 야기시킨다. 하지만 국가 전체적으로 볼 때, 수혜자의 이득이 피해자의 손실보다 더 크기 때문에 사회적 후생 수준은 자유무역이 이루어지기 전보다 크게 개선된다. 그럼에도 불구하고 수혜자와 피해자 간의 상대적 차별 문제는 각국 정부가 풀어야 할 난제(難題)가 아닐 수 없다.

④ 하지만 자유무역론의 이론적 토대가 되는 비교우위이론이나 헥셔-올린 정리는 자국의 유치산업을 육성해서 세계 속의 일등 산업으로 육성한 사례를 이론적으로 설명하지 못하는 한계가 있다.

3.2 보호무역론에 대한 개요

1) 보호무역론의 등장 배경과 주요 근거

① 보호무역론은 국가가 자국 산업을 보호하거나 육성하기 위해서 적극적으로 수입을 규제해야 한다는 이론을 지칭한다. 보호무역론의 효시는 1841년 독일의 경제학자였던 프리드리히 리스트(F. List)에 의해 주창된 유치산업보호론이다. 그는 영국의 고전학파 경제학자들에 의한 자유무역론이 당시 후진국이었던 독일 경제에 매우 불리하게 작용한다는 것을 인식하고 그것에 대응하기 위한 차원에서 유치산업보호론을 제시했던 것이다. 그런데 20C 중후반에 들어와서도 선진국들이 자국의 한물간 사양 산업(斜陽産業)을 지켜내기 위해 신보호무역주의를 고수하는 것을 보면 보호무역론의 생명력이 만만치 않음을 알 수 있다.

② 보호무역론을 주장하는 근거로는 크게 5가지를 들 수 있다.

㉠ 첫째는 자국의 유치산업(infant industry)을 보호하기 위함이다. 유치산업이란 미성숙 단계에 놓여 있는 걸음마 단계의 산업을 의미한다. 자유무역론에 입각해서 무역할 경우, 이들 산업의 상품은 국제시장에서 세계 유수의 기업들과 경쟁해서 이

길 수 없다. 따라서 이들 산업이 국내수요를 기반으로 일정 정도의 대내외 경쟁력을 확보할 때까지 선진국들로부터 경쟁상품의 수입을 차단시켜야 한다는 것이 유치산업보호론의 본질이다. 물론 유치산업보호론이 국내의 모든 유치산업을 보호하자는 주장은 아니다. 정부로부터 보호받을 수 있는 유치산업은 일정 기간 보호를 받고 나면 국제시장에서 당당하게 자국을 대표하는 비교우위산업로 우뚝 설 수 있는 산업으로 한정시킬 필요가 있다.[11]

㉡ 둘째는 국가안보와 경제안정을 도모하기 위함이다. 보호무역론이 비단 유치산업 보호에만 국한된 것은 아니다. 경우에 따라서는 자국의 안보와 경제안정을 위해 반드시 필요하다고 생각되는 산업이 있다면 그것을 특정산업으로 선정해서 보호해야 한다는 논리다. 한국의 철강산업이 대표적인 예다. 1960년대의 국내 경제사정을 감안할 때, 철강산업 육성은 무리라는 생각이 지배적이었다. 하지만 철강은 '산업의 쌀' 이라고 불릴 만큼 고속도로를 비롯한 SOC 건설, 공장 설비 및 기계류 생산, 항공기와 탱크를 비롯한 각종 무기류 생산에 꼭 필요한 핵심자원이었다. 따라서 박정희 정권은 중화학 공업화와 자주국방을 기치로 철강산업 육성에 정권의 사활을 걸었던 것이다. 오늘날 우리가 세계 10위권의 경제대국으로 발돋움할 수 있었던 비결도 국가의 백년대계를 설계하고 고민했던 국가 지도자의 탁월한 혜안이 있었기에 가능했다고 확신한다.

㉢ 셋째는 **생산 다변화의 이득**도 빼놓을 수 없다. '계란은 한 바구니에 담지 말라' 라는 얘기가 있다. 국가가 자국 산업을 다양하게 발전시키는 일은 매우 중요하고 바람직한 일이다. 가령 어느 나라가 쌀 생산에 비교우위가 있어서 쌀만 집중적으로 생산하고 다른 상품은 모두 수입해서 생활한다고 가정하자. 그 나라는 농부들만 존재해서 직업의 다양성이 충족되지 못할 것이다. 또 이상 기후로 쌀농사를 망쳤거나 쌀 소비에 대한 선호변화로 쌀 수요가 급감하면 농가 소득의 폭락은 물론 국가의 살림살이까지 궁핍해질 것이다. 그런 의미에서 비교우위논리에 입각해서 다양한 산업을 균형 있게 발전시키지 못하고 극소수 품목의 상품 생산에만 특화시키

---

11. 그런데 유치산업보호론에도 문제는 존재한다. 어떤 산업을 유치산업으로 선정할 것인가? 또 어느 정도의 기간을 보호 기간으로 설정할 것인가가 그것이다. 국내의 수많은 기업들이 유치산업으로 선정되기 위해, 또한 선정된 유치산업들은 보호 기간을 연장시키기 위해 정부를 상대로 엄청난 로비를 감행할 개연성이 크다. 이처럼 유치산업보호론은 그것을 실행하는 데에도 적지 않은 문제가 내재되어 있다.

는 것은 매우 위험한 경제전략이 될 수 있다.

㉣ 넷째는 국내의 고용안정을 위해서도 보호무역론이 필요하다는 입장이다. 자유무역을 반대하는 사람들은 자유무역을 국내 일자리를 강탈해 가는 날강도쯤으로 여긴다. 그도 그럴 것이 자유무역이 촉진되면 경쟁력이 없는 산업부터 해체된다. 그러면 그런 산업에 종사하던 사람들의 일자리가 사라지게 된다. 하지만 반대 의견도 만만치 않다. 자유무역 지지자들은 비교열위 산업의 경우엔 국내 일자리가 줄어드는 게 사실이지만, 비교우위를 갖는 산업에서는 일자리가 새롭게 창출된다고 강변한다. 따라서 비교열위 산업에서 비교우위산업으로 직업 전환에 따른 일시적 고통은 존재하지만 장기적인 관점에서 바라볼 때, 자유무역은 일자리 창출에 긍정적인 제도라고 주장한다.

㉤ 다섯째는 경쟁국들의 불공정한 정책에 대한 전략적 대응 차원에서도 보호무역론이 설득력을 가질 수 있다. 경쟁국들은 자국 기업을 이심전심으로 도와주기 때문에 세계 시장에서 그들 기업과 공정한 경쟁을 하기가 힘들다. 사실 정도의 차이는 있겠지만 대부분의 국가는 자국 기업에게 조세감면조치나 보조금 지급을 해주고 있다.

경쟁국들은 이와 같은 불공정 정책을 은밀하게 구사하는데 공정과 정의를 외치면서 뒷짐만 지고 있는 나라는 정상국가라고 보기 어렵다. 경쟁국들에 상응하는 대응전략을 강력하게 구사함으로써 자국 기업이 해외시장에서 선의의 피해를 입지 않도록 도와주는 정부가 진짜로 좋은 정부이다.

2) 보호무역의 경제적 효과

① 분명하게 말하건대, 보호무역이 국민경제의 안정적 발전이나 국익 증대를 위한 전가(傳家)의 보도(寶刀)는 아니니다. 보호무역에도 빛과 그림자가 공존하기 때문이다. 문제는 그것을 지혜롭게 활용해야만 국민경제와 경제주체들에게 긍정적인 영향을 미칠 수 있다는 점이다.

② 보호무역의 긍정적인 측면은 앞에서 언급한 그대로다. 즉 먼 미래를 내다보며 자국의 유치산업들을 적극 육성시킴으로써 동태적 비교우위를 창출할 수 있다는 점이다. 이는 미래의 성장 잠재산업과 직업의 다양화, 미래의 신규 일자리 창출을 촉진하는 데도 일정 부분 기여한다.

또한 경쟁국들의 자국 기업에 대한 불공정행위를 차단시킴으로써 성공적인 무역협상을 가능하게 하고, 호화 사치품의 자국 내 반입을 저지함으로써 과소비 현상도 방지할 수 있다. 그 밖에도 쌀을 비롯한 식량자원과 자주국방에 관련된 중화학산업은 국가 차원에서 보호 · 육성할 필요가 있다.

③ 보호무역은 자유무역에 대한 각국 정부의 자의적인 개입을 수반한다. 그러다 보니 그에 따른 문제도 만만치 않다. 우선 미시경제학의 완전경쟁과 독점에서 학습했듯이 보호무역의 추진은 무역 규모의 축소와 보호무역 품목에 대한 인위적인 가격 상승을 불러온다. 그 결과 국내 소비자들은 질 나쁜 상품을 비싸게 구입해야 하고, 이는 다시 그들의 사회적 후생 수준을 하락시키는 문제를 야기한다. 또한 보호무역은 반드시 상대방 국가의 보복을 불러일으킴으로써 국가 간 무역분쟁을 촉발시킬 위험도 상존한다. 게다가 각국의 산업구조와 경제발전 과정에서 도태시켜야 할 사양산업을 자국 정부의 인위적인 개입으로 그들의 수명을 연장시켜 주는 것이 과연 자원의 효율적 배분 차원에서 바람직한 것인가에 대해서도 본질적인 의문을 갖게 한다.

3.3 보호무역을 위한 각국 정부의 정책수단

1) 개요

자국 산업을 보호하기 위해 각국이 사용하는 정책수단은 크게 관세장벽과 비관세장벽으로 구분할 수 있다. 관세장벽에 대해서는 '관세부과의 경제적 효과' 편에서 자세하게 설명한 바 있다. 여기서는 **비관세장벽**(non-tariff barriers)에 대해 살펴보기로 한다.

2) 비관세장벽의 종류와 내용

① 비관세장벽이란 각국이 관세 이외의 정책수단을 통해 비공식적이고 은밀한 방법으로 수입을 억제하려는 일련의 조치들을 통칭하는 용어다. 일부 경제학자는 이것을 '비관세무역장벽' 이라고도 말한다. 비관세장벽의 사례는 다양하지만 여기서는 독자들의 이해를 돕기 위해 한 가지 실례(實例)를 들기로 한다.

1990년대 들어와 유럽연합(EU) 회원국들은 자국민의 건강 증진과 삶의 질 향상을 목적으로 성장 호르몬을 사용해서 생산한 육류 수입을 전면 금지시킨 바 있다. 그러자 미국 정부가 나서서 이번 조치는 미국산 육류 수입을 억제하기 위한 꼼수라며 거칠게

항의했던 적이 있다.

이처럼 표면적인 이유로는 자국민의 먹거리 안전이나 삶의 질 개선, 환경보호 등을 들지만 속으로는 수입금지나 수입억제와 같은 목적으로 자주 활용되는 게 비관세장벽의 본질적인 특징이다.

② 비관세장벽의 종류는 다양하다. 하지만 여기서는 각국 정부가 자주 사용하는 몇 가지 정책수단, 즉 수입허가제, 수입할당제, 수출자율규제, 수입담보금, 수입과징금, 수출입링크제, 구상무역, 협정무역, 정부구매 등에 국한시켜서 설명하기로 한다. 참고로 비관세장벽의 종류와 내용은 관세와 더불어 각종 시험에서 출제될 가능성이 있기 때문에 그들 각각에 대한 기본 개념을 철저하게 숙지해 놓을 필요가 있다.

㉠ 수입허가제(import licensing sysytem)는 말 그대로 자국 정부의 허가를 받은 후, 수입하게 하는 제도를 말한다. 우리나라는 수입금지품목과 제한승인품목만을 고시하고 그 이외의 품목에 대해서는 자동승인품목으로 취급해서 수입을 허용한다. 참고로 **전체 수입품목 수에서 자동승인품목 수가 차지하는 비율을 수입자유화율이라고 한다**. 2020년 8월 현재, 우리나라의 '수입자율화율' 은 거의 100%에 육박할 정도로 그 비율이 매우 높다.

㉡ 수입할당제(import quota system)는 어떤 외국산 상품에 대해 수입할 수 있는 최대한도를 정해놓고 그 이하로 수입하는 것을 허락해주는 제도다. 수입할당제를 실시하면 외국산 상품의 가격이 인상되기 때문에 자국 기업들의 생산량과 고용 증가를 불러온다는 점에서는 관세와 비슷하다. 하지만 관세 대신 수입할당제를 실시하면 정부의 관세수입은 제로(0)가 되고, 자국산 상품을 생산하는 기업들만 부당이득을 챙길 수 있다는 문제가 있다.

또 관세부과는 외국기업들에게 동일한 크기의 세(稅)부담을 요구하기 때문에 가장 저렴하고 질 좋은 외국산 상품만을 수입해서 사용할 수 있다. 하지만 수입할당제는 선착순, 과거 수입실적, 정관계(政官系)에 대한 정치적 로비 등을 통해 수입면장(import license)이 자의적으로 배분될 소지가 있기 때문에 반드시 세계에서 가장 우수한 외국산 상품을 수입한다는 보장이 없다. 장기적 관점에서 바라볼 때, 수입할당제는 관세제도보다 저질의 외국산 상품을 비싸게 소비할 가능성이 높다.

㉢ **수출자율규제**(voluntary export restraint ; **VER**)는 수입국 정부가 수출국 기업에게 보이지 않는 방법으로 압력을 가해 자발적으로 수출물량을 줄여나가도록 유도

하는 정책을 의미한다.

수출자율규제는 정책효과 면에서 수입할당제와 크게 다르지 않다. 수입국 정부가 수출자율규제에 성공할 경우, 외국 기업은 수출물량을 줄이는 대신 자사(自社) 상품의 수출가격을 인상시킬 수 있다. 그렇게 되면 외국 기업은 수출자율규제를 실시하기 이전보다 높은 수익을 창출할 가능성이 높다. 당연히 외국산 상품의 가격 인상은 경쟁 관계에 있는 자국 기업들에게 호기(好機)로 작용해서 생산량 증대와 고용 확대를 도모할 수 있다.

㉣ 수입담보금(import guarantee money)은 수입국 정부가 자국의 수입업자들에게 수입을 승인해줄 때, 수입신청금액의 일정 비율을 자국 은행에 예치하도록 하는데, 이때의 예치금을 말한다. 수입담보금의 예치비율은 일반적으로 각국이 처한 국제수지의 상황에 따라 결정된다. 만약 수입담보금의 예치비율을 높이면 높일수록 수입억제효과는 크게 나타난다.

㉤ 수입과징금(import surtax)은 수입상품에 대해서 관세 이외에 추가적으로 부과하는 금액을 의미한다. 수입 통관 시 부과하는 행정수수료가 대표적인 수입과징금이다.

㉥ 수출입링크제(export-import link system)는 수입국 정부가 자국산 상품의 수출을 전제로 그 상품의 원료에 대한 수입을 허가하는 제도를 말한다. 이 제도는 무역불균형을 차단하고 자국의 수출산업을 육성하기 위한 정책수단으로 종종 사용된다.

㉦ 구상무역(compensation trade)은 어떤 나라가 자국의 수출범위 내에서 상대국으로부터의 수입을 허가하는 제도를 지칭한다. 구상무역은 자국의 수출이 어려울 때, 상대국 상품을 수입해주는 대가로 자국 상품의 수출을 보장받음으로써 무역균형을 꾀할 수 있는 장점이 있다. 우리는 이것을 '바터무역(barter trade)' 이라고 부르기도 한다.

㉧ 협정무역(trade by agreement)은 무역 상대국끼리 무역 대상 상품의 종류와 수량을 사전에 정해놓고 그 범위 내에서 무역을 시도하는 것을 말한다. 협정무역의 목표는 무역 상대국끼리 수출입의 균형을 유지하면서 긴밀한 관계를 유지하려는 데 있다.

㉨ 정부구매(government procurement)는 자국 정부가 산하기관에서 필요로 하는 물자를 구입할 때, 자국 상품을 우선적으로 구입함으로써 외국산 상품의 수입을 억제하는 것을 말한다.

보론 14-6 전통적 보호무역주의와 신보호무역주의의 차이

전통적 의미에서의 보호무역주의와 신보호무역주의는 몇 가지 측면에서 서로 다르다. 기본적으로 중요한 것만을 간추려서 정리하고자 한다.

㉮ 등장 배경

전통적 보호무역주의는 1841년 독일의 경제학자인 리스트의 유치산업보호론에서 출발했다. 반면 신보호무역주의는 1970년대의 브레튼우즈 체제 붕괴, 미국의 만성적인 무역적자, 잦은 국제통화위기, 오일 쇼크 등을 경험하면서 많은 국가들이 무역과 외환에 대한 규제를 강화하면서 등장했다.

㉯ 보호무역주의의 추진 주체

전통적 의미의 보호무역주의는 주로 뒤늦게 경제개발을 추진하려고 했던 후진국(개발도상국)들이 추진 주체였다. 하지만 신보호무역주의는 주로 선진국들에 의해 자행되고 있다. 특히 1988년 미(美) 상원의 본회의를 통과한 '종합무역법안'이 신보호무역주의의 대표적 사례라고 해도 과언이 아니다.

㉰ 보호의 객체 : 보호대상산업

전통적 의미에서의 보호무역주의는 주로 유치산업을 보호하는 데 있었다. 하지만 신보호무역주의는 선진국들이 한물간 자국의 사양산업을 보호하는 데 주안점을 둔다.

㉱ 보호의 주된 목적

전통적 의미에서의 보호무역주의는 자국 산업의 빠른 발전을 촉진하고, 산업구조를 고도화시킴으로써 선진국들과 대등하게 경쟁할 수 있는 산업기반을 구축하는 데 있었다. 하지만 신보호무역주의는 자국의 노동자 표를 의식한 정치인들이 자국의 사양산업이 퇴출될 경우, 실업자들이 양산될 것을 우려해서 추진한다고 보면 좋을 것이다. 그 밖에도 신보호무역주의는 국내고용의 안정적 보장, 국제수지 개선 등을 목적으로 한다.

㉲ 보호를 위한 정책수단

전통적 의미에서의 보호무역주의는 일반적인 관세장벽을 주된 정책수단으로 활용했다. 하지만 신보호무역주의는 상계관세, 반덤핑관세와 같은 특수 목적의 관세와 수출자율규제와 수출질서유지협정*과 같은 비관세장벽을 교묘하게 활용하면서 자국의 이익 지키기에 여념이 없

* 1974년에 제정된 미국통상법 제201조에 의거하여 미국이 수출상대국과 체결하는 수입 수량의 규제에 관한 협정을 말한다. 미국 내의 시장질서를 유지하기 위하여 질서 있게 수입을 결정하는 것이 목적이다. 수입규제방법

는 실정이다.

에는 관세율 인상, 관세할당제 등이 있다. 미국이 지난 1976년에 일본산 컬러 TV의 수입 급증으로 자국 가전 업계가 큰 고통을 겪자 이를 타개할 목적으로 일본과 1977년부터 3년 동안 수출질서유지협정을 맺은 바 있다.(출처 : 지식경제용어 사전)

3.4 경제통합에 대한 기본 내용

1) 경제통합의 정의

경제통합은 각국 사이에 존재하는 부분적인 경제 관계를 통일해서 하나의 경제권을 형성하는 것을 의미한다.[12] 즉 여러 국가들이 국경을 초월해서 하나의 경제권으로 통합하는 것을 말한다. 경제통합의 주된 목적은 국가 간에 생산재, 서비스, 자본과 노동을 비롯한 생산요소의 자유로운 이동을 저해하는 장애요소(예 : 관세, 비관세장벽)를 철폐시킴으로써 경제 활동의 자유화를 도모하는 데 있다. 경제통합의 이론적 토대는 1960년대 헝가리의 경제학자인 **벨라 발라사**(B. Balassa)에 의해 세워졌으며, 그는 경제통합이 증가될수록 무역장벽도 자연스럽게 감소할 것이라고 주장했다.

2) 발라사가 제시한 경제통합의 5가지 유형

발라사는 경제통합의 유형을 크게 5단계로 구분하고 그들 각각에 대해 자세히 언급했다. 그가 제시한 경제통합의 유형은 자유무역지역(free trade area), 관세동맹(customs

표 14-9 경제통합의 유형과 포괄범위

<table>
<tr><th>포괄범위
유형</th><th>역내(域內) 관세 및 비관세장벽 철폐</th><th>역외(域外) 공동 관세 부과</th><th>역내 생산요소 자유이동 보장</th><th>역내 공동 경제정책 수행</th><th>초국가 행정조직의 설치 · 운영</th></tr>
<tr><td colspan="2">자유무역지역(NAFTA, EFTA 등)</td><td></td><td></td><td></td><td></td></tr>
<tr><td colspan="3">관세동맹(베네룩스 관세동맹, 적도아프리카 관세동맹)</td><td></td><td></td><td></td></tr>
<tr><td colspan="4">공동시장(MERCOSUR, EEC, CCM, ANCOM 등)</td><td></td><td></td></tr>
<tr><td colspan="5">경제동맹(마스트리히 조약 발효 이후의 EU)</td><td></td></tr>
<tr><td colspan="6">전면적 경제통합</td></tr>
</table>

출처 : 외교통상부, '지역무역협정의 종류와 포괄범위' 인용. http://www.fta.go.kr/intro.php

12. 『매일경제 용어사전』 참조.

union), 공동시장(common market), 경제동맹(economic union), 전면적 경제통합(total economic integration)으로 구분된다. 그들 내용을 요약 · 정리하면 〈표 14-9〉와 같다. 이 부분도 시험문제로 출제될 가능성이 있기 때문에 독자들의 주의가 요망된다. 경제통합의 순서와 그들 내용에 대한 학습을 부탁한다.

① 자유무역지역은 회원국 사이에 무역을 저해하거나 방해하는 관세 및 비관세장벽을 철폐해서 무역의 완전 자유화를 추구하는 제도를 말한다. 다만 비회원국에 대해서는 회원국들이 원래의 관세나 비관세장벽을 유지하도록 한다. 자유무역지역에 대한 사례로는 북미자유무역협정(NAFTA), 유럽자유무역연합(EFTA), 한-칠레 자유무역협정 등이 있다.

② 관세동맹은 자유무역지역에서 한 걸음 더 나아간 제도다. 관세동맹의 회원국들은 비회원국에 대해 공동관세를 부과하도록 한 제도다. 관세동맹에 대한 사례로는 베네룩스 관세동맹과 적도아프리카 관세동맹이 존재한다.

③ 공동시장은 관세동맹에서 진일보한 것으로서 상품은 물론 노동과 자본을 비롯한 생산요소의 자유 이동까지 보장하는 제도다. 남미공동시장(MERCOSUR), 유럽경제공동체(ECC), 카리브공동시장(CCM), 안데스공동시장(ANCOM) 등이 공동시장의 대표적인 사례에 속한다.

④ 경제동맹은 공동시장을 더욱 발전시켜 회원국 간에 긴밀한 사전연락을 통해 역내(域內)의 공동 경제정책까지 조율할 수 있도록 한 제도다. 유럽연합(EU)이 경제동맹에 가장 가까운 경제통합의 형태라고 생각된다.

⑤ 전면적인 경제통합은 경제동맹보다 한 단계 더 진화한 것으로 경제는 물론 정치적 측면의 통합까지 포괄하는 제도이다. 전면적 경제통합은 회원국 간에 경제정책의 조정뿐만 아니라 모든 경제정책을 하나로 통합해서 운영하는 데까지 나가는 경제통합이다. 이를 위해서는 회원국들의 주권으로부터 독립된 초국가적 행정조직의 설치도 요구된다.

3) 관세동맹을 통한 경제통합의 효과분석 : Case Study

A국, B국, C국 등 3개국만 존재하며 휴대폰이 이들 국가에서 생산 · 소비되고 있다고 가정하자. 관세동맹이 체결되기 이전, 휴대폰 가격은 A국, B국, C국에서 각각 650$, 400$, 350$였다고 하자. 이때 A국이 휴대폰의 수입에 대해 50%의 관세를 부과했다고 가정하자. 또한 A국과 B국 사이에 관세동맹이 체결되면서 양국 간에는 관세율 0%가 적

용되었고, 비회원국인 C국에 대해서만 40%의 역외(域外) 공동관세를 부과한다고 했을 경우, A국의 무역 관계와 사회적 후생손실에 대해 알아보자.

① A국과 B국이 관세동맹을 체결하기 이전, A국의 휴대폰가격은 650$, B국산 휴대폰의 수입가격은 600$, C국산 휴대폰의 수입가격은 525$이다.[13] 따라서 A국은 C국산 휴대폰을 수입하게 된다.

② 그런데 A국과 B국 간에 관세동맹이 체결되면 A국은 휴대폰의 수입상대국을 효율적 생산자인 C국으로부터 비효율적 생산자인 B국으로 전환한다. 그 이유는 관세동맹의 체결로 B국산 휴대폰에 대해서는 관세율 0%을 적용시켜 휴대폰 수입가격이 400$이지만 C국산 휴대폰에 대해서는 역외 공동관세인 40% 세율을 적용시키기 때문이다. 그러면 C국산 휴대폰 가격은 490$(= 350$ × 1.4)가 되어 B국산 휴대폰의 수입가격보다 90$만큼 비싸지기 때문이다.

③ 이처럼 관세동맹이 체결되면 회원국 상호 간에는 관세율 0%인 자유무역이 이루어지면서 새로운 **무역창조**가 이루어진다. 무역창조란 B국산 휴대폰이 A국으로 수출되는 것을 말한다. 한편, 비회원국인 C국에 대해서는 차별관세를 통해 **무역전환**이 이루어진다. 무역전환은 A국의 수입파트너가 C국에서 B국으로 변경된 것을 의미한다.

④ 이제 A국 사례를 토대로 관세동맹에 따른 무역창조와 무역전환의 효과를 살펴보자.

㉠ 관세동맹의 체결 전, A국은 C국산 휴대폰을 수입해서 소비했다. 관세부과 전 C국

[그림 14-19] 관세동맹에 따른 무역창조와 무역전환의 효과

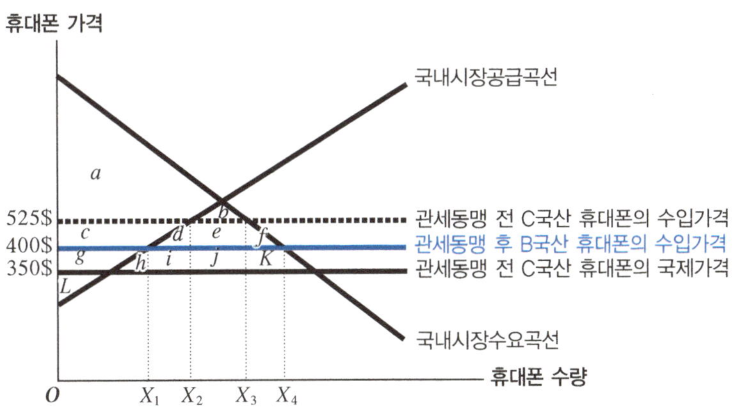

13. 600$의 근거는 600$ = 400$ × 1.5(관세율 50%를 반영한 숫자)이고, 525$의 근거는 525$ = 350$ × 1.5의 결과로 나타난 숫자다.

산 휴대폰의 수입가격은 350$이었고, 50%의 관세를 부과한 이후 C국산 휴대폰의 수입가격은 525$였다. 하지만 A국과 B국이 관세동맹을 체결한 이후에는 B국산 휴대폰에 무관세가 적용되어 B국산 휴대폰의 수입가격이 400$이었다. 당연히 A국은 C국산 휴대폰 대신 B국산 휴대폰을 수입하게 되었다. [그림 14-19]를 통해 관세동맹 전후(前後)의 사회적 후생변화에 대해 살펴보자.

㉡ 관세동맹이 체결되기 전의 소비자잉여는 $a+b$, 생산자잉여는 $c+g+L$, 정부의 관세수입은 $e+j$, 사회적 총잉여는 $a+b+c+e+g+j+L$이다. 그런데 관세동맹의 체결로 B국산 휴대폰을 400$에 수입해서 사용하면 소비자잉여는 $a+b+c+d+e+f$, 생산자잉여는 $g+L$, 정부의 관세수입은 0, 사회적 총잉여는 $a+b+c+d+e+f+g+L$이다. 그리고 관세동맹 체결의 전후로 사회적 후생의 변화분을 정리하면 $(d+f)-j$로 정의된다. 그중에서 $d+f$는 **무역창조로 인한 사회적 후생의 증가**이고, j는 **무역전환에 따른 사회적 후생손실**을 의미한다. 그런데 이들 간의 크기를 서로 비교하는 것은 쉽지 않다. 지금까지 논의한 것을 정리하면 〈표 14-10〉으로 요약된다.

표 14-10 관세동맹 전후의 사회적 후생 수준의 변화

	관세동맹 전(前)	관세동맹 후(後)	변화분
소비자잉여	$a+b$	$a+b+c+d+e+f$	$+(c+d+e+f)$
생산자잉여	$c+g+L$	$g+L$	$-c$
정부의 관세수입	$e+j$	제로(0)	$-(e+j)$
사회적 총잉여	$a+b+c+e+g+j+L$	$a+b+c+d+e+f+g+L$	$(d+f)-j$

3.5 자유무역과 공정무역을 위한 국제기구

1) 자유무역과 GATT

GATT(General Agreement on Tariffs and Trade)는 자유무역을 촉진함으로써 세계의 경제 번영을 구가하기 위해 1947년에 맺은 '**관세 및 무역에 관한 일반협정**'을 말한다. 한국은 1967년에 회원국이 되었다. GATT는 자유무역을 확대시키기 위해 다음과 같은 3가지 기본 원칙을 꾸준하게 추구해왔다.

① **최혜국대우원칙**(most-favored treatment)은 회원국들이 관세인하협정을 맺을 때, 협정 당사국들만의 특혜조치를 금지하는 조항이다. 즉 GATT 회원국들 가운데 어느 두 나라가 관세인하협정을 맺으면 그 협정의 내용과 효력이 다른 회원국들에게도 동일하게 적용되어야 한다는 무차별 원칙을 선언한 것이다. 다만 역내(域內) 자유무역협정이나 관세동맹은 최혜국대우원칙을 위반하는 것이지만 역내의 자유무역을 촉진한다는 명분에서 예외로 인정한다.

② **내국민대우원칙**(national treatment)은 회원국들이 관세 이외에 내국세, 정부규제 등에서 수입상품을 국산품과 동등하게 취급해야 한다는 원칙이다. 이는 최혜국대우원칙에 의해 회원국 상호 간에 균등한 경쟁 기회를 제공한다 해도 수입상품에 대해 내국세나 정부규제 등에서 국산품과 차별대우를 할 경우, 실질적인 무역 확대가 어렵다고 보았기 때문이다.

③ **수량제한철폐원칙**은 GATT가 인정하는 유일한 수입규제수단인 관세 이외에 원칙적으로 수량할당제, 수입허가제 등에 의한 어떠한 수량규제도 인정해서는 안 된다는 것이다.

2) 경제협력개발기구(OECD)

① 경제협력개발기구(Organization for Economic Cooperation and Develpoment)는 경제에 관한 선진국 중심의 국제협력기구로서 1961년 9월 프랑스 파리에 본부를 두고 설립되었다. 미국을 비롯한 서유럽 선진국 20개국이 OECD의 설립을 주도했으며 2019년 8월 말 현재 OECD 회원국은 총 37개국이다. OECD 회원국 숫자는 그리 많은 편은 아니지만 전 세계의 재화 및 서비스생산액의 $\frac{2}{3}$ 이상을 차지함으로써 세계경제에 막강한 영향력을 행사하고 있다. 참고로 한국은 김영삼 정권 때인 1996년 12월 12일, 29번째 회원국으로 가입한 바 있다.

② OECD가 추구하는 목적은 크게 세 가지다. 첫째는 원활하고 지속적인 경제성장이다. OECD는 경제성장과 고용증대, 생활 수준의 질적 향상을 도모한다. 이것을 관장하는 기구는 OECD 산하의 경제정책위원회(EPC)이다. 둘째는 개발협력으로 개발도상국들에 대한 적극적인 원조에 나선다. OECD는 경제발전이 진행되고 있는 여러 지역의 건전한 경제 확대에 기여한다. OECD 산하의 개발원조위원회(DAC)가 그 임무를 담당한다. 셋째는 자유롭고 다변적인 무역 확대이다. OECD는 차별 없는 세계 자유무

역의 확대에 기여한다. 이 역할은 OECD 산하의 무역위원회(TC)가 주관한다.

③ OECD의 규범은 그 효력의 강도와 범위에 따라 **결정, 권고, 선언, 협정**으로 분류된다. '결정' 은 모든 회원국들에게 적용되며 결정된 사항은 반드시 시행해야 한다. '권고' 는 모든 회원국들에게 적용되지만 강제성은 없다. '선언' 은 일부 회원국과 비회원국 사이에 정한 규범이며, '협정' 은 관련 회원국들에게만 구속력을 갖는 강제적 규범이다.

④ OECD의 가입은 위에서 언급한 OECD의 목적에 동의하고 자유민주주의와 시장경제 체제를 지지하는 국가들 가운데 기존 OECD 회원국의 초청에 의해 가입할 수 있다. 또 OECD의 의사결정은 다수결 원칙이 아니라 회원국 전체의 만장일치제로 이루어진다는 점도 특기할 만한 사항이다.

3) 선진국–후진국 간 공정무역과 유엔무역개발회의(UNCTAD)

① GATT 체제에 따른 무역장벽의 철폐는 경쟁력을 갖춘 선진국에게 유리하고 그렇지 못한 후진국에게는 매우 불리했다. 특히 관세율 인하 대상 품목이 선진국의 수출상품이자 후진국의 주된 수입상품이라는 점에서 후진국들의 비판이 거세게 제기되었다. 결국 GATT 체제에 대한 반동으로 남북 문제의 해결을 위해 1964년에 설립된 것이 UNCTAD(United Nations Conference on Trade and Development)이다. 여기서 남북 문제란 지구의 북반구에 위치한 선진국들과 남반부에 위치한 후진국들 간의 경제적 격차 문제를 지칭하는 용어다.

② 후진국들이 UNCTAD를 통해 제기한 주장은 크게 2가지다.

하나는 선진국과 후진국의 경제적 격차는 과거 선진국들이 자행했던 식민지 정책의 소산이다. 따라서 선진국은 후진국에게 무상원조나 장기저리원조를 해줌으로써 그들의 경제개발에 적극 협력해야 한다는 것이다.

다른 하나는 후진국들의 수출품에 대해 수입 관세를 면제해주거나 경감시켜주는 특혜관세제도를 실시해야 한다는 것이다. 후진국들은 그런 것을 공정무역이라고 생각했다. 후진국들이 이런 주장을 하게 된 배경은 자신들은 주로 값싼 농산물을 수출하고 선진국들로부터 값비싼 공산품을 수입함으로써 국제수지 악화는 물론 빈곤의 악순환으로부터 탈출하기 힘들다는 것이다.

③ 선진국들은 UNCTAD의 주장을 수용해서 후진국을 원산지로 하는 수입상품에 대해서 관세를 면제해주거나 일반관세율보다 낮은 관세율을 적용하는 관세 특혜, 즉 **'일**

반특혜관세제도(Generalized System of Preference ; GSP)' 를 1971년부터 실시해왔다. 하지만 세계적인 차원에서 신보호무역주의가 기승을 부리면서 후진국들의 GSP 연장은 점점 더 힘들어질 전망이다. 이미 미국 트럼프 행정부는 GSP제도의 기한을 2017년 12월 31일자로 종료시켜 버렸다. 그 때문에 후진국들의 대미(對美) 수출에도 빨간불이 켜진 상태다. 그것은 후진국에 진출해 있는 한국 기업들에게도 불리하게 작용할 가능성이 매우 큰 실정이다.

보론 14-7 GATT 체제의 3가지 기본 원칙에 대한 예외 조항

앞에서 살펴본 GATT 체제의 3가지 기본 원칙을 모든 선진국과 후진국들에게 무차별적으로 적용시킬 경우, 경쟁력이 없는 후진국들은 선진국들의 온갖 횡포에 의해 압사당할 가능성이 크다. GATT는 이런 현실을 감안하여 **GATT 협정문 제18조를 예외조항으로 두고 있다.**

㉮ 제18조의 기본 내용은 '후진국들이 경제개발계획을 수행하거나 국제수지의 곤란을 호소할 때에는 관세 특례, 수입수량 제한 등 보호주의적 정책수단을 취할 수 있도록 허용한다'는 것이다. 또 이 조항에 의거해서 혜택을 받는 국가들을 'GATT 조국(條國)'이라고 부른다. 참고로 **한국은 국제수지가 흑자기조를 유지하며 경제가 한창 잘 나갔던 1989년에 GATT 18조국을 졸업하고 1996년부터 GATT 11조국으로 편입되었다.**

㉯ GATT 11조국이란 수출입에 있어서 수량 제한의 일반적인 철폐의무를 준수하는 국가를 지칭한다. GATT 11조국이 되었다는 것은 어느 정도 자유무역체제에 편입되더라도 독자적인 생존능력을 갖췄다는 것을 의미한다. 그러나 한국이 GATT 18조국을 졸업했지만 필요에 따라서는 수입제한을 할 수 있도록 하고 있다. (1) 국제수지적자가 심각한 상황에 지면했을 때, (2) 국가 안전, 공중도덕, 보건위생을 위해 꼭 필요하다고 인정될 경우, (3) 특정상품의 수입증가로 국내산업이 심각한 피해를 입고 있거나 그럴 가능성이 농후할 때, (4) 국영무역의 경우에는 GATT의 동의를 구한 다음, 수입제한 조치를 강구할 수 있다. 특히 (3)에 의한 수입제한조치를 '**세이프가드**(safeguard, 긴급수입제한조치)'라고 말한다.

3.6 우루과이라운드(UR)의 타결과 WTO 체제의 출범

1) UR의 등장 배경

GATT 체제는 1947년도에 창설된 이래, 세계무역환경의 변화에 따라 1979년도까지 7차(도쿄 라운드, 1972～1979년)에 걸친 다자간 협상을 진행해왔다. 흔히 다자간 협상을 '라운드(round)'[14]라고 말한다. 이때까지의 협상은 주로 공산품의 관세율 인하에 초점이 맞춰져 있었다. 하지만 1980년대에 들어와서 농산품, 서비스, 지적재산권 등의 교역 비중이 크게 높아짐에 따라 이들 분야를 포괄하는 새로운 다자간 협상이 필요하게 되었다. 따라서 **1986년 9월 남미 국가인 우루과이에서 제8차 다자간 협상의 개시를 선언했는데 그것이 바로 우루과이라운드(Urguay Round ; UR)의 시작이다**. 우루과이라운드는 당초 시한인 1990년 12월을 훨씬 넘기면서 협상에 많은 난항을 거듭해왔다. 각국 간의 이해조정이 그만큼 어려웠기 때문이다. 그러다가 1993년 12월에 극적인 타결을 본 후, 각국 정부의 서명과 의회의 비준을 거쳐 1995년 1월 1일부터 발효되었다.

2) UR 협정의 주요 내용

UR 협정은 7차에 걸친 기존의 GATT 라운드에서 다루지 못했던 섬유와 농산물을 다자간 체제로 편입시키고, 서비스와 지적재산권과 같은 새로운 분야를 포괄하는 데 성공했다. 또 UR 협정을 관할하고 국제무역분쟁을 해결하기 위한 제도적 장치로서 세계무역기구(World Trade Organization ; WTO)를 설립하였다. 1995년 1월 1일부터 발효된 UR협정의 주요 내용을 정리하면 아래와 같다.

① **공산품 분야** : 공산품에 부과하는 관세율은 최고 33%까지 감소하고 철강, 건설장비, 의약품, 의료기기, 농업 장비 등의 공산품에 대해서는 관세율을 0%로 한다.

② **농산물 분야** : 예외 없는 관세화, 즉 모든 농산물의 교역에 있어서 관세 이외의 무역장벽을 인정하지 않는다. 또 농산물시장의 완전 개방화가 미칠 파장을 고려해서 **관세화 유예**와 **최소시장접근**(Minimum Market Access ; MMA)을 인정한다. 관세화 유예는 일정 기간 관세화를 할 수 있도록 연기해주는 것이고, 최소시장접근은 관세화를 유예받는 기간에도 일정량의 농산물을 의무적으로 수입해서 소비하는 것을 의미한다.

---

14. 라운드(ROUND)는 '둥그렇다'는 뜻으로 협상테이블을 연상시킨다. 경제용어로서의 라운드는 가능한 모든 분야를 둥그런 테이블에 올려놓고 세계 각 나라의 관계자들이 머리를 맞대고 논의하는 것을 의미한다.

한국은 10년간 관세화를 유예받았고 최소시장접근에서는 1995년과 2004년까지 각각 국내 소비량의 1%와 4%의 쌀을 무조건 수입하도록 요구받았다.

③ **서비스 분야** : 모든 서비스업을 대상으로 서비스교역의 다자간 규범인 일반협정을 제정했다. 또 노동력의 이동, 금융, 통신, 항공, 해운 등 분야별 부속서를 제정했다.

④ **반덤핑 분야** : 반덤핑관세는 원칙적으로 5년 이내에 폐지하고, 선진수입국들이 자의적으로 남발하는 반덤핑과세는 금지한다.

⑤ **보조금 및 상계관세 분야** : 보조금은 크게 금지보조금, 상계가능보조금, 허용보조금으로 구분된다. (1) 수출 기업에 제공하는 보조금은 금지보조금으로서 3년 이내에 폐지해야 한다. (2) 수입국에 피해를 줄 것으로 추정되는 상계가능보조금에 대해서는 수입국이 보복조치를 취할 수 있도록 허용한다. (3) 연구개발 및 지역개발을 위한 허용보조금은 3년마다 그 목록을 제시하고 동의를 얻어야 한다.

⑥ **긴급수입제한조치 분야** : (1) 수입 비중이 3% 이하인 후진국에 대해서는 긴급수입제한조치를 발동할 수 없다. (2) 긴급수입제한조치를 발동하려면 수입의 급증(急增)과 손실의 인과관계를 입증해야 한다. (3) 발동 기간은 처음에는 4년, 최장 8년까지 연장할 수 있다.

⑦ **섬유류 분야** : 다자간 섬유 협정에 의해 규제해 온 섬유류에 대해서는 향후 10년 동안 단계적으로 GATT에 통합시킨다.

⑧ **지적재산권 분야** : 기존의 지적재산권 관련 국제협약을 바탕으로 최혜국 대우와 내국민 대우의 기본원칙을 밝히고 보호 수준을 강화했다. 컴퓨터 프로그래밍을 저작물로 인정하며 보호 기간은 50년 이상으로 연장했다. 집적회로는 물론 그것을 내장한 반도체 칩과 최종 상품, 그리고 영화저작물도 지적재산권으로 보호한다.

⑨ **분쟁해결** : 국가 간의 모든 무역 관련 분쟁은 WTO 산하의 분쟁해결기구가 담당한다.

3) 도하개발어젠다(Doha Development Agenda ; DDA)의 출범과 협의 내용

UR과 WTO 체제는 무역자유화를 통해 신보호무역주의의 움직임을 차단하고 세계경제의 활성화와 안정된 무역질서 확립에 기여할 것으로 예상되었다. 그러나 현실은 그리 녹녹하지 않았다. UR 협정을 이행하는 과정에서 많은 비판과 문제점들이 노출되었다. 공산품 분야에서는 무역장벽이 여전히 존재하며, 지역주의에 기초해서 몇몇 회원국들끼리 관세 및 비관세장벽을 철폐하는 자유무역협정을 맺는 추세가 확산되고 있다. 따라서 새로운 다자간 무역협상이 출범하지 못하면 WTO 체제의 위신이 급락할 수 있다는 위기감이 팽배했다. 그런 과정에서 등장한 것이 도하개발어젠다(DDA)였다. WTO는 2011년 11월 14일 중동국가인 카타르의 수도 도하에서 개최된 제4차 WTO 각료회의에서 각국 정부 대표들의 합의로 도하개발어젠다를 출범시켰다. WTO 체제가 출범한 이후 첫 번째 라운드로 역사에 기록될 도하개발어젠다의 주요 내용은 다음과 같다.

① 농산물시장을 대폭 개방한다. 농산물에 대한 보호장벽을 낮추고 국내 농업보조금을 대폭 감축한다.

② 각종 서비스산업에 대한 후속 협상의 시작이다. 이는 WTO 체제의 출범으로 서비스 시장의 개방이 이루어졌지만 실제로는 개방과 자유화의 정도가 만족스럽지 못했다는 반성에서 비롯된 것이다.

③ 공산품에 대한 관세를 추가적으로 인하하고 비관세장벽을 철폐해야 한다.

④ 반덤핑조치의 남발에 따른 무역 왜곡의 문제를 시정하기 위해 노력한다. 미국은 반덤핑조치의 남발을 규제하고 후진국(개발도상국)들도 반덤핑행위를 개선하기로 한다.

⑤ 지적재산권의 보호대상품목을 확장하고 정부조달시장의 투명성 확보를 위한 다자간 협상을 시작한다.

보론 14-8 신국제경제질서(New International Economic Order ; NIEO)

GATT에 의한 무역장벽의 철폐가 선진국에게 유리하고 후진국에게는 불리하다는 비판이 줄곧 후진국들로부터 제기되었다. 결국 선진국과 후진국 간의 문제, 즉 남북 문제를 해결하기 위해 1964년에 유엔무역개발회의(UNCTAD)가 발족되어 활동을 개시했지만 그 효과는 그다지 크지 않았다. 그러자 1972년 유엔특별자원총회에서 후진국들의 주도로 현행 국제경제질서를 개편하고 신국제경제질서(NIEO)를 수립할 것을 선언했다. 그들은 다음과 같은 사항을 선언했다.

㉮ 천연자원에 대한 항구적 주권이 보장되어야 한다.

㉯ 다국적 기업에 대한 규제를 가일층 강화해 나가야 한다.

㉰ 농산물이나 원재료 등과 같은 1차 상품의 가격은 공산품 가격과 연동시켜야 한다.

㉱ 개발도상국의 외채상환조건은 재협상해야 하며 국제통화기금(IMF)의 의사결정기구도 개편해야 한다.

㉲ 선진국들은 GNI의 1%를 후진국들에게 원조로 제공해야 하며 일반특혜관세(GSP)를 확대 실시해야 한다.

요약 및 복습

01 국제거래가 비약적으로 확대된 이면에는 교통수단과 인터넷의 발달, 국제무역에 대한 규제 완화와 자유화 정책, 코피티션의 기치 아래 탄생한 여러 지역공동체 등이 존재한다. 또 국제거래에는 장단점이 존재한다. 그것은 이 세상의 모든 일에 빛과 그림자가 존재하는 것과 같은 이치다.

02 국제무역의 발생원리를 이해하기 위해서는 절대우위와 비교우위의 개념을 잘 알아야 한다. 절대우위란 한 나라가 다른 나라보다 어떤 상품을 생산함에 있어 보다 적은 양의 생산요소를 투입해서 동일한 양의 상품을 생산할 수 있을 때, 또는 같은 양의 생산요소를 투입해서 더 많은 상품을 생산할 수 있는 경우를 지칭한다. 비교우위는 한 나라가 다른 나라에 비해 상대적으로 낮은 기회비용으로 상품을 생산할 수 있을 때, 그 나라는 해당 상품의 생산에 비교우위를 갖는다고 말한다.

1) 절대우위와 비교우위는 생산요소의 투입량이나 생산비용의 관점에서 논의되는 경우가 대부분이다. 그러나 경우에 따라서는 동일한 양의 노동과 자본을 투입해서 만든 상품의 생산량에 기초해서 절대우위와 비교우위를 논의할 수도 있다.

03 비교우위이론에 대한 기초 개념, 교역조건, 생산가능곡선, 사회적 무차별곡선을 활용하면 무역 당사국 간에 존재하는 무역이익의 크기를 산출할 수 있다.

04 헥셔-오린의 정리는 제1명제와 제2명제로 구분된다.

1) 제1명제는 노동이 상대적으로 풍부한 나라는 노동집약적인 상품 생산에 비교우위를 갖게 되고 자본이 상대적으로 풍부한 국가는 자본집약적인 상품 생산에 비교우위를 갖는다. 따라서 양국은 비교우위를 갖는 상품을 수출하고 그렇지 못한 상품은 수입한다.

2) 제2명제는 일명 생산요소가격의 균등화이론으로 불린다. 그것은 노동과 자본이라는 생산요소가 한 나라에서 다른 나라로 이동하지 않더라도 그 생산요소를 투입해서 만든 상품의 무역에 의해서 생산요소의 상대가격($=\frac{w}{r}$)이 국제적으로 같게 된다는 것을 말한다.

05 헥셔-오린 정리의 확장이론으로는 레온티에프의 역설, 스톨퍼-사무엘슨의 정리, 립친스키 정리가 존재한다.

1) 레온티에프의 역설이란 헥셔-오린의 제1명제가 미국 경제에서 적용되지 않는 것을 의미한다. 즉 미국은 자본이 풍부한 국가인데도 자본집약적인 제품을 수입한다는 것을 의미한다. 하지만 레온티에프 자신은 그것을 역설로 인정하지 않았다.

2) 스톨퍼-사무엘슨의 정리는 보호무역주의에 대한 이론적 토대를 구축하고 자유무역이 소득분배에 미치는 영향을 밝혔다는 평가를 받고 있다. 즉 관세는 수출산업의 상품 생산을 감소시키고 수입대

체산업의 상품 생산을 증가시킨다. 그로 인해 수출산업의 상품 생산에 투입되는 풍부한 생산요소의 실질소득을 절대적/상대적으로 감소시키고 수입대체산업의 상품 생산에 투입되는 부족한 생산요소의 실질소득을 절대적/상대적으로 증가시킨다는 것이다.

3) 립친스키의 정리는 간단하게 정의된다. 즉 국제무역은 상대적으로 노동이 풍부한 국가의 임금을 증가시키고, 자본이 풍부한 국가의 임금을 하락시킨다는 것이다.

06 교역조건이란 수출상품 1단위와 교환되는 수입상품의 수량, 또는 수입상품으로 표시한 수출상품의 교환 가치를 의미한다. 교역조건은 무역 당사국들의 상호수요곡선이 교차하는 점에서 결정된다.

1) 교역조건은 총상품교역조건, 순상품교역조건, 소득교역조건, 요소교역조건, 이중요소교역조건, 실질비용교역조건, 효용교역조건 등으로 구분된다. 이들 가운데 독자들이 꼭 알고 있어야 할 교역조건은 순상품교역조건, 소득교역조건, 요소교역조건, 이중요소교역조건이다. 자세한 것은 본문 내용을 참조하기 바란다.

2) 참고로 교역조건이 개선되었다는 것은 자국의 수출상품은 비싸게 팔고 외국으로부터의 수입상품은 싼값으로 구입할 수 있다는 것을 시사한다.

3) 순상품교역조건의 변동을 초래하는 요인으로는 기술혁신에 따른 생산비용 인하, 임금 인하, 환율 인상, 덤핑, 세계의 경기(景氣) 동향, 국제거래상의 협상력 등이다.

07 폐쇄경제와 국제무역이 존재하는 개방경제의 경우 소비자, 생산자, 정부의 후생 수준 변화를 비교해 보면 총체적으로 개방경제의 경우가 폐쇄경제 때보다 후생 수준이 개선된다. 단, 특정상품의 수출국이냐, 수입국이냐에 따라 소비자와 생산자의 후생변화는 달라질 수 있다.

08 각국은 보호무역을 위한 정책수단으로 관세장벽과 비관세장벽을 적절하게 운용하고 있다. 관세를 부과하면 각종 경제적 효과가 발생한다.

1) 각국이 운용하는 주요 관세로는 상계관세, 보복관세, 반덤핑관세, 긴급관세, 물가평형관세, 관세할당제도 등이 있다.

2) 비관세장벽으로는 수입허가제, 수입할당제, 수출자율규제, 수입담보금, 수입과징금, 수출입링크제, 구상무역, 협정무역, 정부구매 등이 존재한다.

3) 관세의 경제적 효과로는 국내산업 보호효과, 국내소비 억제효과, 정부의 재정수입 증대효과, 국제수지 개선효과 등이 있다.

09 메츨러의 역설이란 수입 관세의 부과로 수입상품의 국내가격이 하락하는 바람에 그것과 경쟁하는 국내산업이 더 어려워질 수 있다는 것을 의미한다.

10 무역에는 자유무역과 보호무역이 존재하며, 그 각각에는 장단점이 존재한다. 하지만 세계적인 추세는 자유무역주의로 나아가고 있다고 해도 과언이 아니다.

1) 자유무역이 이루어지면 국제분업의 이익과 효율적인 자원배분, 사회적 후생의 개선을 도모할 수 있다. 그러나 경쟁력을 상실한 부분은 세계시장에서 퇴출을 강요받을 수 있다.

2) 보호무역론은 자국의 유치산업 보호, 국가안보와 경제성장, 생산의 다변화, 국내 고용안정, 경쟁국들의 불공정행위에 대한 전략적 대응이란 차원에서 시도된다. 하지만 보호무역의 추진은 무역 규모의 축소, 인위적인 가격 상승, 자원배분의 효율성 저해, 사회적 후생 악화, 지대추구행위 발생 등과 같은 문제를 야기할 수 있다.

11 경제통합이란 각국 사이에 존재하는 부분적인 경제 관계를 통일해서 하나의 경제권을 형성하는 것을 지칭한다. 경제통합의 이론적 토대는 1960년대 헝가리의 경제학자 벨라 발라사에 의해 구축되었다. 그는 경제통합의 유형을 크게 5단계로 구분하고 그들 각각에 대해 자세하게 언급했다. 그가 제시했던 경제통합의 유형은 자유무역지역, 관세동맹, 공동시장, 경제동맹, 전면적 경제통합 등이다. 자세한 것은 본문 내용을 참조하기 바란다.

12 관련 당사국 간에 관세동맹이 체결되면 무역창조와 무역전환이 일어난다.

13 자유무역과 공정무역을 위한 국제기구로는 GATT, 경제협력개발기구(OECD), 유엔무역개발기구(UNCTAD) 등이 존재한다.

14 1995년 1월 1일을 기해 우루과이라운드(UR)가 발효되었다. 또 UR 협정을 관할하고 국제무역분쟁을 해결하기 위한 제도적 장치로서 세계무역기구(WTO)체제가 출범하였다.

제 15 장 국제수지론

1. 국제수지의 개념

출처 : 공군 블랙이글스

2019. 10. 24 사천 에어쇼에서 2대의 T-50B가 마주 보며 비행하는 아찔한 장면을 연출하고 있다. 이 기동 역시 세계수준의 특수비행팀만이 펼칠 수 있는 고난도 기동으로서 블랙이글스 조종사들의 상호 신뢰가 무엇보다 요구된다. **수험생 여러분들도 코피티션(경쟁+협력)을 잘할 수 있는 차세대 리더가 되길 바랍니다!**

① 국제수지의 개념

1.1 국제수지(國際收支)와 국제대차(國際貸借)

1) 국제수지의 개념

① 국제수지(balance of payments)란 일정 기간(보통 1년) 동안에 한 나라의 거주자와 비거주자 사이에 이루어진 모든 경제적 거래를 화폐지불(貨幣支拂)과 화폐수취(貨幣受取)로 대조시킨 것을 말한다. 참고로 국제수지의 작성기관은 한국은행이다.

② 국제수지는 '일정 기간'에 걸쳐 측정되기 때문에 유량(流量)변수에 속한다.

③ 거주자와 비거주자는 국적(國籍)이 아니라 경제활동에서 이익의 중심이 어디에 있느냐에 따라 구분된다. 또 거주자의 범주(範疇)에는 개인, 기업, 정부기관까지 포함된다. 법인으로서 기업의 본사는 거주자로, 해외지점이나 해외 자회사는 비거주자에 속한다. 정부기관(예 : 해외주재 대사관, 대사관 직원, 해외파견 군인)은 거주지가 어디이든지 모두 본국의 거주자로 취급한다.

④ 모든 경제적 거래에는 재화, 서비스, 자본, 외환거래, **국제증여**까지 포함된다.

2) 국제대차의 개념

① 국제대차(balance of international indebtedness)는 일정 시점에서 장래에 결제해야 할 채권 및 채무의 총액을 의미한다.

② 이를테면 어느 한 나라가 외국으로부터 장기 외채를 빌렸을 때 국제대차상으로는 마이너스가 되지만 국제수지상으로는 플러스가 된다. 하지만 원리금 상환에 따른 대외지불이 시작되면 국제대차상으로는 그만큼 대외채무가 감소하기 때문에 플러스가 되지만 국제수지상으로는 마이너스가 된다.

③ 국제대차는 일정 시점에서 측정되므로 저량(貯量)변수에 해당된다.

1.2 국제수지표(國際收支表)

1) 국제수지표의 개념

① 국제수지표는 국제수지를 복식부기의 원리에 따라 작성한 통계표로서 대외거래의 결과로 발생하는 흑자와 적자를 측정하는 표준화 지표다.

② 현행 국제수지표는 국제통화기금(IMF)의 국제수지 편제기준에 의거해서 작성되고 있다. 현행 한국의 국제수지표는 월별로 작성하고 1년 단위로 종합한다.

③ 모든 거래는 복식부기의 원리에 따라 외국으로부터 수입(收入)을 가져오는 거래는 차변(借邊, debit)에, 외국에 대해 지급이 발생하는 거래는 대변(貸邊, credit)에 기재한다. 그런데 '차변' 란과 '대변' 란에 똑같은 금액이 동시에 기록되기 때문에 국제수지표 전체로는 항상 양변의 합계가 일치한다. 그런 의미에서 본다면 국제수지는 형식적으로 항상 균형을 유지한다. 하지만 이러한 형식상의 균형은 어디까지 사후적으로 처리된 통계와 기록일뿐, 현실에 있어서 국제수지는 균형 상태에 있기보다는 불균형 상태에 놓여 있는 게 다반사다.

2) 국제수지표의 구성

① 현행 우리나라 국제수지표는 2010년 1월에 새로이 확정된 IMF의 국제수지 편제기준에 따라 2010년 12월부터 개편을 시작해서 2020년 8월 현재에 이르고 있다. 〈표 15-1〉은 독자들의 이해를 돕기 위해 신(新)기준의 국제수지표와 구(舊)기준의 국제수지표를 함께 정리해 놓았으니 착오 없기를 바란다. 이와 관련해서 오래된 경제학 교재를 갖고 공부할 경우, 본의 아니게 낭패를 당할 수 있음에 유의하길 바란다.

② 새롭게 개편된 신(新)기준의 국제수지는 경상계정(current account)와 자본 · 금융계정(capital and financial account)으로 구분된다. 〈표 15-1〉에서는 편의상 경상계정은 경상수지, 자본 · 금융계정은 자본 · 금융수지라고 명명했다. 또 경상수지는 상품수지, 서비스수지, 본원소득수지, 이전소득수지로 세분된다.

여기서 상품수지는 유형(有形)인 재화의 수출액과 수입액의 차이를 의미한다. 서비스수지는 무형(無形)인 서비스(예 : 운송, 여행, 통신, 건설, 보험, 금융, 사업서비스, 정부서비스, 로열티를 비롯한 지적재산권 사용료)의 수출액과 수입액의 차이를 말한다.[1] 본원소득

1. 국제수지표에서 상품수지와 서비스수지는 국민소득계정에서 국내총생산(GDP)의 구성항목, 즉 $Y=C+I+G+(X-M)$

수지는 한국 국적의 소유자가 외국에서 일하거나 투자해서 벌어들인 소득에서 외국 국적의 소유자가 한국에서 일하거나 투자해서 벌어들인 소득의 차이로 정의된다.[2] 이전소득수지는 국제적으로 이루어진 일방적인 부(富)의 이전으로 한국이 다른 나라로부터 무상으로 받은 금액에서 한국이 다른 나라에게 무상으로 제공한 금액을 빼준 값으로 정의된다.[3]

③ 자본 · 금융계정은 다시 자본계정(= 자본수지)과 금융계정(= 금융수지)으로 세분된다. 국제수지가 2010년 12월에 신체제로 개편되기 이전에는 자본계정(= 자본수지)뿐이었고, 그것도 투자수지와 기타 자본수지로 세분되었다. 하지만 신체제의 국제수지에서는 기타 자본수지가 자본수지로 명칭이 변경되었다. 이 **자본수지에는 해외거주비, 자본이전, 특허권 구입비 등으로 구성된다**. 또 구(舊)체제의 투자수지는 신(新)체제의 금융수지로 명칭이 바뀌었다. 그리고 금융수지는 투자된 자본의 속성에 따라 각각 직접투자, 증권투자, 파생금융상품투자, 기타 금융투자로 세분된다.[4] 자본 · 금융계정

표 15-1 국제수지의 세부 구성 항목

<table>
<tr><th></th><th colspan="2">(신)기준의 국제수지</th><th>구체적 내용</th><th>(구)기준의 국제수지</th><th></th></tr>
<tr><td rowspan="4">경상수지</td><td colspan="2">상품수지</td><td>재화의 수출 · 수입</td><td>상품수지</td><td rowspan="4">경상수지</td></tr>
<tr><td colspan="2">서비스 수지</td><td>서비스의 수출 · 수입</td><td>서비스 수지</td></tr>
<tr><td colspan="2">본원소득수지</td><td>임금, 이자, 배당의 수취 · 지급</td><td>소득수지</td></tr>
<tr><td colspan="2">이전소득수지</td><td>이전지출 등의 수취 · 지급</td><td>경상이전수지</td></tr>
<tr><td rowspan="3">자본 · 금융수지</td><td colspan="2">자본수지</td><td></td><td>기타 자본수지</td><td rowspan="2">자본수지</td></tr>
<tr><td rowspan="2">금융수지</td><td>준비자산의 증감을 제외한 금융수지</td><td>① 직접투자
② 증권투자
③ 파생금융상품투자
④ 기타 금융투자</td><td>투자수지</td></tr>
<tr><td>준비자산의 증감</td><td>한국은행의 준비자산증감</td><td>한국은행의 준비자산증감</td><td>준비자산의 증감</td></tr>
<tr><td colspan="6">오차 및 누락</td></tr>
</table>

에서 $(X-M)$과 같다.

2. 본원소득수지는 국민소득계정에서 대외순수취요소소득(= 대외수취요소소득 − 대외지급요소소득)과 같다.

3. 선진국일수록 이전소득수지는 적자인 반면, 후진국일수록 이전소득수지는 흑자일 가능성이 높다. 이는 선진국일수록 **외국에 대한 무상 원조, 국제기구 출연금, 해외송금** 등을 많이 하기 때문이다.

4. 금융수지는 국제 간에 이루어지는 직접투자, 증권투자, 파생금융상품투자, 기타 금융투자로 구성된다. 가령, 외국인이 이윤 추구를 목적으로 국내에 현지법인을 설립하고 공장을 지은 다음 생산 활동을 한다면 이에 수반된 거래는 직접투자

을 공부하면서 주의할 점은 자본·금융계정에서 수입항목은 우리 입장에선 부채의 증가이고, 지출항목은 자산의 증가를 의미한다는 점이다. 참고로 자본·금융계정에서 수입이 지출보다 큰 경우는 '유입초(流入超)', 지출이 수입보다 큰 경우는 '유출초(流出超)'라고 정의한다.

또 한 가지 특기할 만한 사항은 한국은행의 준비자산증감(增減)이 금융수지로 새롭게 편입되었다는 점이다. **'준비자산증감'은 한국은행이 국제수지 불균형을 시정하기 위해 사용 가능한 준비자산, 즉 한국은행이 보유하고 있는 외환보유고의 변동[5]을 말한다. 준비자산증감의 계정에서 자산의 증가는 마이너스(−)로 표시한다.** 또 한국은행의 대외준비자산으로는 달러, 엔화, 유로화 등의 국제통화, 미국 재무성 증권을 비롯한 외화표시 금융자산, 화폐용 금(gold), IMF 리저브포지션(reserve position),[6] 특별인출권(SDR)[7] 등이 있다.

④ 〈표 15−1〉을 보면 '오차 및 누락' 항목이 있다. 국제수지는 복식부기의 원리에 따라 기록된다. 국제수지표의 차변과 대변의 전체 합은 항상 일치해야 한다. 참고로 '오차와 누락'은 경상수지와 자본·금융수지(준비자산 포함)의 합이 0이 되지 않을 때, 그 값을 0으로 만들어주는 일종의 조정항목이다. 따라서 다음 식이 항상 성립한다.

경상수지 + 자본·금융수지(준비자산 포함) + 오차 및 누락 = 0

항목에 기입되고, 외국계 투자펀드가 이자와 배당소득을 목적으로 국내주식시장에서 주식을 매입할 경우 해당 금액은 증권투자 항목에, 파생금융상품을 매입하면 그 금액은 파생금융상품투자에 기입된다. 기타 금융투자는 직접투자, 증권투자, 파생금융상품투자 이외의 모든 대외금융거래를 포괄하는 개념으로 외국기관에 대한 대출 및 외국기관으로부터의 차입, 무역 관련 신용, 현금 및 예금 등이 여기에 속한다.

5. 한국은행의 외환보유고 운용은 일반적으로 현금화가 쉬운 미국 재무성의 안정적인 단기증권에 투자하는 게 오래된 관행이다. 그런데 문제는 미국 재무성의 단기증권의 이자율이 매우 낮다는 사실이다. 한국은행의 외환보유고가 많아진다는 것은 곧 한국은행이 외환시장에서 그만큼 외화를 많이 매입한다는 얘기다. 그런데 이 외환의 매입 과정에서 국내통화량이 증가해서 물가 상승을 유발한다. 한국은행은 물가 상승을 완화시킬 목적으로 통화안정증권을 발행해서 늘어난 국내통화량의 회수작업에 돌입하는데 이때 통화안정증권에 대한 이자를 지급해야 한다. 그런데 문제는 한국은행이 발행한 통화안정증권의 이자율이 미국 재무성이 발행한 단기증권의 이자율보다 높기 때문에 한국은행이 그 차이만큼 적자를 감수해야 한다는 점이다.

6. IMF의 가맹국이 IMF에 납입한 출자금의 일정 부분으로서, 출자한 국가가 필요로 하면 언제든지 인출할 수 있는 수시 인출권을 의미한다.

7. SDR은 특별인출권(special drawing rights)의 약자로서 IMF가 국제유동성 부족을 보충하기 위해서 IMF 출자금에서 지급해주는 유동성을 지칭한다. SDR의 단위는 일정량의 금과 같은 가치를 지니는 지금(紙金, paper gold)이다. 하지만 금과 직접적으로 교환되지 않을 뿐만 아니라 민간거래에도 사용되지 않는다. 오로지 각국의 통화 당국 간 결제에만 활용되는 국제통화라고 보면 된다.

⑤ 참고로 대외거래에는 독자적(= 자율적) 거래와 보정적 거래가 존재한다. 독자적 거래는 국가 간 GDP, 상품의 수출입가격, 이자율과 같은 경제변수의 차이에 따라 발생하는 거래를 말한다. 경상수지의 상품 및 서비스수지, 본원소득수지, 자본 · 금융수지의 금융수지(준비자산증감 제외)가 여기에 해당된다. 보정적 거래는 단순히 복식부기의 차변과 대변을 일치시키기 위해 부수적으로 기재하는 것으로서 한국은행의 준비자산증감을 일컫는다.

⑥ 사전적으로 국제수지의 균형 여부는 독자적 거래만을 고려해서 판단한다. 순수출(= 수출액 − 수입액)로 정의되는 협의의 경상수지와 준비자산증감이 제외된 협의의 금융수지(= 순자본유입)의 합을 종합수지(overall balance)라고 정의하며, 이것으로 국제수지(balance of payment ; BP)의 균형 여부를 판단한다.

$$BP = (X - M) + F \quad \cdots\cdots ㉠$$

단, X : 수출액, M : 수입액, F : 순자본유입

위의 ㉠식에서 $BP = 0$이면 국제수지 균형, $BP > 0$이면 국제수지흑자, $BP < 0$이면국제수지적자가 된다.

1.3 경상수지, 저축과 투자와의 관계 (1)

국내총생산(GDP), 국민총소득(GNI), 국민총처분가능소득(GNDI)은 아래와 같이 정의된다. 국내총생산은 민간소비지출(C), 국내총투자(I), 정부소비지출(G), 재화와 서비스의 순수출(X_n), 즉 수출(X) − 수입(M)으로 정의된다.

$$\text{GDP} = C + I + G + (X - M) = C + I + G + X_n \quad \cdots\cdots ㉠$$

앞의 제 2 장 2절 2.4에서 명목 국민총생산(GNP)은 명목 국민총소득(GNI)와 같다는 것을 학습한 바 있다. 따라서 명목 국민총소득(GNI)은 ㉡식과 같이 GDP에다 대외순수취요소소득을 더해준 값과 같다.

$$\begin{aligned} \text{GNP} = \text{GNI} &= \text{GDP} + \text{대외순수취요소소득} \\ &= C + I + G + X_n + \text{대외순수취요소소득} \quad \cdots\cdots ㉡ \end{aligned}$$

또 국민총처분가능소득(GNDI)은 GNI에다 대외순수취경상이전을 더해준 값이다.

$$\begin{aligned} \text{GNDI} &= \text{GDP} + \text{대외순수취요소소득} + \text{대외순수취경상이전수지} \\ &= C + I + G + X_n + \text{대외순수취요소소득} + \text{대외순수취경상이전수지} \\ &= C + I + G + \text{상품 및 서비스수지} + \text{본원소득수지} + \text{이전소득수지} \\ &= C + I + G + \text{경상수지} \cdots\cdots ㉢ \end{aligned}$$

국민총처분가능소득(GNDI)은 총소비($C+G$)와 총저축(S)의 합이다. 따라서 국민총처분가능소득에서 총소비를 빼주면 총저축만 남는다.

$$\begin{aligned} S &= \text{GNDI} - (C + G) \\ &= \text{GNDI} - (C - G) = I + \text{경상수지 (from ㉢)} \cdots\cdots ㉣ \end{aligned}$$

㉣식은 다음과 같이 변환시킬 수 있다.

$$\begin{aligned} S &= \text{GNDI} - (C + G) = \text{GNDI} - C - G \\ &= \text{GNDI} - C + T - T - G \, (T: \text{조세}) \\ &= (\text{GNDI} - C - T) + (T - G) = (\text{GNDI} - T - C) + (T - G) = S_P + S_G \\ &= \text{민간저축}(S_P) + \text{정부저축}(S_G) = I + \text{경상수지} \cdots\cdots ㉤ \end{aligned}$$

㉣식과 ㉤식으로부터 ㉥, ㉦식을 최종적으로 도출할 수 있다.

$$\begin{aligned} &S = \text{민간저축}(S_P) + \text{정부저축}(S_G) = I + \text{경상수지} \\ &\text{경상수지} = S - I \cdots\cdots ㉥ \\ &\text{경상수지} = S_P + S_G - I \cdots\cdots ㉦ \end{aligned}$$

우리는 ㉥식을 통해 다음과 같은 사실을 유추할 수 있다. 즉 **한 나라의 총저축이 국내총투자보다 크면 경상수지는 흑자이고, 그 반대인 경우에는 경상수지적자가 된다.** 또한 **정부가 재정적자를 유발하면 정부저축이 마이너스가 된다. 이는 결국 총저축의 감소와 경상수지적자로 이어질 수 있다.**

보론 15-1 협의의 경상수지(=순수출), 저축과 투자와의 관계 (2)

앞에서 언급한 경상수지, 저축과 투자와의 관계를 좀 더 간결하고 알기 쉽게 정리할 수 있는 방법을 하나 더 소개하고자 한다. 독자들은 2가지 가운데 본인에게 쉽다고 생각하는 것을 선택해서 학습하고 그 내용을 잘 기억해두면 좋을 것 같다. 참고로 이 방법은 생산물의 총공급과 총수요를 이용하는 것이다. 이 부분도 각종 경제시험의 출제위원들이 좋아하는 영역 가운데 하나다. 따라서 언제든지 시험문제로 출제될 가능성이 있다. 따라서 이렇게 (1), (2)로 나눠 자세하게 설명하는 것이다.

㉮ 국가경제에서 생산물의 판매를 통해 얻어진 국민소득은 생산에 투입된 각 생산요소의 공급자들에게 임금, 이자, 지대, 이윤 등의 소득으로 분배되고 그것은 다시 여러 가지 방식으로 처분된다. 개방경제를 가정할 경우, 국민소득의 처분은 소비, 저축, 조세로 이루어진다.

$$Y^S \equiv C + S_P + T \quad \cdots\cdots ㉠$$

단, Y^S : 생산국민소득, C : 소비, S_P : 민간저축, T : 조세

㉠식은 생산국민소득이 요소소득으로 분배되고 그것이 소비, 민간저축, 조세로 나누어 처분되는 것을 보여주는 항등식이다. 이때, C에는 국산품뿐 아니라 수입품에 대한 소비도 포함되어 있음에 주의해야 한다.

㉯ 이제 국내생산물에 대한 총수요에 대해서 알아보자. 개방경제일 경우, 국내생산물에 대한 총수요 Y^D는 아래의 ㉡식으로 정의된다.

$$Y^D = C + I + G + X - M \quad \cdots\cdots ㉡$$

단, Y^D : 지출국민소득, I : 투자 G : 정부지출, X : 수출, M : 수입

㉡식에서 $(X - M)$은 재화와 서비스의 순수출로서 협의의 경상수지를 의미한다. 이 대목이 잘 이해되지 않는 독자들은 '경상수지, 그리고 저축과 투자와의 관계 (1)' 편을 복습해주기 바란다. 국민소득의 균형은 Y^D와 Y^S가 균형을 이룰 때 결정된다. 따라서 다음의 관계가 도출된다.

$$C + I + G + X - M = C + S_P + T$$

$$I + G + X_n = S_P + T \quad \text{단, } X_n : \text{재화와 서비스의 순수출}(= X - M)$$

$$I = S_P + (T - G) - X_n = S_P + S_G - X_n \quad \text{단, } S_G : \text{정부저축}(= T - G) \quad \cdots\cdots ㉢$$

㉢식을 X_n으로 정리하면 ㉣식이 도출된다.

$$X_n = X - M = (S_P - I) + (T - G) = (S_P - I) + S_G \quad \cdots\cdots ㉣$$

㉣식은 재화와 서비스의 순수출$(X - M)$, 즉 협의의 경상수지가 민간부문의 초과저축$(S_P - I)$과 정부저축$(T - G)$의 합으로 정의될 수 있음을 보여준다.

㈐ 협의의 경상수지와 해외부문의 순(純)해외자산 간의 관계는 ㉣식을 통해 살펴볼 수 있다. 이것 역시 시험문제로 출제될 수 있기 때문에 독자들의 세심한 관심과 주의를 부탁한다.

$X_n = X - M = (S_P - I) + (T - G) =$ 민간부문의 초과저축 + 정부저축 ······················· ㉤

㉤식에서 협의의 경상수지($= X - M$)가 0보다 크면 경상수지흑자, 협의의 경상수지가 0보다 작으면 경상수지적자가 된다. ㉤식은 다음의 ㉥식으로도 정의할 수 있다.

$X_n = X - M = (S_P - I) + (T - G) = \Delta A_f - \Delta L_f \equiv \Delta NFA$ ································· ㉥

단, A_f : 해외보유자산, L_f : 해외부채, NFA : 해외부문의 순해외자산

ⓐ 협의의 경상수지가 적자이면 해외부문의 보유자산을 매각($\Delta A_f < 0$)하거나 해외부채의 증가($\Delta L_f > 0$)로 보전해야 한다. 따라서 해외부문의 순(純)해외자산(NFA)이 감소한다.

ⓑ 협의의 경상수지가 흑자이면 해외부문의 자산을 매입하거나($\Delta A_f > 0$) 해외부채를 줄일 수 있다($\Delta L_f < 0$). 따라서 해외부문의 순(純)해외자산(NFA)이 증가한다.

요약 및 복습

01 국제수지는 일정 기간 동안에 한 나라의 거주자와 비거주자 사이에 이루어진 모든 경제적 거래를 화폐지불과 화폐수취로 대조시킨 것을 의미한다. 여기서 거주자는 국적이 아니라 경제 활동에 있어서 이익의 중심이 어디냐에 따라 구분됨에 주의해야 한다.

02 국제수지표는 국제수지를 복식부기의 원리에 따라 작성한 통계표로서 대외거래의 결과로 발생하는 흑자와 적자를 측정하는 표준화 지표다. 현행 국제수지표는 국제통화기금(IMF)의 국제수지 편제기준에 의거해서 작성되고 있다. 현행 한국의 국제수지표는 한국은행의 주관으로 월별로 작성되고 1년 단위로 종합한다.

1) 국제수지의 세부구성항목을 보면 국제수지는 크게 경상수지, 자본 · 금융수지(준비자산증감 포함), 오차 및 누락 항목으로 구분된다.

2) 경상수지는 다시 상품수지, 서비스수지, 본원소득수지, 이전소득수지로 세분된다.

3) 자본 · 금융수지는 자본수지와 금융수지로 구분되고, 금융수지는 직접투자, 증권투자, 파생금융상품투자, 기타 금융투자, 한국은행의 준비자산증감으로 세분된다.

4) 종합수지(overall balance)는 순수출(= 수출액 − 수입액)로 정의되는 협의의 경상수지와 준비자산 증감이 제외된 협의의 금융수지(= 순자본유입)의 합으로 정의된다. 종합수지로 국제수지의 균형 여부를 판단한다. $BP = 0$이면 국제수지 균형, $BP > 0$이면 국제수지흑자, $BP < 0$이면 국제수지 적자가 된다.

$$BP = (X - M) + F$$ 단, BP : 국제수지, X : 수출, M : 수입, F : 순자본 유입

03 경상수지, 협의의 경상수지(X_n), 저축과 투자와의 관계는 2가지로 구분해서 정리할 수 있다.

1) 총저축(S) = 민간저축(S_P) + 정부저축(S_G) = I + 경상수지

경상수지 = 민간저축(S_P) + 정부저축(S_G) − 투자(I) = 총저축(S) − 투자(I)

2) 협의의 경상수지(X_n) = 민간저축(S_P) − 투자(I) + 정부저축(S_G) = 민간부문의 초과저축 + 정부저축

= 해외보유자산의 증가분(ΔA_f) − 해외부채의 증가분(ΔL_f)

= 해외부문의 순해외자산(ΔNFA)

제 16 장 외환론

1. 외환, 환율, 환율제도
2. 균형환율의 결정과 환율의 변동
3. 환율의 결정모형 탐구
4. 환율제도와 국제수지의 조정

출처 : 공군 블랙이글스

2016. 3. 31. 진해군항제의 축하비행에서 블랙이글스가 사랑의 큐피드 기동을 선보이고 있다. 사랑의 큐피드 기동에는 3대의 T-50B가 참여한다. 두 대의 T-50B가 하트 모양을 완성해갈 즈음, 어디선가 굉음을 울리며 나타난 T-50B가 화살표를 연출하며 뜨거운 사랑의 큐피트 기동을 마무리한다. 사랑의 큐피드 기동은 국가와 국민을 향한 공군 조종사들의 뜨거운 사랑을 대변해준다. 특히 이 기동은 젊은 연인들이 가장 좋아하는 기동으로 손꼽힌다. **수험생 여러분들도 늘 사랑을 실천하는 따뜻한 사람이었으면 좋겠습니다!**

❶ 외환, 환율, 환율제도

1.1 외환과 환율에 대한 개념

1) 외환의 개념

① 국제수지, 국제수지표에 계상되는 모든 대외거래의 결제는 교환의 매개수단인 화폐를 통해서 이루어진다. 그런데 미국 달러, 일본 엔화, 중국 위안화, 유럽연합의 유로 달러, 한국의 원화처럼 각국이 사용하는 화폐는 제각기 다르다. 그런데도 국제거래는 다양하면서도 긴밀하게 이루어지고 있다. 제1절에서는 그와 관련된 기초 개념들에 대해 학습한다.

② 외환(foreign exchange)은 한마디로 **외국 화폐, 외국 돈**을 말한다. 우리에게는 달러, 유로 달러, 엔화, 위안화가 외환이다. 그런데 넓은 의미로는 외국 돈을 청구할 수 있는 모든 유가증권(예 : 외화로 표시된 어음, 전신환, 우편환 등과 같은 외화표시 지불지시서, 외화 예금통장)도 외환으로 정의할 수 있다.

2) 환율에 대한 개념

① 환율(exchange rate)은 '**자국 통화로 표시한 외국 통화 1단위의 가치**', '한 나라의 화폐와 외국 화폐 간의 교환비율'을 의미한다. 또 '외국 화폐 1단위를 구입하기 위해 필요로 하는 자국 화폐의 수량'으로도 정의된다.

② 가령 2020년 8월 31일 현재, 미국 돈(美貨) 1달러를 구입하기 위해 국내 돈 1,000원을 지불해야 한다면, 그때의 환율은 1,000(₩/$)다. 대부분은 1,000원이라고 말하는데 정확하게 말한다면 '1,000원바달러'라고 표현해야 옳다. 환율에는 지급환율과 수취환율[1]이 있는데 거의 모든 국가들이 지급환율 개념을 사용한다. 미 달러화에 대한 원화의 환율은 아래 공식으로 정의된다.

---

1. 지급환율은 1$: 1,000₩의 개념이다. 지급환율의 기준은 우리가 외국에 지급하는 것이 달러($)이기 때문에 1$가 된다. 반면 수취환율은 1원(₩) : 1/1,000$로 표시된다. 그것은 우리가 외국으로부터 수취하는 것은 최종적으로 원(₩)화이기 때문이다. 그런데 우리나라를 비롯한 거의 모든 국가들이 지급환율을 사용하고 있기 때문에 본서(本書)에서도 환율을 지급환율로 사용하고자 한다.

$$\text{지급환율 : 환율}(e) = \frac{\text{1\$와 교환되는 원화(₩)의 수량}}{1\$} = 1{,}000\ ₩/\$$$

3) 절상과 절하의 개념[2]

① 절하(depreciation)는 원화 가치가 하락했다는 뜻이다. 즉 1$를 1,000원에 구입할 수 있었다고 하자. 그때의 환율은 1,000(₩/$)이다. 그런데 어떤 대내외적 경제 상황 변화로 1달러($)를 구입하기 위해서는 2,000원이 필요해졌다고 가정하자. 그러면 환율은 2,000(₩/$)로 상승한다. 이때 우리는 원화 가치가 절하되었다고 말한다.

② 절상(appreciation)은 원화 가치가 상승했다는 의미다. 즉 1$를 1,000원에 구입할 수 있었다고 가정하자. 그때의 환율은 1,000(₩/$)이다. 그런데 어떤 대내외적 경제 상황 변화로 1달러($)를 구입하기 위해서는 500원이 필요하다고 하자. 그러면 환율은 500(₩/$)으로 하락한다. 이때 우리는 원화 가치가 절상되었다고 말한다.

4) **환율의 종류** : 명목환율, 실질환율

환율은 필요와 목적에 따라 명목환율과 실질환율로 구분된다.

① 명목환율(e)은 한 나라 통화의 대외가치, 즉 외화 1단위를 얻기 위해서 지급해야 하는 자국 통화의 수량을 의미한다. 일반적으로 환율 하면 명목환율을 의미한다.

② 실질환율(q)은 **국산상품과 외국산 상품이 교환되는 비율, 즉 외국산 상품의 가격을 국산상품 가격으로 나눠준 값**으로 정의되며, 그것을 구하는 공식은 ㉠식과 같다.

$$q = \frac{e \times P_f}{P} \quad \cdots\cdots ㉠$$

단, q : 실질환율, e : 명목환율, P_f : 외국산 상품가격, P : 국산상품가격

하지만 ㉠식만으로 실질환율의 개념을 완벽하게 이해하기가 어려울 수도 있다. 따라서 과거 테샛 시험문제로 출제되었던 문항을 활용해서 실질환율의 개념을 알기 쉽게 설명하고자 한다. 테샛 시험문제는 **'명목환율이 1$당 1,100원일 때, 1kg당 쌀 가격이 한국에서는 3,000원이었고 미국에서는 3$였다고 한다. 이때 $에 대한 원(₩)화의 실질환율은 얼마인가?'** 였다.

2. 후술(後述)할 환율제도에서 논의하겠지만 환율을 결정하는 제도로는 크게 고정환율제도, 자유변동환율제도, 관리변동환율제도가 존재한다. 평가절하와 평가절상은 고정환율제도하에서 사용된 용어이고, 현대의 자유변동환율제도 하에서는 '평가' 라는 표현을 삭제하고 절하와 절상이란 용어를 사용한다.

㉠ 실질환율의 공식(㉠식)에 대입해서 실질환율을 구하면 q(실질환율) = 1.1[3]임을 금방 알 수 있다. 그런데 실질환율의 공식이 생각나지 않았을 경우, 우리는 어떻게 이 문제를 풀 것인가를 고민해볼 필요가 있다. 그것은 다음과 같은 논리로 풀면 된다.

㉡ 실질환율은 '**미국산 쌀 1kg을 수입하기 위해 국내산 쌀 몇 kg을 수출해야 하는가?**' 의 개념이다. 이는 원화(₩)로 환산한 미국산 쌀 1kg의 가격(= $e \times P_f$)을 국내산 쌀 1kg의 가격(P)으로 나눠주면 된다. 이 논리대로 위 문제를 풀면 명목환율(e)인 e = 1,100₩/$에다 3$를 곱해주면 3,300원이 도출된다. 이 3,300원을 국내산 쌀 1kg의 가격인 3,000원으로 나눠주면 실질환율(q)은 1.1로 계산된다. 즉 미국산 쌀 1kg의 가치는 국내산 쌀 1.1kg과 같다는 의미다.

$$q(\text{실질환율}) = \frac{\text{국내산 쌀 } 1.1\text{kg}}{\text{미국산 쌀 } 1\text{kg}} = 1.1 \cdots\cdots\cdots\cdots ㉡$$

㉢ ㉠식을 통해 알 수 있듯이 실질환율(q)의 상승은 명목환율(e)이 인상될 때, 또 국산상품가격(P)에 비해 외국산 상품가격(P_f)이 더 크게 상승할 때 나타난다. 즉 **실질환율이 상승하면 국제시장에서 국산상품의 가격경쟁력이 제고됨에 따라 국산상품의 수출이 증가하고 외국산 상품의 수입은 감소함으로써 경상수지가 개선된다.** 참고로 국가 간 무역에서 수출입의 변화를 살펴보는 데는 실질환율이 명목환율보다 더 적합하다. 그런데도 정책당국이나 언론매체는 주로 명목환율을 인용한다. 그 이유는 단기적으로 P나 P_f가 불변이거나 경직적이라고 생각하기 때문이다. 그때는 명목환율과 실질환율이 근사값을 갖게 된다.

㉣ 실질환율은 교역조건과 밀접한 관련이 있다. 순상품교역조건(= 수출상품가격지수/수입상품가격지수)은 '수출상품 1단위로 수입할 수 있는 외국상품의 수량' 으로 정의된다. 따라서 **실질환율은 순상품교역조건의 역수**가 된다. 이는 제14장 제1절 1.7의 교역조건에서 충분히 학습했기 때문에 더 이상의 추가적 설명은 생략하기로 한다. 조금 어렵다고 느껴지는 독자들은 제14장 제1절의 1.7을 복습하길 바란다.

---

3. 위의 테샛 시험문제에서 실질환율(q)에 대한 정답은 1.1이다. 그 근거는 $1.1 = \frac{3\$ \times 1{,}100₩/\$}{3{,}000₩}$로 요약된다.

보론 16-1 환율 인상이 언제나 경상수지 개선을 보장하는 특효약일까?

외환정책은 일반적으로 자국의 화폐 가치를 절하시킴으로써 수출을 촉진하고 수입을 억제하려는 일련의 정책을 의미한다. 다른 조건이 일정한 상태에서 환율이 상승하면 수출이 촉진되고 수입이 억제되어 경상수지가 개선된다. 그런데 거기에도 한 가지 전제조건이 있다. 그것은 **마셜-러너 조건**(Marshall-Lerner Condition)이 충족되어야 한다는 점이다.

㉮ 마셜-러너 조건의 정의

마셜-러너 조건을 정의하면 다음과 같다. **'환율 상승이 경상수지 개선으로 이어지기 위해서는 국산상품에 대한 외국인 수요의 가격 탄력도(ε_X)와 외국산 상품에 대한 한국인 수요의 가격 탄력도(ε_M)의 합이 1보다 커야 한다'는 점이다.** 즉 $\varepsilon_X + \varepsilon_M > 1$이어야 한다는 얘기다.

㉯ 현실에서 마셜-러너 조건이 잘 지켜질 수 있는가?

마셜-러너 조건이 충족되면 환율 상승은 경상수지의 개선을 보장한다. 하지만 원자재, 중간재, 수출상품을 생산하기 위한 각종 기계류나 식량의 수입의존도가 높은 나라는 환율 상승으로 이들 상품의 수입가격이 상승해서 총수입액을 증가시킴은 물론 임금 인상과 국내 물가 상승까지 초래할 가능성이 있다. 그러면 경상수지 개선에 부담을 줄 수도 있다. 또 중국처럼 자국 화폐 가치를 인위적으로 절하시킴으로써 경상수지 개선을 도모하려는 인상을 줄 경우, 경쟁 상대국들로부터 각종 보복 조치를 당할 수 있다.

㉰ 마셜-러너 조건식에 대한 수학적 증명

마셜-러너 조건식의 수학적 도출은 대학원 수준의 고급 거시경제학에서 논의되는 사항이다. 그렇지만 이 조건은 시험출제와 관계없이 매우 중요한 식이다. 따라서 수학에 조금 자신 있는 학생들을 위해 증명 과정을 제시해둔다. **공무원 시험이나 임용고시를 준비하는 학생들은 앞에서 언급한 ㉮, ㉯항의 기본 개념만 숙지하고 이 부분은 건너뛰어도 무방하다.**

수출은 해외부문에 의한 국산상품의 매입(買入)이다. 따라서 수출량은 국산상품에 대한 해외수요에 의해 결정된다. 소비자이론에서 학습했듯이 수요량은 가격과 수요자의 소득에 의해 결정된다. 따라서 수출함수는 다음과 같이 정의된다.

$$\text{수출함수}: X = X^d\left(\overset{-}{\frac{1}{q}}, \overset{+}{Y^f}\right) \cdots\cdots ㉠$$

단, -는 감소함수, +는 증가함수를 의미함.

㉠식에서 q는 실질환율이며, 그것은 국산상품의 가격에 대한 외국산 상품의 가격비율이다. 그런데 X^d는 외국산 상품에 대한 국산상품의 가격비율로 정의되어야 한다. 따라서 X^d는 실

질환율(q)의 역수인$\left(\frac{1}{q}\right)$의 감소함수다. 또 X^d는 외국인 소득(Y^f)이 증가하면 커지기 때문에 Y^f의 증가함수로 정의된다. 한편 수입량은 외국산 상품에 대한 국내 수요에 의해 결정된다. 따라서 수입량은 수입상품의 국내 가격과 국내 실질 GDP(Y)에 의해 결정된다. 따라서 수입함수는 ㉡식으로 정의된다.

$$\text{수입함수} : M = q \times M^d(\overset{-}{q}, \overset{+}{Y}) \quad \cdots\cdots \text{㉡}$$

단, −는 감소함수, +는 증가함수를 의미함.

㉡식에서 **M^d는 외국산 상품 단위로 표시된 외국산 상품의 수입량을 의미한다.** 순수출(=$X-M$)은 국산상품 단위로 표시해야 하므로 외국산 상품의 수입량을 국산상품의 단위로 환산해 주어야 한다. 이를 위해서는 실질환율인 q를 곱해주어야 한다. 그 이유는 q가 외국산 상품에 대한 국산상품의 교환비율이기 때문이다. 그리고 ㉡식에서 M^d는 q의 감소함수이며 국내 실질 GDP인 Y의 증가함수로 정의된다. 이를 요약하면 최종적으로 ㉢식이 도출된다.

$$\text{순수출}(X_n) : X - M = X^d\left(\frac{1}{q}, Y^f\right) - [q \times M^d(q, Y)] \quad \cdots\cdots \text{㉢}$$

이제 ㉢식을 q에 대해 미분한 후, 재정리하면 다음과 같은 식이 도출된다.

$$\frac{dX_n}{dq} = -\frac{1}{q^2}\frac{dX^d}{d\left(\frac{1}{q}\right)} - M^d - q \cdot \frac{dM^d}{dq}$$

$$= M^d\left[-\frac{dX^d}{d\left(\frac{1}{q}\right)} \cdot \frac{1}{q^2 \cdot M^d} - 1 - \frac{dM^d}{dq} \cdot \frac{q}{M^d}\right]$$

실질환율(q)이 변하기 전, 수출입이 균형을 이루고 있었다고 가정하면 $X^d - [q \times M^d] = 0$이므로 괄호 안의 첫 번째 항에서 $q \times M^d$ 대신 X^d를 대입한 후, 이를 재정리해주면 다음과 같은 식이 도출된다.

$$\frac{dX_n}{dq} = M^d\left[\underbrace{-\frac{dX^d}{d\left(\frac{1}{q}\right)} \cdot \frac{\left(\frac{1}{q}\right)}{X^d}}_{①} - \underbrace{\frac{dM^d}{dq} \cdot \frac{q}{M^d}}_{②} - 1\right]$$

①은 국산상품에 대한 외국인 수요의 가격 탄력도인 ε_X를 의미하고 ②는 외국산 상품에 대한 한국인 수요의 가격 탄력도인 ε_M을 의미한다. 따라서 위 식은 다음과 같이 요약된다.

$$\frac{dX_n}{dq} = M^d(\varepsilon_X + \varepsilon_M - 1)$$

이제 실질환율(q)이 상승할 때 순수출(X_n)이 증가하려면, 위 식에서 $\frac{dX_n}{dq} > 0$이어야 한다. 이는 $\varepsilon_X + \varepsilon_M - 1 > 0$의 조건이 충족되어야 한다는 얘기다. 따라서 $\varepsilon_X + \varepsilon_M > 1$의 관계가 성립한다.

보론 16-2 J-커브 효과

국제수지적자로 고통받는 국가가 자국의 화폐 가치를 절하하면 일반적으로 수출이 증가하고 수입은 감소함으로써 경상수지가 개선되는 경향이 있다. 하지만 'J-커브 효과'로 인해 자국의 화폐 가치 절하가 경상수지를 즉각적으로 개선시키지는 못한다.

㉮ J-커브 효과에 대한 정의

J-커브 효과란, [그림 16-1]에서 보는 바와 같이 t_0 시점에서 **자국의 화폐 가치가 절하되면 얼마 동안은 경상수지가 악화되다가 서서히 호전되면서 경상수지가 개선되는 현상**을 의미한다.

[그림 16-1] J-커브 효과

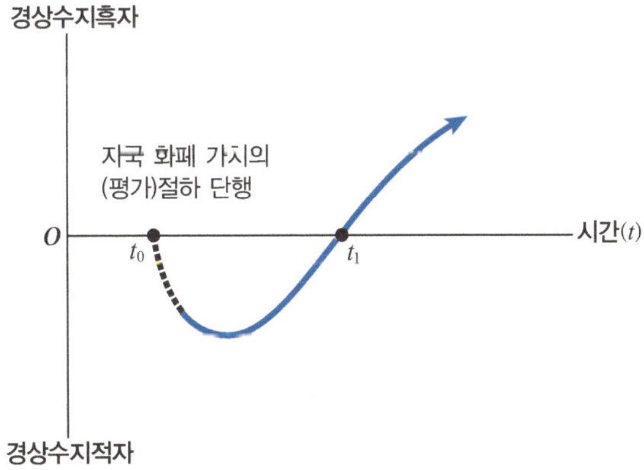

㉯ J-커브 효과가 발생하는 이유는 뭘까?

J-커브 효과가 발생하는 근본 이유는 단기의 수출수요와 수입수요가 비탄력적이어서 [보론 16-1]에서 증명한 마셜-러너 조건이 제대로 충족되지 않기 때문이다. 즉 수출가격과 수입가격의 변화에 대한 수출량과 수입량의 변화가 일정 시차(time lag)를 두고 나타나기 때문이다.

일례로 한국의 대미(對美) 경상수지가 적자인 상황을 가정해보자. 이때 원화 가치가 절하되면 단기에는 국산상품의 수출가격은 하락하지만 수출량은 그에 따라 탄력적으로 늘어나지 않는다. 수출량의 경우 수출계약과 생산까지는 상당한 시간이 소요되기 때문이다. 따라서 초기의 수출액(= 수출가격 × 수출량)은 감소할 수밖에 없다.

또 원화 가치의 절하는 환율 상승을 의미하는데, 환율 상승으로 수입가격은 오르지만 수입량은 단기적으로 줄지 않는다. 어떤 경우는 외국의 수출업자가 국내 시장을 잃을 것을 대비해 환율 상승 폭보다 더 적게 수입가격을 인상할 가능성이 크다. 이를 '환율의 불완전한 전가(incomplete pass through)'라고도 말한다. 따라서 수입액(= 수입가격 × 수입량)은 증가한다. 그 결과 단기에는 경상수지적자 폭이 더 커질 수밖에 없다.

하지만 시간이 경과되어 t_1 시점에 이르면 수출가격과 수입가격의 변화에 따른 수출량과 수입량이 조정되어 경상수지가 개선되기 시작한다. 'J-커브'라는 명칭은 [그림 16-1]에서 국제수지가 조정되는 모습이 마치 J자와 비슷하다고 해서 이름 붙여진 것이다.

㉰ J-커브 효과의 시사점

J-커브 효과의 시사점은 두 가지다. 첫째는, 과연 현실경제에서 J-커브 효과가 존재하는가? 둘째는, 만약 현실경제에서 J-커브 효과가 존재한다면 그것이 나타나는 시점은 언제인가? 이에 대해서는 추가적인 연구가 필요하다고 생각한다. 다만 미국 경제에서는 J-커브 효과가 나타났던 것으로 보인다. 1985년도에 미국산 상품의 대외경쟁력 하락으로 달러 가치가 크게 절하되었지만(이는 물론 1985년의 플라자 합의에 따른 것이다.) 1987년도까지 미국의 대일(對日), 대(對)유럽 경상수지적자는 큰 폭으로 증가하는 추세를 보인 바 있다.

1.2 환율제도에 대한 고찰

1) 고정환율제도

① 고정환율제도는 말 그대로 정부나 중앙은행이 개입해서 환율을 일정 수준으로 고정시키는 제도이다.

② 고정환율제도에서는 환율변화에 따른 불확실성이나 환-리스크가 존재하지 않기 때문에 국제거래에 따른 거래비용이 절감된다. 따라서 국제무역이나 국가 간 자본이동이 활발하게 이루어질 수 있다는 장점이 있다. 또 통화정책의 운용능력이 결여된 국가는 안정적인 통화를 가진 상대국가(예 : 미국)에 환율을 고정시켜 자국의 물가안정을 도모할 수도 있다. 과거 남미의 에콰도르(Ecuador) 같은 나라가 그것을 활용한 대표적인 국가로 손꼽힌다.

③ 그러나 고정환율제도는 **대외환경변화에 대한 탄력적 대응이 어렵다**는 문제가 있다.

즉 **통화정책이 무용지물이 되고 그로 인해 정책의 독립성까지 훼손될 수 있다**는 문제를 내재한다. 특히 해외의 경기변동이 곧바로 국내 경기변동으로 이어진다는 것은 고정환율제도의 치명적인 단점이다.

가령, 외국을 A국, 자국은 B국이라고 하자. 만약 A국에 불황이 닥쳐오면 A국의 GNI가 감소한다. 그러면 B국에 대한 A국의 수입수요도 줄어든다. B국의 수출이 감소하면 그에 따라 외환공급도 줄어든다. 이제 B국에서는 외환에 대한 초과수요 현상이 나타난다. 그런데 고정환율제도 하에서는 환율이 고정되어 있기 때문에 외환의 초과수요를 해결하는 유일한 방법은 B국의 수입수요를 줄이는 것이다. 그러려면 B국이 긴축정책을 써서 자국의 GNI 증가를 억제해야 한다. 그 결과 B국도 경기불황에 휩싸이게 된다. 그 밖에도 **고정환율제도는 외환위기에 취약**[4]하고, **국가 간에 물가상승률이 큰 차이를 보일 경우 대외불균형이 증폭될 수 있다**[5]는 문제도 내재하고 있음에 유의해야 한다.

2) 자유변동환율제도

① 자유변동환율제도는 외환시장에서 외환의 수요와 공급에 의해 균형환율이 결정되도록 자유 방임하는 제도를 말한다.

② 자유변동환율제도하에서는 국제수지의 불균형이 환율변동에 따라 자동적으로 조정되기 때문에 정부나 중앙은행이 개입할 필요가 없다. 환율변동이 일종의 자동안정화 장치의 역할을 담당함으로써 '**해외의 경기변동이 국내경제로 파급되지 않게 된다**'. 해외에 독립적이고 자율적인 통화정책을 확보할 수 있는 것도 변동환율제도의 장점이다. 하지만 자유변동환율제도는 환율변동에 따른 불확실성과 환-리스크의 발생으로 무역 및 금융자산의 거래 시 거래비용이 급증할 개연성을 안고 있다. 그로 인해 국제거래가 위축될 가능성도 있고, 또 그것이 국내의 물가 불안으로 이어질 수도 있다. 그 밖에도 고정환율제도에서는 고정된 환율이 명목기준지표의 역할을 담당했지만 변동환율제도에서는 그 역할에 한계가 있을 수밖에 없다. 더욱이 한국은행이 독립적인 통

---

4. 만약 경상수지와 자본 · 금융수지의 적자가 지속적으로 누적되면 정부 당국은 환율을 안정시키기 위해서 외환을 매각해야 한다. 그러나 자국의 중앙은행이 보유한 외환보유고가 바닥을 드러내면 환율을 안정화시킬 수 있는 대안 및 방법이 사라지게 된다. 그렇게 되면 해당 국가로서 모라토리움이나 디폴트 가운데 하나를 선택할 수밖에 없다. 마치 대한민국이 1997년 12월 3일 IMF 구제금융위기에 처했던 것처럼 말이다.

5. 명목환율(e)이 고정된 상태에서 국가 간에 물가상승률이 큰 차이를 나타내면 명목환율과 실질환율 사이에 괴리가 발생하고 그에 따라 경상수지의 불균형이 심화될 가능성이 매우 높다.

화정책을 운용하는 과정에서 통화 팽창과 그에 따른 만성적인 인플레이션으로 고통받을 가능성도 존재한다.

보론 16-3 고정환율제도와 자유변동환율제도의 상호 비교

환율제도를 마무리하면서 고정환율제도와 자유변동환율제도를 상호 비교하고자 한다. 이것도 시험문제로 종종 출제되는 경향이 있다. 처음부터 무조건 암기하지 말고 차근차근 그 내용을 이해한 다음, 암기하면 아주 오랫동안 독자들의 뇌리 속에서 건강한 경제 상식으로 남아 있을 것이다. 그것이 바로 조선의 최고 천재였던 율곡 이이께서 공부하셨던 방식이다.

표 16-1 고정환율제도와 자유변동환율제도의 상호 비교

주요 항목 \ 환율제도	고정환율제도	자유변동환율제도
환-리스크(Risk)	거의 없다.	매우 크다.
국제거래와 해외투자	촉진된다.	위축될 가능성이 크다.
국내 투기자금의 이동	적다.	많다.
해외 경기의 국내 파급	손쉽게 파급된다.	거의 파급되지 않는다.
통화정책의 자율성	국제수지의 변화에 따라 국내 통화량이 변동하므로 통화정책의 자율성이 크게 제약된다.	환율변동에 의해 국제수지 불균형이 자동 조절된다. 통화정책의 자율성이 확보된다.

3) 관리변동환율제도

① 관리변동환율제도는 고정환율제도와 자유변동환율제도를 복합시킨 것으로서 환율이 일정 범위를 벗어날 경우, 정부나 중앙은행이 개입하고 그 밖의 경우에는 환율이 외환시장에서 결정되도록 방임하는 제도를 말한다.

② 관리변동환율제도 하에서는 일관성 있는 대외정책을 추진하면서도 대외환경 변화에 대해 탄력적으로 대응할 수 있다는 장점이 있다. 그러나 정부나 중앙은행이 상황 판단을 잘못해서 외환시장에 대한 개입 시기나 환율의 변동 폭을 잘못 설정할 때에는 그에 따른 부작용도 만만치 않다.

4) 한국 환율제도의 변천 과정

① 한국은 1990년 3월1일부터 IMF 구제금융위기에 봉착했던 1997년 12월 15일까지 관리변동환율제도의 일종인 **시장평균환율제도**를 운용해왔다.

② 채택 초기에는 환율의 급격한 변동을 막기 위한 목적에서 환율의 1일 변동 폭을 상 · 하 0.4%로 제한했다가 단계적으로 그 비율을 올리기 시작해서 1995년 12월부터는 상 · 하 2.25%까지 확대 실시했다. 1997년 12월 3일 IMF 구제금융위기가 발생한 직후에는 1일 변동 폭의 한계를 상 · 하 5%, 10%로 확대 운영하다가 1997년 12월 16일 이후부터는 IMF의 권고를 적극 수용해서 1일 상 · 하 변동 폭을 완전 철폐했다. 그것을 계기로 한국은 자유변동환율제도를 시행하는 국가로 거듭 태어났다.

1.3 국제통화제도의 변천 과정

1870년대 이전에는 환율 개념이 제대로 정립되지 않았다. 필요에 따라 무역 당사국들이 상호 흥정이나 개별 협상을 통해 결제수단과 적용환율을 결정했던 것으로 보인다. 국제통화제도가 세계 역사에 처음으로 등장한 것은 금본위제도가 정립된 1870년도부터다. 그 이후로 국제통화제도는 금본위제도(1870 ~ 1914) ⇒ 브레튼우즈 체제(1944 ~ 1971) ⇒ 스미소니언 체제(1971 ~ 1973) → 킹스턴 체제(1976 ~)를 거쳐 현재에 이르고 있다. 이하에서는 이들 각각의 핵심사항에 대해 간략하게 언급하고자 한다.

1) 금본위제도 : 1870 ~ 1914

① 금본위제도는 금을 교환의 매개수단으로 하는 화폐제도다. 각국 정부는 자국의 화폐 단위를 금의 일정한 중량으로 정해놓고(예 : 금 1온스 = 35$) 이를 고정시켰다. 또 각국 화폐 간 교환비율인 환율 역시 금을 기준으로 고정되었다. 그런 의미에서 금본위제도는 고정환율제도라고 볼 수 있다.

② 일례로 금본위제도하에서 미(美) 달러($)와 영국 파운드(£) 간의 교환비율인 환율이 어떻게 결정되었는지 살펴보자. 1913년 당시 미 1달러는 금 0.053온스의 가치를 지녔고, 영국의 1파운드는 금 0.257온스의 가치를 갖는 것으로 정해졌다. 달러와 파운드 간의 환율을 구하기 위해서는 부등식 '1 : 0.053 = X : 0.257' 에서 X값을 풀면 된다. 그 결과 달러와 파운드 간의 환율은 '1파운드 = 4.85달러' 로 결정되었다.

③ 금이 유일한 국제통화였기 때문에 국제수지의 불균형은 금의 자유로운 유출입을 통해 조정될 수밖에 없었다. 그 조정과정은 4절의 '**환율제도와 국제수지의 조정**' 편에서 자세하게 다룰 것이다. 그 부분을 참조하기 바란다.

④ 이런 금본위제도가 계속되지 못하고 붕괴된 이유는 무엇일까? 금본위제도는 1870년에 처음 도입되어 실시해오다가 1914년에 역사의 뒤안길로 사라지고 말았다. 그 이유에 대해서는 여러 얘기들이 난무하지만 금본위제도 붕괴의 결정적 원인은 하나였다. 즉 **각국이 대내균형**(물가안정, 고용안정)**을 대외균형**(국제수지 균형)**보다 중시**(重視)**하면서 금본위제도의 운영준칙을 제대로 지키지 않았기 때문이다.**

2) 브레튼우즈 체제 : 1944 ~ 1971

① 제2차 세계대전 이후 세계 각국은 황폐해진 상대국의 화폐를 신뢰하지 않았다. 특히 패전국의 화폐는 언제 사라져도 전혀 이상할 것이 없을 정도였다. 상대국의 화폐를 믿지 못하면 무역이나 금융거래가 일어날 수 없다. 따라서 미국을 비롯한 연합국 대표들은 1944년 미국의 뉴햄프셔주에 있는 브레튼우즈(Bretton Woods)에서 회합을 갖고 세계통화정책을 모색했다. 그 결과로 1944년 7월에 탄생한 것이 바로 '브레튼우즈 체제' 다.

② 브레튼우즈 체제의 특징은 크게 3가지로 요약된다.

㉠ 미 달러($)만을 기축통화(key currency)로 하는 **금환본위제**[6]로서 고정환율제도의 특성을 지닌다. 즉 미 달러만이 금과 일정한 비율(금 1온스 = 35$)로 교환되며 다른 나라의 통화는 미 달러와의 교환비율을 유지함으로써 환율 안정을 도모한다. 그런 의미에서 브레튼우즈 체제도 고정환율제도라고 볼 수 있다.

㉡ 브레튼우즈 체제를 유지하고 운영하기 위한 제도적 장치로서 1945년 12월에 국제통화기금(International Monetary Fund ; IMF)을 설립했다. 또 IMF는 1947년 3월부터 업무를 개시했다.

㉢ 각국은 단기적인 국제수지 불균형 문제가 발생할 경우, 1% 이내에서 자국 환율을 자율적으로 조정할 수 있다. 또 국제수지 불균형이 지속적으로 발생해서 국가경제

6. 달러가 기축통화의 역할을 할 수 있었던 핵심 키워드는 금과 유일하게 교환(금 1온스 = 35$)할 수 있는 세계적 화폐로서의 경제적 지위 때문이다. 예나 지금이나 금은 희소성, 불변성, 발광성의 특성 때문에 세계에서 최고로 신뢰할 수 있는 자산이다. 그런 금과 달러만이 교환될 수 있었기 때문에 세계인들이 미 달러를 신뢰했던 것이다. 금환본위제도의 비결이 여기에 있다.

가 심각한 곤경에 처할 경우, 국제통화기금의 사전승인을 얻으면 10%의 범위까지 환율 조정이 가능하도록 했다.

③ 1960년대 중반에 접어들면서 미국 경제는 쌍둥이 적자(재정적자, 국제수지적자)의 조짐을 보이기 시작했다. 그 배경에는 1960년대 초에 발발한 베트남 전쟁에 미국이 직접 개입하면서 막대한 전비(戰費)를 지출한 데다 서유럽 국가들과 일본의 급부상으로 해외시장에서도 미국산 상품이 국제 경쟁력을 상실했기 때문이다. 그에 따른 달러의 대외신뢰도 저하와 미국의 금 보유량 감소는 국제 외환시장에서 달러의 투매(投賣) 현상까지 야기했다. 사태가 계속해서 악화되자 1971년 닉슨 대통령은 달러의 금태환 정지를 선언함으로써 브레튼우즈 체제도 사실상 끝이 났다.

3) 스미소니언 체제 : 1971 ~ 1973

① 1971년 브래튼우즈 체제의 붕괴 이후 환율제도의 안정을 도모하기 위해 선진 10개국 재무장관들이 미국의 워싱턴에 위치한 스미소니언(smithsonian)박물관에 모여 체결한 국제환율체제이다. 이 체제는 붕괴된 브래튼우즈 체제를 이어 나가기 위한 일련의 조치로서 일정 범위 내에서 환율 조정이 가능했던 고정환율제도라고 생각된다.

② 스미소니언 체제의 특징도 크게 3가지로 요약된다.

㉠ 환율체제는 고정환율제도를 유지하되, 미 달러를 기준으로 기준율제도를 도입해서 다른 나라 통화와의 환율을 결정하도록 한다.

㉡ 미 달러에 대한 평가절하를 단행했다. 즉 브레튼우즈 체제 때는 금 1온스가 35$와 교환되었지만 스미소니언 체제에서는 금 1온스가 38$에 교환되었다.

㉢ 각국은 자국 통화의 환율변동 폭을 기준율의 상하(上下) 2.25%로 확대했다. 참고로 브레튼우즈 체제에서는 자율조정이 가능한 환율변동 폭이 상 · 하 1%였다.

③ 1973년 3월 주요 선진국들이 제1차 오일 쇼크에 대응하기 위해 변동환율제도를 채택하면서 스미소니언 체제도 자연스럽게 해체되고 말았다.[7]

---

7. 하지만 스미소니언 체제가 출범한 지 6개월 만인 1972년 6월 영국은 투기에 따른 파운드화 파동을 견디지 못하고 변동환율제도를 채택하였으며 프랑스, 벨기에, 이탈리아 등도 이중환율제를 택하였다. 또 투기자본이 마르크화와 엔화에 집중되면서 달러의 가치는 계속 하락했다. 결국 1973년 2월 금 1온스당 38$에서 42.22$로 약 10%만큼 평가절하되었다. 게다가 1973년 3월 19일 EC 6개국과 스웨덴, 노르웨이가 공동 변동환율제로의 이행을 선언했다. 이에 따라 각국이 자국의 경제사정에 적절한 환율제도를 자유로이 채택하게 되었으며, 이로써 고정환율제로 출발하였던 스미소니언 체제도 출범한 지 1년 반 만에 무너지고 말았다.

4) 킹스턴 체제 : 1976 ~ 현재까지

① 등장 배경

제1차 오일 쇼크는 1973년 10월 6일에 시작된 중동전쟁에 의해 발생했다. 이스라엘과 아랍권 국가의 이권 쟁탈 전쟁인 중동전쟁에서 모든 사람들의 예상을 뒤엎고 이스라엘이 손쉽게 승리했다. 미국이 이스라엘을 지원했다고 판단한 아랍권 국가들은 미국에 대한 보복 차원에서 석유가격을 4배나 인상시켰다. 그 결과 에너지 효율이 낮았던 미국 경제는 스태그플레이션의 발생과 함께 달러 가치 하락으로 곤경에 처했다. 미국은 자구책을 모색하는 과정에서 사우디아라비아와 밀약(密約)을 맺게 된다. 1975년에 사우디아라비아의 파이살 국왕과 미 국무장관 키신저 사이에 맺어진 비밀협약이 그것이다.

미국은 추락한 달러 가치의 회복을 위해 사우디아라비아에게 안보 우산을 제공해주는 대가로 사우디아라비아로부터 석유수출국기구(OPEC)의 석유판매대금을 달러로 결제해주겠다는 약속을 받아냈다. 그것을 계기로 미 달러($)는 오일-머니, 일명 **페트로 달러**(petrodollar)로 대접받으면서 기축통화로서의 체면을 유지할 수 있었다. 하지만 미국의 만성적인 쌍둥이 적자(재정적자, 국제수지적자)는 달러에 대한 신뢰도 제고에 부담을 주면서 새로운 체제 도입의 필요성이 제기되었다.

② 킹스턴 체제는 1976년 1월 자메이카의 수도 킹스턴에서 열린 국제통화기금(IMF)의 잠정위원회에서 채택된 국제통화제도로서, IMF 총회 결의에 의한 IMF 협정의 전면적 개정에 의해 성문화되어 1978년 4월부터 발효되었다. 이로써 주요국 통화는 변동환율제로 이행하게 되었다.

③ 브래튼우즈 체제에서는 미 연방은행의 금 비축량에 비례해서 달러를 발행하고 그것을 기축통화로 삼아서 세계 각국의 통화에 대한 교환 기준으로 사용했다. 하지만 킹스턴 체제는 오직 미국의 패권을 믿고 **미 재무부의 채권 발행량**만큼 달러를 발행하고 IMF의 지도하에 세계 각국이 자율적으로 환율을 조정하도록 하는 체제의 성격을 띤다. 킹스턴 체제의 핵심 내용은 다음과 같다.

㉠ 고정환율제도를 채택하고 있는 국가를 고려해서 고정환율제도와 변동환율제도를 유지시키되, 적극적인 변동환율제도로의 이행을 중시한다. 그를 위해서는 변동환율제도의 약점인 자국 화폐의 시세 급변을 막기 위해 각국은 중앙은행을 통해 적극적으로 개입한다.

㉡ IMF의 주(主)된 보유자산은 특별인출권(special drawing right ; SDR)이다.

㉢ 금과 달러와의 관계를 철폐시킨다. 즉 금의 지위를 변경시켜 금도 일반상품처럼 시장에서 매매하도록 한다.

④ 지금까지 언급한 제반(諸般) 사항을 알기 쉽게 정리하면 [그림 16-2]로 요약된다.

[그림 16-2] 국제통화제도의 변천 과정에 대한 소사(小史)

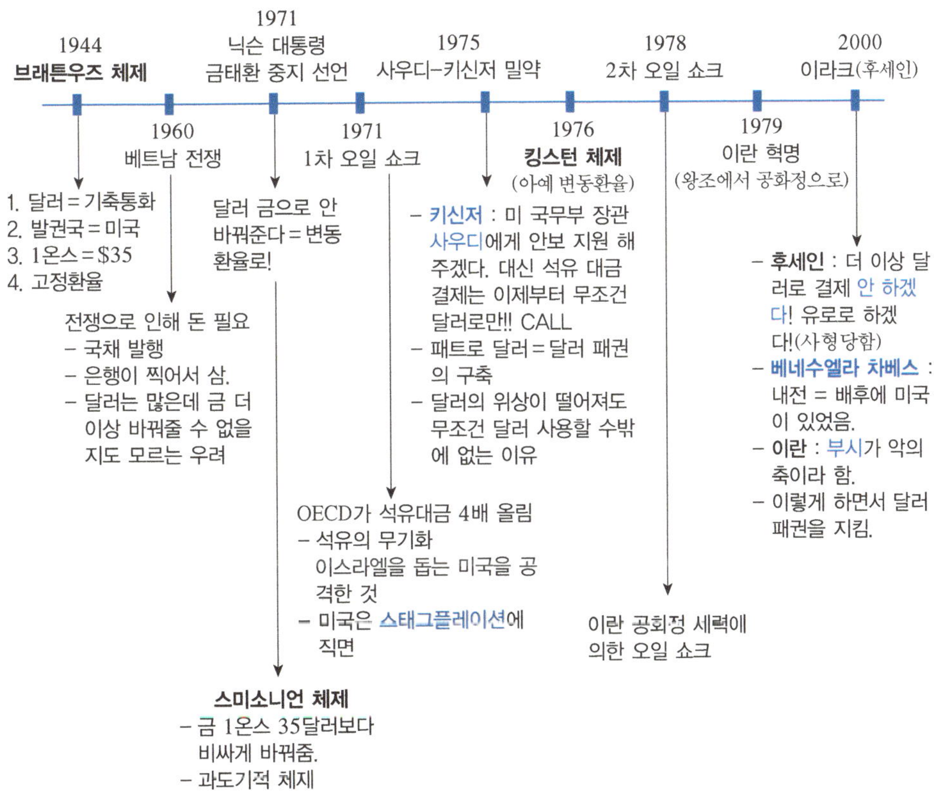

출처 : 미노쓰 블로그 https://blog.naver.com/min_5min_5/221275520356

2 균형환율의 결정과 환율의 변동

2.1 균형환율의 결정

환율은 한마디로 외환에 대한 시장가격이다. 일반 재화의 가격이 시장수요곡선과 시장공급곡선에 의해 결정되듯이 외환도 외환에 대한 수요곡선과 공급곡선이 교차하는 곳에서 균형환율과 균형거래량이 결정된다. 여기서는 균형환율의 결정 과정에 대해 살펴보기로 한다.

1) 외환에 대한 수요곡선

① [그림 16-3]은 외환에 대한 수요곡선과 공급곡선을 보여준다. *X*축은 외환의 수급량, *Y*축은 외환의 가격인 환율을 나타낸다. 그런데 외환에 대한 수요곡선은 일반 상품의 수요곡선과 마찬가지로 우하향(右下向)한다. 왜 그럴까?

② 그 이유는 간단하다. 환율 인상과 외환수요량이 반대 방향으로 움직이기 때문이다. 즉 '환율(e) 인상 ⇒ 수입상품의 원화(₩)표시 가격 인상 ⇒ 수입 감소 ⇒ 외환수요량 감소'의 메커니즘을 갖기 때문이다.

③ 위 내용을 좀 더 알기 쉽게 설명하면 다음과 같다. 외환수요, 즉 달러($)가 필요한 경우는 수입할 때이다. 왜냐하면 외국산 상품을 수입하려면 반드시 달러로 결제를 해야 하기 때문이다.

우리는 1달러 가치가 1,000원(e = 1,000₩/$)에서 2,000원($e$ = 2,000₩/$)으로 변할

[그림 16-3] 균형환율의 결정

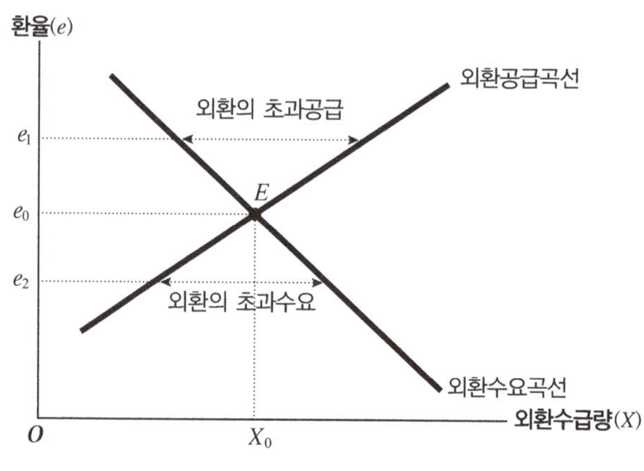

때, 환율이 인상되었다고 정의했다. 이제 미국산 축구화 1켤레가 200$라고 가정하자. 환율이 1,000₩/$이면, 국내수입가격은 20만원이다. 그런데 환율이 2,000₩/$로 상승하면 국내수입가격은 40만원이 된다.

당연히 수입가격의 인상으로 미국산 축구화에 대한 국내 수요가 줄고 그에 따라 외환 수요량도 감소한다. 따라서 환율 인상과 외환수요량은 반비례한다.

2) 외환에 대한 공급곡선

① 외환공급곡선도 일반 상품의 공급곡선처럼 우상향(右上向)한다. 왜 그럴까? 그 이유 역시 간단하다. '환율(e) 인상 ⇒ 수출상품의 달러($) 표시 가격 인하 ⇒ 수출 증가 ⇒ 외환공급량 증가'의 메커니즘을 갖기 때문이다. 따라서 환율 인상과 외환공급량은 양(+)의 관계를 갖는다.

② 위 내용의 이해를 돕기 위해 구체적 사례를 들어보자. 외환공급, 즉 달러($)의 국내공급은 국내 수출업자들에 의해 제공된다. 그 점만 이해하면 나머지 문제는 쉽게 해결된다. 환율(e)이 1,000₩/$에서 2,000₩/$로 인상했다고 가정하자. 그러면 1개당 10만원짜리 국산 축구공의 미국 내 수출가격은 100$에서 50$로 하락한다.[8] 당연히 수출가격 하락으로 국산 축구공에 대한 미국 내 수요가 늘어나고 그에 따라 수출 증가와 함께 외환의 국내공급량도 증가한다. 따라서 환율 인상과 외환공급량은 양(+)의 관계를 갖는다.

3) 균형환율의 결정

① [그림 16-3]에서 보듯이 균형환율(e_0)과 외환의 균형수급량(X_0)은 외환에 대한 수요곡선과 공급곡선이 만나는 E점에서 결정된다. 또 E점에서는 외환에 대한 초과수요와 초과공급이 제로(0)인 상태이며 과부족이 존재하지 않는다.

② 그런데 환율이 e_1일 경우에는 외환공급량이 외환수요량보다 많기 때문에 외환의 초과공급이 발생한다. 따라서 환율은 e_1에서 e_0로 하락한다.

③ 환율이 e_2일 경우에는 외환공급량이 외환수요량보다 적기 때문에 외환의 초과수요가 발생한다. 따라서 환율은 e_2에서 e_0로 상승한다.

---

8. 100$는 100,000원을 환율($e$) = 1,000₩/$로 나눠준 수치이고, 50$는 100,000원을 환율($e$) = 2,000₩/$로 나눠준 수치이다.

2.2 환율변동과 그 원인 분석

1) 국내 물가

[그림 16-4] 환율변동과 그 원인 분석

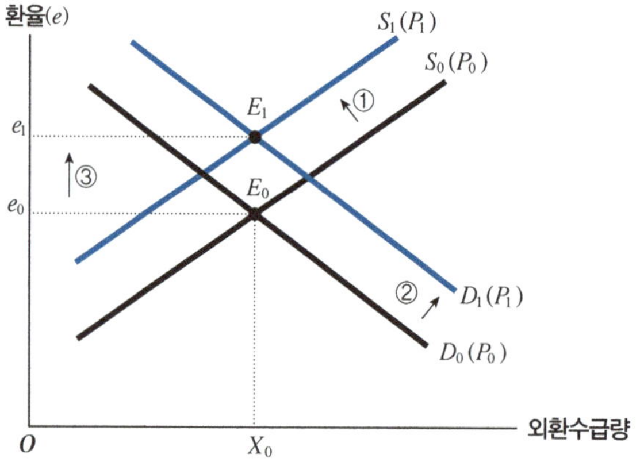

① 외환에 대한 수요곡선과 공급곡선은 환율(e)을 제외한 다른 요인들이 일정불변이라는 가정하에 도출된 것이다. 만약 일정불변이라고 가정했던 요인들이 변한다면 외환에 대한 수요곡선과 공급곡선이 변함으로써 환율과 외환수급량도 변하게 된다.

② 이런 상황에서 국내 물가가 상승하면 외환에 대한 수요곡선과 공급곡선이 동시에 변하게 된다. 먼저 국내 물가가 상승하면 국산상품의 수출가격이 오르기 때문에 수출이 감소한다. 그러면 외환공급도 자연히 줄게 된다. 이는 외환공급곡선의 좌상방(左上方) 이동, 즉 $S_0(P_0)$에서 $S_1(P_1)$으로 이동(①) 한다. 또 국내 물가가 오르면 국산상품보다 수입상품의 가격이 상대적으로 싸진다. 따라서 수입수요가 이전보다 증가하고 이는 외환에 대한 수요 증가로 나타난다. 그 결과 외환수요곡선은 우상방(右上方) 이동, 즉 $D_0(P_0)$에서 $D_1(P_1)$으로 이동(②)한다.

③ [그림 16-4]에서 알 수 있듯이 국내 물가의 상승은 환율 인상($e_0 \Rightarrow e_1$)을 야기(③)한다. 하지만 외환수급량의 변화에 대해서는 한마디로 단언하기 어렵다. 만약 외환공급곡선의 이동 폭이 외환수요곡선의 이동 폭보다 크다면 외환수급량은 감소하고, 그 반대인 경우에는 외환수급량이 증가할 것이다.

2) 해외 물가

① 해외 물가가 상승하면 국산상품이 상대적으로 싸지기 때문에 수출수요는 증가하고 수

입상품은 상대적으로 비싸지기 때문에 수입수요는 감소한다. 그러면 외환공급이 증가해서 외환공급곡선은 우하방(右下方)으로 이동한다. 또 외환수요의 감소는 외환수요곡선을 좌하방(左下方)으로 이동시킨다. 그 결과 새로운 균형점에서 환율은 하락한다. 그러면 해외 물가가 하락할 때, 외환수급량의 변화는 어떻게 될까? 이에 대해서는 국내 물가가 상승할 때와 마찬가지로 단언하기 어렵다. 외환공급곡선이 외환수요곡선보다 더 큰 폭으로 증가하면 외환수급량은 늘고, 반대인 경우는 감소할 것이다.

② 이제 국내 물가와 해외 물가를 동시에 아우르면서 환율변동을 얘기할 수 있는 구매력평가설을 학습할 차례가 되었다. 가령, 환율(e)이 1,000₩/$이고 미국의 신발 시장에서 축구화가 200달러에 팔린다고 하자. 미국과 한국 사이에 관세가 존재하지 않는 자유무역이 이루어지고 수송비를 비롯한 제반 거래비용이 제로(0)라고 가정하면 국내에서 시판될 미국산 축구화 가격은 20만원이 된다. 환율을 e, 국내 시판가격을 P, 미국 내 시판가격을 P_f라고 하면 다음의 ㉠식이 성립한다.

국내 시판가격(P) = 미국 내 시판가격(P_f) × 환율(e) ······················ ㉠

㉠식에 자연대수를 취해주고 시간(t)에 대해 미분하면 ㉡식이 도출된다.

$$\frac{\Delta P}{P} = \frac{\Delta P_f}{P_f} + \frac{\Delta e}{e} \quad \cdots\cdots\cdots ㉡$$

㉡식을 환율의 변화율($=\frac{\Delta e}{e}$)로 재정리하면 최종적으로 ㉢식을 도출할 수 있다.

$$\frac{\Delta e}{e} = \frac{\Delta P}{P} - \frac{\Delta P_f}{P_f} \quad \cdots\cdots\cdots ㉢$$

③ ㉢식은 국내 물가와 해외 물가의 변동, 그리고 환율의 변화율을 일목요연하게 설명해준다. 즉 국내 물가상승률($=\frac{\Delta P}{P}$)이 해외 물가상승률($=\frac{\Delta P_f}{P_f}$)보다 클 경우, 환율은 그 차이만큼 상승한다는 것을 의미한다. 경제학에서는 이 가설을 구매력평가설이라고 한다. 보다 자세한 것은 [보론 16-4]를 참조하기 바란다.

3) 국내외 경기(景氣) 동향

① 국내 경기가 호황이면 국민총소득(GNI), 소비지출(C), 투자수요(I)의 증가로 수입수요가 늘어나기 때문에 외환수요곡선은 우상방(右上方)으로 이동한다. 그 결과 환율은 상승한다. 반대로 국내 경기가 불황이면 환율은 하락한다.

② 해외 경기가 호황이면 외국인의 국민총소득(GNI), 소비(C)지출, 투자(I)수요의 증가

로 국산상품의 수출수요가 늘어난다. 그에 따라 외환공급곡선은 우하방(右下方)으로 이동함으로써 환율은 하락한다. 반대로 해외 경기가 불황이면 환율은 상승한다.

4) 국내 및 해외 이자율 변화

① 국내 이자율이 상승하면 소비지출(*C*), 투자수요(*I*)의 감소로 수입수요가 줄어든다. 그러면 외환수요곡선은 좌하방(左下方)으로 이동한다. 또 국내 이자율 상승은 외국 자본의 국내유입을 촉진한다. 그에 따라 외환공급곡선은 우하방(右下方)으로 이동한다. 결국 환율은 하락하게 된다.

② 해외 이자율이 상승하면 국내 자본이 외국으로 대거 유출된다. 그로 인해 외환수요곡선이 우상방(右上方)으로 이동한다. 또 해외 이자율이 상승하면 해외 소비지출(*C*), 투자수요(*I*)의 감소로 국산상품의 수출수요가 감소한다. 그러면 외환공급곡선은 좌상방(左上方)으로 이동한다. 결국 환율은 상승하게 된다.

5) 정부의 재정정책과 통화정책

① 확대재정정책은 국내 이자율을 상승시킨다. 이는 앞의 4)의 ①에서 본 바와 같이 환율 하락으로 이어진다. 반면 확대통화정책은 국내 이자율을 하락시킨다. **국내 이자율과 환율은 반대 방향으로 움직이기 때문에** 이때는 환율이 상승한다.

② 이는 앞에서 학습한 '경상수지 + 자본 · 금융수지(준비자산 증감 포함) = 0'의 개념을 통해서도 설명할 수 있다. 즉 정부가 확대재정정책을 실행하면 국내 이자율이 상승한다. 그러면 외국자본이 유입되어 자본 · 금융수지가 개선된다. 이는 경상수지가 악화된다는 뜻이다. 경상수지가 악화되려면 환율이 하락해야 한다. 또 정부가 확대통화정책을 실행하면 국내 이자율이 하락한다. 그러면 국내 자본이 해외로 빠져나감으로써 자본 · 금융수지가 악화된다. 이는 다른 말로 경상수지가 개선된다는 의미다. 그런데 경상수지가 개선되려면 환율이 인상되어야 한다.

6) 미래에 대한 예상

① 국내 경제주체들의 미래에 대한 예상도 외환수요곡선과 외환공급곡선에 중대한 영향을 미친다. 가령, 가까운 장래에 환율이 인상될 것으로 예상되면 수출업자들은 수출을 가급적 늦추려 하고 수입업자들은 하루라도 빨리 수입을 앞당기려고 노력할 것이다. 그러면 외환공급은 감소하고 외환수요는 급증하기 때문에 환율은 상승한다.

② 또 국내 경제주체들이 가까운 장래에 환율 인상이 있을 것으로 예상하면 일반 투자자들도 외환공급을 줄이고 외환수요를 늘리는 환투기 현상이 심화된다. 그 결과 환율이 큰 폭으로 상승한다.

보론 16-4 구매력평가설과 이자율평가설에 대한 심화학습

환율의 결정원리를 공부하다 보면 구매력평가설과 이자율평가설이라는 용어를 자주 접하게 된다. 구매력평가설은 한마디로 **환율이 각국 화폐의 구매력을 나타내는 물가수준의 비율에 의해 결정된다**는 이론이다. 또 이자율평가설은 **환율이 양국 간 이자율의 차이에 의해서 결정된다**는 이론이다. 보다 구체적인 내용은 다음 사항을 심도 있게 학습하면서 배울 것이다.

㉮ 구매력평가설에 대한 심화학습

구매력평가설(purchasing power parity ; PPP)은 경상수지를 중시하는 관점에서 균형환율의 결정을 설명한다. 최초 주창자는 스웨덴의 경제학자 구스타프 카셀(G. Cassel)이다. 또 구매력평가설은 절대적 구매력평가설과 상대적 구매력평가설로 구분된다.

ⓐ **절대적 구매력평가설** : 환율(e)은 '**자국 화폐의 구매력에 대한 외국 화폐 구매력의 비율**'로 정의된다. 그런데 화폐의 구매력은 물가지수의 역수로 나타낸다. 따라서 자국 화폐의 구매력은 $\frac{1}{P}$, 외국 화폐의 구매력은 $\frac{1}{P_f}$이 되고 절대적 구매력평가설은 ㉠식으로 정의된다.

$$\text{환율}(e) = \frac{\frac{1}{P_f}}{\frac{1}{P}} = \frac{P}{P_f} \quad \cdots\cdots ㉠$$

㉠식은 우리가 일반적으로 말하는 명목환율이며, 절대적 구매력평가설에 의하면 환율(e)은 해외 물가수준(P_f)에 대한 국내 물가수준(P)의 비율로 정의된다. 참고로 **구매력평가설이 성립되면 실질환율(q)은 1이 된다.**

ⓑ **상대적 구매력평가설** : ㉠식에다 자연대수를 취한 후, 시간에 대해 미분해주면 ㉡식이 도출되는데 우리는 이것을 상대적 구매력평가설이라고 정의한다.

$$\text{환율}(e)\text{의 변화율} = \frac{\Delta e}{e} = \frac{\Delta P}{P} - \frac{\Delta P_f}{P_f} \quad \cdots\cdots ㉡$$

(1) 상대적 구매력평가설은 오늘날 일반적인 구매력평가이론으로 불린다. 상대적 구매력평가설의 핵심은 '명목환율(e)의 변화율($=\frac{\Delta e}{e}$)은 자국의 물가상승률($=\frac{\Delta P}{P}$)에서 외국

의 물가상승률(= $\frac{\Delta P_f}{P_f}$)을 빼준 값'으로 정의된다는 점이다. 따라서 상대적 구매력평가설은 두 가지 사항을 시사해준다.

(2) 첫째, 자국의 물가상승률이 외국의 물가상승률에 비해 크면 명목환율(e)은 그 차이만큼 상승한다는 점이다. 둘째, 다른 조건이 일정할 때, 한국은행이 화폐공급량을 증가시켜 국내 물가수준이 상승하면 명목환율(e)도 상승한다는 사실이다. 물론 명목환율이 상승하면 그때의 원화 가치는 절하된다.

ⓒ 구매력평가설은 환율의 장기적인 추세변동을 설명하는 데 유용하다는 평가를 받고 있다. 특히 국제무역에 따른 거래비용이 적고 무역장벽이 낮은 선진국들의 장기 환율변동을 설명하는 데 유용하다고 한다. 하지만 단기적 측면에서 구매력평가설에 의한 환율과 현실환율 사이에는 상당한 괴리가 있는 것으로 알려지고 있다. 그렇게 된 가장 큰 이유는 구매력평가설이 전제로 하는 가정이 현실경제와 큰 차이를 보이고 있기 때문이다. 구매력평가설이 설정한 전제조건은 크게 3가지다.

첫째, 무역의 대상이 될 수 없는 비교역재의 경우에는 구매력평가설이 성립하기 힘들다. 따라서 구매력평가설이 유효하려면 비교역재가 존재하지 않아야 한다. 비교역재는 국가 간에 이동이 쉽지 않은 것으로서 주로 서비스*가 여기에 해당된다.

둘째, 일물일가(一物一價)의 법칙이 성립해야 한다. 이를 충족시키기 위해서는 상품이 동질적이고 관세를 비롯한 무역장벽이 없어야 하며 거래비용도 무시할 수 있을 만큼 작아야 한다. 그렇지 않으면 구매력평가설이 성립되기 어렵다.

셋째, 무역의 대상인 교역재라고 하더라도 양국 간에 재화가 완전히 대체 가능한 것이라야 한다. 그런데 이런 전제조건은 현실경제에서 실현되기 매우 어렵다.

ⓓ 구매력평가와 빅맥지수와의 관계에 대해 간략하게 살펴보자. 영국의 유명한 경제주간지인 이코노미스트(The Economist)지는 1986년 9월부터 전 세계에서 판매되고 있는 빅맥 햄버거의 가격을 비교해서 절대적 구매력평가설에 기초한 빅맥지수와 세계 각국의 실제 환율을 비교해서 발표해오고 있다.

2020년 8월 31일 현재, 맥도널드의 빅맥 햄버거 1개의 미국 내 가격은 5.3달러였고, 한국 내 가격은 4,400원이라고 가정하자. 또 이때 국내 외환시장에서 결정된 실제 환율(e)은 e = 1,145(₩/$)라고 하자. 실제 환율로 환산했을 경우, 국내 햄버거 가격은 3달러 84센트다. 이는 한국인들이 동일한 빅맥 햄버거를 미국보다 싸게 구입해서 소비하고 있음을 알 수 있다.

---

* 비교역재란 거래비용의 존재로 인해 국가 간에 교역이 이루어지지 못하는 재화나 서비스를 의미한다. 일례로 외국인이 이발이나 미용만을 위해 한국에 오지는 않을 것이다. 왜냐하면 왕복 항공권 구입을 비롯한 일련의 거래비용이 이발료나 미용비용보다 수십 배에서 수백 배만큼 더 비싸기 때문이다.

이제 빅맥지수(B)를 도출해보자. 빅맥지수, 즉 빅맥 햄버거의 구매력($=\frac{P}{P_f}$)을 산출하면 830(₩/$)이다. 그에 대한 근거는 830(₩/$) =4,400원/5.3$이다. 그런데도 실제 환율이 1,145(₩/$)이니까, 원화 가치가 약 27.5%**만큼 저평가되고 있음을 의미한다.

㉯ 이자율평가설에 대한 심화학습***

이자율평가설(Interest rate parity theory ; IRP)은 '자국의 금융자산과 외국의 금융자산은 국제적으로 동일하기 때문에 완전대체가 가능하다'는 전제조건에서 출발한다. 즉 **달러나 원화를 양국의 금융자산에 투자해서 얻을 수 있는 수익이 같도록 환율이 결정된다**는 이론이다. 이런 이자율평가설의 균형조건은 다음 식으로 표현할 수 있다. 여기서 예상환율의 변화율은 '원화 가치의 예상하락율'을 의미한다.

한국에서의 투자수익률 = 미국에서의 투자수익률 + 예상환율의 변화율

또 이자율평가설은 국제금융시장에서 금융자산의 거래나 자본이동에 대해 어떤 규제나 제약, 거래비용 등이 존재하지 않는다는 가정하에 환율변동을 설명하는 이론이다.

ⓐ 1억원의 자본을 보유한 국내 투자자가 있다고 가정하자. 국내 명목이자율이 i인 t기에 그가 1억원을 국내 금융시장에다 투자할 경우, 1년 후인 $t+1$기에 받게 될 돈은 $(1+i)$억원이다. 만약 물가수준이 일정하다면 명목이자율 i는 실질이자율 r과 같다. 여기서는 i와 r이 같다고 가정한다.

하지만 t기의 환율이 e_t일 때, 국내 투자자가 1억원을 미 달러로 바꾼 후 미국의 금융시장에 투자하는 경우를 상정하자. 그러면 국내 투자자는 $\frac{1}{e_t}$억 달러를 미국에 투자하고 1년 후인 $t+1$기에 $\frac{1}{e_t}\cdot(1+i^f)$억 달러를 받게 된다. 여기서 i^f는 미국의 명목이자율이다. 만약 미국의 물가수준이 일정하다면 명목이자율 i^f와 실질이자율 r^f도 같다. 이때 $\frac{1}{e_t}\cdot(1+i^f)$억 달러를 챙긴 국내 투자자가 미 달러를 원화로 바꾸려면 $t+1$기의 예상환율인 e^e_{t+1}을 고려해서 계산해야 한다. 그렇게 원화로 바꾼 금액이 $\frac{e^e_{t+1}}{e_t}\cdot(1+r^f)$억원이다. 여기서 첨자 e는 기대(expectation)를 의미한다. 이자율평가설에 따르면 1억원을 어느 곳(한국, 미국)에 투자하든 수익률은 같아야 하기 때문에 ㉠식이 성립한다.

$$(1+r)=\frac{e^e_{t+1}}{e_t}(1+r^f) \quad \cdots\cdots ㉠$$

㉠식 좌변의 $(1+r)$은 국내 수익률, 우변의 $\frac{e^e_{t+1}}{e_t}\cdot(1+r^f)$은 미국에서의 수익률이다.

** 이에 대한 근거는 $27.5\% = \left[\frac{1,145-830}{1,145}\right]\times 100$이다.

*** 정운찬 · 김영식 공저, 『거시경제론(12판)』, 율곡출판사, 2018, pp.201 ~ 205 내용 참조.
이종화 · 신언호 공저, 『거시경제학(3판)』, 박영사, 2019, pp.484 ~ 490 내용 참조.

(1) 만약 $(1+r) > \frac{e^e_{t+1}}{e_t} \cdot (1+r^f)$이면, 국제금융시장에서 한국의 금융자산에 대한 수요가 증가한다. 그 결과 국내 금융자산 가격은 상승하고 국내 이자율은 하락한다. 또 한국의 금융자산에 대한 수요가 증가하면서 외환시장에서 원화(₩)에 대한 수요 증가로 원화 가치가 절상된다. 즉 환율이 하락한다.

(2) 만약 $(1+r) < \frac{e^e_{t+1}}{e_t} \cdot (1+r^f)$이면, 국제금융시장에서 미국의 금융자산에 대한 수요가 증가한다. 이는 국내 금융자산에 대한 수요 감소 ⇒ 국내 금융자산가격 하락 ⇒ 국내 이자율 상승으로 이어진다. 또 미국의 금융자산에 대한 수요 증가는 외환시장에서 달러 수요 증가 ⇒ 원화 가치 절하 ⇒ 환율 상승으로 이어진다.

(1), (2)를 종합하면 이자율과 환율 조정을 통해 ㉠식의 균형이 달성되며 이때 결정되는 환율이 균형환율이라는 얘기다.

ⓑ 이제 예상환율의 변화분(=Δe^e)를 $\Delta e^e = e^e_{t+1} - e_t$로 정의하면 ㉠식의 이자율평가설은 ㉡과 같은 근사식****으로 나타낼 수 있다.

$$\frac{\Delta e^e}{e} = r - r^f \Longleftrightarrow r - \frac{\Delta e^e}{e} = r^f \quad \cdots\cdots\cdots ㉡$$

㉡식은 우리들에게 몇 가지 점을 시사해준다. 그것을 요약하면 다음과 같다.

(1) 예상환율의 변화율($\frac{\Delta e^e}{e}$)은 한국과 미국의 실질이자율 차이(=$r - r^f$)와 같다.

(2) 미국인 투자자가 한국의 금융자산에 투자할 경우에는 단순히 r^f와 r만을 비교해선 곤란하다. r^f와 $r - \frac{\Delta e^e}{e}$을 비교해서 $r^f < r - \frac{\Delta e^e}{e}$인 경우에만 한국의 금융자산에 투자해야 한다. 만약 $r^f < r - \frac{\Delta e^e}{e}$의 조건이 충족되면 한국의 금융자산에 대한 수요가 증가한다. 이는 원화(₩) 수요 증가 ⇒ 원화 가치 상승 ⇒ 환율(e) 하락으로 이어지고 균형환율은 $r^f = r - \frac{\Delta e^e}{e}$에서 결정된다.

물론 예상환율의 변화율이 제로(0)인 경우에는 한미 양국 간 실질이자율의 차이인 $r - r^f$에 따라 한국 및 미국 금융자산에 대한 수요와 그에 따른 순자본의 유출입이 정해지고 균형환율은 $r = r^f$인 수준에서 결정될 것이다.

ⓒ 개방소국(開放小國) 경제의 경우, 이자율평가설과 이자율-환율 간의 함수관계

$t+1$기에 예상되는 환율 e^e_{t+1}과 미국의 이자율 r^f가 일정하게 주어진 상황에서 국내 이자

**** $\frac{e^e_{t+1}}{e_t} = 1 + \frac{\Delta e^e}{e_t} = 1 + \frac{\Delta e^e}{e}$가 된다. 이것을 ㉠식에 대입한 후 재정리해주면 다음과 같다.

$$1 + r = \left(1 + \frac{\Delta e^e}{e}\right)(1 + r^f) = 1 + r^f + \frac{\Delta e^e}{e} + \frac{\Delta e^e}{e} \cdot r^f$$

여기서 $\frac{\Delta e^e}{e} \cdot r^f$는 아주 작은 수치이므로 이를 무시하면 $1 + r = 1 + r^f + \frac{\Delta e^e}{e}$가 된다.

따라서 $\frac{\Delta e^e}{e} = r - r^f$가 된다. 또 r^f로 재정의하면 $r^f = r - \frac{\Delta e^e}{e}$가 된다.

율(r)이 하락할 때, 이자율평가설을 충족시키는 환율변화에 대해 살펴보자. [그림 16-5]에서 보는 바와 같이 국내 이자율이 r_0에서 r_1으로 하락하면 환율은 e_0에서 e_1으로 상승한다. 그 이유는 다음과 같다. **'국내 이자율 r의 하락 ⇒ 국내 금융시장에서 자본 유출 증가 ⇒ 달러 수요 증가 ⇒ 환율(e) 상승'** 따라서 이자율과 환율은 반비례한다. 이것을 그래프로 나타내면 [그림 16-5]에서와 같이 우하향하는 IRP_0곡선을 도출할 수 있다.

[그림 16-5] 이자율평가설, 이자율과 환율 간의 관계

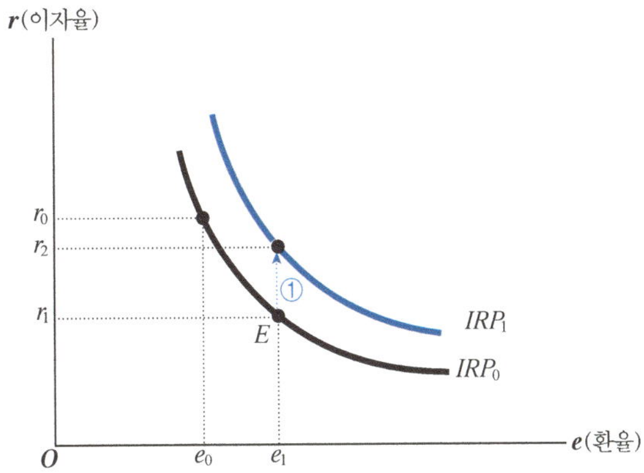

(1) 한편, 현재의 균형점을 E라고 하자. 지금까지 일정하다고 가정했던 e_{t+1}^e가 상승하면 어떤 현상이 일어날지 검토해보자. 현재 환율($e_t = e_1$)에서 $t+1$기의 예상환율인 e_{t+1}^e가 상승하면 원화(₩) 가치가 하락하기 때문에 국내 금융자산에 대한 수요가 감소한다. 그 결과 국내 금융자산의 가격이 하락하고 국내 이자율은 상승($r_1 \rightarrow r_2$)한다. 따라서 [그림 16-5]의 IRP_0곡선은 IRP_1곡선으로 상향이동(①)한다.

(2) 이러한 이자율평가설이 얼마만큼 현실에 잘 부합하는지는 전적으로 한미 양국 사이에 자본이동이 얼마만큼 자유로운지, 또 금융자산이 얼마만큼 동질적인지, 자본이동에 규제나 거래비용이 얼마만큼 적은지에 달려 있다. 따라서 자본이동이 자유롭고, 환-리스크가 적으며 동질적인 금융상품이 많은 나라들 사이에서는 이자율평가설이 잘 적용될 수 있다. 하지만 그 반대인 경우는 이자율평가설의 현실 설명력이 크게 떨어질 것이다.

ⓓ 마지막으로 이자율평가설은 환율변동에 따른 위험이 커버되지 않는 '유(有)위험 이자율평가설'과 선물계약으로 위험을 커버한 '무(無)위험 이자율평가설'로 구분해서 설명하기도 한다.

(1) **유(有)위험 이자율평가설**은 국내 이자율(r)과 해외 이자율(r^f)의 차이만큼 예상환율의 변화율이 결정된다는 주장이다. 지금까지 언급한 내용이 유위험 이자율평가설이다.

$$r = r^f + \frac{e^e - e}{e} \cdots\cdots ㉢$$

e : 현재 명목환율, e^e : 미래 예상환율, r : 국내 이자율, r^f : 해외 이자율

㉢식으로부터 현재의 명목환율(e)과 국내 이자율(r), 해외 이자율(r^f) 간의 관계를 도출할 수 있다.

첫째, 미래의 예상환율(e^e)과 해외 이자율(r^f)이 일정하다면 현재의 명목환율(e)과 국내 이자율(r)은 음(−)의 함수관계를 갖는다. 즉 '국내 이자율(r) 상승⇒국내 금융자산에 대한 수요 증가⇒원화(₩)에 대한 수요 증가⇒원화(₩) 가치 절상⇒환율하락'의 관계가 도출된다.

둘째, 미래의 예상환율(e^e)과 국내 이자율(r)이 일정하다면 현재의 명목환율(e)과 해외 이자율(r^f)은 양(+)의 함수관계를 갖는다. 즉 '해외 이자율(r^f) 상승⇒해외 금융자산에 대한 수요 증가⇒달러($)에 대한 수요 증가⇒달러($) 가치 절상⇒환율 상승'의 관계가 도출된다.

(2) **무(無)위험 이자율평가설**은 국내 이자율(r)과 해외 이자율(r^f)의 차이만큼 선물환 프리미엄 또는 선물환 디스카운트가 결정된다는 주장이다.

$$r = r^f + \frac{f - e}{e} \cdots\cdots ㉣$$

f : 선물환율, e : 현물환율, r : 국내 이자율, r^f : 해외 이자율

㉣식에서 $\frac{(f-e)}{e} > 0$이면 선물환 프리미엄이고, $\frac{(f-e)}{e} < 0$이면 선물환 디스카운트라고 말한다.

ⓔ 선물환평가이론에 대해서도 살펴볼 필요가 있다. **선물환평가이론은 선물환 프리미엄이나 선물환 디스카운트만큼 현물환율의 예상변화율이 결정된다는 이론이다.**

$$\frac{e^e - e}{e} = \frac{f - e}{e} \cdots\cdots ㉤$$

f : 선물환율, e^e : 미래 예상환율, e : 현재 명목환율

(1) 선물환평가이론이 성립하면 선물환율(f)은 미래의 예상환율(e^e)과 같아진다. 즉 선물환율은 미래 예상환율의 불편추정치가 된다.

(2) 선물환평가이론이 성립하기 위한 전제조건은 3가지다.

첫째, 금융시장은 효율적이며 금융 관련 정보가 자유롭게 유통되어야 하며 그것이 시장가격에 잘 반영되어야 한다.

둘째, 모든 경제주체가 미래의 예상환율에 대해 정확하게 예측할 수 있어야 한다.

셋째, 금융시장은 완전경쟁상태를 유지해야 하며 금융거래는 거래비용이 들지 않으며

거래의 자유화가 보장되어야 한다.

보론 16-5 스타벅스 라떼 지수(Starbucks Latte Index)를 아시나요?

세계적 커피업체인 스타벅스사의 핵심 품목인 카페라테(tall 사이즈)의 가격을 이용해서 실제 환율과 적정 환율 간의 관계를 파악하기 위해 고안해낸 일종의 환율지수를 말한다. 앞에서 언급한 빅맥지수처럼 구매력평가설에 기초한 환율 개념이다.

㉮ 스타벅스 라떼 지수의 등장 배경

빅맥지수가 존재함에도 불구하고 스타벅스 라떼 지수가 새롭게 등장한 배경은 크게 두 가지를 들 수 있다. 하나는 통화가치를 파악하는 빅맥지수의 변별력이 크게 줄어들었다는 점이다. 이는 건강에 대한 소비자들의 의식이 높아지면서 햄버거는 패스트푸드나 정크푸드로 간주되어 판매량이 크게 감소한 데 따른 것이다. 또 하나는 최근 들어 햄버거 제조사들 간의 치열한 경쟁으로 햄버거의 가격 인하는 물론 할인 세트까지 대거 팔리고 있는 실정이다. 따라서 빅맥지수는 더 이상 국가 간 통화가치를 파악하는 기준 상품으로서 그 위상이 크게 줄어들었다고 볼 수 있다.

㉯ 스타벅스 라떼 지수의 도출을 위한 전제조건과 경제적 시사점

스타벅스 라떼 지수를 도출하기 위해서는 일물일가(一物一價)의 법칙과 완전하게 대체 가능한 교역재라는 조건이 충족되어야 한다. 동일한 상품인 라떼 1잔의 가격이 미국에서는 3달러이고, 한국에서는 4,500원이라고 가정하자. 구매력평가설에 따른 스타벅스 라떼 지수를 구하면 1,500원/ $(= 4,500원/3$)가 된다. 바로 1,500원/$가 스타벅스 라떼 지수에 따른 적정 환율이다. 이때 만약 국내 외환시장에서 결정된 실제 환율이 1,200원/$라면 원화 가치가 고평가되고 있음을 시사해준다.

3 환율의 결정모형 탐구

지금까지 균형환율이 외환시장에서 외환수요곡선과 외환공급곡선에 의해 결정되는 것을 학습했다. 하지만 본질적인 것에 대해서는 구체적으로 논의하지 않았다. 그것은 외환시장에서 외환수요와 외환공급을 결정하는 핵심변수가 무엇이냐라는 것이다. 본 절에서 학습할 환율결정모형은 그 핵심변수를 놓고 고민하는 과정에서 제기된 여러 학설들이다. 아직까지 많은 논란과 다툼의 여지가 있는 내용임을 전제로 하고 그들의 학설에 대해 살펴보기로 한다. 지금까지 제기된 여러 학설들은 크게 유량접근방법, 자산시장접근방법, 기타 접근방법으로 구분된다.

3.1 유량접근방법

유량(流量)과 저량(貯量) 개념은 경제원론의 '수요와 공급이론'에서 학습했을 것이다. 유량접근방법은 외환의 수요와 공급이 수출, 수입, 자본이동과 같은 유량변수들에 의해 결정되고 외환시장의 불균형도 그들 변수에 의해서 조정된다고 보는 입장이다. 참고로 자본 자체는 저량변수이지만 자본이동은 유량변수에 해당된다. 유량접근방법은 크게 경상수지균형 모형과 로버트 먼델(R. Mundell)과 마커스 플레밍(M. Fleming)이 정립한 먼델-플레밍 모형으로 구분된다.

1) 경상수지균형 모형

① 기본 가정

경상수지균형 모형은 국가 간에 자본이동이 존재하지 않고, 외환의 수요와 외환의 공급이 전적으로 수출과 수입에 따라 결정된다고 보는 주장이다.

② 경상수지균형 모형의 핵심은 '**균형환율은 경상수지 적자나 흑자가 완전하게 해소되어 경상수지가 균형을 이룰 때 결정된다**'는 것이다. 즉 경상수지가 균형인 상태에서 국내 경기가 호전(好轉)되면 소비지출이나 투자수요의 증대에 따라 수입수요(= 외환수요)가 커지기 때문에 외환시장에서는 외환의 초과수요가 발생한다. 이는 곧 환율 상승으로 이어지면서 경상수지는 균형 상태로 바뀌게 된다.

또 해외 경기가 후퇴기나 침체기에 접어들 경우에도 마찬가지다. 즉 해외 경기가 침체되면 국산 상품에 대한 수출수요(= 외환공급)의 감소로 외환공급이 줄어들면서 외환시장에서는 외환의 초과수요가 발생한다. 그러면 환율이 상승하면서 경상수지는 균형 상태로 바뀌게 된다.

③ **경상수지균형 모형의 치명적 한계는 현실경제에서 매우 큰 비중을 차지하는 국가 간 자본이동을 완전히 배제시켰다는 점이다.** 또 경상수지가 항상 균형을 이룬다는 주장도 비현실적이다. 현실경제에서는 경상수지가 불균형이고 자본수지에 의해 조정되는 경우가 대부분이기 때문이다. 따라서 **경상수지균형 모형은 자본 자유화가 미미한 후진국들의 장기적인 환율변동추세를 설명하는 데 나름대로 유용하다**고 한다.

2) 먼델–플레밍 모형

① 기본 가정

먼델과 플레밍은 경상수지균형 모형과는 달리 **국가 간에 자본이동이 완전하다**고 가정한다. 즉 국가 간에 자본이동이 제로(0)에 가까운 저렴한 거래비용으로 신속하게 진행되기 때문에 국내 이자율과 해외 이자율이 즉각적으로 일치한다는 것이다.

② 먼델–플레밍 모형에서는 외환의 수요와 공급이 경상수지뿐만 아니라 자본 · 금융수지에 의해서도 영향을 받으며 국제수지의 균형조건은 '경상수지 + 자본 · 금융수지 = 0'이다. 이 모형에서 만약 경상수지가 적자라면 자본 · 금융수지는 흑자, 경상수지가 흑자라면 자본 · 금융수지는 적자가 된다. 그래야만 '경상수지 + 자본 · 금융수지 = 0'의 조건이 충족되기 때문이다.

먼델–플레밍 모형의 핵심은 주어진 해외 이자율 수준에서 자본의 유출입이 즉각적으로 이루어지기 때문에 국제수지의 균형은 항상 해외 이자율 수준에서 달성된다는 것이다. 즉 BP(Balance of Payment)곡선[9]상에서 국제수지 균형이 달성된다는 얘기다. BP는 국제수지의 약자로서 경상수지와 자본 · 금융수지의 합으로 정의되며, 경상수지와 자본 · 금융수지에 영향을 미치는 변수들을 정리하면 아래와 같다.

BP(국제수지) = 경상수지 + 자본 · 금융수지

경상수지(순수출 ; X_n) = 수출(X) − 수입(M) $= X(e) - M(e, Y) = X_n(e, Y)$

자본 · 금융수지(F) $= F(r, r_f)$

단, e : 환율, Y : 실질 GDP, r : 국내 이자율, r_f : 해외 이자율

9. BP곡선은 국제수지 균형을 나타내주는 곡선으로서 제17장 제1절에서 자세히 배울 것이다. 여기서 언급하는 경상수지는 순수출($= X - M$)로서 협의의 경상수지임에 유의하길 바란다.

위에서 언급한 사항을 종합해서 BP함수를 도출하면 다음의 ㉠식과 같다.

$$BP(e, Y, r, r_f) = X_n(e, Y) + F(r, r_f) \quad \cdots\cdots ㉠$$

㉠식에서 먼델-플레밍 모형은 자본이동의 완전성을 가정하기 때문에 항상 해외 이자율(r_f)과 국내 이자율(r)은 같게 된다. 즉 $r = r_f$이다. 또 현재 환율(e)이 일정한 상태에서 BP곡선[10]을 도출하면 [그림 16-6]에서와 같이 수평선으로 정의된다.

[그림 16-6] 먼델-플레밍 모형과 BP곡선의 형태

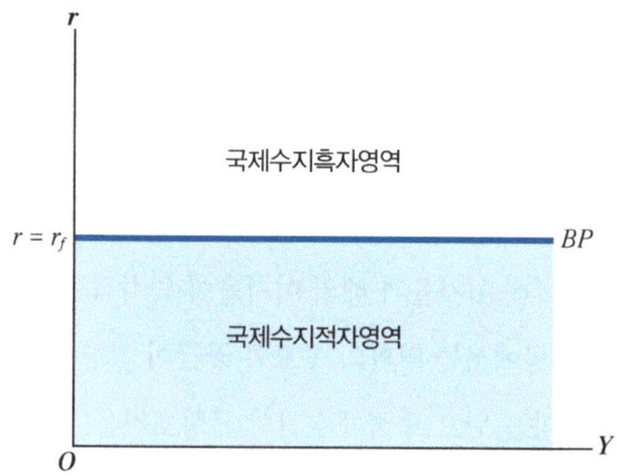

③ 먼델-플레밍 모형의 국제수지에 대한 조정과정은 약간의 설명과 이해가 필요하다. 그것은 앞에서 언급했듯이 **BP곡선은 환율(e)변화에 따라 이동한다**는 사실이다. 따라서 국제수지의 조정(調整)문제를 다루기 위해서는 무엇보다 고정환율제도와 변동환율제도에 대한 전제가 선행되어야 한다. 즉 고정환율제도 하에서는 환율이 고정되어 있기 때문에 BP곡선도 고정된다. 그러나 변동환율제도에서는 환율이 변하기 때문에 BP곡선도 그에 따라 이동한다. 참고로 먼델-플레밍 모형의 국제수지 조정문제는 제17장의 '국제수지 조정과 안정화 정책' 편에서 자세히 다룰 예정이다.

④ 먼델-플레밍 모형은 자본이동을 고려했다는 점에서 경상수지균형 모형보다는 진일보한 모형으로 볼 수 있다. 그러나 국제수지가 주어진 해외 이자율 수준에서 항상 균형을 달성한다는 것은 매우 비현실적이다. 다만, **먼델-플레밍 모형은 홍콩이나 싱가포르처럼 자**

10. [그림 16-6]에서 BP곡선의 위쪽 영역에서는 국제수지가 흑자이고, BP곡선의 아래쪽 영역에서는 국제수지가 적자가 된다. 그 이유는 간단하다. BP곡선의 위쪽 영역에서는 국내 이자율(r)이 해외 이자율(r_f)보다 높다. 따라서 해외 자본의 유입으로 국제수지는 흑자가 된다. 또 BP곡선의 아래쪽 영역에서는 국내 이자율이 해외 이자율보다 낮아서 국내 자본의 유출이 일어난다. 그래서 국제수지는 적자가 된다.

본이동이 자유로운 개방소국(開放小國) 경제의 환율결정을 설명하는 데는 나름대로 유용할 것으로 생각된다.

3.2 자산시장접근방법 (1) : 자산시장 비최적화 모형

자산시장접근방법은 외환을 유량변수가 아닌 저량변수로 바라보는 환율결정 모형이다. 즉 외환은 하나의 금융자산이며, 따라서 투자자들이 주식, 채권, 예금과 같은 금융자산처럼 외환을 보유하고자 하는 심리적 욕구가 외환의 수요와 공급에 막대한 영향을 미친다는 것이다. 자산시장접근방법은 경제주체들의 최적화 행태를 명시적으로 고려하지 않는 자산시장 비(非)최적화 모형과 명시적으로 고려하는 자산시장 최적화 모형으로 구분된다. 여기서는 전자(前者)에 해당되는 통화주의 모형, 오버슈팅(overshooting, 과대변동) 모형, 포트폴리오밸런스(portfolio balance, 자산구성균형) 모형에 대해 살펴보고자 한다.

1) 통화주의 모형

① 기본 가정

미국의 경제학자인 프렝켈(J. Frenkel)과 무사(M. Mussa)가 제시한 통화주의 모형은 **구매력평가설과 이자율평가설을 모두 수용한다**. 또 외환의 수요와 공급은 각국의 화폐에 대한 수요와 공급에 의해 결정된다고 주장한다.

② 단순한 통화주의 모형은 어빙 피셔의 교환방정식으로부터 도출된다.

$$MV = PY \text{ or } P = MV\left(\frac{1}{Y}\right) \quad \cdots\cdots ㉡$$

㉡식처럼 외국 물가에 적용하면 ㉢식이 된다. 여기서 첨자 f는 외국(foreign)을 의미한다.

$$M_f V_f = P_f Y_f \text{ or } P_f = M_f V_f\left(\frac{1}{Y_f}\right) \quad \cdots\cdots ㉢$$

명목환율의 정의가 $e = \frac{P}{P_f}$이므로 ㉡식을 ㉢식으로 나눠주면 ㉣식이 된다.

$$\frac{P}{P_f} = e(\text{환율}) = \left(\frac{M}{M_f}\right) \times \left(\frac{V}{V_f}\right) \times \left(\frac{Y_f}{Y}\right) \quad \cdots\cdots ㉣$$

㉣식을 환율의 증가율 형태로 재정리해주면 최종적으로 ㉤식을 얻을 수 있다.

$$\frac{\Delta e}{e}=\frac{\Delta\left(\frac{M}{M_f}\right)}{\frac{M}{M_f}}+\frac{\Delta\left(\frac{V}{V_f}\right)}{\frac{V}{V_f}}+\frac{\Delta\left(\frac{Y_f}{Y}\right)}{\frac{Y_f}{Y}} \quad \cdots\cdots\cdots ㉥$$

③ ㉥식은 통화주의 모형의 핵심을 알기 쉽게 설명해준다. 즉 환율은 자국 통화량(M)이 외국통화량(M_f)보다 더 증가할수록, 자국 화폐의 유통속도(V)가 외국 통화의 유통속도(V_f)보다 더 빠를수록, 해외 소득(Y_f)이 국내 소득(Y)보다 더 크게 증가할수록 상승한다는 것이다.

④ **통화주의 모형은 고전학파 모형을 개방경제로 확대시킨 것으로 평가되며 물가의 상 · 하 신축성과 완전고용을 전제로 한다.** 또 한때는 일부 선진국들의 환율변동을 그런대로 잘 설명해준다는 평가를 받았지만 1980년대 이후부터는 환율결정에 대한 현실 설명력이 낮은 것으로 밝혀지고 있다.

2) 오버슈팅 모형(overshooting model, 과대변동 모형)

① 오버슈팅이란 용어부터 이해할 필요가 있다. 오버슈팅은 '원래 가려고 했던 장소를 지나쳐 더 많이 가버리는 경우' 를 말한다. 그런데 경제학에서 말하는 오버슈팅은 **'경제에 어떤 충격이 가해졌을 때, 특정 경제변수가 단기적으로 급격한 변동을 보이다가 시간이 흐르면서 장기균형 수준으로 제자리를 찾아가는 현상'** 을 의미한다.

② 오버슈팅 모형은 미국의 경제학자 뤼디거 돈 부시(R. Dornbusch)가 환율의 급격한 변동 현상을 설명하기 위해 제시한 모형이다. 그는 단기적으로 물가는 경직적이며 투자자들은 합리적 기대를 한다고 가정했다. 또 이자율평가설이 성립하며, 장기적으로는 구매력평가설도 수용했다.

③ 이제 외부 충격의 하나로서 화폐공급량이 증가하는 경우, 단기적으로 환율의 급격한 변동이 어떻게 일어나며 장기적으로 어떤 경로를 거쳐 장기균형 수준으로 수렴해가는지 살펴보자. [그림 16-7]의 (a) 그래프는 화폐시장의 균형, (b) 그래프는 이자율평가설을 충족시키는 환율-이자율의 관계를 나타낸다.

화폐시장의 최초 균형이 (a) 그래프에서 보는 바와 같이 a점에서 이루어졌다고 가정하자. 따라서 a점에서는 $\frac{M^d}{P_0}=\frac{M_0^s}{P_0}$ 조건이 충족된다. 이제 물가수준이 P_0로 일정한 상황에서 화폐공급량만 M_0^s에서 M_1^s로 증가(①)했다고 하자. 그러면 새로운 균형점은 b점에서 이루어지고 균형이자율은 r_0에서 r_1으로 하락한다.

[그림 16-7] 화폐공급의 증가와 오버슈팅 모형

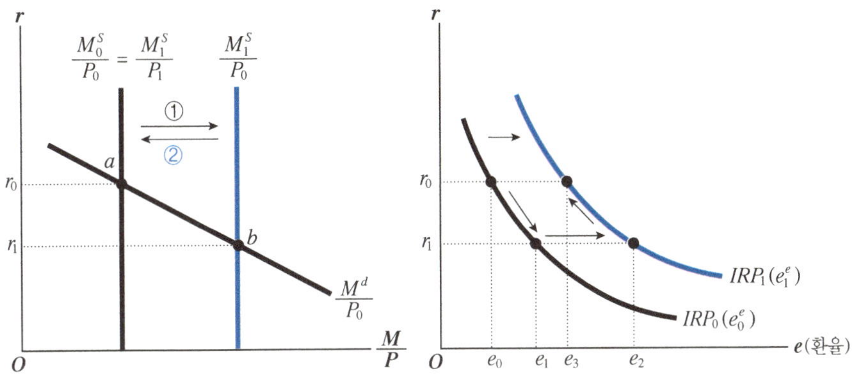

(a) 화폐시장의 균형　　　(b) 이자율평가설 : 환율과 이자율

④ 균형이자율이 r_0에서 r_1으로 하락함에 따라 외환시장((b) 그래프 참조)에서는 큰 변화가 일어난다. 먼저 기대환율이 e_0^e인 $IRP_0(e_0^e)$ 곡선을 따라서 이자율평가설을 충족시켜주는 환율이 e_0에서 e_1으로 상승한다. 이때 합리적 기대를 하는 투자자들이 화폐공급의 지속적인 증가를 예상하면, 미래의 예상물가수준도 상승할 것이다.

그렇게 되면 구매력평가설에 의거해서 환율이 상승할 것으로 예상된다. 따라서 미래에 대한 기대환율도 e_0^e에서 e_1^e로 증가한다. 기대환율의 상승은 [그림 16-7]의 (b) 그래프에서 IRP곡선을 $IRP_0(e_0^e)$에서 $IRP_1(e_1^e)$곡선으로 이동시킬 뿐만 아니라 균형환율도 e_1을 넘어 e_2까지 오버슈팅한다.

⑤ 시간이 흐르면서 투자자들의 예상대로 물가수준이 P_0에서 P_1으로 오를 것이다. 만약 물가수준의 상승 폭과 화폐공급의 증가 폭이 같다면, 왼쪽 그림에서 실질화폐공급은 원위치로 복귀(②)할 것이다. 즉 $\frac{M_0^s}{P_0} = \frac{M_1^s}{P_1}$으로 같아진다. 그러면 이자율도 r_1에서 원래 수준인 r_0로 복귀한다. 그리고 장기적으로 균형환율도 e_3에서 결정된다.

여기서 눈여겨봐야 할 사항은 기대환율변화가 반영된 단기적 환율 수준인 e_2가 물가수준의 조정을 거친 장기적 환율 수준 e_3보다 높다는 점에서 환율의 오버슈팅이 발생했다고 말하는 것이다.

⑥ 돈 부쉬의 **오버슈팅 모형은 단기적 환율결정에 대한 설명력이 큰 것으로 평가받고있다**. 특히 단기적으로 환율이 급격하게 변동하는 것을 잘 설명해줄 뿐만 아니라 장기적으로는 통화주의 모형과 같은 균형환율을 예측한다는 점에서 다른 모형들보다는 현실적 설명력이 큰 모형으로 인정받고 있다.

3) 포트폴리오밸런스 모형(Portfolio balance model, 자산구성균형 모형)

① 앞에서 언급한 통화주의 모형과 오버슈팅 모형은 환율이 양국 간 화폐의 수요와 공급에 의해 결정된다는 점에서 본질적으로는 통화적이다. 하지만 미국의 경제학자 쿠리(P. Kouri)에 의해 제시된 포트폴리오밸런스 모형은 **국내 자산과 해외 자산이 서로 불완전하게 대체된다**는 것을 전제로 자산시장의 균형 상태에서 환율이 결정된다는 이론이다. 그는 **구매력평가설이나 이자율평가설을 수용하지 않았다**. 중요한 것은 금융자산의 기대수익률과 그에 따른 자산 간의 포트폴리오일 뿐이다.

② 쿠리는 자산을 국내 자산과 해외 자산으로 구분했다. 또 국내 자산은 국내 통화량(M)과 국내 발행 채권(B)으로 구성되고, 해외 자산은 해외 발행 채권(F)뿐이라고 가정했다. 따라서 국내 투자자의 총자산(Asset ; A)은 $A = M + B + eF$(e, 환율)로 정의된다. 여기에서 각 자산에 대한 수요는 국내 발행 채권의 수익률(r), 해외 발행 채권의 수익률(r^f), 그리고 총자산(A)에 의해 영향을 받는다고 가정한다. 그러면 각 자산시장의 균형 상태는 다음과 같이 각 자산의 수요와 공급이 일치하는 수준에서 결정된다.

$$M \Rightarrow M^d(r, r^f, A) = M^s \text{ 단, } \frac{\Delta M^d}{\Delta r} < 0,\ \frac{\Delta M^d}{\Delta r^f} < 0,\ \frac{\Delta M^d}{\Delta A} > 0 \quad \cdots\cdots\cdots\cdots ㉠$$

$$B \Rightarrow B^d(r, r^f, A) = B^s \text{ 단, } \frac{\Delta B^d}{\Delta r} > 0,\ \frac{\Delta B^d}{\Delta r^f} < 0,\ \frac{\Delta B^d}{\Delta A} > 0 \quad \cdots\cdots\cdots\cdots ㉡$$

$$F \Rightarrow F^d(r, r^f, A) = F^s \text{ 단, } \frac{\Delta F^d}{\Delta r} < 0,\ \frac{\Delta F^d}{\Delta r^f} > 0,\ \frac{\Delta F^d}{\Delta A} > 0 \quad \cdots\cdots\cdots\cdots ㉢$$

③ 위의 ㉠, ㉡, ㉢식을 환율(e)과 이자율(r)축에 나타내면 다음의 [그림 16-8]을 도출할 수 있다. 이제 그것의 도출 과정에 대해서 설명해보자.

[그림 16-8] 포트폴리오밸런스 모형과 국내외 자산시장의 균형

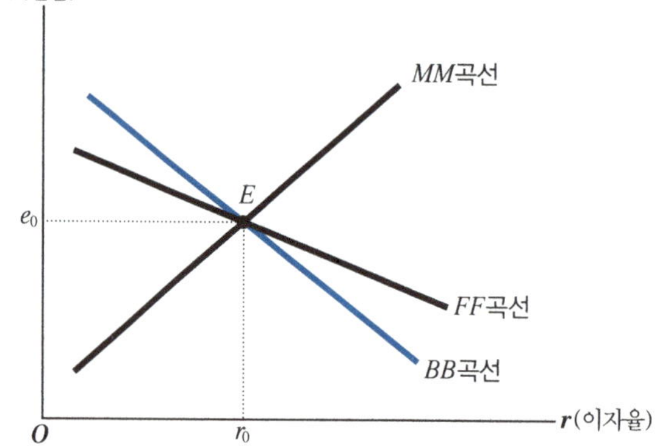

㉠ MM곡선은 화폐시장의 균형조건에서 도출되며 우상향한다. 왜 그럴까? 국내 통화량(M)과 국내외 채권 발행(B, F)이 일정하다고 가정할 때, 환율이 상승하면 화폐시장을 균형시키는 이자율은 어떻게 변할 것인가만 추적하면 된다. 즉 '환율(e) 상승 ⇒ 총자산의 국내 가치($A = M + B + eF$) 상승 ⇒ 화폐수요 증가 ⇒ 이자율 상승' 의 관계가 성립한다. 환율과 이자율 간에는 양(+)의 관계가 성립된다. 따라서 MM곡선은 우상향한다.

㉡ BB곡선은 국내 채권시장의 균형조건에서 도출되며 우하향한다. 국내 통화량(M)과 국내외 채권 발행(B, F)이 일정하다고 가정할 때, 환율이 상승하면 국내 채권시장을 균형시키는 이자율은 어떻게 변할까? 즉 '환율(e) 상승 ⇒ 총자산의 국내 가치($A = M + B + eF$) 상승 ⇒ 채권 수요 증가 ⇒ 채권 가격 상승 ⇒ 이자율 하락' 의 관계가 성립한다. 환율과 이자율 간에는 음(−)의 관계가 성립된다. 따라서 BB곡선은 우하향한다.

㉢ FF곡선은 해외 채권시장의 균형조건에서 도출되며 우하향한다. 국내 통화량(M)과 국내외 채권 발행(B, F)이 일정하다고 가정할 때, 환율이 상승하면 해외 채권시장을 균형시키는 이자율은 어떻게 변할까만 체크하면 된다. '환율(e) 상승 ⇒ 해외 채권가격 상승 ⇒ 해외 채권수요 감소 ⇒ 국내 이자율 하락[11]' 의 관계가 성립한다. 즉 환율과 이자율이 음(−)의 관계를 갖는다. 따라서 FF곡선도 우하향한다. 다만, 경제학에서는 자산시장의 균형 상태가 안정적이기 위해서는 BB곡선이 FF곡선보다 가파르게 그려져야 한다고 가정한다.

④ 포트폴리오밸런스 모형에 따르면 바로 MM곡선, BB곡선, FF곡선이 만나는 균형점인 E점에서 균형환율이 결정된다고 한다. 포트폴리오밸런스 모형은 **국내 금융자산과 해외 금융자산이 동일하지 않다**고 본다. 그 이유는 해외 금융자산에는 환율변동에 따른 환-리스크가 있다고 생각하기 때문이다. 또 단기에는 환율이 금융자산에 대한 수요와 공급에 의해 결정된다고 본다. 하지만 장기적으로는 환율변화 ⇒ 경상수지 변화 ⇒ 해외 금융자산 보유 변화 ⇒ 총자산가치(A)의 변화 ⇒ 국내외 금융자산 변화 ⇒ 환

11. 환율 상승으로 해외 채권가격이 비싸짐에 따라 해외 채권수요는 감소한다. 그런데 해외 채권시장이 균형을 이루기 위해서는 국내 채권가격이 아주 비싸져야 한다. 그래야만 해외 채권가격이 상대적으로 저렴하게 되어 해외 채권수요가 늘어날 수 있기 때문이다. 그렇다면 국내 이자율은 어떻게 되어야 하는가? 국내 채권가격과 국내 이자율이 반비례한다는 것은 이미 앞에서 학습한 바 있다. 따라서 해외 채권시장의 균형을 위해서는 국내 이자율이 하락해야 한다.

율변화로 이어지는 동태적 모형이다. 그럼에도 불구하고 실증적인 측면에서는 현실 설명력이 떨어지는 것으로 평가받고 있다.

3.3 자산시장접근방법 (2) : 자산시장 최적화 모형

자산시장접근방법 (1)에서 언급한 3가지 모형은 최적화 행태를 고려하지 않았다는 측면에서 이론적 한계를 갖는다. 자산시장 최적화 모형은 이러한 이론적 한계를 탈피할 목적에서 새롭게 제안된 환율결정 모형이다. 이 모형 역시 미국의 경제학자인 로버트 루카스(R. Lucas)에 의해 제시된 바 있다. 그는 자산시장 최적화 모형에다 미시경제학적 기초를 도입했다. 즉 소비자의 효용극대화와 기업의 이윤극대화 원리를 적용시켜 자국 화폐와 외국 화폐의 수요를 명시적으로 고려하면서 일반균형의 분석 틀로 환율결정 원리를 규명하려고 노력했다. 하지만 자산시장 최적화 모형은 기존 모형들보다 정교한 경제논리를 도입했음에도 불구하고 환율변동 및 환율의 미래동향을 예측하는 모형으로서는 현실 설명력을 인정받지 못하고 있다.

3.4 기타 접근방법

앞에서 언급한 유량접근방법과 저량개념에 기초한 자산시장접근법과는 판이하게 다른 방법으로 환율결정을 설명하는 모형들이 몇 개 더 존재한다. 여기서는 그 가운데 경제뉴스 모형, 시장심리 모형, 불규칙보행가설에 대해 간략하게 살펴보기로 한다.

1) 경제뉴스 모형

① 등장 배경을 살펴보면, 지금까지 배운 환율결정이론은 통화량, 이자율, 실질 GDP,경상수지, 자본수지, 금융자산 등이 환율을 결정하는 핵심요인이라고 간주한다. 하지만 이런 거시경제변수들이 환율의 단기적 변동을 설명하고 예측하는 데는 무언가 미흡하다는 점에서 경제뉴스 모형(economic news model)이 등장했다.

② 경제뉴스 모형의 핵심은 환율 결정요인이라고 언급한 제(諸)요인(통화량, 이자율, 실질 GDP, 경상수지, 자본수지, 금융자산 등)의 변화에 관한 경제뉴스 자체가 환율결정에 엄청난 영향을 미친다는 주장이다. 일례로 외환시장에 참여하는 투자자들은 화폐공급량에 대한 정책 당국의 공식 발표가 있기 전, 자기 나름대로 화폐공급량에 대한 예상

치에 기초해서 외환의 매입과 매각을 결정한다. 그런데 경제뉴스를 통해 정책 당국이 화폐공급량에 대해 공식 발표를 하면, 투자자들은 자신의 예상치와 실제치가 다름을 깨닫고 기존에 했던 외환의 매입과 매각을 재결정한다는 것이다. 그 과정에서 환율이 변동한다는 것이다.

③ 이 모형은 환율결정에 대한 논리적 기초가 부족하고, 경제뉴스의 영향력과 투자자들의 예상치에 대한 측정이 쉽지 않다는 한계가 있다.

2) 시장심리 모형

① 시장심리 모형도 경제뉴스 모형과 마찬가지로 앞에서 언급한 전통적인 환율결정이론들이 단기적 환율예측에 한계가 있다는 점에 착안해서 그 대안을 제시했다는 것에 의의가 있다. 특히 시장심리 모형은 단기적 환율이 외환시장에 참가하는 투자자들의 심리적 요소에 의해 결정된다고 주장한다.

② 이 모형의 본질은 외환시장에 참여하는 투자자들의 자기충족적 예측(self-fulfilling prophecy) 결과에 따라 단기 환율이 결정된다는 것이다. 이에 대해 부연 설명을 하자면, 투자자들은 환율이 앞으로 어느 수준에 이를 것인가를 예상하고, 그에 기초해서 외환을 매각하거나 매입한다. 또 그 과정에서 투자자들의 예상치를 만족시켜주는 수준에서 단기 환율이 결정된다는 주장이다.

③ 이 모형 역시 환율결정에 관한 논리적 기초가 부족한 것이 흠이다. 또 투자자들의 예상이 서로 상이(相異)할 때, 그것이 어떻게 작동해서 시장심리가 형성될 것인지에 대해 침묵한다. 하지만 단기적으로 환율이 결정되는 데는 투자자들의 심리가 영향을 미치는 만큼, 향후 이 부분에 대한 연구가 필요하다는 점을 부각시킨 것은 나름대로 의미가 있다.

3) 불규칙보행가설

① 불규칙보행가설(random walk hypothesis)은 환율변동이 취객(醉客)의 걸음걸이와 비슷하다는 의미에서 명명되었다. 넓은 장소에다 취객을 홀로 남겨두었다가 일정 시간이 지난 뒤에 그를 찾으러 나선다고 할 때, 그를 만날 수 있는 최적의 방법은 무엇일까? 불규칙보행가설에 따르면 맨 처음 취객이 머물러 있던 곳으로 가면 재회할 가능성이 제일 크다고 한다. 물론 취객이 어느 방향으로 걸어갔을지 정확하게 예측하기 힘들지만, 한동안은 비틀거리면서 이곳저곳을 배회하다가 처음 있던 곳으로 왔을 가능성이

평균적으로 높다는 것이다. 이 가설은 환율도 그렇게 결정된다는 주장이다.

② 이 모형의 본질은 '**내일의 환율 수준을 예측할 때는 통화량을 비롯한 다른 경제변수들은 별다른 소용이 없고 오로지 오늘의 환율 수준만 알면 충분하다**'는 점이다. 즉 내일의 환율은 오늘의 환율과 평균적으로 같다는 것이다.

③ 이 모형 역시 환율결정이론으로서 논리적 기초가 정교하지 못하다는 단점이 있지만 다른 복잡한 환율결정이론보다 오히려 환율변동에 대한 예측력이 상대적으로 우수하다는 평가를 받고 있다.

4 환율제도와 국제수지의 조정

국제수지의 불균형이 지속된다면 그것은 반드시 시정되어야 한다. 국제수지 불균형의 지속은 건전한 국가경제를 좀먹기 때문이다. 그런데 국제수지 불균형의 시정(是正)은 결국 경상수지의 균형 문제로 귀착된다. 경상수지가 국제수지의 핵심이고, 또 경상수지적자를 자본·금융수지의 흑자로 무제한 메꿀 수는 없기 때문이다. 국제수지 불균형의 시정, 즉 국제수지 조정은 시장기구를 통해서 이루어질 수도 있고 정부 개입을 통해 달성될 수도 있다. 여기서는 그런 문제들에 대해 살펴보자.

4.1 금본위제도에서 국제수지의 조정 : 고전학파

1) 기본 가정

① 금본위제도에서 국제수지의 조정은 고전학파 경제학자인 데이비드 흄(D. Hume)이 제시한 '**물가-금(正貨)의 이동이론**'에 기초한다.

② 통화량과 물가는 비례적으로 반응한다는 화폐수량설을 따른다.

③ 경상수지의 불균형은 물가수준의 완전 신축적인 변동에 의해 자동적으로 조정된다.

2) 논의의 전개 : 경상수지적자와 경상수지흑자인 경우

① 경상수지적자인 경우

금본위제도에서 어떤 나라가 외국산 상품의 수입을 과다(過多)하게 하면 정화(正貨)인 금의 해외 유출이 증가한다. 금의 유출로 국내 통화량은 감소하고 국내 물가는 하락한다. 또 국내 물가의 하락은 자국 수출상품의 수출가격 하락을 유발하고 이는 수출 증가와 수입억제를 불러온다. 결국 경상수지의 불균형이 자동적으로 해소된다. 즉 '수입 > 수출 ⇒ 경상수지적자 ⇒ 금의 해외 유출 증가 ⇒ 국내 통화량 감소 ⇒ 국내 물가 하락 ⇒ 수출 증가, 수입 감소 ⇒ 경상수지 균형'의 메커니즘을 갖는다.

② 경상수지흑자인 경우

금본위제도에서 어떤 나라가 자국산 상품의 수출이 과다하게 이루어지면 정화(正貨)인 금의 국내 유입이 늘어난다. 금의 국내 유입으로 국내 통화량이 증가하고 국내 물가는 상승한다. 또 국내 물가의 상승은 자국 상품의 수출가격 인상을 초래하고 이는 수출 감소와 수입 증가로 이어져서 경상수지 불균형은 자동적으로 해소된다. 즉 '수출 > 수입 ⇒ 경상수지흑자 ⇒ 금의 국내 유입 증가 ⇒ 국내 통화량 증가 ⇒ 국내 물가 상승 ⇒ 수출 감소, 수입 증가 ⇒ 경상수지 균형'의 메커니즘을 갖는다.

3) 금본위제도의 자동조정기구가 지닌 한계점

① 만약 흄이 제시한 물가-금(正貨)의 이동이론이 현실에서 그대로 적용된다면 **경상수지의 불균형을 조정하기 위해서는 필연적으로 한 나라의 국내 경기(景氣)를 희생시킬 수밖에 없다**는 문제가 발생한다. 즉 대외균형을 위해 대내균형을 희생[12]해야 한다는 사실이다. 희생의 범주에는 여러 가지를 들 수 있지만, 대표적인 것으로는 인플레이션, 디플레이션, 실업 등이 있다.

② 이 때문에 세계 각국은 대외균형(국제수지 균형)보다 대내균형을 중시하는 정책을 채택했고 그 바람에 결국 금본위제도가 붕괴되고 말았다.

12. 위에서 살펴본 바와 같이 경상수지가 적자이면 국내 통화량의 감소로 물가수준이 하락하는데 이는 일반적으로 국내의 경기불황과 고용 감소를 유발한다. 또 경상수지가 흑자이면 국내 통화량의 증가로 물가수준이 상승함으로써 국내 경제 주체들은 인플레이션에 따른 희생을 감수해야 한다.

4.2 국민소득을 통한 국제수지의 조정 (1) : 케인지언

1) 국민소득을 통한 국제수지의 조정 (1) 모형은 케인즈의 실질 GDP 결정이론을 개방 거시경제로 확장시킨 것이다. 그 모형을 활용하면 국민소득의 조정을 통해서도 경상수지 불균형을 해소시킬 수 있음을 알게 될 것이다. 이 모형의 결론은 경상수지 불균형의 조정을 위해서는 정부의 재량적 총수요관리정책이 필요하다는 것이다.

① 수출을 X, 수입을 M, 조세는 정액세만 존재한다고 가정하면, 케인즈의 단순 개방거시경제 모형은 다음과 같이 요약된다.

$$Y^D = C + I^D + G + (X - M) \cdots\cdots ㉠$$

$C = a + b(Y - T)$ 단, a : 절대소비 > 0, b :한계소비성향, T : 정액세이며 T_0로 일정함.

$I^D = I_0$

$G = G_0$

$T = T_0$

$X = X_0$

$M = M_0 + mY$ 단, m : 한계수입성향 $= \dfrac{\Delta M}{\Delta Y}$, M_0 : 기본수입액

$$Y^D = Y \cdots\cdots ㉡$$

위에서 C, I^D, G, T, X, M을 ㉠식에 대입한 후, ㉡을 활용하면 다음의 균형국민소득($Y_e = Y$)을 도출할 수 있다.

$$Y = Y_e = \frac{1}{1 - b + m}(a + I_0 + G_0 + X_0 - bT_0 - M_0) \cdots\cdots ㉢$$

㉢식의 모든 변수에 Δ개념을 적용하면 ㉣식이 도출된다.

$$\Delta Y = \Delta Y_e = \frac{1}{1 - b + m}(\Delta a + \Delta I + \Delta G + \Delta X - b\Delta T - \Delta M) \cdots\cdots ㉣$$

② 여러 가지 개념의 승수(乘數) 도출

승수란 해당 변수를 제외한 모든 변수($\forall = all$)의 변동분이 0이라는 전제하에 해당 변수가 1단위 변화할 때, 국민소득이 얼마만큼 변할 것인가를 나타낸다. ㉣식에서 투자승수, 정부지출승수, 정액세승수, 수출승수, 수입승수를 구하면 다음과 같다.

$$\Delta Y = \frac{1}{1-b+m}(\Delta a + \Delta I + \Delta G + \Delta X - b\Delta T - \Delta M)$$

투자승수 $\Rightarrow \left| \begin{array}{l} \dfrac{\Delta Y}{\Delta I} = \dfrac{1}{1-b+m} \\ \Delta I \neq 0, \Delta \forall = 0 \end{array} \right.$

정부지출승수 $\Rightarrow \left| \begin{array}{l} \dfrac{\Delta Y}{\Delta G} = \dfrac{1}{1-b+m} \\ \Delta G \neq 0, \Delta \forall = 0 \end{array} \right.$

정액세승수 $\Rightarrow \left| \begin{array}{l} \dfrac{\Delta Y}{\Delta T} = \dfrac{-b}{1-b+m} \\ \Delta T \neq 0, \Delta \forall = 0 \end{array} \right.$

수출승수 $\Rightarrow \left| \begin{array}{l} \dfrac{\Delta Y}{\Delta X} = \dfrac{1}{1-b+m} \\ \Delta X \neq 0, \Delta \forall = 0 \end{array} \right.$

수입승수 $\Rightarrow \left| \begin{array}{l} \dfrac{\Delta Y}{\Delta M} = \dfrac{-1}{1-b+m} \\ \Delta M \neq 0, \Delta \forall = 0 \end{array} \right.$

2) 이제 국민소득의 조정을 통해 어떻게 국제수지 불균형을 해소할 수 있는지 고찰해 보자. 일례로 어떤 국가에서 수출이 감소하는 바람에 경상수지적자가 발생했다고 하자. ΔX만큼 수출이 감소하면 국민소득은 $\frac{1}{(1-b+M)} \times \Delta X$만큼 감소한다. 또 국민소득이 감소하면 그에 따라 수입도 자연히 감소하게 된다. 앞에서 학습한 바와 같이 수입은 국민소득의 증가함수이기 때문이다. 이때 수입의 감소 폭은 $\frac{m}{(1-b+M)} \times \Delta X$[13]로 정의된다. 하지만 이것으로 경상수지의 불균형이 완전하게 조정된 것은 아니다. 따라서 국제수지 불균형의 완전한 조정을 위해서는 정부의 재량적인 총수요관리정책이 필요하다.

---

13. 수출승수로부터 $\Delta Y = \frac{1}{(1-b+m)} \times \Delta X$가 도출된다. 또 수입식 구조인 $M = M_0 + mY$에서 $\Delta M = m\Delta Y$의 관계를 도출할 수 있다. 따라서 $\Delta M = m\Delta Y = m\left(\frac{1}{1-b+m}\right) \times \Delta X = \frac{m}{(1-b+m)} \times \Delta X$가 도출된다. 따라서 이 경우에 수출이 감소하면 자연히 $\frac{m}{(1-b+m)} \times \Delta X$만큼 수입도 감소하게 된다.

보론 16-6 국민소득을 통한 국제수지의 조정 (2) : 비례세가 존재하는 경우

수출을 X, 수입을 M, 조세는 비례세만 존재한다고 가정하면 케인즈의 단순 개방거시경제 모형은 다음과 같이 요약된다.

$$Y^D = C + I^D + G + (X - M) \cdots\cdots ㉠$$

$$C = a + b(Y - T)$$

단, a : 절대소비 > 0, b : 한계소비성향, T : 비례세이며 $T = tY$(t, 세율)로 일정함.

$$I^D = I_0$$

$$G = G_0$$

$$T = tY$$

$$X = X_0$$

$$M = M_0 + mY$$ 단, m : 한계수입성향 $= \frac{\Delta M}{\Delta Y}$, M_0 : 기본수입액

$$Y^D = Y \cdots\cdots ㉡$$

위에서 C, I^D, G, T, X, M을 ㉠식에 대입한 후, ㉡식을 활용하면 ㉢식으로 정의되는 균형국민소득($Y_e = Y$)을 도출할 수 있다.

$$Y = Y_e = \frac{1}{1 - b(1 - t) + m}(a + I_0 + G_0 + X_0 - M_0) \cdots\cdots ㉢$$

㉢식의 모든 변수에 △개념을 적용하면 ㉣식이 도출된다.

$$\Delta Y = \Delta Y_e = \frac{1}{1 - b(1 - t) + m}(\Delta a + \Delta I + \Delta G + \Delta X - \Delta M) \cdots\cdots ㉣$$

㉣식을 통해 투자승수, 정부지출승수, 수출승수, 수입승수를 구할 수 있다. 그것을 정리하면 아래와 같다.

투자승수	$\frac{\Delta Y}{\Delta I} = \frac{1}{1 - b(1 - t) + m}$ $\Delta I \neq 0, \Delta \forall = 0$
정부지출승수	$\frac{\Delta Y}{\Delta G} = \frac{1}{1 - b(1 - t) + m}$ $\Delta G \neq 0, \Delta \forall = 0$
수출승수	$\frac{\Delta Y}{\Delta X} = \frac{1}{1 - b(1 - t) + m}$ $\Delta X \neq 0, \Delta \forall = 0$
수입승수	$\frac{\Delta Y}{\Delta M} = \frac{-1}{1 - b(1 - t) + m}$ $\Delta M \neq 0, \Delta \forall = 0$

4.3 물가변동을 통한 국제수지의 조정 : 통화주의학파

1) 통화주의학파는 '경상수지가 물가수준의 변화를 통해 자동으로 조정된다'는 고전학파이론을 현대경제이론에 적용시킨 것으로 평가받고 있다.

2) 통화주의학파는 다음과 같은 가정하에서 경상수지 불균형의 완전한 조정 과정을 분석했다.
   ① 양국 간에 화폐의 이동이 완전하고 자유롭게 이루어진다.
   ② 중앙은행은 경상수지의 변화를 자국 통화량(= 화폐공급량)의 변동으로 상쇄하는 불태화(不胎化) 정책[14]을 사용하지 않는다.
   ③ 통화량과 물가수준은 양(+)의 함수관계가 존재한다는 신화폐수량설에 기초한다.

3) 통화주의학파가 주장하는 경상수지 불균형의 조정과정
   ① 경상수지가 적자인 경우, 다음과 같은 과정을 거쳐 경상수지 균형으로 자동 조정된다.
   수입 > 수출 ⇒ 경상수지적자 ⇒ 국내 통화량 감소 ⇒ 물가 하락 ⇒ 국산상품의 수출가격 하락, 수입상품의 상대가격 상승 ⇒ 수출 증가, 수입 감소 ⇒ 경상수지 균형
   ② 경상수지가 흑자인 경우, 다음과 같은 과정을 거쳐 경상수지균형으로 자동 조정된다.
   수입 < 수출 ⇒ 경상수지흑자 ⇒ 국내 통화량 증가 ⇒ 물가 상승 ⇒ 국산상품의 수출가격 인상, 수입상품의 상대가격 하락 ⇒ 수출 감소, 수입 증가 ⇒ 경상수지 균형

4) 통화주의학파의 자동조정이론에 내재된 한계점
   ① 만약 각국 정부가 통화 당국을 통해 불태화 정책을 집행한다면 통화주의학파가 주장하는 자동조정이론은 제 기능을 충분히 발휘할 수 없다. 가령, 경상수지적자가 발생해서 국내 통화량이 감소할 때, 중앙은행이 시중 통화량을 늘리기 위해 국공채를 매입하는 정책을 쓰면 국내 통화량이 늘어나게 된다. 그러면 통화주의학파의 주장은 설 땅을 잃게 된다.
   ② 물가변화에 따른 경상수지의 불균형이 시정되는 데는 상당한 시간이 걸릴 수 있다. 만약 경상수지의 불균형이 즉각 시정되지 않고 오랜 시간이 걸린다면 정부는 무턱대고

14. 불태화(不胎化)라는 용어는 의학용어로 불임 시술, 살균 소독을 의미하는 sterilization을 번역한 것이다. 경제학에서 이런 용어를 사용하게 된 것은 관련 정책이 외환의 유출입에 따른 국내 통화량의 변동효과를 상쇄시켜 버리기 때문이다. 일례로 한국은행이 통화안정증권과 같은 통화채(通貨債)를 발행 · 매각해서 시중의 돈을 환수한다든지 재할인율의 인상이나 지급준비율을 올리는 정책 등을 말한다.

가만히 앉아 있을 리가 만무하다는 주장에 딱히 반박할 논리가 없다.

4.4 변동환율제도에서 국제수지의 조정

1) 자유변동환율제도에서 국제수지의 조정

① 우리나라와 같이 자유변동환율제도를 채택하는 국가들의 경우, 국제수지의 불균형이 발생하면 외환시장에서 환율이 '보이지 않는 손(invisible hand)'으로 작동해서 국제수지의 불균형을 자동적으로 해소시킨다.

② 국산상품의 수출 증대나 해외 자본의 국내유입 증가로 국제수지흑자가 발생했다고 가정하자. 그러면 [그림 16-9]의 (a) 그래프에서 보는 것처럼 최초의 균형점인 E_0에서 외환공급곡선이 S_0에서 S_1으로 이동(①)한다. 그 결과 환율이 하락(②)한다. 새로운 균형점 E_1에서 국제수지 불균형(= 흑자)이 자동적으로 해소된다.

③ 외국산 상품에 대한 수입 증가나 국내 자본의 해외 유출로 인해 국제수지적자가 발생했다고 가정하자. 그러면 [그림 16-9]의 (b) 그래프에서 보는 바와 같이 최초의 균형점 E_0에서 외환수요곡선이 D_0에서 D_1으로 이동(①)한다. 그 결과 환율이 상승(②)한다. 새로운 균형점 E_1에서 국제수지 불균형(= 적자)이 자동적으로 해소된다.

[그림 16-9] 환율변동에 따른 국제수지 불균형의 조정

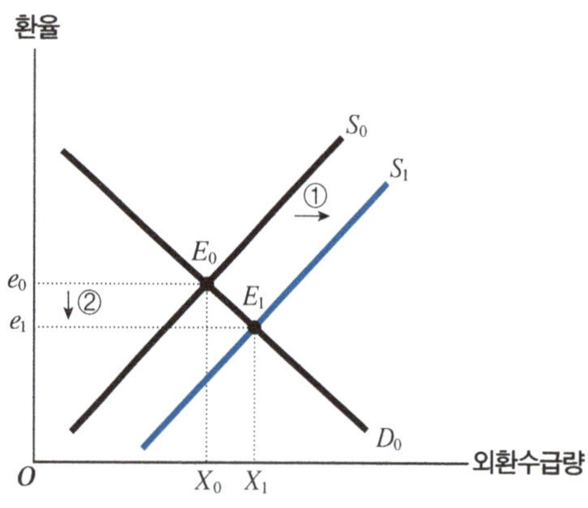

(a) 국제수지가 흑자인 경우

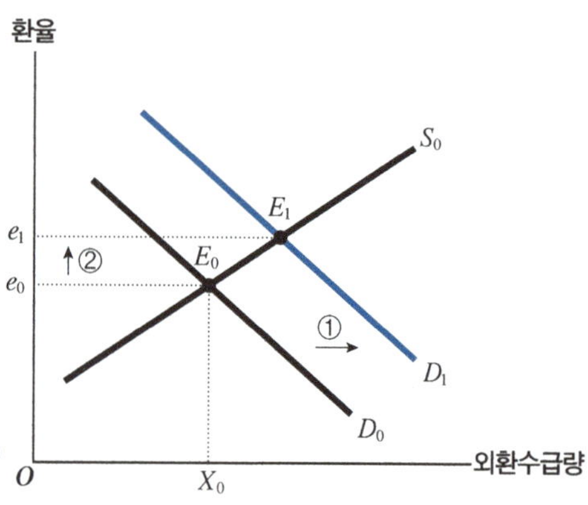

(b) 국제수지가 적자인 경우

2) 관리변동환율제도에서 국제수지의 조정

① 각국 정부가 외환시장에 개입할 수 있는 관리변동환율제도에서 국제수지 불균형의 문제가 발생할 경우, 정부가 제한적인 범위 내에서 환율 조정이나 수출입에 대한 규제, 재정정책 및 통화정책 등을 통해 시정하려는 노력이 이루어진다.

② 정부가 개입해서 제한적으로 환율을 조정하는 사례를 살펴보자. 국제수지적자가 누적되면 관리변동환율제도에서는 정부가 제한된 범위 내에서 국제수지적자의 시정을 위해 개입한다. 가령, 제한된 범위 내에서 인위적 환율 인상을 통해 수출상품의 가격 인하와 수입상품의 가격 상승을 유발해서 국제수지적자 폭을 줄여나간다.

③ 이와 반대로 국제수지흑자가 지속되는 경우에는 정부의 정책 대응에 한결 여유 있고 유연하게 대처할 수 있는 이점이 있다. 일반적으로 국제수지흑자가 지속되는 경우에는 외채 상환을 비롯한 여러 가지 정책을 다각도로 펼칠 수 있기 때문이다. 또 필요할 경우에는 제한된 범위 내에서 인위적 환율 인하조치를 통해 수출상품의 가격 인상과 수입상품의 가격 하락을 통해 국제수지의 흑자 폭을 줄여나갈 수 있다.

요약 및 복습

01 외환은 외국 화폐나 외국 돈을 의미한다. 또 환율은 자국 통화로 표시한 외국 통화 1단위의 가치, 또는 한 나라의 화폐와 외국 화폐 간의 교환비율을 의미한다. 환율에는 수취환율과 지급환율이 존재하는데 세계 대부분의 국가들은 지급환율 개념을 사용하고 있다.

$$\text{지급환율}(e) = \frac{\text{1\$와 교환되는 원화(₩)의 수량}}{1\$} = \text{명목환율}(e)$$

02 환율의 종류에는 명목환율(e)과 실질환율로 구분된다. 명목환율(e)은 위에서 언급한 지급환율(e)을 의미한다. 실질환율(q)은 다음과 같이 정의된다.

1) 실질환율을 q라고 하자. 실질환율(q)은 국산상품과 외국산 상품이 교환되는 비율, 즉 외국산 상품의 가격을 국산상품의 가격으로 나눠준 값을 의미한다. 실질환율(q)을 구하는 공식은 다음과 같다.

$$\text{실질환율}(q) = \frac{e \times P_f}{P}$$

단, e : 명목환율, P_f : 외국산 상품가격, P : 국산상품가격

2) 실질환율(q)은 교역조건과도 밀접한 관련이 있다. 실질환율은 순상품교역조건의 역수로 정의된다. 순상품교역조건은 수출상품 1단위로 수입할 수 있는 외국산 상품의 수량으로 정의되기 때문이다.

03 외환정책은 자국의 화폐 가치를 절하시킴으로써 수출을 촉진하고 수입을 억제시키려는 일련의 정책을 의미한다. 다른 조건이 일정한 상태에서 환율이 상승하면 수출이 촉진되고 수입이 억제되어 경상수지가 개선된다. 그런데 거기에도 한 가지 전제조건이 있는데 우리는 그것을 마셜-러너 조건이라고 부른다. 한미 양국을 가정해서 언급하면 다음과 같다.

1) 마셜-러너 조건을 정의하면 다음과 같다. **환율 상승이 경상수지 개선으로 이어지기 위해서는 국산 상품에 대한 미국인 수요의 가격 탄력도(ε_X)와 미국산 상품에 대한 한국인 수요의 가격 탄력도(ε_M)의 합이 1보다 커야 한다.**

04 J-커브 효과란, 자국의 화폐 가치가 절하되면 한동안은 경상수지가 악화되다가 서서히 호전되면서 경상수지가 개선되는 현상을 의미한다.

05 환율제도를 살펴보면 크게 고정환율제도, 자유변동환율제도, 관리변동환율제도로 구분된다. 고정환율제도는 정부나 중앙은행이 개입해서 환율을 일정 수준으로 고정시키는 제도를 말한다. 자유변동환율제도는 외환시장에서 외환의 수요와 공급에 의해서 균형환율이 결정되도록 자유방임하는 제도를 의미한다. 관리변동환율제도는 고정환율제도나 자유변동환율제도를 복합시킨 것으로서 환율이 일정범위를 벗어날 경우, 정부나 중앙은행이 개입하고 그 밖의 경우에는 환율이 외환시장에서 결정되도록 방임하는 제도를 지칭한다.

06 국제통화제도의 변천과정을 살펴보면 다음과 같다. 즉 금본위제도(1870~1914) ⇒ 브레튼우즈 체제(1944~1971) ⇒ 스미소니언 체제(1971~1973) ⇒ 킹스턴 체제(1976~)로 변모해왔다.

07 자유변동환율제도에서 균형환율의 결정은 외환의 수요곡선과 외환의 공급곡선이 만나는 점에서 달성된다. 또 환율을 변동시키는 주요 요인으로는 국내 물가, 해외 물가, 국내외 경기(景氣) 동향, 국내 및 해외 이자율 변화, 정부의 재정정책과 통화정책, 미래에 대한 예상 등이 있다.

08 구매력평가설은 경상수지를 중시하는 관점에서 균형환율의 결정원리를 설명하는 이론이다. 주창자는 스웨덴의 경제학자인 카셀이다. 구매력평가설은 크게 절대적 구매력평가설과 상대적 구매력평가설로 구분된다.

1) 절대적 구매력평가설은 자국 화폐의 구매력에 대한 외국 화폐의 구매력 비율로 정의된다. 즉 균형환율(e)는 $e = \frac{P}{P_f}$ 로 정의된다. 참고로 절대적 구매력평가설이 성립하면 실질환율(q)은 1이 된다.

2) 상대적 구매력평가설은 환율의 변화율($= \frac{\Delta e}{e}$) = 자국의 물가상승률($\frac{\Delta P}{P}$) − 외국의 물가상승률($\frac{\Delta P_f}{P_f}$)로 정의된다.

09 이자율평가설은 자국의 금융자산과 외국의 금융자산은 국제적으로 동일하기 때문에 완전대체가 가능하다는 전제조건에서 출발한다. 즉 통화를 양국의 금융자산에 투자해서 얻을 수 있는 수익이 같도록 환율이 결정된다는 이론이다. 이런 이자율평가설의 균형조건은 다음과 같은 식으로 정의된다.

한국에서의 투자수익률 = 미국에서의 투자수익률 + 예상환율의 변화율

10 환율의 결정모형은 크게 유량접근방법, 자산시장접근방법, 기타 접근방법이 존재한다.

1) 유량접근방법은 경상수지가 균형을 이룰 때 균형환율이 결정된다는 경상수지균형 모형과 '경상수지 + 자본 · 금융수지 = 0'의 조건이 충족될 때 균형환율이 결정된다는 멘델-플레밍 모형으로 구분된다.

2) 자산시장접근방법은 외환을 유량변수가 아니라 저량변수로 바라보는 환율결정 모형이다. 자산시장 접근방법은 경제주체들의 최적화 행태를 고려하는가, 그렇지 않은가에 따라 자산시장 비최적화 모형과 자산시장 최적화 모형으로 구분된다. 전자(前者)의 예로는 통화주의 모형, 오버슈팅 모형, 포트폴리오밸런스 모형 등이 있다. 후자(後者)의 경우는 로버트 루카스의 자산시장 최적화 모형이 존재한다.

3) 기타 접근방법으로는 경제뉴스 모형, 시장심리 모형, 불규칙보행가설이 있다.

11 국제수지의 불균형이 지속된다면 그것은 바람직하지 않으며 어떻게든 반드시 시정되어야 한다. 국제수지의 흑자, 적자 현상이 나타날 때, 그것이 어떤 과정을 거쳐 균형 상태에 도달하는가는 각 학파별로 주장이 다르다. 고전학파는 금본위제도를 통한 국제수지의 균형을 주장했고, 케인지언은 국민소득을 통한 국제수지의 조정을 언급했다. 또 통화주의학파는 물가변동을 통한 국제수지의 조정을 주장했다. 그 밖에도 변동환율제도를 통한 국제수지 조정 등이 존재한다.

제 17 장 개방경제와 경제정책의 효과

1. 개방경제와 *IS*−*LM* 모형

2. 개방소국(開放小國)경제에서의 장기균형 분석

3. 고정환율제도에서 경제정책의 효과 분석

4. 변동환율제도에서 경제정책의 효과 분석

출처 : 공군 블랙이글스

2015. 10. 25. 서울공항에서 개최된 ADEX 대회를 성공적으로 마무리한 후, 블랙이글스의 조종사, 정비사, 행정요원, 진행요원 모두가 한자리에 모여 도전, 헌신, 전문성, 팀워크의 구호를 외치고 있다. 하나의 에어쇼를 성공적으로 완수하기 위해서는 모든 블랙이글스 팀원들이 자신이 맡은 일을 100% 완수해야 한다. 블랙이글스는 수없이 많은 작은 톱니바퀴를 완벽하게 굴림으로써 에어쇼라는 거대한 톱니바퀴를 움직이게 하는 특수한 팀이다. 그 비밀은 그들만의 강력한 팀워크에 있다.

수험생 여러분들도 주변 사람들과 팀워크를 잘해야만 크게 성공할 수 있습니다!

1 개방경제와 *IS-LM* 모형

1.1 생산물시장의 균형과 *IS*곡선

1) 폐쇄경제에서 *IS*곡선의 도출

① 우리는 앞의 제8장에서 *IS*곡선을 자세하게 학습한 바 있다. 폐쇄경제에서 *IS*곡선은 생산물시장의 균형조건으로부터 도출된다. 여기서는 그 내용을 간략하게 복습해보고자 한다. 폐쇄경제에서 생산물시장의 균형조건은 ㉠식과 같다.

$$Y = C(Y-T) + I^D(r) + G = C(Y-T) + S(Y-T) + T \quad \cdots\cdots\cdots\cdots\cdots\cdots\cdots \text{㉠}$$

㉠식에서 Y는 생산국민소득, $C(Y-T)+I^D(r)+G$ 는 지출국민소득, $C(Y-T)+S(Y-T)+T$는 분배국민소득을 의미한다. $Y-T$는 가처분소득, T는 정액세, r은 이자율, C는 소비, S는 저축, I^D는 투자수요, G는 정부지출을 의미한다.

② 폐쇄경제에서 *IS*곡선은 ㉠식으로부터 도출된다. 그 도출 과정은 아래와 같다.

[그림 17-1] 폐쇄경제에서 *IS*곡선의 도출

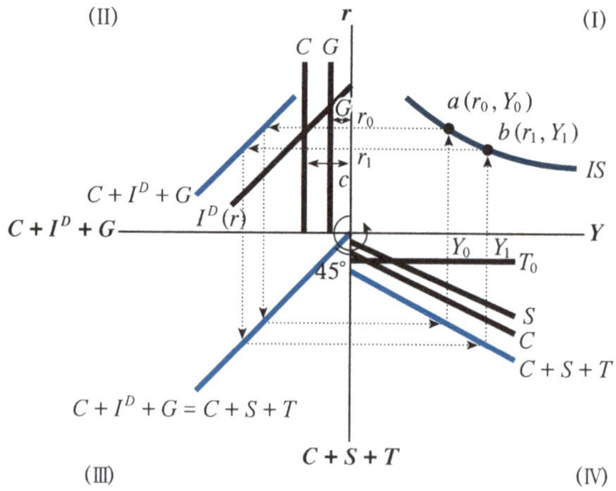

㉠ (I) 영역의 *IS*곡선은 (II) 영역 ⇒ (III) 영역 ⇒ (IV) 영역을 차례대로 연결한 결과로서 도출된다.

㉡ (II) 영역에서 정부지출(G)과 $C(Y-T)$는 이자율과 독립적인 변수이기 때문에 수직

선으로 표시했다. 다만 투자수요(I^D)는 이자율의 감소함수이므로 좌하향(左下向) 하도록 그렸다. 따라서 $C+I^D+G$는 이자율(r)과 음(–)의 관계를 갖는다.

㉢ (Ⅲ) 영역은 총수요(Y^D) = 총생산(Y) = 총공급(Y^S)이 일치하는 삼면등가의 법칙이 성립함을 나타내는 선으로서 기울기는 항상 1이다. 따라서 45° 선으로 나타냈다.

㉣ 총생산(Y) = 총공급(Y^S) = $C+S+T$의 관계를 나타낸다. 조세(T)가 정액세로 일정하고 소비(C)와 저축(S)이 모두 가처분소득($Y-T$)의 증가함수이기 때문에 C + S + T는 Y의 증가함수로 그려진다.

③ *IS*곡선의 궤적은 다음과 같은 순서로 도출된다. 화폐시장에서 균형이자율이 r_0로 결정되면 그에 따라 투자수요를 비롯한 $C+I^D+G$ 수준이 결정되고 이는 삼면등가의 법칙에 따라 $C+S+T$ 수준이 결정되고 이는 최종적으로 Y_0가 결정된다. 그렇게 해서 도출된 것이 최초의 균형점인 $a(r_0, Y_0)$이다. 이제 이자율이 r_0에서 r_1으로 하락했다고 가정하자. 그러면 [그림 17–1]에서 새로운 이자율 r_1을 따라 시계바늘 반대 방향으로 270도를 회전하면 새로운 생산물시장의 균형조건으로부터 Y_1이 결정된다. 즉 이자율이 r_1일 경우, 생산물시장을 균형시켜주는 이자율과 실질 GDP의 조합은 $b(r_1, Y_1)$이다. 최초의 균형점인 $a(r_0, Y_0)$와 나중의 균형점인 $b(r_1, Y_1)$을 연결하면 *IS*곡선이 도출된다.

2) 개방경제에서 *IS*곡선의 도출

① 폐쇄경제의 생산물시장에 대한 균형조건에다 수출(X)과 수입(M)이라는 경제변수만 추가시키면 개방경제의 생산물시장에 대한 균형조건이 된다. 그런데 수출을 의미하는 X는 환율(e)의 변수이고, 수입인 M은 환율과 실질 GDP(Y)의 변수이다. 따라서 개방경제의 생산물시장에 대한 균형조건은 ㉡식과 같다.

$$Y=C(Y-T)+I^D(r)+G+X(e)$$
$$=C(Y-T)+S(Y-T)+T+M(e,Y) \cdots\cdots ㉡$$

② ㉡식으로부터 개방경제의 *IS*곡선을 도출할 수 있다. 그 과정은 아래와 같다.

㉠ [그림 17–2]의 IS_0는 가계, 기업, 정부만이 존재하는 폐쇄경제에서 생산물시장의 균형조건으로부터 도출된 것이다. 그런데 '해외' 라는 경제주체가 포함되는 개방경제가 되면 기존의 IS_0곡선은 [그림 17–2]와 같이 IS_1으로 변하게 된다.

㉡ 그 이유를 설명하면 대략 이렇다. 우선 (Ⅱ) 영역을 보자. 폐쇄경제에서 지출국민소득은 $C+I^D+G$였지만 개방경제에서는 $C+I^D+G+X$가 된다. 이때 수출 X는 환율(e)의 증가함수다. (Ⅲ) 영역에서도 작은 변화가 있다. 분배국민소득이 $C+S+T$에서 $C+S+T+M$으로 변했다. 이때 수입 M은 환율(e)과 실질 GDP(Y)의 함수다. 참고로 수입은 환율의 감소함수, 실질 GDP의 증가함수이다.

㉢ (II) 영역에다 수출 X를 표시하면 Y축과 평행인 수직선으로 그려진다. 수출이 이자율과 무관하기 때문이다. 따라서 $C+I^D+G+X$선은 $C+I^D+G$선을 X_0만큼 횡축으로 평행 이동시킨 결과다. (Ⅲ) 영역은 마치 항등식과 같은 존재여서 변함이 없다. (Ⅳ) 영역에서도 $C+S+T$에다 수입(M)을 더해 주어야 한다. 따라서 $C+S+T+M$으로 바뀌게 된다. 이것으로 개방경제에서 IS곡선을 도출할 사전준비는 다 마친 셈이다.

㉣ 이제 최초의 이자율 r_0에서 출발해서 (II) 영역 ⇒(Ⅲ) 영역 ⇒(Ⅳ) 영역으로 진행하면서 삼면등가의 법칙을 충족시키는 이자율과 실질 GDP의 조합을 도출할 수 있다. 즉 $a'(r_0, Y_0')$가 바로 도출된다. 이제 이자율이 r_0에서 r_1으로 하락했다고 하자. 위와 동일한 수순으로 삼면등가의 법칙을 충족시키는 이자율과 실질 GDP의 조합을 도출하면 $b'(r_1, Y_1')$를 얻을 수 있다. 그런 다음, $a'(r_0, Y_0')$과 $b'(r_1, Y_1')$를 연결하면 그것이 개방경제에서의 IS곡선(IS_1)이다.

[그림 17-2] 개방경제에서 IS곡선의 도출

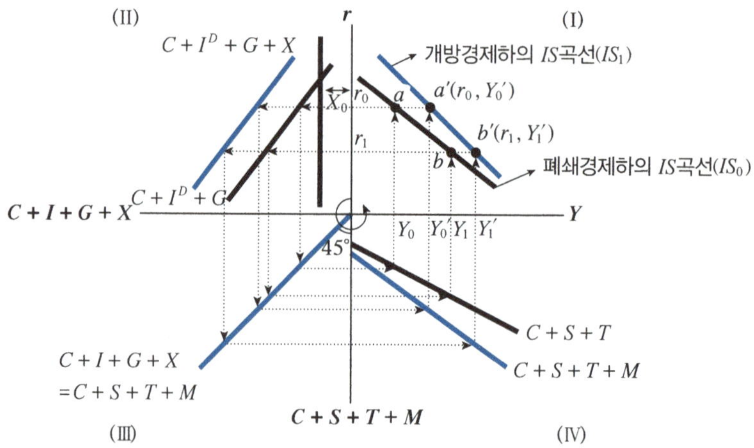

3) 개방경제에서 IS곡선을 이동시키는 요인

[그림 17-3] 개방경제에서 IS곡선의 이동 요인

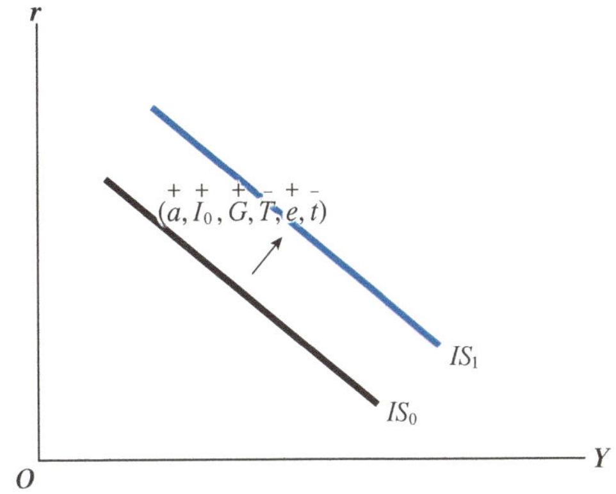

① 폐쇄경제에서 IS곡선을 우상방(右上方)으로 이동시키는 요인

제8장 제2절을 통해 우리는 폐쇄경제에서 IS곡선의 이동에 대해 학습한 바 있다. 거기서 우리는 어떤 경우에 IS곡선이 우상방으로 이동하는가에 대해 자세히 배웠다. [그림 17-3]에서와 같이 절대소비(a), 독립투자(I_0), 정부지출(G)이 증가할 때, 또 정액세(T_0)나 세율(t)이 감소할 때 IS곡선은 우상방으로 이동한다. 물론 그 반대의 경우는 IS곡선이 좌하방(左下方)으로 이동한다.

② 개방경제에서 IS곡선을 우상방(右上方)으로 이동시키는 요인

개방경제에서 지출국민소득의 항목은 $C+I^D+G+X$로서 수출(X)이 새로운 항목으로 추가된 것 외에 달라진 것이 없다. 그런데 수출에 영향을 미치는 요인은 환율(e)이다. 이미 제16장에서 공부했듯이 **환율이 상승하면 국산상품의 수출가격이 하락하기 때문에 수출이 증가한다.** 수출 증가는 개방경제에서 IS곡선의 도출 과정에서 살펴보았듯이 IS곡선을 우상방으로 이동시킨다. 따라서 우리는 다음과 같은 결론을 내릴 수 있다. 개방경제에서 IS곡선을 우상방으로 이동시키는 요인은 [그림 17-3]에서 보는 바와 같이 절대소비(a), 독립투자(I_0), 정부지출(G), 환율(e)이 증가할 때, 그리고 정액세(T_0)와 세율(t)이 감소할 때이다. 참고로 [그림 17-3]에서 +, −는 첨자로서 +는 증가, −는 감소를 의미한다.

1.2 화폐시장의 균형과 *LM*곡선

1) 폐쇄경제의 *LM*곡선과 개방경제의 *LM*곡선은 똑같다. 즉 폐쇄경제의 화폐시장 모형에다 수출 및 수입 변수를 도입한다 해도 *LM*곡선은 변하지 않는다.

① 화폐시장의 균형과 *LM*곡선의 도출

제8장 제3절에서 학습한 *LM*곡선은 물가(P)가 일정한 상황에서 화폐시장을 균형시키는 이자율과 실질 GDP의 조합을 연결한 곡선을 의미한다. *LM*곡선의 궤적을 추적하기 위해서는 케인즈의 유동성선호설을 이해해야 한다. 케인즈의 유동성선호설은 다음과 같은 방정식으로 구성된다.

화폐수요함수 : $\frac{M^d}{P} = L(Y, r)$ 단, $L_Y > 0,\ L_r < 0$ ······················· ㉠

화폐공급함수 : $\frac{M^s}{P} = \frac{M_0}{P}$ ·· ㉡

화폐시장의 균형조건 : $\frac{M^d}{P} = \frac{M^s}{P}$ ·· ㉢

② 위의 ㉠, ㉡, ㉢식과 수출(X)과 수입(M)은 직접적인 관련이 없다. 따라서 개방경제가 된다 해도 ㉠, ㉡, ㉢식은 그대로다. 달라지는 것이 하나도 없기 때문에 *LM*곡선은 폐쇄경제와 개방경제 간에 차이가 없는 것이다.

2) *LM*곡선의 도출 과정에 대한 복습

① 위의 ㉠, ㉡, ㉢식에 기초해서 *LM*곡선을 도출하면, 그 형태는 [그림 17-4]와 같다.

② (I) 영역의 *LM*곡선은 (Ⅳ) 영역 ⇒(Ⅲ) 영역 ⇒(II) 영역순으로 연결한 결과로서 도출된다. *LM*곡선은 시계바늘 방향으로 270도를 회전시켜야만 얻을 수 있는 곡선이다.

③ 생산물시장에서 균형 실질 GDP(Y_0)가 결정되면 그에 따라 (Ⅳ) 영역에서 거래적 및 예비적 동기의 화폐수요가 결정된다. 그러면 (Ⅲ) 영역에서 투기적 동기의 화폐수요는 $\frac{M^d}{P} = \frac{M^s}{P} = \frac{M}{P} = L_{TP}(Y) + L_S(r)$의 식에 기초해서 이루어진다. 그러면 (II) 영역에서 균형이자율 r_0가 결정된다. 그 결과로 (I) 영역에서 최초 균형점인 $a(r_0, Y_0)$가 결정된다.

[그림 17-4] 개방경제에서 *LM*곡선의 도출

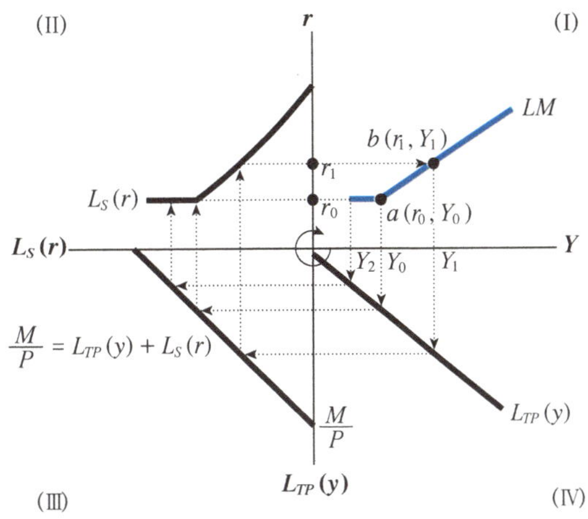

④ 이제 균형 실질 GDP가 Y_1 수준으로 증가했다고 하자. 그러면 (Ⅳ) 영역에서 거래적 및 예비적 동기의 화폐수요가 증가하고, 이는 화폐시장의 균형조건을 나타내주는 (Ⅲ) 영역의 식 $\frac{M^d}{P}=\frac{M^s}{P}=\frac{M}{P}=L_{TP}(Y)+L_S(r)$에 의해 투기적 동기의 화폐수요가 결정된다. 투기적 동기의 화폐수요가 결정되면 (II) 영역의 그래프에 의해 균형이자율이 r_1수준으로 결정된다. 따라서 균형 실질 GDP가 Y_1인 경우, 화폐시장에서의 균형이자율은 r_1으로 결정되며 이를 (I) 영역에 나타내면 새로운 균형점 $b(r_1, Y_1)$이 도출된다. 최초 균형점인 $a(r_0, Y_0)$와 새로운 균형점 $b(r_1, Y_1)$을 연결하면 우상향하는 *LM*곡선이 도출된다.

1.3 대외균형과 *BP*곡선의 도출, 그리고 *BP*곡선의 이동

1) 대외균형조건에 대한 이해

① 국제수지의 균형조건은 '경상수지 + 자본 · 금융수지 = 0' 이다. 경상수지와 자본 · 금융수지는 ㉠식으로 정의된다. 참고로 여기에서 언급하는 경상수지는 협의의 경상수지임에 유의하길 바란다.

경상수지 : 수출(X) − 수입(M) = 순수출$(X_n) = X(e) - M(e, Y) = X_n(e, Y)$

자본 · 금융수지 : $R(r, r^f)$

단, e : 명목환율, Y : 실질 GDP, r : 국내 이자율, r^f : 해외 이자율

$$\text{국제수지 균형} = BP = X_n(e, Y) + R(r, r^f) = 0 \cdots\cdots\cdots\cdots ㉠$$

② ㉠식은 국제수지의 균형조건인 동시에 *BP*곡선의 궤적이다. *BP*라는 표현은 국제수지를 의미하는 Balance of Payment에서 B자와 P자를 따서 합성한 것이다. 그런데 **BP곡선은 국가 간 자본이동이 완전한 경우, 불완전한 경우, 불가능한 경우에 따라 곡선의 형태가 달라진다.** 여기서는 완전한 경우와 불완전한 경우를 언급하고자 한다. 자동이동이 불가능한 경우에 대해서는 다음의 ③에서 다루고자 한다.

[그림 17－5] 국가 간 자본이동의 유형과 *BP*곡선의 형태

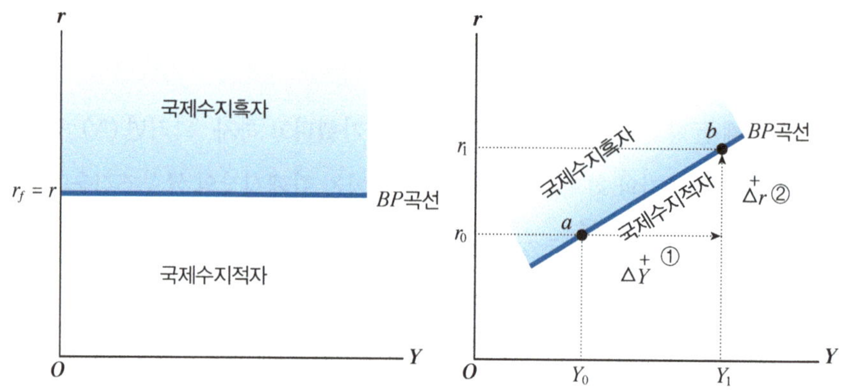

(a) 국가 간 자본이동이 완전한 경우 (b) 국가 간 자본이동이 불완전한 경우

㉠ 국가 간에 자본이동이 완전한 경우는 국내 이자율(r)과 해외 이자율(r^f)이 조금만 달라도 대량의 자본이동이 발생하므로 r과 r^f는 항상 동일한 값으로 결정된다. 따라서 *BP*곡선도 [그림 17－5]의 (a) 그래프에서 보는 것처럼 $r = r^f$의 수준에서 수평선으로 나타난다. 이때 *BP*곡선보다 높은 위치의 점들은 모두 국제수지흑자, *BP*곡선의 아래에 놓인 점들은 모두 국제수지적자가 된다. 그 이유에 대해서는 앞부분에서 이미 언급했지만 복습 차원에서 다시 한번 설명하고자 한다.

국제수지가 균형인 상태에서 국내 이자율이 해외 이자율보다 조금이라도 높아지면, 즉 $r > r^f$이면 해외 자본이 국내로 유입되기 때문에 국제수지는 흑자가 된다. 반대로 $r < r^f$인 경우는 국내 자본의 해외 유출로 국제수지는 적자가 된다. 이처럼 **수평선의 *BP*곡선은 개방소국(開放小國)경제의 *BP*곡선**으로 정의된다.[1]

1. 수평선 형태의 *BP*곡선을 개방소국(開放小國)경제의 *BP*곡선이라고 정의한 이유는 간단하게 설명할 수 있다. 개방소국

㉡ 국가 간에 자본이동이 불완전한 경우, *BP*곡선은 [그림 17-5]의 (b) 그래프에서 보는 것처럼 우상향(右上向)한다. 그 이유를 살펴보자. 임의의 *a*점에서 국제수지가 균형을 이룬다고 가정하자. 이제 국내 이자율이 불변인 상황에서 실질 GDP만 Y_0에서 Y_1으로 증가(①)했다고 가정하자. 그러면 외국산 상품에 대한 수입 수요의 증가로 경상수지는 적자가 된다. 이때 국제수지가 균형을 이루려면 자본 · 금융수지가 흑자가 되어야 한다. 그런데 자본 · 금융수지의 흑자는 해외 자본의 국내유입이 있을 때만 가능하다. 그러려면 국내 이자율이 해외 이자율보다 높아져야(②) 한다. 그것을 보여주는 것이 새로운 균형점 *b*이다. 이제 *a*점과 *b*점을 연결하면 우상향(右上向)하는 *BP*곡선이 도출된다. 이때도 *BP*곡선의 위쪽에 있는 점들은 모두 국제수지흑자, 아래쪽에 위치한 점들은 국제수지적자를 나타낸다. 그 이유는 (1)에서 언급한 내용과 똑같다. **우상향하는 *BP*곡선은 개방대국(開放大國)경제의 *BP*곡선**으로 정의된다.[2]

③ 앞에서는 자본이동이 완전하거나 불완전한 경우의 *BP*곡선에 대해 도출했다. 만약 자본이동이 원천봉쇄되었다면 *BP*곡선의 형태는 어떻게 될까? 결론부터 얘기하자면 그때의 *BP*곡선은 [17-6]에서와 같이 수직선이 된다. 그 이유에 대해 살펴보자.

[그림 17-6] 자본이동이 불가능한 경우, *BP*곡선의 형태

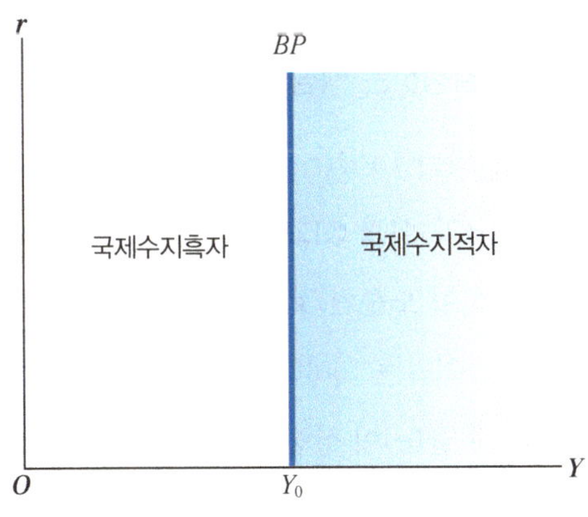

경제는 국제 자본시장에서 가격수취자로서 행동할 수밖에 없다. 따라서 개방소국경제의 경우에는 마치 완전경쟁기업들이 하는 것처럼 국제 자본시장에서 결정된 해외 이자율(r^f)을 그대로 받아들이게 된다. 따라서 $r = r^f$가 된다.

2. 우상향하는 *BP*곡선이 시사하는 것은 국제 자본시장에서 결정된 해외 이자율 r^f를 주어진 것으로 받아들이는 가격수취자가 아니라 자국의 경제(자본)상황에 부합하도록 스스로 결정한다는 측면에서 개방대국경제라고 말할 수 있다.

자본이동이 불가능하면 국제수지는 경상수지로만 정의될 수밖에 없다. 그런데 경상수지는 '순수출(X_n) $=X(e)-M(e,Y)=X_n(e,Y)$' 로 정의된다. 즉 경상수지와 이자율은 아무런 관련이 없다. 따라서 이자율의 등락에 의해 하등의 영향을 받지 않기 때문에 *BP*곡선은 수직선이 된다. 다만, *BP*곡선의 우측 영역은 경상수지를 균형시키는 소득(Y_0)보다 소득이 많다는 것을 의미한다. 이는 *Y*의 영향을 받는 수입이 증가하기 때문에 국제수지(= 경상수지)는 적자가 된다. 같은 논리로 *BP*곡선의 왼쪽 영역에서는 국제수지가 흑자임을 나타낸다.

④ 이처럼 *BP*곡선은 자본이동의 정도에 따라 수직선, 우상향, 수평선의 형태를 띤다. 그렇다면 *BP*곡선의 기울기를 결정하는 핵심요인으로는 어떤 것들이 있을까? 여기서는 두 가지를 제시하고자 한다. 독자들은 이 부분에 대해서도 잘 알아두길 바란다.

첫째는 **자본이동에 대한 이자율 탄력도가 클수록 *BP*곡선의 기울기는 완만해진다**는 사실이다. [그림 17-6]에서 *BP*곡선이 수직선인 이유는 자본이동에 대한 이자율 탄력도가 제로(0)로서 완전 비탄력적이기 때문이다. 또 *BP*곡선이 수평선인 이유는 자본이동에 대한 이자율 탄력도가 무한대(∞)이기 때문이다.

둘째는 **한계수입성향($=\frac{\Delta M}{\Delta Y}$)이 낮을수록 *BP*곡선의 기울기가 완만해진다.** 즉 한계수입성향이 낮을수록 자본이동에 대한 이자율 탄력도가 커진다는 의미다. 직관적으로 이해[3]할 수 있기에 자세한 언급은 각주로 대체하고자 한다.

2) *BP*곡선의 이동을 결정짓는 핵심요인

① *BP*의 궤적은 $X_n(e,Y)+R(r,r_f)=0$이다. 여기서 변수는 e, Y, $r(r_f)$이다. 그런데 *BP*곡선은 이자율(r)과 실질 GDP(Y)의 관계로만 나타냈다. 이는 환율(e)이 일정하다는 가정하에 *BP*곡선이 도출된 것임을 시사해준다. **이는 *BP*곡선의 이동을 결정짓는 핵심요인은 환율(e)이라는 의미다.**

② [그림 17-7]은 환율(e)이 상승할 때, *BP*곡선이 어느 방향으로 이동하는지를 잘 보여준다. 환율(e)이 상승하면 *BP*곡선은 [그림 17-7]과 같이 BP_0에서 BP_1으로 이동한다. 이제 그 이유에 대해 살펴보자.

---

3. 국제수지는 경상수지와 자본 · 금융수지의 합(合)으로 정의되는데 한계수입성향은 경상수지와 직결된 개념이다. 한계수입성향이 높다는 것은 경상수지가 GDP의 영향을 크게 받는다는 것이고, 이는 곧 *BP*에 미치는 GDP의 영향이 크다는 얘기다. 그렇게 되면 자본이동이 국제수지에 미치는 영향력이 작아질 수밖에 없다. 당연히 자본이동에 대한 이자율 탄력도도 그만큼 제한을 받게 된다. 따라서 자본이동의 이자율 탄력도가 커지기 위해서는 한계수입성향이 낮아져야 한다.

국제수지가 균형을 이루는 최초의 균형점을 $a(r_0, Y_0)$라고 하자. 이때 환율(e)이 상승하면 수출이 증가하고 수입은 감소한다. 그러면 경상수지는 흑자가 된다. 국제수지가 균형을 이루기 위해서는 자본 · 금융수지가 적자가 되어야 한다. 그러려면 국내 이자율이 r_0에서 r_1으로 낮아져야 한다. 따라서 환율(e)이 상승하면 *BP*곡선은 새로운 균형점인 $b(r_1, Y_0)$를 통과해야 한다. 즉 *BP*곡선이 우하방(右下方)하게 된다.

[그림 17-7] 환율 인상과 *BP*곡선의 이동

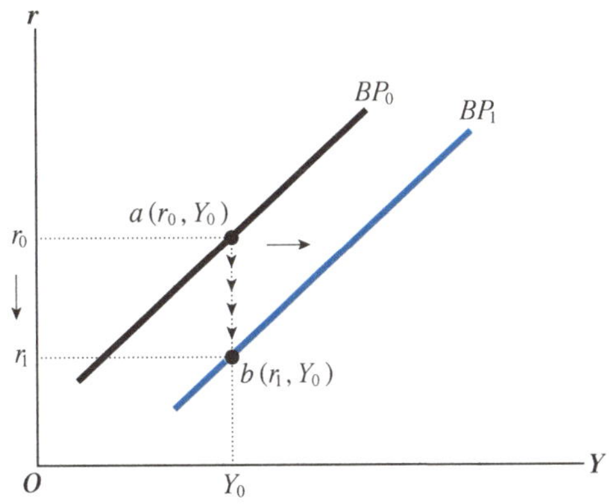

1.4 개방경제에서 대내균형과 대외균형

1) 개방경제에서 대내균형은 생산물시장과 화폐시장이 동시에 균형을 이루는 것을 의미한다. 즉 *IS*곡선과 *LM*곡선이 만나는 균형점에서 대내균형이 이루어진다.

2) 반면, 개방경제에서 대외균형은 국제수지균형을 의미하며 *BP*곡선상에서 그것이 충족된다. 따라서 개방경제에서 대내균형과 대외균형의 동시균형은 *IS*-*LM*곡선과 *BP*곡선이 만나는 점에서 이루어진다. 그런 의미에서 [그림 17-8]의 E_0점에서는 개방경제의 대내균형과 대외균형이 동시에 달성된다고 말할 수 있다.[4]

3) 케인지언은 *IS*, *LM*, *BP*곡선이 서로 교차하는 균형점 E_0에서의 Y_0가 완전고용국민소득(Y_F)이라는 보장이 없다고 주장한다. 따라서 $Y_0 \neq Y_F$인 경우는 Y_0를 Y_F 수준으로 끌어올

4. [그림 17-8]에서는 *BP*곡선이 *LM*곡선보다 완만하게 그려져 있다. 이는 앞에서 환율결정 모형을 학습하면서 언급한 먼델-플레밍 모형의 시사점을 반영한 것임을 밝혀둔다. 먼델-플레밍 모형이 시사하는 *BP*곡선의 형태는 수평선이었다. 실제로 현실경제에서 *LM*곡선의 기울기가 *BP*곡선보다 더 가파른지에 대해서는 별도의 연구가 필요하다.

리기 위한 총수요관리정책이 필요하다고 강조한다. 문제는 이들 정부 정책의 효과가 환율제도에 따라 달리 나타난다는 점이다. 따라서 고정환율제도와 변동환율제도에서 확대재정정책과 확대통화정책의 상대적 유효성이 어떻게 달라지는지 학습할 필요가 있다. 이는 후술할 제 3 절과 제 4 절에서 자세하게 다룰 것이다.

[그림 17-8] 개방경제에서의 대내균형과 대외균형

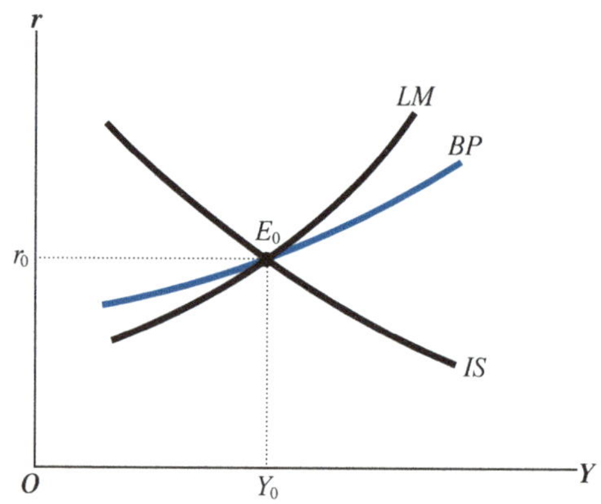

보론 17-1 환율과 *IS*-*LM*곡선의 이동

앞에서는 환율(e)이 인상했을 때, *BP*곡선의 이동에 대해 살펴보았다. 개방경제에서는 대내균형을 설명해주는 *IS*-*LM*곡선과 대외균형조건에서 도출되는 *BP*곡선을 함께 분석해야 한다. 따라서 여기에서는 환율이 인상될 때, *IS*곡선과 *LM*곡선은 어떤 변화를 보일지에 대해 살펴보고자 한다.

㉮ 환율(e)변화와 *IS*곡선의 이동에 대해서는 이미 앞에서 언급했다. 환율(e)이 오르면 *IS*곡선은 우상방으로, 환율(e)이 하락하면 *IS*곡선은 좌하방으로 이동한다.

㉯ 환율(e)변화와 *LM*곡선의 이동에 대해 살펴보자. 결론적으로 *LM*곡선과 환율(e)변화 사이에는 아무런 관련이 없다. 즉 환율(e)이 상승하거나 하락해도 *LM*곡선은 이동하지 않는다. 이는 *LM*곡선의 궤적을 통해 증명할 수 있다.

$$\frac{M^s}{P} = \frac{M_0}{P} = \frac{M^d}{P} = L_{TP}(Y) + L_S(r) \quad \cdots\cdots ㉠$$

㉠식에서 보듯이 *LM*곡선은 화폐시장의 균형조건에서 도출된 것인데, 환율(e)은 ㉠식의 변수로 포함되어 있지 않다. 따라서 환율(e)은 *LM*곡선과 직접적인 관련이 없다.

보론 17-2 개방소국(開放小國)경제에서의 $IS-LM$ 모형 분석

[보론 17-1]에서 언급한 사항을 토대로 자본이동이 완전한 개방소국경제에서의 $IS-LM$ 모형을 통해 재정정책과 통화정책의 효과를 분석해보자. 폐쇄경제에서의 $IS-LM$ 모형은 대내균형으로서 이자율과 실질 GDP의 결정 과정을 분석하는 설명도구로서 기능한다. 여기서는 명목환율과 실질 GDP의 결정 과정에 대해 언급하기로 한다. 개방소국경제에서 IS곡선과 LM곡선의 궤적, 그리고 자본이동이 완전한 경우 국내 이자율(r)과 해외 이자율(r^f)의 균형조건식에 대해 정리하면 다음과 같다. 여기서는 물가상승률이 제로(0)라고 가정한다. 그러면 명목이자율 i와 실질이자율 r은 동일하다.

생산물시장의 균형(IS곡선) : $Y = C(Y-T) + I^D(r) + G + X_n(e, Y, Y^f)$ 단, X_n : 순수출

화폐시장의 균형(LM) : $\frac{M^d}{P} = \frac{M^s}{P} = L(Y, r)$ 단, $L_Y > 0$, $L_r < 0$

자본이동이 완전하면 : $r = r^f$ 단, r : 국내 이자율, r^f : 해외 이자율

위의 3개 조건을 활용해서 명목환율과 실질 GDP의 2차 평면에 IS곡선과 LM곡선을 나타내면 다음의 [그림 17-9]와 같다.

[그림 17-9] 개방소국(開放小國)경제에서의 IS곡선과 LM곡선

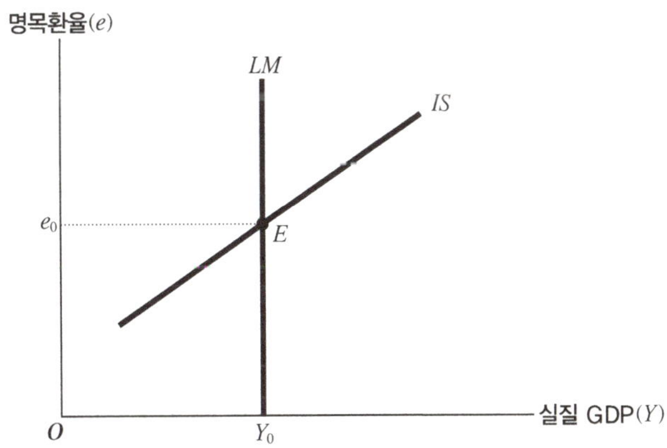

[그림 17-9]를 보면 IS곡선은 우상향(右上向)하는 형태를 보이는 반면, LM곡선은 수직선의 형태를 띤다. 그 이유를 간단하게 살펴보자. 우선 명목환율(e)이 상승하면 국산상품의 수출가격이 하락하고 수입상품의 가격이 상승하기 때문에 순수출(X_n)이 늘어난다. 이는 총수요의 증가를 통해 실질 GDP(Y)가 커지게 된다. 따라서 명목환율(e) 상승과 실질 GDP 증가는 양(+)의 관계를 갖게 된다. 또 화폐시장의 균형조건에서 도출되는 LM곡선은 이자율과 실질 GDP의 함수일 뿐, 명목환율(e)과는 아무런 관련이 없다. 따라서 LM곡선은 대내균형점에서 결정되는 균형 실질 GDP인 Y_0에서 수직선의 형태를 띠게 된다. 따라서 개방소국경제의 대내균형점은 IS곡선과 LM곡선이 상호 교차하

는 E점에서 명목환율과 실질 GDP가 각각 e_0, Y_0 수준으로 결정된다.

㉮ 고정환율제도에서 확대재정정책과 확대통화정책의 효과 분석

[그림 17-10] 고정환율제도에서 확대재정정책 및 확대통화정책의 효과 분석

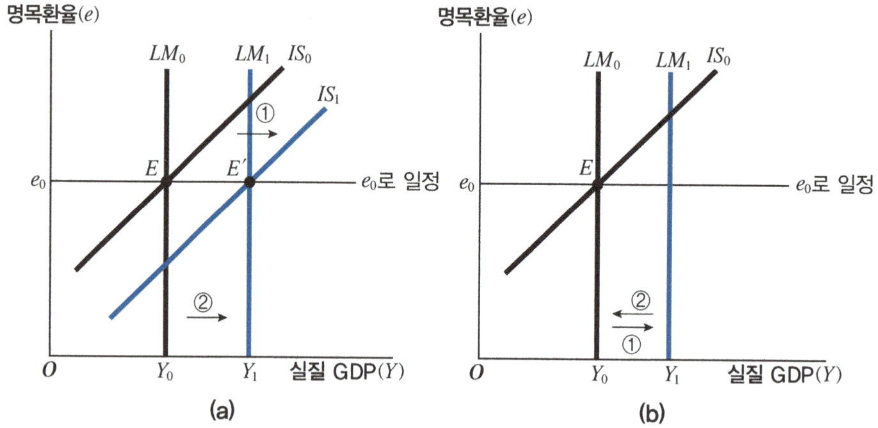

ⓐ [그림 17-10]의 (a) 그래프는 고정환율제도에서 확대재정정책의 효과를 나타낸다. 정부당국이 확대재정정책을 실행하면 IS곡선이 IS_0에서 IS_1으로 이동(①)한다. 그러면 Y_0 수준에서 환율하락에 대한 압력이 발생한다. 하지만 고정환율제도이기 때문에 환율은 e_0로 일정하게 유지되어야 한다. 그러기 위해서 한국은행은 외환 매입에 나서는데 이 과정에서 국내 통화량이 늘어나게($LM_0 \Rightarrow LM_0$) 된다. 즉 LM곡선의 이동(②)으로 이어진다. 그 결과 새로운 균형점은 E'점에서 균형환율과 균형 실질 GDP가 각각 e_0, Y_1으로 결정된다. 이때 확대재정정책의 효과는 Y_0Y_1으로 정의된다.

ⓑ [그림 17-10]의 (b) 그래프는 고정환율제도에서 확대통화정책의 효과를 나타낸다. 한국은행이 확대통화정책을 실행하면 LM곡선은 LM_0에서 LM_1으로 이동(①)한다. 그러면 환율상승의 압력이 발생한다. 하지만 고정환율제도이기 때문에 환율은 e_0로 일정하게 유지되어야 한다. 그러기 위해서는 한국은행이 외환시장에서 외환을 매각해야 한다. 그 과정에서 국내 통화량이 감소한다. 그러면 LM곡선은 LM_1에서 LM_0로 이동(②)한다. 균형환율과 균형 실질 GDP 수준에는 아무런 변동이 없다. 따라서 이때 확대통화정책의 효과는 제로(0)가 된다.

㉯ 변동환율제도에서 확대재정정책과 확대통화정책의 효과 분석

ⓐ [그림 17-11]의 (a) 그래프는 정부가 확대재정정책을 실행하는 경우의 정책효과를 보여준다. 정부가 확대재정정책을 실행하면 IS곡선은 IS_0에서 IS_1으로 이동(①)한다. 그러면

균형점은 E점에서 E'점으로 변하며, 균형환율은 e_0에서 e_1으로 하락(②)한다. 그러나 균형 실질 GDP는 Y_0로서 불변이다. 그 이유는 환율 인하로 순수출이 감소함으로써 확대재정 정책의 효과를 구축시키기 때문이다.

[그림 17-11] 변동환율제도에서 확대재정정책 및 확대통화정책의 효과 분석

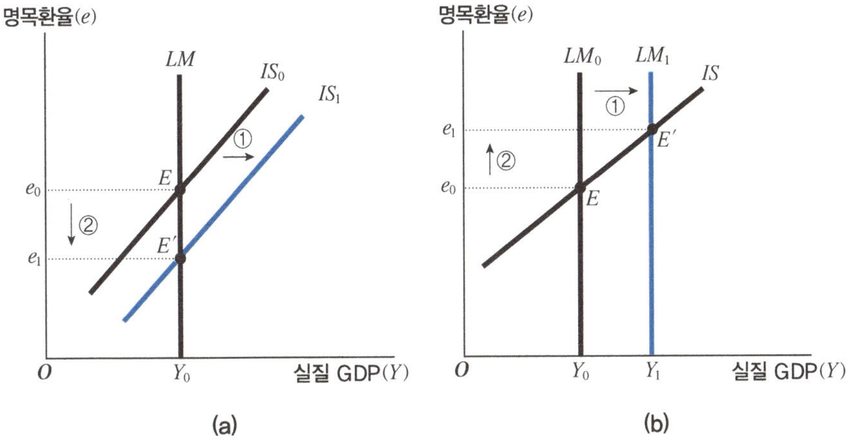

ⓑ [그림 17-11]의 (b) 그래프는 확대통화정책을 실행하는 경우의 정책효과를 보여준다. 한국은행이 확대통화정책을 실행하면 LM곡선이 LM_0에서 LM_1으로 이동(①)한다. 그러면 균형점은 E점에서 E'점으로 이동하고 균형환율은 e_0에서 e_1으로 상승(②)한다. 또 균형 실질 GDP는 Y_0에서 Y_1으로 증가한다. 이때 확대통화정책의 효과는 Y_0Y_1으로 정의된다.

2 개방소국(開放小國)경제에서의 장기균형 분석[5]

2.1 경상수지에 대한 3가지의 기본 인식

한 나라의 경상수지는 다른 국가와의 무역에서 균형을 이루고 있는지를 판단하는 지표로서 활용된다. 그런데 경상수지를 파악하는 방법은 크게 3가지 관점에서 언급될 수 있다. 제15장 국제수지 편에서 학습한 저축과 투자, 국제수지표를 통한 수출과 수입의 대외거래 실적, 경상수지의 흑자와 적자를 보전하기 위한 해외 자본의 유출입 현황 등이 그것이다. 이하에서는 이들에 대해 간략하게 정리해보기로 한다.

1) **경상수지 (1)** : 저축(S)과 투자(I)를 통한 설명

개방경제에서 삼면등가의 법칙은 $Y = C(Y-T) + I(r) + G + (X-M) = C(Y-T) + S_p(Y,r) + T$로 정의된다. 여기서 C : 소비, I : 투자, G : 정부지출, X : 수출, M : 수입, T : 조세, r : 이자율, $S_p(Y,r)$: 민간저축을 말한다. 이때 협의의 경상수지(이하 경상수지)인 순수출(X_n ; $X-M$)로 위 식을 정리하면 다음의 ㉠식과 같다. 참고로 $(T-G)$는 정부저축(S_G)이고 $S(Y,r)$은 총저축으로서 민간 저축(S_p)과 정부 저축(S_G)의 합으로 정의된다.

$$경상수지 = 순수출(X_n) = (X-M) = S_p(Y,r) + (T-G) - I(r) = S_p + S_G - I(r)$$
$$= S(Y,r) - I(r) \quad \cdots\cdots ㉠$$

[그림 17-12]는 ㉠식을 나타낸 것이다. 알다시피 총저축 $S(Y,r)$은 이자율의 증가함수이고, 투자 $I(r)$은 이자율의 감소함수다. 따라서 저축 곡선은 우상향, 투자 곡선은 우하향한다. ㉠식을 통해 알 수 있듯이 $S(Y,r) > I(r)$이면 경상수지흑자, $S(Y,r) < I(r)$이면 경상수지적자가 된다.

5. 이종화 · 신관호 공저, 『거시경제학(제3판)』, 박영사, 2019, pp.497 ~ 509에서 설명방식을 참조해서 독자들이 아주 쉽고 평이하게 이해할 수 있도록 그래프의 형태와 내용 전체를 필자의 버전으로 새롭게 각색했음을 밝힌다. 훌륭한 거시경제학 책을 집필해주신 두 분 교수님께 감사와 존경의 말씀을 드린다.

[그림 17-12] 경상수지, 저축과 투자 간의 관계

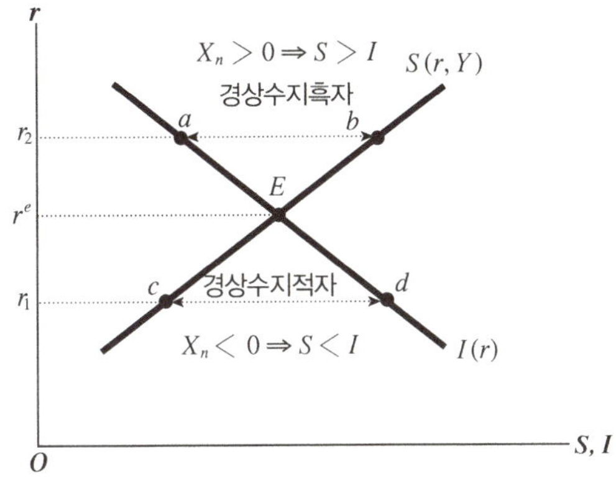

경상수지가 균형을 이루는 E점에서는 $S(Y, r) = I(r)$이 충족되고 균형이자율은 r_e로 결정된다. 하지만 이자율이 r_1인 경우는 cd만큼의 경상수지적자가 발생하고, 이자율이 r_2인 경우는 ab만큼의 경상수지흑자가 발생한다.

2) 경상수지 (2) : 수출과 수입을 통한 대외거래실적

재화와 서비스의 순수출로 정의되는 경상수지는 ㉡식으로도 나타낼 수 있다.

$$경상수지 = 순수출 = X_n = 수출(X\ ;\ q, Y^f) - 수입(q, Y) \quad \cdots\cdots ㉡$$

㉡식에서 q, Y, Y^f는 각각 실질환율, 국내 실질 GDP, 외국의 실질 GDP를 의미한다. 또 실질환율 q는 $q = \dfrac{(e \times P^f)}{P}$로 정의된다. 따라서 실질환율이 상승하면 국산상품의 가격이 하락하므로 수출은 증가하고 수입은 감소한다. 또 국내 실질 GDP가 커지면 수입이 증가하고, 외국의 실질 GDP가 커지면 국산상품의 수출이 증가한다. 이제 Y, Y^f가 일정한 상황에서 실질환율 q와 순수출 간의 관계를 그래프로 나타내면 [그림 17-13]과 같다.

㉡식에서 Y, Y^f가 일정하다고 가정하면 순수출(X_n)은 실질환율인 q의 증가함수로 정의된다. 따라서 경상수지 $= X_n(q)$곡선은 우상향한다. 참고로 X축의 원점(0)은 경상수지가 균형임을 의미한다. 원점(0)으로부터 오른쪽은 경상수지흑자, 왼쪽은 경상수지적자를 나타낸다.

[그림 17-13] 실질환율(q)과 순수출 간의 관계

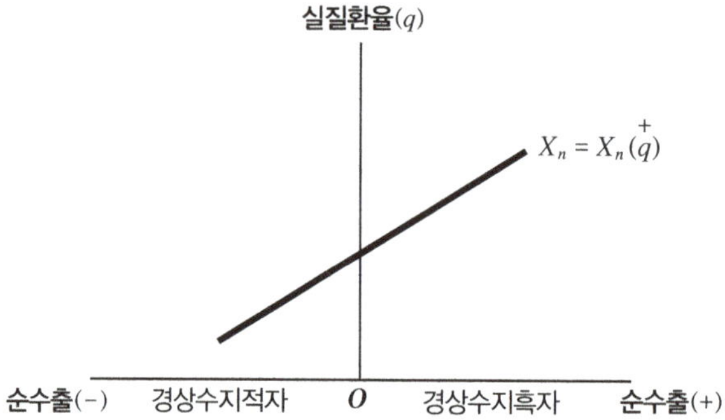

3) 경상수지 (3) : 자본 · 금융수지를 통한 접근

경상수지는 자본 · 금융수지를 통한 해외 자본의 유출입 현황을 이용해서도 파악할 수 있다. 이것이 가능한 것은 경상수지의 불균형(적자, 흑자)에 대한 보정이 자본 · 금융수지를 통해 이루어지기 때문이다. 즉 경상수지적자는 자본 · 금융수지의 흑자에 의해, 또 경상수지의 흑자는 자본 · 금융수지의 적자에 의해 보정된다. 또한 **'경상수지 = 순해외투자'**의 관계도 성립한다. 이를 경상수지흑자에 초점을 맞춰 정리하면 ㉢식과 같이 요약할 수 있다. 참고로 경상수지적자는 이와 반대로 생각하면 된다.

경상수지흑자 = 순해외투자(net foreign investment ; NFI) 증가
= (내국인의 해외자산취득 − 외국인의 국내자산 취득) > 0
= (자본 · 금융수지의 유출초(= 자본의 순유출 > 0) … ㉢

그런데 이자율평가설에 따르면 자본의 순유출을 결정하는 핵심요인은 국내 이자율(r)과

[그림 17-14] 자본의 순유출과 국내 이자율(r) 간의 관계

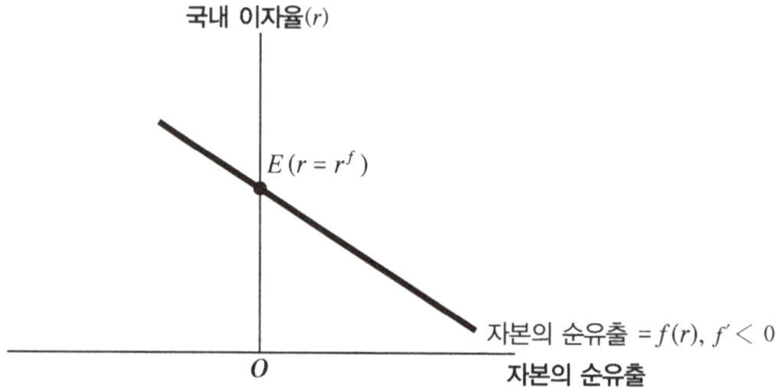

해외 이자율(r^f)의 차이($r - r^f$)이다. 만약에 $r > r^f$이면 자본의 순유출이 감소하고, $r < r^f$이면 자본의 순유출이 증가한다. 이것을 그래프로 나타낸 것이 [그림 17-14]이다. 즉 국내 이자율과 자본의 순유출 간에는 음(-)의 관계가 성립한다.

[그림 17-14]에서 E점은 국내 이자율과 해외 이자율이 똑같기 때문에($r = r^f$) 자본의 순유출은 제로(0)가 된다. 참고로 원점(0)으로부터 오른쪽 영역은 자본의 순유출이 플러스(+)인 구간이고 왼쪽 영역은 자본의 순유출이 마이너스(-)인 구간이다.

이제 국제 간에 자본이동이 완전한 개방소국(開放小國)경제의 경우와 국가가 자본이동을 완벽하게 통제하는 경우, 국내 이자율과 자본의 순유출 간의 관계를 그림으로 나타내보자. 전자(前者)는 [그림 17-15]의 (a)그래프이고, 후자(後者)는 (b)그래프이다.

[그림 17-15] 개방소국경제의 경우, 자본의 순유출곡선

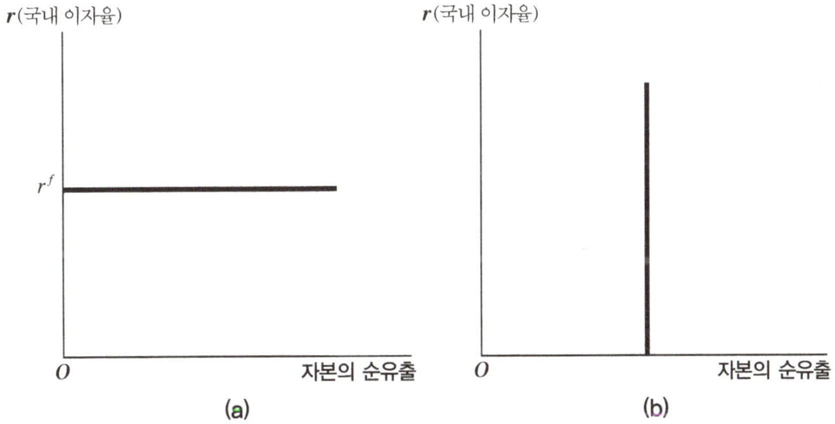

[그림 17-15]의 (a) 그래프는 자본의 이동이 완전한 개방소국경제의 경우, 자본의 순유출곡선을 나타낸다. 자본의 이동이 완전하면 자본의 순유출곡선은 수평선의 형태를 띤다. 그 이유는 자본의 순유출이 국내 이자율과 해외 이자율의 차이인 ($r - r^f$)에 무한 탄력적으로 반응하기 때문이다. 또 (b) 그래프는 국가가 자본이동을 완벽하게 통제해서 자본이동이 불가능한 경우, 자본의 순유출곡선은 수직선이다. 왜냐하면 이때는 자본의 순유출이 국내 이자율과 아무런 관련이 없기 때문이다. 그러면 [그림 17-14]에서 도출한 자본의 순유출곡선은 어떤 경우인지 궁금해진다. 결론적으로 말해 [그림 17-14]는 자본이동이 불완전한 경우, 자본의 순유출곡선으로 보면 좋을 것 같다.

2.2 개방소국(開放小國)경제에서의 장기균형 검토

지금까지 싱가포르나 홍콩과 같은 개방소국경제의 장기균형을 분석할 기초 지식을 학습했다. 앞에서 언급한 사항들을 기초로 개방소국경제의 장기균형에서 경상수지, 실질환율, 이자율이 어떻게 결정되는지, 그 과정들에 대해 하나하나 살펴보도록 하자.

1) 분석을 위한 기본 전제조건

경상수지 = 순수출 $= S(Y, r) - I(r)$ ⋯⋯⋯⋯ ㉠

완전고용 가정 : $Y = Y_F, Y^f = Y_F^f$ ⋯⋯⋯⋯ ㉡

경상수지 = 순수출 $= X(q, Y^f) - M(q, Y)$ ⋯⋯⋯⋯ ㉢

자본의 완전이동 가정 : $r = r^f$ ⋯⋯⋯⋯ ㉣

위의 ㉡, ㉣식을 ㉠, ㉢식에 대입해서 재정리해주면 다음의 ㉤, ㉥식을 얻을 수 있다.

경상수지 = 순수출 $= S(Y_F, r) - I(r)$ ⋯⋯⋯⋯ ㉤

경상수지 = 순수출 $= X(q, Y_F^f) - M(q, Y_F)$ ⋯⋯⋯⋯ ㉥

㉤, ㉥식이 의미하는 것은 자본이동이 완전한 경우 국내 이자율은 해외금융시장에서 결정된 이자율을 그대로 받아들이고(price-taker) ㉤식을 통해 경상수지의 균형 여부가 결정된다. 그리고 ㉥식을 통해 실질환율이 결정된다. [그림 17-16]은 그와 같은 과정을 잘 보여준다.

[그림 17-16] 개방소국경제에서 경상수지와 실질환율의 결정원리

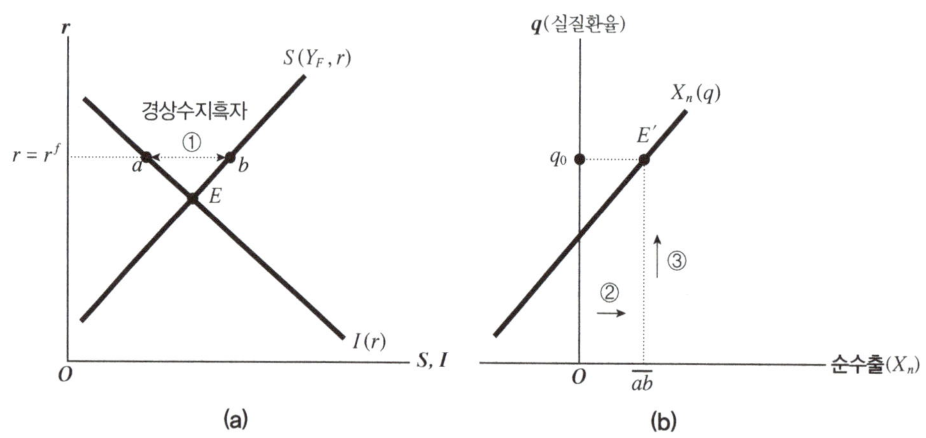

① 개방소국경제는 국내 이자율을 독자적으로 결정하지 못한다. 따라서 이들은 해외금융시장에서 결정된 이자율을 그대로 수용한다. [그림 17-16]의 (a) 그래프를 보면 해외 이자율은 r^f수준으로 결정되었음을 알 수 있다. 이때 개방소국경제는 r^f를 주어진 것으로 받아들이는 과정에서 경상수지 균형, 흑자, 적자 여부가 결정된다. 여기에서는 r^f 수준에서 $S(Y_F, r) > I(r)$이므로 경상수지흑자가 발생하고 그 크기는 ab로 정의된다.(①)

② [그림 17-16]의 (b) 그래프는 경상수지의 균형, 흑자, 적자 여부에 따라 실질환율이 어떻게 결정되는지를 보여준다. (a) 그래프에서 ab만큼(= $\overline{ab}$)의 경상수지흑자가 발생했기 때문에 (b) 그래프의 원점(0)에서 $\overline{ab}$만큼 우측으로 이동(②)한 후 $X_n(q)$와 만나는 E'점에서 실질환율 q_0가 결정(③)된다.

2) 확대재정정책의 장기 정책효과 분석

[그림 17-17] 개방소국경제에서 확대재정정책의 장기 정책효과

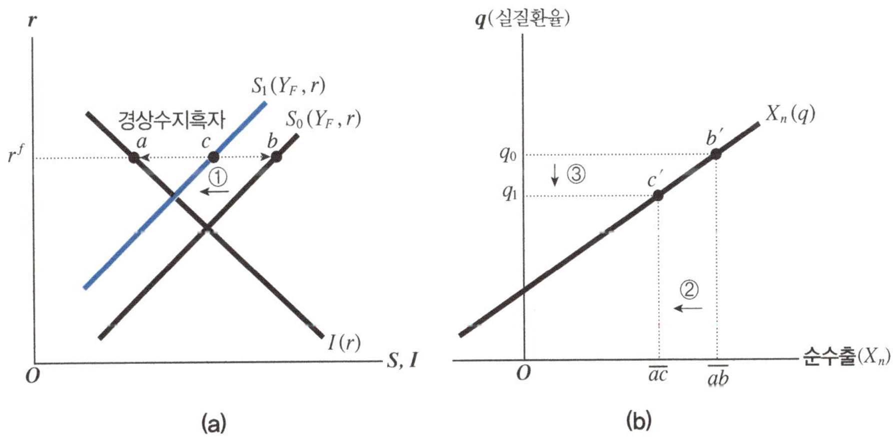

① [그림 17-17]을 보면 개방소국경제의 정부가 확대재정정책을 실행하기 이전에는 해외 이자율이 r^f 수준에서 ab만큼(= $\overline{ab}$)의 경상수지흑자가 발생해서 실질환율이 q_0로 결정됨을 보여준다. 이제 개방소국경제가 확대재정정책을 실행하면 총저축곡선이 $S_0(Y_F, r)$에서 $S_1(Y_F, r)$으로 이동(①)한다.

여기서는 그 이유를 정확하게 아는 게 중요하다. 제15장 국제수지 편에서 경상수지와 저축, 투자의 관계를 학습하면서 '총저축 = 민간저축 + 정부저축(= $T-G$) = I + 경상수지' 의 관계를 도출한 바 있다. 기억이 나지 않는 독자들은 그 부분을 복습하길 권유한

다. 한편, 정부지출 G가 증가하면 정부저축(= $T - G$)이 감소하기 때문에 총저축인 $S(Y_F, r)$도 감소한다. 즉 확대재정정책을 실행하면 총저축곡선이 좌측으로 이동하게 된다.

② 한편, 총저축곡선이 $S_0(Y_F, r)$에서 $S_1(Y_F, r)$로 이동(①)하면 경상수지의 흑자 폭이 $\overline{ab}$로부터 $\overline{ac}$로 줄어들고(②), 그에 따라 실질환율도 q_0에서 q_1으로 하락(③)한다. 이는 [그림 17-17]의 (b) 그래프에 잘 나타나 있다.

3) 해외 이자율 상승의 장기 정책효과 분석

① [그림 17-18]은 개방소국경제에서 해외 이자율의 상승이 갖는 장기 정책효과를 나타내준다. (a) 그래프는 해외 이자율 상승이 국내의 경상수지에 미치는 효과를 보여준다. 즉 해외 이자율이 r_0^f에서 r_1^f으로 상승(①)하면, 경상수지의 흑자 폭은 $\overline{ab}$에서 $\overline{cd}$로 커진다.

[그림 17-18] 개방소국경제에서 해외 이자율 상승의 장기 정책효과

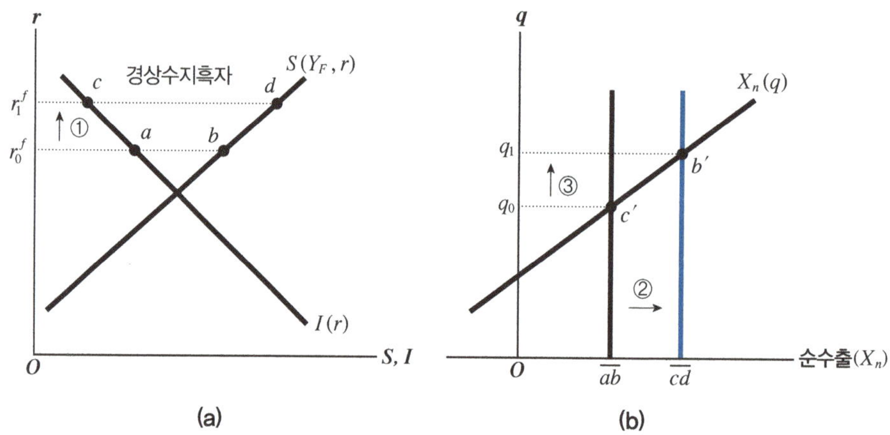

② [그림 17-18]의 (b)그래프는 경상수지의 흑자 폭이 커질 경우 실질환율이 결정되는 과정을 보여준다. 해외 이자율이 상승해서 경상수지의 흑자 폭이 커지면, 이는 (b) 그래프에서 $\overline{ab}$에서의 수직선이 $\overline{cd}$의 수직선으로 우측 이동(②)을 한다. 그 결과 실질환율은 q_0에서 q_1으로 상승(③)한다. 이때 실질환율의 상승은 국산상품의 상대가격 하락을 의미한다.

4) 관세 인하 정책의 장기 정책효과 분석

[그림 17-19] 개방소국경제에서 관세 인하의 장기 정책효과

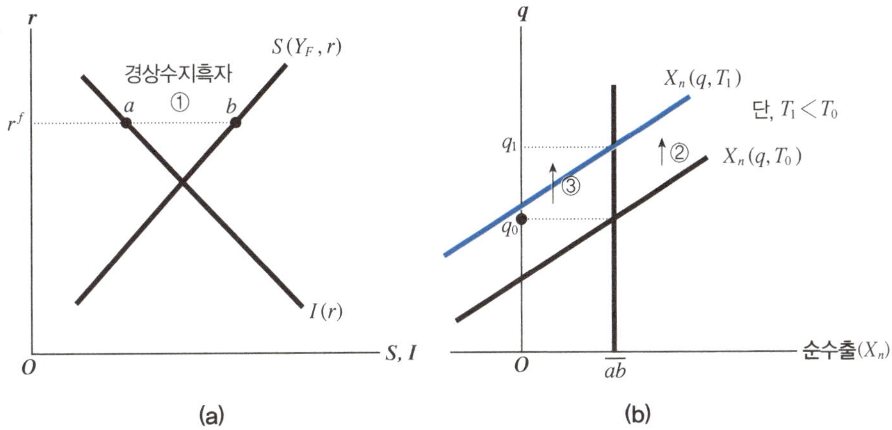

① 그동안 많은 나라들이 경상수지적자 문제를 해결하기 위해 관세와 같은 무역장벽을 활용해왔다. 여기서는 개방소국경제가 관세율의 인하를 시도할 경우, 그것이 장기적으로 경상수지에 어떤 변화를 가져올 것인지에 대해 살펴보자. 관세를 T, 단, $T = t$(세율)×수입량이라고 정의하자. 그러면 기존의 경상수지 균형식은 아래의 ㉦식으로 변한다.

$$\text{경상수지} = \text{순수출} = X_n = X(q, Y_F^f) - M(q, Y_F, T) \cdots\cdots\cdots ㉦$$

단, $T = t$(세율) × 수입량

② ㉦식에서 순수출(X_n)과 관세(T) 간에는 양(+)의 관계가 성립한다. 즉 세율을 인상해서 관세(T)를 증액하면 수입액(M)의 감소로 순수출이 증가하기 때문이다. 이제 개방소국경제가 관세율을 인하하면, 수입액의 증가로 순수출의 규모는 감소한다. 하지만 **장기적으로 생산물시장에서 저축(S)과 투자(I)의 균형을 통해 결정된 순수출의 규모를 변화시킬 수는 없다.**

③ [그림 17-19]를 보자. (a) 그래프를 보면 장기적인 측면에서 관세율 인하에 따른 순수출(경상수지) 규모의 감소가 반영되지 않고 $\overline{ab}$로 일정(①)함을 알 수 있다. 그렇다면 장기적으로 관세율 인하에 따른 순수출 규모의 감소가 반영되지 않는 이유는 무엇일까? 그 이유는 간단하다. (a) 그래프에서 보듯이 **장기적 관점에서 국제수지의 흑**

자나 적자 규모를 결정하는 것은 r과 r^f이지 관세(T)가 아니기 때문이다. 즉 저축과 투자의 변화를 야기하는 이자율이 변하지 않는 한, 실물변수인 순수출은 일정하다는 얘기다.

④ 그것을 설명해주는 또 다른 변수가 실질환율(q)이다. (b) 그래프를 보면 관세 인하($T_0 \Rightarrow T_1$)로 순수출이 감소하면 순수출(X_n)곡선이 $X_n(q, T_0)$에서 $X_n(q, T_1)$으로 상향이동(②)한다. 그러면 실질환율은 q_0에서 q_1으로 상승(③)한다. 실질환율의 상승은 국산상품의 가격이 외국산 상품의 가격보다 상대적으로 싸진다는 의미다. 즉 관세 인하에 따른 순수출의 감소는 국산상품의 상대적인 가격 하락에 기인한 수출 증가로 보전해서 순수출 규모를 $\overline{ab}$로 일정하게 만든다는 얘기다.

⑤ 이것이 우리들에게 주는 시사점은 **국제무역에 대한 직접적 규제나 관세 인하 정책이 순수출에 직접적인 영향은 주지 못하고 단지 가격변수인 실질환율만 변화시킨다는 사실이**다. 특히 경상수지적자를 개선하거나 순수출 규모를 늘리기 위해 직접적인 방법으로 무역을 규제하거나 관세율 인상을 도모하는 것이 좋은 정책대안이 아니라는 얘기다. 즉 관세율을 인상하면 순수출에는 별다른 영향을 미치지 못한 채, 실질환율만 하락시켜 국산상품의 수출경쟁력을 떨어트린다는 것이다.

3 고정환율제도에서 경제정책의 효과 분석

3.1 고정환율제도에서 확대재정정책의 효과

1) 기본 가정 및 특징

① 국가 간에 자본이동은 불완전하다. 따라서 BP곡선은 우상향(右上向)한다.

② 고정환율제도에서는 환율(e)이 고정되기 때문에 BP곡선은 이동하지 않는다. 따라서 BP곡선은 정부의 재정정책이나 통화정책과 무관하다.

③ 국제수지의 불균형은 **국내 통화량(= 화폐공급량)의 변동**과 **LM곡선의 이동**에 의해 해소된다.

2) 확대재정정책의 효과 분석

[그림 17-20] 고정환율제도에서 확대재정정책의 효과

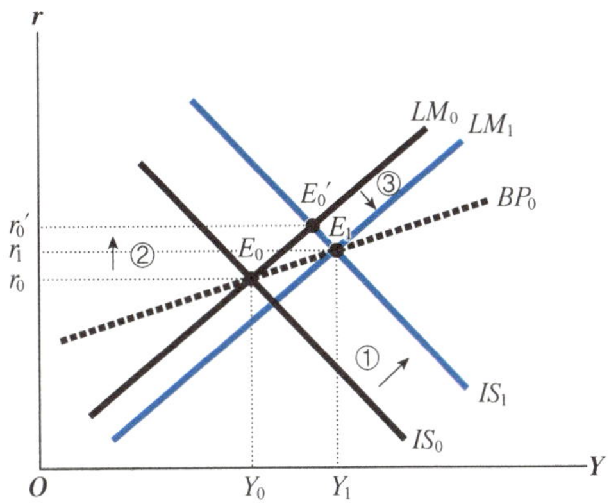

① 최초의 균형점인 E_0에서 정부 당국이 확대재정정책을 실행하면 IS곡선이 IS_0에서 IS_1으로 이동(①)하고, 이자율은 대내균형점인 $E_0{}'$점에서 $r_0{}'$으로 결정(②)된다.

② 이자율 $r_0{}'$이 BP곡선 위에 있기 때문에 국제수지는 흑자가 된다. 그 이유는 이자율의 상승($r_0 \Rightarrow r_0{}'$)으로 해외 자본($)이 대거 국내로 유입되기 때문이다. 국내 외환시장에서 국내로 유입된 달러($)가 원화와 교환되는 과정에서 국내 통화량이 증가하게 된다.

③ 국내 통화량의 증가는 LM곡선을 LM_0에서 BP곡선과 만나는 LM_1까지 우측으로 이동(③)시킨다.

④ 새로운 균형점은 E_1점에서 이루어지고 그때의 균형이자율과 균형 실질 GDP는 각각 r_1과 Y_1으로 결정된다.

⑤ 고정환율제도에서 확대재정정책의 효과는 Y_0Y_1으로 정의된다.

3.2 고정환율제도에서 확대통화정책의 효과

1) 기본 가정 및 특징

① 국가 간에 자본이동이 불완전하다. 따라서 BP곡선은 우상향(右上向)한다.

② 고정환율제도에서는 환율(e)이 고정되기 때문에 BP곡선은 이동하지 않는다. 따라서 BP곡선은 정부의 재정정책이나 통화정책과 무관하다.

③ 국제수지의 불균형은 **국내 통화량**(=화폐공급량)의 변동과 *LM* **곡선**의 이동에 의해 해소된다.

2) 확대통화정책의 효과 분석

[그림 17-21] 고정환율제도에서 확대통화정책의 효과

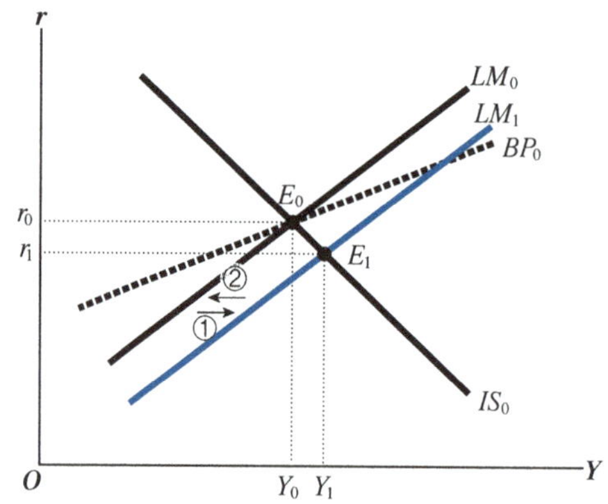

① 최초의 균형점인 E_0에서 정부 당국(한국은행)이 확대통화정책을 실행하면 *LM*곡선이 LM_0에서 LM_1으로 이동(①)하고, 균형이자율은 대내균형점인 E_1점에서 r_1으로 결정된다.

② 이자율 r_1은 *BP*곡선의 아래쪽에 위치해 있기 때문에 국제수지는 적자 상태다. 그 이유는 이자율의 하락($r_0 \Rightarrow r_1$)으로 국내 자본이 해외로 대거 유출되기 때문이다. 국내 외환시장에서 국내 자본의 해외 유출은 원화를 달러로 바꾸는 과정에서 국내 통화량의 감소가 발생한다.

③ 국내 통화량의 감소는 *LM*곡선을 LM_1에서 LM_0로 이동(②)시킨다.

④ 확대통화정책을 실시한 결과, 균형이자율과 균형 실질 GDP도 최초의 균형점인 E_0 (r_0, Y_0)점으로 복귀한다.

⑤ [그림 17-21]을 통해 알 수 있듯이 **고정환율제도에서 확대통화정책의 효과는 제로(0)다**. 즉 실질 GDP 증가 폭이 제로(0)라는 얘기다. 우리는 이것을 통해 **고정환율제도에서는 확대재정정책의 효과가 확대통화정책에 비해 막강하다**는 사실을 확인할 수 있다.

4 변동환율제도에서 경제정책의 효과 분석

4.1 변동환율제도에서 확대재정정책의 효과

1) 기본 가정 및 특징

① 국가 간에 자본이동이 불완전하다. 따라서 BP곡선은 우상향(右上向)한다.

② 변동환율제도는 환율(e)변동을 전제로 한다. 따라서 BP곡선도 이동한다.

③ 국제수지 불균형의 조정은 **환율(e)**에 의해서 이루어진다.

2) 확대재정정책의 효과 분석

[그림 17-22] 변동환율제도에서 확대재정정책의 효과

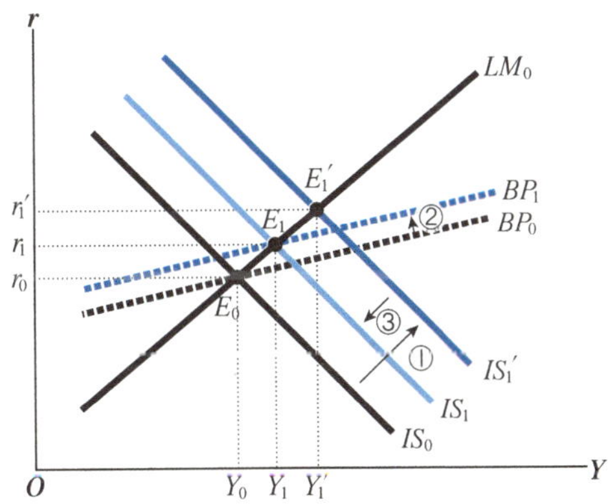

① 최초의 균형점인 E_0에서 정부 당국이 확대재정정책을 실행하면 IS곡선이 IS_0에서 IS_1'로 이동(①)하고, 이자율은 대내균형점인 E_1'점에서 r_1'로 결정된다.

② 이자율 r_1'는 BP곡선 위에 놓여 있기 때문에 국제수지는 흑자 상태다. 그 이유는 이자율 상승($r_0 \Rightarrow r_1'$)으로 해외 자본이 국내로 대거 유입되기 때문이다. 변동환율제도에서는 환율이 국제수지 불균형을 조정한다. 국제수지가 흑자이기 때문에 환율(e)은 하락한다.

③ 환율(e) 하락은 두 가지 변화를 야기한다. 하나는 BP곡선을 좌상방(左上方)으로 이동(②)시키고[6], 국산상품의 수출 감소와 외국산 상품의 수입 증대를 통한 순수출의 감소

6. 환율(e) 하락은 국산상품의 수출가격 상승과 외국산 상품의 수입가격 하락을 불러오므로 경상수지는 악화된다. 만약 실

는 *IS*곡선을 IS_1'에서 IS_1으로 이동(③)하게 한다.

④ 새로운 균형점은 E_1점에서 이루어지고 균형이자율과 균형 실질 GDP는 각각 r_1과 Y_1으로 결정된다.

⑤ 변동환율제도에서 확대재정정책의 효과는 Y_0Y_1으로 정의된다.

4.2 변동환율제도에서 확대통화정책의 효과

1) 기본 가정 및 특징

① 국가 간에 자본이동은 불완전하다. 따라서 *BP*곡선은 우상향(右上向)한다.

② 변동환율제도는 환율(e)변동을 전제로 한다. 따라서 *BP*곡선도 이동한다.

③ 국제수지 불균형의 조정은 **환율(e)**에 의해 이루어진다.

2) 확대통화정책의 효과 분석

[그림 17-23] 변동환율제도에서 확대통화정책의 효과

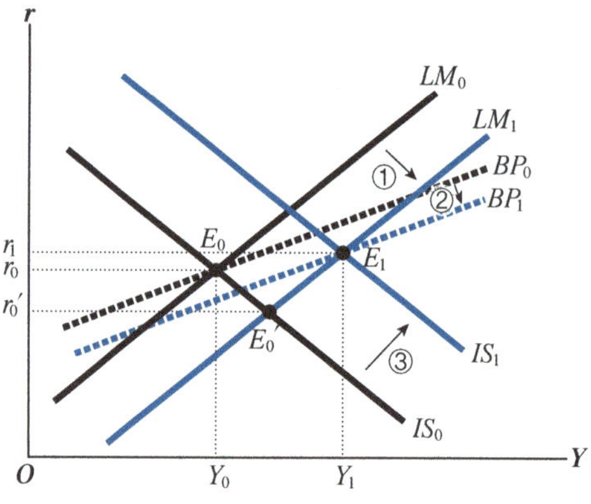

① 최초의 균형점인 E_0에서 정부 당국(한국은행)이 확대통화정책을 실행하면 *LM*곡선이 LM_0에서 LM_1으로 이동(①)하고, 이자율은 대내균형점인 E_0'점에서 r_0'로 결정된다.

② 이자율 r_0'는 *BP*곡선보다 아래쪽에 놓여 있기 때문에 국제수지는 적자 상태다. 이는 이자율 하락($r_0 \Rightarrow r_0'$)으로 국내 자본이 대거 해외로 유출되기 때문이다. 변동환율제도에서는 환율이 국제수지 불균형을 조정한다. 국제수지가 적자이기 때문에 환율(e)은

질 GDP가 Y_0로 일정한 상황에서 환율(e)이 하락할 경우 국제수지 균형을 위해서는 이자율 상승으로 경상수지의 적자를 해외 자본의 유입을 통해 보정시켜줘야 한다. 따라서 *BP*곡선은 이자율이 상승하는 좌상방으로 올라가야 한다.

상승한다.

③ 환율(e) 상승은 두 가지 변화를 야기한다. 하나는 BP곡선을 우하방(右下方)으로 이동(②)시키고(각주 6의 내용 참조), 국산상품의 수출가격 하락으로 수출은 증가하고 외국산 상품의 수입가격 상승으로 수입은 감소한다. 따라서 IS곡선이 IS_0에서 IS_1으로 이동(③)한다. 그 결과 새로운 균형은 E_1점에서 이루어지고 균형이자율과 균형 실질 GDP는 각각 r_1과 Y_1으로 결정된다.[7]

④ 변동환율제도에서 확대통화정책의 효과는 Y_0Y_1으로 나타난다. 이를 보면, **변동환율제도에서는 확대통화정책의 효과가 확대재정정책에 비해 막강하다**는 것을 알 수 있다.

보론 17-3 자본이동이 완전한 경우 : 확대재정정책과 확대통화정책의 효과

국가 간에 자본이동이 완전한 경우, 고정환율제도와 변동환율제도에서 확대재정정책과 확대통화정책의 상대적 유효성을 묻는 시험문제가 출제될 확률은 뒤에서 언급할 [보론 17-4]보다 상대적으로 높다. 따라서 독자들은 이 부분에 대해서도 철저하게 학습해주길 바란다.

㉮ 고정환율제도에서 확대재정정책과 확대통화정책의 효과 분석

[그림 17-24] 고정환율제도에서 확대재정정책과 확대통화정책의 효과

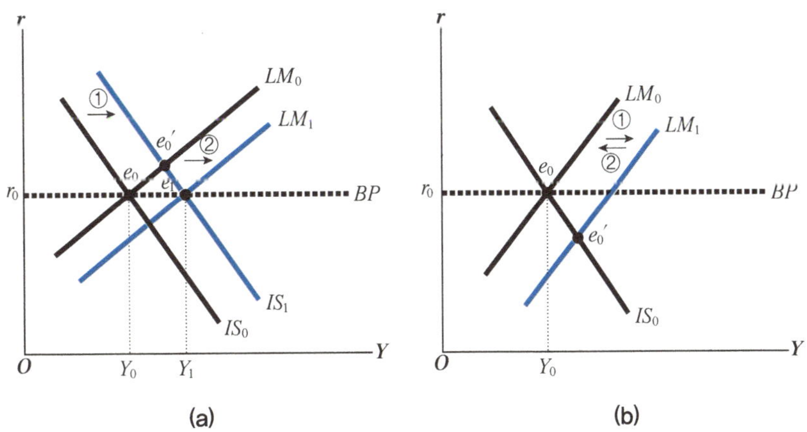

7. [그림 17-23]에서는 확대통화정책의 결과로 이자율이 최초의 이자율인 r_0보다 높은 수준인 r_1으로 그렸다. 일반적으로 확대통화정책은 이자율을 낮추는 효과가 있지만, 여기서는 반드시 이자율이 최초의 이자율보다 낮아야만 한다는 보장이 없다. 이자율의 크기는 비단 국내 통화량 변화에 의해서만 변하는 것이 아니기 때문이다. 이자율은 환율변화에 대한 BP곡선의 반응 크기와 IS곡선의 반응 크기까지 함께 고려해서 최종적으로 결정된다. 그 점에 대해서는 독자들의 오해 없기를 바란다.

ⓐ [그림 17-24]의 (a) 그래프는 국가 간 자본이동이 완전한 경우, 고정환율제도에서 확대재정정책의 효과를 나타낸다. 자본이동이 완전하기 때문에 *BP*곡선은 수평선으로 정의된다. 이때 확대재정정책의 효과는 파워풀하다. 그 내용을 살펴보자.

확대재정정책 ⇒ *IS*곡선의 우측 이동(①), 균형점인 e_0'점에서 국제수지흑자 ⇒ 국내통화량 증가로 *LM*곡선의 우측 이동(②), 최종균형점인 e_1에서 실질 GDP는 큰 폭으로 증가($Y_0 \rightarrow Y_1$), 이자율은 불변이다.

ⓑ [그림 17-24]의 (b) 그래프는 국가 간에 자본이동이 완전한 경우, 고정환율제도에서 확대통화정책의 효과를 나타낸다. 자본이동이 완전하기 때문에 *BP*곡선은 수평선이다. 이때 확대통화정책의 효과는 제로(0)다. 그 이유를 밝혀보자.

확대통화정책 ⇒ *LM*곡선의 우측 이동(①), 균형점인 e_0'점에서 국제수지적자 ⇒ 국내통화량 감소로 *LM*곡선의 좌측 이동(②), 실질 GDP의 증대효과는 제로(0)이고, 이자율도 불변이다.

㉯ 변동환율제도에서 확대재정정책과 확대통화정책의 효과

ⓐ [그림 17-25]의 (a) 그래프는 국가 간에 자본이동이 완전한 경우, 변동환율제도에서 확대재정정책의 효과를 나타낸다. 자본이동이 완전하기 때문에 *BP*곡선은 수평선이다. 이때 확대재정정책의 효과는 제로(0)다. 그 이유에 대해 알아보자.

확대재정정책 ⇒ *IS*곡선의 우측 이동(①), 균형점인 e_0'점에서 국제수지흑자 ⇒ 환율(e) 하락 ⇒ 국산상품의 수출가격 상승, 외국산 상품의 수입가격 하락 ⇒ 수출 감소 및 수입 증가로 *IS*곡선은 좌측으로 이동(②) ⇒ 실질 GDP의 증대효과는 제로(0)이고 이자율은 불변이다. 따라서 **확대재정정책의 효과는 전무(全無)하다!**

[그림 17-25] 변동환율제도에서 확대재정정책과 확대통화정책의 효과

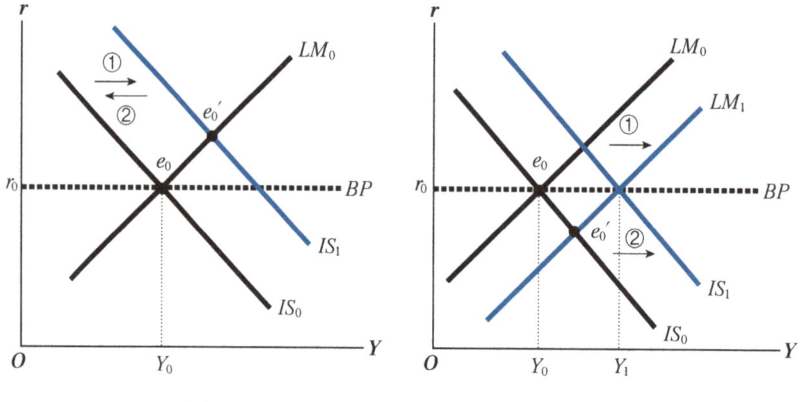

ⓑ [그림 17-25]의 (b) 그래프는 국가 간에 자본이동이 완전한 경우, 변동환율제도에서 확대통화정책의 효과를 나타낸다. 자본이동이 완전하기 때문에 BP곡선은 수평선이다. 이때 확대통화정책의 효과는 파워풀하다! 그 이유를 살펴보자.

확대통화정책 ⇒ LM곡선의 우측 이동(①), 균형점인 e_0'점에서 국제수지적자 ⇒ 환율(e) 상승 ⇒ 국산상품의 수출가격 하락, 외국산 상품의 수입가격 상승 ⇒ 수출 증가, 수입 감소 ⇒ IS곡선의 우측 이동(②) ⇒ 실질 GDP는 큰 폭으로 증가($Y_0 \to Y_1$)하고 이자율은 불변이다. **따라서 확대통화정책의 효과가 막강하다!**

보론 17-4 자본이동이 불가능한 경우 : 확대재정정책과 확대통화정책의 효과

국가 간에 자본이동이 불가능한 상태를 상정하고 고정환율제도와 변동환율제도에서 확대재정정책과 확대통화정책의 상대적 유효성을 묻는 시험문제가 출제될 가능성도 있다. 특히 출제자의 입장에서 볼 때, 경제학 교재가 이런 사항을 잘 다루지 않고 있기 때문에 더 출제하고 싶은 욕망에 사로잡힐 수도 있다. 따라서 독자들은 이런 출제자의 심리까지 고려해가면서 이들 내용을 철저하게 학습해주기를 당부한다.

㉮ 고정환율제도에서 확대재정정책과 확대통화정책의 효과

ⓐ [그림 17-26]의 (a) 그래프는 국가 간에 자본이동이 불가능한 경우, 고정환율제도에서 확대재정정책의 효과를 나타낸다. 참고로 국가 간에 자본이동이 불가능하면 BP곡선은 수직선이 된다. 이때 확대재정정책의 효과는 전무(全無)하다. 그 이유를 살펴보자.

확대재정정책 ⇒ IS곡선의 우측 이동(①), 균형점인 e_0'점에서 국제수지적자 ⇒ 국내통화량 감소로 LM곡선의 좌측 이동(②), 실질 GDP의 증대효과는 제로(0)이고, 이자율만 상승(③)한다.

ⓑ [그림 17-26]의 (b) 그래프는 국가 간에 자본이동이 불가능한 경우, 고정환율제도에서 확대통화정책의 효과를 나타낸다. 참고로 국가 간에 자본이동이 불가능하면 BP곡선은 수직선이 된다. 이때 확대통화정책의 효과는 제로(0)다. 그 이유를 살펴보자.

확대통화정책 ⇒ LM곡선의 우측 이동(①), 균형점인 e_0'점에서 국제수지적자 ⇒ 국내통화량 감소로 LM곡선의 좌측 이동(②), 실질 GDP의 증대효과는 제로(0)이고, 이자율도 r_0로 불변이다.

ⓒ 국가 간에 자본이동이 원천 봉쇄당했을 경우, 고정환율제도에서는 확대재정정책과 확대통화정책의 효과는 모두 제로(0)이다.

[그림 17-26] 고정환율제도에서 확대재정정책과 확대통화정책의 효과

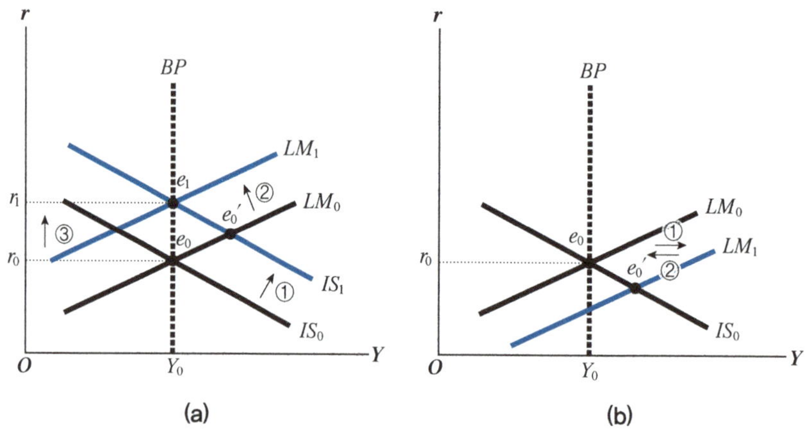

㉯ **변동환율제도에서 확대재정정책과 확대통화정책의 효과**

ⓐ [그림 17-27]의 (a) 그래프는 국가 간에 자본이동이 불가능한 경우, 변동환율제도에서 확대재정정책의 효과를 나타낸다. 국가 간에 자본이동이 불가능하면 BP곡선은 수직선이 된다. 이때 확대재정정책의 효과는 파워풀하다! 그 이유에 대해 알아보자.

확대재정정책 ⇒ IS곡선의 우측 이동(①), 균형점인 e_0'점에서 국제수지적자 ⇒ 환율(e) 상승 ⇒ 국산상품의 수출가격 하락으로 수출 증가, 외국산 상품의 수입가격 상승으로 수입 감소 ⇒ IS곡선의 추가 우측 이동(②) ⇒ BP곡선의 우측 이동(③)* ⇒ 실질 GDP는 큰 폭으로 증가($Y_0 \rightarrow Y_1$)하고 이자율은 상승($r_0 \rightarrow r_1$)한다.

ⓑ [그림 17-27]의 (b) 그래프는 국가 간에 자본이동이 불가능한 경우, 변동환율제도에서 확대통화정책의 효과를 나타낸다. 국가 간에 자본이동이 불가능하면 BP곡선은 수직선이 된다. 이때도 확대통화정책의 효과는 파워풀하다! 그 이유를 살펴보자.

확대통화정책 ⇒ LM곡선의 우측 이동(①), 균형점인 e_0'에서 국제수지적자 ⇒ 환율(e) 상승 ⇒ 국산상품의 수출가격 하락으로 수출 증가, 외국산 상품의 수입가격 상승으로 수입 감소 ⇒ IS곡선의 추가 우측 이동(②) ⇒ BP곡선의 우측 이동(③) ⇒ 실질 GDP는 큰 폭으로 증가($Y_0 \rightarrow Y_1$)하고 이자율 불변이다. 하지만 이자율이 언제나 불변인 것은 아님에 주

* 환율(e)이 상승하면 수직선인 BP곡선은 우측으로 이동하게 된다. 그 이유는 다음과 같다.
환율(e) 인상 ⇒ 국제수지흑자 ⇒ 국제수지 균형을 위해서는 수입 증가 필요 ⇒ 따라서 소득이 증대되는 쪽으로 이동해야 함.

의하길 바란다. 이자율은 IS곡선, LM곡선, BP곡선의 이동 폭의 차이에 따라 상승할 수도 있고 하락할 수도 있음에 유의할 필요가 있다.

[그림 17-27] 변동환율제도에서 확대재정정책과 확대통화정책의 효과

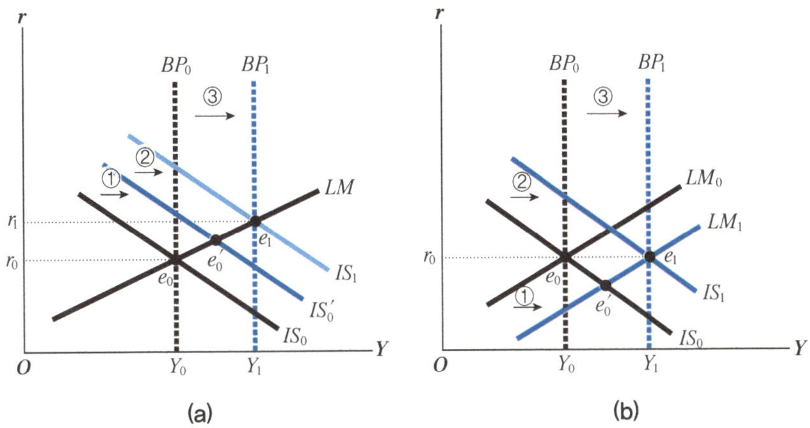

요약 및 복습

01 폐쇄경제에서 IS곡선의 일반적인 형태는 우하향하는 곡선, LM곡선의 일반적인 형태는 우상향하는 곡선으로 정의된다. 그때 IS곡선의 궤적은 $Y = C(Y-T) + I^D(r) + G = C(Y-T) + S(Y-T) + T$이고 LM곡선의 궤적은 $\frac{M^d}{P} = L_{TP}(Y) + L_S(r) = \frac{M^0}{P} = \frac{M^S}{P}$이다. 이제 수출($X$)과 수입($M$)이 추가되면 개방경제로 변하는데 그때 IS곡선과 LM곡선은 어떻게 되는지 살펴볼 필요가 있다.

1) 개방경제가 되면 IS곡선의 궤적은 $Y = C(Y-T) + I^D(r) + G + X(e) = C(Y-T) + S(Y-T) + T + M(e, Y)$가 된다. 생산물시장의 균형조건을 통해 IS곡선을 도출하면 폐쇄경제 때보다 오른쪽으로 이동한 우하향의 IS곡선이 도출된다.

2) LM곡선의 궤적 $\frac{M^d}{P} = L_{TP}(Y) + L_S(r) = \frac{M^0}{P} = \frac{M^S}{P}$는 수출($X$)과 수입($M$)과는 직접적인 연관이 없다. 따라서 폐쇄경제에서의 LM곡선과 개방경제에서의 LM곡선은 아무런 차이가 없다.

3) 개방경제에서의 대내균형은 개방경제의 IS곡선과 LM곡선이 상호 교차하는 점에서 이루어진다.

02 BP곡선은 국제수지의 균형조건에서 도출된다. 따라서 BP곡선상에서는 대외균형이 성립한다. 참고로 BP곡선의 궤적은 국제수지의 균형조건인 $BP = X_n(e, Y) + R(r, r^f)$로 정의되며 국가 간에 자본이동

이 완전한가, 불완전한가, 불가능한가에 따라 그 형태가 달라진다.

1) 국가 간에 자본이동이 완전한 경우, BP곡선은 국내 이자율(r)과 해외 이자율(r^f)이 $r = r^f$의 수준에서 수평선으로 정의된다. 이때의 BP곡선은 개방소국경제의 BP곡선이 된다.

2) 국가 간에 자본이동이 불완전한 경우, BP곡선은 우상향한다. 이때의 BP곡선은 개방대국경제의 BP곡선이라고 말할 수 있다.

3) 국가 간에 자본이동이 불가능한 경우, BP곡선은 수직선이다. 참고로 BP곡선이 수평선, 우상향, 수직선이 되는 경제적 이유에 대해서는 본문 내용을 참조하기 바란다.

4) BP곡선이 어떤 형태를 갖는지에 상관없이 일단 BP곡선상에서는 대외균형이 성립한다고 말할 수 있다.

03 개방경제에서의 대내균형과 대외균형이 동시에 달성되기 위해서는 IS곡선, LM곡선, BP곡선이 서로 교차하는 균형점에서 이루어진다.

04 IS곡선과 LM곡선은 명목환율(e)과 실질 GDP로 구성되는 2차원 평면에서 정의할 수도 있다. 이때 IS곡선은 우상향하고 LM곡선은 수직선의 형태를 띤다. 그 이유에 대해서는 본문 내용을 참조하기 바란다. 이때 고정환율제도와 변동환율제도를 상정한 후, 확대재정정책과 확대통화정책의 정책효과를 분석하면 다음과 같다.

1) 고정환율제도에서는 확대재정정책의 효과는 막강한 반면, 확대통화정책의 효과는 제로(0)로 나타난다.

2) 변동환율제도에서는 정반대다. 확대재정정책의 효과는 제로(0)인 반면, 확대통화정책의 효과는 막강하다.

05 경상수지는 3가지 측면에서 살펴볼 수 있다. 저축과 투자의 측면, 국제수지표를 통한 수출과 수입의 대외거래 실적, 경상수지의 흑자와 적자를 보전하기 위한 해외 자본 유출의 측면에서 살펴볼 수 있다.

1) **총저축과 투자 측면** : 경상수지는 '경상수지$(X_n) = S(Y, r) - I(r)$로 정의된다. 총저축 > 투자이면 경상수지는 흑자, 총저축 < 투자이면 경상수지는 적자가 된다. 이때의 경상수지는 협의의 경상수지임에 유의해야 한다.

2) **수출과 수입을 통한 대외거래 실적** : 경상수지(X_n) = 수출$(X\ ;\ q, Y^f)$ − 수입(q, Y) 여기서 Y, Y^f가 일정하다고 가정하면 순수출인 경상수지는 실질환율(q)의 증가함수로 정의된다. 즉 실질환율(q)과 순수출(경상수지)은 양(+)의 관계가 성립한다.

3) **자본 · 금융계정을 통한 접근** : 경상수지흑자 = 순해외투자 증가 = 자본의 순유출 > 0 여기서 국내 이자율(r)과 자본의 순유출 간에는 음(−)의 관계가 성립한다. 자본이동이 완전한 개방소국경제의

경우 자본의 순유출곡선은 수평선, 자본이동이 불가능한 경우의 순유출곡선은 수직선이 된다.

06 개방소국경제의 경우 장기균형은 3가지 측면에서 살펴볼 수 있다. 확대재정정책의 효과, 해외 이자율 상승의 장기 정책 효과, 관세 인하의 장기 정책 효과가 그것이다.

1) 확대재정정책을 실행하면 국제수지의 흑자 폭은 줄어들고 실질환율도 하락한다.

2) 해외 이자율(r^f)이 상승하면 국제수지의 흑자 폭은 늘어나고 실질환율도 상승한다.

3) 관세 인하의 장기적 효과를 분석하면 관세 인하는 장기적으로 순수출에 별다른 영향을 끼치지 못하고 실질환율만 상승한다.

07 고정환율제도에서 경제정책의 효과 분석은 크게 확대재정정책과 확대통화정책으로 구분해서 살펴볼 수 있다.

1) 고정환율제도에서 확대재정정책의 효과는 막강하다.

2) 고정환율제도에서 확대통화정책의 효과는 제로(0)이다. 즉 정책효과가 전혀 없다!

08 변동환율제도에서 경제정책의 효과 분석은 크게 확대재정정책과 확대통화정책으로 구분해서 살펴볼 수 있다.

1) 변동환율제도에서 확대재정정책의 효과는 그다지 크지 않다. 그렇다고 해서 정책효과가 제로(0)인 것은 아니다.

2) 변동환율제도에서 확대통화정책의 효과는 막강하다.

09 자본이동이 완전한 경우와 자본이동이 불가능한 경우 고정환율제도와 변동환율제도에서 확대재정정책과 확대통화정책이 이자율과 실질 GDP에 미치는 영향에 대해서는 본문 17장의 [보론 17-3], [보론 17-4]를 참조하기 바란다.

제 18 장 경제성장이론

1. 경제성장의 요인과 정형화된 사실

2. 고전학파의 경제성장이론

3. 해로드와 도마의 경제성장이론

4. 솔로우의 경제성장이론

5. 최적 성장이론

6. 내생적 경제성장이론

출처 : 저자 제공

2014. 6. 11. 저자(후방석)는 민간인 최초로 블랙이글스 5번기를 타고 3,000m 상공으로 치솟은 후, 1시간가량 블랙이글스의 8가지 기동을 체험하고 원주기지로 무사히 복귀했다. 민간인이 전투기에 탑승하려면 사전에 여러 항목으로 구성된 비행 적응훈련을 모두 통과한 후, 공군참모총장의 최종승인을 받아야 한다. 이들 가운데 어느 것 하나라도 실격하면 민간인의 전투기 탑승은 불가능하다. 당시 55세이었던 저자는 『블랙이글스에게 배워라』라는 책의 집필을 위해 T-50B의 탑승에 나섰다. 저자 인생에서 짜릿했던 최고의 경험으로 기억한다. 참고로 저자와 함께 비행에 나섰던 블랙이글스 5번기 조종사는 제주도 출신의 고대협 소령(현, 212 비행대대장)이었다. **수험생 여러분들도 자신만의 버킷리스트를 만들어놓고 그것의 실현을 위한 도전에 적극적으로 나서길 주문합니다!**

1 경제성장의 요인과 정형화된 사실

1.1 경제성장의 개념과 의의

1) 경제성장의 제1개념

전통적인 의미로서 경제성장은 시간이 흐름에 따라 실질 GDP의 규모가 커지는 현상을 말한다. 장기적(長期的), 동태적 의미를 갖는 경제성장은 그 밖에도 여러 가지 방법으로 표현할 수 있다.

① [그림 18-1]의 (a) 그래프에서 보는 바와 같이 경제성장은 시간의 흐름에 따라 일국(一國)의 생산가능곡선이 X_0Y_0에서 X_1Y_1으로 이동하는 것으로도 나타낼 수 있다. 왜냐하면 생산량의 규모가 커지면 실질 GDP도 자연스럽게 증가하기 때문이다.

② [그림 18-1]의 (b) 그래프에서 보는 것처럼 시간이 흘러감에 따라 총수요곡선과 총공급곡선이 각각 AD_0에서 AD_1, AS_0에서 AS_1으로 우측 이동함으로써 실질 GDP가 Y_0에서 Y_1으로 증가하는 경우도 경제성장이다.

[그림 18-1] 경제성장의 여러 표현 방법 : 생산가능곡선, AD-AS곡선의 우측 이동

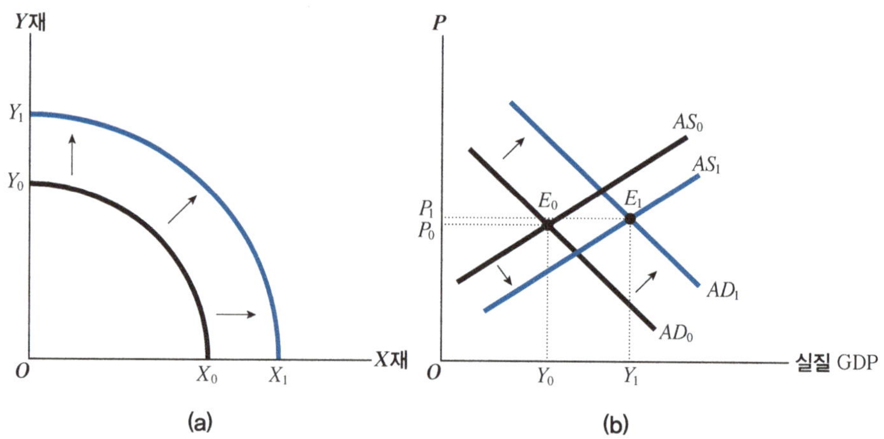

③ 경제성장은 경제성장률의 공식으로도 나타낼 수 있다.

$$t\text{년도의 경제성장률} = \frac{t\text{년도의 실질 GDP} - (t-1)\text{년도의 실질 GDP}}{t-1\text{년도의 실질 GDP}} \times 100$$

2) 경제성장의 제2개념

① 경제성장을 실질 GDP의 증가로만 정의할 경우, 제기되는 문제는 인구증가율이 실질 GDP의 증가율보다 크면 국민 개개인의 평균 생활수준은 하락할 수 있다는 사실이다. 그런 경우에는 경제성장이 이루어졌다고 말하기 어렵다.

② 그래서 제기된 개념이 1인당 국민총소득(GNI)이다. 시간이 흐름에 따라 1인당 GNI가 증가해야만 진정한 의미에서 경제성장으로 이루어졌다고 볼 수 있다. 참고로 **1인당 GNI의 증가율은 명목 GNI 증가율에서 인구증가율을 빼준 값**이다.

1인당 GNI의 증가율 = 명목 GNI 증가율 − 인구증가율

참고로 1인당 GNI의 증가율이 0보다 크면 이는 국민 개인의 평균 생활수준이 향상된 것을 뜻하고, 그것이 0보다 작으면 평균 생활수준이 하락한 것을 의미한다.

3) 본서(本書)는 경제성장을 실질 GDP와 1인당 GNI가 함께 증가하는 것으로 정의하고자 한다.

보론 18-1 기술진보와 등량곡선의 이동

[그림 18-2] 기술진보와 등량곡선의 이동

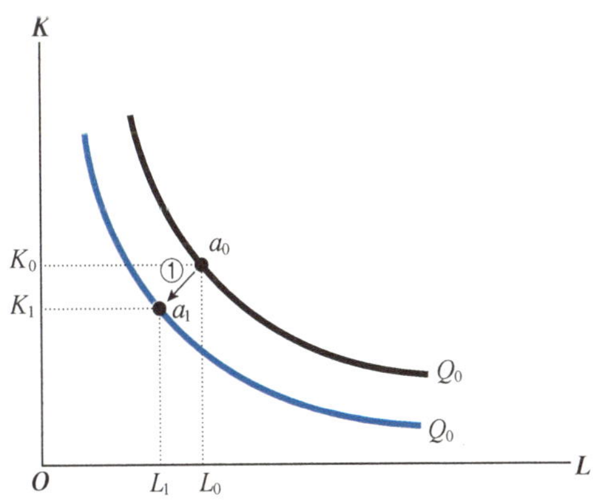

기술진보는 등량곡선의 이동으로도 나타낼 수 있다. 기술진보가 일어나기 이전의 등량곡선을 검정색 Q_0라고 가정하자. Q_0는 $a_0(L_0, K_0)$점을 지난다. 이때, 기술진보가 일어나면 검정색 등량곡선 Q_0는 원점을 향해 좌측 방향으로 이동(①)한다. 결국 기존의 Q_0는 $a_1(L_1, K_1)$점을 지나게 된다. **이것은 기술진보가 동일한 생산량 Q_0를 생산하기 위한 생산요소 L과 K의 투입량을 절감시켰다는 얘기다.** 즉 그것이 가능할 수 있었던 것은 생산요소를 절약하는 기술진보가 일어났기 때문으로 풀이된다.

1.2 경제성장의 요인 분석

1) 장기적인 측면에서 바라볼 때, 대부분은 경제가 성장하는 추세를 보인다. 그런데 경제성장을 가능하게 해주는 요인들과 관련해서 제기되는 궁금증은 크게 2가지다.

① 각국의 경제성장률이 다르게 나타나는 이유는 무엇인가?

② 각국의 경제성장을 촉진하는 핵심요인으로는 어떤 것들이 있는가?

2) 경제성장은 시간 개념을 명시적으로 도입한 동태적 분석(dynamic analysis)을 필요로 한다. 따라서 물가를 고려하지 않은 유효수요나 물가변화를 고려한 총수요의 제약으로 경제가 교란되는 단기적 현상보다는 국민경제함수와 같은 공급 측면에 초점을 맞추고 경제성장의 요인을 찾는 것이 바람직하다. 본서(本書)도 그런 방향에서 논의를 전개하고자 한다.

① 국민경제함수를 활용한 경제성장의 요인 분석

$$Y_t = F(L_t, K_t, NR, T_t) \cdots\cdots ㉠$$

단, Y_t : 실질 GDP, L_t : 노동, K_t : 자본, NR : 자연자원, T_t : 기술을 의미함.

② ㉠식을 보자. 노동은 시간의 흐름에 따라 양적 내지 질적인 변화가 가능하다는 의미에서 L_t로 표현했다. 노동의 양적 크기는 인구수, 교육 연한, 노동연령, 여성들의 사회적 참여도 변화, 여가와 소득에 대한 사회구성원의 선호 등에 의해 영향을 받는다. 또한 노동의 질적 크기는 노동생산성을 제고시키는 교육훈련, 연수, 동기 부여, 기타 등에 의해 결정된다.

③ 자본 역시 자본의 투입 증가라는 의미에서 K_t로 표현했다. 자본축적은 자본투입의 결과로서 기계, 공장을 비롯한 건물, 설비 등의 저량(貯量)을 증가시키는 과정이다. 자본축적이 이루어지면 신기술의 도입이 용이하고 우회생산[1]까지 가능해짐으로써 노동생산성이 비약적으로 향상된다. 그런데 자본축적은 투자에 의해 결정되고 투자는 저축에 의존한다. 따라서 저축도 경제성장을 결정하는 주요 요인으로 볼 수 있다.

1. 우회생산은 직접적인 노동으로 상품을 생산하는 것이 아니라 상품 생산에 필요한 도구 · 기계 · 공장설비 등의 생산수단을 먼저 생산한 후, 그것을 활용해서 상품을 최종적으로 생산하는 것을 의미한다. 쉽게 말해 어부가 손으로 물고기를 잡다가 그물을 만든 다음, 그것으로 고기를 잡을 때 우회적 생산을 한다고 말한다. 당연히 손으로 물고기를 잡을 때보다 그물로 잡을 때 훨씬 더 많은 물고기를 잡을 수 있다. 그 차이가 바로 우회생산의 이익이다.

④ *NR*은 자연자원(natural resource)을 의미한다. 여기에는 토지, 삼림, 광물, 수산자원, 석유, 천연가스, 태양광, 풍력 등 자연에 의해 주어진 모든 자원이 포함된다. 일반적으로 자연자원의 양은 제한적이며 재생산이 어렵다. 자연자원의 부존량이 경제성장에 영향을 미치는 것은 사실이지만 모든 선진국이 자연자원이 풍부했기 때문에 경제성장에 성공한 것은 아니다. 그들 국가는 국제무역을 통해 부족한 자연자원을 확보했거나 자원절약형 기술개발을 통해 부족한 자연자원을 효율적으로 사용했다는 공통점이 있다.

⑤ 기술진보는 생산함수 자체를 크게 변화시킨다. 생산가능곡선을 우상방(右上方)으로 이동시키거나 등량곡선을 원점을 향해 좌측으로 이동시키게 만드는 것도 기술진보다. 또 교육 내용과 훈련방법에 관한 혁신도 노동생산성을 획기적으로 높여준다. 신기술이 체화된 새로운 생산방법과 신상품 개발은 자본수익률을 높임으로써 투자를 촉진하고 이는 총수요의 확대를 통해 경제성장으로 이어진다.

1.3 경제성장의 정형화(定型化)된 사실과 경제성장이론의 과제

1) 영국의 경제학자이자 노벨경제학상을 수상한 니콜라스 칼도어(N. Kaldor)는 과거 선진자본주의 경제의 성장 과정에 대한 통계 분석을 실시한 후, 다음과 같은 6가지의 장기적인 규칙성을 발견했다. 그는 이것을 '**경제성장의 정형화된 사실**(stylized facts of economic growth)' 이라고 명명했다. 그 기본 내용은 다음과 같다.

① 실물자본-생산량의 비율이 일정하였다. 실물자본을 K, 생산량을 실질 GDP *Y*라고 하면, 이는 자본계수($=\frac{K}{Y}$)가 일정하다는 얘기다. **자본계수($=\frac{K}{Y}$)란 실질 GDP인 *Y*를 1단위를 생산하는 데 평균적으로 소요되는 자본량**을 말한다. 본서(本書)는 자본계수($=\frac{K}{Y}$)를 ν라고 표기한다.

② 자본의 증가율($=\frac{\Delta K}{K}$)은 대체로 일정하였다. 이를 자본계수($\frac{K}{Y}=\nu$)가 일정하다는 것과 결부시키면 우리는 자본증가율과 실질 GDP의 증가율(=경제성장률)이 같다는 것을 추론할 수 있다.

③ 자본-노동비율($=\frac{K}{L}$)과 1인당 소득($=\frac{Y}{L}$)은 일정한 비율로 증가했다. 여기서 경제성장률($=\frac{\Delta Y}{Y}$)과 자본증가율($=\frac{\Delta K}{K}$)은 같고, 노동증가율($=\frac{\Delta L}{L}$)보다는 크다는 것을 유추할 수 있다. 자본-노동비율은 노동자 1인당 실물자본이며, $\frac{K}{L}$이 증가하는 것을 **'자본의**

심화(capital deepening)' 라고 정의한다.

④ 실질이자율은 어떤 뚜렷한 추세를 보이지 않았다. 이는 장기적으로 피셔가설이 성립한다는 뜻이다. 피셔가설은 '명목이자율 = 실질이자율 + 기대인플레이션율' 으로서 인플레이션이 예상되면 그만큼 명목이자율이 상승하기 때문에 실질이자율은 일정불변하다는 것을 말한다.

⑤ 노동소득과 자본소득의 상대적 분배율(D)은 대체로 일정하였다. 이때 D는 'D = 노동소득/자본소득' 으로 정의된다.

⑥ 1인당 소득의 증가율은 국가마다 매우 큰 차이를 보였다.

2) 이것이 선진 자본주의 국가의 경제성장 과정에서 나타난 정형화된 특징이다. 경제성장이론의 당면과제는 그것을 경제이론적으로 규명하고 설명하는 데 있다.

1.4 경제성장의 비용과 대책

1) 경제성장의 비용(= 代價)으로는 공업화에 따른 대기오염과 수질오염을 비롯한 환경 파괴, 난개발에 따른 역사적 유적의 파괴, 급격한 도시화에 따른 인구 및 교통 혼잡, 대량의 쓰레기 문제 유발, 각종 사회적 범죄와 고독화 현상, 빈부 격차와 정보화 격차 등을 들 수 있다.

2) 경제성장에 따른 사회적 비용을 줄이기 위한 대책으로는 다음과 같은 것들이 있다.

① **경제성장영화론**(經濟成長零化論, zero economic growth) : 경제성장이 실질 GDP를 증가시키는 긍정적 요소가 있지만 공해를 비롯한 사회적 문제를 유발하기 때문에 경제성장률을 제로(0)로 하자는 주장이다.

② **인구성장영화론**(人口成長零化論, zero population growth) : 경제성장이 도시화를 통해 사회적 혼잡비용을 유발하기 때문에 인구증가율을 제로(0)로 하자는 주장이다.

③ **로마클럽**(Rome Club)은 1968년 3월, 이탈리아의 수도인 로마에서 설립되었으며 52개국으로부터 온 100여 명의 과학자, 교육자, 경제학자 등으로 구성된 민간법인체로서 경제성장에 따른 인류의 당면 문제를 범세계적으로 논의했다는 데에 그 의의가 있다. 로마클럽은 인구 팽창, 공업화, 환경오염, 자원고갈 등의 심각성을 지적하고 인간의 각성과 자제를 촉구한 바 있다.

④ **리우정상회의**는 1992년 6월 2일 남미 브라질의 리우데자네이루에서 148개국 정상들

이 참석한 가운데 12일간의 일정으로 개최되었던 국제회의이다. 이 자리에서 각국 정상들은 지구환경 보전과 자원개발의 효율화 문제를 놓고 격의 없는 대화와 토론을 진행한 바 있다.

2 고전학파의 경제성장이론

2.1 이론의 특징과 기본 가정

1) 고전학파 경제성장이론의 특징

① 스미스(A.Smith), 리카도(D. Ricardo), 밀(J.S. Mill), 맬더스(T. Malthus) 등에 의해 제시된 이론이다.

② 이 이론의 핵심은 '생산 과정에서 이윤 발생 ⇒ 자본축적 ⇒ 노동의 한계생산력 제고 ⇒ 임금 인상 ⇒ 인구 증가 ⇒ 노동의 한계생산력 하락 ⇒ 임금이 생존 수준으로 하락 ⇒ 이윤 발생 ⇒ 자본축적 …… 생산 확대' 로 이어지면서 경제가 안정적인 정상 상태(stationary state)로 수렴해간다는 것이다.

③ **고전학파가 경제성장 요인으로 제시한 것은 자본축적, 인구 증가 등이다.**

2) 기본 가정

① 총생산함수는 $Y = F(L)$로 정의되며, 총생산물 Y는 노동자의 임금과 자본가의 이윤으로만 구성된다. 또 노동에는 한계생산력체감의 법칙이 작동한다.

② 노동자는 최저 생활임금 수준에서 노동공급을 결정한다. 노동공급곡선은 $w = g(L)$, 단 w는 실질임금, $g' > 0$으로 정의되며, 그것이 곧 최저생활임금선이 된다.

③ 자본가는 이윤이 발생하면 자본축적을 위한 투자를 실행하고, 이윤이 제로(0)가 되면 자본축적의 유인은 사라지고 인구 증가도 정체 상태에 놓이게 된다.

2.2 고전학파의 경제성장이론

[그림 18 − 3] 고전학파의 경제성장이론

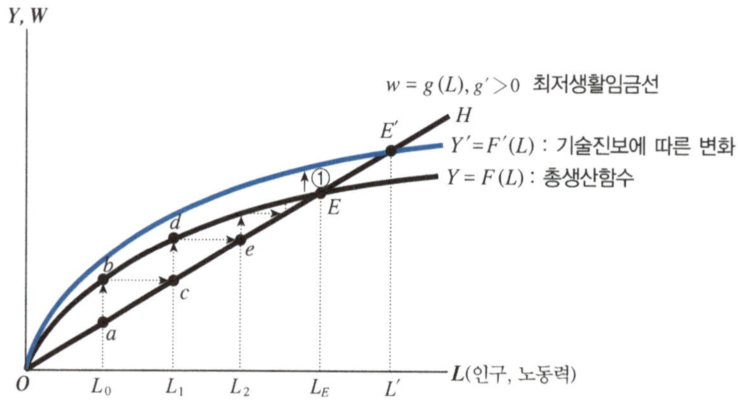

1) [그림 18 − 3]은 고전학파의 경제성장이론으로서 경제가 장기적인 정상 상태로 수렴해가는 일련의 과정을 보여준다. 총생산함수 $Y = F(L)$이 X축인 L(인구, 노동력)변수에 대해 오목(concave)하게 그려진 것은 노동의 한계생산력체감의 법칙을 반영했기 때문이다. 또 직선 형태의 $w = g(L)$, 단 $g' > 0$은 최저생활임금선으로서 노동공급을 시사한다. 그리고 총생산함수 $Y = F(L)$이 $Y' = F'(L)$로 상방(上方)으로 이동한 것은 기술진보의 결과임을 나타낸다.

2) 이제 [그림 18 − 3]에서 현재 인구를 L_0라고 하고, 노동자에게 돌아가는 임금은 최저생활수준인 aL_0라면 ab만큼의 이윤이 자본가의 몫으로 돌아갈 것이다. 그러면 자본가는 투자를 통해 자본스톡을 증가시키게 되고 이는 노동생산성을 향상시켜 실제임금을 bL_0 $(= cL_1)$까지 상승시킨다. 그 결과 인구는 L_1 수준으로 늘어난다.

3) 인구 증가로 생산량은 늘어났지만 증가된 인구로 인해 노동의 한계생산력은 체감한다. 따라서 임금은 최저생활수준인 cL_1 수준에 머물게 된다. 이때 자본가에게는 cd만큼의 이윤이 발생한다. 자본가는 또다시 투자를 통해 자본스톡을 증가시키면서 실제임금을 cL_1보다 높은 $dL_1(= eL_2)$ 수준으로 높인다. 이러한 연속적인 과정을 거쳐 정상 상태인 E점에 도달한다.

4) E점의 좌측에서는 양(+)의 자본축적이 존재하기 때문에 인구가 증가한다. 그러나 E점의 우측에서는 이윤이 존재하지 않기 때문에 투자가 이루어지지 않는다. 따라서 자본스톡이

감가상각률만큼 감소하고 인구도 OL_E 수준에서 정체되는 정상 상태(stationary state)에 도달하게 된다.

5) 한편, 경제의 정체 현상은 기술진보에 따른 생산성 증가에 의해 연기될 수도 있다. 기술진보는 총생산함수를 $Y=F(L)$에서 $Y'=F'(L)$로 이동시킨다. 그렇게 되면 정상 상태도 OH 직선을 따라 상방으로 이동함에 따라 E'점으로 변한다. 그러면 노동인구의 상한도 OL_E에서 OL'로 증가할 수 있다. 하지만 **고전학파의 경제성장이론에서는 기술진보가 발생하면 한계생산력체감의 법칙이 지연될 수 있음을 고려하지 않았다.** 왜냐하면 그들은 기술진보를 분석대상에 포함시키지 않았기 때문이다.

2.3 고전학파의 경제성장이론에 대한 평가

1) 앞서 얘기한 것처럼 **고전학파의 경제성장이론은 기술진보의 가능성을 고려하지 않았다.** 노동의 한계생산력체감의 법칙과 자본축적 간의 관계에 초점을 맞춘 나머지 **장기적 측면에서 지속적인 경제성장에 대해서는 비관적인 견해를 견지했다.**

2) 고전학파의 경제성장이론에서는 '이윤 발생 ⇒ 투자 ⇒ 자본축적' 이 단번에 이루어지는 것으로 전제했는데 현실은 그렇지 않다. 현실경제에서 이윤에서 자본스톡의 조정까지는 상당히 긴 시간이 걸린다.

3) 고전학파의 경제성장이론에서는 '자본축적 ⇒ 노동생산성 향상 ⇒ 실질임금 상승 ⇒ 인구 증가도 신속하게 이루어진다' 고 주장하는데 현실적으로 인구 증가 역시 그렇게 빨리 이루어지지 않는다.

4) 총생산함수가 X축에 볼록(convex)한 형태로 주어질 경우, 노동의 한계생산력체증의 법칙이 작동하기 때문에 정상 상태 E점은 불안정한 상태가 될 수 있다.

5) 고전학파의 경제성장 모형은 칼도어가 발견한 정형화된 사실 가운데 '1인당 소득과 자본-노동비율이 일정한 비율로 증가했다' 와 '노동소득과 자본소득의 상대적 분배율(D)이 대체로 일정하였다' 는 것을 제대로 해명하지 못했다.

③ 해로드와 도마의 경제성장이론

3.1 이론의 특징과 기본 가정

1) 이론의 특징

① 영국의 경제학자인 로이 해로드(R.F. Harrod)와 러시아의 경제학자인 에브시 도마(E.Dorma)는 케인즈의 단기적이고 정태적인 소득결정이론을 장기적이고 동태적인 이론으로 개편하는 과정에서 경제성장이론을 수립하였다.

② 해로드와 도마는 노동이 완전고용 수준에 이르고 자본설비가 완전 가동되는 가운데 경제가 안정적 균형을 이루면서 장기적으로 성장할 수 있는 조건이 무엇인가를 규명하기 위해 노력했다.

③ 해로드와 도마의 경제성장이론에서는 생산량-자본의 비율($=\frac{Y}{K}$)과 그것의 역수인 **자본계수($\nu := \frac{K}{Y}$)가 고정되어 있다**고 가정한다. 이와 함께 **노동과 자본 간에 완전한 보완관계를 전제로 하는 레온티에프 생산함수를 상정한다.**

④ 해로드와 도마의 경제성장이론에서는 적정성장률과 자연성장률이 일치하는 상태를 바람직한 경제성장 상태라고 정의했다. 하지만 이들 성장률 사이에 괴리가 발생하면 원래의 균형 상태로 돌아갈 수 없다는 점에서 해로드와 도마의 균형 상태는 불안정하다고 말할 수 있다.

⑤ 해로드와 도마의 경제성장이론은 칼도어가 제시한 정형화된 사실 가운데 일부를 설명해주는 근대적 경제성장이론의 효시로 평가받고 있다.

2) 기본 가정

① 한 가지 재화만 생산하는 1재화 경제(one-good economy)를 가정한다.

② 아래와 같이 생산요소(노동, 자본) 간에 대체 가능성이 전무(全無)한 레온티에프 생산함수를 가정하며, 그것은 고정투입계수와 규모에 대한 보수불변의 특징을 갖는다.

$$Y = \min\left[\frac{L}{\alpha}, \frac{K}{\nu}\right]$$

단, *min*은 minimize의 약자로서 *Y*가 두 항목 중 최소치를 따른다는 것을 의미함,

$$\alpha > 0, \nu > 0$$

③ 매기당 노동공급증가율(= $\frac{\Delta L}{L}$)은 인구증가율(n)과 일치하며 외생변수로 간주한다.

$$\frac{\Delta L}{L} = n$$

④ 자본계수(v)는 $v = \frac{K}{Y}$로서 항상 일정하다. 그것은 해로드와 도마가 레온티에프 생산함수를 가정했기 때문이다.

⑤ 저축률(s)은 일정하다. 또 사전적 투자수요(I^D)와 사후적 투자지출(I)은 항상 일치하며 매기당 저축(S)과 투자 간에는 균형이 유지된다. 따라서 다음 조건이 충족된다.

$$S = sY,\ I^D = I = S$$

3) 자본의 완전가동조건 : **적정성장률**(適正成長率, warranted rate of growth ; G_w)

① 자본이 완전가동되면서 효율적 생산이 이루어지기 위해서는 다음과 같은 조건이 성립해야 한다. 이는 레온티에프 생산함수의 특성에서 비롯된 것이다.

$$Y = \frac{K}{v} = \frac{1}{v}K \quad \cdots\cdots\cdots ㉠$$

② K가 증가할 때, ΔK까지 완전가동되는 조건을 구하려면 ㉠식에 Δ를 적용해야 한다.

$$\Delta Y = \frac{\Delta K}{v} = \frac{1}{v}\Delta K \quad \cdots\cdots\cdots ㉡$$

③ 이제 ㉡식을 ㉠식으로 나눠주면 ㉢식을 얻을 수 있다.

$$\frac{\Delta Y}{Y} = \frac{\Delta K}{K} \quad \cdots\cdots\cdots ㉢$$

㉢식은 자본이 장기적으로 완전가동되면서 성장하려면 경제성장률(= $\frac{\Delta Y}{Y}$)이 자본증가율(= $\frac{\Delta K}{K}$)과 일치해야 한다는 것을 시사해준다.

④ 도마는 **투자의 이중성**에 주목했다. 즉 투자의 소득 창출효과(= 투자승수를 통한 실질 GDP 증대효과)와 생산력 증대효과(= 자본축적을 통한 실질 GDP 증대효과)를 중시했다.

㉠ 투자의 소득 창출효과 : $I = S = sY$

㉡ 투자의 생산력 증대효과 : $\frac{\Delta Y}{Y} = \frac{\Delta K}{K} = \frac{I}{K}$

위의 ㉠과 ㉡부터 ㉢식을 도출할 수 있다.

$$\frac{\Delta Y}{Y} = \frac{\Delta K}{K} = \frac{I}{K} = \frac{S}{K} = \frac{sY}{K} = \frac{s}{K/Y} = \frac{s}{v} \quad \cdots\cdots\cdots ㉣$$

㉣식은 투자의 이중효과를 충족시키면서 장기적으로 자본설비가 완전가동되기 위해서는 매기마다 경제성장률$(=\frac{\Delta Y}{Y})$이 자본증가율$(=\frac{\Delta K}{K})$, $\frac{s}{v}$와 같아야 한다는 것을 말해준다. 여기서 $\frac{s}{v}$는 적정성장률(G_w)과 같다. 또 적정성장률을 충족시키는 실질 GDP 수준은 케인즈의 단순모형에서 도출된 균형 실질 GDP$(=Y_e)$와 같다.

4) 노동의 완전고용조건 : **자연성장률**(自然成長率, natural rate of growth ; G_n)

① 노동이 완전고용되면서 효율적인 생산이 이루어지려면 아래의 ㉤식이 성립해야 한다. 이는 레온티에프 생산함수의 특성에서 비롯된 것이다.

$$Y = \frac{L}{\alpha} = \frac{1}{\alpha}L \quad \cdots\cdots ㉤$$

② 노동 L이 증가할 때, 증가된 ΔL이 완전고용되는 조건을 구하려면 ㉤식에 Δ를 적용해야 한다.

$$\Delta Y = \frac{\Delta L}{\alpha} = \frac{1}{\alpha}\Delta L \quad \cdots\cdots ㉥$$

③ 이제 ㉥식을 ㉤식으로 나눠주면 다음의 ㉦식을 구할 수 있다.

$$\frac{\Delta Y}{Y} = \frac{\Delta L}{L} = n \quad \cdots\cdots ㉦$$

㉦식에서 보는 바와 같이 경제가 장기적으로 노동의 완전고용을 달성하면서 성장하려면 경제성장률$(=\frac{\Delta Y}{Y})$이 인구증가율(n)과 같아야 한다. 인구증가율과 같은 경제성장률을 자연성장률(G_n)이라고 말한다. G_n을 충족시키는 GDP 수준은 케인즈의 단순모형에서의 완전고용국민소득(Y_F) 수준과 동일하다.

5) 노동의 완전고용과 자본의 완전가동조건은 무엇인가?

① **장기적 차원에서 노동의 완전고용과 자본의 완전가동을 달성하면서 경제가 성장할 수 있는 조건은 '현실성장률(G) = 적정성장률(G_w) = 자연성장률(G_n)'을 충족하는 것이다.**

$$\frac{\Delta Y}{Y} = \frac{\Delta K}{K} = \frac{\Delta L}{L}$$

$$G = G_w = G_n$$

$$G = \frac{s}{v} = n \quad \cdots\cdots ㉧$$

② 노동의 완전고용과 자본의 완전가동조건이 충족되면 경제성장률은 자본증가율, 인구증가율과 같게 된다. 따라서 해로드와 도마 모형은 칼도어의 정형화된 사실 가운데 자본계수(ν)와 자본증가율($\frac{\Delta K}{K}$)이 일정하다는 것을 설명해준다.

3.2 해로드와 도마의 경제성장이론

1) 해로드와 도마의 경제성장이론에서 경제성장률은 자본계수(ν)와 저축률(s)에 의해서 결정되고, 이것이 노동증가율($=\frac{\Delta L}{L}=n$)과 같을 때, 자본의 완전가동과 노동의 완전고용이 이루어진다는 주장이다. 또 **저축률 s는 일정하기 때문에 평균저축성향과 한계저축성향이 같다**는 것에 대해서도 유의해야 한다.

2) 현실성장률(G)이 적정성장률(G_w)과 괴리를 보이면 경제는 최초의 균형상태로 회귀하지 않고 균형에서 멀어지게 된다. 따라서 해로드와 도마의 경제성장이론은 불안정한 특성을 지녔다고 해서 일명 '**나이프-엣지 이론**(knife-edge theory)' 또는 **이율배반이론**(antinomy theory)이라고 부른다.

① $G > G_w$: 자본량 부족 ⇒ 투자 증가 ⇒ 총수요 증가 ⇒ 실질 GDP 증가 ⇒ 경기 과열
② $G < G_w$: 자본량 과다 ⇒ 투자 감소 ⇒ 총수요 하락 ⇒ 실질 GDP 감소 ⇒ 경기 침체

3) 경제성장에 영향을 미치는 주요 변수인 자본계수($\nu ; =\frac{K}{Y}$), 저축률(s), 인구증가율(n)은 모두 외부에서 독립적으로 주어지는 외생변수이다. 따라서 노동의 완전고용과 자본의 완전가동을 충족하는 $\frac{s}{\nu}=n$의 조건이 항상 성립한다는 보장이 없다. 만약 $\frac{s}{\nu}$와 n이 일치하지 않으면 레온티에프 생산함수의 속성상 경제성장은 양자 가운데 작은 쪽에 의해서 제약을 받을 수밖에 없다.

① $\frac{s}{\nu} > n$: 자본증가율 > 인구증가율 ⇒ 자본의 과잉설비 누적 ⇒ **저축은 악덕!**
② $\frac{s}{\nu} < n$: 자본증가율 < 인구증가율 ⇒ 비자발적 실업의 발생 ⇒ **구조적 실업!**

4) 경제가 일정한 경제성장률을 유지하기 위해서 필요한 저축 및 투자 수준을 가늠할 수 있다. 일례로 일국(一國) 경제의 자본계수가 4이고 신규노동공급증가율(= 인구증가율)이 6%라면 그때 필요한 저축률(s)은 얼마인가?

$$\text{경제성장률}(\frac{\Delta Y}{Y})=\frac{s}{\nu}=n \Rightarrow =\frac{s}{4}=6 \Rightarrow s=24\%$$

3.3 해로드와 도마의 경제성장이론에 대한 평가

1) 자본주의 경제체제의 동태적 균형은 근본적으로 불안정하기 때문에 정부 당국의 개입에 의한 적절한 조정이 필요하다. 그런 의미에서 해로드와 도마의 경제성장이론을 이윤배반 이론이라고 평가한다.

2) 해로드와 도마는 케인즈가 간과했던 사실을 보완시켜 경제성장이론을 제시했다는 점에서 의의를 찾을 수 있다. 즉 케인즈는 단기적 측면에서 유효수요 부분에만 초점을 맞춰 투자를 투자수요로만 보았고, 신투자가 자본축적을 통해 생산능력과 노동생산성을 향상시킨다는 점에 대해서는 간과했다.

3) **해로드와 도마의 경제성장이론은 기술진보를 도외시했다는 한계를 지닌다.** 이것을 극복하기 위해 솔로우는 자신의 모형에다 기술진보를 도입시켜 진일보한 경제성장이론으로 발전시켰다.

4) 해로드와 도마의 경제성장이론에 대한 새로운 대안

해로드와 도마의 경제성장이론은 1930년대 초반의 대공황 시대의 모형이라는 한계로 인해 경제의 안정적 균형성장이 어렵다는 비관적 결론을 내렸다. 특히 이들 이론에서 그런 우울한 결과가 나올 수밖에 없었던 근본 이유는 그들이 고정투입계수를 갖는 레온티에프 생산함수를 가정했기 때문이다. 즉 자본계수(ν)가 '$\nu = \frac{K}{Y}$ 로 일정하다' 는 가정은 실질 GDP 1단위의 생산을 위해 평균적으로 투입되는 자본량이 일정하다는 것이다. 이런 한계를 극복하기 위해서 로버트 솔로우(R.M. Solow), 미드(J.E. Meade), 스완(T.W. Swan) 같은 경제학자는 생산요소 간에 대체가 가능한 신고전학파 생산함수를 도입했다. 그들 모형에서는 자본계수(ν)가 신축적으로 변화함으로써 경제가 자동적으로 균형성장 경로를 따라가면서 경제성장을 할 수 있다는 긍정적인 결론을 도출하기에 이른다.

4 솔로우의 경제성장이론

4.1 이론의 특징과 기본 가정

1) 솔로우의 경제성장이론은 칼도어(N. Kaldor)가 지적한 '경제성장의 정형화된 사실'을 한층 더 잘 설명할 수 있는 이론적 기반을 구축하는 데 성공했다. 또 자본주의 경제가 완전고용을 이루면서 지속적인 균형성장을 할 수 있음을 보임으로써 시장경제의 역동성을 잘 설명했다는 평가를 받았다.

① 하지만 솔로우의 도전은 매우 의미 있는 것이었다. 솔로우는 생산요소 간에 대체가 가능한 콥-더글라스(cobb-douglas) 생산함수를 차용해서 칼도어가 제시한 6개의 '경제성장의 정형화된 사실' 가운데 5개를 명쾌하게 설명했다. 그는 이에 대한 공로를 인정받아 1987년에 노벨경제학상을 수상했다. 그가 차용한 생산함수는 신고전학파 생산함수, 그가 제시했던 이론은 신고전학파의 경제성장이론이라고 명명되었다.

② 솔로우의 경제성장이론도 고전학파처럼 생산요소시장의 자율조정, 즉 생산요소가격의 상·하 신축적인 변동을 통해 완전고용을 달성한다고 보았다.

③ 솔로우는 1인당 생산함수인 $y=f(k)$와 자본-노동비율(일명, 노동장비율)인 $\frac{K}{L}$, 즉 노동자 1인당 자본량인 k를 활용해서 칼도어가 제시한 정형화된 사실을 설명했다.

2) 기본 가정

① 한 가지 재화만 생산되는 1재화 경제(one-good economy)를 가정한다.

② 매기당 노동공급증가율($\frac{\Delta L}{L}$)은 인구증가율(n)과 일치하며 외생변수로 간주한다.

$$\frac{\Delta L}{L}=n$$

③ 생산함수는 콥-더글라스(cobb-douglas) 생산함수와 같이 생산요소 간에 대체가 가능하고 규모에 대한 보수불변(CRS)인 1차 동차함수 생산함수를 가정한다. 생산함수는 $Y=F(L,K)$로 정의되며, [그림 18-4]와 같은 등량곡선으로 정의된다.

[그림 18-4] 등량곡선

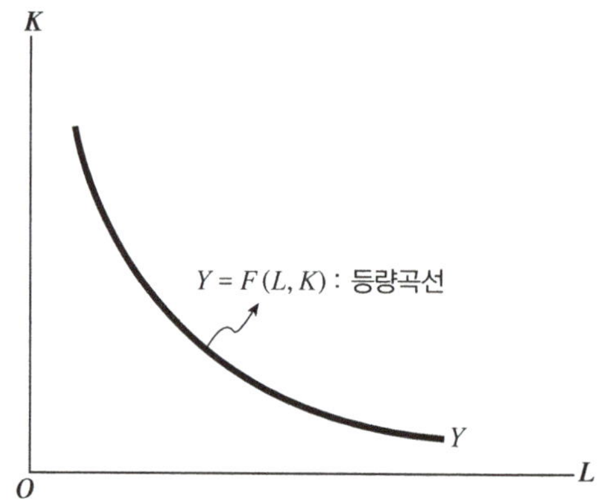

④ 저축률(s)은 일정하며, 사전적 투자수요(I^D)는 사후적 투자지출(I)과 항상 일치하며 매기당 저축(S)과 투자 간에 균형이 유지된다. 따라서 다음 조건이 충족된다.

$$S = sY,\ I^D = I = S$$

4.2 노동의 완전고용, 자본의 완전가동을 보장하기 위한 조건

1) 노동이 완전고용되고, 자본이 완전가동된 상태에서 경제성장을 달성하기 위해서는 '경제성장률 = 자본증가율 = 노동증가율' 의 조건이 충족되어야 한다.

2) 노동증가율($=\frac{\Delta L}{L}$)은 n으로 일정하다.

$$\frac{\Delta L}{L} = n$$

3) **자본증가율($\frac{\Delta K}{K}$)은 $\frac{sf(k)}{k}$로 정의된다.** 이때 자본의 감가상각률(δ)은 제로(0)라고 가정한다. $\delta \neq 0$ 또는 $\delta > 0$인 경우는 다음 4)의 ㉠식을 논의할 때 설명하기로 한다. 솔로우 모형은 $Y = F(L, K)$라는 총생산함수보다는 1인당 생산함수를 상정해서 분석하는 게 여러모로 편리하다.

1인당 생산량을 y라고 하면 $y = \frac{Y}{L}$, 또는 $Y = yL$로 정의된다. 노동자 1인당 자본량을 k라고 하면 $k = \frac{K}{L}$로 정의된다. 또 $K = kL$이다. 그러면 1인당 생산량인 y는 자본-노동비율이자 노동자 1인당 자본량인 k의 함수로 정의된다. 즉 $y = f(k)$이다. 이것은 1차 동차함수인 콥-더글라스 생산함수로부터 도출된다.

$$\lambda Y = F(\lambda L, \lambda K),\ \text{여기에서}\ \lambda = \frac{1}{L}\text{을 대입시키면}$$

$$\frac{Y}{L} = y = F\left(1, \frac{K}{L}\right) = f(k)\text{가 된다.}$$

한편, 자본의 증가분인 △K는 다음과 같이 정리된다.

$\Delta K = I = S = sY = syL = sf(k)L$, 이것을 K로 나눠주면 아래의 식이 도출된다.

$$\frac{\Delta K}{K} = sf(k)\frac{L}{K} = \frac{sf(k)}{\left(\frac{K}{L}\right)} = \frac{sf(k)}{k}\text{가 된다.}$$

4) '경제성장률 = 자본증가율 = 노동증가율' 의 균형조건을 종합하면 ㉠식이 도출된다.

$$\frac{\Delta Y}{Y} = \frac{sf(k)}{k} = n \Rightarrow sf(k) = nk \quad \cdots\cdots ㉠$$

여기서 $sf(k)$는 노동자 1인당 저축 또는 노동자 1인당 투자량을 의미하고, nk는 노동자가 증가함에 따라 줄어든 자본-노동비율(k)을 일정 수준으로 유지하기 위해 필요로 하는 투자량을 의미한다.

참고로 3)에서는 자본의 감가상각률 δ이 제로(0)라고 가정했다. 그런데 **δ가 0이 아니고 0보다 크다면 위 ㉠식의 조건은 $sf(k) = (n+\delta)k$로 대체시켜야 한다**. 즉 아래의 균제균형식에서 $sf(k) = nk$ 대신에 $sf(k) = (n+\delta)k$[2]로 표현해야 옳다. 하지만 본서(本書)는 논리 전개의 간편성과 독자들의 이해를 돕기 위해 감가상각률(δ)이 제로(0)라고 가정한다. 그것은 δ로 인해 내용의 본질이 바뀌지 않기 때문이다.

5) 이제 위의 ㉠식을 그래프로 표시하면 [그림 18-5]를 얻을 수 있다.

① $sf(k)$곡선은 $y = f(k)$의 곡선에다 저축률 s를 곱한 값으로 정의된다. 저축률 s는 0과 1 사이의 값($0 < s < 1$)을 갖기 때문에 $sf(k)$곡선은 $y = f(k)$보다 클 수 없다. 따라서 $sf(k)$ 곡선은 $y = f(k)$곡선의 아래쪽에 위치한다.

② nk는 원점을 지나고 기울기가 n인 직선이다. 그것은 n이 일정한 상수이기 때문이다.

---

2. 자본축적은 투자에 의해 실현된다. 일정한 기간 동안의 자본량 증가를 ΔK라고 표시하고 자본에 감가상각률(δ)이 적용된다고 가정하자. 그러면 ΔK는 다음과 같이 정의된다. $\Delta K = I - \delta K$, 즉 투자에서 자본의 감가상각 부분을 공제해주어야 한다. 그러면 $\Delta K = I - \delta K = sY - \delta K = syL - \delta K = sf(k)L - \delta K$가 된다. 이것을 K로 나눠주면 $\frac{\Delta K}{K} = \frac{sf(k)L}{K} - \delta = \frac{sf(k)}{k} - \delta$가 된다. 균제균형점에서는 자본의 증가율인 $\frac{sf(k)}{k} - \delta$와 노동의 증가율인 n이 같아야 한다. 즉 $\frac{sf(k)}{k} - \delta = n$의 조건이 충족되어야 한다. 이것을 k로 재정리해주면 최종적으로 $sf(k) = (n+\delta)k$의 조건식이 도출된다.

③ 이제 k가 k_1이라고 가정하자. 이때는 $sf(k) > nk$ 가 된다. 이는 자본증가율이 노동증가율보다 ab만큼 크다. 즉 자본이 상대적으로 과잉인 상태다. 그러면 '**자본 임대료의 하락 ⇒ 노동을 자본으로 대체 ⇒ 1인당 자본량(k ; $= \frac{K}{L}$)의 증대**' 로 이어진다. 따라서 k는 k_1에서 k^*로 증가한다.

④ 한편, k가 k_2라고 가정하자. 이때는 $sf(k) < nk$가 된다. 이는 자본증가율이 노동증가율보다 cd만큼 작다. 즉 노동이 상대적으로 과잉인 상태다. 그러면 '**임금의 하락 ⇒ 자본을 노동으로 대체 ⇒ 1인당 자본량(k ; $= \frac{K}{L}$)의 감소**' 로 이어진다. 따라서 k는 k_2에서 k^*로 감소한다.

⑤ 이처럼 솔로우의 경제성장이론에서는 경제가 일단 k^*에 도달하면 k^*로부터 더 이상 이탈할 유인이 작동하지 않는다. 이처럼 **시간이 흘러도 1인당 자본량(k)의 변화가 없는 상태를 경제학에서는 균제 상태(steady state) 또는 정상 상태(正常狀態)라고 정의한다.** [그림 18-5]에서는 k^*가 바로 균제 상태 또는 정상 상태라고 말할 수 있다.

[그림 18-5] 솔로우의 경제성장이론에서 균제균형의 존재

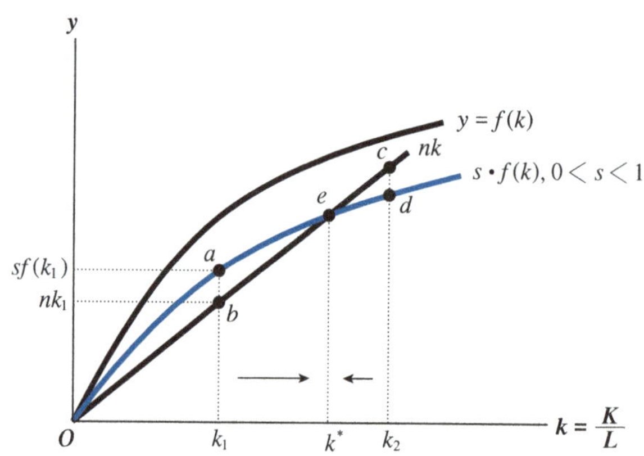

보론 18-2 솔로우와 해로드-도마의 경제성장이론과 균형조건식

솔로우의 경제성장이론과 해로드-도마의 경제성장이론의 균형조건식은 동일하다. 그 근거를 제시하면 다음과 같이 요약된다.

$$\frac{sf(k)}{k} = \frac{sf(k)L}{K} = \frac{syL}{K} = \frac{sY}{K} = \frac{s}{K/Y} = \frac{s}{v} = n$$

다만, 해로드-도마의 경제성장이론에서는 저축률(s), 자본계수(v), 인구증가율(n)이 외생변수였기 때문에 균형조건식 $\frac{s}{v} = n$을 자동적으로 달성시켜주는 제도적 장치가 없었다. 하지만 **솔로우의 경제성장이론에서는 자본계수(v ; = $\frac{K}{Y}$)가 변수**이고* v는 $\frac{k}{f(k)} = \frac{k}{y}$와 같다. 또 솔로우의 경제성장이론에서는 생산요소가격(임금, 임대료)이 시장의 자율조정으로 상 · 하 신축적으로 변함으로써 자본계수 v가 균형성장조건을 자동적으로 충족시킨다는 것이 해로드-도마의 경제성장이론과 다를 뿐이다.

---

* 솔로우의 경제성장이론에서 자본계수인 $\frac{K}{Y}$가 신축적이라는 것은 다음과 같은 식의 전환을 통해 증명할 수 있다. $\frac{K}{Y} = \left(\frac{K}{L}\right) \times \left(\frac{L}{Y}\right) = \left(\frac{K}{L}\right) \div \left(\frac{Y}{L}\right) = \frac{k}{y}$이다. 단, $k = \frac{K}{L}$, $y = \frac{Y}{L}$이다. 그런데 솔로우 경제성장이론에서 k는 신축적인 변화를 한다. 따라서 자본계수인 $\frac{K}{Y}$도 분자인 k의 신축적인 변화에 따라 고정된 값을 갖지 않고 변할 수 있는 것이다.

4.3 솔로우의 경제성장이론

1) 솔로우의 경제성장이론이 제시하는 정책적 시사점

① 솔로우의 경제성장이론은 $sf(k) = nk$의 조건을 충족시키는 k^*점에서 균제균형을 이룬다. 즉 균제균형점(k^*)에서는 경제성장률 = 자본증가율 = 노동증가율(= 인구증가율)의 조건이 충족된다.

㉠ 경제성장률이 인구증가율과 같다는 것은 $Y = yL$에서 확인할 수 있다. 1인당 자본량 k는 k^*에서 일정하다. 그 점에서 1인당 소득이 y도 일정하다. 따라서 $\Delta Y = y\Delta L$이 도출된다. 따라서 다음의 식이 도출된다.

$$\frac{\Delta Y}{Y} = \frac{\Delta L}{L} = n$$

㉡ k^*에서는 자본-생산량 비율인 자본계수(= $\frac{K}{Y}$)도 일정하다. 그 이유는 k^*에서 $\frac{K}{L}$와 $y = \frac{Y}{L}$이 일정하기 때문이다. 자본계수(= $\frac{K}{Y}$)는 $\frac{K}{L}$를 $y = \frac{Y}{L}$로 나눈 값이다. 그런데 분자, 분모가 모두 일정하기 때문에 자본계수도 일정할 수밖에 없다. 따라서 솔로우의 경제성장이론은 칼도어가 말한 첫 번째와 두 번째의 정형화된 사실을 잘 설명해준다.

② 솔로우의 경제성장이론에서 실질이자율은 자본의 한계생산물과 같다. 그런데 자본의 한계생산물인 $\frac{\Delta Y}{\Delta K}$는 $\frac{\Delta y}{\Delta k}$와 같다. 경제가 균제균형 상태를 유지하는 경우, 실질이자율은 k^*에서는 $y = f(k)$의 곡선에 그은 접선의 기울기로 정의된다. 그런데 실질이자율은 k^*에서 일정하다. 따라서 칼도어가 말한 네 번째의 정형화된 사실이 입증된 셈이다.

③ 솔로우의 경제성장이론은 규모에 대한 보수불변의 1차 동차함수인 콥-더글라스(cobb-douglas) 생산함수를 가정했다. 이들 함수에서는 노동소득과 자본소득의 상대적 분배율이 일정하다. 이는 칼도어가 말한 다섯 번째의 정형화된 사실이다.

④ 해로드-도마의 경제성장이론은 노동과 자본의 대체 가능성을 완전히 배제시켰지만 솔로우의 경제성장이론은 자본-노동비율인 k의 신축성을 가정함으로써 완전고용(자본의 경우는 완전가동) 수준에서 균제균형의 존재와 안정적인 경제성장이 가능함을 입증했다.

⑤ 영국의 경제학자 로빈슨(J. Robinson)은 완전고용의 균형성장을 가능하게 하는 '경제성장률 = 자본증가율 = 노동증가율' 의 상태를 **'경제성장의 황금시대'** 라고 말했다.

4.4 솔로우의 경제성장이론과 기술진보

1) 기술진보가 이루어져서 노동생산성이 10%만큼 증가했다고 가정하자. 이는 기존에 110명의 노동자가 하던 일을 이제는 100명의 노동자로 해낼 수 있음을 의미한다. 노동자들의 해외파견훈련, 직업훈련, 교육연수 등이 성공적으로 이루어져 그들의 직무능력이 개선될 경우, 이런 현상이 일어날 수 있다. 이때 노동증가율은 인구증가율 n과 같지만 노동생산성까지 감안한 **유효노동**(effective labor ; E)의 증가율은 인구증가율과 노동생산성 증가율의 합과 같다. 유효노동의 증가율을 오메가(Ω)라고 하면 오메가는 '**Ω = 인구증가율**(n) **+ 노동생산성 증가율**(10%)' 의 합으로 정의된다. 여기서 노동생산성의 증가율이 바로 기술진보율이다.

2) 기술진보가 이루어졌을 때, 균제균형점 k^*에서 변하지 않는 것은 단순한 자본-노동비율(=$\frac{K}{L}$)이 아니라 자본-유효노동의 비율(=$\frac{K}{E}$)이다. 이제 자연성장률 n은 유효노동의 증가율인 오메가(Ω)와 같아야 한다.

따라서 기술진보가 이루어졌을 때, 해당 경제가 노동의 완전고용과 자본의 완전가동을 보장하면서 균형 있게 성장하기 위해서는 자본증가율과 경제성장률이 유효노동의 증가율인 오메가(Ω)와 같아야 한다. 따라서 아래의 식이 충족된다.

경제성장률 = 자본증가율 = 유효노동증가율(= 인구증가율 + 노동생산성 증가율)

1인당 소득증가율 = 경제성장률 − 인구증가율 = 노동생산성 증가율(= 기술진보율)

노동생산성의 향상으로 정의되는 기술진보를 도입해도 칼도어가 말한 정형화된 사실들 가운데 여러 개의 내용을 잘 설명할 수 있다.[3]

3) 솔로우의 경제성장이론에서는 노동과 자본 간의 완전한 대체가 가능하다고 가정하고 논의를 진행했다. 하지만 현실에서는 과연 노동과 자본 간의 완전 대체가 가능할 것인가? 물론 현실경제에서는 해로드와 도마가 차용한 레온티에프 생산함수처럼 노동과 자본의 대체가 원천적으로 불가능한 상황은 존재하지 않을 것이다.
단기적으로는 노동과 자본 간의 완전한 대체가 어려울 가능성이 있다. 그러나 장기적 측면에서 바라보면 자본과 노동은 완전 대체에 가까울 것으로 예상된다. 빛의 속도로 발전하는 기술혁신과 공장자동화(FA)의 추세가 그럴 가능성을 높여주고 있기 때문이다.

4) 경제성장 과정에서 노동, 자본, 기술과 같은 생산요소가 경제성장에 얼마만큼 기여했는가를 분석하기 위해서는 성장회계방정식을 활용해야 한다. 만약 신고전학파 생산함수가 다음과 같은 콥-더글라스(cobb-douglas) 생산함수로 주어졌다고 가정하면 기술진보율은 ㉠식에 의해 도출할 수 있다.

$$Y = AF(L, K) = AL^{\alpha} K^{1-\alpha} \quad \cdots\cdots ㉠$$

㉠식에 자연대수를 취한 후, 시간 t로 A, L, K 변수에 대해 미분하면 ㉡식이 도출된다.

$$\frac{\Delta Y}{Y} = \frac{\Delta A}{A} + \alpha \frac{\Delta L}{L} + (1-\alpha)\frac{\Delta K}{K} \quad \cdots\cdots ㉡$$

㉡식에서 $\frac{\Delta A}{A}$가 기술진보율 또는 총요소생산성(total factor productivity ; *TFP*)이라고 정의한다. 기술진보율$(=\frac{\Delta A}{A})$은 $\frac{\Delta A}{A} = \frac{\Delta Y}{Y} - \alpha\frac{\Delta L}{L} - (1-\alpha)\frac{\Delta K}{K}$의 값으로 계산된다. 우리는 ㉡식을 **성장회계방정식**이라고 말한다. 만약 ㉡식에서 α값이 $\alpha = \frac{3}{4}$이라고 가정하면 다음과 같이 나타낼 수 있다.

$$\frac{\Delta Y}{Y} = \frac{\Delta A}{A} + \frac{3}{4}\frac{\Delta L}{L} + \frac{1}{4}\frac{\Delta K}{K} \quad \cdots\cdots ㉢$$

---

3. 기술진보가 이루어지면 자본-노동의 비율은 $\frac{K}{L}$가 아니라 자본-유휴노동의 비율인 $\frac{K}{E}$, 1인당 소득 y는 $\frac{Y}{L}$가 아니라 $\frac{Y}{E}$가 된다. 총생산함수가 자본과 유휴노동에 대해 1차 동차 생산함수이면 자본의 한계생산물로 정의되는 실질이자율은 일정하다. 반면 실질임금은 노동생산성의 증가율인 10%를 반영해서 매년 10%만큼 증가한다. 자본-노동비율이 각각 10%씩 증가하는 상황에서 실질이자율이 불변이고 실질임금만 10% 증가하므로 노동과 자본의 상대적 분배율도 변하지 않게 된다. 이로써 칼도어가 지적한 경제성장의 정형화된 사실들을 입증할 수 있게 된다.

㉢식에서 노동공급의 증가율이 1% 상승하면 경제성장률($\frac{\Delta Y}{Y}$)은 0.75% 증가하고, 자본스톡의 증가율이 1% 증가하면 경제성장률은 0.25% 증가한다. 그리고 $\frac{\Delta A}{A}$는 기술진보율을 의미한다. 데니슨(R. Denison)은 $\frac{\Delta A}{A}$를 '**무지**(無知)**의 척도**(尺度, the measure of ignorance)' 라고 명명했다. 여기서 무지라는 용어를 사용한 것은 경제성장률에서 요소투입(노동, 자본)의 증가율을 제외한 나머지는 잔차(殘差, residual)로서 그 세부사항에 대해서는 잘 모르겠다는 의미다.

① ㉢식을 1인당 실질 GDP의 성장률 식으로 바꿔주면 ㉣식을 도출할 수 있다.

$$\frac{\Delta Y}{Y} - \frac{\Delta L}{L} = \frac{\Delta A}{A} + \frac{1}{4}\left(\frac{\Delta K}{K} - \frac{\Delta L}{L}\right) \cdots\cdots ㉣$$

㉣식의 좌변은 1인당 소득의 증가율(=$\frac{\Delta y}{y}$), 우변의 $\frac{\Delta A}{A}$는 기술진보율, $\left(\frac{\Delta K}{K} - \frac{\Delta L}{L}\right)$은 자본증가율과 노동증가율의 차이, 즉 노동자 1인당 자본량(=$\frac{\Delta k}{k}$)의 증가율을 의미한다. 노동자 1인당 자본량(k)이 증가하는 것을 '자본이 심화된다' 라고 말한다. 따라서 ㉣식은 **1인당 소득의 증가율이 기술진보율과 자본 심화**(=1인당 자본의 축적)**의 합이라는 사실을 시사해준다.**

4.5 솔로우의 경제성장이론과 장기적 생활 수준의 향상

일국(一國) 국민들의 생활 수준이 향상되기 위해서는 무엇보다도 1인당 소득이 증가해야 한다. 그러기 위해서는 1인당 자본량이 높아지는 자본의 심화 현상이 나타나야 한다. 솔로우는 장기적으로 **자본의 심화**를 가능하게 하는 방안으로 크게 3가지를 제시했다. 저축률(s) 증가, 인구증가율(n) 억제, 기술진보가 그것이다. 여기서는 그들 각각에 대해 간략하게 정리해보기로 한다.

1) 저축률(s) 증가

국민저축률 s가 s_0에서 s_1으로 증가했다고 하자. 그러면 [그림 18-6]에서 보는 것처럼 1인당 소득을 나타내는 생산함수가 $s_0 f(k)$에서 $s_1 f(k)$으로 상방 이동(①)한다. 그러면 노동자 1인당 자본량인 k도 k_0에서 k_1으로 증가(②)하고 1인당 소득인 y도 y_0에서 y_1으로 증가(③)한다. **하지만 이것은 어디까지 단기에 국한된 것으로써 k가 균제균형 상태인 k_1에 도달할 때까지다.**

솔로우 모형에서 k_0가 일단 k_1에 도달해서 정상 상태가 되면 그때 결정되는 장기의 경

제성장률은 저축률(s)에는 영향을 받지 않고 노동증가율(n)에 의해서만 결정된다. 그 이유를 살펴보자.

[그림 18-6] 저축률(s) 증가와 균제균형의 변화

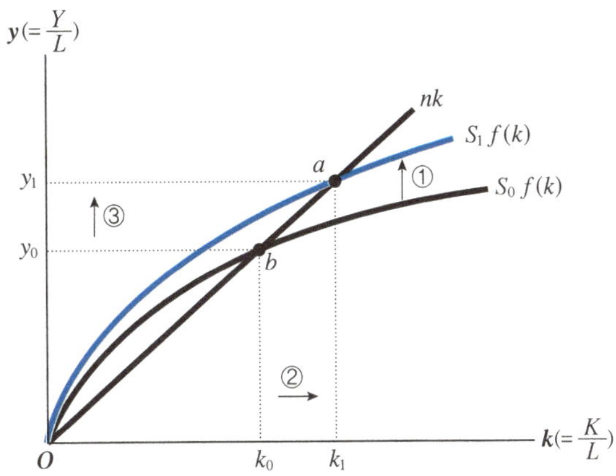

최초에 경제의 자본-노동 비율이 k_0이고 $s_0 f(k) = nk$이므로 균형성장률은 n이다. 이때 $s_0 f(k)$와 nk의 교차점은 [그림 18-6]에서 b점이다. 이제 저축률이 s_0에서 s_1으로 증가할 경우, 장기적으로 균형성장률에 어떤 변화가 생길지를 살펴보자. 새로운 균형점은 $s_1 f(k) = nk$의 조건을 충족하는 a점이다.

그런데 a점과 b점에서의 기울기는 $\frac{y}{k}$이다. 그런데 $\frac{y}{k}$는 $\frac{y}{k} = \frac{(Y/L)}{(K/L)} = \frac{Y}{K}$로 일정하다. 이는 곧 경제성장률$(=\frac{\Delta Y}{Y})$이 자본증가율$(=\frac{\Delta K}{K})$과 같다는 얘기다. 즉 **장기적인 측면에서 균제균형은 경제성장률과 자본증가율이 같은 점에서 결정될 뿐 저축률(s)은 아무런 관계가 없다**는 것이다. 장기 균제균형에서는 저축률(s_0, s_1)의 크기와는 무관하게 경제성장률 = 자본성장률 = 노동성장률의 조건이 충족된다. 이것이 시사해주는 것은 최초 균형점인 b점에서 자본-노동비율(k_0)이 새로운 균형점인 a점의 자본-노동비율(k_1)로 이동하는 동안 1인당 소득과 자본은 일시적으로는 증가할 수 있다. 하지만 장기적으로는 저축률(s)을 조작함으로써 1인당 소득과 자본을 영구적으로 증가시킬 수는 없다는 사실이다.

2) 인구증가율(n) 억제

인구증가율(n)을 n_0에서 n_1으로 억제시키는 데 성공했다고 하자. 그러면 [그림 18-7]에서 보는 것처럼 nk가 $n_0 k$에서 $n_1 k$으로 이동(①)한다. 그에 따라 노동자 1인당 자본량(k)은 k_0에서 k_1으로 증가(②)하고, 1인당 소득(y)도 y_0에서 y_1으로 증가(③)한다.

[그림 18-7] 인구증가율(n) 억제와 균제균형의 변화

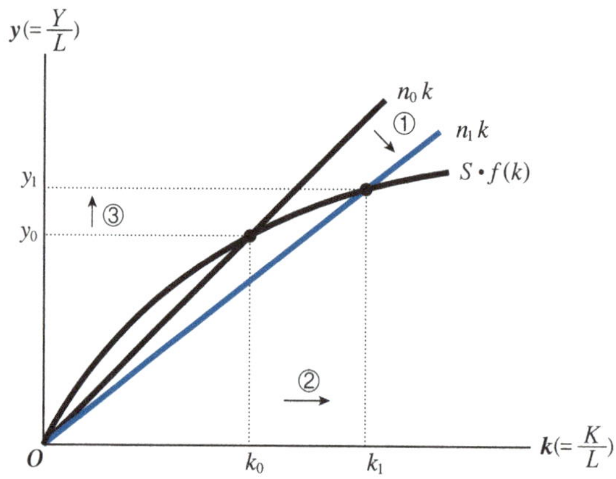

3) 기술진보

기술진보가 이루어지면 생산함수인 $y=f(k)$가 상방으로 이동한다. 그러면 [그림 18-8]에서 보는 것처럼 저축곡선인 $sf(k)$도 위쪽으로 이동하게 된다. 솔로우 경제성장이론에서 1인당 소득인 y가 지속적으로 성장하기 위해서는 한계생산력체감의 법칙이 작동하지 말아야 하는데, 그것을 가능하게 해주는 것은 지속적인 기술진보이다.

[그림 18-8] 기술진보와 균제균형의 변화

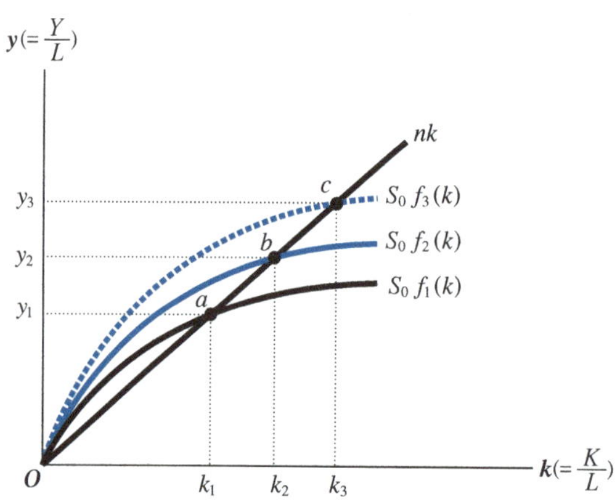

[그림 18-8]은 지속적인 기술진보가 1인당 소득인 y의 장기적 성장을 보장할 수 있음을 보여준다. 지속적인 기술진보는 $sf(k)$곡선을 $s_0 f_1(k) \Rightarrow s_0 f_2(k) \Rightarrow s_0 f_3(k)$로 이동하게 한다. 이에 따라 1인당 소득인 y도 $y_1 \Rightarrow y_2 \Rightarrow y_3$로 계속해서 증가한다. 지금까지의 논의를 종합하면, 솔로우의 경제성장이론에서는 저축률(s) 증가, 인구증가율(n) 억제, 기술진보가 일어날 경우, 1인당 소득인 y가 증가한다. 하지만 **장기적인 관점에서 1인당 소득인**

y의 지속적인 성장은 기술진보율과 인구증가율에 의해서만 가능하다.

4.6 솔로우의 경제성장이론에 대한 평가

1) 카를 마르크스에 대해 보란 듯이 일격을 날린 사람은 솔로우였다. 일찍이 카를 마르크스는 자본주의 경제의 비극적 종말을 예견했던 인물이다. 즉 그는 분권화된 시장경제에서 생산의 무(無)정부성, 이윤 추구를 위한 자본가의 탐욕에서 과도한 자본축적이 이루어지고 그에 따른 자본수익률의 저하, 대량 실업, 노동소득의 분배율 하락이 자본주의 경제를 붕괴시킬 것으로 내다봤다. 하지만 그의 예상은 보기 좋게 빗나가고 말았다. 그의 논리적 허점을 예리하게 파헤치며 자본주의 경제의 역동성을 역설한 인물이 바로 로버트 솔로우였다.

2) 그럼에도 불구하고 솔로우의 경제성장이론은 몇 가지 측면에서 한계를 갖고 있다. 그 내용을 크게 3가지로 구분해서 설명하고자 한다.

① 솔로우의 경제성장이론에서 전체 생산의 지속적인 성장은 기술진보율과 인구증가율에 의해서만 결정된다. 그런데 솔로우는 기술진보율과 인구증가율을 외생변수로 간주했다. 그러다 보니 솔로우는 이들 변수의 구체적인 결정요인에 대해 제대로 된 설명을 내놓지 못했다. 특히 기술진보와 관련한 한계를 극복하기 위해 새롭게 등장한 경제성장이론이 **내생적 성장이론**(endogenous growth theory)이다.

② 솔로우는 저축률(s)도 외생변수로 간주했다. 그러나 현실경제에서 저축률은 현재소비와 미래소비에 대한 합리적인 시간선호율에 따라 결정되는 내생변수다.

③ 솔로우의 경제성장이론에서 1인당 소득의 격차는 저축률(s)과 인구증가율(n)의 차이에 의해 결정된다. 그는 각국의 경제성장률과 1인당 소득은 저축률(s), 인구증가율(n) 등에 따라 결정되며 그들 간의 경제성장률 격차는 시간의 흐름에 따라 점진적으로 줄어들 것이라는 수렴(convergence) 현상을 예측한 바 있다. 이것을 **절대적 수렴 가설**(absolute convergence hypothesis)이라고 정의한다. 하지만 현실경제에서는 각 나라마다 기술 수준의 차이와 그에 따른 총요소생산성, 인구증가율, 저축률 등이 다르기 때문에 1인당 소득이 서로 다른 수준으로 수렴할 가능성이 크다. 우리는 이것을 **조건부 수렴 가설**(conditional convergence hypothesis)이라고 정의한다. 그런데 솔로우는 이런 문제에 대해 명쾌한 해명을 내놓지 못했다.

5 최적 성장이론

5.1 등장 배경 및 의의

1) 후생경제학적 관점에서 어떤 가치 기준에 따라 경제성장의 목표를 설정하고 그것을 달성하기 위해서는 어떤 성장 경로를 채택하는 것이 가장 바람직한 것인가를 연구하는 분야가 최적 성장이론(optimal growth theory)이다.

2) 앞서 배운 해로드-도마의 경제성장이론과 솔로우의 경제성장이론이 현실경제에 내재해 있는 경제법칙을 규명하는 실증적 연구였다면, 최적 성장이론은 경제가 어떤 성장을 하는 것이 최적인가를 분석하는 규범적 연구라고 할 수 있다.

3) 1960년대에 등장한 최적 성장이론은 대표 소비자의 효용함수를 명시적으로 도입해서 효용극대화 조건을 충족시키는 바람직한 성장조건이 무엇인가를 규명하는 것이었다. 즉 **최적 성장이론은 주어진 여건하에서 1인당 소비가 극대화되는 성장조건을 탐색하는 이론이다.**

5.2 경제성장의 황금률(일명, 자본축적의 황금률)

경제적 후생이란 관점에서 보면 1인당 소득의 증가보다는 장기적인 1인당 소비의 극대화가 훨씬 더 바람직스럽다. 따라서 미국 경제학자이자 예일대 교수를 역임한 에드먼드 펠프스(E.S. Phelps)와 조안 로빈슨(J. Robinson)은 1인당 소비를 목적함수로 설정하고 장기적으로 이를 극대화시키는 최적 성장경로(optimal growth path)에 대해 연구했다. 여기서는 펠프스가 제시한 **'경제성장의 황금률'** 에 대해 언급하고자 한다.

1) 소비의 극대화와 경제성장의 촉진은 이율배반적 관계다. 소비를 늘리면 저축이 감소해서 경제성장에 필요한 자본축적을 어렵게 하기 때문이다. 펠프스는 이런 문제와 관련해서 솔로우의 경제성장이론을 전제로 지속 가능한 경제성장을 유지하면서 저축의 규모를 어떻게 결정해야 1인당 소비를 극대화시킬 수 있는지를 연구했다.

① 앞에서 학습한 솔로우의 경제성장이론에서 1인당 소득은 $y = f(k)$이고, 1인당 저축은

$sf(k)$이었다. 이때 1인당 소비를 c라고 하면 $c = f(k) - sf(k)$로 정의된다. 균제균형 상태에서는 $sf(k) = nk$의 조건이 충족되기 때문에 1인당 소비 c는 $c = f(k) - nk$와 같다.

$$\begin{aligned} c &= f(k) - sf(k) = c(k) \\ &= f(k) - nk \quad \cdots\cdots\cdots ㉠ \end{aligned}$$

㉠식에서 1인당 소비도 1인당 자본량을 의미하는 k의 함수이다. 따라서 1인당 소비에 대한 효용극대화 조건을 도출하면 다음의 ㉡식과 같다.

$$\frac{dc}{dk} = f'(k) - n = 0 \Rightarrow f'(k) = n \quad \cdots\cdots\cdots ㉡$$

[그림 18-9] 경제성장의 황금률

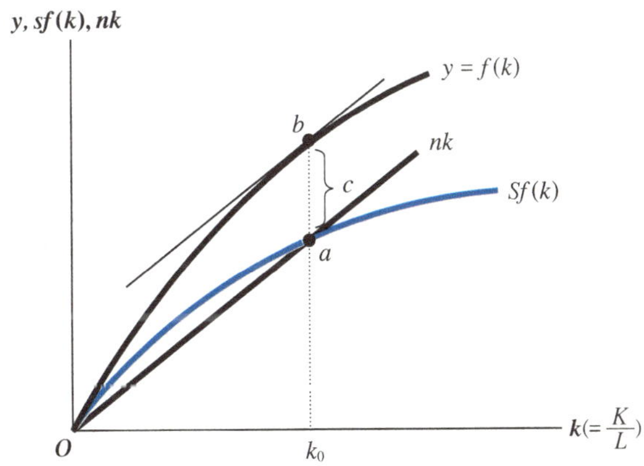

㉡에서 $f'(k)$는 1인당 자본의 한계생산력을 의미하며, 1인당 소득을 의미하는 $y = f(k)$ 곡선에서 접선의 기울기로 표시된다. 또 인구증가율(= 노동증가율)인 n은 nk곡선의 기울기다. 따라서 경제가 안정적으로 균형성장을 지속하면서 1인당 소비를 극대화시키는 조건은 [그림 18-9]에서 보는 것처럼 $y = f(k)$곡선에 대한 접선의 기울기와 nk곡선의 기울기가 같은 a점과 b점에서 충족된다. 이때 1인당 소비의 크기(= 규모)는 c로서 극대 수준이 된다.

② 한편, 생산요소시장이 완전경쟁이라고 가정하면 생산요소시장의 균형점에서는 자본의 한계생산력과 실질이자율이 같다. 이때 실질이자율을 r이라고 하면 위의 ㉡식은 다음의 ㉢식과 같다.

$$f'(k) = r = n \quad \cdots\cdots\cdots\cdots ㉢$$

㉢식은 실질이자율(r)과 인구증가율(n)이 균등한 성장 경로가 장기적 관점에서 1인당 소비를 극대화시키는 경제성장의 황금률임을 시사해준다.

③ 또 앞서 살펴본 것처럼 $sf(k) = nk$가 성립할 때도 황금시대적 균형이 성립한다. 이때의 균형에서는 자본의 증가율($\frac{\Delta K}{K}$)과 인구증가율(n)이 같다. 즉 다음의 ㉣식이 성립한다.

$$\frac{\Delta K}{K} = n \quad \cdots\cdots\cdots\cdots ㉣$$

㉢, ㉣식에서 아래의 ㉤식이 도출된다.

$$\frac{\Delta K}{K} = r \quad \cdots\cdots\cdots\cdots ㉤$$

㉤식에서 $\Delta K = rK$를 얻을 수 있는데, ΔK는 자본의 증가분이고 rK는 임대료 총액이다. 따라서 **1인당 소비를 장기적으로 극대화시키기 위해서는 임대료 총액이 전부 투자되어 자본의 증가로 나타나야 한다.** 그런데 이는 저축된 것이 전부 투자되어 자본의 증가로 나타난다고 가정했기 때문에 $\Delta K = S$가 성립한다. 결국 아래의 ㉥식이 성립한다.

$$S = rK \quad \cdots\cdots\cdots\cdots ㉥$$

㉥식의 좌변은 저축액이고 우변은 임대료 총액이다. 이는 자본가의 소득인 임대료 총액만큼의 소득이 저축되어야 한다는 것을 의미한다. 이제 ㉥식의 양변을 Y로 나눠주면 ㉦식이 도출된다.

$$\frac{S}{Y} = \frac{rK}{Y} \quad \cdots\cdots\cdots\cdots ㉦$$

㉦식의 좌변은 저축률(s)이고 우변은 임대료 소득의 상대적 분배율이다. 따라서 황금시대적 균형성장을 유지하면서 1인당 소비를 극대화시키기 위해서는 다음과 같은 조건이 충족되어야 한다.

㉠ 인구증가율과 실질이자율이 같아야 한다.(from ㉢식)

㉡ 자본가의 소득인 임대료 총액이 저축되고 투자되어 ΔK와 같아야 한다.(from ㉤,

ⓑ식)

㉢ 저축률(s)과 임대료 소득의 상대적 분배율이 같아야 한다.(from ㉦) 이것은 노동 소득과 소비가 같아야 한다는 것을 시사해준다.

보론 18-3

기술진보가 발생했을 경우의 경제성장의 황금률

지금까지는 기술진보가 일어나지 않았다는 전제조건에서 최적 경제성장의 경로를 추적했다. 그리고 그에 따른 경제성장의 황금률을 도출했다. 그런데 만약 기술진보가 일어났다면, 그때는 경제성장의 황금률이 어떻게 변할 것인지에 대해 살펴보자. 기술진보가 발생해서 기술진보율이 θ라고 가정하자. 그러면 자본의 한계생산물은 기술진보율(θ)만큼 더 증가한다. 따라서 다음의 ㉠식이 성립한다.

자본의 한계생산물($f'(k)$) = 인구증가율(n) + 기술진보율(θ)

실질이자율(r) = 인구증가율(n) + 기술진보율(θ) ······························ ㉠

㉠식이 바로 기술진보가 발생했을 경우의 경제성장의 황금률이다.

5.3 인구증가율과 경제성장의 황금률

지금 우리나라는 인구가 감소하는 위기 국면에 놓여 있다. 이런 상황에서 급속한 인구증가율이 경제성장의 저해요인이 된다는 것을 논의한다는 것이 어쩌면 어색하게 느껴질 수 있다. 하지만 이 내용은 경제성장과 관련된 이론으로서 충분히 검토할 만한 가치가 있다고 판단되기에 여기에 소개하고자 한다.

1) [그림 18-10]을 보면 생산함수 $y=f(k)$와 저축률(s)은 같지만 인구증가율이 각기 다른 양국(A국, B국)의 국민경제를 보여준다. A국의 인구증가율은 n_1이고 B국의 인구증가율은 n_2라고 하자.

① [그림 18-10]을 보면 A국 경제는 1인당 소득수준이 y_1, 1인당 자본량은 k_1에서 균형을 이루고 있다. 또 B국 경제는 1인당 소득수준이 y_2, 1인당 자본량은 k_2에서 균형을 이룬다. 이것이 시사하는 것은 인구증가율이 낮을수록 1인당 소득 y가 높다는 사실이다.

[그림 18-10] 인구증가율과 경제성장의 황금률

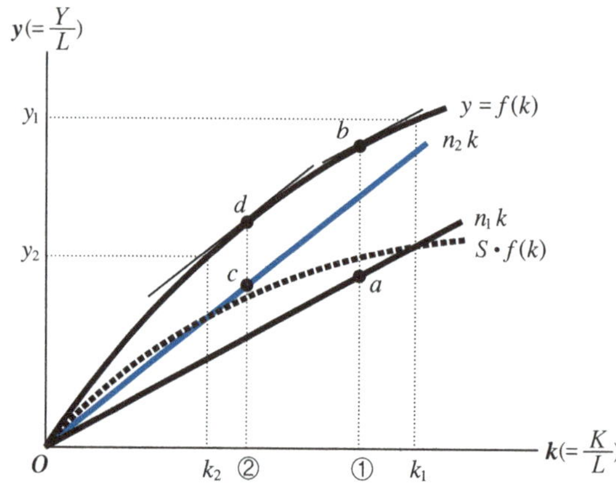

② 펠프스가 제시했던 경제성장의 황금률, 즉 1인당 극대 소비수준도 인구증가율이 낮은 A국 경제에서는 *ab*로, 인구증가율이 높은 B국 경제에서는 *cd*로 정의된다. 즉 인구증가율이 낮을수록 1인당 극대 소비수준도 더 크게 나타난다.

③ 인구증가율이 낮은 A국의 경우, 경제성장의 황금률은 저축곡선 $sf(k)$가 *a*점을 통과할 수 있도록 1인당 저축률(s)이 감소해야 한다. 그래야만 1인당 극대 소비수준이 *ab*가 될 수 있다. 반면 인구증가율이 높은 B국의 경우, 경제성장의 황금률은 저축곡선 $sf(k)$가 *c*점을 통과할 수 있도록 1인당 저축률(s)이 증가해야 한다. 그래야만 1인당 극대 소비수준이 *cd*가 될 수 있기 때문이다.

2) 이상에서 살펴본 바와 같이 생산함수와 저축률이 똑같다고 해도 인구증가율이 낮은 국민경제의 1인당 극대 소비수준이 크고, 인구증가율이 높은 국민경제는 그 수준이 작다. 따라서 **인구증가율을 낮추는 것이 1인당 소득과 소비를 높임으로써 국민들의 경제적 후생을 증진시킬 수 있다**는 결론을 내릴 수 있다.

5.4 사무엘슨의 턴파이크 정리

사무엘슨은 솔로우, 도프만(R. Dorfman)과 함께 저술한 『선형계획과 경제분석』에서 최적 성장경로에 대해 언급하며 '턴파이크 정리(turnpike theorem)'를 발표했다. 그들은 최적 제어이론(optimal control theory)을 이용해서 사회후생의 극대화를 달성하는 최적 성장경로를 동태적으로 분석했다. 그리고 턴파이크 정리에 대해 이렇게 정의했다. '경제의 계획 기간(計劃期間)이

길어지면 최적 성장경로의 대부분은 폰 노이만(J. Von Neumann) 경로[4]의 근방을 지나간다. 그것은 초기조건(初期條件)과 목표 경로(目標經路)의 방향과는 무관하다.'

[그림 18-11] 턴파이크 정리와 최적 성장경로

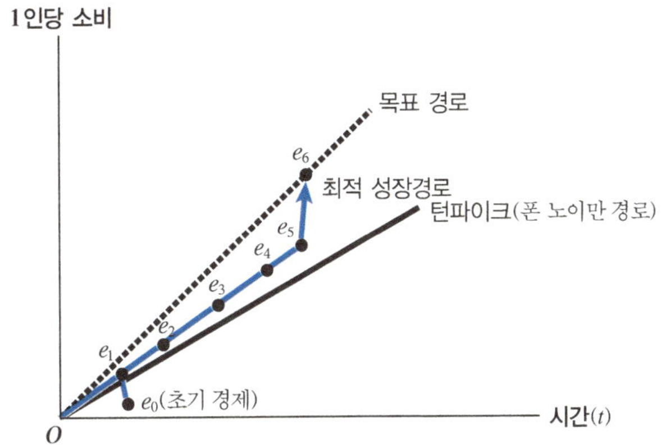

1) [그림 18-11]을 보면 목표 경로, 최적 성장경로, 턴파이크(폰 노이만 경로)가 그려져 있다. 최적 성장경로는 계획 초기(0기)인 e_0점을 출발해서 턴파이크로 진입한 이후 $e_1 \Rightarrow e_2 \Rightarrow e_3 \Rightarrow e_4$점까지 턴파이크를 따라 진행하다가 계획 기간의 말기(5기)에 가서는 턴파이크를 이탈해서 목표 경로를 향해 진입한다는 것이다. 그것이 턴파이크 정리의 핵심이다.

2) 일례로 어떤 경제가 경제주체 1인당 소비의 극대화를 목표로 경제성장을 추진한다고 가정하자. 그러면 계획 기간 초기에는 [그림 18-11]에서 보는 바와 같이 경제성장률의 극대화를 위해 턴파이크(turnpikc)를 따라 $e_0 \Rightarrow e_1 \Rightarrow e_2 \Rightarrow e_3 \Rightarrow e_4$처럼 진행하다가 계획 기간의 말기(5기)에 가서는 턴파이크를 이탈해서 목표 경로(= 1인당 소비의 극대화)를 향해 진입한다는 것이다.

3) 이제 이런 의문을 제기할 수 있다. 계획 기간이 아주 짧은 경우에도 턴파이크 정리를 따를 것인가의 문제다. 이에 대한 사무엘슨, 솔로우, 도프만의 대답은 한마디로 "NO!" 였다. 이를 그래프로 나타내면 [그림 18-12]와 같다.

---

4. 1938년도에 폰 노이만은 '일반균형모형(A Model of General Equilibrium)'을 발표하면서 성장률의 극대화 이론을 전개했다. 이때 그가 채택한 연구방법론은 사무엘슨의 선형계획법과 비슷했으며, 그가 결론으로 제시했던 것이 턴파이크(일명, 고속도로) 정리였다. 즉 극대화된 경제성장률을 실현해주는 성장 경로가 턴파이크 또는 폰 노이만 경로다.

[그림 18-12] 장 · 단기 최적 성장경로와 턴파이크

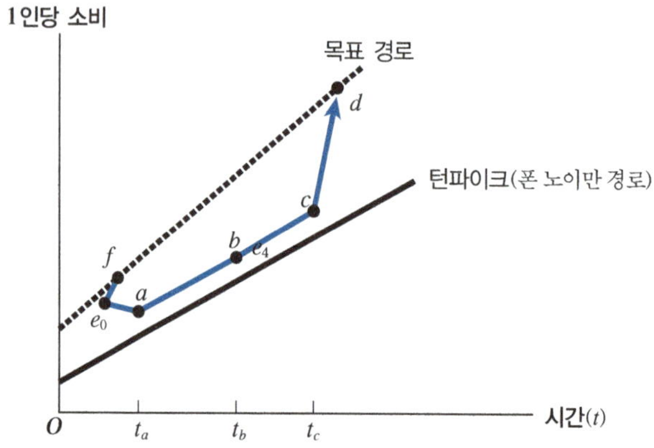

① [그림 18-12]에서 계획 기간 초기를 e_0점이라고 하자. 만약 계획 기간이 긴 경우에는 앞에서 언급한 것처럼 최적 성장경로가 $e_0 \Rightarrow a \Rightarrow b \Rightarrow c \Rightarrow d$의 수순을 밟을 것이다.

② 하지만 계획 기간이 짧은 경우, 최적 성장경로는 턴파이크(폰 노이만 경로)를 따르지 않는다. 즉 계획의 시발점인 e_0에서 곧바로 목표 경로인 f점을 향해 곧바로 직행한다는 것이다.

6 내생적 경제성장이론

6.1 등장 배경

1) 앞에서 설명한 경제성장이론의 공통점은 국민경제가 균제균형 상태에서 장기적으로 지속적인 경제성장을 하기 위한 조건이 무엇이냐에 관심을 집중했다는 점이다. 그 결과 솔로우의 경제성장이론은 노동이 완전고용되고 자본이 완전가동되는 상태에서 자본주의 경제가 장기적으로 성장을 할 수 있다는 낙관적인 경제관을 피력한 바 있다.

2) 솔로우의 경제성장이론은 칼도어가 제기한 경제성장의 정형화된 사실들을 잘 설명해주는 훌륭한 이론이었지만 거기에도 치명적인 문제가 있었다.

① 솔로우는 장기적인 경제성장의 동인(動因)으로 기술진보와 인구증가율을 지적했다.

하지만 기술진보율과 인구증가율이 외생적으로 결정된다고 가정함으로써 그들 변수를 결정하는 내생적 원인에 대한 분석을 스스로 차단해 버렸다는 점이다.

② 솔로우는 시간이 흐름에 따라 국가 간의 경제성장률 격차, 소득 격차, 1인당 소득증가율, 1인당 자본축적 수준이 수렴할 것이라고 예측했다. 하지만 그의 예측은 현실과 일치하지 않았다.

3) 이러한 내재적 한계점을 극복하기 위한 노력의 하나로 1980년대 중반에 등장한 것이 내생적 경제성장이론(endogenenous economic growth theory)이다. 특히 내생적 경제성장이론은 2가지 사항에 대해 깊은 관심을 갖고 출발했다. 하나는 장기적 측면에서 국가 간 경제성장률, GDP, 1인당 소득의 격차가 균제균형 상태로 수렴할 것이라는 솔로우의 예상이 현실 세계와 일치하지 않은 이유가 무엇인지 해명하는 것이었다. 다른 하나는 기술개발과 그것의 특성[5]인 비경합성과 배제성 때문에 솔로우의 경제성장이론처럼 완전경쟁시장을 가정하는 것은 비현실적이다. 따라서 현실적인 불완전경쟁 모형에 기초해서 기술진보의 문제를 논리적으로 설명하는 것이었다.

6.2 내생적 경제성장이론의 본질

1) 내생적 경제성장이론을 제시하는 경제학자들은 경제주체의 효용 극대화나 이윤 극대화와 같은 최적화 행위를 기반으로 경제 내적인 요인들의 상호 작용에 의해 경제성장이 결정된다고 주장한다. 그들의 견해를 논리적 정합성과 현실적 적합성 측면에서 평가해볼 때, 적어도 논리적 정합성 측면에서는 솔로우의 경제성장이론을 비롯한 기존 경제성장이론들보다 월등히 우월하다고 판단된다.

2) 특히 내생적 경제성장이론은 경제주체들의 최적화 행위를 전제로 하는 미시경제학적 기

---

5. 기술은 다른 재화나 서비스와 상이한 특성을 지닌다. ㉠ 기술은 노동이나 자본처럼 한계생산력체감의 법칙이 작동되지 않는다. 기술은 오히려 한계생산력체증의 법칙(= 수확체증의 법칙)이 작동하는 게 대부분이다. 기술개발에는 많은 연구개발비용이 소요된다. 그러나 개발된 기술의 이용에 따른 추가적인 비용, 즉 한계비용은 매우 적다. ㉡ 기술시장은 완전경쟁보다는 불완전경쟁의 속성을 띤다. 기술을 개발하려는 기업은 자연독점적 성격을 띨 가능성이 크다. 그 이유는 기술개발에 소요된 엄청난 규모의 기술개발비용을 회수하기 위해 한계비용보다 훨씬 높은 수준의 가격을 설정하기 때문이다. ㉢ 기술개발은 비경합성을 띤다. 누가 그 기술을 사용한다 해도 로열티만 지불하면 누구든지 같은 양의 기술을 소비할 수 있다. 그렇다고 기술이 공공재는 아니다. 로열티를 지불해야만 사용할 수 있기 때문이다. 만약 불법복제나 무단 기술도용을 통해 공짜로 사용한다면 그것은 범죄행위로서 법적 처벌을 받는다.

초 위에서 사회후생을 극대화시키는 경제성장률이 어떤 내생적 요인들에 의해 결정되는지를 규명한다. 따라서 이들 내생적 경제성장이론은 경제정책 입안자는 물론 경제학자들의 관심을 끌기에 충분하며, 향후 이 분야에 대한 이론적 발전이 계속될 것으로 확신한다.

3) 지금까지의 연구결과를 종합해보면 경제성장을 결정하는 주요 내생적 요인으로는 시간선호율(rate of time preference)과 위험에 대한 경제주체들의 태도[6], 자본의 한계생산력, 인적 자본(human capital)에 대한 투자 규모, 정부의 생산성 지출에 대한 비율[7]과 소득세율[8] 등을 들 수 있다.

4) 또한 기술진보에 대한 입장에서도 큰 변화가 대두되었다. 내생적 경제성장이론은 기술진보가 외생적 요인이 아닌 내생적 요인에 의해서 결정된다고 본다. 특히 기술진보에 따른 신기술이 기존의 자본재에 체화되어 새로운 기술진보를 유발시킨다는 것이다. 또한 교육 및 훈련에 대한 인적 투자의 증가도 신기술의 창출에 긍정적인 효과를 미친다고 보았다.

6.3 내생적 경제성장이론의 주요 모형 요약

1980년대부터 경제학계에 제시된 내생적 경제성장이론은 램지(E. Ramsey), 쿠프만(T. Koopmans), 캐스(D. Cass) 등의 최적 성장모형이 효시라고 볼 수 있다. 그후 로머(P.Romer), 루카스(R.E. Lucas), 배로(R. Barro) 등에 의해 내생적 경제성장이론은 질적 발전을 계속 해오고 있다. 내생적 경제성장이론에서 제기되는 모형들은 이전의 경제성장이론들과는 비교할 수 없을

---

6. 경제성장의 최종목표는 사회후생의 극대화에 있다. 따라서 사회후생을 극대화하는 최적의 경제성장률을 도출하기 위해서는 사회후생함수가 필요하다. 그런데 사회후생함수는 경제주체가 미래소비와 현재소비 중 어느 것을 선호하는가와 위험에 대한 경제주체들의 태도에 밀접한 영향을 받는다. 여기서 시간선호율이란 미래소비보다는 현재소비를 위해 경제주체들이 기꺼이 지불하고자 하는 추가지출액의 비율을 지칭한다. 그런데 시간선호율이 높고 위험기피적인 경제주체일수록 현재소비를 미래소비보다 선호하기 때문에 미래에 대한 저축은 감소하고, 이는 결국 경제성장에 부정적인 영향을 미치게 된다.

7. 정부의 생산성 지출이란 사회간접자본(SOC)에 대한 정부의 지출 규모를 의미한다. 민간부문의 생산 규모는 주로 민간부문의 자본스톡량과 사회간접자본의 크기에 의해서 결정된다. 가령, 정부가 사회간접자본을 확충시키면 시킬수록 재화와 서비스의 거래비용은 물론 원자재와 최종재의 물류비용까지 크게 절감시킴으로써 생산의 효율성을 제고시킴으로써다. 이처럼 정부의 사회간접자본 확충은 민간부문의 생산 활동에 외부경제효과로 작용한다. 결국 사회간접자본의 확충은 민간부문의 생산량과 생산성을 제고시킴으로써 결국 경제성장에 긍정적인 영향을 미친다.

8. 정부지출을 위한 재원은 주로 조세를 통해 마련된다. 정부의 조세수입이 정액세로 충당될 경우에는 조세에 따른 경제왜곡 문제가 발생하지 않지만 누진세율은 그렇지 못하다. 또 정부지출은 사회간접자본의 확충과 같은 생산성 지출만 있는 게 아니다. 만약 정부의 소비성 지출이 생산성 지출보다 크다면 이는 사회간접자본의 확충이 그만큼 어려워질 수 있다. 따라서 높은 소득세율과 정부의 소비성 지출 증가는 경제성장률에 부정적인 영향을 미칠 수밖에 없다.

만큼 고급 수학이 활용되기에 학부생들이 이해하기엔 너무나도 난해하다고 생각된다. 따라서 본서(本書)는 이들 경제학자에 의해 제시된 제(諸)이론의 핵심사항만 간추려서 소개하고자 한다.[9]

1) 램지, 캐스, 쿠프만의 내생적 경제성장 모형

① 램지, 캐스, 쿠프만은 솔로우가 경제성장이론에서 채택한 방정식을 제약조건으로 하고, 평생효용을 극대화하는 최적 경제성장률을 도출했다. 그것은 ㉠식으로 정의된다.

$$\left.\begin{array}{l} Max \int_0^{\infty} e^{-\rho t} U(C_t) L_t \, dt \\ subject\ to\ \dot{k} = \Delta k = f(k) - c - nk \end{array}\right\} \cdots\cdots ㉠$$

단, $U(C_t) = \frac{1}{1-\sigma}(c^{1-\sigma} - 1)$: 개인의 효용함수, $f(k) = k^{\beta}$, ρ : 시간선호율, σ : 위험기피도, $\frac{1}{\sigma}$: 한계소비대체율, n : 인구증가율, L_t : 현재 인구, c : 1인당 소비

㉠ 일국(一國) 경제가 동일한 개인으로 구성되어 있다고 가정한다. 이 가정에 기초해서 대표적인 한 개인의 효용함수에 인구수를 곱한 $U(C_t)L_t$를 사회후생함수(social welfare function ; SWF)라고 정의한다.

㉡ 제약조건식은 $\dot{k} = \Delta k = f(k) - c - nk$이다. 즉 1인당 자본스톡의 증가분($= \Delta k$)은 1인당 소득인 $f(k)$에서 1인당 소비 c와 새로운 노동자에게도 $\frac{K}{L}$의 크기를 일정하게 보장해주기 위해서 필요한 자본스톡량인 nk를 빼준 값으로 정의된다.

㉢ 이제 ㉠식을 풀면 그에 대한 솔루션이 최종적으로 도출된다. 즉 평생효용을 극대화하는 최적 경제성장률은 아래의 ㉡식과 같이 정의된다.

$$\begin{aligned} \text{최적 경제성장률} &= \frac{1}{\sigma}(MP_k - \rho) \\ &= \frac{1}{\sigma}(\beta k^{(1-\beta)} - \rho) \cdots\cdots ㉡ \end{aligned}$$

② ㉡식을 토대로 램지, 캐스, 쿠프만의 내생적 경제성장 모형이 시사하는 결론을 요약하면 다음과 같다. 최적 경제성장률은 한계소비대체율($\frac{1}{\sigma}$), 자본의 한계생산력(MP_K), 시간선호율(ρ), 자본소득분배율(β)에 의해 결정된다. 특히 **한계소비대체율이 클수록**(= σ가 작을수록), 자본의 한계생산력(MP_K)이 클수록, 시간선호율(ρ)이 작을수록, 자본소득분배율(β)이 클수록 경제성장률은 높아진다는 것이다. 이에 대해 부연 설명을 하면

9. 정운찬 · 김영식 공저, 『거시경제론(12판)』, 율곡출판사, 2018, pp.138~165 참조.
김준영 저, 『거시경제학(2판)』, 법문사, 1996, pp.680~683 참조.

시간선호율이 작아지고 한계소비대체율이 높아진다는 것은 미래소비를 위한 저축을 많이 한다는 의미다. 또 자본의 한계생산력이 커지고 자본소득분배율이 높아진다는 것은 자본가의 이자소득이 커진다는 뜻이다. 미래를 위한 저축이 증가하고 자본가의 소득 증대는 미래의 성장동력인 자본축적에 긍정적인 영향을 미치고 이는 결국 경제성장률에 긍정적인 영향을 미치게 된다는 의미다.

2) 배로의 내생적 경제성장 모형

① **배로의 모형은 램지, 캐스, 쿠프만의 경제성장 모형에다 정부지출(g)과 조세가 명시적으로 포함된 경제성장 모형을 도입했다는 데 의의가 있다.** 따라서 정부지출과 조세가 마치 노동이나 자본처럼 생산요소로 작용한다. 그 밖에 다른 변수는 램지, 캐스, 쿠프만 모형과 똑같다. 그의 효용극대화식과 예산제약식을 정리하면 다음의 ㉠식과 같다.

$$\left.\begin{aligned} &Max \int_0^{\infty} e^{-\rho t} U(C_t) L_t \, dt \\ &subject\ to\ \dot{k} = \Delta k = f(k) - c - nk \\ &\qquad\qquad\quad = (1-t) A k^{1-\alpha} g^{\alpha} - c - nk \end{aligned}\right\} \cdots\cdots\cdots\cdots ㉠$$

단, $U(C_t) = \frac{1}{1-\sigma}(c^{1-\sigma} - 1),\ g = ty$

㉠ 일국(一國) 경제가 동일한 개인으로 구성되어 있다고 가정한다. 따라서 사회후생함수(social welfare function ; *SWF*)는 대표적인 한 개인의 효용함수에 인구수를 곱한 $U(C_t)L_t$와 같다.

㉡ 제약조건식은 $\dot{k} = \Delta k = f(k) - c - nk$이다. 다만, 배로는 여기서 생산함수 $f(k)$를 $f(k) = (1-t)Ak^{1-\alpha}g^{\alpha}$, 단, t는 소득세율로 정의했다.

㉢ 이제 ㉠식을 풀면 그에 대한 솔루션이 최종적으로 도출된다. 즉 평생효용을 극대화하는 최적 경제성장률은 아래의 ㉡식으로 정리된다.

$$\begin{aligned} \text{최적 경제성장률} &= \frac{1}{\sigma}[MP_k - \rho] \\ &= \frac{1}{\sigma}[(1-t)A(1-\alpha)(\frac{g}{k})^{\alpha} - \rho] \\ &= \frac{1}{\sigma}[(1-\alpha)A^{\frac{1}{1-\alpha}}(1-t)t^{\frac{\alpha}{1-\alpha}} - \rho] \cdots\cdots\cdots ㉡ \end{aligned}$$

② ㉡식을 보면 기술진보(A), 한계소비대체율($\frac{1}{\sigma}$), 시간선호율(ρ), 소득세율(t), 총생산에

서 정부지출(g)이 차지하는 비율(α) 등이 경제성장률에 영향을 미친다는 것을 알 수 있다. 즉 경제성장률은 기술진보(A)가 클수록, **한계소비대체율($\frac{1}{\sigma}$)이 클수록**, 자본의 한계생산력(MP_K)이 클수록, 정부지출(g)이 클수록, 소득세율(t)이 낮을수록, 시간선호율(ρ)이 낮을수록, 총생산에서 정부지출(g)이 차지하는 비율(α)이 낮을수록 높아진다는 사실이다. 참고로 경제성장과 기술진보가 양의 함수관계를 갖는다는 것은 이미 앞에서 언급한 바 있다. 기술진보는 생산함수를 변화시킴으로써 실질 GDP, 1인당 GNI를 증가시킨다. 또 **정부지출이 크다는 것은 사회간접자본(SOC)에 대한 투자 확충으로 이어져서 경제성장에 기여하고, 소득세율이 낮을수록 경제주체들의 가처분소득을 높여줌으로써 저축의 증진에 도움을 줄 수 있다.** 총생산에서 정부지출이 차지하는 비율이 낮을수록 민간부문의 투자역량이 커짐으로써 경제성장에 긍정적인 영향을 미칠 수 있음을 시사한다. 다만, 시간선호율, 한계소비의 대체율, 자본의 한계생산력과 경제성장의 관계는 앞에서 언급했기에 더 이상의 추가적인 설명은 생략한다.

3) 루카스의 내생적 경제성장 모형

① **루카스의 내생적 경제성장 모형은 인적 자본을 생산요소로서 명시적으로 도입해서, 그것이 경제성장에 미치는 효과에 대해 분석했다는 점에 의의를 갖는다.** 루카스는 인적 자본을 uhL로 정의했다. u는 주어진 총시간 가운데 노동에 투입된 시간의 비율을 의미하고, h는 노동의 질(quality)을 나타내는 지수를 말한다. 또 루카스는 이런 인적 자본과 함께 물적 자본 K에 의해서 생산이 이루어진다고 보고 ㉠식과 같은 생산함수를 제시했다.

$$Y = AK^{\beta}[uhL]^{1-\beta}$$
$$= Ak^{\beta}[uk]^{1-\beta} \quad \text{단}, k = \frac{K}{L}, y = \frac{Y}{L} \quad \cdots\cdots ㉠$$

② 루카스도 솔로우가 경제성장이론에서 제시했던 방정식을 제약조건으로 평생효용을 극대화하는 최적 성장률을 도출하기 위한 식을 ㉡식과 같이 설정했다.

$$\left.\begin{aligned} &Max \int_0^{\infty} e^{-\rho t} U(C_t) L_t \, dt \\ &subject\ to\ \dot{k} = \Delta k = f(k) - c - nk \\ &\qquad\qquad = Ak^{\beta}[uh]^{1-\beta} - c - nk \end{aligned}\right\} \cdots\cdots ㉡$$

$$\text{단}, U(C_t) = \frac{1}{1-\alpha}(c^{1-\alpha} - 1)$$

위의 ㉡식을 풀면 최종적으로 최적 경제성장률이 ㉢식과 같이 도출된다.

$$\text{최적 경제성장률} = \frac{1}{\sigma}[MP_k - \rho]$$
$$= \frac{1}{\sigma}[\beta A k^{-(1-\beta)} u^{1-\beta} h^{1-\beta} - \rho] \quad \cdots\cdots\cdots\cdots ㉢$$

③ ㉢식을 통해 우리는 최적 경제성장률과 관련된 주요 시사점을 얻을 수 있다. 즉 경제성장률은 한계소비대체율($\frac{1}{\sigma}$)이 클수록, 자본의 한계생산력(MP_K)이 클수록, 자본소득의 분배율(β)이 클수록, 1인당 자본스톡량(k)이 많을수록, 노동의 질(h)이 높고, 근로자의 노동욕구(u)가 강할수록, 기술진보(A)가 클수록, 시간선호율(ρ)이 낮을수록 높아진다는 사실이다. 기술진보, 시간선호율, 한계소비대체율, 자본의 한계생산력, 자본소득의 분배율과 경제성장에 대한 언급은 앞에서 했기에 추가적인 언급은 생략하고자 한다. 이미 솔로우의 경제성장이론에서 살펴보았듯이 노동자 1인당 자본스톡량의 크기가 상승하면 1인당 소득이 증가한다. 또 **루카스의 경제성장 모형은 노동의 질과 근로자의 노동욕구가 강할수록 노동생산성에 긍정적인 영향을 미침으로써 경제성장에 기여하게 된다는 점을 시사해준다.**

4) 로머, 아기온, 하윗의 연구개발(R&D) 모형

① R&D 모형은 폴 로머(P. Romer), 필립 아기온(P. Aghion), 피터 하윗(P. Howitt)에 의해 제시되었다. R&D 모형은 숙련된 기술을 인적 자본으로 정의하고 기술개발을 위한 R&D투자가 인적 자본스톡을 내생적으로 결정한다는 것을 입증하기 위해 노력했다. 즉 **기술 수준이 외생변수로 일정하게 주어지는 것이 아니라 R&D 부문에 투입되는 노동과 자본에 의해 내생적으로 결정된다**는 것이다.

② R&D 모형에서 t기의 1인당 생산량(y_t)을 $y_t = A_t f(k_t)$라고 할 때, t기의 기술진보율은 ㉠식과 같이 정의된다.

$$t\text{기의 기술진보율} = \frac{A_{t+1} - A_t}{A_t} = \alpha(L_{At}, K_{At}) \quad \cdots\cdots\cdots\cdots ㉠$$

단, $\alpha_{LA} > 0, \alpha_{KA} > 0$

여기서 $\alpha_{LA} = \frac{\Delta A_t / A_t}{\Delta L_{At}}$, $\alpha_{KA} = \frac{\Delta A_t / A_t}{\Delta K_{At}}$로서 R&D 부문에 투입되는 노동과 자본이 기술진보율($\frac{\Delta A_t}{A_t}$)에 미치는 효과를 의미한다.

③ R&D 모형에서 기술진보는 '같은 양의 노동과 자본을 투입하고도 추가적으로 더 많

은 생산을 가능하게 하는 지식의 축적' 이라고 정의한다. 이때 지식은 비경합성과 배제성의 특성을 갖는다. 지식의 비경합성은 한번 공개된 지식은 누구든지 같은 양의 지식을 공유할 수 있다는 것이고, 지식의 배제성은 지적 재산권으로 보호받는 지식은 공짜로 사용할 수 없다는 것을 의미한다. 참고로 로머는 R&D 부문에서의 기술축적을 ⓛ식으로 정의한 바 있다.

$$A_{t+1} = L_{AT}^{\lambda} A_t^{\varphi} \quad \cdots\cdots \text{ⓛ}$$

단, $0 < \lambda \leq 1,\ 0 < \varphi < 1$

㉠ 로머는 R&D 부문에서 노동투입(L_{At})만을 고려한 기술축적함수를 도입했는데 그것이 ⓛ식이다. ⓛ식은 R&D 부문에서 활동하는 연구인력(= 노동인력)이 많을수록 지식축적이 많아진다는 것을 시사해준다.

㉡ λ는 R&D 부문에 종사하는 연구인력이 지식창출에 얼마만큼 기여하는가를 보여주는 지표다. λ가 $0 < \lambda \leq 1$이라는 전제는 연구인력이 지식창출에 미치는 영향력의 크기는 최소한 0보다 크고 최대한도는 연구인구에 비례($\lambda = 1$)할 수도 있다는 얘기다.

㉢ φ는 기존 지식이 새로운 지식 창출에 얼마만큼의 영향을 미치는가를 보여주는 지표다. φ가 $0 < \varphi < 1$이라는 얘기는 기존 지식이 새로운 지식창출에 0보다는 크고 1보다는 작은 범위에서 영향을 미친다는 뜻이다. 즉 새로운 지식창출에 대한 기존 지식의 파급효과(spillover effect)를 나타낸다.

④ R&D 모형은 1인당 생산량을 나타내는 $y = f(k)$가 한계생산력체감의 법칙이 존재하더라도 R&D 부문에 투입된 노동과 자본에 의해 결정되는 기술진보율이 α로 유지된다면 기술 수준인 A_t가 계속해서 상승함으로써 1인당 소득(y)과 1인당 자본량(k)의 지속적인 증가가 가능해진다고 주장한다. [그림 18－13]이 그것을 보여준다.

㉠ R&D 모형은 기술진보가 R&D 부문에서 내생적으로 이루어진다. 1인당 생산량(= 1인당 소득)을 의미하는 생산함수가 $y = f(k)$로 동일하고, 한계생산력체감의 법칙이 작동한다고 하더라도 기술진보율이 위의 ㉠식처럼 α로 일정하다면 생산함수 $y = f(k)$는 [그림 18－13]에서 보는 바와 같이 $y_t \Rightarrow y_{t+1} \rightarrow y_{t+2}$로 상승한다. 그 결과 장기적 경제성장이 가능해진다.

㉡ 기술진보율이 매기마다 일정한 비율(α)로 이루어지면 생산함수의 형태가 기존과

동일하더라도 노동인구 1인당 자본량(k)은 $k_1^* \Rightarrow k_2^* \Rightarrow k_3^*$로 증가한다.

[그림 18-13] R&D 모형과 장기적 경제성장 간의 상호 관계

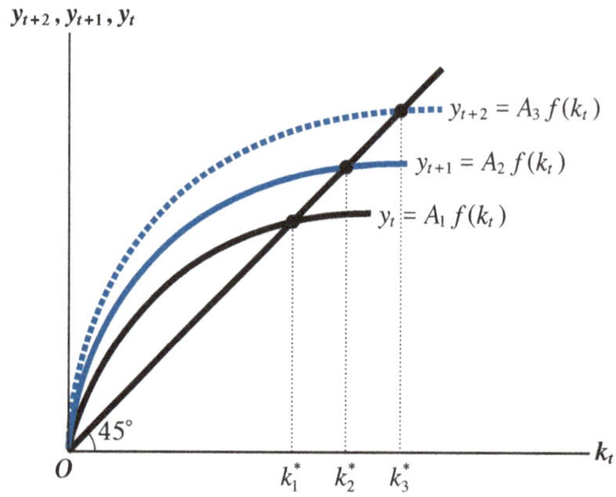

⑤ 이제 장기적 관점에서 경제성장의 결정요인에 대해 살펴보자. 기술 수준이 위의 ㉡식에 따라 축적되는 경우, 1인당 소득과 자본의 성장률을 도출해보자. 1인당 생산량(= 1인당 소득)을 의미하는 생산함수를 $y = Af(k) = Ak^{\alpha}$, 단 $0 < \alpha < 1$라고 가정하면 1인당 소득의 성장률은 ㉢식으로 나타낼 수 있다.

$$\frac{y_{t+1}}{y_t} = \frac{A_{t+1}}{A_t}\left(\frac{k_{t+1}}{k_t}\right)^{\alpha} \cdots\cdots ㉢$$

장기성장균형 또는 균제균형 상태에서 1인당 소득과 자본의 성장률은 $(1+g)$로 동일하며 기술진보율도 $(1+\alpha)$라고 가정하자. 이 조건을 ㉢식에 적용한 후, $(1+g)$로 재정리하면 ㉣식이 도출된다.

$$\frac{y_{t+1}}{y_t} = \frac{k_{t+1}}{k_t} \equiv 1 + g = (1+\alpha)^{\frac{1}{1-\alpha}} \cdots\cdots ㉣$$

㉣식은 균제균형 상태에서 1인당 소득과 자본량의 증가율은 기술진보율($1+\alpha$)에 비례한다는 것을 시사해준다. 이제 ㉡식에서 균제균형 상태의 기술진보율인 α를 구하면 ㉤식과 같은 근사치를 얻을 수 있다.

$$\alpha \doteqdot \frac{\lambda n_A}{1-\varphi} \cdots\cdots ㉤$$

단, n_A는 연구인력의 노동증가율로서 $\frac{LA_{t+1}}{LA_t} = 1 + n_A$를 의미함.

㉤식은 1인당 소득과 자본의 증가율이 기술진보율 α와 깊은 관계를 맺고 있음을 보여

준다. 즉 **1인당 소득의 증가율로 정의되는 경제성장률과 1인당 자본의 증가율은 R&D 부문에 종사하는 연구인력의 증가율(n_A), 연구인력이 기술창출에 기여하는 몫(λ), 기존 지식이 새로운 지식창출에 미치는 파급효과(φ) 등이 클수록 높아진다**는 점이다.

5) 레벨로의 AK 모형

① AK 모형은 1991년 레벨로(S. Rebelo)에 의해 제시된 모형으로 **1인당 소득을 지속적으로 증가시킬 수 있는 요인은 광의의 자본이라는 접근방식**이다. 즉 외생적이거나 내생적인 기술진보에 의존하지 않고 오로지 자본축적만으로 지속적인 경제성장이 가능하다고 주장하는 이론이다. 또 레벨로가 말한 자본은 솔로우가 자신의 경제성장이론에서 중시했던 물적 자본뿐만 아니라 인적 자본까지를 포함하는 넓은 의미의 자본이라는 점에 유의할 필요가 있다. 레벨로는 총생산함수를 ㉠식으로 정의했다.

$$Y = AK \quad \cdots\cdots ㉠$$

단, A는 상수

② 솔로우의 경제성장이론과 AK 모형이 근본적으로 다른 점은 자본의 한계생산력이 체감하는가의 여부다. AK 모형은 ㉠식에서 보는 바와 같이 자본의 한계생산력($=\frac{\Delta Y}{\Delta K}$)이 A로서 일정하다는 특징을 갖고 있다.

AK라는 명칭도 총생산량 Y가 광의의 자본인 K의 선형 함수라는 데서 유래된 것이다. 즉 콥-더글라스(cobb-douglas)의 1차 동차 생산함수 $Y = AL^{\alpha} K^{1-\alpha}$에서 $\alpha = 0$인 특수한 경우다. 또 AK 모형은 경제성장의 원동력이 자본축적임을 강조하기 위해 A를 상수로 취급한다.

③ AK 모형의 자본축적 행태는 솔로우의 경제성장이론과 똑같다. 즉 총투자(I) = 총저축(S)이다. 따라서 ㉡식이 성립한다.

$$I = S = sY \quad \cdots\cdots ㉡$$

㉡식에서 $I = \Delta K$이다. 이제 ㉡식의 양변을 K로 나눠주면 다음의 ㉢식이 도출된다.

$$\frac{\Delta K}{K} = s\frac{Y}{K} = sA \quad \cdots\cdots ㉢$$ [10]

10. ㉢은 자본의 감가상각률(δ)이 제로(0)라는 가정하에 도출된 것이다. 만약 AK 모형에서 자본의 감가상각률(δ)이 제로

㉠식의 양변에 자연대수(ln)를 취해주고 시간에 대해 미분하면 총생산량의 증가율은 자본스톡(K)의 증가율이 같다[11]는 것을 알 수 있다. 이것을 ㉢식과 관련지어 재정리하면 아래의 ㉣식을 도출할 수 있다.

$$\frac{\Delta Y}{Y} = \frac{\Delta K}{K} = sA \quad \cdots\cdots\cdots ㉣$$

㉣식이 바로 균제균형 상태에서의 경제성장률이다. 이때 **sA가 0보다 크면($sA > 0$) 자본스톡량의 증가율은 감소하지 않는다. 게다가 자본스톡량의 증가율이 경제성장률과 같기 때문에 지속적인 경제성장이 가능하다.** 따라서 AK 모형은 기술진보가 일어나지 않더라도 $sA > 0$의 조건만 충족된다면 지속적인 경제성장이 가능하게 된다. 참고로 위의 ㉠식과 ㉣식을 그래프로 나타내면 [그림 18-14]와 같다.[12]

[그림 18-14] AK 모형의 생산함수와 경제성장률

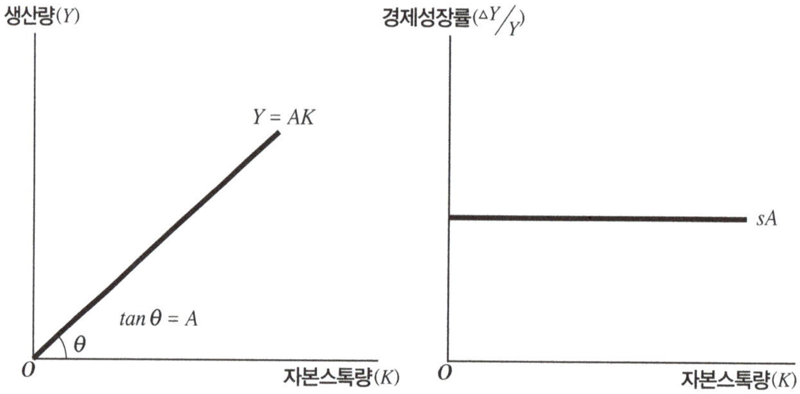

(a) AK 모형의 ㉠식 (b) AK 모형의 ㉡식

---

(0)가 아니고 0보다 크다면($\delta \neq 0, \delta > 0$) ㉢식은 $\frac{\Delta K}{K} = s\left(\frac{Y}{K}\right) = sA - \delta$가 됨에 주의하길 바란다. 이에 대한 증명은 아주 간단하다. ΔK는 $\Delta K = I - \delta K$로 정의되고 $I = S = sY$는 이전과 동일하다. 따라서 $\Delta K = sY - \delta K$가 된다. 이것을 K로 나눠주면 $\frac{\Delta K}{K}$는 $\frac{\Delta K}{K} = s\left(\frac{Y}{K}\right) - \delta$가 된다. 여기서 $\frac{Y}{K} = A$이다. 그 이유는 $Y = AK$이기 때문이다. 따라서 $\frac{\Delta K}{K}$는 $\frac{\Delta K}{K} = s\left(\frac{Y}{K}\right) - \delta = sA - \delta$가 된다. 독자들은 혹시 이와 관련된 시험문제가 출제되면 감가상각률(δ)에 대해 어떠한 전제조건을 제시하는지 주의 깊게 살펴보고 문제를 풀어야 한다.

11. $Y = AK$에다 자연대수를 취해주면 $\ln Y = \ln A + \ln K$가 된다. 그리고 이 식을 시간 t에 대해 미분해주면 다음 식이 도출된다. $\frac{\Delta Y}{Y} = \frac{\Delta A}{A} + \frac{\Delta K}{K}$ 그런데 여기서 A는 상수이기 때문에 $\frac{\Delta A}{A} = 0$이 된다. 따라서 $\frac{\Delta Y}{Y} = \frac{\Delta K}{K}$가 된다.

12. 이종화 · 신언호 공저, 『거시경제학(3판)』, 박영사, 2019, p.261에서 인용.

[그림 18-14]의 (a) 그래프는 AK 모형의 생산함수식인 $Y = AK$를 나타낸 것이고, (b) 그래프는 경제성장률 = 자본스톡량의 증가율 = sA를 나타낸 것이다. AK 모형은 1인당 소득증가율로도 표현할 수 있다. 만약 인구증가율(= 노동증가율)이 n이라면 1인당 소득증가율은 경제성장률에서 인구증가율을 빼준 값으로 정의된다. 따라서 ⓔ식이 성립한다.

$$1인당\ 소득증가율(=\frac{\Delta y}{y}) = \frac{\Delta Y}{Y} - n = sA - n \quad \cdots\cdots\cdots\cdots\cdots\cdots\cdots\cdots\cdots ⓔ$$

ⓔ식에서 만약 sA가 n보다 크다고 가정하자. 즉 **$sA > n$이면 균제균형 상태에서 1인당 소득증가율은 양(+)이 된다. 이는 일정한 비율의 자본축적만으로 1인당 소득이 영구히 증가할 수 있음을 시사해준다.**

④ 이제 AK 모형을 마무리하면서 이것이 현실경제를 제대로 설명해줄 수 있을까에 대한 고민이다. 즉 AK 모형의 현실 적합성에 대한 논쟁이다.

㉠ 자본의 성격을 물적 자본에서 인적 자본이나 지식 자본까지 확장한다면 자본의 한계생산력이 체감하지 않을 수 있다. 그런 경우에는 AK 모형이 시사하는 것처럼 자본축적에 따른 한계생산력이 체감하지 않으면서 지속적인 경제성장이 가능할 수 있다.

㉡ R&D 모형을 발표한 폴 로머는 '자본은 외부효과를 갖기 때문에 개별기업의 차원에서는 자본의 한계생산력체감의 법칙이 나타날 수 있지만 자본축적의 외부효과로 말미암아 경제 전체적으로는 자본의 한계생산력이 감소하지 않을 수 있다'라고 주장한 바 있다. 만약 현실경제에서 자본의 외부효과가 충분히 나타난다면 AK 모형의 현실 적합성은 매우 높을 가능성이 크다.

6.4 내생적 경제성장이론의 정책적 시사점

1) 내생적 경제성장이론은 칼도어가 언급한 '**정형화된 사실**'을 규명하면서 경제성장의 결정요인들을 내생변수화하면서 장기적인 관점에서 1인당 소득의 지속적인 증가 가능성을 입증하는 데 노력을 기울였다.

2) 경제성장에 영향을 미치는 주요 변수로서는 기술진보, 국민저축률 제고(시간선호율, 한계소비대체율, 소득세율), 노동의 질과 노동욕구(교육훈련 강화, 연수방법의 혁신 등), 1인당 자

본스톡량, 정부지출의 크기, 총생산에서 정부지출이 차지하는 비중, 공정하고 효율적인 제도 개선과 법 집행 등을 들 수 있으며 그들의 성공적 실행을 위해서는 정부의 역할이 중요하다.

3) 국가 간 소득 격차의 원인과 그의 치유를 위한 정부의 역할을 제시함으로써 솔로우의 경제성장이론에 내재된 한계점을 극복했다는 평가를 받고 있다.

보론 18-4 솔로우 경제성장이론과 내생적 경제성장이론의 차이점

솔로우의 경제성장이론과 내생적 경제성장이론의 차이점을 언급하면 5가지 정도로 요약할 수 있다.

첫째, 정부의 개입 여부에 대한 입장

솔로우의 경제성장이론은 고전학파의 자유방임정신을 지지한다. 하지만 내생적 경제성장이론은 경제성장 과정에서 정부의 적극적인 역할을 지지한다.

둘째, 경제성장의 핵심 동인(動因)에 대한 입장

솔로우의 경제성장이론에서는 기술진보, 저축률, 인구증가율, 자본계수 등이 외생적으로 주어진다고 가정한다. 하지만 내생적 경제성장이론은 그런 변수들이 모두 내생적으로 결정된다고 주장한다.

셋째, 생산함수의 특성에 대한 입장

솔로우의 경제성장이론은 규모에 대한 보수불변의 생산함수를 가정한다. 하지만 내생적 경제성장이론은 규모에 대한 보수증가의 생산함수를 전제로 한다.

넷째, 경제성장의 한계 여부에 대한 입장

솔로우의 경제성장이론은 한계생산력체감의 법칙으로 인해 1인당 소득은 장기적으로 정체되는 특성을 띤다. 하지만 내생적 경제성장이론에서는 기술진보가 한계생산력의 체감 현상을 극복함으로써 1인당 소득의 지속적인 증가가 가능하다.

다섯째, 국가 간 소득 격차의 문제

솔로우의 경제성장이론은 시간의 흐름에 따라 국가 간 소득 격차가 줄어든다(= 수렴한다)고 가정하지만 내생적 경제성장이론은 국가 간 소득 격차가 확대되고 있는 현실경제를 규명하기 위해 노력한다.

요약 및 복습

01 경제성장은 실질 GDP의 규모와 1인당 GNI가 증가하는 것을 의미한다. 장기적 의미를 갖는 경제성장은 생산가능곡선, $AD-AS$곡선의 우측 이동, 등량곡선의 이동, 경제성장률 등으로 표현할 수 있다. 국민경제함수 $Y_t = F(L_t, K_t, NR, T_t)$를 통해서도 경제성장요인을 살펴볼 수 있다. 노동(L_t), 자본(K_t), 자연자원(NR), 기술(T_t) 등이 경제성장에 중요한 핵심요소로 작용한다.

02 칼도어는 과거 선진 자본주의의 경제성장 과정에 대한 통계 분석을 한 후, 다음과 같은 6가지의 장기적인 규칙성을 발견했는데 경제학에서는 그것을 '**경제성장의 정형화된 사실**'이라고 정의한다. 그 내용은 다음과 같다.

1) 실물자본-생산량의 비율이 일정하다. 즉 자본계수$(=\frac{K}{Y})$가 일정하다.
2) 자본의 증가율이 대체로 일정했다. 즉 $\frac{\Delta K}{K}$가 일정했다. 이것을 $\frac{K}{Y}$가 일정하다는 점과 결부시키면 자본증가율$(\frac{\Delta K}{K})$과 경제성장률$(\frac{\Delta Y}{Y})$이 같다는 것을 알 수 있다.
3) 자본-노동비율$(\frac{K}{L})$과 1인당 소득은 일정한 비율로 증가했다. 자본-노동비율은 노동자 1인당 실물자본이며, $\frac{K}{L}$이 증가하는 것을 '**자본의 심화**'라고 정의한다.
4) 실질이자율은 어떤 뚜렷한 추세를 보이지 않았다. 이는 장기적으로 피셔가설이 성립한다는 뜻이다. 피셔가설은 '**명목이자율 = 실질이자율 + 기대인플레이션율**'로 정의된다.
5) 노동소득과 자본소득의 상대적 분배율(= 노동소득/자본소득)은 대체로 일정하였다.
6) 1인당 소득의 증가율은 국가마다 매우 큰 차이를 보였다.

03 고전학파의 경제성장이론에서 경제성장의 요인으로 제시한 것은 자본축적과 인구 증가이다.

1) 고전학파가 제시한 경제성장이론의 핵심은 '생산 과정에서 이윤 발생 → 자본축적 → 노동의 한계생산력 제고 ⇒ 임금 인상 ⇒ 인구 증가 ⇒ 노동의 한계생산력 하락 ⇒ 임금이 생존 수준으로 하락 ⇒ 이윤 발생 ⇒ 자본축적 …… 생산 확대로 이어지면서 경제가 안정적인 정상 상태(stationary state)로 수렴해간다'는 것이다.
2) 고전학파의 경제성장이론은 노동의 한계생산력체감의 법칙과 자본축적의 관계에만 초점을 맞춘 나머지 장기적 측면에서의 지속적인 경제성장에 대해서는 비관적인 견해를 견지했다.

04 해로드-도마의 경제성장이론은 고전학파의 총공급 측면에서의 자본축적 과정을 수용하면서 케인즈의 총수요관리이론의 동태적 측면을 감안해서 자본주의 경제의 장기적 성장 경로를 규명하였다.

1) 해로드-도마는 노동이 완전고용되고 자본설비가 완전가동되는 가운데 경제가 안정적으로 성장할 수 있는 조건이 무엇인가를 연구하였다.

2) 하지만 해로드-도마의 경제성장이론은 1930년대의 대공황 시대의 모형이라는 한계로 인해 경제의 안정적 균형성장이 어렵다는 비관적 결론을 내렸다. 이들 경제성장이론이 그런 우울한 결과를 제시한 근본적 이유는 노동과 자본 간에 대체가 불가능한 레온티에프 생산함수와 자본계수($\frac{K}{Y}$)가 일정하다고 가정했기 때문이다.

05 솔로우는 1958년에 발표한 그의 신고전학파적 경제성장이론을 통해 노동과 자본 간에 대체가 이루어지면 장기적으로 안정적인 균형성장을 달성할 수 있으며 칼도어가 제시했던 '경제성장의 정형화된 사실'들을 대부분 잘 설명할 수 있음을 보였다.

1) 솔로우는 자본과 노동이 완전고용되면서 성장하기 위한 균형조건은 '경제성장률 = 자본증가율 = 노동증가율'이라고 정의했다. 그리고 그때의 균형성장조건은 '$sf(k) = nk$'이다. 여기서 $sf(k)$는 1인당 저축액(= 1인당 실제투자액)을 의미하고, nk는 노동의 증가로 인해 감소하게 될 자본-노동비율($\frac{K}{L}$)을 일정 수준으로 유지하기 위해 필요한 투자액을 말한다.

2) 기술진보가 발생할 경우, 자본-노동비율과 1인당 소득은 일정비율로 증가한다. 따라서 장기적으로 경제가 노동의 완전고용과 자본의 완전가동을 보장하는 균형성장을 계속하기 위해서는 '경제성장률 = 자본증가율 = 인구증가율 + 기술진보율'의 조건을 충족시켜야 한다. 또 솔로우 모형에서 장기적으로 생활수준을 향상시키기 위해서는 저축률(s)의 증가, 인구증가율(n)의 억제, 기술진보가 이루어져야 한다고 주장했다.

3) 하지만 솔로우의 경제성장이론은 저축률(s), 기술진보율, 인구증가율을 외생변수로 간주하고 이들의 결정요인에 대해서는 제대로 된 설명을 제시하지 못했다. 또 솔로우는 각국의 경제성장률 격차가 시간의 흐름에 따라서 줄어들 것이라는 수렴현상을 예측했지만 현실경제는 그와 정반대의 현상이 나타난 바 있다. 솔로우는 이에 대해서도 침묵했다.

06 최적 성장이론은 주어진 경제여건하에서 1인당 소비가 극대화되는 성장조건을 탐색하는 이론이다.

1) 펠프스는 실질이자율(r)과 인구증가율(n)이 균등한 성장 경로가 장기적 관점에서 1인당 소비를 극대화시키는 경제성장의 황금률이라고 주장했다. 즉 펠프스가 제시한 경제성장률의 황금률은 $f'(k) = r = n$의 조건이 충족될 때 달성된다.

2) 기술진보가 발생했을 경우, 경제성장의 황금률을 충족시키는 전제조건은 $f'(k) = n + \theta$이다. $f'(k)$는 자본의 한계생산력, n은 인구증가율, θ은 기술진보율을 의미한다.

07 내생적 경제성장이론은 1980년대 중반에 등장한 이론이다. 내생적 경제성장이론은 2가지 사항에 대해 깊은 관심을 갖고 출발했다. 하나는 장기적 측면에서 국가 간 경제성장률, 실질 GDP, 1인당 소득의 격차가 균제균형 상태로 수렴할 것이라는 솔로우의 예상이 빗나간 이유가 무엇인지를 규명하는 것이다. 다른 하나는 기술개발과 그것의 특성인 비경합성과 배제성 때문에 솔로우의 경제성장이론처

럼 완전경쟁시장을 가정하는 것은 비현실적이고 따라서 불완전경쟁 모형으로 기술진보의 문제를 설명하는 것이다.

1) 지금까지의 연구결과를 종합해보면 경제성장을 결정하는 핵심요인으로는 시간선호율, 위험에 대한 경제주체들의 태도, 자본의 한계생산력, 인적 자본에 대한 투자 규모, 정부의 생산성 지출에 대한 비율, 소득세율 등을 들 수 있다.

2) 기술진보에 대한 입장에서도 큰 변화가 대두된다. 내생적 경제성장이론은 기술진보가 외생적 요인이 아닌 내생적 요인에 의해서 결정된다고 본다. 특히 기술진보에 따른 신기술이 기존의 자본재에 체화되어 새로운 기술진보를 유발시킨다는 것이다. 또한 교육 및 훈련에 의한 인적 투자도 신기술의 창출에 긍정적인 영향을 미친다.

제 19 장 경제발전이론

1. 경제성장과 경제발전, 경제발전의 제(諸)단계
2. 후진국의 경제발전전략
3. 후진국의 자본축적과 경제발전
4. 후진국의 무역전략과 경제발전

출처 : 저자 제공

2015. 4. 30. 블랙이글스의 이철희 전대장으로부터 명예조종사(제1호) 위촉장을 받는 장면이다. 블랙이글스의 명예조종사 위촉은 전대장과 대대장을 비롯한 8명의 블랙이글스 조종사 전원의 동의를 얻어야만 가능하다. 그렇기 때문에 블랙이글스의 명예조종사는 지금까지 저자가 경험한 여러 타이틀과 보직 가운데서 가장 영광스럽게 여기는 것이다. 블랙이글스가 명예조종사를 부여해준 것은 저자의 성공적인 비행체험과 『블랙이글스에서 배워라!』라는 책을 출간해서 좋은 반응을 얻었기 때문이다. **수험생 여러분들도 타인과 구별되는 자신만의 타이틀을 획득하기 위해 노력해주길 기대합니다!**

1 경제성장과 경제발전, 경제발전의 제(諸)단계

1.1 경제성장

1) 경제성장과 경제발전이란 용어를 구분하지 않고 사용하는 사람들이 꽤 있다. 하지만 경제성장과 경제발전은 엄연히 다른 개념이다. 따라서 독자들은 그들 개념에 대한 의미를 정확하게 이해할 필요가 있다.

2) 경제성장은 한마디로 경제 규모의 양적 증가, 특히 실질 GDP가 증가하는 것을 일컫는 말이다. 그런 의미에서 생산요소의 부존량 증가나 기술진보에 따른 생산능력의 제고는 경제성장과 밀접한 관련이 있다. 또 1인당 GNI가 증가하는 것도 경제성장의 개념에 포함된다. 그것 또한 경제성장이 이루어져야만 가능하기 때문이다.

1.2 경제발전

1) 경제발전은 경제 규모의 양적 증가는 물론 질적 향상까지 종합적으로 아우르는 포괄적 개념이다. 후진국(=개발도상국) 경제의 구조적 개선을 강조하는 용어로도 자주 활용된다.

2) 즉 경제발전은 실질 GDP의 증가는 물론 전통적 사회구조의 개혁, 공업화, 민주주의의 정착, 인권 존중, 여성의 사회 참여도 증가, 문맹률 퇴치, 인적 자원에 대한 투자 증대, 산업구조의 질적 고도화, 사회간접자본(SOC)의 확충, 정보화 수준, 사회 시스템과 의료수준 개선, 환경 개선 등과 같은 질적 향상까지 포함한다.

[그림 19-1] 경제성장과 경제발전 간의 관계

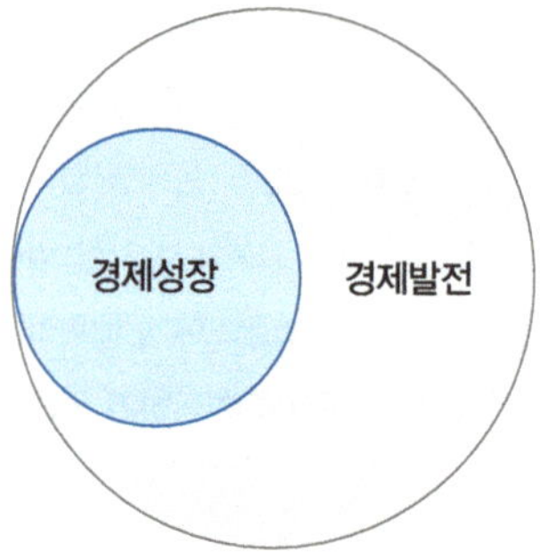

3) 이런 것을 종합해서 경제성장과 경제발전 간의 관계를 나타내면 [그림 19-1]과 같다.

1.3 경제발전 단계에 대한 여러 경제학자들의 주장

미국의 경제사학자인 월트 휘트먼 로스토우(W.W. Rostow)를 비롯한 여러 경제사학자들은 경제발전 과정이나 경제발전 단계에 대해 다양한 의견을 제시한 바 있다. 물론 그들의 주장은 개별 국가의 특수상황이나 경험을 도외시하고 단편적인 관점에서 도식적으로 분류했다고 비판하는 사람들이 있다. 그러나 식민지 시대의 아픔을 딛고 서구 선진국들의 공업화를 답습하면서 경제발전을 모색하고 있는 후진국들에게 미래 비전과 전망을 할 수 있도록 도와주었다는 긍정적인 측면도 있다.

1) 로스토우는 각국의 경제발전은 5단계를 밟으면서 진행한다고 주장했다. 즉 그는 한 나라의 경제가 '전통사회 단계 ⇒ 도약준비 단계 ⇒ 도약 단계 ⇒ 성숙 단계 ⇒ 대중적 고도(高度) 소비 단계'로 발전해 나간다고 주장했다.

① 특히 강력한 반공주의자였던 로스토우의 이런 주장은 카를 마르크스(K. Marx)가 제기했던 '자본주의 사회의 붕괴설'에 대한 비판적 차원에서 제기한 것으로도 유명하다.

② 로스토우는 위에서 언급한 5단계의 경제발전 과정에서 경제발전이 본격적으로 이루어지는 단계는 도약 단계라고 간주했다. 또 도약 단계에서는 사회간접자본에 대한 투자가 광범위하게 이루어지면서 저축률과 투자율이 크게 신장된다고 주장했다.

2) 독일의 사상가이자 경제학자인 카를 마르크스는 경제가 '원시 공산사회 ⇒ 고대 노예사회 ⇒ 중세 봉건사회 ⇒ 자본주의 사회 ⇒ 사회주의 사회'로 변모해 나간다고 주장했다.

① 마르크스는 자본주의 사회가 내부적 모순으로 인해 저절로 붕괴될 것으로 내다봤다. 즉 자본주의 사회가 발전하면 노동 착취가 심해지고 자본의 유기적 구성도[1]가 높아지면서 이윤율이 점차 하락하고 대규모 실업이 발생하며 노동소득의 분배율이 악화될 것이라고 예견했다.

1. 자본의 유기적 구성도는 불변자본이 전체 자본(= 가변자본 + 불변자본)에서 차지하는 비중을 의미한다. 불변자본이란, 기계, 설비 등과 같이 잉여 가치와는 무관한 자본을 지칭한다. 반면 가변자본은 노동과 같이 잉여 가치를 낳는 자본을 말한다. 마르크스는 산업이 발전함에 따라 기계, 설비 등이 노동을 대체함으로써 자본의 유기적 구성도가 높아져 간다고 주장했다.

② 그 결과 노동자혁명이 일어나서 자본주의 사회가 해체될 것이라는 게 그의 예상이었다. **그가 최종적으로 꿈꾼 이상향은 능력에 따른 생산과 필요에 따른 분배가 이루어지는 공산주의 사회**였다. 하지만 지금까지 그의 예상은 보기 좋게 빗나갔고 동구 공산권 국가들은 맥없이 무너지고 말았다. 그런데도 마르크스를 추종하는 이상한 사람들이 꽤 많다. 우리는 이런 현상을 어떻게 이해해야 할지? 참으로 난감할 따름이다!

3) 독일의 경제학자인 프리드리히 리스트(F. List)는 경제발전 단계를 5단계로 정의했다. 그에 따르면 경제는 '원시 단계 ⇒ 유목 단계 ⇒ 농업 단계 ⇒ 농공(農工) 단계 ⇒ 농공상(農工商) 단계' 로 발전해 나간다는 것이다.

① 그가 이런 주장을 펼칠 때 독일의 경제발전 단계는 농공 단계에 있었다.

② 그리고 이미 농공상 단계로 앞서가는 영국을 따라잡기 위해서는 독일 정부가 보호무역과 유치산업 보호에 적극 나서야 한다고 일갈했다.

4) 독일의 경제학자인 호프만(W. Hoffman)은 영국의 산업혁명 이래로 세계 각국의 공업화 과정을 분석했다. 그는 그것을 기초로 국가 경제는 전통 사회에서 산업화 사회로 발전해 나간다고 주장했다.

① 호프만은 전통 사회에서 산업화 사회로 발전해가는 데는 크게 3단계가 있다고 주장했다. 즉 제1단계는 소비재산업의 비중이 압도적인 단계로서 경제발전의 초기 단계에 해당된다. 제2단계는 생산재산업의 비중이 커지는 단계다. 그리고 경제발전의 마지막 단계인 제3단계는 생산재산업의 비중이 소비재산업과 대등하거나 소비재산업을 압도하는 단계이다.

② 참고로 경제발전이 진전됨을 나타내주는 지표로는 호프만 비율이 있다. **경제발전이 진행될수록 호프만 비율은 감소한다.** 이때 호프만 비율은 다음과 같이 정의된다.

$$\text{호프만 비율} = \frac{\text{소비재산업의 생산액}}{\text{생산재산업의 생산액}}$$

③ 호프만의 3단계설은 산업구조의 고도화 여부를 측정하는 구체적 지표를 제시하고 이를 여러 나라에 대해 숫자적으로 측정했다는 데에 의의가 있다. 하지만 특정의 공업은 생산재산업도 될 수 있고 소비재 산업의 범주에 포함될 수도 있는 문제가 있다. 그러한 한계점을 인식하면서 호프만 비율을 바라봤으면 한다.

5) 영국의 경제학자 콜린 클라크(C. Clark)는 19세기 이후, 세계 각국의 산업구조와 소비구

조를 분석했다. 그는 그것을 토대로 각국의 산업을 제1차 산업, 제2차 산업, 제3차 산업으로 구분했다.

① 클라크는 '경제진보의 제(諸)조건'을 통해 농업, 목축업, 수산업, 임업 등의 원시산업은 제1차 산업, 광업[2], 제조업, 건설업, 전기업, 가스업으로 구성되는 가공산업은 제2차 산업, 사회간접자본 및 기타 서비스업(예 : 운수, 보험, 금융, 관광, 유통, 창고, 상업 등)은 제3차 산업으로 구분했다.

② 또 국가 경제가 발전할수록 산업구조는 '제1차 산업 ⇒ 제2차 산업 ⇒ 제3차 산업으로 산업의 중심이 이동한다'라고 주장했다.

2 후진국의 경제발전전략

2.1 경제체제의 선택

1) 투자재원이 절대적으로 부족한 경제발전의 초기 단계에서는 정부가 주도적으로 투자재원을 조달하고 배분하는 것이 그렇지 않은 경우보다 효율적이라는 견해가 지배적이다. 이때 계획경제체제가 우월하냐, 시장경제체제가 우월하냐라는 식의 논쟁이 대두될 수 있다.

① 어떤 사람은 1920 ~ 1930년대에 경제성장 면에서 구(舊)소련이 미국을 앞질렀고, 북한이 1970년대 초까지 남한을 앞질렀던 사례를 들면서 계획경제체제가 시장경제체제보다 효율적이었다고 주장한다. 과연 그런 얘기가 옳은 주장일까?

② 냉철한 이성과 양심에 입각해서 판단할 때, ①의 주장은 진실이 아니다. 1920 ~ 1930년대 구(舊)소련이 미국을 앞질렀던 이유는 자본주의 국가들에게 들이닥친 대공황의 충격파 때문이었다. 또 북한이 1970년대 초까지 남한을 앞질렀던 이유 역시 북

---

2. 광업을 제2차 산업으로 분류한 이유는 대강 이렇다. 본래 광업은 자연에서 광물을 채취하는 것이므로 제1차 산업으로 포함시킬 수 있지만 광물을 채취하는 데 소요되는 비용, 시설, 인력 등이 많기 때문에 제2차 산업에 포함시켰다는 게 클라크의 인식이었다.

한 김일성이 경제를 잘 운용했기 때문이 아니다. 일제가 북한 지역에 대부분의 전력(電力)과 공장 시설을 남겨두고 철수했던 것도 경제개발 초기엔 남한보다 유리하게 작용했다. 거기에다 구(舊)소련의 스탈린으로부터 천문학적 숫자(10억 루블)의 경제 지원을 받았던 것도 큰 몫을 했다고 본다.

③ 단언하건대, 경제발전 초기에도 시장경제체제가 계획경제체제보다 훨씬 더 우월하다. 청렴성(부패), 효율성 측면에서도 시장경제체제는 계획경제체제와 비교 대상이 될 수 없다. 만약 이 주장에 동의하기 힘든 독자들이 있다면 주저하지 말고 계획경제체제를 유지하면서 경제발전에 성공한 나라가 있는지 한 번 찾아보기 바란다.

2) 다만, 시장경제체제라는 큰 테두리 속에서 경제발전 초기 단계에 정부주도형이 좋은지 아니면 민간주도형이 좋은지에 대한 논쟁은 의미가 있다.

① 부존자원이 빈약한 데다 실질 GDP의 규모마저 작아서 자체적인 국내저축만으로는 투자재원의 조달이 어려운 시기에는 정부주도형의 경제발전 전략이 민간주도형의 그것보다 우월하다. 물론 거기에도 전제조건이 하나 있다. 그것은 정치지도자의 미래 비전이 분명하고, 청렴하며, 통찰력을 지녀야 한다는 점이다. 대한민국이 34년 11개월 28일 동안의 일제 식민통치를 경험하고 한강의 기적을 이룩할 수 있었던 것도 그런 전제조건을 충족시키고도 남을 만한 위대한 정치지도자가 있었기 때문이다.

② 하지만 경제발전의 초기 단계를 벗어나서 경제 규모가 커지고 복잡다단해질수록 정부주도형의 경제발전 전략은 한계에 봉착할 수밖에 없다. 그때부터는 민간부문의 도 전과 창의적인 기업 활동이 중요해지기 때문이다. 1980년대에 진입하면서 한국경제가 정부주도형 경제발전 전략을 포기하고 민간주도형 경제발전 전략으로 선회했던 것도 그런 이유 때문이다.

그 이면에는 전두환 대통령이 발탁해서 경제 전권을 맡겼던 김재익이라는 걸출한 경제전략가가 있었기에 가능했다. 고(故) 김재익 대통령경제수석보좌관은 1983년 10월 9일 미얀마를 순방하던 전두환 대통령을 수행해서 미얀마에 갔다가 아웅산 묘지를 참배하던 도중 북괴의 암살조가 설치한 폭탄테러로 순국했다.

2.2 산업정책 : 균형성장론과 불균형성장론

1) 균형성장론

① 균형성장론을 최초로 갈파한 사람은 미국의 경제학자인 래그나 넉시(R. Nurkse)였다. 그는 후진국들이 공통적으로 경험하고 있던 '빈곤의 악순환' 문제에 주목하고 그것을 단절시키는 것만이 후진국 경제를 발전시키는 원동력으로 보았다. 참고로 그는 수요와 공급의 양면에서 빈곤의 악순환이 작동하고 있다고 주장했다. 이를 정리하면 [그림 19-2]와 같다.

② 우선 수요 측면에서 빈곤의 악순환 문제를 살펴보자. 소득이 낮으면(低소득) 가계의 소비 수요가 작아질 수밖에 없다.(低수요) 낮은 소비 수요는 판매 부진과 재고 증가로 이어짐으로써 기업들은 투자할 유인을 상실하게 된다.(低투자) 그 결과 생산 규모도 작아지게 된다.(低생산) 생산된 것이 작은 만큼 분배할 몫도 작을 수밖에 없다.(低소득). 따라서 수요 측면에서 빈곤의 악순환은 '저(低)소득 ⇒ 저(低)수요 ⇒ 저(低)투자 ⇒ 저(低)생산 ⇒ 저(低)소득……' 으로 이어진다.

③ 공급 측면에서 빈곤의 악순환은 '저(低)소득 ⇒ 저(低)저축 ⇒ 저(低)자본축적 ⇒ 저(低)생산 ⇒ 저(低)소득……' 으로 요약된다. 즉 소득이 낮으니 저축할 여력이 없다. 또 저축된 돈이 없나 보니 금융기관이 기업들에게 빌려줄 돈도 터없이 부족하다. 이는 부진한 자본축적과 생산 저하로 나타난다. 생산 규모가 작으니까 분배할 소득도 낮을 수밖에 없다.

[그림 19-2] 넉시가 제시한 빈곤의 악순환

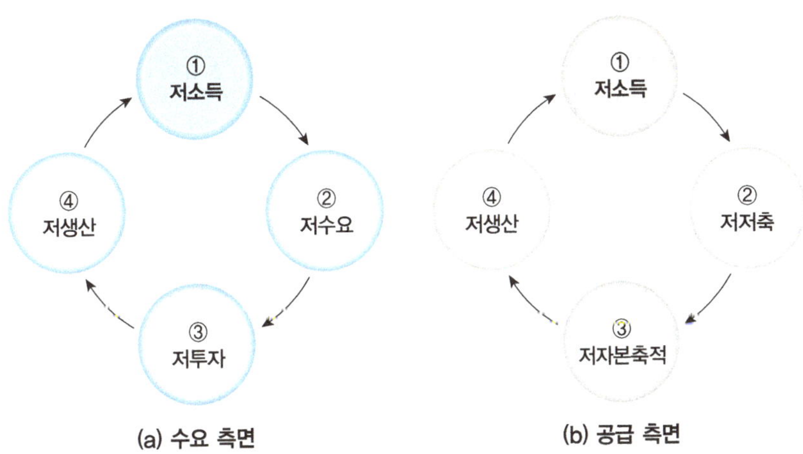

④ 넉시는 빈곤의 악순환을 겪고 있는 후진국들의 가장 큰 애로요인은 저(低)수요에 기인한 기업들의 투자의욕 저하라고 판단했다. 따라서 그는 빈곤의 악순환을 극복할 수 있는 정책의 우선순위를 시장 확대에 두었다. 시장확대방법으로는 크게 수출시장의 개척과 내수시장의 육성이 있다. 하지만 후진국의 경우는 무역을 통한 수출시장 확대가 어렵기 때문에 **내수시장을 확대하는 쪽이 바람직스럽다**고 생각했다.

⑤ 그런 인식하에 넉시는 국내 모든 산업을 골고루 발전시킴으로써 산업 간에 상호 수요의 진작을 통해 판로 부족의 문제를 극복해야 한다고 주장했다. 이는 **산업 간 외부경제효과를 강조하는 전략이다.** 또 공급 측면에서는 저축률 제고, 농업부문에 내재되어 있는 잠재실업의 제거, 인플레이션 조세를 통한 강제 자본축적을 도모해 나가야 한다고 역설했다. 이것이 넉시가 말한 균형성장론의 본질이자 핵심이다.

2) 불균형성장론

① 미국의 경제학자인 앨버트 허쉬만(A.O. Hirschman)은 넉시의 균형성장론을 비판하면서 불균형성장론을 주장했다. 그의 주장에 따르면 후진국은 자본 부족과 취약한 기술 때문에 모든 산업을 골고루 발전시킨다는 것이 현실적으로 불가능하다고 생각했다. 더욱이 넉시의 균형성장론은 각 산업마다 현저히 다른 연관효과마저 무시한 처사라고 비판했다. 여기서 연관효과란 전방연관효과(forward linkage effect)와 후방연관효과(backward linkage effect)를 의미한다.

② 허쉬만의 불균형성장론을 이해하기 위해서는 전방연관효과와 후방연관효과에 대한 사전지식이 필요하다. **전방연관효과**는 A산업(예 : 철강산업)에 대한 투자가 A산업의 상품(예 : 판재, 봉강, 형강, 철근 등)을 구입해가는 B산업(예 : 조선, 자동차, 일반기계, 방위산업 등)의 성장과 투자를 유발하는 효과를 말한다. 또 **후방연관효과**는 A산업(예 : 철강산업)에 대한 투자가 A산업에 투입물(원재료)을 공급하는 C산업(예 : 철광석을 캐내는 광업)의 성장과 투자를 유발하는 효과를 의미한다. 이를 요약 · 정리하면 다음의 [그림 19－3]과 같다.

③ 허쉬만은 자본 부족에 허덕이는 후진국은 선택과 집중의 논리에 따라 전－후방 연관효과가 큰 특정산업에 집중투자해서 경제발전의 선도부문으로 삼아야 한다고 강조했다. 그는 특히 **후진국의 경제발전을 위해서는 전방연관효과보다 후방연관효과가 더 중요하다**고 생각했다. 특히 그는 **후방연관효과가 큰 공업을 농업보다 우선적으로 육성할 필요가 있다**고 주장했다.

[그림 19-3] 전방연관효과와 후방연관효과의 상호관계

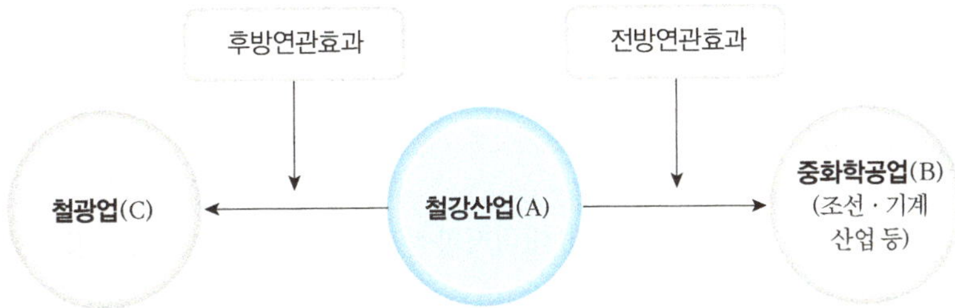

3) 균형성장론과 불균형성장론에 대한 종합적인 평가

넉시와 허쉬만의 주장 가운데 어느 것이 합리적인 전략인가라는 질문에 대한 대답은 전적으로 각국이 처한 경제 사정에 따라 달라질 수 있다.

① 자본, 우수인력, 기술 측면에서 별다른 제약이 없다면 균형성장론에 따른 경제개발 전략이 보다 바람직하다. 하지만 이런 나라들은 대부분 선진국이지 후진국이 아니다.

② 시장기능이 잘 작동하는 나라의 경우는 균형성장론이, 시장기능이 왜곡된 나라는 불균형성장론이 더 유리하다.

③ 대외 수출을 통한 판로 개척에 자신이 있는 나라는 불균형성장론, 내수시장에 주로 의존하는 국가는 균형성장론을 채택하는 게 바람직스럽다.

④ 부존자원을 포함한 생산자원이 풍부한 나라는 균형성장론, 생산자원의 부족에 직면한 국가는 불균형성장론을 채택하는 게 보다 더 효율적이다.

2.3 경제개방전략 : 대외지향적 전략과 대내지향적 전략

1) 후진국의 경제발전전략도 대외지향적 경제발전전략과 대내지향적 경제발전전략으로 구분된다.

① 대외지향적 경제발전전략은 내수산업의 육성보다는 수출산업을 집중적으로 육성하면서 경제발전에 소요되는 거대한 투자재원을 해외로부터 조달해서 적극 활용하는 경제발전전략을 일컫는 말이다.

② 대내지향적 경제발전전략은 수출산업의 육성보다는 내수산업으로서 수입대체산업을 중시하고 경제발전에 소요되는 투자재원을 국민저축으로부터 충당함으로써 대외의존도를 낮추려는 경제발전전략을 의미한다.

2) 제2차 세계대전이 끝난 이후부터 지금까지 아시아의 네 마리 용이라 불리는 한국, 싱가포르, 홍콩, 대만 등은 대외지향적 경제발전전략을 채택해서 성공한 대표 국가들이다. 반면, 북한과 쿠바를 비롯한 남미의 여러 국가들은 대내지향적 경제발전전략을 채택했던 나라다.

① 대외지향적 경제발전전략과 대내지향적 경제발전전략 가운데 어느 것이 바람직한 것인가는 이들 전략을 채택했던 나라들의 운명을 비교해보면 금방 알 수 있다. 2020년 8월 말 현재, 북한이 대한민국보다 더 부유하고 국민 삶의 수준이 더 나은 나라인가? 아니면 북한이 대한민국보다 민주주의와 국민 인권이 잘 지켜지고 있는 나라인가? 혹은 교육 수준이 더 낫거나 언론과 종교의 자유가 보장된 나라인가? 등을 따져보면 금방 알 수 있을 것이다.

② 대내지향적 경제발전전략은 대부분 종속이론과 국가의 경제 상황과 부합되지 않은 균형성장론에 함몰된 사람들이 주도적으로 추진했다. 명분은 그럴듯해 보였지만 현실은 처절한 실패로 끝나고 말았다. WTO의 역할과 지역 간 경제협력이 갈수록 요구되는 세계화 시대에 대내지향적 경제발전전략은 이제 점점 더 설 땅을 상실해가고 있다고 해도 과언이 아니다.

3 후진국의 자본축적과 경제발전

3.1 개요

후진국들이 경제발전을 도모하는 과정에서 겪게 되는 가장 큰 애로사항은 낮은 자본축적[3]이다. 사실 저(低)생산과 저(低)소득의 근본 원인도 낮은 자본축적에 있다. 따라서 후진국들이 경제발전을 도모할 때, 가장 먼저 해결해야 할 과제가 자본축적이다. 자본축적에는 [그림 19-4]에서 보는 바와 같이 3가지 방법이 있다.

3. 참고로 자본축적이란 기업 이윤의 일부 또는 전부가 소비되지 않고 다음 생산을 위한 자본으로 투자되는 것을 지칭한다.

[그림 19-4] 후진국들이 선택할 수 있는 자본축적의 방법

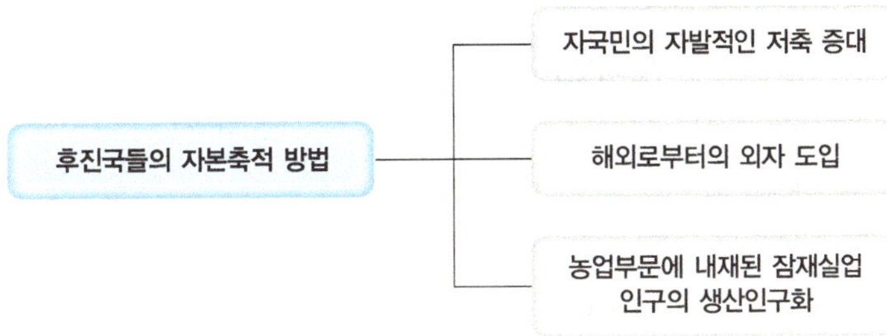

첫째는 자국민들의 자발적인 저축 증대를 통한 자본축적이다. 후진국 국민들은 당장 먹고살 돈도 충분하지 않은 사람들이다. 그런 상황에서 저축 증대를 통한 자본축적은 기대하기 어렵다. 그럴 때 시도하는 두 번째 방법이 해외로부터 외자(外資) 도입을 통한 자본축적이다. 그런데 가난한 국가에게 돈을 꿔줄 수 있는 나라가 그리 많지 않다. 빌려준 돈을 떼일 가능성이 높기 때문이다. 그것마저 어려울 때, 가난한 국가가 최종적으로 기댈 수 있는 것은 농업부문에 내재되어 있는 잠재실업자들을 생산인구로 변모시킴으로써 자본축적을 도모하는 길이다.

본 절에서는 해외로부터의 외자 도입을 통한 자본축적과 잠재실업자들을 생산인구로 변모시킴으로써 자본축적을 도모하는 것에 대해서만 살펴보기로 한다. 자국민들의 저축 증대를 통한 자본축적은 제18장의 경제성장이론에서 충분하게 다뤘기 때문이다.

3.2 해외로부터 외자 도입을 통한 자본축적

1) **외자**(外資, foreign capital)**는 유량**(flow)**변수로서 해외로부터 도입된 외국 또는 외국인의 자본을 말한다.** 또 **외채**(外債, foreign debt)**는 저량**(stock)**변수로서 원금상환과 이자 지급의 의무가 수반되는 외국 또는 외국인에 대한 채무를 지칭한다.**

2) 외자 도입의 유형은 [그림 19-5]에서 보는 것처럼 외국인 투자, 해외 차입, 해외기술의 도입으로 구분할 수 있다.

3) 외국인 투자는 직접투자와 간접투자로 구분된다. 직접투자는 말 그대로 외국인이 주식인수와 함께 회사경영에 직접 참여하는 것을 뜻한다. 반면, 간접투자는 회사 경영에는 참여하지 않고 배당소득이나 이자 수입의 획득을 목적으로 주식이나 채권을 구입하는 것을 말한다.

[그림 19-5] 외자 도입의 3가지 유형

4) 해외 차입은 크게 공공차관, 금융기관 차입, 기타 민간 차입으로 구성된다. 공공차관은 정부나 공공기관이 외국 정부나 금융기관으로부터 자금을 조달하는 것을 의미한다. 금융기관 차입은 국내 금융기관(민간기업 포함)이 외국의 금융기관으로부터 자금을 조달하는 것을 뜻한다. 일명 상업차관이라고도 일컬어지며 외자 도입 중에서 제일 큰 비중을 차지한다. 기타 민간 차입은 무역거래 과정에서 발생하는 신용공여[4] 등을 의미한다.

5) 해외로부터 도입된 기술도 광의로 해외자본으로 볼 수 있다. 해외기술의 도입에는 반드시 로열티(royalty)의 지급이 수반되기 때문이다. 또 해외기술의 범주에는 생산기술은 물론 공정기술까지 포함한다.

6) 외자와 외채의 관계에서 한 가지 유념해야 할 점이 있다. **외자 도입의 세 가지 유형 가운데 외채와 직접 관련된 것은 해외 차입뿐이라는 사실이다.** 외국인 투자는 그것이 직접투자이든, 간접투자이든 간에 원리금의 상환의무를 지는 것이 아니다. 따라서 그들 항목은 외채의 범주에서 제외된다. 해외기술의 도입도 마찬가지다.

7) 후진국의 경제개발에 있어서 외자 도입은 긍정적인 효과와 부정적인 효과가 함께 존재한다. 마치 빛과 그림자처럼 말이다. 그것을 요약 · 정리하면 다음과 같다.

4. 어떤 금액을 상대에게 빌려줄 때 상대가 반환할 의사, 반환할 능력이 있음을 믿고 빌려줘서 일시적으로 이용하게 하는 것을 뜻한다. 주식의 신용거래에서는 증권업자가 고객에 대해 고객의 매입주(買入株) 대금이나 매도 주권을 대여하는 것을 뜻한다. 또 국가 간의 경우 국제금융협력의 한 방법으로 중앙은행 상호 간에 자금을 융통하는 것을 말하기도 한다. 일례로 양국 간에 통화의 상호 예치, IMF의 스탠바이 크레디트 등을 들 수 있다.(출처 : 네이버 지식백과)

① **외자 도입의 긍정적 효과**

㉠ 도입된 외자로 투자지출을 확대할 경우, 실질 GDP의 증대와 고용 증대를 도모할 수 있다.

㉡ 외자 가운데 자본재 형태로 도입된 것에는 선진경영기법, 선진기술, 선진시장 및 경영정보 등이 체화된 것이 많기 때문에 후진국의 경제개발에 큰 도움을 줄 수 있다.

㉢ 외자로 사회간접자본에 투자할 경우, 장기간 동안 국내의 여러 산업발전에 외부경제효과를 유발하면서 경제발전에 기여할 수 있다.

㉣ 외자가 도입되면 단기에는 자본수지가 개선된다. 또 장기적으로는 기업들의 생산성 제고와 국산상품의 경쟁력 강화를 통해 경상수지 개선에도 기여할 수 있다.

② **외자 도입의 부정적 효과**

㉠ 외자 규모가 커질수록 해외 채권국가에 대한 의존도가 심화될 수 있다. 해외 채권국가는 빚의 원활한 상환을 도모하기 위해 직·간접적으로 채무국 경제에 개입할 수도 있다. 그런 탓에 외자와 관련된 종속이론이 대두되기도 한다.

㉡ 외자 규모가 커질수록 외채 잔고(殘高)가 늘어날 수밖에 없다. 외채의 경우 상환 기간이 짧거나 환율과 차입금리가 높을수록 외채의 원리금 상환 부담도 커지게 된다. 자칫 잘못하면 국가 부도로 이어질 위험도 있다.

㉢ 외자 도입은 단기적으로 국민저축을 대체하면서 그것을 감소시킬 수도 있다.

8) 외자 규모의 확대에 따라 외채가 커지게 되면 이에 대한 상환능력 여부가 매우 중요시된다. 해당국 정부가 외채로 인한 **모라토리움**(moratorium, 채무이행의 연기 및 유예)이나 **디폴트**(default, 채무불이행)에 빠지지 않기 위해서는 외채의 상환능력과 관련 지표들을 잘 이해하고 관리하는 데 만전을 기해야 한다. 외채의 상환과 관련된 지표로는 크게 장·단기 상환능력의 측정변수와 단기 상환능력의 평가지수가 존재한다.

① **장·단기 상환능력의 측정변수**

단기 상환능력에 대한 측정변수로는 조정변수, 교란변수, 경직변수가 존재하며 그들 각각의 항목을 살펴보면 다음과 같다.

㉠ **조정변수** : 외환보유액, 단기 차입능력, 절감(節減) 가능한 수입량

㉡ **교란변수** : 수출능력, 수입수요의 변동, 신규 외채의 도입능력

㉢ **경직변수** : 원리금 상환부담액, 절감(節減) 불가능한 수입량

또한 **장기 상환능력의 측정변수로는 3가지를 들 수 있다. 경제성장률, 수출증가율, 한계저축성향이 그것이다.**

② 단기 상환능력의 평가지수로는 아래의 4가지 지표가 존재한다.

㉠ **대외유동성 비율** : 100% 이하이면 단기의 외화 유동성에는 문제가 없다!

$$\text{대외유동성 비율} = \frac{\text{단기외채} + \text{경상수지적자}}{\text{외환보유액}}$$

㉡ **외채상환부담률** : 20%이면 단기 상환능력은 충분하며 양호하다!

$$\text{외채상환부담률} = \frac{\text{장기 외채원금} + \text{장·단기 외채이자}}{\text{경상 외환수입}}$$

㉢ 당해 연도의 총수출액에서 차지하는 **총외채의 비율**(A)

$$A = \frac{\text{총외채의 규모}}{\text{총수출액}}$$

㉣ 당해 연도의 명목 GDP에서 차지하는 **총외채의 비율**(B)

$$B = \frac{\text{총외채의 규모}}{\text{명목 GDP}}$$

3.3 잠재 실업인구의 생산인구화를 통한 자본축적

1) 잠재실업자는 '노동의 한계생산력이 제로(0)이거나 제로에 가까운 농촌 인력으로서 현실적으로는 실업자이지만 표면적으로는 실업통계에 잡히지 않는 사람' 을 말한다.

2) 잠재적 실업자의 생산인구화를 통한 자본축적은 두 가지 경로를 통해 달성된다.

① 첫 번째는 농촌 사회에서 잠재적 실업자를 공업부문으로 빼가면 농가 1인당 평균소득이 자연적으로 상승한다. 그러면 농가의 저축을 늘릴 수 있다. 하지만 후진국의 경우, 농가 1인당 평균소득이 워낙 낮기 때문에 큰 효과를 기대하기 어렵다.

② 두 번째는 미국의 경제학자인 **아서 루이스(A. Lewis)의 무한 노동공급 모형**을 통해 설명된다. 루이스가 말한 무한 노동공급이란 농업부문에는 잠재실업자가 매우 많기 때문에 공업부문의 실질임금이 인상되지 않더라도 농업부문으로부터 신규 노동인력을 무한대로 충원할 수 있다는 것을 의미한다.

그렇게 되면 노동자의 노동소득보다 기업의 자본소득이 크게 증가하고, 자본소득의 한계저축률이 노동소득의 그것보다 월등히 높기 때문에 자본축적이 가속화될 수 있다. 자본축적의 가속화는 자본스톡의 증가를 불러오고 이는 노동의 한계생산력을 제고시킴으로써 노동수요의 증가를 불러온다. 그야말로 선순환이 이루어지는 것이다.

3) 루이스는 처음에 공업부문에서 농업부문의 잠재실업자를 흡수할 수 있는 재원을 어떻게 마련할 것인가와 관련해서 **인플레이션에 의한 자본조달**을 적극 권장했다. 인플레이션은 금융소득자, 정액월급자, 일반 소비자들에게는 불리하고 정부나 기업을 비롯한 투자자들에게는 소득분배를 유리하게 해줌으로써 투자를 촉진할 수 있는 동기부여를 해주기 때문이다.

또한 후진국들에게 외자 도입은 만만치 않은 과제이기 때문에 우선 자국의 중앙은행으로 하여금 막대한 양의 화폐를 찍어낸 후, 그 돈으로 투자재원을 조달하고 그 과정에서 불가피하게 발생하는 인플레이션의 피해는 화폐 및 금융자산을 보유한 국민들이 공동으로 부담하게 해야 한다는 논리다. 과거 우리 한국경제가 경험했던 그 방식 그대로다.

4 후진국의 무역전략과 경제발전

4.1 개요

개방경제체제에 편입된 국민경제가 선택하게 되는 경제발전양식은 크게 수출지향적 공업화와 수입대체적 공업화로 구분할 수 있다. 수출지향적 공업화는 경제발전 초기부터 수출 위주의 공업화 전략을 채택하는 경제발전의 양식이다. 반면, 수입대체적 공업화는 지금까지 수입되던 것들을 금지시키는 대신 그것을 국내에서 생산하는 공업화 전략을 말한다. 참고로 한국은 수출지향적 공업화 전략을 선택해서 한강의 기적을 이룩하고 현재 세계 10위권 국가로 발돋움하는데 성공한 나라이다. 이하에서는 그들 각각의 내용과 장단점에 대해 살펴보기로 한다.

4.2 수출지향적 공업화 전략

1) 의의

① 후술(後述)할 수입대체적 공업화 전략에 내재된 여러 문제를 극복하면서 수출 위주의 공업화 전략을 통해 경제를 발전시켜야 한다는 주장이다.

② 후진국이 공업화를 통한 경제발전을 모색하는 과정에서 협소한 국내시장에 구애됨이 없이 국제경쟁에서 살아남을 수 있도록 처음부터 국제 수준의 대규모 자본설비를 도입해서 공산품의 수출로 사활(死活)을 걸어야 한다는 논리다.

2) 무역정책

① 초창기의 수출산업에는 정부의 각종 재정 및 금융지원이 집중되어야 한다. 그들 산업의 대외경쟁력을 키워주기 위함이다.

② 하지만 수출지향적 공업화 전략의 기본 정신은 자유무역과 국제경쟁 속에서도 생존 가능한 비교우위품목을 선정해서 집중적으로 육성하는 데 있다.

3) 수출지향적 공업화 전략의 장점

① 1960~1970년대의 한국처럼 내수시장이 협소하고 부존자원이 빈약한 후진국에게 적합한 경제발전전략이다.

② 수출산업은 처음부터 광활한 국제시장을 목표로 하기 때문에 규모의 경제를 실현할 수 있는 데다 질 좋은 상품만 생산 · 공급한다면 외화의 획득 수준도 수입대체산업과는 비교할 수 없을 만큼 크다.

③ 수입대체적 공업화 전략은 자국 기업들로 하여금 기술혁신이나 생산성 향상보다는 정관계(政官界)에 대한 로비에 열중하게 만든다. 그에 반해 수출지향적 공업화 전략은 자국 기업들로 하여금 국제경쟁에서 살아남기 위한 노력에 매진하도록 한다. 수출기업들은 선진 경영기법의 도입, 양질의 상품을 생산할 수 있는 기술이나 생산비용을 절감할 수 있는 공정기술의 개발, 품질 및 산업디자인 개선, 애프터서비스(AS) 능력 및 마케팅 능력 강화 등에 몰두한다. 오로지 무한경쟁만이 존재하는 세계시장에서 생존하고 발전하기 위해서다.

4) 수출지향적 공업화 전략의 치명적 단점

① 수출지향적 공업화 전략은 수입대체적 공업화 전략보다 대외의존성이 매우 높다. 그러다 보니 국내 경제가 외국 경제의 동향에 민감하게 된다. 외국의 경기침체가 국내의 경제 불안으로 이어질 개연성이 높다.

② 국제적 수준의 대규모 투자가 행해진 후, 해당 수출산업의 경쟁력이 하락해서 국제시장에서 퇴출당할 경우, 그 피해는 상상을 초월할 정도로 엄청나게 크다는 점도 부인하기 어렵다.

4.3 수입대체적 공업화 전략

1) 의의

① 수입대체적 공업화 전략은 공산품의 수입·수요를 경감시켜 외환의 부족 문제를 극복하고 급속한 공업화까지 촉진하는 것을 목표로 하고 있다.

② 국내시장을 기반으로 자립경제를 달성하려는 경제발전전략이다. 그 과정을 부연 설명하면 **처음 공업화 단계는 최종 제품에 대한 가공 단계에서 출발해서 중간재의 생산 단계를 거쳐 기반공업자재(基盤工業資材)의 생산 단계로 나아간다.**

③ 허쉬만(A.O. Hirschman)은 1958년에 발표된 논문을 통해 수입되는 상품을 대체하기 위한 최종 가공 단계의 수입대체산업을 육성하면 경제개발효과를 극대화시킬 수 있다고 주장했다. 그는 수입의 효과[5]를 중요시하며 전방 및 후방연관효과를 극대화시키는 경제여건을 조성함으로써 경제발전을 촉진시킬 수 있다고 역설했다.

2) 무역정책

① 강력한 보호무역정책을 집행함으로써 자국의 수입대체산업을 보호 및 육성한다.

② 이때 단골 메뉴로 등장하는 정책수단으로는 고율(高率)의 관세, 수입대체산업에 대한 보조금 지급, 외국상품에 대한 강력한 수입할당제, 정부의 보이지 않는 환율개입 등이 있다.

5. 허쉬만이 수입의 효과를 중시한 이유는 수입이 자국 기업가들에게 시장에 대한 지식의 부족과 불확실성을 해결해주기 때문이다. 즉 수입이 행해진다는 것은 곧 그 상품에 대한 국내시장이 존재한다는 정보를 제공해준다. 이는 수입이 그 나라의 수요를 정찰하고 기록해서 불확실성을 제거해준다는 얘기가 된다. 그렇게 되면 비로소 자국 기업가들이 수입대체산업에 투자할 동기를 얻게 된다는 의미에서 수입의 효과가 매우 중요하다고 보았던 것이다.

3) 수입대체적 공업화 전략의 장점

① 수입 감소를 통해 부족한 외화를 절약하고 국내 공업 수준을 한 단계 도약시킬 수 있다.

② 내수(內需)시장이 크고 부존자원이 풍부한 국가일수록 수입대체적 공업화 전략은 매우 유리한 경제발전전략이 될 수 있다.

4) 수입대체적 공업화 전략의 치명적 단점

① 국내시장이 협소할 경우, 규모의 경제 실현이 어렵다. 그렇게 되면 자국민들은 생산단가의 상승으로 수입상품의 가격보다 더 비싼 가격을 지불하고 국산 상품을 사용하도록 강요받는 꼴이 된다. 그러면 자국민들의 소비자 후생이 하락할 가능성이 크다.

② 국내의 수입대체산업에 대한 과보호로 인해 생산성이 떨어지고 그로 인해 대외경쟁력까지 하락할 수 있다. 또 이들 기업은 정부의 보호육성정책에만 의지하기 때문에 기술혁신이나 생산성 제고보다는 정부의 각종 특혜를 획득하기 위한 대(對)정부 로비에 진력하는 경향이 강하다. 후진국에 만연된 부정부패도 이와 무관하지 않다.

③ 수입대체적 공업화는 자칫 외환 수요를 가중시킬 수 있는 위험도 내재한다. 즉 최종가공 단계의 수입대체는 석유와 같은 연료, 원료, 반제품 등에 대한 수입수요를 부채질할 수 있기 때문이다. 만약 이런 현상이 두드러지게 나타날 경우에는 혹을 떼려다가 몇 개의 혹을 더 붙이는 불상사가 언제든지 일어날 수 있다.

요약 및 복습

01 경제발전은 경제성장을 포괄하는 개념이다. 경제성장은 실질 GDP와 1인당 GNI의 규모가 커지는 것을 말한다. 하지만 경제발전은 실질 GDP와 1인당 GNI의 증가는 물론 전통적 사회구조의 개혁, 공업화, 민주주의의 발전 정도, 인권 존중, 문맹률 퇴치, 인적 자원에 투자 증대, 산업구조의 질적 고도화, 사회간접자본(SOC)의 확충, 정보화 수준, 사회 시스템의 개선, 의료수준 개선 등을 포함한다.

02 여러 경제학자들이 경제발전 단계에 대해 언급한 바 있다.

1) 로스토우는 경제가 전통사회 단계 ⇒ 도약준비 단계 ⇒ 도약 단계 ⇒ 성숙 단계 ⇒ 대중적 고도소비 단계로 발전해 나간다고 했다.

2) 마르크스는 경제가 원시 공산사회 ⇒ 고대 노예사회 ⇒ 중세 봉건사회 ⇒ 자본주의 사회 ⇒ 사회주의 사회로 변모해 나간다고 주장했다.

3) 리스트는 경제가 원시 단계 ⇒ 유목 단계 ⇒ 농업 단계 ⇒ 농공(農工) 단계 ⇒ 농공상(農工商) 단계로 발전해 나간다고 주장했다.

4) 호프만은 소비재산업의 비중 압도 ⇒ 생산재산업의 비중 확대 ⇒ 생산재산업이 소비재산업을 압도하는 단계로 변모한다고 주장했다.

5) 클라크는 경제가 제1차 산업 ⇒ 제2차 산업 ⇒ 제3차 산업으로 산업의 중심이 이동한다고 주장했다.

03 후진국의 경제발전전략은 경제체제의 선택, 산업정책(균형성장론, 불균형성장론), 경제개방전략(대외지향적 전략, 대내지향적 전략) 차원에서 논의할 수 있다.

1) 경제발전과 관련해선 시장경제체제가 사회주의경제체제보다 우월하다. 또 경제개발 초기 단계에서는 정부주도형이 민간주도형보다 우세하다. 하지만 경제 규모가 커질수록 민간주도형이 더 효율적이라고 평가할 수 있다.

2) 후진국의 경우 균형성장론과 불균형성장론은 국가가 처한 상황에 따라서 그 평가가 달라질 수 있다. 하지만 일반적으로는 불균형성장론이 더 적합한 개발전략이라고 생각된다. 균형성장론은 넉시가 주장했고 불균형성장론은 허쉬만에 의해 제기되었다.

3) 경제개방전략도 대외지향적 전략과 대내지향적 전략으로 구분되는데 대부분의 경우 후진국은 대외지향적 전략이 대내지향적 전략보다 우수한 것으로 입증되었다. 한국, 홍콩, 싱가포르, 대만이 전자라면 북한, 쿠바, 남미 국가 등은 후자에 속한다.

04 후진국이 자본을 축적하는 방법으로는 크게 3가지가 존재한다. 자국민의 자발적인 저축 증대, 해외로부터의 외자 도입, 농업부문에 내재된 잠재실업 인구의 생산인구화가 그것이다.

1) 외자는 외국 또는 외국인의 자본을 말하며, 외채는 원금 상환과 이자 지급의 의무가 수반되는 외국이나 외국인에 대한 채무를 지칭한다. 또 외자 도입의 유형은 외국인 투자(직접투자, 간접투자), 해외 차입(공공차관, 금융기관 차입, 기타 민간 차입), 해외기술 도입으로 구분할 수 있다. 특히 해외 차입의 경우에는 긍정적 효과와 부정적 효과가 공존하는 만큼 해외 차입의 경우에는 이런 요소들을 냉정하게 판단해서 부정적 요소를 최소화시키는 데 주력해야 한다.

2) 잠재실업 인구의 생산인구화를 통한 자본축적은 두 단계의 경로를 통해서 이루어진다. 첫 단계는 농촌부문에 내재해 있는 잠재실업자를 공업부문으로 차출해가면 농가 1인당 평균소득이 사언적으로 상승한다. 그러면 농가의 저축을 늘릴 수 있다. 두 번째 단계는 루이스의 무한노동공급 모형에 의해 설명될 수 있다. 농업부문의 잠재실업자를 충원하는 데 소요되는 한계비용이 낮기 때문에 기

업들은 자본소득을 크게 늘릴 수 있고 이는 결국 기업들의 자본축적으로 이어질 수 있다는 논리다. 다만 루이스는 공업부문에서 농업부문의 잠재실업자를 흡수하는 데 소요되는 재원조달과 관련해서 인플레이션에 의한 자본조달을 적극 권장한바 있다.

05 후진국의 무역전략과 경제발전과 관련해서는 2가지 전략이 자주 논의되어 왔다. 즉 수출지향적 공업화 전략과 수입대체적 공업화 전략이 그것이다.

1) 수출지향적 공업화 전략은 수출 위주의 공업화 전략을 통해 경제를 발전시켜야 한다는 주장이다. 후진국이 공업화를 통한 경제발전을 모색하는 과정에서 협소한 국내시장에 구애됨이 없이 국제경쟁에서 생존할 수 있도록 처음부터 국제 수준의 대규모 자본설비를 도입해서 공산품의 수출로 사활을 걸어야 한다는 논리다. 참고로 대한민국은 수출지향적 공업화 전략을 통해 세계 10위권의 경제대국으로 발돋움하는 데 성공했다.

2) 수입대체적 공업화 전략은 공산품의 수입수요를 경감시켜 외환의 부족 문제를 극복하면서 급속한 공업화까지 촉진하는 것을 목표로 한다. 또한 수입대체적 공업화 전략은 국내시장을 기반으로 자립경제를 달성하려는 경제발전전략으로도 볼 수 있다. 그 과정을 부연 설명하면 처음 공업화 단계는 최종제품에 대한 가공 단계에서 출발해서 중간재의 생산 단계를 거쳐 기반공업자재(基盤工業資材)의 생산 단계로 나아간다.

3) 내수시장이 협소하고 부존자원이 빈약한 후진국의 경우엔 수출지향적 공업화 전략이 유리하고 그와 반대인 경우는 수입대체적 공업화 전략이 유리하다.

찾아보기

ㄱ

가격과 임금 변화의 비동조성 324
가격변동위험 85
가격지수 14
가속도원리 214
가속적 인플레이션가설 301
간접금융시장 82
감춰진 조세 275
개인본원소득 24
개인처분가능소득 24
경기동행지수 310
경기동향지수 311
경기변동 308
경기선행지수 310
경기순환 27, 308
경기예고지표 311
경기적 실업 286
경기종합지수 310
경기후행지수 311
경상수지 400
경상수지균형 모형 434
경쟁우위 345
경제뉴스 모형 442
경제동맹 384
경제발전 540
경제성장 26, 540
경제성장의 정형화된 사실 495
경제성장의 황금률 516
경제성장의 황금시대 510
경제의 기초 322
경제적 악마 275
경제통합 383
경제협력개발기구 387
경제활동인구 289
경제활동참가율 289
경제후생지표 28
경직변수 551
고용률 289
고원경기 309
고정자본소모 17, 25
고정환율제도 414
공개시장운영 103, 104
공급중시경제학 264
공동시장 384
공황 309
과대변동 모형 438
관리변동환율제도 416
관세 365
관세동맹 383
관세율 365
관세장벽 379
관세할당제도 366
관세화 유예 390
광의의 유동성 80
광의의 통화 80
교란변수 551
교역조건 337, 350, 353
교역조건의 변화에 따른 실질 무역 손익 23
교환방정식 120

구두창비용 282
구매력평가설 427
구상무역 381
구성의 오류 44
구입효과 64
구축효과 62, 232
국내총소득 24
국내총투자 20
국민계정체계 21
국민대차대조표 21
국민소득 24
국민소득통계 21
국민순소득 24
국민처분가능소득 24
국민총생산 21
국민총소득 20, 21, 24
국민총처분 가능소득 24
국제결제은행 88
국제대차 398
국제수지 398
국제수지표 21
궁핍화성장론 356
균제균형 533
균제 상태 508
균형성장론 545
균형재정 56
균형재정승수 47
그린 GDP 28, 29
근원인플레이션 110
금본위제도 417, 444
금융거래실명제 88
금융기관유동성 80
금융수지 400
금융시장 82
금융심화 89
금융연관비율 89
금융제도 86
금지영역 265
기대 경로 117
기대부가 필립스곡선 299
기술격차이론 358
기업경기실사지수 311
긴급관세 366

ㄴ

나이프-엣지 이론 503
내국민대우원칙 387
내부수익률법 212
내부 시차 244, 245
내부자/외부자 모형 261
내생적 경제성장이론 523
내생적 성장이론 515
농산물가격지지제도 70

ㄷ

다비효과 283
단기금융시장 83
단기파동 309
달러라이제이션 89
당구대이론 316
대내지향적 전략 547
대부자금시장 134
대외균형 461
대외순수취요소소득 22
대외유동성 비율 552
대외지향적 전략 547

대체투자 20
대표적 수요이론 359
독립투자 44
동태적 비일관성 254, 255, 258
동태적 일관성 255
디폴트 551
디플레이션 갭 48
디플레이션의 폐해 285

ㄹ

라스파이레스 물가지수 10, 11
래퍼곡선 264
레버리지 효과 89
레온티에프 생산함수 500
레온티에프 역설 348
리디노미네이션 88
리카도의 등가성 정리 65, 257
립친스키 정리 349

ㅁ

마셜-러너 조건 411
마찰적 실업 286
먼델-플레밍 모형 435
메뉴비용 187
메츨러의 역설 370, 371
명목기준지표 103
명목소득목표제 112
명목소득변화지수 14
명목임금의 하방경직성 261
명목 GDP 26
명목 GNI 21
명목환율 409
모라토리움 551
무역전환 385
무역창조 385
무위험 이자율평가설 432
무지의 척도 512
무한 노동공급 모형 552
묵시적 고용계약 모형 261
물가수준목표제 112
물가안정목표제 108, 110
물가평형관세 366
민간저축 138

ㅂ

반덤핑관세 366
뱅크런 95
보몰과 토빈의 화폐수요이론 127
보복관세 366
보유자산의 대체효과 115
보호무역론 376
보호무역주의 382
복수균형 262
본원소득수지 400
본원적예금 97
본원통화 94
부분특화 338
부의 효과 39
불규칙보행가설 443
불균형경기변동이론 322
불균형성장론 546
불태화 정책 449
브레튼우즈 체제 418
비관세장벽 379
비교우위 332, 338, 345

비례세 58
비용인상 인플레이션 278
비자발적 실업 286
빅맥지수 428

ㅅ

산업 간 무역 359
산업 내 무역 359
산업연관표 21
삼면등가의 법칙 17
상계관세 366
상대소득가설 203
상품교역조건 354
상품사이클이론 357
상품수지 400
상호수요곡선 350
생산가능곡선 337
생산요소가격의 균등화이론 347
생애주기가설 197
생활물가지수 8
서비스 수지 400
선물 · 선도계약 84
선물환 디스카운트 432
선물환평가이론 432
선물환 프리미엄 432
성장회계방정식 511
세이의 법칙 34, 61
소득교역조건 354
소비가능곡선 337
소비자물가지수 9, 13
소비자태도지수 312
소비지출 20
수량제한철폐원칙 387
수량지수 13
수요견인 인플레이션 276
수입과징금 381
수입담보금 381
수입대체적 공업화 전략 555
수입할당제 380
수입허가제 380
수출자율규제 380
수출지향적 공업화 전략 554
순경제후생 28
순상품교역조건 354
순수출 20
순신용승수 98
순예금창조액 98
순자본유입 138
순저축 25
순해외투자 472
스미소니언 체제 419
스왑 84
스타벅스 라떼 지수 433
스태그플레이션 226, 298
스톨퍼-사무엘슨 정리 349
승수-가속도원리 314
승수효과 46
시간선호율 524
시뇨리지 282
시장규율 86
시장심리 모형 443
시장중심금융제도 87
신국제경제질서 392
신보호무역주의 382
신용 경로 116
신용위험 85
신용창조 97

신용 할당모형 262
신화폐수량설 125
실망노동자 289
실물적 균형경기변동이론 320
실물적 이자율결정이론 134
실업률 289
실질임금의 하방 경직성 293
실질잔고효과 39, 173
실질 GDP 26
실질 GNI 21
실질환율 409
실행 시차 244

ㅇ

안행형태론 360
양도성예금증서 79
여수신제도 104
연구개발 모형 528
연구개발요소이론 359
예금은행 시재금 94
예금은행 지급준비금 94
오버슈팅 모형 438
오쿤의 법칙 5, 288, 302
옵션 84
완전예견 254
완전예견 모형 263
완전특화 337
외국인 투자 550
외부 시차 244, 245
외자 도입 550
외채상환부담률 552
외환 408
외환시장 83
외환파생상품 84
요소교역조건 355
요소부존도 이론 347
요소집약도 역전 346
우회생산 494
운용목표 103
유동성선호설 122, 229
유동성 제한 206
유동성 프리미엄 86
유동성 함정 153, 159, 161
유발투자 44
유엔무역개발회의 388
유위험 이자율평가설 431
유효노동 510
유효수요 37
유효수요의 원리 34, 42
은행금전신탁 79
은행중심금융제도 87
이력현상 293
이윤원리에 따른 경기변동이론 317
이율배반이론 503
이자율 경로 115
이자율평가설 427
이전소득수지 400
이전지출 20
이중요소교역조건 355
인식 시차 244
인적 자본 524
인플레이션 274
인플레이션 갭 48
인플레이션율 9
인플레이션의 감축 303
인플레이션 조세 282
인플레이션 타깃팅 108

인플레이션 tax 275
일물일가의 법칙 345
일반특혜관세제도 388
임의보행가설 202

ㅈ

자금순환표 21
자발적 실업 286
자본계수 495
자본 · 금융 수지 400
자본수지 400
자본시장 83
자본의 사용자 비용 217
자본의 순유출 472
자본의 심화 495
자본축적의 황금률 516
자산가격 경로 115
자산구성균형 모형 440
자연생산량 185
자연성장률 502
자연실업률 287, 296
자연적 실업 287
자유무역론 375
자유무역지역 383
자유변동환율제도 415
잠재 실업인구 552
장기기대소득 199
장기임금계약모형 261
재고투자 20
재정의 자동안정화장치 70
재정적 견인 72, 232
재할인율 정책 106
재할인율제도 103
적응적 기대 181, 251
적응적 기대가설 238
적정성장률 501
전면적 경제통합 384
전방연관효과 546
전시효과 203
절대소득가설 194
절대우위 332, 338
절대적 수렴 가설 515
절약의 역설 44
정보변수 109
정부구매 381
정부의 예산제약식 53
정부저축 138
정부지출 20
정부지출승수 46
정상 상태 508
정액세 58
정액세승수 47
정책무력성 명제 185
정책함정 73, 233
정치적 경기변동 255
제한된 경기순환 모형 316
조건부 수렴 가설 515
조세 부담의 원칙 69
조정변수 551
종합수지 402
준비자산의 증감 400
준칙에 입각한 재량적 경제정책 263
중기파동 310
지급준비제도 104
지급환율 409
지식의 파급효과 529
직접금융시장 82

ㅊ

체계적인 오류 238
총공급곡선 168
총상품교역조건 354
총생산 갭 112
총수요곡선 168
총수요 외부성 324
총신용승수 98
총예금창조액 98
총외채 552
총외채의 비율 552
총자본형성 20
총통화 79
총투자 20
최소시장접근 390
최혜국대우원칙 387
취업률 289
72의 법칙 2

ㅋ

콘드라티에프 파동 310
콜레이트 83
콜론 83
콜머니 83
콜시장 83
킹스턴 체제 420

ㅌ

탐색적 실업 295
탐색적 실업이론 294
턴파이크 정리 520
테일러 준칙 111
토빈의 투기적 화폐수요이론 129
톱니효과 203
통합재정수지 53
통화정책의 파급 경로 114
통화주의 모형 437
통화지표 79
투자승수 47
투자의 이중성 501

ㅍ

파생금융상품 84
파생금융상품시장 83
파쉐 물가지수 10, 12
포트폴리오밸런스 모형 440
피셔가설 163, 217, 282
피셔의 기간간 선택이론 206
필립스곡선 295

ㅎ

한계수입성향 371, 464
한국은행 지급준비예치금 94
합리적 기대 186, 251
합리적 기대가설 252
항상소득가설 200
해외기술 도입 550
해외 차입 550
헥셔-오린의 정리 346
현금잔고방정식 121
현금통화 94
현재가치법 211
협의의 통화 80

협정무역 381
호프만 비율 542
혼합형 인플레이션 280
화폐공급함수 99
화폐발행액 94
화폐수량설 120
화폐승수 100
화폐의 중립성 233
화폐적 균형경기변동이론 319
화폐적 이자율결정이론 132
화폐환상 180, 230
환율 408
환율 경로 115
효율성 임금가설 261
후방연관효과 546
희생 비율 303

영문

AK 모형 531
*BP*곡선 461
GATT 11조국 389
GATT 협정문 389
GDE 17
GDI 17
GDP 17
GDP 디플레이터 9, 13
IS-LM 모형 140
J-커브 효과 413
MCT 79
*q*이론 115, 219
*q*효과 115

거시경제학

초판 1쇄 인쇄 2020년 9월 9일
초판 1쇄 발행 2020년 9월 16일

지은이 김덕수
펴낸이 박기남
펴낸곳 **율곡출판사**
08590 서울시 금천구 가산디지털1로 84(에이스하이엔드 8차), 803호
전화 (代) 02) 718-9872/3
팩스 02) 718-9874
home-page www.yulgokbooks.co.kr
e-mail yulgokbook@naver.com
등록 1989.11.10. 제2014-000031 호
ISBN 979-11-87897-96-5 13320

정가 30,000원